JN040838

学ぶ人は、
変えてゆく人だ。

目の前にある問題はもちろん、
人生の問いや、
社会の課題を自ら見つけ、
挑み続けるために、人は学ぶ。
「学び」で、
少しずつ世界は変えてゆける。
いつでも、どこでも、誰でも、
学ぶことができる世の中へ。

旺文社

旺文社

中学 総合的研究

四訂版

国語

旺文社

はじめに

近年では社会のありかたが多様になり、生きていく上でさまざまな選択肢が考えられるようになりました。このことは、いろいろな可能性が広がった側面もある一方、自分にとって必要なものを見極める力が試されるようになったという側面も持っています。この力を身につけるためには、学校でしっかり勉強することに加えて、もっと広く深く学んでいく姿勢が必要となります。

この『中学総合的研究』は、学校で学習する内容がさらにわかりやすくなるように、教科ごとにさまざまな工夫を凝らして編集してあります。これは、単に知識を増やす便利な本で終わらせるものではなく、みなさんの「もっと知りたくなる気持ち」を湧き立たせるために活用するものです。本書の中で心に残る何かがあったら、徹底的に調べてください。研究してください。その教科と離れてもかまわず深めていってください。本書が『総合的研究』と題した理由がそこにあります。本書をそのように活用していただければ、現代社会にあふれるたくさんの情報の中から今の自分に必要なものを見極める力、そして、最終的には、自分の身のまわりにある課題を見つけて解決していく力が身につくことでしょう。それらの力は、みなさんが生きていくためにとても重要です。

高校・大学に進学しても、社会に出てからも、本書はみなさんに愛用されることを望み、きっとそれに応えてくれることでしょう。

株式会社　旺文社　代表取締役社長　生駒大壱

なぜ国語を学ぶのか

「どうして勉強するんだろう」

きっと誰でも一度は考えたことのある疑問だと思う。

なかなか一筋縄では答えの出ない難問だ。

「なぜ勉強するのか分からないから、その理由を探すために勉強するんだ」……そんな堂々巡りで、とりあえず解決するのも一つの方法だが、やはり、それでは、なかなか納得できない諸君も多いことだろう。

特に、「国語」となると、いよいよ話は難しくなる。

「英語」「数学」といった実際の役に立ちそうな学問（実学[※]）ならまだしも、さて、「国語」となると、なかなかこれといった説得力ある言葉が見当たらないのも確かだ。

説得力ある言葉どころか、

「国語なんか勉強しなくても、十分に人と話もできるし、文章だって書ける」

「小説なんか読まなくても、人の気持ちはちゃんと理解できるよ。詩なんて、いよいよ分かりづらいなあ」

「文法なんて知らなくったって、日本語は話せるじゃないか。文法を意識して話したことなんて一度もない」

「ましてや、古文なんて、なんで勉強するんだろう。昔の人と話すわけじゃあるまいし」

等々「なぜ国語を学ぶのか」ということを、まっこうから否定してしまうような理屈は、いくらでも探し出せる始末だ。

きっと君も、同じように「なぜ国語を学ぶのか」ということについて、納得のいかない気持ちを抱いたこともあるだろう。

実は、君のその疑問は、決して「勉強したくないことを正当化するなまけ者の屁理屈（へりくつ）」なんかではまったくない。とても有意義で大切な「本質的な疑問」だ。疑問を持っている君は、胸を張って、その疑問を持ち続けた方がいい。

＊

「なぜ、国語を学ぶのか」

この君の大切な疑問に、ぴったりと通じる疑問を抱いた文学者がいる。20世紀中頃（ごろ）から後期にかけて活躍した、フランスの作家サルトル※だ。

サルトルは、自らに対して、そして同時代の文学者すべてに対して、

「飢えた子供に文学は有効か」

という問いを突きつけた。

戦争や災害や貧困に苦しむ世の中で、自分が文学者として小説を書き、哲学を論じることがいったい何の役に立つのか。どんな実効力・有効性を持つのか。

その疑問を、サルトルは、「飢えて死んでいく子供の前で文学は有効か」という痛烈な言葉で、同時代人に叩（たた）きつけたのだ。

＊

「飢えた子供に文学は有効か」という問いに対して、安易に答えを出すことは出来ないだろう。

確かに、文学は、命を助けられない。けれど、朽ちていく魂を、文学は、救うことができるかもしれない。

言葉で表現することによって、人々に広く考えさせる力も持っているだろう。けれど、そうしている間にも、世界では、刻々とかけがえのない命が失われていく。

世紀の文学者サルトルでも、解決できなかった難問なのだから、君が「なぜ、国語を学ぶのか」と悩むのも無理はない。安易に答えを出すことは、サルトルにも失礼だし、飢えた子供には、もっと失礼で罪深いことかもしれない。

＊

ただ、一つだけ言えることは、「飢えた子供に文学は有効か」と問いを生む力も、「文学は有効だ」と論ずる力も、「文学は有効ではない」と反論する力も、すべて言葉の力・国語の力だということだ。

言葉によって考え、鍛えられた力だけが、大切な問いを摑(つか)むことができる。そして、その問いに、誠実に立ち向かうことができる。

例えば、君も、

「自分はなぜ生まれてきたのだろう」

「どうやって生きていけばいいのだろう」

「死んだらそれでおしまいだろうか」

「自分はいったい何者なのだろう」

……そんな抽象的で、しかし根源的な問いを、抱いたことがあるはずだ。

君は気づいていないかもしれないけれど、それらの問いは、君の鍛えられてきた言葉の力・国語の力によって、辿(たど)りついた問いでもある。

そして、その問いに、君なりに立ち向かっていくのも、言葉の力・国語の力なのだと思う。

＊

世の中も、人生の時間も、限りなく「問い」に満ちている。君が発見しようとする限り、君を悩ませ、君を勇気付け、君を育む「問い」は、いつも君に訪れるだろう。

＊

「問い」という窓越しに、世の中や人生の時間を見つめなおしてみよう。言葉の力・国語の力で、君なりの「問い」を見つけられたら、昨日までとは違う、世の中や人生との新しい関わりあい方が、きっと始まる。

＊

誠実に「問い続ける君」を、「言葉」は決して裏切らない。君にも、その国語の扉を開いてほしいと思う。

新春の青空を仰いで

神田邦彦

※実学
福沢諭吉（一八三四〜一九〇一）は、一八七二年刊『学問のすゝめ』の中で、「読み書き・数学・地理・物理・経済・英語」のような、実生活に直接役立つ学問を「実学」と呼び、「まずは実学を学ばなければならない」と唱えた。本文でも、「英語・数学」を、「実学」として説明したが、もちろん、これらの科目についても「実学」としての価値にとどまらない、多くの価値があるだろう。

※サルトル
ジャン＝ポール・サルトル（一九〇五〜一九八〇）。フランスの哲学者・作家・劇作家・評論家。「人間は、他の事物のような存在とは異なり、自分で自分のあり方を決める自由な存在である」と実存主義を唱え、現代思想に大きな影響を与えた。一九六四年には、ノーベル文学賞に選ばれるものの、受賞を辞退する。

本書の特徴

① 日常の学習から入試レベルまで、この一冊で対応

中学の学習内容から高校レベルにまで対応した、ハイレベルで総合的な学習事典となることを目指しました。

② 知りたい事項がすぐに見つかる、引く機能を重視

知りたいことに素早く対応できるよう、検索機能を充実させました。「目次」「索引」はもとより、他の分野でも扱われている重要語句には「リンクアイコン」を付けるなど、すぐにも知りたい気持ちに応える構成を心がけました。

③ 知的な興奮をかき立て、知的好奇心を満たす事典

従来の学習事典とは一味も二味も違った、豊かで知的な興奮がかき立てられる内容をもった事典となること、現在の学習がどのような広がりをもって展開してゆくものかを常に見直し、テストのためだけに偏らない総合的な学習事典となることを目指しました。

アイコン・記号一覧

学習のPOINT　本編の内容をより詳しく理解するための補足説明。

もっとくわしく　補足説明のための豆知識。

Go to　関連する事項のページに行くことを勧める。

Return　関連する事項のページに戻(もど)ることを勧める。

読んでみよう　作品中の原文を抜粋。その作品の生(なま)の雰囲気を味わう（近代文学）。

確認問題　学習した内容のポイントチェック。

重要　頻繁(ひんぱん)に見かけるもので、より重要だと思われる語句（語彙(ごい)編）。

「中学総合的研究 国語」へのガイダンス
~こんなふうに使ってみよう~

現代編

第1章　日本語の仕組みを知る

自己紹介であだ名　初めてのクラスで誰もみんなが同じに見えたりしたことはありませんか。それが、「自己紹介」で印象に残った人に「この人は~だから」と、その人の**「特徴」**をとらえた**「あだ名」**を付けたりすると、その人はもう他の人とは全く違って見えてきたりする、そんなテレビドラマのような経験はありませんか。

文法用語はあだ名　初めて出会った「文法用語」も、実は「自己紹介」と同じことなのです。覚えるのは後で構いません。大事なことは「なぜそんなあだ名が付いているの?」と、面倒臭そうな**「あだ名（文法用語）の付いたわけ（理由）」**だけに注目しましょう。理由（特徴）が解れば、もう他の言葉とは全く違って見えてくるはずです。

第2章　近代文学の流れを知る

近代文学のガイドブック　聞いたことも読んだこともない昔の作家の作品を、一冊だけでも読み終えるのは大変です。難しい言葉や古臭い言い回しに馴染めなくて、途中で閉じてそのままになってしまう、そういう経験は誰にでもあるものです。本章では**「作家の略歴」**と**「原文の抜粋」**を読むだけで、その作家に触れた気になれるよう心がけました。

後に心に残るような一冊に出会うのは、きっとこうした「ガイドブック」がきっかけになるのだろうと思います。

第3章　文章の読み方を知る

文章読解の原則　「文章の読解」には新聞が読める程度の日本語があればよいとは言われますが、もう少し効率よく読んで時間を稼ぐために、ここでは**「読解の**

原則」に立ち返ることを提案します。読んだ後に必ず待ち構えている「意地悪な設問」には、正攻法で立ち向かう**「設問形式別攻略法」**を用意しました。

第4章　文章の書き方を知る

文字という魔物　ひとたび**「文字」**で伝えられた文章は容易に取り消すことができない、そのため意図しなかった読み手に読まれてしまう危険性を常にはらんでいるなど、文字によって伝える文章には、聞き手に**「肉声」**によって伝えるのとは違った緊張感が伴います。

さて、書き手の手元を離れた後の運命には手出しができない「文字という魔物」を、やみくもに恐れることなく上手に操(あやつ)るヒントはあるのでしょうか。

第5章　話し方のテクニックを知る

プレッシャーとの共存　世の中には人前で話すのが苦手な人がいる一方で、逆にたくさんの人に向けて上手に伝えるコツを知りたいと思っている人もいます。ここでは、「人と話をすること」の**プレッシャーとの共存を避(さ)けないで生きる**ための、ちょっと大げさなテクニックをお見せします。

第6章　映像イメージの読み解き方を知る

映像に意味を読む　夕焼け空にも車の行き交いにも、友だちの表情にも駅のポスターにも、人は意識するとしないとにかかわらず、目に見えるあらゆるものに何らかの**「意味」**を読み取ろうとしています。そして、それが自然の風景を写した写真であっても、広告宣伝のためのポスターであっても、そこから読み取られる意味は、見るもの一人ひとりの**「言葉」**に託されているのです。ここでは、世の中に氾濫(はんらん)する**「映像イメージ」**からどのような意味を読み取るか、一人ひとりのもつ**「言葉の力」**の大切さを語ります。

古典編

第1章　古文の読み方を知る

古語や文法は後回し　昔の人の書いた文章が時代を越えて読める、この幸運を是非実感して欲しいと思います。そのためには、姿勢を正して「古語」とか「古典文法」のような細々(こまごま)とした学習から始めるなどということは絶対にしないで下さい。古文が嫌(いや)な科目になってしまう人の大半は、真面目(まじめ)に、本気で古文を勉強しようと張り切っていた人たちだからです。

異なる文化から　本書の性格上、やむをえず細々（こまごま）とした言葉や文法の説明から始めますが、まだきっと馴染（なじ）みのない古文でしょうから、「恋愛事情」とか「貴族の姿」とか「楽器・遊び」といった、**「現代とは異なる文化」**の興味のもてそうなところから始めることを勧めます。「これはどんな文章の中に見られるのだろうか」、こうしたことが気になり始めたら、もう古文が嫌な科目になることはありません。いちばん難しく奥深く面白いと言われる『源氏物語』まで、ゆっくり気長に学び続けましょう。

第2章　漢文の読み方を知る

日本語で読む　漢文は、もともと語順の違う中国古典が日本に輸入された頃から、日本語で（日本語の語順で）読もうと試みられてきました。そのため「古文」の基礎学習がひと通り終わっている方が馴染（なじ）みやすいため、通常は高校から本格的に学習する科目になっています。ここでは日本語で読もうと工夫を凝（こ）らした先人たちの苦心の跡をたどりながら、**古代中国の異文化**にも目を向けましょう。

語彙（ごい）編

日常会話で使ってみよう　この世におけるありとあらゆるものは、網の目のように、その間（あいだ）に見知らぬ多くの人と物を挟（はさ）みながら、必ず**「言葉」**とともにどこかでつながり合っています。本編には、そうした**「言葉の網（あみ）の目（め）」**を紡（つむ）いできた先人たちの知恵を集めました。言葉との「出会い」で大事なことは、覚えることよりも**実際に使ってみること**です。おもしろい言い回しとか、ちょっと気に入った言葉があったら、さっそく身近な日常会話で気軽に使ってみましょう。

先人たちの知恵につながる　言葉との**「新たな出会い」**は、使い慣れることによって自分の**「新しい言葉」**となります。新しい言葉は、人や物との**「新たな出会い」**を演出してくれるはずです。**「漢字という厄介（やっかい）な文字」**と格闘してきた先人たちの苦心と彼らの知恵に触れ、知らぬ間に遠い先人たちとどこかでつながっている自分に気付く、この壮大なロマンを楽しみましょう。

目次

現代編 19

第1章 日本語の仕組みを知る 21

日本語の文法を知る

日本語の表記を知る

第4章 文章の書き方を知る 263

第5章 話し方のテクニックを知る 297

第6章 映像イメージの読み解き方を知る 317

スタッフ

編集協力　有限会社マイプラン　奥美香　湯川善之
校正　そらみつ企画
広瀬菜桜子
宮川咲
装丁・本文デザイン　内津　剛（及川真咲デザイン事務所）

イラストレーション　作間達也
もとき理川
ムラタユキトシ
おおさわゆう
川上潤
神田太輝

著者紹介

開成中学・開成高等学校教諭
峰高久明
Minetaka Hisaaki
兵庫県出身

本書の初版当時より一切の妥協を許さず、自身は枠に囚われない自在な発想を持つゆえか、歴代の編集者は非常に鍛えられた。長らく硬式野球部の顧問を兼ね、教室では温かく包み込むような声を響かせながら、熱い直球を生徒たちに投げ続けた。古語と古典文法による短歌を生徒たちに詠ませる授業では、自身も大いに楽しんだという。２学期間を要した芥川龍之介「枯野抄」の授業、著名な訳者による古典の現代語訳を比較する授業など、独創的な授業を展開したと聞く。2020年3月、47年間勤めた開成学園を定年退職し、今は「晴耕雨読」の老後を静かに楽しんでいる。
好きな作家：山本周五郎

開成中学・開成高等学校教諭
葛西太郎
Kasai Taro
東京都出身

散歩に出かけたら思いがけず見晴らしのいい所まで来ていた、という授業が目標。読解においては、表面に現れた文字や画面以外の「空白」部分や裏側にこめられた意味を探すよう心掛けている。本書でも取り扱う『東京物語』以外にも、何本もの映画を授業の教材として用い、「映画から読み解く哲学」という授業を実践している。実生活ではテニス、落語、お酒を趣味とし、落語は鑑賞では飽き足らずこの五年で十席のネタと十着の着物を持つに至ったという。
好きな人物：桂 枝雀、グレン・グールド、忌野 清志郎

開成中学・開成高等学校教諭
神田邦彦
Kanda Kunihiko
埼玉県出身

教壇ではPowerPointを駆使して文学を語り、ステージではエレキギターを駆使してロックを奏でる勇往邁進の日々。自称、青春真っただ中で、なんとも大人になりきれない。執筆においては、参考書以外に榊邦彦という筆名で、作家としても著作がある。主な作品に『100万分の1の恋人』（新潮社）、『もう、さよならは言わない』（新潮社）があり、『100万分の1の恋人』は、台湾・韓国でも翻訳出版されている。生来の物書きで「しゃべるように」書き、さざ波のような言葉を紡ぐ。沖縄の島々を愛している。
好きな和歌：もの思へば沢のほたるもわが身よりあくがれいづるたまかとぞ見る（和泉式部）

開成中学・開成高等学校教諭
矢口郁子
Yaguchi Ikuko
茨城県出身

本書の執筆と同様に、授業においても古文を担当。生徒たちの生涯の記憶に古典の中の一節が刻まれることを願って日々授業に取り組んでいる。主に平安～中世の作品を読み、なかでも和歌の読解を最も好む。奥ゆかしさの中に学識と知性を併せ持ち、読解においては誠実さと同時に鋭い感性を発揮。書誌学を学んだ経験から、紙や印刷や書物の形態にも興味を持つ。古文を読むその美声は多くの人を魅了し、古の世界へと誘う。
好きな作品や人：『方丈記』、尾形亀之助、エド・シーラン

紹介者：江尻寛子（編集部）

執筆担当者

現代編

第１章　日本語の仕組みを知る
「日本語の文法を知る」「日本語の特色を知る」…神田邦彦
「日本語の表記を知る」……矢口郁子
第２章　近代文学の流れを知る ……峰高久明
第３章　文章の読み方を知る
「文章読解の原則」「設問形式別攻略法」……峰高久明
コラム「中島みゆきの『詩』の世界」……神田邦彦
第４章　文章の書き方を知る ……葛西太郎
第５章　話し方のテクニックを知る ……葛西太郎
第６章　映像イメージの読み解き方を知る
「映像イメージの読み解き方」……神田邦彦
「漫画の読み解き方」……神田邦彦
「映画の読み解き方」……葛西太郎
「広告の読み解き方」「写真の読み解き方」……神田邦彦
「言葉による枠組み」……神田邦彦

古典編 ……矢口郁子

語彙編 ……峰高久明

現代編

現代編

第1章　日本語の仕組みを知る

日本語の「文法・表記・特色」を学びます。味気ない暗記学習にならないよう、学校で学ぶ口語文法はもちろん、文字・方言・世界の言語などにも視野を広げ、興味深い例をあげながら、日本語の秘密に深く迫っていきます。

文法は「整理のしかた」に過ぎない

本文では、「整理」という言葉を多用した。「文法」は、絶対的に正しい一つの法則ではない。私たちが日ごろ使用している言葉に対する一つの整理のしかたに過ぎない。

書棚の整理のしかたに、「本の背の高さ順」「ジャンル別」「作者別」など、いろいろな方法があるように、言葉の整理のしかた(文法)にも、いろいろな方法があって構わない。

要は、どのような整理の方法が、一番わかり易く、説得力があるかということだ。

本書で扱う「文法」は、主に学校で習う「学校文法(＊橋本文法)」を中心にしたが、けっして絶対的なものではなく、一つの整理のしかたに過ぎない。もちろん、もっとも説得力のある、よく練られた整理のしかたの一つであることは間違いない。

＊橋本文法……橋本進吉(言語学者。一八八二～一九四五)の唱えた日本語の文法体系。

① 文法とは何か（文法を学ぶ心構え）

コミュニケーションのための「共通ルール」

私たちは、日常的に言葉を使用するとき、「きまり」を意識することは、ほとんどない。ごく自然に、思ったことを口にしたり、文章に書いたりする。しかし、まったくいい加減に音や文字を並べただけでは、相手にはもちろん、自分にもその発した言葉の意味は、つかめないだろう。自分の発した言葉の意味を、相手にも理解してもらうためには、自分と相手とが、共通のルールを持っていることが必要だ。私たちが、コミュニケーションのために、無意識に則(のっと)っている「共通のルール」を、意識的に整理しなおしてみよう。これが「文法」について学習するということである。

文法よりも、言葉が先にある

「文法の学習は難しい」という話をよく聞く。しかし、ここで意識を転換してみよう。「文法」は、教科書や参考書のなかに難しい言葉で書いてあるのではない。「文法」は、すでに私たちの頭のなかに入っている。私たちは「文法」を学習するよりも以前に、すでに十分に理解して、言葉を使用しているのだ。この理解済みのものを、教科書や参考書で整理して、目に見える形にしてみる。それだけの話なのだから、けっして難しいことではない。

文法で扱う主なこと

学校で習う文法で扱う主なことは、ほぼ次の五点にまとめられる。これらを、次から詳しく学習していこう。

学習のPOINT

文法は自分で発見していくことができる

ある程度、文法の基礎が身に付いたら、そこから先は、自分で文法を発見していくつもりで、学習にのぞもう。

たとえば、「食べながら」という言葉を考えてみよう。「食べる(動詞)」と、「ながら(助詞・103ページ参照)」が、つながって、一文節を作っている。ここで、「食べ」が、「食べる」の何形であるかを考えてみよう。

「ながら」という言葉が「食べる」に接続するときに、どのような形に接続するのかを判断すればよいのだが、「食べる」は、下一段活用動詞で、

・「食べ…ない」　未然形
・「食べ…ます」　連用形
・「食べる」　終止形
・「食べる…とき」　連体形
・「食べれ…ば」　仮定形
・「食べろ・食べよ」　命令形

と活用し、「食べ」という形

文法も変化する

文法よりも先に、生きた現実の言語がある以上、対象となる言語が変化すれば、当然、それを整理するための文法も変化せざるを得ない。

たとえば、「ぜんぜん」という言葉は、正しくは下に打ち消しの言葉を伴う「呼応の副詞（61ページ参照）」とされ、「ぜんぜん面白い」などといった肯定の言い方は、未だに正規の言い方とは認められていない。

しかし、「とても」という言葉も、古くは「とても食べられたものじゃない」のように、打ち消しの言葉を伴って使う副詞であった。しかし、現在では、「とてもおいしい」のように、肯定の意味にも、十分、違和感なく使われている。「とてもおいしい」のような言い方を誤用とする人は、もはやいないだろう。

同様に、現在ではまだ俗用とされている「ぜんぜん面白い」や、「見れる」「食べれる」といった「ら抜き言葉」も、いずれ、多くの人が違和感なく使うようになれば、正しい用い方として認められ、正規の「文法」として教えられる日がくるのかもしれない。

① 単語の種類・用法についての整理

日本語のすべての単語を、10種類のグループに整理し、それぞれの単語がどのような性質を持ち、どのように使われるのかを整理する。

（例）ピーマン…名詞　を…助詞　食べる…動詞

② 単語と単語のつながり方の整理

いくつかの単語がつながって、「文節」という固まりができる。

（例）昨日、ぼくは母にピーマンを食べさせられた。

の「食べさせられた」という部分に着目しよう。「食べる」「させる」「られる」「た」という四つの言葉がつながって一つの固まり（文節）を作っている。

このように、単語がつながって文節を作っていくときのしくみを整理する。

③ 文節と文節との関係の整理

②のようにしてできあがった文節が、いくつか重なって「文」を作っていく。そのとき、文節と文節とがどのような関係で重なっていくのかを整理する。

（例）昨日、ぼくは母にピーマンを食べさせられた。

の「ぼくは」という文節と、「食べさせられた」という文節とは、主語と述語の関係にある。

④ 文と文との関係の整理

③のようにしてできあがった文が、いくつか重なって「文章」を作っていく。そのとき、文と文とがどのような関係で重なっていくのかを整理する。

（例）昨日、ぼくは母にピーマンを食べさせられた。しかし、まずくて全部食べきれなかった。

の一文目と、二文目は、逆接の関係にある。

⑤ 敬語の学習

日本語の「敬語」について、種類・用法などを整理する。

が、未然形・連用形の両方にあるため、どちらか判断しかねる。

そこで、「ながら」を、たとえば「飲む」などの五段活用動詞に接続させてみよう。私たちの頭のなかには、すでに文法が入っているのだから、だれでも、「飲みながら」と接続させることができるはずだ。

五段活用の「飲む」は、

- 「飲ま…ない・飲も…う」　未然形
- 「飲み…ます」　連用形
- 「飲む」　終止形
- 「飲む…とき」　連体形
- 「飲め…ば」　仮定形
- 「飲め」　命令形

と活用するので、「ながら」は連用形に続く言葉だと判断できる。

したがって、「食べながら」の「食べ」も、連用形であると推論できる。

このような手順・コツをつかめば、「ながら」という助詞が「連用形接続」であるということを無理矢理に暗記することなく、自分で文法を発見していくことができる。

もっとも短い文章

フランスの文豪ヴィクトル・ユゴーが、出版社に自分の本の売れ行きを尋ねるために、「?」という一文字の手紙を送った。それに対して、大ヒットしているという意味で、出版社は、「!」という返事を送った。

たとえば、この「?」や「!」も、それ自体が一つの「文」であり、一つの文章である。

補助符号でくぎらない文もある

本文では、「。」「?」「!」などでくぎられる一続きの内容を「文」としたが、そういった補助符号がまったくない場合もある。

たとえば、新聞の見出しや、ポスターのコピーなどには、くぎりのための補助符号のない場合が多い（この本の見出しにも、句点は記されていない）。たとえくぎられていなくても、

・「国会空転」
・「南の島でバカンス」
・「補助符号でくぎらない文

② 言葉の単位（文章・文・文節・単語）

文章……最大の言葉の単位

一通の手紙や、一続きの随筆、一編の小説など、一つの統一的な内容を表した言葉のまとまりを「文章」という。通常、二つ以上の文からなる場合が多いが、「駅前に八時集合。」というような、一文でできた短いメールも、また文章である。

文……句点「。」でくぎることのできる一続きの内容

句点「。」でくぎることのできる一続きの内容を「文」という。「?」「!」「……」といった記号でくぎられる場合もある。

文節……くぎっても不自然にならない最小の単位

話をするとき、文を読み書きするとき、私たちは、切れ目なくだらだらと行っているわけではない。時折、息をついたり、切れ目をつけたりする。そのような切れ目でくぎった最小の単位を「文節」という。通常、「ネ」や「サ」を入れて、不自然にならないところが「文節」の切れ目である。

（例）（／が文節の切れ目）

今年、／開催された／オリンピックでは、／日本人選手が／大活躍して、／たくさんの／メダルを／獲得した。

単語……辞書で引く場合のひとかたまりの単位

文節をさらに細かく分けて、辞書で引くようなひとかたまりの単位にまで分けたものを単語という。

学習のPOINT

「ネ」を入れて、文節を発見しよう

本文の例文は、「今年ネ、開催されたネ　オリンピックではネ、日本人選手がネ　大活躍してネ、たくさんのネ　メダルをネ　獲得したヨ。」と言うことができ、八文節からできた一文であることがわかる。（文末は、「ヨ」でくぎると言いやすい。）

「日本人選手」は一単語?

上記の例文のうち、「日本人選手」というのは一単語として扱わねばならない。「日本人」と「選手」に分けることができるのではないかと考えられるし、辞書で引く場合も「日本人」と「選手」とに分かれるが、これを二単語としてしまうと、「一文節に一自立語」という文法の大原則（27ページ参照）に反してしまうため、「日本人選手」という一単語として扱う。

もある」なども、一つの文である。

他にも、表彰状や、結婚式の招待状など、格式ばった正式の文章には、句点が打たれない場合もある。

俳句・短歌・詩といった文芸作品にも、補助符号は記されない場合が多い。

「象は鼻が長い。」

主語・述語という言葉が、関係を表す言葉であることを理解すれば、「象は鼻が長い。」のような文も、組み立てを理解しやすい。「象は」は「鼻が長い」という述部に対しての主語であり、「鼻が」は、「長い」という述語に対しての主語である。

補助・被補助の関係

下記の①・②・③以外にも、「声をかけてみる」の「かけて」と「みる」のような関係を、「補助・被補助の関係」という。

接続語

下記の「しかし」のような語を「接続語」として、「独立語」とは別に分類する考え方もある。

③ 文節と文節の関係

文節と文節とが結び付いて、文を作る。その際に、文節と文節とが結び付く関係の代表的なものは、次の三つである。

①主語と述語の関係

・何が、どうする。（鳥が、飛ぶ。）　・何が、どんなだ。（問題が、難しい。）　・何が、なんだ。（彼が、団長だ。）

このうち、「何が」にあたる部分を「**主語**」、「どうする」「どんなだ」「なんだ」にあたる部分を「**述語**」という。

②修飾語と被修飾語の関係

他の文節を詳しく説明する文節を「**修飾語**」といい、詳しく説明される文節を「**被修飾語**」という。

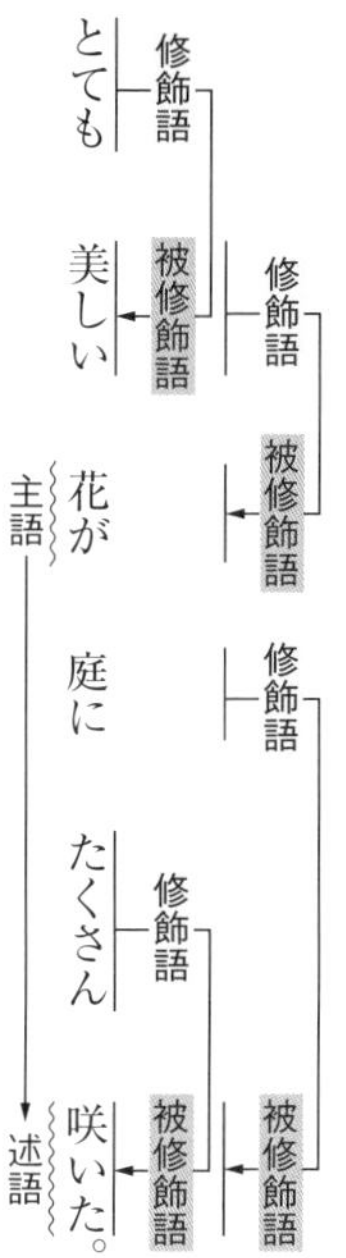

修飾語 → 被修飾語
修飾語 → 被修飾語　修飾語 → 被修飾語
とても（修飾語） 美しい（被修飾語） 花が（主語） 庭に たくさん（修飾語） 咲いた。（被修飾語・述語）

③独立の関係（独立語）

主語・述語・修飾語・被修飾語にならずに、他の文節と直接の関係がないものを独立語という。

・ねえ、教えて。（呼びかけ）　・ああ、美しい。（感動）
・はい、平気です。（応答）　・オリンピック、それは最高の舞台だ。（提示）
・しかし、難しい問題だ。（前文との接続を示す）

関係をとらえる

「主語 - 述語」「修飾語 - 被修飾語」というのは、あくまでも、他の文節との関係を考えるときに生じるものである。本文の例文では、「美しい」という文節が、「とても」に対しては被修飾語に、「花が」に対しては、修飾語になっている。同様に「花が」という文節は、「咲いた」に対しては、主語であるが、「美しい」に対しては、被修飾語である。

主部・述部

上記の例文の「とても美しい花が」の部分を「主部」、「庭にたくさん咲いた」の部分を「述部」というように、いくつかの文節をまとめて、それぞれの関係を考えることもできる。いくつかの文節をまとめた場合は「…部」という言い方で表す。同様に、「花が」に対して、「とても美しい」は、修飾部であるということができる。

④品詞分類表・自立語・付属語

単語をグループ分けする

国語の辞書を見ると、無数の単語が五十音順に並んでいる。これらの無数の単語を、いくつかの観点に着目して、グループ分けしていく。これが、文法の第一歩だ。日本語のすべての単語は、次のような①から⑩の十種類のグループに分けることができる。

［品詞分類表］

単語
- 自立語
  - 活用がある…述語になる（用言）
    - ウ段で終わる……①動詞
    - 「い」で終わる……②形容詞
    - 「だ」で終わる……③形容動詞
  - 活用がない
    - 主語になる（体言）……④名詞
    - 修飾語になる
      - 主に用言を修飾する……⑤副詞
      - 体言を修飾する……⑥連体詞
    - 独立語になる
      - 前後の接続を示す……⑦接続詞
      - 応答・感動などを示す…⑧感動詞
- 付属語
  - 活用がある……⑨助動詞
  - 活用がない……⑩助詞

もっとくわしく

十一分類

「代名詞」という分類を設けて、十一分類にする考え方もあるが、ここでは、「代名詞」は、④「名詞」の一部として、十分類の立場をとった。

単語の例

①動詞
「動く」「起きる」「する」
②形容詞
「赤い」「美しい」「楽しい」
③形容動詞
「静かだ」「親切だ」「豊かだ」
④名詞
「机」「ぼく」「東京」「一個」
⑤副詞
「ゆっくり」「もっと」
⑥連体詞
「あらゆる」「わが」
⑦接続詞
「そして」「しかし」「だから」
⑧感動詞
「ああ」「もしもし」「はい」
⑨助動詞
「られる」「そうだ」「たがる」
⑩助詞
「が」「を」「て」「ながら」

学習のPOINT

文法は単語のグループ分け

文法は、すべての単語のグループ分けだと思うと、わかりやすい。

まずは、「その単語が文節の先頭にくることができるかどうか」という、最大の観点から、二分類する（先頭にこられるものなら、「自立語」。先頭にこられないものなら、「付属語」となる）。次に、それぞれを、「活用があるか・ないか」という観点で、二分類する。

このように、順に細かい観点に着目しながら、分類を続けて、樹形図のように、下位まで分類を続けていくということである。

さらなる下位分類

これから、「動詞」「形容詞」といった順に、学習を進めていくわけだが、その時の学習も、それぞれの項目の、さらに細かい分類だと思えば、わ

主語になる（体言）
述語になる（用言）

品詞分類表では、「主語になる（体言）…名詞」と記したが、「名詞」は、何も主語になることだけが、性質ではない。「ぼくは中学生だ。」とあれば、「中学生」という名詞は、述語の一部を成しているし、「今日、遊園地に行った。」とあれば、「今日」という名詞は、修飾語になっている。つまり、「名詞」とは、「主語になることができる語」ということである。

一方、述語になることのできるのは、何も「動詞」「形容詞」「形容動詞」（あわせて「用言」という）の三つだけではない。たとえば、「彼は、一流選手だ。」という文ならば、述語の「一流選手だ」は名詞と助動詞で構成されている。すなわち、「用言」とは、「単独で述語になることができる、活用のある語」ということである。

文頭に「られる」？

「『られる』という語は、付属語だ。」というような例文では、「られる」という言葉を一つの名詞として、自立語として用いている。

自立語・付属語

単語の最初の分類「自立語」「付属語」については、次のような性質がある。

自立語

・その語だけで、一文節を作ることができる。
・常に、文節の先頭にくる。
・一文節のなかには、必ず一つの自立語がある。
・一文節のなかに、二つ以上の自立語が入ることはできない。

付属語

・その語だけでは、文節を作ることができない。
・文節のなかで、常に自立語の後に付属する形で使われる。
・一文節のなかに、付属語のない場合もある。
・一文節のなかに、いくつでも重ねて用いることができる。

（例）（自立語：　付属語：　／：文節の切れ目）

以前は、／生徒は／皆、／担任の／先生に、／給食を、／必ず／最後まで、／残さずに／食べさせられたようだ。

チェック①……それぞれの文節のなかで、「一文節に一自立語」のきまりを確認しよう。

チェック②……「文節の先頭は、必ず自立語」を確かめよう。

チェック③……「その語だけで、一文節を作っている自立語」があるのを確認しよう。（「皆」「必ず」）

チェック④……「一文節のなかに、いくつもの付属語が重ねて用いられている例」を確認しよう。（「残さずに」「食べさせられたようだ」）

かりやすい。たとえば、動詞については、「活用のしかた」という観点に着目して、五段活用・上一段活用……というように、下位分類していくというわけだ。常に、この「品詞分類表」をイメージして、「どの項目について、どのような観点から、グループ分けしているのか」ということを意識しながら、学習を進めよう。

単語・文節の分け方に迷ったら

「昼ご飯を食べ過ぎて、動きにくい。」というような文を単語・文節にくぎるときに、「昼」と「ご飯」を分けるべきか、「食べ」と「過ぎる」を分けるべきか、迷うところだ。このようなときは、「一文節に一自立語」のきまりを考えよう。

「昼ご飯を／食べ過ぎて、／動きにくい。」となるから、「昼ご飯」「食べ過ぎる」「動きにくい」は、それぞれ、一つの自立語として考えなくてはならないことがわかる。

⑤ 用言について・活用について

■用言……自立語で活用のある語

動詞・形容詞・形容動詞をあわせて、「用言」という。

用言の特色

・自立語で活用がある。
・その語だけで、述語になることができる。

（例）鳥が鳴く。　壁が高い。　風が静かだ。

■用言の三種類（動詞・形容詞・形容動詞）

用言
- 物事の動作・作用・存在などを表す単語。終止形がウ段で終わる。→ 動詞（動く・消える・ある）
- 物事の性質・状態などを表す単語。終止形が「い」で終わる。→ 形容詞（強い・寒い・楽しい）
- 物事の性質・状態などを表す単語。終止形が「だ」で終わる。→ 形容動詞（きれいだ・穏やかだ）

■活用……他の語に続くために、その語が形を変えること

たとえば「動く」という動詞を、「ない」「ます」「そうだ（伝聞）」「とき」「ば」「う（意志）」などに続けてみよう。

もっとくわしく

壁に耳あり、障子に目あり

口語では、動詞の終止形は、すべてウ段であるが、文語（古文）では、「あり」というように、「り」で終わる動詞がある。今でも、格言やことわざなどに残っている。

活用形の特殊用法

Go to 395ページへ

○連用形の特殊用法

・連用中止法
「雨が降り、涼しくなった。」のように、いったん文を中止して、また後ろに続ける用法がある。

・連用形からの転成名詞
「動きが鈍る。」のように、連用形が名詞になることがある。転成名詞という。

○終止形の特殊用法

・終止形命令
終止形で言い切った場合に、「強い命令」の意味を表す場合がある。たとえば、下校時間が過ぎても、なかなか帰らない生徒に、先生が、

学習のPOINT

用言・体言

・述語になれる言葉＝「用言」
・主語になれる言葉＝「体言」
とセットで覚えておこう。

各活用形の主な用法を覚えよう

活用については、各活用形の主な用法を覚えて、そこから、自分でその形を作るようにしよう。未然形「動か」と丸暗記するのではなく、「動く」に「ない」を続けて、自分で「動か」を発見するという手順で学習しよう。同様に、連用形は「ます」を、終止形は「。」を続けて、順に、自分の力で発見していくような学習態度が大切だ。

六つの活用形の名称について

「未然形」「連用形」…といった名称は、それぞれ各活用形の代表的な用法をもとに、命名されている。

・「未然形」は、「まだ、そうでない（未然）」という意

「ぐずぐずしていないで、早く帰る!」と言うような場合である。強い命令の意味合いになる。

○命令形の特殊用法

命令形には、命令以外にも次のような意味合いを表す用法がある。

・放任の用法
「勝手にしろ。」「やらせておけ。」

・禁止の用法
「うそつけ。」「馬鹿言え。」

・あいさつ等の慣用的用法
「いらっしゃい。」「ごめんなさい。」

六活用形・配列順

文語で「死ぬ」という動詞は、「死な」「死に」「死ぬ」「死ぬる」「死ぬれ」「死ね」と活用する。(395ページ参照)この「死ぬ」にあわせて、活用形を整理して、六つの活用形が作られた。

その六つの活用形を動詞のうち、もっとも多い活用である五段活用(文語では四段活用)のアイウエオ順に整理して並べた結果、「未然形」「連用形」「終止形」「連体形」「仮定形(文語では已然形)」「命令形」と続く配列になった。

「動く」のままでは、他の語に続くことができない場合があり、上図のように、「動か」「動き」など、形を変える

動か＋ない　動き＋ます　動く＋そうだ
動く＋とき　動け＋ば　動こ＋う

ことがわかる。このように、他の語に続くために、語が形を変えることを「活用する」という。このとき、変化しない部分「動」を、語の幹(みき)という意味で「語幹(ごかん)」といい、変化する部分「か」「き」「く」「け」「こ」を「活用語尾」という。

六つの活用形

語の変化する様子を、次の六つの形にまとめて整理する。

- **未然形**…助動詞「ない」・「う」「よう」などに続く形
- **連用形**…助詞「て」・助動詞「ます」「た」などに続く形
- **終止形**…言い切りの形。助動詞「そうだ(伝聞)」などに続く形
- **連体形**…体言(名詞)に続く形
- **仮定形**…助詞「ば」に続いて、仮定の意味を表す形
- **命令形**…命令の意味で言い切る形

活用表

「動く」について、その活用を表にすると、次のようになる。

語	語幹	未然形	連用形	終止形	連体形	仮定形	命令形
動く	動	―か ―こ	―き ―い	―く	―く	―け	―け
主な用法		ナイ・ウに続く	マス・タに続く	言い切る	トキに続く	バに続く	命令して言い切る

味。未来(意志・推量)を表す「う」に続く用法がその代表例である。

・「連用形」は、「用言に続く形」の意味。「高く飛ぶ」の「高く」は、形容詞「高い」の連用形。

・「終止形」は、「文を終止する形」の意味。

・「連体形」は、「体言に続く形」の意味。

・「仮定形」は、「仮定を表す形」の意味。

・「命令形」は、「命令で言い切る形」の意味。

いずれの活用形においても、その名称とは関係のない用法もあることに注意しよう。たとえば、「連用形」は、「て」「ます」「た」などの助詞・助動詞に続く形でもあるし、「終止形」も文を終止する以外に、「まい」「そうだ」「らしい」といった助動詞にも続く。これから一つずつ覚えていこう。

基本形

「終止形」については、「基本形」という場合もある。

「起きる」の語幹は？

「起きる」について、変化しない部分を考えると、「起き」となって、語幹は「起き」ではないかと思うかもしれない。しかし、語幹を「起き」と設定すると、次の点で、整理のしかたに混乱が生じる。

・「ない」「ます」などの助動詞に対して、語幹から直接続くことになってしまい、他の動詞と関連させて整理しづらい。

・「起き」を語幹としてしまうと、この型の動詞の活用表のすべてが、「〇・〇・る・る・れ・ろ／よ」となってしまい、活用の行によって分類整理することができない。

・同様に、「受ける」などの下一段活用の動詞との分類整理もできなくなる。

以上が、口語文法を念頭においた理由だが、より本質的には、「起きる」が、文語では「起く」という語であり、「起き・起き・起く・起くる・起くれ・起きよ」と「き」と「く」の二段に活用したこと

⑥ 動詞 ― 活用の種類

■活用の種類

前ページで「動く」について、活用を見たが、他の動詞「飛ぶ」「起きる」「落ちる」「捨てる」「受ける」の活用も見てみよう。

語	語幹	未然形	連用形	終止形	連体形	仮定形	命令形
動く	動	―か ―こ	―き ―い	―く	―く	―け	―け
飛ぶ	飛	―ば ―ぼ	―び ―ん	―ぶ	―ぶ	―べ	―べ
起きる	起	―き	―き	―きる	―きる	―きれ	―きろ ―きよ
落ちる	落	―ち	―ち	―ちる	―ちる	―ちれ	―ちろ ―ちよ
捨てる	捨	―て	―て	―てる	―てる	―てれ	―てろ ―てよ
受ける	受	―け	―け	―ける	―ける	―けれ	―けろ ―けよ
主な用法		ナイ・ウ（ヨウ）に続く	マス・タに続く	言い切る	トキに続く	バに続く	命令して言い切る

「―」に注意

上記の活用表のそれぞれの欄に、「―」があることに注意しよう。この「―」は、「ここに語幹が入る」という意味である。

「動く」の未然形は、「か」ではなく、「動か」であり、連用形は「動き」である。これらの「動か」「動き」を省略して、「―か」「―き」と表記しているわけだ。

したがって、「する」「来る」のように語幹と活用語尾の区別がつかない場合は、活用表の各欄にも、「―」は記されていない。

動詞の活用の種類の見分けかた

ステップ1

まずは、「来る」「する」の変格活用を確認しよう。特に「する」は、「勉強する」「運動する」「訓練する」など、多くの複合動詞を作るので注意しよう。

に由来する。「き」と「く」に活用していれば、もはや、「起き」を語幹にしてしまうことはできないからである。

以上のような観点から、「起きる」の語幹は、「起」の部分のみと考えた方が、整理の都合がよく、本質的な考え方となる。「落ちる」「捨てる」などもまったく同様の理由から、右ページの活用表のような語幹となっている。

Go to 36・38ページへ

「う」「よう」

推量・意志の助動詞「う」「よう」は、五段活用動詞の未然形には「う」が、それ以外の未然形には、「よう」が続くものとして整理する。

Go to 78ページへ

サ変の未然形

未然形には、「ない・う（よう）」以外にも、受け身の「れる」や打ち消しの「ず」が続く。「しない」「される」「せず」となるので、サ変の未然形としては、「し」「さ」「せ」の三つとなる。

Go to 40ページへ

右の動詞をグループ分けすると、［動く・飛ぶ］［起きる・落ちる］［捨てる・受ける］の三つに分けられる。

このように、さまざまな動詞を見渡すと、すべての動詞の活用のしかたは、次の五つのグループに分けることができる。

①五段活用の動詞……「動く」「飛ぶ」のように、活用語尾が、「かきくけこ」「ばびぶべぼ」と、五十音図の五つの段にまたがって変化する。

②上一段活用の動詞……「起きる」「落ちる」のように、活用語尾の一音目が、「き」「ち」といった五十音図のイ段のみで変化する。

③下一段活用の動詞……「捨てる」「受ける」のように、活用語尾の一音目が、「て」「け」といった五十音図のエ段のみで変化する。

④サ行変格活用の動詞……「する」「勉強する」などのように、活用語尾が、「サ行」で不規則に変化する。略して「サ変」という。（左の活用表参照）

⑤カ行変格活用の動詞……「来る」のように、活用語尾が、「カ行」で不規則に変化する。略して「カ変」という。（左の活用表参照）

語	語幹	未然形	連用形	終止形	連体形	仮定形	命令形
する	○	し さ せ	し	する	する	すれ	しろ せよ
来る	○	こ	き	くる	くる	くれ	こい

＊語幹の表記について……語幹は、活用しても、変化しない語の中心（幹）として、ここではできる限り漢字の表記をした（29ページ参照）。一方、「する」「来る」などのように、語幹と活用語尾の区別がつけられない動詞については、語幹については、「○」として、活用表に表記する形をとった。

ステップ2

変格活用でなかったら、「ない」を続けて、未然形を作ってみよう。

・「動かない」のように「ない」の直前が「ア段」ならば、五段活用である。
・「起きない」のように「ない」の直前が「イ段」ならば、上一段活用である。
・「捨てない」のように「ない」の直前が「エ段」ならば、下一段活用である。

（注意1）「勉強する」を、「ステップ2」の方法に頼って、「勉強しない」を基準にして判断してしまうと、「上一段活用」と誤りかねない。「勉強する」はサ変であるから、「ない」を続けるまでもなく、「ステップ1」の段階ですぐに「サ変」と判断しなくてはならない。

（注意2）「ある」は、「あらず」となるので、五段活用と判断できる。

⑦ 動詞 二 五段活用

五段活用の動詞……五十音図の五段に活用する

五段活用の動詞は、活用する行によって、「カ行五段活用」「タ行五段活用」などと、さらに、分類することができる。

「動く」のように「**―か・―き・―く・―け・―こ**」と活用するものは「カ行五段活用」、「待つ」のように「**―た・―ち・―つ・―て・―と**」と活用するものは「タ行五段活用」という。

語	語幹	未然形	連用形	終止形	連体形	仮定形	命令形
動く	動	―か ―こ	―き ―い	―く	―く	―け	―け
待つ	待	―た ―と	―ち ―っ	―つ	―つ	―て	―て
呼ぶ	呼	―ば ―ぼ	―び ―ん	―ぶ	―ぶ	―べ	―べ
思う	思	―わ ―お	―い ―っ	―う	―う	―え	―え
探す	探	―さ ―そ	―し	―す	―す	―せ	―せ
主な用法		ナイ・ウに続く	マス・タに続く	言い切る	トキに続く	バに続く	命令して言い切る

もっとくわしく

「行」の指定はカタカナで書くこと

活用の行については、分類して指定するための記号であるから、左のようにカタカナで書くのが通例である。

本文例語の活用の種類

語	活用の種類
動く	カ行五段活用
待つ	タ行五段活用
呼ぶ	バ行五段活用
思う	ワア行五段活用
探す	サ行五段活用

学習のPOINT

ワア行五段活用

「思う」「笑う」「買う」などは、いずれも、ワ行とア行とにまたがって活用するので、「ワア行五段活用」とする。これらは、本来、「思ふ」「笑ふ」「買ふ」のように、「ハ行」で活用していたものであるが、発音が変化して「ワア行」で活用するようになった。

Go to 389ページへ

促音・撥音

「散った」の「っ」のようなつまる音を「促音」という。また、「呼んだ」の「ん」のようなはねる音を「撥音」という。

音便は「発音便利」

音便とは、発音が便利なように、本来の形が変化した(崩れた)ものをいう。

たとえば、「動く」「待つ」などが、「て」に続く場合、

カタカナは記号？

日本語では、たとえば外来語を表記する場合、本来の文字ではなく、カタカナを発音記号のように利用しながら、代理的に表記する。

試験問題の選択肢なども、選択肢全体を表す記号としては、平仮名（ひらがな）よりも、カタカナを利用することが自然である。

すべての文字はいずれも、実物を代理して表すための「記号」ではあるが、なかでも、カタカナは、「平仮名」「漢字」に比べて、「本体を代理して表すための便宜的な記号」という意味合いの強い文字である。

電車の車体にも「モハ」「クハ」などといった記号がカタカナで記されている。「モ」は「電動車」を表す記号。「ク」は「制御車」を表す記号。「ハ」は「普通車」を表す記号。

したがって、活用の行については、指定するための記号として「カタカナ」を利用して、表記するのが自然である。

Go to 140ページへ

音便（おんびん）……イ音便・促音便・撥音便

右の活用表の連用形に着目しよう。「動いタ」「待っタ」「呼んダ」のように、本来の連用形とは違う形が表れている。

これらは、いずれも、続く言葉への発音のしやすさのために、本来の形から変化したものであり、こういった形を、音便という。

動詞では、五段活用の連用形が、助詞の「て（で）」「たり（だり）」や、助動詞の「た（だ）」に続く場合に表れる。

ここで学習する音便には、次の三種類がある。

①**イ音便（カ行・ガ行五段活用の連用形に生じる）**
- 山が動いたりするものか。（動く　カ行五段活用）
- 川を泳いでわたった。（泳ぐ　ガ行五段活用）

②**促音便（タ行・ラ行・ワア行五段活用の連用形に生じる）**
- 待っていてください。（待つ　タ行五段活用）
- 花が散った。（散る　ラ行五段活用）
- 思ったほどではなかった。（思う　ワア行五段活用）

③**撥音便（ナ行・バ行・マ行五段活用の連用形に生じる）**
- 死んではいけない。（死ぬ　ナ行五段活用）
- 友達を家に呼んだ。（呼ぶ　バ行五段活用）
- 爪（つめ）を噛（か）んだりしてはいけない。（噛む　マ行五段活用）

音便も「他の語に続くために、語が形を変える」という点で、「活用」の一種と考えられる。したがって、活用表にも本来の形と併記する形で表記する。

もともとは「動きて」「待ちて」のように、本来の連用形から接続していた。

しかし、「動きて」「待ちて」と発音するのが、次第に崩れて、発音が便利な方へと変化していく。これが音便のしくみである。

形容詞のところでも学習するが、「ありがたくございます」という本来の形が崩れて、「ありがとうございます」というように発音が便利な形になったのも、同様に「音便」である。これは、「ウ音便」と呼ばれる。

51ページへ

サ行五段活用には音便形がない

右ページの表を見てもわかるように、「探す」などサ行五段活用の動詞は「探した」「探して」「探したり」のように、本来の形から、「た」「て」「たり」に続くことができる。音便形がないので、注意しよう。

音便あれこれ

「音便」は発音の省エネルギー

「音便」とは、「発音便利」の意味である。人間は、とても怠慢にできているので、何事でも、少しでも、エネルギーを必要としない方向に流れる傾向がある。言語でも同じだ。「歩きて」としっかり発音するよりも、「歩いて」と子音の［k］を発音しない方が、のどや唇などの器官にかかる負担がかなり軽減できる（ためしに「歩きて・歩きて…」と繰り返してみよう。すぐに疲れて「歩いて」と発音したくなってしまう）。少しでもエネルギーを消費しない方向に物事が変化するのは、とても自然なことだろう。

この「発音の省エネ」ということを考えると、動詞の音便が、「五段活用の連用形」に生じているのも、とても理にかなっていることがわかる。動詞の活用の種類のうちで、五段活用に属する動詞は非常に多い。また、「て」や「た」に続く連用形を、私たちがとても多く使っていることも、経験的に推察できると思う。

この「五段活用の連用形」＋「て・た」という非常に多い組み合わせで、パターン的な省エネを行ってしまえば、一気に大きな省エネ効果が発揮できるというわけである。別の言い方をすれば、「よく使われる言葉の方が、疲れて、怠慢になる傾向が強い」ということだ。

「音便」は名詞にもある

通常、学校の口語文法では、「音便」について、「五段活用の連用形＋て・た・たり」と、「形容詞の連用形＋ございます（例…ありがとうございます）」しか扱わないが、「発音の省エネ」として「音便」を広く考えると、さまざまなところに、音便の様子が発見できる。

たとえば、古くは形容詞の連体形は、「美しき」のように、活用語尾が「き」であった（396ページ参照）。今でも「若き日々」「かよわき乙女」などのようにやや古めかしい言い方には残っている。これらは、すべて「美しい」「若い」「かよわい」と「イ音便」となり、大きな省エネ効果を発揮している。

個々の単語においても、音便は見受けられる。たとえば、月のはじまりのことを「ついたち」と言うが、これは、「月がはじまる（立つ）」という意味での「つきたち」がイ音便になったものである。古くは、女性のことを「をみな」と言ったが、これも撥音便になって、「をんな（おんな）」となった。

身近なところでは、たとえば「わたし」という一人称も、唇をはっきり動かさずに、ややだらしなく発音すれば、冒頭の子音［w］が消えて、「あたし」になってしまう。さらにだらしなく疲れた感じで発音すると、「し」の子音［s］も消えて、「あたい」になってしまう。こういった例も音便の一種といえるだろう。

「渡いた」「わかんない」

33ページで、「サ行五段活用には音便形がない」と説明したが、岐阜県や兵庫県の一部では、サ行五段活用の「渡す」「探す」「出す」などの連用形が、「渡いた」「探いた」「出いた」のように、イ音便になる。しかし学校文法では、共通語を対象とするため、「サ行五段活用には音便形がない」と説明するのである。また、

「難しくて、わかんない（わからない）」

「もっとよい点数を取んないと（取らないと）困る」

などのように、ラ行五段活用の「わかる」「取る」などの未然形が「ない」に続くとき、撥音便になる例もある。しかし、これらは、関東の方言なので、共通語を対象とした学校文法では扱わないのである。

方言の関連でいえば、共通語では、上一段活用の「飽きる」「借りる」などは、西日本では、終止形は「飽く」「借る」となり、活用の種類は、五段活用である。したがって、「五段活用の連用形には音便形を生じる」という法則通り、「飽く」や「借る」が、「た」などに続く場合は、「飽いた」「借った」と、音便形となる。

「問うた」

ワア行五段活用の連用形は、通常「思った」「笑った」のように促音便になる。しかし「問う」という動詞はどうだろう。「問う」は、「思う」と同じ、ワア行五段活用であるが、「た」に続けるとき、「問った」とは言わず、「問うた」という形になる。同様に「請う」というワア行五段活用の動詞も、「請った」とはならず、「請うた」となる（いずれも頻繁に使われる形ではない）。

これらの「問うた」「請うた」はウ音便であり、動詞の連用形の音便形としては、特異な例に思われるかもしれないが、この「ワア行五段活用の連用形がウ音便になる」という現象は、西日本では、基本的な文法現象である。「思う」「笑う」「買う」など、いずれも、西日本では、「思うた（オモウタ）」「笑うた（ワロウタ）」「買うた（コウタ）」のように、ウ音便になって使われる。

「行った」？

「行く」はカ行五段活用であるから、「浮いた」のように、イ音便になるのが原則である。しかし、「行く」は「行いた」とはならずに、「行った」と促音便になる。

これは、「イ・イ・た」という「イ音の連続」を嫌ったためと、「た」の［t］音への接続をねらって、言いやすくつまった結果、「行った」と促音になったものと思われる。

以上のように、音便はいずれも、より言いやすい形を求めて、ある場合はパターンとして、ある場合は個々の単語の様子に応じて、場合によっては地方それぞれの仕組みに則って、「発音の省エネ化」を遂げたものである。

⑧ 動詞

三 上一段活用

■上一段活用の動詞……五十音図のイ段一段に活用する

上一段活用の動詞も、活用する行によって、「ア行上一段活用」「カ行上一段活用」のように分類できる。

「老いる」は「―い・―い・―いる・―いる・―いれ・―いろ／―いよ」と活用するので「ア行上一段活用」、「起きる」は「―き・―き・―きる・―きる・―きれ・―きろ／―きよ」と活用するので「カ行上一段活用」という。

語	語幹	未然形	連用形	終止形	連体形	仮定形	命令形
老いる	老	―い	―い	―いる	―いる	―いれ	―いろ ―いよ
起きる	起	―き	―き	―きる	―きる	―きれ	―きろ ―きよ
落ちる	落	―ち	―ち	―ちる	―ちる	―ちれ	―ちろ ―ちよ
借りる	借	―り	―り	―りる	―りる	―りれ	―りろ ―りよ
主な用法		ナイ・ヨウに続く	マス・タに続く	言い切る	トキに続く	バに続く	命令して言い切る

「上二段」？

上一段活用動詞の多くは、古くは「起き・起き・起く・起くる・起くれ・起きよ」のように、上二段に活用した。一方、「見る」のように、語幹と活用語尾の区別のない上一段活用動詞は、文語でも上一段に活用する。

Go to 390・392ページへ

本文例語の活用の種類

語	活用の種類
老いる	ア行上一段活用
起きる	カ行上一段活用
落ちる	タ行上一段活用
借りる	ラ行上一段活用

「○」と「―」に注意

語幹と活用語尾が区別できない動詞については、語幹の

学習のPOINT

「キ行」は間違い！

すべての活用語尾が「き」で始まるからといって、「キ行上一段活用」としてはいけない。活用する行の指定は、ア段のカタカナで行うこと。

五十音図

行＼段	ア段	イ段	ウ段	エ段	オ段
ア行	あ	い	う	え	お
カ行	か	き	く	け	こ
サ行	さ	し	す	せ	そ
タ行	た	ち	つ	て	と
ナ行	な	に	ぬ	ね	の
ハ行	は	ひ	ふ	へ	ほ
マ行	ま	み	む	め	も
ヤ行	や		ゆ		よ
ラ行	ら	り	る	れ	ろ
ワ行	わ				を
ガ行	が	ぎ	ぐ	げ	ご
ザ行	ざ	じ	ず	ぜ	ぞ
ダ行	だ	ぢ	づ	で	ど
バ行	ば	び	ぶ	べ	ぼ
パ行	ぱ	ぴ	ぷ	ぺ	ぽ

「上一段」とは？

上図の活用語尾の一音目

表記は「○」になっている。各活用形にも、「—」を付して、「ここに語幹がくる」ということを示す必要はない。

本文例語の活用の種類

語	活用の種類
見る	マ行上一段活用
着る	カ行上一段活用
似る	ナ行上一段活用

語数は二百語程度

規則的に活用する動詞（五段活用・上一段活用・下一段活用）のなかでは、上一段活用の動詞はもっとも少なく、二百語前後だと思われる。

すべての活用形のなかで、もっとも多く使われる連用形が、上一段活用の場合、イ段であり、大勢力の五段活用と同じであるため、もともと、独自性の弱い活用の種類であったことも、語数の少ない原因の一つかもしれない。

語幹と活用語尾の区別のできない上一段活用動詞

「見る」「着る」「似る」なども、上一段に活用するが、語幹と活用語尾の区別ができないので注意が必要である。

語	語幹	未然形	連用形	終止形	連体形	仮定形	命令形
見る	○	み	み	みる	みる	みれ	みろ みよ
着る	○	き	き	きる	きる	きれ	きろ きよ
似る	○	に	に	にる	にる	にれ	にろ によ
主な用法		ナイ・ヨウに続く	マス・タに続く	言い切る	トキに続く	バに続く	命令して言い切る

「い」「き」「ち」「り」はいずれも、「イ段」の音であり、五十音図では、位置的に上にある。上の方の一段だけで活用するから、「上一段活用」という。

先に学んだように、「読まナイ・読みマス・読む・読むトキ・読めバ・読め・読もウ」のように、「ま・み・む・め・も」と五十音図の五段にわたって活用すれば、五段活用である。文語や方言には、四段で活用するものや、二段で活用するものもある。

Go to 388ページへ

確認問題

一 次の動詞について、活用の種類を答えよ。

①泣く ②漕（こ）ぐ ③過ぎる ④満ちる ⑤信じる
⑥閉じる ⑦足る ⑧足りる ⑨射る ⑩入（はい）る

ヒント→「ない」を続けて未然形を作って確かめよう。「足ら・ない」「足り・ない」「射・ない」「入ら・ない」などに注意。

二 次の文章の傍線部について、活用形を答えよ。

「テレビを見[a]てばかりい[b]ないで、少しは本でも読め[c]。」父が、ぼくをしかっ[d]た。今、テレビを消そ[e]うと思っ[f]たところなのに。

ヒント→動詞の後に続いている言葉から判断しよう。「ない」「て」「う」などがつながっている。「ない」「う」の直前は未然形。「て」の直前は連用形。

解答

一
①カ行五段 ②ガ行五段
③ガ行上一段 ④タ行上一段
⑤ザ行上一段 ⑥ザ行上一段
⑦ラ行五段 ⑧ラ行上一段
⑨ア行上一段 ⑩ラ行五段

二
a連用形 b未然形 c命令形
d連用形 e未然形 f連用形

「下二段」？

下一段活用動詞の多くは、古くは「受け・受け・受く・受くる・受くれ・受けよ」のように、下二段に活用した。語幹と活用語尾の区別のない下一段活用動詞も下二段に活用した。

Go to 391ページへ

本文例語の活用の種類

語	活用の種類
植える	ア行下一段活用
受ける	カ行下一段活用
捨てる	タ行下一段活用
流れる	ラ行下一段活用

⑨ 動詞　四 下一段活用

下一段活用の動詞……五十音図の工段一段に活用する

下一段活用の動詞も、活用する行によって、「ア行下一段活用」「カ行下一段活用」のように分類できる。

「植える」は「―**え**・―**え**・―**える**・―**える**・―**えれ**・―**えろ**／―**えよ**」と活用するので「ア行下一段活用」、「受ける」は「―**け**・―**け**・―**ける**・―**ける**・―**けれ**・―**けろ**／―**けよ**」と活用するので「カ行下一段活用」という。

語	語幹	未然形	連用形	終止形	連体形	仮定形	命令形
植える	植	―え	―え	―える	―える	―えれ	―えろ ―えよ
受ける	受	―け	―け	―ける	―ける	―けれ	―けろ ―けよ
捨てる	捨	―て	―て	―てる	―てる	―てれ	―てろ ―てよ
流れる	流	―れ	―れ	―れる	―れる	―れれ	―れろ ―れよ
主な用法		ナイ・ヨウに続く	マス・タに続く	言い切る	トキに続く	バに続く	命令して言い切る

「ケ行」は間違い！

上一段活用のページでも注意したように、活用する行の指定は、ア段のカタカナで行う。「ケ行下一段」は間違い。

工段一段で活用

行＼段	ア段	イ段	ウ段	エ段	オ段
ア行	あ	い	う	え	お
カ行	か	き	く	け	こ
サ行	さ	し	す	せ	そ
タ行	た	ち	つ	て	と
ナ行	な	に	ぬ	ね	の
ハ行	は	ひ	ふ	へ	ほ
マ行	ま	み	む	め	も
ヤ行	や		ゆ		よ
ラ行	ら	り	る	れ	ろ
ワ行	わ				を
ガ行	が	ぎ	ぐ	げ	ご
ザ行	ざ	じ	ず	ぜ	ぞ
ダ行	だ	ぢ	づ	で	ど
バ行	ば	び	ぶ	べ	ぼ
パ行	ぱ	ぴ	ぷ	ぺ	ぽ

「下一段」とは？

上図の活用語尾の一音目「え」「け」「て」「れ」はいずれ

本文例語の活用の種類

語	活用の種類
寝る	ナ行下一段活用
出る	ダ行下一段活用

鹿児島弁

下一段活用は、語幹のあるものも、ないものも、文語では一律に下二段になる。しかし、鹿児島弁などでは、語幹のない「寝る」「出る」などは、ラ行五段活用になり、「寝らン」「出らン」などとなる。「受ける」「捨てる」などの語幹のある下一段活用動詞と一線を画しているのも面白い。

九州の方言

九州の各地の方言には、今もなお、「起くる・受くる・儲(もう)くる」など、上二段・下二段の活用が残っている。室町時代のころの日本語の様子を残しているとも言われる。

語幹と活用語尾の区別のできない下一段活用動詞

「寝る」「出る」なども、下一段に活用するが、語幹と活用語尾の区別ができないので注意が必要である。

語	語幹	未然形	連用形	終止形	連体形	仮定形	命令形
寝る	○	ね	ね	ねる	ねる	ねれ	ねろ ねよ
出る	○	で	で	でる	でる	でれ	でろ でよ
主な用法		ナイ・ヨウに続く	マス・タに続く	言い切る	トキに続く	バに続く	命令して言い切る

確認問題

一 次の動詞について、活用の種類を答えよ。

①垂れる ②消える ③照る ④練る ⑤寝る
⑥見る ⑦見つめる ⑧助ける ⑨集める ⑩集まる

二 次の動詞の活用表を、完成させよ。

語	語幹	未然形	連用形	終止形	連体形	仮定形	命令形
建てる							
経る							
減る							

も、「エ段」の音であり、五十音図では、位置的に下にある。下の方の一段だけで活用するから、「下一段活用」という。

語幹と活用語尾の区別ができない下一段活用動詞

上記の、「寝る」「出る」の他にも「得る」「経る」がある。いずれも、「エ段音＋る」の形で、二音節であることが特徴である。

解答

一 ①ラ行下一段 ②ア行下一段 ③ラ行五段 ④ラ行五段 ⑤ナ行下一段 ⑥マ行上一段 ⑦マ行下一段 ⑧カ行下一段 ⑨マ行下一段 ⑩ラ行五段

二
建てる 建 ―て ―て ―てる ―てる ―てれ ―てろ／―てよ
経る ○ ―へ ―へ ―へる ―へる ―へれ ―へろ／へよ
減る 減 ―ら／―ろ ―り／―っ ―る ―る ―れ ―れ

⑩ 動詞　五　サ行変格活用

サ行変格活用の動詞……「する」

「する」の活用は、次のようになる。

語	語幹	未然形	連用形	終止形	連体形	仮定形	命令形
する	○	し さ せ	し	する	する	すれ	しろ せよ
主な用法		ナイ・ヨウ・レル・ズに続く	マス・タに続く	言い切る	トキに続く	バに続く	命令して言い切る

活用語尾が「サ行」で不規則に変化するので、「サ行変格活用」（略して「サ変」）という。

サ行変格活用動詞の複合動詞……「相談する」「うわさする」

「する」は、「相談する」「うわさする」など、多くの複合動詞を作るので、注意が必要である。

語	語幹	未然形	連用形	終止形	連体形	仮定形	命令形
相談する	相談	—し —さ —せ	—し	—する	—する	—すれ	—しろ —せよ

もっとくわしく

複合動詞

語源的には、いくつかの語が合体してできているが、一語の動詞として扱うべきものを「複合動詞」という。「食べ過ぎる」「笑い転げる」「泣き叫ぶ」「相談する」など、いずれも複合動詞である。

たとえば、「相談する」は、語源的には、「相談」という名詞と、「する」というサ変活用動詞が合体したものだが、これを二語として取り扱うと、「相談する」という一文節のなかに、「相談」と「する」という二つの自立語が入ってしまい、「一文節一自立語」という基本ルールに反してしまう。したがって、「相談する」という一語の動詞として扱うのである。

Return 27ページへ

学習のPOINT

語幹に注意

「する」は語幹と活用語尾の区別ができないので、語幹は「○」となる。また、活用表の各欄に「—」も必要ない。

「相談する」などの複合動詞になる場合は、「する」以前の部分を語幹とし、上記のような活用表を作る。

サ変の場合は「ない」を続けて活用の種類を見分けると失敗する

動詞の活用の種類を見分けるとき、「ない」を続けて判断するのが一般的だが、サ行変格活用の場合、「相談しない」のようになり、「ない」の直前が「イ段音」となってしまう。ここから、上一段活用と誤って判断してしまわないように注意が必要だ。「相談する」というように、「する」を続けて、サ変活用動詞であることを確認しよう。

「愛する」「愛す」

下記④の動詞「愛す」は、日常的には、次のように活用して使われることが多い。

愛さナイ　未然形
愛しマス　連用形
愛する　終止形
愛するトキ　連体形
愛すれバ　仮定形
愛せ(よ)　命令形

五段活用を基本としながら、終止形・連体形・仮定形などに、サ変を利用している形である。

本文では、「愛する」と「愛す」を別の動詞として、「愛する」をサ変、「愛す」を五段として説明したが、実際には、この二つが混合した形で、使われている。

「感ずる」「感じる」

下記⑤の動詞「感ずる」などは、書き言葉で、特に格調ある表現をするとき以外は、ほとんどの場合が、上一段活用「感じる」の形で使われる。

サ行変格活用の複合動詞には、次のような種類がある。

①漢語・和語・外来語の名詞や、動詞の連用形からの転成名詞（59ページ参照）**に「する」が続いたもの。**

・相談する　・勉強する　・うわさする　・なみだする　・スポーツする
・ドライブする　・読み書きする　・飲み食いする　など

②形容詞・形容動詞の連用形に続いて一語になったもの。

・難しくする　・柔らかくする　・静かにする　・盛んにする　など

③副詞（の一部）に続いて一語になったもの。

・のんびりする　・どんよりする　・がっかりする　など

④「愛す」「解す」「熱す」「訳す」などの形で、サ行五段活用にも活用するもの。

・愛する　・解する　・熱する　・訳する　など

⑤「感じる」「信じる」「生じる」などの形で、ザ行上一段活用にも活用するもの。

・感ずる　・信ずる　・生ずる　など

⑥擬態語に「する」が続いたもの。

・そわそわする　・いらいらする　・どきどきする　など

⑦「お」＋「動詞の連用形」＋「する」の形。謙譲の意味をこめた敬語動詞となったもの。（121ページ参照）

・お持ちする　・お送りする　・お迎えする　など

このように、「する」は多様に複合動詞を作ることのできる便利な動詞である。そのため、流行語や、新しい社会風俗を表す言葉を作りやすい。「ツイートする」「いいねする」など、新しい言葉を身の回りから探してみよう。

未然形に注意

未然形には、「ない」「ず」といった打ち消しの助動詞や、「れる」といった受け身の助動詞も接続する。これらと接続するために「する」は、

・しナイ
・さレル
・せズ

のような形が必要となる。

そのため、未然形には、「し・さ・せ」の三つの形が記されている。

「感ずる」なども、「サ変」という

上記の⑤のような動詞の場合、ザ行に活用するため、「ザ変」と命名したいところだ。しかし、⑤の動詞は、本来の「サ行」が、発音の都合上、濁って「ザ行」になっているだけであるため、あえて「ザ行」とはせずに、「サ行変格活用」という。

もっとくわしく

「こ・こ・こ」？

九州などの方言では、カ変の命令形は「こー」となる。「こ・こ・こー」で、「こっちへおいで」という意味だ。

また、

「き・き・きー」で、「聞いていらっしゃい」

「と・と・とー」で、「取っているのですか」

といった意味になる。

補助・被補助の関係

下記の例文の②の「解いて」と「みる」という二つの文節相互の関係を「補助・被補助の関係」という。

「解いて」が被補助の文節（補助される文節）であり、「みる」が補助の文節（補助する文節）である。

二つの文節が連なって（連文節となって）、「父が」という文節に対して、述部となっている。

Return 25ページへ

⑪ 動詞 六 カ行変格活用

カ行変格活用の動詞……「来る」

「来る」の活用は、次のようになる。

語	語幹	未然形	連用形	終止形	連体形	仮定形	命令形
来る	○	こ	き	くる	くる	くれ	こい
主な用法		ナイ・ヨウに続く	マス・タに続く	言い切る	トキに続く	バに続く	命令して言い切る

活用語尾が、「カ行」で不規則に変化するので、「カ行変格活用」（略して「カ変」）という。カ行変格活用の動詞は、「来る」一語である。

⑫ 動詞 七 補助動詞

補助動詞……本来の意味を失って使われる動詞

「みる」という動詞について、二つの例文を比べてみよう。

（例）
①小さいころの写真を見る。
②父が練習問題を解いてみる。

学習のPOINT

語幹に注意

「来る」は語幹と活用語尾の区別ができないので、語幹は「○」となる。また、活用表の各欄に「—」も必要ない。

補助動詞は、「他の語を補助する動詞」の意味

補助動詞は、他の語になんらかの意味をそえるという点で、助動詞にも近い働きをしている。しかし、文脈によっては、「本動詞」としても使うことができるため、助動詞には分類せずに、あくまでも「動詞」として扱う。したがって、補助動詞の直前でも、文節を切るのが基本である。（これはネ　梅干でネ　あるヨ。風がネ　吹いてネ　いるヨ。）

補助動詞は平仮名

動詞としての本来の意味を失っているため、補助動詞は、平仮名で書くのが基本である。

①が、「見る」本来の意味（対象を視覚でとらえるという意味）で使われているのに対して、②の「みる」は、「見る」本来の意味では使われていない。直前の「解く」という動詞に、「ためしに行う」という意味をそえる意味合いで「みる」が使われている。このような動詞を、補助動詞（形式動詞）という（①の「見る」のような通常の動詞を、あえて補助動詞と分けていう場合に、「本動詞」という場合がある）。

補助動詞には、次のようなものがあるので、本動詞としての用法と、補助動詞としての用法を比べてみよう。

本動詞の用法	補助動詞の用法
・梅干には種がある。	・これは梅干である。
・山頂にボス猿がいる。	・風が吹いている。
・居間にピアノを置く。	・流行の本を買っておく。
・京都に修学旅行に行く。	・離島の医師として生きていく。
・金庫に宝石をしまう。	・宿題を早めにやってしまう。
・先生が、手紙をくださる。	・先生が、声をかけてくださる。
・明日、転校生が来る。	・だんだん涼しくなってくる。

その他の補助動詞

やる・あげる・もらう・くれる・いただく・いらっしゃる・おります・ございますなども、「本動詞」として使われる一方、「補助動詞」としての用法もある。

補助動詞は「〜て・〜で」から続く

補助動詞は、原則的に、「〜て」の形の文節の後にくる。（「は」「も」「ばかり」などの助詞が間に入る場合もある）

・涼しくなってはくる。
・彼は歌手でもある。
・寝てばかりいる。

確認問題

一　次の文章の傍線部について、活用の種類を答えよ。

文化祭の準備をし[a]てい[b]たら、先輩が差し入れのアイスクリームを買っ[c]てき[d]てくださっ[e]た。作業が一段落し[f]てからいただこ[g]うと思っ[h]て、わきに置い[i]ておい[j]たら、いつの間にか溶け[k]てしまっ[l]た。

二　一の文章の傍線部のうち、補助動詞であるものをすべて選べ。

確認問題のヒント

一　終止形に戻すのが第一歩。その時点で「…する」の形だったら、サ変と判断する。「来る」はカ変。

次に、「サ変」「カ変」以外の動詞につき、「ない」を続けて、「ない」の直前の音から判断する。

二　本動詞としての意味を考え、それと比較して考える。

「置いておく」では、上の「置く」は本動詞としての意味で使われているが、下の「おく」は、本来の意味を失っている。

解答

一
a サ行変格活用
b ア行上一段活用
c ワア行五段活用
d カ行変格活用
e ラ行五段活用
f サ行変格活用
g カ行五段活用
h ワア行五段活用
i カ行五段活用
j カ行五段活用
k カ行下一段活用
l ワア行五段活用

二　b・d・e・j・l（順不同）

⑬ 動詞 八 自動詞・他動詞

自動詞と他動詞

① 父が起きる。
餅(もち)が焼ける。

② 母が父を起こす。
母が餅を焼く。

右の①と②を比べてみよう。①の動詞「起きる」「焼ける」は、主語である「父」や「餅」について、それ自体の動作・状態などを表しているのに対して、②の「起こす」「焼く」は、主語である「母」が、他のもの「父」「餅」などに対して、動作・作用を及ぼしていることがわかる。

①のように、主語それ自体の動作・状態を表す動詞を、自動詞という。

②のように、主語が他に及ぼす動作・作用を表す動詞を、他動詞という（他動詞は、通常、その動詞だけで単独に使われることはほとんどなく、動作・作用の及ぶ対象を示す「…を」という文節を伴って使われる）。

対(つい)になる自動詞・他動詞

「起きる・起こす」「焼ける・焼く」のように、互いに対応するような自動詞・他動詞の組み合わせは多数ある。

自動詞		他動詞	
父が**起きる**	（カ行上一段活用）	父を**起こす**	（サ行五段活用）
餅が**焼ける**	（カ行下一段活用）	餅を**焼く**	（カ行五段活用）
水が**流れる**	（ラ行下一段活用）	水を**流す**	（サ行五段活用）

もっとくわしく

他動詞でも、「…を」の部分が省略される場合もある

他動詞でも、文脈上、動作・作用の及ぶ対象がはっきりしている場合は、「…を」で対象を示すことなく、省略してしまう場合もある。

「だれが窓を割ったの。」

「ぼくが（窓を）割った。」

一方、英語の場合は、

"Who broke the window?"

"I broke it."

のように、他動詞は必ず目的語を必要とする。

「…を」を伴ったからといって、他動詞であるとは限らない

「公園を走る」「川を泳ぐ」といった例を考えてみよう。「公園を」「川を」は、それぞれ、走る場所・泳ぐ場所を表しているだけで、動作の及ぶ対象にはなっていない。

「走る」「泳ぐ」といった移動を表す動詞は「…を」という形をとるが、他動詞の用例ではない。

学習のPOINT

他動詞は「…を」を伴うことが多い

他動詞は、「他のものに動作・作用を及ぼす」ことを表すため、その対象として、「…を」といった文節を伴うことが多い。

英語の文法と関連させてみよう

他動詞・自動詞の概念は、本来、英語の文法で使われるものである。英文法と比較して、考えてみよう。

・**私はあなたを愛する。**
・**I love you.**

を比べてみればわかるように、日本語の「あなたを」は、英語の「you」という目的語にあたる。

自分だけで「愛する」「love」という動作はできない。対象となる他者（目的語）が必ず必要となる。「愛する」も、「love」も、そのように、目的語を必要とする動詞であるから他動詞である。

自動詞・他動詞の区別は日本語にはなじまない？

日本語の動詞の場合、英語のように、「目的語を必ず必要とする動詞は他動詞」「それ自体で完結する動詞は自動詞」のように、外見上はっきりと分類しにくい。ここで見たように「…を」を伴っても自動詞の場合がある一方で、「…を」を伴わないのに他動詞の場合がある。日本語に「自動詞・他動詞」の概念はなじまないとして、その分類を認めない立場もある。

「…る」「…す」

本文や確認問題の「自動詞」「他動詞」のセットを見てもわかるように、外見上「…る」は自動詞に多く、「…す」は他動詞に多い傾向が見受けられる。これは、古語の助動詞「る」が自発を表し、「す」が、他者への使役を表していることと、語感上の関係があるように思われる。

人が**集まる**（ラ行五段活用）　人を**集める**（マ行下一段活用）
列が**乱れる**（ラ行下一段活用）　列を**乱す**（サ行五段活用）
湯が**沸く**（カ行五段活用）　湯を**沸かす**（サ行五段活用）

自動詞と他動詞とで、語形が同じものもある。

自動詞
風が**吹く**（カ行五段活用）
花が**開く**（カ行五段活用）

他動詞
笛を**吹く**（カ行五段活用）
本を**開く**（カ行五段活用）

また、すべての動詞に、対応する自動詞・他動詞があるわけではない。片方しかない動詞も数多くある。

・**対応する他動詞のない自動詞**
・ある　・いる　・気づく　・あこがれる　など
・**対応する自動詞のない他動詞**
・たたく　・投げる　・しかる　・蹴(け)る　・命じる　など

一方、「来る」「come」という動詞はどうだろう。
・**春は来る。**
・**Spring comes.**
のように、動作の対象となる語（目的語）を必要としない。
このような動詞は自動詞である。

使役の助動詞と混乱しないこと

「見せる」は一語の他動詞であるが、「見させる」は、「見る」に使役の助動詞「させる」が続いたものである。
同様に、「笑わす」は一語の他動詞であるが、「笑わせる」は、「笑う」に使役の助動詞「せる」が続いたものである。

Go to 70ページへ

確認問題

一　次の自動詞に対応する他動詞を答えよ。
①消える　②落ちる　③冷める　④汚れる　⑤溶ける

二　次の他動詞に対応する自動詞を答えよ。
①出す　②壊す　③増やす　④変える　⑤照らす

解答

一　①消す　②落とす　③冷ます　④汚す　⑤溶かす（溶く）
二　①出る　②壊れる　③増える　④変わる　⑤照る

すべての五段活用動詞に可能動詞があるわけではない

五段活用の動詞は、その多くが「…eru」の形で、可能動詞に転成することができるが、五段活用の動詞でも、「好む・嫌う」などの自然な気持ちの推移や、「照る・曇る・降る」などの自然現象などを表す動詞からは、可能動詞を作ることはできない。

×好める　×曇れる

「見れる」「食べれる」は間違い

可能動詞は、五段活用動詞からしか作れない。「見る（上一段活用）」や「食べる（下一段活用）」などを、可能の意味をそえて「見れる」「食べれる」というように転化して使用するのは、誤用である。「見られる」「食べられる」のように、可能の助動詞「られる」をそえて使うのが正しい用法である。

Go to 72ページへ

⑭ 動詞　九　可能動詞

可能動詞……五段活用の動詞から派生した、可能の意味を持った動詞

「読む」という五段活用の動詞と、「読める」という動詞とを比べてみよう。「読める」は、「読む」に、可能（…することができる）の意味が加わった動詞だ。このような動詞を可能動詞という。

「読む」→「読める」のように、五段活用動詞の活用語尾を「…eru」の形にすると、可能動詞となる。

（例）書く→書ける　話す→話せる　飲む→飲める

このような可能動詞は、すべて下一段活用となる。ただし、可能動詞には、命令形はない。

語	語幹	未然形	連用形	終止形	連体形	仮定形	命令形
読める	読	—め	—め	—める	—める	—めれ	○
主な用法		ナイ・ヨウに続く	マス・タに続く	言い切る	トキに続く	バに続く	命令して言い切る

⑮ 動詞　十　複合動詞・転成動詞

複合動詞……語源的には、二語以上の言葉が合体したもの

語源的には二語以上の語であっても、一つの動詞として扱うべきものを複合動詞

可能動詞は、一語の動詞として扱う

受け身・尊敬・自発・可能の意味を表す助動詞「れる」が五段活用に接続すると、

・読ま＋れる　・話さ＋れる

となる。本来は、これで、可能の意味も表したが、現在の話し言葉では、ほとんど使われなくなっている。この「読まれる」「話される」が、変化して、「読める」「話せる」となり、一語の動詞として意識されるようになったものが、可能動詞である。

Go to 48ページへ

可能動詞に命令形はない

「何かができる」ということを命令することは、意味上、不適切なので、命令形はない。（本書では、その活用形の用法がない場合、活用表に「○」を記入している。）

複合動詞は一語？

複合動詞は文法上一語とし

という。次のような種類がある。

①名詞＋動詞

・勝負する　・指差す　・旅立つ　・爪弾く（つまびく）　・上向く　など

②動詞の連用形＋動詞

・走り回る　・話し合う　・受け付ける　・笑い続ける　など

③形容詞の語幹＋動詞

・青ざめる　・若返る　など

④形容動詞の語幹＋動詞

・静かすぎる　・元気付く　など

転成動詞……他の品詞の語に動詞化する接尾語が付いたもの

転成動詞には、次のような種類がある。

①名詞＋接尾語

・春めく　・子供じみる　・大人ぶる　・汗ばむ　など

②形容詞の語幹＋接尾語

・寒がる　・高める　・高まる　・若やぐ　・えらぶる　など

③形容動詞の語幹（の一部）＋接尾語

・華やぐ　・やわらぐ　・いやがる　など

＊複合動詞は、後続の語（「する・差す・立つ」など）が、別の文脈では、単独でも動詞として使うことができるのに対して、転成動詞の場合は、後続の語（「めく・じみる・ぶる・ばむ・がる」など）は、けっして単独で使用することはできない。

つまびく・うわむく

「つめ＋ひく」で「つまびく」に、「うえ＋むく」で「うわむく」になる。このように、二語が合体して新しい語を作るとき、上の語の最終母音が、変化することがある。

木「ki」は「ko」になり、「木立（こだち）」「木漏れ日（こもれび）」などの語を作る。目「me」は「ma」になり、「まぶた」「まなこ」などの語を作る。

接尾語と助動詞・助詞との違い

接尾語は、「単独では使われず、常に他の語に後続して使われる」という点で、助動詞・助詞と似ている。しかし、助動詞・助詞とは違って、非常に数が多く、整理分類しにくい。また、活用するものであっても、助動詞とは違って、接続のパターンも不規則で整理しにくい。また接続する語も非常に限定的である。そのため、これらは、助動詞・助詞には含めずに、「接尾語」として、常に上位の単語と連続した一単語の一部として取り扱うのである。

て扱う。二語として扱うと、「一文節に一自立語」というきまりに反してしまう。

Return 27ページへ

接尾語とは？

その語だけでは、単語として使われず、常に他の単語の後ろに付いて、ある意味をそえる言葉を「接尾語」という。

一方、他の単語の上に付いて使われる語は、接頭語という。「お父さん」「ご飯」「ま夏」などの、「お」「ご」「ま」などは接頭語である。

確認問題

次のなかから、可能動詞であるものを選べ。

a 飛べる　b 逃げれる　c 着れる　d 切れる　e できる

解答

a 可能動詞（対応する五段動詞は「飛ぶ」）

b 誤用（下一段活用「逃げる」は、可能動詞を作れない）

c 誤用（上一段活用「着る」は、可能動詞を作れない）

d 可能動詞（対応する五段動詞は「切る」）

e 誤用ではないが、可能動詞とは呼ばない。「できる」は上一段活用であるし、対応する五段活用の動詞もない。

見れる・食べれる

可能動詞の由来

五段活用の動詞から生まれる可能動詞の由来について、「読む」を例に考えてみよう。

「読む」の未然形に、可能の助動詞「れる」が続いた形「読まれる」（「読むことができる」という意味。現在ではほとんど使われなくなった）が、変化して、「読める」と一語になったものが可能動詞と思われる。

一方、「読む」の連用形に、「得る」という可能の意味を表す動詞が続いた複合動詞「読み得る」が、可能動詞「読める」の語源である、という説もある。

「見れる」「食べれる」の由来

多くの五段活用の動詞は、「…eru」の形で、可能動詞を作る。このしくみを、上一段活用動詞「見る」や、下一段活用動詞「食べる」にも間違って応用してしまうと、

- 「読む」→「読める」（正規の転成）
- 「見る」→「見れる」（間違った応用）
- 「食べる」→「食べれる」（間違った応用）

となり、正規の可能動詞に似た「見れる」「食べれる」という語ができあがる。このように「ある場合には正しいルール」を別の場合にも誤って応用してしまうことは、言語では、よくある現象である。

「見れる」「食べれる」は本当に間違いか？

現在の学校文法では、「見れる」「食べれる」などの「ら抜き言葉」は、まだ誤用とされている。しかし、正規の可能動詞「読める」であっても、本来の「読まれる」が変化して、新しくできた言葉で、近世に生まれたものである。生まれた当時は、古い言い方に対立する「新規の誤用」であっただろう。しかし、それが時代とともに人々のなかで定着し、正規の用法として扱われるようになっていったわけだ。

そういった点では、「見れる」「食べれる」も、現在の学校文法では「間違い」とされていても、いずれ、正規の用法として、認められるようになるかもしれない。

「見れる」はとても自然な変化？

「読める」という可能動詞が頻繁（ひんぱん）に使われ、一方、「読まれる」という形が使われなくなると、「受け身・尊敬（・自発）」との意味の住み分けができるようになる。

- 「読まれる」…受け身か尊敬（か自発）
- ↕
- 「読める」…可能

のように、意味を区別しやすくなるわけだ。同様に、

・「見られる」…受け身か尊敬（か自発）
↕
・「見れる」…可能

というように使い分けることは、意味の区別がしやすいという点では、とても機能的な使い分けであり、言語の変化する方向としては、自然なことともいえる。

「見れる」「食べれる」の使用頻度

誤用とされる「見れる」「食べれる」などの「ら抜き言葉」は、現在、どの程度使用されているのだろうか。インターネットで検索してみると、左表のようになる。

表を見ると、「見られる↔見れる」では、誤用の「見れる」は正用の「見られる」の20分の1と少ないものの、「着られる」（正用）と「着れる」（誤用）は4対3、「食べられる」（正用）と「食べれる」（誤用）では、誤用の「食べれる」の方が、使用頻度が高くなっている。「寝られる」（正用）と「寝れる」（誤用）でも、誤用の「寝れる」の方が、使用頻度が高い。インターネットという「半書き言葉」であっても、こういう事情だから、「書き言葉」より文法が乱れやすい「話し言葉」、特に、日常会話では、より多い頻度で、「ら抜き言葉」は使われているだろう。

正用	頻度	誤用	頻度
見られる	105	見れる	5
着られる	42	着れる	33
食べられる	49	食べれる	70
寝られる	22	寝れる	31

インターネット検索エンジンでの検索結果（2020.7）。頻度の単位は、～千万件（百万の位四捨五入）。

「見れる」の使用頻度はなぜ低いか？

誤用の「食べれる」が正用の「食べられる」の倍近く使われているのに対し、同じパターンの誤用であるにもかかわらず、「見れる」は正用「見られる」の20分の1で済んでいる。

これは、「見れる」が、誤った「ら抜き言葉」の代表的な例として、いわば代名詞的に有名になっているからだろう。学校教育の場や、社会人教育の場で、「『見れる』は間違い」という指導が重ねられた結果、誤用の広がる勢いが抑えられているのではないかと思われる。

それに対して、「食べれる」は、「見れる」ほどに、誤用の代表例として強調されて指導されることは少ない。その一方、日常用語としては、「食べる」という動詞を使うことは多いため、「食べれる」という誤用の勢いが抑えられていないものと考えられる。「着れる」「寝れる」の誤用の勢いが強いのも、同様の理由によるものだろう。

⑯ 形容詞 ― 特徴・活用・音便

■形容詞……物事の性質・状態などを表す単語。「い」で終わる

用言（自立語で活用がある語・それだけで述語になれる語）には、動詞・形容詞・形容動詞が含まれる（28ページ参照）。

このうち、形容詞は、次のような特徴がある。

①物事の性質・状態などを表す。

・鉄は硬い。（物事の性質）
・教室が騒がしい。（物事の状態）

②言い切りの形（終止形）が「い」で終わる。

・赤い　・悪い　・高い　・美しい　・楽しい　・おとなしい　など

■形容詞の活用……一種類しかない

形容詞「高い」「楽しい」は、次のように活用する。

語	語幹	未然形	連用形	終止形	連体形	仮定形	命令形
高い	高	―かろ	―かっ ―く	―い	―い	―けれ	○
楽しい	楽し	―かろ	―かっ ―く	―い	―い	―けれ	○
主な用法		ウに続く	タ・ナイ・ナルに続く	言い切る	トキに続く	バに続く	用法なし

もっとくわしく

「―かろ」「―かっ」について

下記の活用表のうち未然形の「―かろ」と連用形の「―かっ」は、それぞれ助動詞の「う」や「た」に続くためにできあがった形である。

本来、形容詞には、「―かろ」「―かっ」といった活用形はなかったと考えてみよう。そうすると、「う」や「た」などの助動詞につながることができず、用言として、非常に都合が悪い。

ここで、「ある」という動詞の活用を借りる。連用形の「―く」に、「ある」をつなげて、「ある」を活用させてみよう（「ある」は活用表が完備されていると同時に、余計な意味を含まないので、他の語の活用の不備を補うのには、便利な言葉である）。

「ある」は「あろ・う」「あっ・た」と活用するから、

「楽しく・あろ・う」
「楽しく・あっ・た」

という形になる。

この「くあろ」「くあっ」の部分が縮まって、「かろ」

学習のPOINT

形容詞の未然形は、使用頻度が少ない

「高かろう」「楽しかろう」などの「高かろ」「楽しかろ」を、形容詞の未然形として設定するが、現在では、使用されることが少なくなった言い方だ。

「高い」「楽しい」といったことを推量する場合は、「高いだろう」「楽しいだろう」などのように、「高い」「楽しい」の終止形に「だろう」をつなげて言うことが多くなっている。

そのため、文法書によっては、この「―かろ」の形は、（―かろ）として、表記しているものもある。

形容詞に命令形はない

形容詞は「状態・性質」を表す言葉である。「状態・性質」について、普通、命令することは考えにくい。したがって、形容詞には命令形はない。

「かっ」という形になる。

これが、「―かろ」、「―かっ」の発生の由来である。このような活用を、本来の活用を補助するものとして、「補助活用」という場合がある。

面白いです？

生徒諸君には、下記の「面白うございます」のような形はほとんどなじみがないだろう。丁寧に言う場合は、「面白いです」と「です」をつなげて言っていることと思う。

「面白いです」のように、形容詞に直接「です」を続ける形は、昭和27年の国語審議会の答申『これからの敬語』の中で許容されて以来、正用となってはいるものの、一般社会の言葉遣いとしては、やはりまだ幼稚な感じの残る表現ではある。

「面白く思います」「面白いと感じます」のように、「思います」「感じます」などの動詞をそえて使うのが、幼稚な感じもなく、また適度に丁寧な表現のように思われる（「面白いですね」「面白いですか」「面白いでしょう」などのように付属語が付いても、幼稚な感じはなくなる）。

形容詞は、すべて右のような「**―かろ｜―かっ／―く｜―い｜―い｜―けれ｜○**」の型で活用する。

また、すべての形容詞は、「楽しい」のように、語幹が「〜し」で終わるもの（美しい・おとなしい・うれしい など）と、「高い」のように、「〜し」で終わらないもの（赤い・悪い・寒い など）とに分けられる。

形容詞の音便……面白うございます

「ございます」「存じます」という言葉が、形容詞につながるとき、その連用形から続くが、その場合、連用形「…く」が、ウ音便になることがある。

（例）面白くございます→面白うございます

また、語幹の一部も変化して、音便の形をとることもある（これらも同様にウ音便という）。

（例）美しくございます→美しゅうございます

（例）おはやくございます→おはようございます

（例）ありがたくございます→ありがとうございます

いずれも、発音の便利のために生じた変化である。

Return 33ページへ

あえて、「性質・状態」を命令する場合には、「清くあれ」「正しくあれ」などのように、連用形に「ある」の命令形を付けて言う。

文語（古文）では、これら「清くあれ」「正しくあれ」の縮まった形、「清かれ」「正しかれ」を形容詞の活用形の一つとして、命令形に入れるが（396ページ参照）、口語では、そのようには取り扱わずに、形容詞の命令形は空欄として扱う。

ウ音便は活用表には表記しない

五段活用の動詞の連用形の音便形は、活用表に併記した（32ページ参照）。しかし、形容詞の連用形のウ音便については、その使用される頻度が、非常にまれであるため、あえて活用表には表記しない。

確認問題

次の文章から、形容詞をすべて書き抜き、活用形を答えよ。

「この本はとても面白かった。単行本で、少し値段は高くても、読後感がよければ、それは、うれしい出費というものだ。」

解答

・面白かっ（連用形）
・高く（連用形）
・よけれ（仮定形）
・うれしい（連体形）

⑰ 形容詞 二 補助形容詞・語幹の用法

補助形容詞（形式形容詞）

（例）
①父はコーヒーを飲まない。…助動詞の「ない」
②北海道には梅雨がない。…形容詞の「ない」
③この問題は難しくない。…補助形容詞の「ない」

右の三つの例文の「ない」を比べてみよう。

①は、「飲まない」で一文節であるから、「ない」は付属語である。つまり、「飲む」という動詞の未然形「飲ま」に続いた打ち消しの助動詞の「ない」（74ページ参照）であることがわかる。

②は、①と違って、「ある」の反対語の「ない」であり、これ一語で文節を作っているので、自立語である。自立語で、活用があり、「…い」で終わっていることから、これは形容詞の「ない」として考えねばならないものである。

③の「ない」は、一見すると①と同様に、打ち消しの助動詞のようにも思われるが、文節に分けてみると、「難しくネ ない」と分けられることから、自立語であることがわかる。自立語で、活用があり、「…い」で終わることから、③の「ない」も、②の「ない」同様に、形容詞の「ない」として取り扱わねばならないものである。

しかし、②の「ない」が「存在しない」という意味を持っているのに対して、③の「ない」は、その本来の意味を失い、上の語に、打ち消しの意味をそえているだけである。したがって、品詞としては形容詞ではあるが、②のような「形容詞」

その他の補助形容詞

「ない」以外の補助形容詞としては、「ほしい」「たまらない」などがある。

- **指輪がほしい。**
- **風呂(ふろ)あがりの清涼飲料はたまらない。**

といった、「ほしい」「たまらない」は形容詞であるが、

- **英語を教えてほしい。**
- **旅行に行きたくてたまらない。**

といった、「ほしい」「たまらない」は、本来の形容詞としての意味を失って、上の語に、ある意味をそえているだけである。このような点で、これらの「ほしい」「たまらない」は、「補助形容詞」として分類することができるものである。

「補助形容詞」と「補助動詞」（42ページ参照）とをあわせて、「補助用言」という場合もある。

複合形容詞

動詞に、複合動詞があったように（40ページ参照）、形容詞にも、数語が合体してで

学習のPOINT

補助形容詞の「ない」は、形容詞・形容動詞の連用形に接続する

動詞を学習した際、常に「ない」は未然形に接続させて考えてきた。

ここで、③「難しくない」というように、形容詞の連用形に「ない」が続くことに違和感を感じる人もいるかもしれない。しかし、上に説明したように、③の「ない」は①の「ない」とは違って、自立語であり、形容詞であり、つまりは、用言である。

用言であるから、他の語の連用形からつながるのは、自然なことであると考えられる。

したがって、補助形容詞の「ない」は、「難しくない」「安くない」「元気でない」「静かでない」などのように、形容詞・形容動詞等の連用形に接続する。

とは分けて、「補助形容詞（形式形容詞）」という。

形容詞の語幹の用法

形容詞の語幹には、次のような用法があるので、注意を要する。

①感動詞（66ページ参照）と共に使われ、感動や驚きを表す。

・「ああ、寒。」　・「おお、痛。」

（感動詞を伴わずに、「さむっ」「いたっ」などと使われる場合もある。）

②様態を表す助動詞「そうだ」（84ページ参照）に続く。

・あの車は速そうだ。　・夏の練習はきつそうだ。

③「さ」・「み」などがつながって、転成名詞を作る。

・美しさ　・高さ　・冷たさ　・楽しみ　・悲しみ　・深み

④動詞や他の形容詞の上に付いて、複合動詞・複合形容詞を作る。

・近寄る　・若がえる　・短すぎる　・細長い　・青臭い

きた「複合形容詞」がある。

・「書きにくい」
・「読みやすい」
・「住みよい」
・「言いづらい」

など、いずれも、動詞の連用形に「にくい」「やすい」などの形容詞があわさってできた複合形容詞である。これらは、いずれも複合形容詞として一語として扱う（これらを二語として扱うと、一文節に二自立語が入ってしまい、「一文節には一自立語」という基本ルールに反してしまう）。

他にも、

・「古臭い」
・「おもしろおかしい」

などのように、他の形容詞の語幹と合体したものや、

・「涙もろい」
・「目新しい」

などのように、名詞と合体したものもある。

「帯に短し。襷（たすき）に長し。」

形容詞の言い切りの形は、古くは「…し」であった。また、連体形は「…き」であった（396ページ参照）。今でも、右のようなことわざや、「若き力」などと、格式ばった言い方をするときには、使われる。

確認問題

次のa～dの「ない」は、助動詞・形容詞・補助形容詞のいずれか、答えよ。また、ここでの活用形を答えよ。

a 思ったほど辛くなかった。
b 早く逃げなければ、危険だ。
c ここに、埋蔵金はなかろう。
d 完璧でなくてもよい。

「ない」の見分けかた

①助動詞の「ない」　②形容詞の「ない」　③補助形容詞の「ない」の見分け方としては、

・「ぬ」に替えることができれば、助動詞。
・「難しくハない」などのように、「ハ」が入れられれば補助形容詞。

などといった方法が、よくいわれるが、もっとも合理的なのは、以下の手順である。

一 「ない」の直前に「ネ」を入れて、「ない」が自立語であるか付属語であるかを判断し、付属語であれば「助動詞」、自立語であれば「形容詞」「補助形容詞」と判断する。

二 自立語の「ない」のうち、「ある」の反対語である場合は、形容詞、それ以外は、補助形容詞と判断する。

解答

a 補助形容詞・連用形
b 助動詞・仮定形
c 形容詞・未然形
d 補助形容詞・連用形

⑱ 形容動詞　特徴・活用・語幹の用法

■形容動詞……物事の性質・状態などを表す単語。「だ」で終わる

用言（自立語で活用がある語・それだけで述語になれる語）には、動詞・形容詞・形容動詞が含まれる（28ページ参照）。

このうち、形容動詞は、次のような特徴がある。

①物事の性質・状態などを表す。

・春は暖かだ。（物事の性質）　・町が静かだ。（物事の状態）

②言い切りの形（終止形）が「だ」で終わる。

・にぎやかだ　・おだやかだ　・元気だ　・奇妙だ　など

■形容動詞の活用……一種類しかない

形容動詞「静かだ」「元気だ」は、次のように活用する。

語	語幹	未然形	連用形	終止形	連体形	仮定形	命令形
静かだ	静か	―だろ	―だっ ―で ―に	―だ	―な	―なら	○
元気だ	元気	―だろ	―だっ ―で ―に	―だ	―な	―なら	○
主な用法		ウに続く	タ・ナイ・ナルに続く	言い切る	トキに続く	バに続く	用法なし

「―だろ」「―だっ」について

形容詞の活用表のなかの「―かろ」「―かっ」でも学んだように（50ページ参照）、形容動詞の活用のうち、「―だろ」「―だっ」は、それぞれ助動詞の「う」や「た」に続くために、できた活用形である。

形容動詞の連用形の「―で」に、「ある」をつなげて、「ある」を活用させてみよう。「ある」は「あろ・う」「あっ・た」と活用するから、

「静かで・あろ・う」
「静かで・あっ・た」

という形になる。

この「であろ」「であっ」の部分が縮まって、「だろ」「だっ」という形になる。

「…です」の形について

本文では、「奇妙です」のような形を「形容動詞の語幹に〈丁寧な断定〉を表す助動詞の〈です〉がつながったもの」と説明したが、この「奇妙です」のような形を、一語の形容動詞とする説もある。

学習のPOINT

形容動詞に命令形はない

形容動詞は、形容詞と同じく、「性質・状態」を表す言葉である。

「性質・状態」について、普通、命令することは考えにくい。したがって、形容詞と同様に、形容動詞にも命令形はない。

形容動詞の仮定形について

形容動詞の仮定形は、「ば」を伴わずに使われる場合もある。

・元気なら、こんなにうれしいことはない。

形容詞と形容動詞で語幹が同じものがある

形容動詞「暖かだ」は、次のように活用する。

・暖かだろ-う　（未然形）
・暖かだっ-た
・暖かで-ない　（連用形）
・暖かに-なる
・暖かだ　（終止形）
・暖かな-とき　（連体形）

形容動詞は、すべて右のような「―だろ―だっ／―で／―に―だ―な―なら―〇」の型で活用する。

形容動詞の語幹の用法

形容動詞の語幹には、次のような用法があるので、注意を要する。

①語幹だけで用いられ、単独で述語になる。驚きや感動をこめた表現になることが多い。

・ああ、きれい。　・あら、不思議。

②「そうだ（様態）」「らしい（推定）」「です（丁寧な断定）」などの助動詞に続く（84・86・91ページ参照）。

・今年の秋はとても天候が穏やかそうだ。

・故郷の友は、あいかわらず元気らしい。

・この物語は、とても奇妙です。

③「さ」がつながって、転成名詞を作る。

・あいまいさ　・的確さ　・静かさ　・にぎやかさ　など

・暖かなら-ば　（仮定形）

一方、形容詞「暖かい」は、次のように活用する。

・暖かかろ-う　（未然形）

・暖かかっ-た
・暖かく-なる　（連用形）

・暖かい　（終止形）

・暖かい-とき　（連体形）

・暖かけれ-ば　（仮定形）

どちらも、語幹は、「暖か」であるので、形容動詞として活用しているのか、形容詞として活用しているのか、混同しないように気を付けよう。

同じようなものとして、

「柔らかだ」・「柔らかい」

「細かだ」・「細かい」

「真っ白だ」・「真っ白い」

「真ん丸だ」・「真ん丸い」

などがある。

その場合は、形容動詞には、「…だ」と「…です」の二つの形があり、活用も二種類あると説明する。

「名詞＋だ」と区別

「名詞＋だ」の形は、形容動詞と混同しやすいので、注意を要する。

①ぼくは健康だ。

②ぼくは男だ。

①は、形容動詞であるが、②は、「名詞＋断定の助動詞の〈だ〉」である。

見分け方としては、次の二つがある。

・連体形「…な」の形をとれるかどうかで判断する。「健康な」と言えるので、①は形容動詞。「男な」とは言えないので、②は、形容動詞でなく、「名詞＋だ」とわかる。

・「とても」をそえられるかどうかで判断する。「とても健康だ」と言えるので、①は、形容動詞。「とても男だ」とは言えないので、②は形容動詞ではなく、「名詞＋だ」とわかる。

ただし、同じ「健康だ」という言葉でも、「大切なのは、健康だ」のような文脈の場合は、「名詞＋だ」である。

確認問題

次のa～dの傍線部について、形容動詞であるものを選べ。

a　このパンは柔らかくない。

b　彼の口調は柔らかでない。

c　子供でなければ、そんなことは言わない。

d　ここは学校だ。

解答

a形容詞の連用形

b形容動詞の連用形

c名詞＋助動詞〈だ〉（連用形）

d名詞＋助動詞〈だ〉（終止形）

漢語・欧米語を用言化する

漢語の動詞化・形容動詞化

「健康」「広大」「温暖」「回転」「運動」「移動」などの漢語は、一応、単独では名詞として扱われる。

しかし、これらの単語の表す概念を考えると、「健康」「広大」「温暖」などは、物事の性質や状態を表しており、日本語の「形容詞・形容動詞」の役割とまったく同じものである。一方、「回転」「運動」「移動」などは、物事の動作・変化などを表しており、日本語の「動詞」の役割とまったく同じである。

これらの漢語を日本語のなかに取り入れ、用言として十分に使用するためには、文を終止したり、他の語に接続させるための「活用」が、不可欠である。

そこで、「健康」「広大」「温暖」など、静止的・固定的に物事の性質・状態を表す語には、「だ」を付けて、「健康だ」「広大だ」「温暖だ」と形容動詞化することになる（古くは「なり」を付けて形容動詞化したのがもとである）。

一方、「回転」「運動」「移動」など、物事の動作・変化などを動的にとらえた語には、「する」を付けて、「回転する」「運動する」「移動する」とサ変動詞化する（古くは「す」を付け、サ変動詞化した形がもとである）。

欧米語の動詞化・形容動詞化

漢語と同様に、欧米語（主に英語）も、「パーフェクト（perfect）」「シンプル（simple）」「スマート（smart）」など、物事の性質・状態を表す語は、「だ」を伴って、「パーフェクトだ」「シンプルだ」「スマートだ」のように形容動詞化して、日本語のなかに取り入れられている。

一方、「ドライブ（drive）」「チャレンジ（challenge）」「ギブ・アップ（give up）」など、物事の動作・変化などを表す語は、「する」を伴うことにより、「ドライブする」「チャレンジする」「ギブアップする」のようにサ変の複合動詞として、日本語に取り入れられる。

なお、欧米語を日本語化する場合は、その本来の意味が変化したり、極端に限定的な意味合いで使われたりする場合が多い。たとえば、「smart」という単語は、本来「きちんとしている・気が利いている」という意味で使われることが多いのに対して、日本語に取り入れられた「スマートだ」は、「やせている」という意味でも使われている。「デートする」なども、英語の「date」にある「日付・期日・異性との約束」といったいくつかの意味のうち、「異性との約束」に限定して、動詞化しているというわけだ。

「サボる」も欧米語から生まれた

漢語や欧米語を日本語の動詞化する方法は、先に述べたように、「する」を付けるのが一般的だが、俗っぽい言い方としては、次のように、もとの語の一部や全部を利用してラ行五段活用動詞化したものがある。

・サボる

フランス語の「sabotage（怠けること）」という語の冒頭部「sabo（サボ）」に「る」を続けて、「サボる」というラ行五段活用動詞とし、「怠ける」の意味で使用するようになったもの。

・ダブる

英語の「double（二倍の・二重の）」という語形をそのまま利用しつつ、末尾の「ル」を活用させてラ行五段活用動詞として「重複する・二重になる」の意味で使用するようになったもの。

・トラブる

英語の「trouble（混乱・もめ事）」という語形をそのまま利用しつつ、末尾の「ル」を活用させ、ラ行五段活用動詞として、「困ったことが起こる」の意味で使用するようになったもの。

他にも、「ミスる」「メモる」「事故(じこ)る」「没(ぼっ)る（採用されない）」「告(こく)る（告白する）」なども、同じような具合でできた、俗語・流行語である。

漢語・欧米語の形容詞化、和語の名詞の形容詞化

用言に近い概念を持つ漢語や欧米語を日本語化する場合は、動詞化するか、形容動詞化するのが一般的である。しかし、特異な例として、次のように形容詞化したものもある。

・「四角い」は、漢語の「四角」に、形容詞の活用語尾「い」を伴わせて、形容詞化したものである。

・今では、ほとんど聞かれなくなったが、一時流行した「ナウい（現代風だ）」という言い方も、英語の「now」に形容詞の活用語尾「い」を伴わせて、形容詞化したものである。

以上、漢語や欧米語を日本語の用言に取り入れる際の型について述べてきたが、漢語・欧米語に限らず、和語の名詞でも、用言に近い概念を表すものに対しては、形容詞の活用語尾「い」を伴わせて、形容詞化したものもある（「丸い」「黄色い」など）。

このコラムで述べてきたような語は、どれも、もとの語を工夫して作った「造語」であり、使われ始めたときは、「俗っぽい言い方・流行語」であったと思われる。それらの俗語が、一時の流行語として消えることなく、長く広く使われていくことにより、やがて、公に認められるようになっていくのである。

金槌（かなづち）・雨蛙（あまがえる）

一つの名詞が他の語とあわさって、複合語を作る場合、上の名詞の語尾の母音が変化することがある。

・金（かね）＋槌（つち）＝かなづち

・雨（あめ）＋蛙（かえる）＝あまがえる

このような母音の変化は、「複合語を作る際の母音交替」と呼ばれ、「活用」とは考えない。

複合語を作る際の母音交替については、右に示した二例のように、もとがエ段音のものは、ア段音に交替する傾向が認められる。「目（め）＋蓋（ふた）＝まぶた」「手（て）＋綱（つな）＝たづな」なども、エ段音からア段音への交替である。

また、もとがイ段音のものは、オ段音に交替する傾向が認められる。

・木（き）＋立ち＝こだち

・火（ひ）＋照る＝ほてる

⑲ 名詞

名詞……物事の名前・数などを表す言葉

「教室」「猫」「東京」「富士山」「一つ」「二人」「それ」「これ」などといった物事の名前や数などを表す言葉を名詞という。

名詞の特徴には、次のようなものがある。

①自立語である。

②活用がない。

③「が」「は」などの助詞を伴って、主語になることができる。

（動詞・形容詞・形容動詞といった単独で述語になれる語を「用言」というのに対して、このように主語になれる名詞は「体言」と呼ばれる。）

名詞の種類

名詞は、次の四種類に分類できる。

①**普通名詞**（同類のものをまとめて呼ぶ名称を表す単語）

・学校　・犬　・椅子（いす）　・ノート　・たんぽぽ　など

②**固有名詞**（人名・地名など、ただ一つしかない固有なものの名前を表す単語）

・福沢諭吉（ふくざわゆきち）　・ニューヨーク　・隅田川（すみだがわ）　・金閣寺（きんかくじ）　など

③**数詞**（ものの数量や、順序などを表す単語）

・一個　・二冊　・三番目　・二十歳（はたち）　など

④**代名詞**（人や物事の名前の代わりに使う指示語）

・ぼく　・きみ　・彼　・彼女

・これ　・それ　・あちら　・どこ　など

常に品詞分類表の全体像を意識して学習しよう

前節までで、「自立語で活用がある語（用言…動詞・形容詞・形容動詞）」の学習を終えた。

ここからは、「自立語で活用のない語」の学習を進めていく。26ページの「品詞分類表」を確認しておこう。「自立語で活用がない語」には、

④名詞（体言）
⑤副詞
⑥連体詞
⑦接続詞
⑧感動詞

の五つがある。

「この」「その」は、代名詞ではない

「これ」「それ」は代名詞であるが、「この」「その」などは代名詞ではなく、連体詞であるので、注意を要する。

「これ」「それ」は、「これが私の息子です。」

名詞の副詞的用法

時を表す普通名詞は、

「今日、映画を見た。」

「昔、ここに学校があった。」

などと、単独で、副詞（60ページ参照）のように、連用修飾語になることができる。

また、数詞も、

「一つください。」

「二冊読んだ。」

などのように、単独で副詞的に連用修飾語として使われることがある。

名詞は独立語にもなる

他の文節と直接、係り受けの関係にないものを「独立語」という。

「ヒロシ、しっかりしろ。」

「戦争、それは愚かな行為だ。」

の、「ヒロシ」「戦争」は、名詞が独立語として使われた例である。

Return 25ページへ

＊代名詞を名詞の一部と考えずに、別の品詞として、分類する考え方もある。その場合は、日本語にあるすべての単語は、代名詞を加えた十一品詞に分類するということになる。本書では、すべての単語を十の品詞に分け、代名詞は名詞の一部とする考え方を取った（26ページ参照）。

形式名詞

「事が起こってからでは、遅い。」の「事」は、普通名詞である。一方、「それは簡単なことだ。」の「こと」は、本来の意味を失って、補助的・形式的に使われている名詞である。これらを、「形式名詞」という。

形式名詞は、通常平仮名で書く。

複合名詞

語源的には、二語であるものが、あわさって一語となっている名詞を複合名詞という。

（例）日本料理（日本＋料理）
焼き団子（焼く＋団子）
遠回り（遠い＋回る）
働き過ぎ（働く＋過ぎる）　など

転成名詞

動詞・形容詞・形容動詞などから、転じて名詞になったものを転成名詞という。

（例）動き（動詞「動く」の連用形が名詞になったもの）
深み（形容詞「深い」の語幹に接尾語「み」が付いたもの）
静かさ（形容動詞「静かだ」の語幹に接尾語「さ」が付いたもの）

「それがいいね。」

のように、主語になれるのに対して、

「この」「その」は、「が」を伴って主語になることはできない。

Go to 62ページへ

複合名詞は一語として扱う

上記の複合名詞を二語として扱うと、一文節の中に二語の自立語が入ってしまうことになり、「一文節に一自立語」のきまりに反するため、全体で一語の名詞として扱う。

Return 27ページへ

連用形からの転成名詞

動詞・形容詞の連用形は転成名詞になることができる。
・「読みが浅い」
（動詞「読む」の連用形からの転成名詞）
・「近くがいい」
（形容詞「近い」の連用形からの転成名詞）

⑳ 副詞

副詞……活用しない連用修飾語

次の三つの例文の傍線部を比べてみよう。

（例）
①ブランコが、小さく揺れる。
②ブランコが、静かに揺れる。
③ブランコが、ゆっくり揺れる。

いずれも、「揺れる」という動詞（用言）を修飾している「連用修飾語」であることがわかる。

「小さく」は、形容詞「小さい」の連用形であり、「静かに」は、形容動詞「静かだ」の連用形である。しかし、「ゆっくり」という語は、「小さい」「静かだ」とは違って、活用することのない語である。

この「ゆっくり」のように、**「自立語で、活用がなく、単独で連用修飾語になることのできる語」**を副詞という。

副詞の働き

副詞には、主に次のような働きがある。

①動詞を修飾する。（▭が副詞・――が修飾される言葉）

（例）雨が、突然、降り始めた。　日がさんさんと降り注ぐ。

②形容詞・形容動詞を修飾する。

（例）公民館は、かなり遠い。　いとも簡単にやりとげた。

名詞を修飾する副詞

下記の本文「副詞の働き」で、「④名詞を修飾する」副詞について説明したが、「自立語で活用がなく名詞を修飾する」のであるから、連体詞ではないかと考える諸君もいるかもしれない。

ただし、これらは、いずれも、

「かなり難しい。」
「ただ覚えればよい。」
「ずっと待っていた。」
「ずいぶん遠いな。」

などのように、用言を修飾することもできる。

したがって、体言（名詞）しか修飾することのできない連体詞（62ページ参照）とは別の種類として、副詞に分類するのである。

また、これらの副詞が名詞を修飾する下記の例の場合でも、修飾される名詞は、「昔」「一点」「南」「前」といった、時間・個数・場所などのように副詞的意味合いを含む名詞に限定されることにも、注意したい。

すなわち、「名詞を修飾す

学習のPOINT

自立語で活用がなく、用言を修飾する語が副詞

26ページの品詞分類表を確認しておこう。樹形図をたどるように、全体の中にしめる「副詞」の位置を理解しておくことが大切だ。

「呼応の副詞」のいろいろ

左ページの「副詞の種類」の「③呼応の副詞」には、次のようなものがある。

○推量系統の表現（…だろう・…に違いない　など）と呼応する副詞
・たぶん　・もしかしたら
・きっと　・おそらく　など

○仮定系統の表現（…たら・…なら・…ても　など）と呼応する副詞
・もし　・たとえ　・かりに
・いくら　・万一　など

○疑問系統の表現（…かな　ど）と呼応する副詞
・なぜ　・どうして　など

○比喩系統の表現（…ようだ　など）と呼応する副詞

③他の副詞を修飾する。

(例) もっと しっかり勉強しなさい。　とても ゆっくり動く。

④名詞を修飾する。

(例) かなり 昔の話だ。　ただ 一点だけ、取ればよい。
ずっと 南に位置している。　ずいぶん 前に出発した。

副詞の種類

副詞には、「状態の副詞」「程度の副詞」「呼応の副詞」の三種類がある。

①**状態の副詞**…動作・作用の様子をくわしく示す副詞
（擬態語・擬声語などもこれに含まれる。動詞を修飾することがほとんどである）

(例) 原因がはっきり（と）、わかる。　きっぱり（と）断った。
おのずと、明らかだ。　さらさらと川が流れる。

②**程度の副詞**…物事の状態や性質の程度を示す副詞
（用言を修飾する他、他の副詞や名詞も修飾する）

(例) とても静かなところだ。　育てるのにかなり苦労した。
ずいぶん遠くに来た。　たいへん驚いた。

③**呼応の副詞**…それを受ける文節に、特定の決まった言い方を要求する副詞で、陳述の副詞ともいわれる。

(例) 明日は、たぶん晴れだろう。（推量の表現と呼応）
もし、雨が降ったら中止だ。（仮定の表現と呼応）
なぜ、こんなことになったのか。（疑問の表現と呼応）
まるで、蝶(ちょう)のような舞い方だ。（比喩の表現と呼応）

る副詞」とはいっても、「他の副詞を修飾する副詞」と近いものとして考えられるのである。

その他の副詞の用法

下に示した他に、一部の副詞には、次のような用法がある。

○「の」を伴って連体修飾語になる。
・突然のことに、驚いています。
・彼の腕前は、かなりのものだ。

○「だ」を伴って述語になる。
・雲の動きがゆっくりだ。
・ゴールまでは、もうすぐだ。

指示の副詞

副詞の分類については、下記の三分類に加えて、「こう」「そう」「ああ」「どう」などの語を、「指示の副詞」として、分けることもある。
・こう書いてください。
・そう思うなら、そうすればいいよ。
・ああ言えば、こう言う。
・どうすればいいのか。

・まるで　・あたかも
・さも　・ちょうど　など

○打ち消し系統の表現（…ない　など）と呼応する副詞
・まったく　・けっして
・ぜんぜん　・めったに
・少しも　・ろくに　など

○希望系統の表現（…ほしい・…ください・…たい　など）と呼応する副詞
・ぜひ　・どうか
・どうぞ　・なんとか　など

呼応・陳述の意味

「呼応」とは「呼び合う」という意味。「陳述」とは、「何かを述べる際の述べ方」というような意味である。
ある副詞が、ある一定の述べ方（陳述）と、呼び合うように一緒に使われることから、「呼応の副詞」「陳述の副詞」と呼ばれる。

副詞はなるべく平仮名で書く

副詞はなるべく平仮名で書くのが習わしだが、強制的なきまりではない。

21 連体詞

連体詞……活用しない連体修飾語

次の三つの例文の傍線部を比べてみよう。

（例）
①それは古い話ではない。
②それは不思議な話ではない。
③それはたいした話ではない。

いずれも、「話」という名詞（体言）を修飾している「連体修飾語」であることがわかる。

「古い」は、形容詞「古い」の連体形であり、「不思議な」は、形容動詞「不思議だ」の連体形である。しかし「たいした」という語は、「古い」「不思議だ」とは違って、活用することのない語である。

この「たいした」のように、**「自立語で、活用がなく、単独で連体修飾語になることのできる語」**を連体詞という。

連体詞のいろいろ

連体詞は、特に意味や役割で、さらに下位分類することはない。また、連体詞に属する言葉も多くない。形の上から、次のようにまとめることができるので、覚えてしまってもよいだろう。

①「…の」の形

・この 本を読もう。　・その 本を読もう。
・あの 本を読もう。　・どの 本を読もう。

連体詞は他の語から転成したもの

どの連体詞も、語源的には、もとは別の品詞であったものが転成してできたものである。

①「…の」型は、文語（古文）では、代名詞「こ」「そ」「あ」「ど」（「これ」「それ」「あれ」「どれ」の意味）に、格助詞の「の」が続いたものとして、二語として扱う。しかし、口語では、「こ」「そ」「あ」「ど」を単独では使わないので、「この」「その」などを二語とは扱わずに、一語の連体詞と分類するのである。

②「…な」型は、下記の「学習のPOINT」でも示したように、形容詞や形容動詞と非常に混同しやすいものである。この「…な」型は、もとは形容詞であったものに、形容動詞の連体形の活用語尾「─な」を続けた結果、できあがった単語である。

③「…る」型は、いずれも、「ある」「いる」「くる」「さる」などといった動詞をもとにして、そこから転成し

学習のPOINT

副詞とセットで理解

○副詞…自立語で活用がなく、主に用言を修飾する。
○連体詞…自立語で活用がなく、体言のみを修飾する。

間違えやすい連体詞

連体詞は、属する語も少なく、役割も「体言を修飾する」だけなので、特に難しくない単語であるが、他の品詞と間違えやすいものが多いので、注意しよう。

○この・その・あの・どの

これらを、「これ・それ」などと混同して、代名詞としてはいけない。確かに、「この」も「これ」も、どちらも指示語であるが、「これ」は、主語になることができるのに対して、「この」は、単独で主語にはなれない。「この本」のような形で、体言を修飾する役割しか持たないので、連体詞である。

○大きな・小さな・おかしな・いろんな

②「…な」の形

・**大きな** 絵を買おう。　・**小さな** 絵を買おう。

・**おかしな** 絵が展示されている。　・**いろんな** 絵が展示されている。

・**こんな（そんな・あんな・どんな）** 絵を買おうか。

＊「こんな」を、形容動詞「こんなだ」の連体形とする説もある。ただし正規の形容動詞の連体形なら、「こんなな」になるはずで、やはり「こんな」を形容動詞の連体形とするのは無理があるように思われる。したがって、ここでは連体詞として分類した。

形容動詞に分類する説では、「語幹『こんな』が、そのまま連体形として使われる」と説明する。「そんな」「あんな」「どんな」も同様な事情で、ここでは、連体詞に分類した。

③「…る」の形

・**ある** 朝のことでした。　・**あらゆる** 国の言葉を調べる。

・**いかなる** 問題にも動揺しない。　・**いわゆる**「新人類」と呼ばれる若者。

・**きたる** 五月十日に運動会が開かれます。

・**さる** 五月十日に運動会が無事、開催されました。

④「…た（だ）」の形

・**たいした** 問題ではない。　・**とんだ** ことになったものだ。

⑤「…が」の形

・**わが** 母校は、今年創立百周年を迎えた。

確認問題

次の文章の傍線部a～lについて、その品詞名を答えよ。副詞の場合は、その種類についても答えよ。

[a]最近、[b]わが家の飼い犬ポチは、[c]とても [d]おかしな鳴き方をするようになった。[e]普通に鳴いていたかと思うと、[f]突然、[g]高い [h]大きな声で、さみしそうに鳴くのだ。ポチは、[i]もしかしたら、[j]かつて死に別れた母犬を、[k]恋しく思って、[l]あんな風に鳴くのかもしれない。

・「大きな」を形容詞「大きい」の連体形と判断してしまってはいけない。形容詞の連体形は、「―い」の形である（50ページ参照）。「大きい石」なら、形容詞の連体形であるが、「大きな石」は形容詞の連体形ではない。

・「―な」という活用語尾が形容動詞にあることから考えて、「大きな」を形容動詞の連体形と判断してしまってもいけない。形容動詞ならば、終止形が「―だ」の形になるが、「大きな」は、「大きだ」のように活用はしない（54ページ参照）。

以上から、「大きな」は、体言を修飾する特殊な語として、連体詞に分類する。

○ある

動詞の「ある」と混同しないようにしよう。

・ここにある本はだれのですか。（動詞「ある」の連体形）

・昨日、ある本を読んで、心を打たれた。（連体詞「ある」）

たものである。

④「…た（だ）」型は、動詞に過去の助動詞「た」が続いたものから転成したものである。

⑤「…が」型の、「わが」は文語では、「わ」（「われ」の意味の代名詞）と、格助詞「が」として、二語として扱う。しかし、口語では、「わ」を単独では使わないので、①の「…の」型同様に、「わが」全体で一語の連体詞として分類する。

解答

a名詞（時を表す名詞の副詞的用法）
b連体詞
c副詞（程度）
d連体詞
e形容動詞（連用形）
f副詞（状態）
g形容詞（連体形）
h連体詞
i副詞（呼応）
j副詞（状態）
k形容詞（連用形）
l連体詞（形容動詞の連体形という説もある）

もっとくわしく

独立語

他の文節と直接、係り受けの関係にないものを「独立語」という。接続詞・感動詞は独立語である。

Return 25ページへ

いくつかの単語が重なっているもの

次のような言葉も、ひとかたまりの語としては、接続詞と同じ役割を持つが、まとめて接続詞とはしない。それぞれ数語に分けて考える。

①このため・そのため（順接）
②その反面・そうはいうもの の（逆接）
③と同時に（並列）
④加えて（添加）
⑤それに対して（対比）
⑥そうでなければ（選択）
⑦なぜかというと（補足）
⑧換言すれば（同格）
⑨話は変わるが（話題転換）

接続詞の例

①順接
だから・したがって・

22 接続詞

接続詞の特徴

（例）今朝は早くから小雨が降っていた。しかし、マラソン大会は決行された。

右の例文の「しかし」のような単語を接続詞という。

接続詞の特徴は次のようなものである。

①自立語で活用がない。

②他の文節と係り受けの関係を持たず、独立語になる。

③文節と文節・文と文・段落と段落の間などに使われ、前後のつながりの関係を示す。

接続詞の分類

①順接…前の事柄が原因・理由となり、その順当な結果が後続部分にくる場合。

（例）雪で電車が遅れた。だから、三十分も遅刻してしまった。

②逆接…前の事柄から、当然、類推される結果とは逆の結果が後続部分にくる場合。

（例）雪で電車が遅れた。しかし、なんとか遅刻せずに済んだ。

③並列（並立）…二つ以上の事柄を、並べて述べる場合。

（例）今日の電車の遅れは、雪、および、強風のためです。

学習のPOINT

品詞分類表で確認

「接続詞」について、単語全体のなかで、どのような位置をしめるのか、26ページの品詞分類表で確認しておこう。

接続助詞と混同しないこと

接続詞と同じような働きをするものに「接続助詞（100ページ参照）」がある。

「小雨が降っていたが、大会は決行された。」

の「が」は、付属語であるので、助詞（接続助詞）である。

一方、

「小雨が降っていた。が、大会は決行された。」

の場合は、「が」が一文節を作っているので、自立語であり、接続詞として分類する。

同様に、

「小雨が降っていたから、大会は中止になった。」

の「から」は接続助詞であり、

「小雨が降っていた。だから、大会は中止になった。」

するとそこで・それで・ゆえに

②逆接
しかし・けれども・が・だが・ところが・でも

③並列(並立)
また・そして・および・ならびに

④添加(累加)
そのうえ・しかも・なお(そして)

⑤対比
一方

⑥選択
あるいは・または・もしくは・それとも

⑦補足(説明)
なぜなら・ただし

⑧同格(言い換え・例示)
すなわち・つまり・たとえば

⑨話題転換
ところで・さて

並列と添加は、分類しがたい場合もある。補足と同格も分類しがたい場合がある。そのため、これらを特に分けない考え方もある。

---

④添加(累加)…前の事柄に、後続の事柄を付け加える場合。

(例) 今朝は早くから雪が降っていた。**しかも**、昼ごろには強風まで吹き始めた。

⑤対比…前の事柄と、後続の事柄とを比較・対比する場合。

(例) 東京は、猛暑だ。**一方**、東北は冷夏である。

⑥選択…前の事柄と、後続の事柄の、どちらか一方を選択する場合。

(例) 電車、**または**、バスで、いらっしゃってください。

⑦補足(説明)…前の事柄の原因・理由等を後続部分が補足・説明する場合。

(例) あの小説はとても売れている。**なぜなら**、人気作家の作品だからだ。

⑧同格(言い換え・例示)…前の事柄について、別の言い方で繰り返したり、例を挙げたりする場合。

(例) 最後の夏の大会も準決勝で負けてしまった。**すなわち**、ぼくたちは、もう一緒のチームで野球をすることはできないということだ。

(例) 八月に入り、四国では、いよいよ水不足が深刻になっている。**たとえば**、M市では、ついに夜間断水が始まったという。

⑨話題転換…前の事柄とは、別の話題に話を変える場合。

(例) 久しぶりだねえ。**ところで**、今、きみは何をやっているの。

の「だから」は接続詞である。

同じ形の他の語と混同しないこと

次のような接続詞を、他の語と混同しないようにしよう。

○また
・彼は、絵を好み、また、音楽も好む。(並列の接続詞)
・彼の絵は、また入選した。(状態の副詞)

○そこで
・チームにけが人が出た。そこで、ミーティングをして、対策を考えた。(順接の接続詞)
・チームで遠征に行った。そこで、地方の学校と合同練習をした。(代名詞「そこ」+格助詞「で」)

○それで
・彼女の海外転勤が決まった。それで、結婚を延期せざるを得なくなった。(順接の接続詞)
・父から奈良の土を分けてもらった。それで、陶芸作品を作ってみた。(代名詞「それ」+格助詞「で」)

23 感動詞

感動詞の特徴

（例）ああ、素晴らしい作品だ。

右の例文の「ああ」のような単語を感動詞という。
感動詞の特徴は次のようなものである。

①自立語で活用がない。
②他の文節と係り受けの関係を持たず、独立語になる。
③感動・応答・呼びかけなどを示す。

感動詞の分類

①感動…喜び・悲しみ・驚き・怒り・疑い・感嘆など、思わず声に表れたもの。
（例）・ああ、素晴らしい。　・えっ、困ったな。
・あれ、この手紙、差出人が書いてないぞ。
・やれやれ、困ったものだ。　・やった、合格だ。

②応答…質問・呼びかけに対しての応答を表したもの。
（例）・はい、わかりました。　・いいえ、違います。
・ええ、大丈夫です。　・うん、そのとおりだ。

③呼びかけ…呼びかけたり、誘いかけたりする気持ちを表したもの。
（例）・おい、何やっているんだ。　・ねえ、もう帰ろうよ。
・もしもし、鈴木さんですか。　・さあ、行こう。

感動詞は造語の宝庫

感動詞のうちでも、「①感動」を表すものは、造語の宝庫である。日常会話のなかでは、その場に応じた、たくさんの、独特な感動詞があるだろう。

小説の登場人物の会話や、詩の言葉などにも、たくさんの感動詞が見つけられるだろう。

「ひっ、驚いた」
「へっ、たいしたことないや」
「ちぇっ、つまんないの」
「げっ、気持ち悪い」
「ま、いいんじゃない」

など、辞書を引いても出てきそうもない単語がたくさんある。

他の品詞が、基本的には、既成の語の範囲のなかで多く使われているのに対し、感動詞は、かなり自由な造語を許容する品詞だといえよう。

さようなら

「さようなら」は、「学習のPOINT」にも示したように、「さようなり（そのようであ

学習のPOINT

接続詞とセットで理解

○接続詞…自立語で活用がなく、独立語になる。前後の接続を示す。
○感動詞…自立語で活用がなく、独立語になる。感動・応答などを示す。

感動詞はそれだけで文になることができる

感動詞の特徴の一つとして、その語だけで、文になることができるということがある。

「ああ。」「はい。」「ねえ。」「こんにちは。」「よいしょ。」などのように、いずれも、それだけで、一つの文になることができる。

他の品詞から転成した感動詞

感動詞のなかには、次のように、他の品詞から転成したものもある。

・感動の感動詞「やった」「しまった」は、動詞「やる」「しまう」に助動詞「た」の

④あいさつ…あいさつの気持ちを表したもの。
(例) ・こんにちは ・ありがとう ・おはよう ・さようなら

⑤かけ声…かけ声を表したもの。
(例) ・よいしょ ・せーの ・わっしょい ・それっ

・感動の感動詞「あれ」や、かけ声の感動詞「それ」は、代名詞「あれ」「それ」から転成して感動詞となったものである。
・あいさつの感動詞「ありがとう」「おはよう」は、形容詞「ありがたい」「おはやい」の連用形「ありがたく」「おはやく」が、ウ音便になったものである。
・あいさつの感動詞「さようなら」は、「そのようだ」の意味の古語「さようなり」の未然形「さようなら」が語源である。

る)」の未然形「さようなら」が語源である。したがって、「さようなら」を語源に忠実に意味を考えると、「そのようであるならば」という意味になる。

ここには、「現在の状態にいま決着をつけずに、とりあえず保留しておいて、結論は次回に会ったときまで持ち越そう」という心情がうかがわれる。

つまり、「さようなら」は、次も必ず会うことを頼む、祈りのような別れの言葉であるといえよう。

この「保留・持ち越し」の別れの心情は、「さらば(それならば)」といった、古めかしい別れの言い方から、「それでは」というややかしこまった言い方、「それじゃあ」「じゃあ」といった、やや砕けた言い方にまで、まったく同様に認められる心情である。

日本語は、いつの時代も、常に「それならば」と「現状を保留」して、別れを告げているのである。

確認問題

次の文章の傍線部a〜lについて、品詞名を答えよ。副詞・接続詞・感動詞の場合は、その種類を後の選択肢から選べ。

「[a]しまった、[b]こんなことなら、[c]もっと早く準備しておくんだった」
一郎はそう叫んだが、[d]もはや、[e]後の祭りだった。
「[f]おい、[g]いまさら、何を言っている。今からでも[h]しっかりやれ」
父が声をかけた。[i]しかし、慌てている一郎の耳には[j]まったく入らない。
「困ったわね。[k]だから、[l]いつも注意していたでしょう」
母が、うんざりした様子で、ため息をついた。

〔副詞の種類〕 ア 状態 イ 程度 ウ 呼応
〔接続詞の種類〕 ア 順接 イ 逆接 ウ 並列 エ 添加 オ 対比 カ 選択 キ 補足 ク 同格 ケ 話題転換
〔感動詞の種類〕 ア 感動 イ 応答 ウ 呼びかけ エ あいさつ オ かけ声

解答

a 感動詞・ア
b 連体詞(形容動詞と考える説もある)
c 副詞・イ
d 副詞・ア(指示の副詞と分類する場合もある)
e 副詞・ア f 感動詞・ウ
g 副詞・ア h 副詞・ア
i 接続詞・イ j 副詞・ウ
k 接続詞・ア l 副詞・ア

㉔ 助動詞概論

付属語

前節までで、自立語の学習を終えた。ここからは付属語について、学んでいく。付属語の特徴は次のようなものである。

①単独で文節を作ることができない。

（例）もっと／早く／作る／こと も／でき た そうだ。

（／は、文節の切れ目。——は、自立語。　　は、付属語）

②文節の先頭にくることができず、文節のなかで、常に自立語の後に続く形で用いられる。

（例）今回 の ／試験 で は、／山田くん だけ が ／合格し た そうだ。

③一文節のなかに、いくつでも重ねて用いることができる。

（例）ニンジン を／食べ させ られ た ようだ。

以上のような性質を持つ付属語のうち、活用するものを「助動詞」といい、活用しないものを「助詞」という。

助動詞のいろいろ

助動詞は、①意味　②接続　③活用の型　によって次のようにまとめることができる。

語	主な意味	接続	活用の型
せる・させる	使役	未然形	動詞型

もっとくわしく

助動詞と補助動詞の違い

たとえば、「泳いでみる」の「みる」は、「泳ぐ」という概念に、「試しに行う」という意味を添える言葉である。一方、「泳ぎたい」の「たい」は、「泳ぐ」という概念に、「希望」の意味をそえる言葉である。

この「みる」も「たい」も、「泳ぐ」という上の語に対して、なんらかの意味をそえている点では、文法的な役割は非常に近いといえる。

しかし、「みる」は、補助動詞と分類し、「たい」は、助動詞として分類する。

これは、「みる」が、文脈によっては「景色を見る」というように、自立語の動詞として単独で積極的な意味を表すことができるのに対し、「たい」は、常に、他の自立語に意味をそえる付属語の形でしか用いられないからである。

無変化型の助動詞

本文では、付属語で活用する語を「助動詞」とし、活用

学習のPOINT

自立語と付属語

本文に挙げた付属語の三つの性質は、いずれも、自立語と対比して理解しよう。

自立語は、

①単独で文節を作ることができる。

②常に文節の先頭にくる。

③一文節のなかには、一つの自立語しか入れない。

といった性質がある。

助動詞の学習のポイントは三点

助動詞の学習においては、常に「意味」「接続」「活用の型」の三つを押さえていくこと。

①意味

その助動詞が、上の自立語などにどのような「意味」をそえるかということである。

たとえば、希望の助動詞について考えてみよう。「飲む」という動詞に、「たい」という「希望」の意味が加わって「飲みたい」となる。

しない語を「助詞」とした。

ところが、「う」「よう」「まい」といった助動詞は、

［○・○・う・(う)・○・○］
［○・○・よう・(よう)・○・○］
［○・○・まい・(まい)・○・○］

と活用すると説明される。

連体形に（ ）が付いているが、これは、連体形の「う」「よう」「まい」が非常にまれな用例でしか用いられないことを示している。また、終止形・連体形の形を見ても同じ形であり、活用しているとは言いがたい。

したがって、これら「う」「よう」「まい」に関しては、活用しない付属語として助詞に分類してもよいようにも思われる。これらをあえて、「助動詞」として分類するのは、これらの語源が、古語の「む」「まじ」であり、それらは、古典のなかでは、活用していたことに由来する。

これら語源の古語との整合性を考えて、あえて、「無変化型の助動詞」と、やや奇妙な分類をするのである。

Go to 398・399ページへ

れる・られる	受け身・尊敬 自発・可能	未然形	動詞型
ない	打ち消し	未然形	形容詞型
ぬ（ん）	打ち消し	未然形	特殊型
う・よう	推量・意志・勧誘	未然形	無変化型
たい	希望	連用形	形容詞型
たがる	希望	連用形	動詞型
た（だ）	過去・完了・存続	連用形	特殊型
ます	丁寧	連用形	特殊型
そうだ	様態	連用形など	形容動詞型
そうだ	伝聞	終止形	特殊型
らしい	推定	終止形など	形容詞型
まい	打ち消しの推量 打ち消しの意志	終止形・未然形	無変化型
ようだ	比況・例示 不確かな断定	連体形など	形容動詞型
だ	断定	体言など	形容動詞型
です	丁寧な断定	体言など	特殊型

②接続

その助動詞が活用語の何形に接続するかということであり、この接続を覚えることは、文法の学習にとって、とても重要なことである（上記本文の接続は、概観したものであり、細かな部分については、次のページから触れていく）。

③活用の型

その助動詞がどのように活用するのか、その型によって分類する。

「せる」「させる」「れる」「られる」「たがる」など、終止形が、「―る」であるものは、動詞型である。

「ない」「たい」「らしい」など、終止形が「―い」であるものは、ほぼ形容詞型である。

「だ」「そうだ」「ようだ」など、終止形が「―だ」であるものは、ほぼ形容動詞型である。

ただし、それぞれ、「動詞に似ている活用をする」・「形容詞に似ている活用をする」・「形容動詞に似ている活用をする」、ということであり、完全に同じ活用をするわけではない。

読ませていただきます

使役の助動詞「せる」に、謙譲の意味を表す補助動詞「いただく」を続けて、「…せていただく」の形にして、非常にへりくだった謙遜(けんそん)の意味を表す言い方が、最近、よく使われるようになった。

この、「…せていただく」は、自分の動作を主体的動作として表現するのではなく、「相手の指示の下、許可を得て行う」といった、非常に消極的な言い方であると思われる。

この「…せていただく」は、「本日は、休ませていただきます。」のような形で、まずは、商業の町である大阪を中心に使われ始めたようである。店に訪れたお客さんに対して、「本日休業」と、ぶっきらぼうに張り紙を出すよりも、「本日は、休ませていただきます。」の方が、「本日は、休むということを、お客様の許可をいただいて行います。」という意味合いとなり、その柔らかい表現が、商業の町で好まれたのだと思われる。

㉕ 助動詞 ― 「せる」「させる」

■意味……使役

助動詞「せる」「させる」は、「他に何か動作をさせる」という使役の意味を表す。

■接続……動詞の未然形に接続する

① 「せる」は、五段動詞・サ変動詞を受け持つ。

(例)・読ませる　・掃除させる

② 「させる」は、下一段動詞・上一段動詞・カ変動詞を受け持つ。

(例)・捨てさせる　・下(お)りさせる　・来させる

■活用の型……下一段型活用

「せる」「させる」は下一段型(下一段活用の動詞と同じような型)に活用する。

	せる(助動詞)	させる(助動詞)	寄せる(動詞)
未然形	読ま せ ナイ	捨て させ ナイ	寄 せ ナイ
連用形	読ま せ マス	捨て させ マス	寄 せ マス
終止形	読ま せる 。	捨て させる 。	寄 せる 。
連体形	読ま せる トキ	捨て させる トキ	寄 せる トキ
仮定形	読ま せれ バ	捨て させれ バ	寄 せれ バ

学習のPOINT

「せる」は、ア段の未然形に接続する

①で示したように「せる」は五段動詞とサ変動詞の未然形に接続する。この二つに共通するのは、どちらも「ア段音」で終わるということだ。

まとめれば、使役の助動詞の接続については、次のように考えることができる。

・助動詞「せる」はア段音にしか接続できない。

・ア段で終わらない他の動詞の未然形に対しては、「さ」というア段の音を接着剤のようにして、「させる」という形になって、接続する。

「見せる」「着せる」などは、一語の動詞として取り扱う

「見せる」や「着せる」といった語は、一見、「見る」「着る」といった動詞に、使役の助動詞「せる」が接続したもののように思えるが、そのような判断は、誤りである。「せる」は、ア段未然形に接この表現が、一九五〇年代後半から、関東地方でも使われるようになり、「読ませていただきます。」「説明させていただきます。」といった言い方になって広く使われるようになった。

最初は違和感のある言い方であったと思われるが、現在では、多くの場面で広く使われている。

このような新規の言い方が広まって、やがてその新鮮な迫力がなくなると、さらに、五段動詞に、あえて「させる」を続けて、

「読まさせていただきます。」

「預からさせていただきます。」

といった、よりくどい言いまわしで、なんとか深い謙遜の念を表そうとした表現まで、最近では使われ始めている。

ただあくまでも、話し言葉の慣用であるため、本文では、「せる」「させる」に、このような「謙遜」の意味を与えて説明することは避けた。

解答

a せろ（命令形）
b せる（連体形）
c ×
d させ（連用形）
e ×

命令形

読ま せろ／読ま せよ ）命令
捨て させろ／捨て させよ ）命令
寄 せろ／寄 せよ ）命令

これらを、用言と同じように活用表にまとめると次のようになる。ただし、助動詞の場合は、「語幹」と「活用語尾」との区別はしない。

語	未然形	連用形	終止形	連体形	仮定形	命令形
せる	せ	せ	せる	せる	せれ	せろ せよ
させる	させ	させ	させる	させる	させれ	させろ させよ
主な用法	ナイ・ヨウに続く	マス・タに続く	言い切る	トキに続く	バに続く	命令して言い切る

確認問題

次の例文a〜eから、それぞれ使役の助動詞を書き抜き、ここでの活用形を答えよ。また、使役の助動詞を含まない例文については、×を記せ。

a かわいい子には旅をさせろ。
b 山田くんにやらせる仕事がたくさんある。
c 彼には、その仕事はまかせることはできない。
d ごみは、ちゃんと捨てさせてください。
e 娘の発表会には、ピンクのドレスを着せよう。

続するものであるが、「見る」「着る」はいずれも、上一段活用であり、未然形は、「イ段」である。「見る」「着る」に使役の助動詞をつなげるなら、「見・させる」「着・させる」とならなければならない。

したがって、「見せる」「着せる」という語は、一語の下一段活用の動詞として扱わなければならないものである。

語幹と活用語尾

用言で考えればわかるように、語幹とは、語の意味（概念）を表す部分である。一方、活用語尾とは、他の語への接続のために必要な変化をした部分のことである。

［語幹］［活用語尾］
歌　わ　ナイ
（概念）（接続のための変化）

助動詞は、このように概念を表す部分と、接続のために変化した部分とを区別することができないため、語幹と活用語尾を分けない。

したがって、活用表のなかにも「—」は必要ない。

26 助動詞 二 「れる」「られる」

■意味……受け身・尊敬・自発・可能

助動詞「れる」「られる」には次の四つの意味がある。

①**受け身**（他から動作を受ける意味）

（例）犬に咬（か）まれる。

（例）突然ほめられて、うれしかった。

②**尊敬**（動作をする人に対して敬う気持ちをそえる意味）

（例）先生が、自分の子供のころの思い出を話される。

（例）先生は、毎晩、野球中継を見られるそうだ。

③**自発**（自然とそういう気持ちになるという意味）

（例）古い友人のことが思い出される。

（例）故郷に残してきた老いた母のことが、案じられる。

④**可能**（…することができるという意味）

（例）明日なら、六時までに行かれる。

（例）わがチームの投手は、四種類もの変化球を投げられる。

■接続……動詞や動詞型活用の助動詞の未然形に接続する

①「れる」は、五段動詞・サ変動詞を受け持つ。

（例）・聞かれる　・教育される

②「られる」は、下一段動詞・上一段動詞・カ変動詞を受け持つ。

（例）・投げられる　・起きられる　・来られる

「投げさせられる」「乗りたがられる」

「られる」は、動詞以外では、「買わせられる」「投げさせられる」のように、使役の「せる」「させる」（下一段型活用）の未然形「せ」「させ」にも接続する。

「れる」は、動詞以外では、「遊園地で子供に、何度もコーヒーカップに乗りたがられて、困った。」などのように、希望の助動詞「たがる」（五段型活用・81ページ参照）の未然形「たがら」にも接続するが、非常にまれな用例である。

四つの意味の基本に自発がある？

「れる」「られる」が、受け身・尊敬・自発・可能という一見、はなはだ遠い四つの意味を、一つの言葉で表しているのは、なぜだろう。

通常、「できるか、できないか」という問題は、まったく個人の力にかかわっていて、「受け身」で与えられた

学習のPOINT

「れる」はア段の未然形に接続する

「れる」は五段動詞と、サ変動詞の未然形に接続する。この二つに共通するのは、「ア段音」で終わるということだ。

使役の助動詞「せる」「させる」と同様に、次のようにまとめることができる。

・助動詞「れる」はア段音にしか接続できない。

・ア段で終わらない他の動詞の未然形に対しては、「ら」というア段の音を接着剤のようにして、「られる」という形になって、接続する。

自発「れる」「られる」

「れる」「られる」が、自発（自然とそういう気持ちになる）の意味で使われる場合は、「心の動きを表す動詞」に接続することが多い。

・感じる→感じられる

・案じる→案じられる

・しのぶ→しのばれる

・思う→思われる

り、「自然にそうなったり（自発）」するものではないはずだ。

しかし、それは、あくまでも、西洋個人主義的な発想かもしれない。日本人にとって何かが可能であるということは、自分の主体性の問題ではなく、本来、自然や村落共同体から、与えられ、許されることであった。

日本のように稲作を基本とした定住型村落共同体においては、「皆で協力して食料を手に入れる」という目的こそが大切なのであって、その大前提の前では、個人の主体性は圧殺される。個人の可能・不可能は、自然や村落共同体と、調和することにおいてのみ、初めて、自然と与えられるのである。

そのような村落共同体にあっては、「何かにあらがって無理に行動する」よりも、「自然に調和しつつ、許されるままに行動する」ことの方が美徳となるだろう。「無理矢理に行う」よりも、「何事もあたかも自然のことのように行える」人の方が、「尊敬」の対象になるというわけだ。

活用の型……下一段型活用

「れる」「られる」は下一段型（下一段活用の動詞と同じような型）に活用する。

語	未然形	連用形	終止形	連体形	仮定形	命令形
れる	れ	れ	れる	れる	れれ	（れろ・れよ）
られる	られ	られ	られる	られる	られれ	（られろ・られよ）
主な用法	ナイ・ウ（ヨウ）に続く	マス・タに続く	言い切る	トキに続く	バに続く	命令して言い切る

＊命令形は、「どうせ立候補するなら、責任者に選ばれろ。」「けがをしないように、投げられろ。」などのように、受け身の意味の場合のみ、使われる。「自発（自然とそういう気持ちになる）」を命令することはできないし、「可能（…できる）」を命令することもできない。「尊敬」する相手に、「命令」するというのも不自然である（受け身の場合でも、右に示した例文のような、ごく限られた場合にしか、命令形は使われない）。

活用表の（　）

活用表を見ると、ときどき、（　）の付いている部分がある。

活用表のなかの（　）は、

①ごく限られた場合にしか使われない。

②場合によってはこのようにも活用する。

③こういう説もある。

など、さまざまな意味に使われ、混乱しがちであるので、注意が必要である。

（「れる」「られる」の命令形については、①の意味で（　）を付けた。）

一方、活用表にある「○」は、その言葉が、その活用形では、一切、使用されないということを表している。

確認問題

一　次の傍線部の用法を、後のア～エから選べ。

a　明日、恩師が上京されるので、東京駅まで迎えにいく予定だ。

b　海水浴のポスターに、夏の到来が感じられる。

c　人は人に笑われながら成長する。

d　弟はようやく十まで数えられるようになった。

ア　受け身　イ　尊敬　ウ　自発　エ　可能

二　次の傍線部に含まれるのは、「れる」「られる」のどちらか。

a　友人とけんかして、頬（ほお）をなぐられた。　b　三年間、続けられた。

解答

一 a イ　b ウ　c ア　d エ

二 a 「れる」（なぐる＋れる＋た）　b 「られる」（続ける＋られる＋た）

㉗ 助動詞 三 「ない」「ぬ（ん）」

■**意味……打ち消し**

助動詞「ない」も「ぬ（ん）」も、動作や物事を打ち消す意味を表す。

■**接続……動詞や動詞型活用の助動詞の未然形に接続する**

「ない」も「ぬ（ん）」も、動詞や動詞型活用の助動詞の未然形に接続する。

（例）・動かない（動詞「動く」の未然形＋「ない」）
・食べられぬ（助動詞「られる」の未然形＋「ぬ」）

■**活用の型……「ない」は形容詞型活用、「ぬ（ん）」は特殊型活用**

① 「ない」は形容詞型活用

助動詞「ない」は次のように活用する。

未然形 彼はそんなことでは考えを変えなかろう。
連用形 せっかくの休日なのに、外出もしなかった。
最近は、ラジオをあまり聴かなくなった。
終止形 彼女は、けっして嘘（うそ）を言わない。
連体形 機械が動かないときは、言ってください。
仮定形 雨が降らなければ、よかった。

語	未然形	連用形	終止形	連体形	仮定形	命令形
ない	なかろ	なかっ なく	ない	ない	なけれ	○

勧誘・依頼の「ない」

助動詞「ない」は、勧誘・依頼（人を誘ったり、人に頼んだりする）のような場合にも使われる。

○勧誘
今度の日曜日、一緒に映画に行かないか。

○依頼
ちょっと手伝ってくれないか。

いずれも、疑問の終助詞「か」を伴って使われるが、
「一緒に行かない？」
「手伝ってくれない？」
といったように、「か」が省略される場合もある。

このような場合は、助詞「か」の代わりに、上がり口調の語勢にして、勧誘・依頼の意味であることを相手に示すようにして、使われる。

「ぬ」「ない」の歴史

江戸時代以前は、打ち消しの意味を表す場合は、動詞を打ち消す場合も、形容詞などを打ち消す場合も、「咲かず」「高からず」

学習のPOINT

形容詞型活用
形容動詞型活用

「せる」「れる」などの助動詞が動詞型活用であるのに対し、「ない」「たい」「らしい」などの助動詞は形容詞型活用をする。（80・86ページ参照）

それぞれ、言い切りの形が動詞と同じように「…る」であり、形容詞と同じように「…い」であることから、容易に類推することができる。

また、「そうだ」「ようだ」などの助動詞は、その形から類推できるように、形容動詞型活用をする。（84・89ページ参照）

サ変の未然形
「し・さ・せ」

サ行変格活用の動詞「する」の未然形には、「し・さ・せ」の三つがある。ここまで、「せる」「れる」「ない」「ぬ」など、未然形に続く助動詞について学習してきたが、これらの助動詞は、サ変の三つの未然形のうち、どれに接続し

のように、「ず」という助動詞を使っていた。

　この「ず」の連体形が、「ぬ」であり（「咲かぬ花」・「高からぬ山」）、この「ぬ」がやがて、終止形でも使われるようになったものが、下記の打ち消しの助動詞「ぬ」である。

　さらに、これが、

「おれはこんなものは食わん。」

のように、「ん」とも発音されるようになる。

　一方、「ない」は、古語では「なし」で、

「二度と会ふこともなし。」

のように、存在しないことを表す形容詞としてのみ使われ、助動詞としての用法はなかった。

　これが、やがて、打ち消しの意味でも使われるようになり、現代語の打ち消しの助動詞「ない」となっていく。

　こうして、打ち消しの助動詞「ない」が頻繁に使われるようになると、「ず（ぬ・ん）」は、その使用頻度が少なくなり、「ない」に、とってかわられることになる。

　下記の例文を見ても「ぬ」の例文はやや古めかしい感じがある。

主な用法	ウに続く	タ・ナルに続く	言い切る	トキに続く	バに続く	用法なし

＊「眼鏡をかけないで、本を読む。」といった例文の、「ない」を連用形として、活用表に入れる考え方もある。ここでは「なくて」の特殊な音便形として、特に、活用表には入れなかった。

②「ぬ（ん）」は特殊型活用

助動詞「ぬ」は次のように活用する。

連用形　せっかくの休日なのに、外出もせず、家にいた。
終止形　彼女は、けっして嘘を言わぬ。
連体形　機械が動かぬときは、言ってください。
仮定形　雨が降らねば、よかった。

語	未然形	連用形	終止形	連体形	仮定形	命令形
ぬ（ん）	○	ず	ぬ（ん）	ぬ（ん）	ね	○
主な用法	用法なし	連用中止法	言い切る	トキに続く	バに続く	用法なし

確認問題

次のa・bの文から、それぞれ打ち消しの助動詞をすべて書き抜き、ここでの活用形を答えよ。
a　契約を継続しないことについては、会議で報告せねばならない。
b　きちんとやる気持ちがないのならば、きみには、もう任せられない。

ているのか確認しておこう。
・運動させる。・攻撃される。
・回転しない。・後悔せぬ（ん）。

「ない」の識別

「ない」については、
・父は愚痴を言わない。
（助動詞の「ない」）
・東京には空がない。
（形容詞の「ない」）
・今年の冬は寒くない。
（補助形容詞の「ない」）

といったものがある。

　見分け方については、文節に分けて、自立語であるか付属語であるかを、考えてみるのがよい。（53ページ参照）

解答

a・「継続しないこと」（「ない」の連体形）
・「報告せねば」（「ぬ」の仮定形）
・「ならない。」（「ない」の終止形）
b「任せられない。」（「ない」の終止形）（「気持ちがないのならば」の「ない」は、形容詞の「ない」）

「はかない」「せつない」

形容詞のなかに取りこまれた「ない」

53・75ページで学んだように、「ない」には、「動かない（助動詞）」「椅子がない（形容詞）」「静かでない（補助形容詞）」がある。これらと紛らわしいものに、「はかない恋に終わった。」「彼の意見は、ちょっとさえないね。」のように、「はかない」「さえない」という形容詞の一部に取りこまれている「ない」がある。

「はかない」「さえない」の語源

「はかない」は、「物事の進みぐあい」を表す「はか」という名詞に、形容詞の「なし」が続いた「はかなし」が語源であり、「はか（進みぐあい）がない」ということを意味する。「やってもやっても物事が進まない」ということから、「むなしい」という意味も持つようになった。この「はか」は、「仕事がはかどる」「はかばかしい」などの「はか」と、同根語（同じ語を言葉の根っこに持つ言葉同士）である。

「さえない」は、動詞「冴（さ）える」に、打ち消しの助動詞「ない」の続いた形が語源であり、「澄んではっきりとしていない」という意味から、「めだったところがなく、ぱっとしない」という意味で使われるようになったものである。

「はかない」「さえない」の仲間

「はかない」「さえない」のように、「何かがない」「そういう状態ではない」という「非存在」や、「打ち消し」の形を語源とした形容詞には、次のようなものがあると思われる。

- **おとなげない**　（大人の雰囲気がない。）
- **味気ない**　（あじわいがない。）
- **しかたない**　（やりようがなく、どうしようもない。）
- **ゆるぎない**　（ゆるぐところがなく安定している。）
- **よどみない**　（とどこおるところがない。）
- **なにげない**　（何かを意図するような気配がない。）
- **さりげない**　（そういう気配がない。）
- **とめどない**　（とどまる所がない。）
- **つまらない**　（満足しない。）
- **おさない**　（「長（おさ）」の部分がなく年少である。）
- **いわれない**　（言われるような理由がない。）
- **抜け目ない**　（抜けたところがない。）
- **やるせない**　（気持ちを解放して、なげやるようなところがなくて、つらい。）

などは、いずれも「ない」の部分が、その上の概念を打ち消すような形でできあがった、一語の形容詞である。

「せつない」「せわしない」

ここで、「切ない」という形容詞を考えてみよう。「悲しさ、寂しさ、恋しさなどが、胸がつまるほどに迫ってくる様子」を表す形容詞であるが、これは、「切に」「切実」などの「切」と同根の語であると思われる。

すると、「切ない」は、『「せつ」が無い』のではなく、逆に『「せつ」の状態である』ということを表していることになる。

上の概念を否定するのではなく、逆に、その概念が甚だしいということを表して形容詞化する接尾語の「ない（古語では『なし』）」が、「せつない」の「ない」である。

形容詞の語尾「ない」が、「はかない」「さえない」などの場合では、「打ち消し・非存在」を表しているのに対し、「切ない」では、「それがある・それが甚だしい」ということを表している。

たとえば、「せわしい」という、「慌ただしい」という意味を表す形容詞があるが、「せわしない」という形容詞も、同様に、「慌ただしい」という意味を表している。

したがって、「せわしない」の「ない」も、上の概念「せわしい」を打ち消すのではなく、「その状態である・その状態が甚だしい」ということを表す「ない」である。

「せつない」「せわしない」の仲間

「せつない」「せわしない」のように、「その状態である・その状態が甚だしい」の意味の「ない」を語源とした形容詞には、次のようなものがある。

- **少ない**　（「すこし」「すく（空く・透く）」と同根語。）
- **いとけない（いたいけない）**　（かわいらしい感じがあるという意味の形容詞。「痛々しい気配がする」「いとしい感じがある」という意味がもと。「いたいたしい」「いとしい」などと同根語。）
- **えげつない**　（言い方ややり口があくどいという意味の形容詞。「えぐい」「あくどい」「あこぎ」などと同根語。）
- **ぎこちない**　（「ぎくしゃく」「ぶこつ」と同根語。骨ばったごつごつした動作である、ということ。）
- **あぶない**　（「あやうい」と同根語。）
- **はしたない**　（下品だという意味の形容詞。「はした」は、「はした金」の「はした」と同根語。「はした」は「中途半端である」の意味。中途半端で、どっちつかずで見苦しいことから、「間が悪い」「みっともない」「下品だ」という意味に転じていった語である。）

このように、「ある」の意味を表す接尾語の「ない」を内包した形容詞も数多い。

㉘ 助動詞 四 「う」「よう」

■意味……推量・意志・勧誘・適当

「う」「よう」は、「これから起こる未来のことを表す」助動詞である。具体的には、主に次の三つの意味を表す。

①推量（他のことや、他の人について、推し量る意味）

（例）明日は、風が強かろう。 この本は、きっと簡単だろう。

（例）これなら子供でも、食べられよう。

②意志（話し手が、自分の決意を表す意味）

（例）私は、文学部に進もう。

（例）明日から日記をつけよう。

③勧誘・適当（話し手が聞き手に対して、誘ったり、こうした方がよいと、伝えたりする意味）

（例）（子供が母親に向かって）「お母さん、もう帰ろう。」

（例）（先生が生徒に向かって）「この失敗を、ちゃんと反省しよう。」

＊「風が強かろう。」「子供でも食べられよう。」「明日の会議には、このままなら、問題なく出席されよう。」などは、いずれも、推量の意味の「う」「よう」であるが、最近では、これらは、いずれも断定の助動詞「だ」と推量の助動詞「う」とを利用して、「強いだろう」「食べられるだろう」「出席できるだろう」のように言う場合がほとんどである。

■接続……用言と一部の助動詞の未然形に接続する

①「う」は、五段動詞・形容詞・形容動詞・一部の助動詞を受け持つ。

（例）・書こう ・悔しかろう ・静かだろう ・散りそうだろう
・咲いたろう ・読みましょう

未来の助動詞「will」

「う」「よう」は英語の助動詞「will」の意味に非常に近い。

①I will go.（私が行こう。）

②Will you have some tea?（紅茶をいかがですか？）

③He will be a doctor.（彼は医者になるだろう。）

①の例文は、一人称の主語に使われた「will」で、意志。

②の例文は、二人称の主語に使われた「will」で、勧誘。

③の例文は、三人称の主語に使われた「will」で、推量。

「う」「よう」も「will」も、これから起こる未来のことを表す助動詞であることから、このような事情になる。

「う」「よう」の歴史

文語では、推量・意志など、未来のことを表す場合には、「む」という助動詞が使われる。「いざ、進まむ」「すべて、見む」「はやく、逃げむ」「友、春には帰り来む」「明日の朝は、寒からむ」「討たせむ」などのように、どんな動

学習のPOINT

意味の見分け方

「う」「よう」は、「これから起こる未来のこと」を表す助動詞である。これが、文脈により、いくつかの意味に分かれる。見分け方については、次のような方法がある。

一「う」「よう」を含む文節に対する主語で見分ける。

①主語が三人称（彼・彼女・それ など）の場合は、推量。

②主語が一人称（私・ぼく など）の場合は、意志。ただし、主語は省略される場合も多い。

③主語が二人称（話しかける相手）の場合は、勧誘（適当）。ただし、主語は省略される場合も多い。

二 他の語と置き換える。

①推量の場合は、「…だろう」と置き換えられる。

②意志の場合は、「…つもりだ」と置き換えられる。

③勧誘（適当）の場合は、「ねえ」「さあ」などの、呼びかけの語をそえてみる。

詞であれ、形容詞であれ、助動詞であれ、いずれも、「む」が、未然形に続いていた。

これらの言い方が、やがて、「む」へ続く音に応じて、次のように変化していったものと思われる。

①「む」の直前がア段の場合
・(例)「進まむ」
「すすまム」が、「すすまン」「すすまウ」を経て、「すすモウ」へと変化した。

②「む」の直前がイ段の場合
・(例)「見む」
「みム」が、「みン」「みウ」「みュー」「みョー」を経て、「みヨウ」へと変化した。

③「む」の直前がエ段の場合
・(例)「逃げむ」
「にげム」が、「にげン」「にげウ」「にギュー」「にギョー」を経て、「にげヨウ」へと変化した。

④「む」の直前がオ段の場合
・(例)「来む(こむ)」が、「こン」を経て、②や③の例と同調するような形で、「こヨウ」へと変化した。

この「む」が、「○・○・む・む・め・○」と活用する助動詞であったことから、「う」「よう」も、助詞とはせずに、「無変化型の助動詞」とするのである。

②「よう」は、五段以外の動詞・助動詞「せる・させる」「れる・られる」を受け持つ。

(例)・起きよう ・受けよう ・運動しよう ・来よう
・笑わせよう ・食べさせよう ・出席されよう ・食べられよう

活用の型……無変化型活用

「う」「よう」は無変化型の助動詞であり、終止形と連体形の用例しかない。

語	未然形	連用形	終止形	連体形	仮定形	命令形
う	○	○	う	(う)	○	○
よう	○	○	よう	(よう)	○	○
主な用法	用法なし	用法なし	言い切る	コトに続く	用法なし	用法なし

＊連体形の用法も、「あの会社の製品なら、悪かろうはずがない。」「そんなことをしようものなら、大変だ。」など、「はず」「もの」「こと」などの形式名詞に続く場合にしか表れない。

婉曲(えんきょく)・仮定

①彼が負けようはずがない。
②そんなことを言おうものなら、しかられるぞ。

①も②も、「これから起こる未来」のことを言っている点で、「う」「よう」という未来を表す助動詞が使われている。が、これらを推量・意志・勧誘のいずれかに当てはめるのは、やや、無理がある。①は、これから起こることを、やや穏やかな言い方にした「婉曲」の用法。②は、これから起こることを仮定して言い表した「仮定」の用法とするのがよいと思われる。

ただし、これらの用法は、いずれも、「はず」「もの」「こと」などといった形式名詞の前に使われた連体形の形で使われるのみである。

確認問題

次のa〜eの傍線部の「う」「よう」につき、ここでの意味を答えよ。助動詞の「う」「よう」ではないものについては、「×」を記せ。

a 明日、先生に謝ろう。
b「一郎くん。さぼらないで、掃除しよう。」
c 午後の波は静かだろう。
d どうも、風邪(かぜ)をひいてしまったようだ。
e「みんな、来年の同窓会で、また会おうね。」

解答

a 意志　b 勧誘　c 推量
d ×(推定の助動詞「ようだ」の一部分)
e 勧誘

Go to 88ページへ

29 助動詞　五　「たい」「たがる」

■意味……希望

「たい」は、主に話し手の希望を表す。

「たがる」は、話題の人物（「あなた」「彼」「あの人」など）について、その人が「希望している」という意味を表す。

（例）たくさんの思い出を作りたい。　一郎くんは、なんでも聞きたがる。

■接続……動詞や動詞型活用の助動詞の連用形に接続する

「たい」も「たがる」も、動詞の連用形・動詞型活用の助動詞（「せる・させる」「れる・られる」）の連用形に接続する。

（例）
- 読みたい　読みたがる　…（動詞「読む」の連用形）
- 逃げたい　逃げたがる　…（動詞「逃げる」の連用形）
- 外出したい　外出したがる　…（動詞「外出する」の連用形）
- 読ませたい　読ませたがる　…（助動詞「せる」の連用形）
- 見られたい　見られたがる　…（助動詞「られる」の連用形）

■活用の型……「たい」は形容詞型活用、「たがる」は五段型活用

①「たい」は形容詞型活用をする。

語	未然形	連用形	終止形	連体形	仮定形	命令形
たい	たかろ	たかっ たく	たい	たい	たけれ	○

もっとくわしく

「たがる」の成り立ち

「たがる」は、「たい」の連用形「たく」に、動詞「ある」が続いた形「たくある」が縮まって、できたものである。

したがって、意味も、「…したい状態で、ある」というように、希望していることを、客観的に判断したものとなる。

「ぼくは、なんでもやりたがる傾向がある。」

「たがる」という助動詞に対する主語は、二人称（きみ・あなた　など）か、三人称（彼・彼女　など）であるのが原則であるが、場合によっては、「ぼくは、なんでもやりたがる傾向がある。」のように、一人称（自分・私・ぼく　など）の主語に続く場合もある。

これは、自分自身を「話題の人物」として、その様子を第三者的に判断・表現している言い方である。

（一方、「たい」も、「きみも見たいだろうね。」などのように、話し手以外の希望を表

学習のPOINT

連用形接続の助動詞

前ページまでは、
- 「せる」「させる」使役
- 「れる」「られる」受け身　他
- 「ない」「ぬ（ん）」打ち消し
- 「う」「よう」推量　他

といった「未然形接続の助動詞」について学習した。

ここからは、連用形接続の助動詞について学習する。

連用形接続の助動詞には、
- 「たい」「たがる」希望
- 「た（だ）」過去
- 「ます」丁寧
- 「そうだ」様態

がある。

「たくない」
「たがらない」

①「飲み・たく・ない」
②「飲み・たがら・ない」
とを比べると、「ない」が、①では、連用形に、②では、未然形に接続していることがわかる。

これは、形容詞「ない」や助動詞「ない」のところで学

す場合もある。）

「知りとうございます。」

形容詞の連用形が、

「うれしくございます。」

↓

「うれしゅうございます。」

のように、ウ音便になる（51ページ参照）のと同様に、形容詞型活用の助動詞「たい」も、その連用形は、

「知りたくございます。」

↓

「知りとうございます。」

のように、ウ音便になる。

しかし、最近では、ほとんど使われなくなっている。

活用しない部分「た」の用法

形容詞に語幹の用法があったのと同様に（53ページ参照）、「たい」も、その活用しない部分（助動詞の場合は、語幹とはいわない。「語幹相当部分」などという場合もある）を利用した次のような言い方がある。

・聞きたそうにしている。
・見たさに負けて、覗（のぞ）いた。
・仲間に入りたげな顔だ。

主な用法	ウに続く	タ・ナイ・ナルに続く	言い切る	トキに続く	バに続く	用法なし

② 「たがる」は五段型活用をする。

語	未然形	連用形	終止形	連体形	仮定形	命令形
たがる	たがら たがろ	たがり たがっ	たがる	たがる	たがれ	○
主な用法	ナイ・ウに続く	マス・テ・タに続く	言い切る	トキに続く	バに続く	用法なし

＊「さぞ会いたかろう。」「さぞ会いたがろう。」のように、「たかろ」「たがろ」に推量の「う」が続く言い方は、最近では、いずれも断定の助動詞「だ」と推量の助動詞「う」とを利用して、「会いたいだろう」「会いたがるだろう」のように言う場合がほとんどである。

確認問題

次のa～fの傍線部につき、ここでの活用形を答えよ。助動詞の「たい」「たがる」ではないものについては、「×」を記せ。

a そんなに遊びたければ、勝手にしなさい。
b ぼくは、そんなに食べたくないよ。
c 次郎くんは、あまり外に出たがらないね。
d 母は、ぼくたちにニュース番組を見させたがる。
e 休憩したいときには、各自の判断で、休憩してよい。
f ありがたいことに、先生から結婚のお祝いをいただいた。

んだように、①の「ない」は、補助形容詞の「ない」であり、②の「ない」は助動詞の「ない」であるためである。「たい」が形容詞型活用であり、「たがる」が動詞型活用であることから、このようなことになる。

Return 52・53ページへ

「眠たい」「眠たがる」

「眠たい」は、一語の形容詞として考えなくてはならないものである。動詞「眠る」に、助動詞「たい」が続いた場合は、「眠りたい」となる。「眠たがる」は、一語の動詞として考えなくてはならないものである。動詞「眠る」に、助動詞「たがる」が続いた場合は、「眠りたがる」となる。

解答

a 仮定形 b 連用形
c 未然形 d 終止形
e 連体形
f ×（「ありがたい」で一語の形容詞）

㉚ 助動詞 六「た（だ）」

意味……過去・完了・存続

助動詞「た」は次のような意味を表す。

①過去（そのことが既に過ぎ去ったことであることを示す）

（例）昨日、久しぶりに、レストランで食事をした。

②完了（動作が、その時点で終わったことを示す）

（例）駅に着いたときに、電話をしてください。

③存続（その状態が、続いていることを示す）

（例）壁にかかった古時計は、曾祖父（そうそふ）の代からのものです。

接続……活用語の連用形に接続する

活用語（動詞・形容詞・形容動詞・助動詞）の連用形に接続する。

＊ただし、「ぬ（ん）」「う」「よう」「まい」には接続しない。

活用の型……特殊型活用

語	未然形	連用形	終止形	連体形	仮定形	命令形
た（だ）	たろ（だろ）	○	た（だ）	た（だ）	たら（だら）	○
主な用法	ウに続く	用法なし	言い切る	コトに続く	バに続く	用法なし

＊仮定形「たら」は、「終わったら、帰ろう」のように、「ば」を伴わないで使われることも多い。

完了？ 過去？

「た」は、その意味の識別が非常に難しい。特に、完了と過去については、

・昨日、仕事が終わった。

などといった例文では、どちらとも言いがたい。これらを整理するためには、「過去に動作が完了した場合」は「過去の用法」と呼び、「現在や、これからの動作の完了を表す場合」は「完了の用法」というのが適切かと思われる。

たとえば、「今、知ったところだ。」「もしも、壊したならば、大変だ。」などの、「た」は、現在や、これからの動作の完了を表しているので、「完了」というのが適切である。

一方、「昨日、仕事が終わった。」は、過去の動作の完了を表しているので、「過去」というのが適切であろう。

このように考えると、完了の「た」には、終止形の用例がなくなることも、一つの特徴である。

存続の用法の「た」は、「…ている」「…てある」と言い換えることができるものであ

泳いだ・飛んだ

助動詞「た」は、

・ガ行五段動詞「泳ぐ」「漕ぐ（こぐ）」などに続いた場合は、【イ音便＋「だ」】になる。

泳い-だ　漕い-だ

・ナ行・バ行・マ行五段動詞「死ぬ」「飛ぶ」「読む」などに続いた場合は、【撥音便＋「だ」】になる。

死ん-だ　飛ん-だ

読ん-だ

「だ」の識別

「だ」には、次のようなものがあるので、注意すること。

・昨日はたくさん泳いだ。

→過去の助動詞「だ」

・一番高い山は、富士山だ。

→断定の助動詞「だ」（90ページ参照）

・彼はとても、冷静だ。

→形容動詞「冷静だ」の活用語尾（54ページ参照）

・まるで海のようだ。

→比況の助動詞「ようだ」

る。右ページの例文の「壁にかかった古時計」は、「壁にかかっている古時計」と言い換えることができるので、存続の用法である。存続の「た」は、下に名詞を伴う連体形の用法のみである。

「た」の特殊な用法

「た」には、過去・完了・存続以外にも、次のような特殊な用法がある。

・代表は山田くんでしたね。
（「確認」の「た」）
・ああ、困った。
・あっ、間違った。
（「詠嘆・気づき」の「た」）
・「ぐずぐずしていないで、はやく、帰った、帰った。」
（「強い命令」の「た」）

このように「た」が非常に複雑な意味合いを表すのには、古語の「き・けり・つ・ぬ・たり・り」といった、過去や完了などの意味を表しながら、微妙にその意味が違っていた、いくつもの助動詞が、口語では、「た」一つにまとまってしまったためである。

Go to 400ページへ

㉛ 助動詞　七　「ます」

■意味……丁寧

助動詞「ます」は、話し手が、聞き手に対して敬意を表す、丁寧の意味を表す。

（例）明日は、雪が降ると思います。

■接続……動詞と動詞型活用の助動詞の連用形に接続する

動詞と、動詞型活用の助動詞（「せる・させる」「れる・られる」「たがる」）の連用形に接続する。

■活用の型……特殊型活用

語	未然形	連用形	終止形	連体形	仮定形	命令形
ます	ませ ましょ	まし	ます	ます	ますれ	ませ （まし）

＊仮定形「ますれ‐ば」は最近ではほとんど使われない。代わりに「ましたら」と、「た」の仮定形を補って言うことが多い。また、命令形の「まし」（例…声をかけてくださいまし。）も、最近では、ほとんど使われず、「‐ませ」の形が多く使われる。

＊命令形の「ませ（まし）」は、常に「くださいませ」「いらっしゃいませ」「なさいませ」のように、尊敬語の動詞（118ページ参照）にのみ接続する。

確認問題

次のa～dの傍線部につき、ここでの意味と活用形を答えよ。

a 昨年植えた木に、花が咲いた。
b 壁に描かれた落書きを消した。
c 焼きあげたばかりのパイです。
d 風呂（ふろ）が沸いたら、声をかけろ。

の活用語尾　（88ページ参照）

・明日は、雨が、降りそうだ。
→様態の助動詞「そうだ」の活用語尾　（84ページ参照）
・明日は、雨が降るそうだ。
→伝聞の助動詞「そうだ」の活用語尾　（85ページ参照）

丁寧の「ます」

話し手・書き手が、聞き手・読み手に敬意を表すような言い方を丁寧語という。「です」も丁寧語である。

「くださいませ」「いらっしゃいまし」

命令形の「ませ」「まし」を終助詞と判断しないように注意しよう。

解答

a 植えた　過去・連体形
　咲いた　過去・終止形
b 描かれた　存続・連体形
　消した　過去・終止形
c 焼きあげた　完了・連体形
d 沸いたら　完了・仮定形

㉜ 助動詞　八「そうだ（様態）連用形接続」

■意味……様態

連用形に続く助動詞「そうだ」は、「そのような様子がみられる」という意味を表す。

（例）この様子なら、夜更(よふ)けには、雨は、雪になりそうだ。

■接続……動詞と動詞型活用の助動詞の連用形などに接続する

①動詞・動詞型活用の助動詞の連用形に接続する。

（例）桜が、散りそうだ。　今にも、呼ばれそうだ。

②形容詞・形容動詞・形容詞型活用の助動詞の語幹に接続する。

（例）寒そうだ。（形容詞「寒い」の語幹）

にぎやかそうだ。（形容動詞「にぎやかだ」の語幹）

どうも聞きたそうな表情だ。（助動詞「たい」の※語幹相当部分）

■活用の型……形容動詞型活用

語	未然形	連用形	終止形	連体形	仮定形	命令形
そうだ	そうだろ	そうだっ そうで そうに	そうだ	そうな	そうなら	○

＊仮定形「そうなら」は、「負けそうなら、きちんと対策を練れ。」のように、「ば」を伴わないで使われることも多い。

＊補助形容詞「ない」を続ける場合は、「そうでない」の他に、「そうにない」「そうもない」の形もある。

もっとくわしく

「そうだ」＝「相」

様態の「そうだ」は、「様相」「人相」「手相」などの、「相」と同根語であると思われる。

様子を表す「相」から、「そのような様子だ」という様態の助動詞「そうだ」が生まれたものと思われる。

※語幹相当部分

通常、助動詞は、語幹と活用語尾に分けない。ここでは、「活用しても変化しない部分」の意味で、便宜的に「語幹相当部分」とした。

「よさそうだ」

様態の「そうだ」は、形容詞「よい」「ない」に続く場合、「さ」が語幹と「そうだ」の間に入って、「よさそうだ」「なさそうだ」の形になる。補助形容詞の「ない」の場合も同様である。

一方、助動詞の「ない」の場合は、「さ」を伴わない形になる。

・忘れ物はなさそうだ。（形容詞の「ない」）

学習のPOINT

終止形接続の助動詞

84ページまでは、

・「たい」「たがる」希望
・「た（だ）」過去
・「ます」丁寧
・「そうだ」様態

といった連用形接続の助動詞について、学習した。

次ページからは、終止形接続の助動詞について学習する。終止形接続の助動詞には、次のようなものがある。

・「そうだ」伝聞
・「らしい」推定
・「まい」打ち消しの推量　打ち消しの意志

「穏やかだそうだ」

「参加するそうだ」「高いそうだ」といった用例を見ると、「そうだ（伝聞）」は一見、連体形接続と考えてもよいように思える。

しかし、「そうだ（伝聞）」を形容動詞に続けてみると、「穏やかだそうだ」となり、「穏やかなそうだ」とは言わ

・どうも静かでなさそうだ。
（補助形容詞の「ない」）
・このことは知らなそうだ。
（助動詞「ない」）

また、同じ二音節の形容詞でも「濃い」の場合は、「さ」は伴わず、

・このコーヒーは、濃そうだ。

のように、語幹から、すぐに「そうだ」が続く。

伝聞の助動詞「そうだ」の接続

伝聞の「そうだ」は、いろいろな助動詞の終止形に接続することができる。

下記の例「せる・させる」「れる・られる」の他に、次のような助動詞の終止形に接続する。

・動かない－そうだ。
（打ち消し「ない」に接続）
・動かぬ－そうだ。
（打ち消し「ぬ」に接続）
・話したい－そうだ。
（希望「たい」に接続）
・書いた－そうだ。
・読んだ－そうだ。
（過去「た（だ）」に接続）
・彼の父は医者だ－そうだ。
（断定「だ」に接続）

㉝ 助動詞 九 「そうだ（伝聞）終止形接続」

■意味……伝聞

終止形に続く助動詞「そうだ」は、「伝え聞いた」という意味を表す。

（例）彼はいつも、朝五時に起きるそうだ。

■接続……用言の終止形などに接続する

①用言（動詞・形容詞・形容動詞）の終止形に接続する。

（例）参加するそうだ。　背が高いそうだ。　性格は穏やかだそうだ。

②助動詞「せる・させる」「れる・られる」などの終止形に接続する。

（例）彼を立候補させるそうだ。　彼がしかられるそうだ。

■活用の型……特殊型活用

語	未然形	連用形	終止形	連体形	仮定形	命令形
そうだ	○	そうで	そうだ	○	○	○

＊連用形「そうで」は、「そうである」の形でしかあらわれない。

確認問題

次のa～fの傍線部につき、ここでの意味と活用形を答えよ。

a この問題が、わかりません。　b どうぞお入りくださいませ。
c 明日、出発するそうである。　d なんとも、おいしそうだ。
e 今にも倒れそうなビルだ。　f 彼は、知らなそうだった。

ないので、伝聞の助動詞「そうだ」は終止形接続として整理するのがよいことがわかる。

「そうです」

様態の「そうだ」にしろ、伝聞の「そうだ」にしろ、「そうだ」を丁寧な言い方にしたものに「そうです」がある。

この「そうです」を、一語の助動詞として考える立場もあるが、ここでは、「そうです」については、「そうだ」の語幹相当部分に、丁寧の助動詞「です」が続いたものとして考えた。

解答

a 丁寧・未然形
b 丁寧・命令形
c 伝聞・連用形
d 様態・終止形
e 様態・連体形
f 様態・連用形

34 助動詞 ＋ 「らしい」

意味……推定

助動詞「らしい」は、何かを根拠にして、推定する意味を表す。

（例）この雨は、夜更（よふ）けには、雪になるらしい。

接続……主な接続として、次のようなものがある

①動詞・動詞型活用の助動詞の終止形、形容詞・形容詞型活用の助動詞の終止形に接続する。

（例）転校生が来るらしい。（動詞「来る」の終止形）
　この木の葉は食べられるらしい。（助動詞「られる」の終止形）
　サッカー部は、厳しいらしい。（形容詞「厳しい」の終止形）
　この機械は、壊れて動かないらしい。（助動詞「ない」の終止形）

②特殊型活用の助動詞「ぬ（ん）・た（だ）」の終止形に接続する。

（例）山田くんは発熱のため、来られぬらしい。（助動詞「ぬ」の終止形）
　父は学生のころ、中国に旅行したらしい。（助動詞「た」の終止形）

③形容動詞の語幹・名詞に接続する。

（例）夏祭りは、とてもにぎやからしい。（形容動詞「にぎやかだ」の語幹）
　この先の道は、工事中らしい。（名詞「工事中」）

活用の型……形容詞型活用

語	未然形	連用形	終止形	連体形	仮定形	命令形
らしい	○	らしかっ らしく	らしい	らしい	（らしけれ）	○

もっとくわしく

「らしい」の接続

「らしい」は下記の①・②・③の接続以外に、次のような助詞にも接続する。

・この靴は、彼のらしい。
・学校は、三日かららしい。
・宿題の提出期限は、土曜日までらしい。
・現地は雨ばかりらしい。
・来るのは彼だけらしい。
・残りは、これきりらしい。
・値段は千円ほどらしい。
・値段は千円くらいらしい。

「まい」の接続

「まい」は、次ページの①・②のような接続をするのが正用だが、慣用的に次のような接続をする場合もある。

正用	慣用
・こまい	・くるまい
・しまい	・するまい ・すまい
・起きまい	・起きるまい
・捨てまい	・捨てるまい
・見まい	・見るまい
・寝まい	・寝るまい

（慣用では、どれも終止形接

学習のPOINT

推量と推定の違い

①夜には、雪になるだろう。

この「う」は、様子について、推し量った言い方であり、推量の助動詞と呼ばれる（78ページ参照）。これに対して、

②夜には、雪になるらしい。

この「らしい」は推定の助動詞と呼ばれる。

「推量」が、ただ何かの様子を想像して推理しているのに対し、「推定」の場合は、「なんらかの根拠をもとに、様子を判断している」という意味合いが含まれる。

例文①と②を比べると、①は、特に根拠なく推理する場合でも使えるのに対し、②は、天気予報などの情報から、それらを根拠にして、「雪になるらしい」と推定している意味合いが感じられる。

「子供らしい」

「らしい」には、形容詞の語尾の「らしい」もあるので、推定の助動詞「らしい」と混

続となっている。「すまい」は、サ変の古語「す」の終止形に続いた形である。）

「まい」は「う」「よう」の打ち消し

「まい」は、打ち消しの推量・意志を表すが、これは、推量・意志の助動詞「う」「よう」（78ページ参照）の打ち消しと考えるのがよい。活用も、

・無変化型である。
・終止形と連体形しかない。
・連体形は、「こと」などの形式名詞に接続する形でのみ使われる。

など、「う」「よう」と、「まい」は、同じ性質を持っている。

「まい」を助動詞に分類する理由

ほとんどが終止形で使われ、まれに使われる連体形も、形が変わらないにもかかわらず、「まい」を助詞（付属語で活用しないもの）に分類しないのは、「まい」の古語が、「まじ」であり、これが、「まじから／まじく・まじかり／まじ／まじき・まじかる／まじけれ／○」と、活用していたことによる。

35 助動詞 十一「まい」

■意味……打ち消しの推量・打ち消しの意志

助動詞「まい」は、次のような意味を表す。

①打ち消しの推量（「…しないだろう」の意味）

（例）その植物は、日陰ではなかなか育つまい。

②打ち消しの意志（「…しないつもりだ」の意味）

（例）明日の決勝戦、負けても、けっして涙は流すまい。

■接続……主な接続として、次のようなものがある

①五段活用の動詞・助動詞「たがる」・助動詞「ます」の終止形に接続する。

（例）二度と泣き言は言うまい。　これで、もう買いたがるまい。

（例）あの方なら、二度と、過ちは繰り返しますまい。

②五段活用以外の動詞の未然形、助動詞「せる・させる」「れる・られる」の未然形に接続する。

（例）何があっても、逃げまい。　さすがに、この量は食べられまい。

■活用の型……無変化型活用

語	未然形	連用形	終止形	連体形	仮定形	命令形
まい	○	○	まい	（まい）	○	○

＊連体形の用法は、「あろうことか、あるまいことか。」のように、形式名詞「こと」などに続く場合にしか用いられない。

同しないように注意しよう。

・植木鉢を割ったのは、彼の子供らしい。

の「らしい」は、推定の助動詞「らしい」である。

・きみは、とても子供らしいね。

の「らしい」は、形容詞「子供らしい」の一部である。

また、次の「らしい」も、形容詞の一部であり、助動詞ではない。

・男らしい筋肉。
・スポーツマンらしい態度。
・最近、運動らしい運動をしていない。

「まい」は死語？

最近では、打ち消しの推量を表す場合は、「まい」の代わりに「ないだろう」を利用し、打ち消しの意志を表す場合は、「まい」の代わりに、「ないつもりだ」といった言い方を使うことが多い。

・桜はまだ咲くまい。
　←桜はまだ咲かないだろう。
・嘘（うそ）は言うまい。
　←嘘は言わないつもりだ。

36 助動詞 十二「ようだ」

■意味……比況・例示・推定・不確かな断定

助動詞「ようだ」は、次のような意味を表す。

①**比況**　何かにたとえて、「まるで…のようだ」といった意味を表す。

（例）まさか優勝できるなんて、ほんとうに夢のようだ。

②**例示**　例を示して説明する意味を表す。

（例）太陽のように、自ら光っている星のことを「恒星」と呼ぶ。

③**推定・不確かな断定**　なんらかの根拠に基づいて推し量ったり、やや不確かに断定したりする意味を表す。

（例）九州地方は、猛暑のようだ。　窓を割った犯人は、猫のようだ。

■接続……主な接続として、次のようなものがある

①**動詞・動詞型活用の助動詞の連体形に接続する。**

形容詞・形容詞型活用の助動詞「たい」「ない」の連体形に接続する。

形容動詞の連体形に接続する。

（例）彼は、飛ぶように帰ってきた。
父の厳しい言葉に、まるで頬を張られるような感じがした。
この服は、娘には少し小さいようだ。
彼は、どうしても参加したいようだ。
五月の連休の気候は、とても穏やかなようだ。

②**特殊型活用の助動詞「ぬ（ん）」「た（だ）」の連体形に接続する。**

（例）けがをせぬように、注意しよう。　新薬が承認されたようだ。

懇願・願望の「ように」

助動詞「ようだ」には、まれな用例として、次のようなものもある。

・欠席の場合は、班長まで、連絡するように。
・今年こそ、大学に合格できますように。

このような「ように」は、「懇願（相手に頼む）」や「願望」の意味を表す。「懇願」「願望」を表す場合は、常に、連用形「ように」の形で使われ、例文のように、「ように」で言い切るか、「…ようにしてください。」「…ようにお願いします。」などの形でのみ使われる。

また、懇願・願望の「ように」は、「に」を省いて、「連絡するよう」「合格できますよう」といった言い方でも使われる。その場合、「推量・意志」の助動詞「よう」と混同しないように注意が必要である。接続で判断できる。

・連絡するよう。（懇願・願望）
・連絡しよう。（意志）

学習のPOINT

「ようだ」＝「様だ」

助動詞「ようだ」の語源は、「様だ」である。「そのような様子だ」というところから、「比況」「例示」「推定」などの意味になる。

推量と推定の違い

「推量」の助動詞「う」「よう」が、ただ単に推理・想像する場合に使われるのに対し（78ページ参照）、「推定」の助動詞「ようだ」は、なんらかの根拠をもとに、推理・想像・判断する意味合いが含まれる。

①夜には、雪になるだろう。
②夜には、雪になるようだ。

①に比べて、②の例文からは、天気予報などの情報を根拠に、推理・想像・判断している意味合いが感じられる。

「推量」に比べて、なんらかの根拠の感じられることや、「断定」に比べて、やや判断に不確かさがあることから、「ようだ」は、「推定」の助動詞・「不確かな断定」の助動詞などと呼ばれる。

目的の「ように」

・寝坊しないように、目覚まし時計をかけた。

このような例文の「ように」は、目的を表す。この場合も、常に連用形で用いられるか、「に」を省いて、「…よう」の形で用いられる。

「ようです」

「ようだ」を丁寧な言い方にしたものに「ようです」がある。この「ようです」を、一語の助動詞として、考える立場もあるが、ここでは、「ようです」は、「ようだ」の語幹相当部分に、丁寧の助動詞「です」が続いたものとして考えた。

解答

一a×（形容詞の語尾）
b推定・連用形
c×（形容詞の語尾）
d推定・終止形
二a打ち消しの意志
b打ち消しの推量
c比況
d推定（不確かな断定）
e例示 f勧誘 g懇願

③格助詞「の」、連体詞「この・その・あの・どの」に接続する。

（例）雪のように、まっ白だ。　そのような話は、聞いていない。

■活用の型……形容動詞型活用

語	未然形	連用形	終止形	連体形	仮定形	命令形
ようだ	ようだろ	ようだっ ようで ように	ようだ	ような	ようなら	○

＊仮定形「ようなら」は、「遅れるようなら、連絡をください。」のように、「ば」を伴わないで使われることも多い。

確認問題

一 次のa～dの傍線部につき、助動詞である場合はここでの意味と活用形を答えよ。助動詞でない場合は、×を記せ。

a たまには父親らしいこともしてあげないと。
b 小猿の隣にいるのは、どうも父猿らしく思われる。
c 彼の眉毛（まゆげ）は、太くてとても男らしい感じだ。
d 遠くてよくわからないが、たぶん、あの人は男らしい。

二 次のa～gの傍線部の助動詞につき、ここでの意味を答えよ。

a 二度と恋などしまい。　b さすがにこの山は登れまい。
c 機械のように正確な動作だ。　d ここは戦場だったようだ。
e 弁護士のような資格を取りたい。　f 宿題は必ず提出しようね。
g 期限までには提出するようにしてください。

連体形接続の助動詞

87ページまでは、
・「そうだ」伝聞
・「らしい」推定
・「まい」打ち消しの推量・意志
といった「終止形接続の助動詞」について、学習した。

右ページからは、連体形接続の助動詞や、体言に接続する助動詞について、学習する。

連体形接続の助動詞には、
・「ようだ」比況・例示・推定
がある。

体言に続く助動詞には、
・「だ」断定
・「です」丁寧な断定
がある。

「ようだ」の意味の見分け方

①比況は、「まるで夢のようだ」のように、「まるで」を補うことができる。
②例示は、「たとえば太陽のように」のように、「たとえば」を補うことができる。
③推定は、「どうやら猛暑のようだ」のように、「どうやら」を補うことができる。

㊲ 助動詞 十三「だ」

■意味……断定

助動詞「だ」は、物事を「…である」と断定する意味を表す。

(例) 対抗リレーのアンカーにふさわしいのは、間違いなく彼だ。

■接続……主な接続として、次のようなものがある

①動詞・形容詞・一部の助動詞の連体形に接続する。

(例) 山田くんが優勝するだろう。　明日は、たぶん寒いだろう。
そんなことを言われるなら、私は帰ります。
そんなに食べたいなら、あげるよ。　きっと、もう着いただろう。

②体言に接続する。

(例) とても素晴らしいギターだ。　明日が文化祭本番だ。

③助詞「の・から・だけ・ほど・きり」などに接続する。

(例) 絶対に合格するのだ。　もうこれだけだ。　たぶん千円ほどだ。

■活用の型……形容動詞型活用

語	未然形	連用形	終止形	連体形	仮定形	命令形
だ	だろ	だっ で	だ	(な)	なら	○

＊連体形「な」は、「四月なのに、雪が降った。」のように、助詞「の」「ので」「のに」へ続く場合にのみ使われる。
＊仮定形「なら」は、「彼なら、あそこにいるよ。」のように、「ば」を伴わないで使われることも多い。

「だ」「です」の接続

断定の助動詞「だ」「です」の接続について、ここでは連体形としたが、「終止形」とする考え方もある。

現代語の活用語のなかで、終止形と連体形との形が異なるのは、形容動詞だけである。しかし、形容動詞に、「だ」「です」が続く場合は、

・静かな－の－だ
・おだやかな－の－です

のように、助詞「の」が間に入り、連体形にも、終止形にも直結しない。

そのため、「だ」「です」について、

・終止形接続
・連体形接続

と、どちらかに限定して整理する必要がなくなってしまうのである。

ただし、ここでは、

・「だ」「です」が体言に接続すること
・古語の断定の助動詞「なり」が、活用語の連体形に接続していたこと

などから、「連体形接続」と整理する方が、適切であると考えた。

学習のPOINT

形容動詞と「名詞＋だ」の識別

①一番大切なのは、健康だ。
②実家の母は、健康だ。

①の「健康だ」は、「名詞＋断定の助動詞（だ）」であるが、②の「健康だ」は一語の形容動詞である。

「とても」を入れて見分けるのがよい。「とても」を入れることができれば、形容動詞である。

①×一番大切なのは、とても健康だ。→名詞＋だ
②○実家の母は、とても健康だ。→形容動詞

55ページへ

限定的な接続

＊「だ」は、活用語の連体形から直結する場合は、

・「だろ－う」（未然形）
・「で－あろう」（連用形）
・「なら－ば」（仮定形）

の形にしかならない。

○結婚する　だろ　う
○結婚する　で　あろう

㊳ 助動詞 十四 「です」

■意味……丁寧な断定

助動詞「です」は、聞き手への敬意をそえて、丁寧に断定する意味を表す。

(例) 対抗リレーのアンカーにふさわしいのは、間違いなく彼です。

■接続……主な接続として、次のようなものがある

①動詞・形容詞・一部の助動詞の連体形に接続する。

(例) 桜は散るでしょう。　明朝は寒いでしょう。　先生にしかられるでしょう。
彼は来ないでしょう。　もう帰ったでしょう。　たぶん来ますでしょう。

②体言に接続する。

(例) あちらが食堂です。　私は来年、年男です。

③助詞「の・から・だけ・ほど・きり」などに接続する。

(例) 新学期は、一月八日からです。　残りはこれきりです。

④形容動詞の語幹・形容動詞型活用の助動詞「そうだ(様態)」「ようだ」・特殊型活用の助動詞「そうだ(伝聞)」の語幹相当部分に接続する。

(例) とても静かでした。　とてもにぎやかでしょう。
雨が降りそうです。　雨が降るそうです。　雨が降るようです。

■活用の型……特殊型活用

語	未然形	連用形	終止形	連体形	仮定形	命令形
です	でしょ	でし	です	(です)	○	○

＊連体形「です」は、「まだ子供ですので。」のように、助詞「ので」「のに」へ続く場合にのみ使われる。

「だ」「です」の起源

○「だ」の起源

「である」の意味を表す古語「にてあり」が起源で、「にてあり」→「にてある」→「である」→「であ」→「だ(関東)」「じゃ(関西)」のように変化したといわれている。

○「です」の起源

「です」については、明確な起源がわかっていない。次のような説がある。

・「であります」が起源
・「でございます」が起源
・「で＋す(サ変)」が起源
・「でおはす」が起源
・「でそうろう」が起源
・「にておはす」が起源

静かです・そうです・ようです

「静かです」「そうです」「ようです」などを、それぞれ、一語の形容動詞や助動詞とする考え方もあるが、ここでは、それぞれの語幹や語幹相当部分に、丁寧の助動詞「です」が接続したものとして考えた。(54・85・89ページ参照)

○結婚するならば
×結婚するだった
×結婚するだ。

＊「です」は、活用語の連体形から直結する場合は、
・「でしょ-う」(未然形)の形でのみ使うのが自然である。

○桜は散るでしょう
×桜は散るでした
×桜は散るです

＊「面白いです」「面白かったです」のように、形容詞や、過去の助動詞「た」に、「です」を続ける言い方も、一般的に使用され、正用とされてはいるものの、未だにやや幼稚な感じの残る表現である。

助動詞の学習

以上で、助動詞の学習について、ひととおり終わった。

細かい接続や、まれな意味用法まで、覚えきる必要はない。それぞれの助動詞について、大まかな意味や接続を理解しておこう(68ページ参照)。細かい接続や意味は、本書を辞書として利用して、確認していけばよい。

助動詞の接続順

食べ-させ-たがる-ようだっ-た-そうだ

右の例文では、「させる（使役）」「たがる（希望）」「ようだ（不確かな断定）」「た（過去）」「そうだ（伝聞）」と、五つの助動詞が重なって用いられている。これらは、ほぼその重なる順が決まっており、前後を入れ替えて、「食べる ようだ た そうだ させる」のように、いいかげんな順に続けることはできない。

上位にくる助動詞・下位にくる助動詞には、それぞれ、どのような性質があるのだろうか。

属性概念にかかわる助動詞

助動詞は大きく分けて、二つの性質を持っている。

一つは、上にある自立語の概念（意味）に大きく影響を与える助動詞のグループである。

たとえば、「山田くんが、食べる。」に、助動詞「た」を付け、「山田くんが、食べた。」としても、イメージされる概念は、何も影響を受けない。

しかし、「山田くんが、食べる。」に、「させる」や、「られる」を付けてみると、「山田くんが、食べさせる。」「山田くんが、食べられる。」となり、そのイメージされる概念は もとの「山田くんが、食べる」から大きく変化することがわかる。「食べさせる」なら、「山田くん」がスプーンで子供に食事をさせているようなイメージが浮かぶし、「食べられる」なら、まるで、怪獣か何かに食べられてしまうようなイメージが浮かぶ。このように、概念に大きく影響を与える助動詞は、「属性概念にかかわる助動詞」という。

属性概念とは、簡単にいえば、性質や状態や様子など、その語の持つ意味内容（イメージ）である。

陳述にかかわる助動詞

「させる」「られる」のような助動詞が属性概念にかかわる助動詞ならば、前述の「た」は、どのような性質を持つ助動詞だろうか。

「た」は、ここでは「その動作が、語っている現在から見て、以前のことだった」ということを表している。これは、「語っている自分が、語られている内容をどのようにとらえているか」ということにかかわる助動詞である。このような性質を「陳述」という。

陳述とは、簡単にいえば、「述べ方」のことである。

「た」は、属性概念にはまったくかかわらず、「陳述」にかかわる助動詞であるといえる。「た」の他にも、「う・よう」「らしい」「だ」「そうだ」などが、陳述にかかわる助動詞である。

一方、先に述べた「せる・させる」や「れる・られる」は、陳述にはまったく影響を及ぼさない助動詞である。

属性概念の度合いと陳述の度合いとは反比例する

属性概念にかかわる度合いと、陳述にかかわる度合いとは、反比例の関係にある。属性概念に与える影響の強い助動詞ほど、陳述にかかわる度合いは弱くなり、一方、陳述にかかわる度合いが強ければ、概念を揺さぶる力は弱くなる。

そして、助動詞が重なる場合は、属性概念にかかわる助動詞ほど上位に、陳述にかかわる助動詞ほど下位にくるという傾向がある。

さらにいえば、上位にくる助動詞は、動詞型活用をして、活用表も、各活用形が欠けることなく完備する。いわば「食べさせる」という新しい動詞ができてしまったようなものである。一方、下位にくる助動詞は、特殊型や無変化型といった活用になり、またその下にあまり他の助動詞を続けることがないため、活用表にも「○」が多くなるのである。

属性概念の変化具合を確かめる

それぞれの助動詞が、属性概念にかかわる度合いが強いのか、陳述にかかわる度合いが強いのかを確かめるには、一つ一つの助動詞を別々に動詞に接続させて、確かめてみるとよい（左図参照）。

下位にくる助動詞ほど、属性概念（イラストの■部分）に影響を与えない一方で、陳述（述べ方・イラストの■の部分）にかかわっていることがわかる。

山田くんが、食べる。

属性概念 強

山田くんが、食べさせる。

山田くんが、食べたがる。

山田くんが、食べるようだ。

山田くんが、食べた。

山田くんが、食べるそうだ。

陳述 強

39 助詞総論

■付属語で活用のない語……助詞

（例）女子代表の山田さんが、病気で学校を欠席したので、
男子代表のぼくだけが、会議に出席したよ。

右の文を文節にくぎると、

「女子代表の／山田さんが、／病気で／学校を／欠席したので、／男子代表の／ぼくだけが、／会議に／出席したよ。」

となる。

このうち、■・■を付した語は、いずれも付属語（文節の先頭にくることはできない語）である。そのうち、■を付した「た」は、過去の意味を表す助動詞であり、活用のある語（82ページ参照）であるが、■を付した語は、活用することがない。このように、付属語であり、活用しない語を助詞という。

■助詞の分類……格助詞・接続助詞・副助詞・終助詞

助詞は、その性質から次の四つに分類することができる。

①格助詞

例文の「山田さんが」という文節に着目してみよう。この「が」は、「欠席したので」という文節に対して、『主語である』という資格を表している。また、「女子代表の」の「の」は、「山田さん」に対して、『連体修飾語である』という資格を表している。「会議に」の「に」は、「出席したよ」に対して、『連用修飾語である』

助詞の分類

助詞については、下記の四分類の他に、
・準体助詞　・準副体助詞
・並立助詞　・間投助詞
といった種類を設定する場合もある。

○準体助詞
・もっと安いのをください。
の「の」は、「物」の意味を表している。このように、体言の代わりに使われる「の」を、体言に準ずるものとして、「準体助詞」という場合がある。本書では、「準体助詞」の分類は設けず、「格助詞」に分類した。

Go to 97ページへ

○準副体助詞

Go to 96ページへ

○並立助詞
・犬や猫や豚がいる。
・見たり、聞いたりする。
・漢字も覚えたし、計算問題も終えた。
右の「や」「たり」「し」は、いくつもの体言や用言を並べる役割を持っている。
このような助詞を、並立助

学習のPOINT

単語の十分類

26ページの品詞分類表で示したとおり、日本語にあるすべての単語は、大きな十のグループに分けることができる。動詞からはじめて、前ページの助動詞までで、九つのグループについての学習を終えた。残る一つの品詞「助詞」を学習すれば、すべてのグループについて、学習し終えることになる。

文法の学習は、常に、品詞分類表と対応させて、全体のどの部分を学んでいるのかを確認しながら、進めるのが大切である。

助詞の四分類

助詞の分類について、おおまかな目安は次のとおりである。

①格助詞
体言等に接続し、文中での資格を表す。
（が・の・を・に・へ　など）

②接続助詞
用言等に接続し、前後の意

という資格を表している。これらのように、文中での他の文節に対して、その文節がどのような資格にあるのかを表す助詞を「格助詞」という。右の例文では、「の・が・で・を・に」が格助詞である。また、格助詞は、主に体言に接続する。

②接続助詞

例文の「欠席したので」という文節に着目してみよう。この「ので」は、「ので」以前の部分と、「ので」以降の部分とを、「原因→結果」という意味の関係で接続する役割をしている。このように、前後の意味上の接続関係を表す助詞を接続助詞という。格助詞が主に体言に接続するのに対し、接続助詞は、用言・助動詞といった活用する語に接続する。

③副助詞

例文の「ぼくだけが」という文節に着目してみよう。この「だけ」は、「ぼく一人」という限定の意味を副えて、「出席した」という文節に対して、副詞のような連用修飾語として、かかっている。このような助詞を副助詞という。副助詞は、さまざまな語に接続するが、場合によっては、省いても文の成り立ちが壊れないのが特徴である。

④終助詞

例文の「出席したよ」という文節に着目してみよう。この「よ」は、文の終わりに付いて、軽く強調し、相手に言葉がけしている意味合いを加えている。このような助詞を終助詞という。終助詞は、文の終わりや文節の切れ目に位置する。副助詞と同様に、省いたとしても文の成り立ちは壊れない。

詞という場合がある。本書では、並立助詞の分類は設けず、「や」は格助詞に、「たり」「し」は接続助詞に分類した。

Go to 97・101ページへ

○間投助詞

・昨日ね、ぼくはね、病院にね、行ったんだ。

・明日さ、ぼくはさ、映画にさ、行こうと思うんだ。

このような「ね」「さ」を、語調を作る助詞として、間投助詞に分類する場合がある。本書では、このような「ね」「さ」は終助詞に分類した。

Go to 106ページへ

わずかな違いこそあれ

「きみこそ適任だ。」のような「こそ」は口語では副助詞に分類されるが、この「こそ」は「わずかな違いこそあれ、たいしたものではない。」のように、「あれ」のような活用形（古典文法でいう「已然形」）に係る形で、使われるのが本来の用法であった。このように、ある一定の活用形で受けることを必要とする助詞を古典文法では、係助詞として分類するが、現代編の本章では、副助詞に分類した。

味上の接続関係を表す。
（ので・から・けれど・ば　など）

③副助詞
いろいろな語に付いて、限定・強調など、副詞のような連用修飾語の文節を作って、意味を副える。
（だけ・きり・こそ　など）

④終助詞
文の終わりに付いて、疑問・強調・呼びかけなどの意味を付け加える。
（か・ぞ・よ・さ・ね　など）

四つの助詞の名前

四つの助詞の名前は、それぞれ、その性質を短く言い表したものなので、性質と関連させて覚えるとよい。

①文中での資格を表す。
→格助詞

②前後の意味の接続関係を表す。
→接続助詞

③副詞のような連用修飾語として意味を副える。
→副助詞

④文の終わりに付く。
→終助詞

40 格助詞 一

■**格助詞……資格を表す助詞**

（例） 彼が、ぼくの弁当を食べた。

右の例文にある「が」は、「食べた」という文節に対して、「彼が」が『主語である』という資格を表している。

同様に「ぼくの」の「の」は、「弁当を」に対する『連体修飾語である』という資格を表し、「弁当を」の「を」は、「食べた」に対して、『連用修飾語である』という資格を表している。

このように、他の文節に対して、その文節がどのような資格にあるのかを表す助詞を格助詞という。

格助詞は主に体言に接続する。

■**格助詞の分類……性質から五つに分類**

①主語であることを示す。

・が　ぼくが、代表で走る。（「ぼくが」は、「走る」に対する主語）

・の　きみの言うことは正しい。（「きみの」は、「言う」に対する主語）

②連用修飾語であることを示す。

・を　英語を学ぶ。（「英語を」は、「学ぶ」に係る連用修飾語）

・に　学校に行く。（「学校に」は、「行く」に係る連用修飾語）

・へ　沖縄へ向かう。（「沖縄へ」は、「向かう」に係る連用修飾語）

準副体助詞

次ページの③「連体修飾語であることを示す格助詞」には、「の」しか含まれない。この「の」について、格助詞とは分けて、「準副体助詞」という場合がある。

下記の①・②といった代表的な格助詞が、体言や体言に準ずるものに接続するのに対し、この「の」は副詞や他の助詞に続くこともできる。

・ゆっくりの動き
・かねての予定
（副詞に接続）

・聞いての判断
・見ての上
（接続助詞「て」に接続）

・きみからの手紙
・きみへの手紙
（格助詞に接続）

・一人きりの部屋
・家族だけの旅行
（副助詞に接続）

このようなことを考えあわせると、下記①②の格助詞と分けて、別項目を立てるのも適切な考え方ともいえる。

学習のPOINT

格助詞（主格・所有格・目的格ほか）

「彼がぼくのりんごを食べた。」という文には、

・主語を示す「が」
・連体修飾語を示す「の」
・連用修飾語を示す「を」

という三つの格助詞がある。

これらは、いずれも、英語の「主格」「所有格」「目的格」という概念に通じるものだ。

例文を英語にしてみよう。

[He ate my apple.]

の、「He」は、主格であり、これは、「彼が」の部分にあたる。「my」は、所有格であり、これは、「ぼくの」の部分にあたる。「(my) apple」は、目的格にあたり、これは「(ぼくの)りんごを」の部分にあたる。

このように格助詞について、英語の主格・所有格・目的格の概念を利用して、まずは、おおまかに理解するのもよい。

ただし、格助詞のすべてが、「主格・所有格・目的格」を表すものではないので注意が

・と　元気よく「こんにちは」と言った。
（「『こんにちは』と」は、「言った」に係る連用修飾語）
・で　はさみで切る。（「はさみで」は、「切る」に係る連用修飾語）
・から　彼から手紙が届いた。
（「彼から」は、「届いた」に係る連用修飾語）
・より　山田くんより鈴木くんの方が足が速い。
（「山田くんより」は、「速い」に係る連用修飾語）

③連体修飾語であることを示す。
・の　きみの手はあたたかい。（「きみの」は、「手」に係る連体修飾語）

④体言の資格であることを示す。
・の　彼はギターを弾くのがとても上手だ。
（「の」は、「こと」という名詞に置き換えられる。）

⑤並立を示す。
・と　犬と猫と、どちらが好きですか。
・や　青や赤や黄色の色紙。
・の　おいしくないの高いのと、文句ばかり言っている。
・に　部活に行事に勉強に、忙しい毎日だ。
（これら「と」「や」「の」「に」は二つ以上のことを、同列で並べることを示す。）

格助詞は十語

格助詞については、右に示したものより範囲を狭くする考え方や広くする考え方があるが、学校文法では、①～⑤に示した「が・の・を・に・へ・と・で・から・より・や」の十語を格助詞として扱うことが多い。

狭義格助詞の法則

下記の①～⑤のうち、③を準副体助詞、④を準体助詞、⑤を並立助詞として、残る①・②に限って狭義格助詞（狭い意味でいう「格助詞」）とした場合、狭義格助詞には、以下の法則を導くことができる。

○狭義格助詞の法則
「狭義格助詞は重ねて用いることができない」

狭義格助詞（①・②）同士が重ねて用いられないのに対し、それ以外は、以下のように重ねて用いることができる。
・行ってからのことだ。
（②と③が重なっている）
・走るのが速い。
（④と①が重なっている）
・渋谷までと新宿までと、どちらですか。
（②と⑤が重なっている）

まで
「応用問題どころか、計算問題まで間違った。」
のような「まで」は、強調の意味をそえる副助詞だが、範囲を表す助詞として、格助詞に分類する場合もある。

必要である。
たとえば、前ページの②「連用修飾語であることを示す」を見れば、「を」「に」のように、英語でいう「目的格」を示すものも、代表的な格助詞であるが、
・引用を示す「と」
・道具・手段を示す「で」
・動作の起点を示す「から」
などは、いずれも、英語の目的格という概念ではとらえきれないものである。

格助詞は、十語
これら十語を、語呂（ごろ）合わせで覚えてしまおう。
格助詞十語は、
「鬼が殿より部屋から出」
鬼が（を・に・が）
殿より（と・の・より）
部屋から（へ・や・から）
出（で）

準副体助詞・準体助詞・並立助詞
上記の③・④・⑤のような助詞を、格助詞とは分けて、準副体助詞（③）・準体助詞（④）・並立助詞（⑤）と分類する場合もある。

41 格助詞 二

格助詞の用法

それぞれの格助詞には、次のような用法がある。

・「が」
春が来た。（主語を示す）
ケーキが食べたい。（対象としての主語を示す。
…「を」に置き換えられる「が」）

・「の」
ぼくの夢。弟の次郎。彼からの手紙。（連体修飾語を示す）
彼の作った歌。（主語を示す）
紅茶の好きな女性。（対象を示す）
解くのが難しい。それは私のです。（体言「こと・もの」に準ずる）
やるのやらないのと、ぐずぐずしているな。（並立を示す）

・「を」
絵を描く。（目的・対象を示す）
駅を出発する。（起点を示す）
空を飛ぶ。（経過する場所を示す）
夏を過ごす。（経過する期間を示す）
上を向いて歩こう。（方向を示す）

・「へ」
東京駅へ着く。（帰着点を示す）
南へ旅立つ。（方向方角を示す）
友への言葉。未来への誓い。（相手・対象を示す）

・「と」
父と野球をする。（動作の共同を示す）
父と言い争う。（動作の相手を示す）
子供が生まれ、父となる。（結果を示す）
母と違った趣味を持つ。（比較の対象を示す）
静かだと思った。
彼女は「はい」と答えた。（引用を示す）
青と赤の絵の具が足りない。（並立を示す）

もっとくわしく

「を」「へ」「は」

助詞の「を」「へ」「は」は、それぞれ、その発音にならって、「お」「え」「わ」と表記せず、「を」「へ」「は」と表記する。これはなぜだろう。

たとえば「言わず」「言えば」は、古文では、「言はず」「言へば」と表記されていた。「おとこ」も、「をとこ」と表記されていた。

なぜ、そのように書かれたかといえば、理由は単純で、当時（平安初期）は、そのように発音されていたからだ。「言はず」「言へば」なら、「イファズ」「イフェバ」と、「をとこ」なら、「ウォトコ」と、発音されていた。

しかし、これらは次第に発音しやすいように変化し、平安中期ごろには、「イワズ」「イエバ」「オトコ」と発音されるようになる。

発音が変化しても、しばらくの間、表記は、もとの形を維持する傾向がある。書くときには、理性的な反省が働き、旧来の正しい用字法を守ろうとするからである（これを文

学習のPOINT

「に」の識別

左ページに格助詞「に」の用法について、詳しく分類したが、これらの分類を細かく覚える必要はあまりない。

「に」については、格助詞「に」の用法の分類よりも、他の品詞との識別が大切である。

格助詞「に」と紛らわしいものに、次のものがある。

・副詞の一部
ついに　やにわに　など
・形容動詞の連用形の一部
静かに　穏やかに　など

「で」の識別

「に」同様に、格助詞「で」についても、他の品詞との識別が大切である。

格助詞「で」と紛らわしいものに、次のものがある。

・形容動詞の連用形の一部
静かで　穏やかで　など
・断定の助動詞の連用形
明日は休校である。
・接続助詞「て（で）」
飛んで行きたい。

字の固定性という)。しかし、やがてこの「発音と表記がずれた無理な状態」は自然と壊れて、結局、表記も、変化した発音にあわせるように変化してしまう(これを文字の流動性という)。「言わず」「言えば」「おとこ」と、素直に発音どおりに表記するようになるわけだ。

助詞の「を」「へ」「は」も同様に、本来の発音は、「ウォ」「フェ」「ファ」であった。それがやがて簡易な発音の「オ」「エ」「ワ」へと変わる。しかし、助詞の「を・へ・は」は、現在でもなお、旧来の表記を守っている。

これは、助詞「を」「へ」「は」はその使用頻度が非常に高く、旧来の用字法を残した方が、意味の識別に役立つからである。本来、表音文字である平仮名が、表意のために、表音性を犠牲にしているわけである。

表音文字が、表意のために表音性を犠牲にしている例は、たとえば、英語の[knight]の[k]なども同じである。この[k]は、表音文字としてはまったく機能していないが、意味の識別には非常に役立っているといえる。

・「に」
体育館に集合する。(場所を示す)
朝八時に出発する。(時間を示す)
最高潮に達する。駅に着く。(帰着点を示す)
東に向かう。遠くに旅立つ。(方向方角を示す)
医者になる。信号が青に変わる。(結果を示す)
失恋に終わる。
映画鑑賞に行く。(目的を示す)
彼に依頼する。(対象・相手を示す)
父にしかられる。(受け身の対象を示す)
彼にやらせる。(使役の対象を示す)
小さめに書く。(状態を示す)
寒さに震える。(原因・理由を示す)
弟は、兄に比べてやせ気味だ。(比較の対象を示す)
彼は、数学分野に特殊な才能を持っている。(「において」の意味を示して、観点を限定する)
代表に選ばれる。
景品にメダルをもらう。(「として」の意味を示して、格付けする)
夏休みは、海に山にと、レジャーに行った。(並立を示す)

・「で」
家で勉強する。(場所を示す)
明日で二十歳だ。(時限を示す)
地下鉄で現地に向かう。
紙粘土で作成する。(手段・材料を示す)
風邪で欠席する。(原因・理由を示す)

・「から」
窓から眺める。朝から頭が痛い。
彼から言われた。(場所・時間・人の起点を示す)
ストレスから病気になる。(原因・理由を示す)
小麦からパンを作る。(材料を示す)

・「より」
彼より足が速い。
京都より送る。(比較の対象を示す)来春より始まる。
私よりお届けします。(場所・時間・人の起点を示す)
成功するには、努力するより他はない。(限定の意味を示す)

・「や」
鯛やひらめの舞い踊り。(並立を示す)

・接続助詞「ても(でも)」の一部
読んでもわからない。
・副助詞「でも」の一部
子供でもわかる。

「ん」
「今度はだれが歌うのだ。」のように、体言に準ずる働きをする用法の格助詞「の」は、「今度はだれが歌うんだ。」のように、「ん」と発音される場合がある。

英語の前置詞と比較してみよう
格助詞は体言に続いて、連用修飾語を作ることが多い。これは、英語の前置詞が、名詞の前に置かれて副詞句を作ることと似ている。

上記の「に」「へ」「と」「で」「から」「より」といった、連用修飾語を作る格助詞では、「引用」と「並立」以外のすべての用法が、[to ~][in ~][at ~][for ~][with ~][by ~][from ~][as ~][than ~]といった前置詞で作られる副詞句と置き換えて考えられる。

㊷ 接続助詞 一

接続助詞……前後の意味の接続関係を示す助詞

（例） 雨が降ったので、運動会は延期になった。

右の例文にある「ので」は、「雨が降った」という前の内容を受けて、その順当な結果として、「運動会は延期になった」という内容に接続する役割を持っている。このように、前後の文節や連文節の意味を接続する働きをする助詞を接続助詞という。

接続助詞は用言・助動詞といった活用語に接続する。

接続助詞の用法の分類……前後の関係から七つに分類

①仮定の順接を表す。

・ば　彼が出場すれば、間違いなく優勝だろう。
・と　はやくしないと、遅刻するよ。

②仮定の逆接を表す。

・ても（でも）　雪が降っても、試合は行います。
・ところで　何を言ったところで、もう無理だろう。
・と　何を言われようと、自分の信じたことをする。

③確定の順接を表す。

・ので　寒いので、暖房をつけた。
・から　値段が高かったから、買わなかった。
・と　沖に出ると、波が高くなった。

並立の関係

並立の関係を示すものには、次ページの接続助詞「たり」「し」など以外に、「と」「や」などの格助詞もある。（97～99ページ参照）

これら並立の関係を作る助詞をまとめて、「並立助詞」という分類を立てる考え方もあるが、本書では、並立助詞の分類は作らずに、活用語に続く「たり」「し」は接続助詞に、体言に続く「と」「や」は格助詞に分類した。

「と」「ても」の用法

「と」には、
・仮定の順接
・確定の順接
と、仮定・確定双方の使い方があるので、注意が必要である。

a沖に出ると、波が高くなるだろう。
b沖に出ると、波が高くなった。

aでは、まだ沖に出ていない状態で、これからの様子を仮定して考えているので、「仮定の順接」である。

bでは、すでに沖に出た状況で、事柄を語っているので、

学習のPOINT

接続助詞と接続詞

接続助詞は、その前後を二文に分けると、接続詞に置き換えることができる。

・風邪をひいたので、学校を休んだ。（接続助詞「ので」）
↓
・風邪をひいた。だから、学校を休んだ。（接続詞「だから」）

格助詞と接続助詞

格助詞は主に体言に接続する。

接続助詞は主に活用語（用言・助動詞）に接続する。

仮定・確定

仮定とは、その事柄がまだ実現していない想像上の事柄であることを表す。

確定とは、その事柄がすでに定まった事実であることを表す。

「明日、雨が降るならば」
「明日、雨が降るとしても」
は仮定の言い方である。

一方、
「昨日、雨が降ったので」

・ば　春になれば、花が咲く。
・て（で）　声がかれて、もう歌えません。

④確定の逆接を表す。
・ても（でも）　いくら呼んでも、返事がなかった。
・が　風邪薬を飲んだが、なかなか咳（せき）が止まらない。
・けれど（けれども）　失敗したけれど、兄が励ましてくれた。
・のに　昨日行ったばかりなのに、また行くのか。
・ものの　風は穏やかなものの、寒さが身にしみた。
・ながら　長男は幼いながら、よく弟の面倒を見ている。

⑤活用語に付いて、さまざまな意味の連用修飾語を作る。
・つつ　声をかけつつ、気持ちをあわせる。
・ながら　歌を歌いながら、散歩する。
・なり　彼女は、彼の手紙を読むなり、飛び出していった。
・たり（だり）　受験票を忘れたりするなよ。
・て（で）　推薦で合格して、大学生になった。

⑥活用語に付いて、補助・被補助の関係を作る。
・て（で）　先生が放送をしている。　推薦図書を読んでみる。

⑦並立の関係を作る。
・たり（だり）　テレビを見たり、本を読んだりしている。
・し　沖縄の島なら、宮古島にも行ったし、石垣島にも行った。
・ば　年寄りもいれば、子供もいる。
・て　彼は、優しくて、頭もよくて、文句なしだ。
・が　大阪は大雪だが、東京も大雪だ。
・けれど（けれども）　大阪は猛暑だけれど、東京も猛暑だ。

「確定の順接」である。

同様に「ても」も、
・仮定の逆接
・確定の逆接
と、仮定・確定双方の使い方がある。

c沖に出ても、波は高くならないだろう。

d沖に出ても、波は高くならなかった。

cは「仮定の逆接」であり、dは「確定の逆接」である。


春になれば、花が咲く。


下記③の「春になれば、花が咲く。」のような例文では、「まだ春になっていないのだから、仮定条件ではないか」と思うかもしれない。しかし、この例文は、これからのことを仮定して言っているのではなく、一般的な真実として、「春になると必ず花が咲く」ということを述べている。このような例文は、仮定としては扱わず、確定条件の「一般的条件」「恒時的（こうじてき）条件」と呼んで扱うのである。

「春になると、花が咲く。」のように、「と」にも同様の用法がある。

Go to 387ページへ

「昨日、雨が降ったものの」は確定の言い方である。

順接・逆接

順接とは、前の事柄から順当に思われる結果・事実が後ろに続く接続関係をいう。
逆接とは、前の事柄から順当に思われる結果とは、逆の結果・事実が後ろに続く接続関係をいう。
「明日、雨が降るならば、→中止だろう」順接
「明日、雨が降るとしても、→決行だろう」逆接
「昨日、雨が降ったので、→延期された」順接
「昨日、雨が降ったものの、→決行された」逆接
以上の、「仮定」「確定」「順接」「逆接」を組み合わせて、
①仮定の順接
②仮定の逆接
③確定の順接
④確定の逆接
と分類することができる。

接続助詞については、上記の七つの用法の中でも、この①〜④が中心的な用法なので、特にしっかり理解しよう。

43 接続助詞 二

それぞれの接続助詞には、次のような用法がある。

■接続助詞の用法

・「ば」仮定形に接続

晴れれば出かける。（仮定・順接）

氷が解ければ水になる。（確定・順接・一般的条件）

風の日もあれば、雪の日もある。（並立を示す）

・「と」終止形に接続

もっと簡単だと、いいな。（仮定・順接）

どうなろうと、構うものか。（仮定・逆接）

外を見ると、雨だった。（確定・順接・「そのとき」という意味）

春になると暖かい。（確定・順接・一般的条件）

・「ても（でも）」連用形に接続

寒くても、厚着はしない。（仮定・逆接）

調べても、わからなかった。（確定・逆接）

・「が」「けれど（けれども）」終止形に接続

四月になったが、まだ寒い。

風は強いけれど、肌寒くない。（確定・逆接）

人間は哺乳類だが、鯨もそうだ。

山田くんもよい投手だけれど、鈴木くんも、なかなかの投手だ。（並立を示す）

兄は理系だが、弟は文系だ。

一組は静かに授業を聴くが、二組はうるさい。（対比を示す）

高橋ですが、呼ばれましたか。

明日の会議ですけれども、間違いなく、出席できます。

（軽い前置き。「もっとくわしく」参照）

・「つつ」連用形に接続

そうは思いつつ、なかなか実行できない。（確定・逆接）

皆で歌を歌いつつ、歩いた。（動作の同時進行を表す）

もっとくわしく

軽い前置きの「が」「けれど（けれども）」

「ぼくは球技が好きなのですが、特に野球・サッカーが大好きです。」

というような文では、「が」の前にある事柄が、後に続く部分に対して、軽い前置きとして、話題を示している。

これは、「けれど・けれども」にもある特色である。

「ぼくは大宮に住んでいるのだけれど、交通の便もよく、とても住みよい町だよ。」

しかし、この「が」「けれど」を何回も何回も重ねて文を続けると、だらだらとした文章になるので注意を要する。

「ながら」の接続

「ながら」は次のような接続をする。

○動詞・動詞型活用の助動詞には、連用形に接続する。

・本を読みながら寝てしまった。（「読む」の連用形）

・しかられながら、黙っていた。（「れる」の連用形）

○形容詞・形容詞型活用の助動詞には、終止形に接続する。

学習のPOINT

接続の見分け方

上記にそれぞれの接続助詞の接続について示したが、一つ一つ暗記する必要はない。次のような手順で、自分で接続を判断していくことが大切である。

手順①

それぞれの接続助詞を五段活用の動詞（たとえば「読む」など）に続けて言ってみる。

・読めば
・読みつつ
・読みながら

などのようになるから、それぞれ、

・「ば」は仮定形接続
・「つつ」は連用形接続
・「ながら」は連用形接続

と判断できる。

手順②

「ので」「から」といった接続助詞の場合、五段活用の動詞「読む」に接続すると、

・読むので
・読むから

となり、「読む」の終止形に

・「ところで」「た」の連体形に接続
何を言ったところで、しかたない。
（仮定・逆接）

・「ので」連体形に接続
彼の運転は慎重なので、安心だ。
（確定・順接・原因理由）

・「から」終止形に接続
発熱したから、仕事を休んだ。
（確定・順接・原因理由）

・「て（で）」連用形に接続
風邪をひいて、学校を休んだ。
（確定・順接・原因理由）
公園に行って、花見をした。
（単純な接続）
本を読んでいる。
（補助・被補助）
強くて、賢い。
（並立を示す）

・「のに」連体形に接続
風は静かなのに、肌寒かった。
（確定・逆接）

・「ものの」連体形に接続
体は小さいものの、力持ちだ。
（確定・逆接）

・「ながら」連用形等に接続（細かい接続は「もっとくわしく」を参照）
音は小さいながら、はっきり聞こえた。
（確定・逆接）
テレビを見ながら、勉強するな。
（動作の同時進行を表す）

・「なり」連体形に接続
家を出たなり、もう戻らなかった。
（状態の継続を示す）
彼女は、ぼくの顔を見るなり、泣きだした。
（動作が直後に続くことを示す）

・「たり」連用形に接続
話を聞いても、怒ったりしないでね。
（一つの例を示す）
泣いたり、笑ったり、忙しいね。
（並立を示す）

・「し」終止形に接続
彼は歌も歌うし、ギターも弾く。
（並立を示す）

・準備期間は短いながら、文化祭は成功した。
（「短い」の終止形）
・効果は期待できないながら、試しにやってみよう。
（「ない」の終止形）

○形容動詞の語幹に接続する。
・その話はかなり不思議ながら、ありえない話でもない。
（形容動詞「不思議だ」の語幹）

○体言に接続する。
・子供ながら、なかなか難しいことを言う。

「ところで」「ものの」「ので」「のに」

「ので」「のに」の「の」は、格助詞（準体助詞）の「の」がもとである。この「の」は体言に準ずるものであるから、「ので」「のに」が連体形に接続するのも当然のことといえる。

「ところで」「ものの」の「ところ」「もの」も体言がもとであるから、同様に連体形に接続する。

接続しているのか、連体形に接続しているのか判断できない。このような場合は、形容動詞（たとえば「静かだ」など）に続けて言ってみる。
・静かなので
・静かだから
となるので、
・「ので」は連体形接続
・「から」は終止形接続
と判断できる。

「なり」「ところで」の接続

「なり」「ところで」は、
・読むなり
・読んだところで
のように接続し、その接続が終止形接続か、連体形接続か判断できない。

しかも、唯一、終止形と連体形が異なる形容動詞には、「なり」も「ところで」も接続しない。したがって、この「なり」「ところで」については、終止形接続か連体形接続かと択一的に判断することはあまり意味がないとも思われる。本書では、これらについては、どちらも便宜的に「連体形接続」と分類した。

「は」は副助詞

「ぼくは、学校へ行った。」という文を考えると、「ぼくは」という文節は、「行った」という文節に対する主語になっており、「は」という助詞は、まるで格助詞のように、主語であるという資格を示している。感覚的にも、「は」は、格助詞の「が」と似たものとして感じている人も多いだろう。どうして、「が」は格助詞なのに、「は」は副助詞に分類するのか。

次の三点ほどから説明してみる。

①「取り立て」の意味

a「野球が好きだ。」
b「野球は好きだ。」

aの方は、文字どおり「野球が好きだ。」ということだけを表し、他のスポーツについて、なんら意味するところはないが、bの場合は、「他のスポーツは好きではないが、野球は好きだ。」というような、「他と区別して、取り立てて言う」意味が「は」にはこめられている。このように、副詞のように、ある意

44 副助詞

■副助詞……意味を副(そ)えて連用修飾語となる

(例) 二日前から、兄が風邪で寝こんでいたが、
今日から、弟まで咳きこみ始めた。

右の例文にある「まで」は、「兄に加えて、さらに」という「添加」の意味を副えて、「咳きこみ始めた」を、連用修飾している。このような連用修飾語を作る助詞を副助詞という。

■副助詞のいろいろ……副助詞には次のようなものがある

・「は」
今日は寒くない。（他と区別・限定）

・「も」
今日も雨だ。（「他と同じ」の意味）
一時間もかかった。（強調）
手も足も痛い。（並立を示す）

・「こそ」
きみこそ適任者だ。（強い強調）

・「でも」
専門家でも難しい問題だ。

（一例を挙げて他を類推させる）

散歩にでも行こうか。（大雑把な例示）

・「なり」
せめて手紙なり送ってください。

（ひかえめに例示する）

私なり父なりに、言ってください。（並立を示す）

・「きり」
一人きりで待っていた。（限定）

・「ほど」
一週間ほどかかります。（程度）

・「など」
犬や猿などを、家来とする。（例示）
こんな問題など簡単だ。（軽くみなす）

学習のPOINT

副詞的な助詞

上記の例文は、

「二日前から、兄が風邪で寝こんでいたが、今日から、さらに弟が、咳きこみ始めた。」

というように、「さらに」のような副詞に変換して言い換えることができる。「まで」という副助詞が、「さらに」という副詞と同じ役割を持っていることがわかる。どちらも、「添加」の意味を副えて、連用修飾語となっている。

一人だけの部屋

副助詞は、「意味を副えて連用修飾語を作る」と説明したが、「一人だけの部屋」のように、連体修飾語の中にも意味を副えることがある。

ただし、これは、連体修飾を示す「の」に続くときだけの用法である。

・一人だけの部屋
・百人ほどの観客
・猫などのペット

味を副えて連用修飾する文節を作ることができるので、「は」は、副助詞に分類する。

②狭義格助詞に重ねられる

97ページで説明したとおり、狭義格助詞同士は、二つ以上重ねて用いることはできない。しかし、「は」は、

・大阪には行く。

のように、格助詞「に」などの下にそえて使うことができる。これは、他の副助詞が、

・大阪にだけ行く。
・大阪にも行く。
・大阪にしか行かない。

のように使用できるのと、まったく同様である。

③文末まで影響する

「ぼくが言う話を聞きなさい。」

のように、「が」は、「言う」という「話」への連体修飾語の主語であるということを表すことができる。これに対し、「は」は、このような例文を作ることができず、常に、文末の述語にまで係っていく。このことから、「は」は、格を表す助詞ではなく、文末の陳述まで影響を及ぼす助詞として、口語では副助詞に、文語では係助詞に分類するのである。

・「さえ」
水さえ飲めない。（一例を挙げて他を類推させる）
水さえあれば生きていける。（最低限度を示す）
食料に続き、水さえ底をついた。（「その上に」と添加する）

・「まで」
天国にまでのぼるような気分だ。
四時までには来るだろう。（帰着点・極限・時限を示す）
雪まで降り出した。（添加を示す）

・「しか」
水しか飲めない。（否定の言葉と共に使われ、限定の意味を示す）

・「だけ」
どれだけ言えばわかるのだろう。（程度を示す）
きみにだけ言うよ。（限定）

・「ばかり」
一時間ばかり待った。（程度）
弟ばかり、かわいがる。（限定）
今、出かけたばかりだ。（動作がすんでから、間もないことを示す）
忘れたばかりに、しかられた。（原因・理由を強調して示す）

・「くらい」
計算問題くらいなら大丈夫だ。
あの子は三歳くらいかな。（おおよその程度・限度を示す）

・「やら」
どこにやったやら、わからない。（不確かなことを示す）
犬やら猫やらたくさんいる。（大雑把な言い方で並立する）

・「だって」
きみだって、大切な仲間だよ。（一例を挙げて、他も同様であることを示す）

・「か」
風邪のためか、からだがだるい。（不確かなことを示す）
理系か、文系か、悩むところだ。（択一すべき物事を並立する）

・「とか」
服とか靴とか買い揃（そろ）える。（例示）

・「ずつ」
少しずつ読んでいく。（等しい割合であることを示す）

・「だの」
歌だの踊りだの、賑（にぎ）やかな宴会だ。（代表的な例を並立していう）

副助詞は資格を表すこともできる

「ぼくだけ、笑った。」という例文では、副助詞「だけ」が、格助詞のように、主語という資格を示している。

しかし、格助詞のように資格を示すだけでなく、副助詞は、特殊な意味（例文では限定の意味）も副えている。

副助詞は省くこともできる

「ぼくだけ、笑った。」のように副助詞が資格も含めて表しているような場合は、副助詞を省くことはできないが、格助詞と共に使われて、

・ぼくだけが、笑った。
・ぼくだけに、届いた。
・ぼくだけの本。

のように使われている場合は、副助詞を省いても、「ぼくが、笑った。」「ぼくに、届いた。」「ぼくの本。」のように、文の組み立ては壊れない。

副助詞の接続

副助詞は、さまざまな語に接続する。特に細かく覚える必要はない。

終助詞の意味は、声の調子でも変わる

下の本文では、それぞれの終助詞の用法につき、細かい意味を記したが、あくまでも、便宜的なものである。たとえば、声の調子によっても、微妙に意味合いが変わる。

本文では、「さ」について、「軽い断定」としたが、「それをやったのは、ぼくさ。」の「さ」を強く発声すれば、強い断定・強い言い捨ての口調にもなる。

たとえば、「か」なども、「これをやったのは、きみか。」の「か」を、上がり調子で言えば疑問になるし、少しのばして下がり調子で言えば、「詠嘆・感動」の意味にもなる。

言語は、単にその言葉だけで成り立つのではなく、場の雰囲気や声の様子や顔の表情や身振り手振り、前後の文脈などに常に影響を受ける。

特に終助詞は、声の調子の影響を受けて、いろいろな意味を作る。

45 終助詞

■終助詞……文の終わりに付いて意味をそえる

(例) 今日は、とても寒かったなあ。

右の例文にある「なあ」は、文の終わりに付いて、話し手の感動を表している。

このように、文の終わりや文節の切れ目に付いて、感動・疑問・禁止・命令などの意味を表す助詞を終助詞という。

■終助詞のいろいろ……終助詞には次のようなものがある

・「か」

明日は晴れるだろうか。(疑問)

そんなばかなことがあるか。(反語…「そんなことはない」の意味)

こんなにたくさん書いたのか。(詠嘆・感動)

もう帰ろうか。(勧誘)

・「ね(ねえ)」

とても面白いね。(詠嘆・感動)

先生には報告したんだね。(念押し)

明日ね、家族でね、ドライブなんだ。(文節の切れ目にそえて、軽い語調を作る)

・「さ」

そんなこともあるさ。(軽い断定・軽い言い捨て)

昨日さ、ぼくはさ、ついに見たんだよ。(文節の切れ目にそえて、軽い語調を作る)

・「や」

ここは本当に暑いや。(詠嘆・感動)

もう、どうでもいいや。(言い捨て)

ポチや、散歩に行こう。(呼び掛け)

みんなでがんばろうや。(念押し)

学習のPOINT

終助詞の接続

終助詞は、活用語の終止形・命令形・連体形や体言などに接続する。注意を要するもの以外は、細かく覚える必要はない。それぞれの例文において、適宜、判断すればよい。

おおまかに言えば、多くの終助詞は終止形や命令形といった文を終止する形に接続する。一方、「もの」「こと」「の」といった体言や体言に準ずるものを語源とした終助詞は、連体形に接続する。

終止形か、連体形か判断に迷った場合は、形容動詞に接続させて判断してみるとよい。

・とても静かだぞ。(「ぞ」は終止形接続)

・なんだか不思議なの。(「の」は連体形接続)

接続で意味を変える終助詞

終助詞「な」は、接続で意味を変えるので、注意しよう。

○終止形＋「な」＝禁止

声の調子そのものが終助詞でもある？

「ちゃんとやる。」という文を考えてみよう。

普通に言えば、通常の肯定文だが、最後を上がり口調で言えば、「ちゃんとやるか。」という疑問文の意味になるし、最後を厳しい口調で言い切れば、「ちゃんとやれ。」という命令文の意味合いにもなる。もしくは、自分の決意を強く語る文にもなるだろう。

このように声の調子で、「疑問・禁止・強意」といった終助詞的な意味を代用することもできる。

この雰囲気を書き言葉に表すためには、

「ちゃんとやる?」

「ちゃんとやる!」

などのような補助符号を使って表すこともできる。

そういう意味では、補助符号も、終助詞と同類であると考えることもできる。

「ちゃんとやる……。」の「……」なども、「戸惑い」「疑問」といった終助詞的な意味を表している。

・「な」
居眠りするな。（禁止）
ちゃんとやりな。（命令）

・「な（なあ）」
とても暑いなあ。（詠嘆・感動）
いたずらしたのは、きみだな。（念押し）

・「ぞ」
試合は明日だぞ。（念押し）
これはすごいぞ。（強意・感動）

・「よ」
試合は明日だよ。（やや弱い念押し）
これはすごいよ。（感動）

・「の」
こんなに食べるの。（疑問）
しっかり食べるの。（命令）
これはぼくのおもちゃなの。（念押し）

＊「おもちゃなの」の「な」は、断定の助動詞「だ」の連体形の「な」。

Return 90ページへ

・「とも」
絶対に優勝するとも。
（強意・「もちろん」の意味をそえる）

・「わ」
きっとうまくいくわ。
（軽く言いそえたり、強意・感動を表したりする）

・「ぜ」
これは、面白いぜ。
（軽く言いそえたり、強意・感動を表したりする）

・「こと」
ああ、暑いこと。（詠嘆・感動を表す）

・「かしら」
明日は晴れるかしら。（疑問）
そんなばかなことがあるかしら。
（反語…「そんなことはない」の意味）

・「もの」
だって欲しかったんだもの。
（軽く主張する）

ばかなことを言うな。

○終止形＋「な（なあ）」＝感動
ばかなことを言うな（なあ）。
ここは静かだな（なあ）。

○連用形＋「な」＝命令
まともなことを言いな。

終助詞は省くこともできる

「雨が降り出したので、午後からは、中止になったよ。」

右の文から、格助詞「が」「から」や、接続助詞「ので」を省くことはできない。省くと、文の組み立てが壊れてしまう。格助詞が、文中での資格を表し、接続助詞が前後の意味の接続関係を示す助詞だからである。

一方、副助詞の「は」や終助詞の「よ」は省いても、「雨が降り出したので、午後から、中止になった。」のように、やや意味合いは変わるものの、文の組み立ては壊れない。副助詞や終助詞が、文中での資格や接続関係を示すのではなく、単に意味をそえる助詞であるため、省くことができるのである。

㊻ 文章の文法 ─ 文と文との関係

単語と単語が続くときに、一定の関係・きまりがあるように、文と文とがつながる際にも、一定の関係・きまりがある。

文と文との関係は、「㉒ 接続詞」で学習したのと同様に、次のように分類できる。

文と文との関係の分類

①順接型・展開型

前文の事柄が原因・理由となり、その順当な結果が後続の文にくるような場合。

前文の事柄を受けて、後続の文で順当な内容に発展・展開する場合。

(例) きみが大好きだ。ずっと一緒にいたいんだ。

今日は、いい天気だ。散歩にでも出かけよう。

②逆接型

前文の事柄から、当然、類推される結果とは逆の結果が後続の文にくるような場合。

(例) 八月も下旬になった。夏休みの宿題は、何一つ終わっていない。

③並列(並立)型

二つ以上の事柄を、文と文との形で、並べて述べる場合。

(例) 一組は、午前七時集合です。二組は、午前七時半集合です。

分類のしかた

下記では、九分類としたが、「並列と添加」「並列と対比」「補足と同格」などは、どちらとも分類しがたい例もある。大切なのは、すべてを厳密に分類することではない。「文と文とは、まったく自由に行き当たりばったりで接続しているのではなく、いくつかの接続のパターンがあり、整理することができる」という認識を持って、文章を見つめるということだ。

マクロの文法(巨視的な文法)

ここで扱った「文と文との関係」の文法をさらに発展させると、「数文からなる意味段落と、数文からなる意味段落との関係」を取り扱うこともできる。さらには、文章全体を眺め渡して、大きな視点で、文法的に分析することも可能である。

学校文法では、文法学習の対象は、主に「文」までで、「文章」を対象とすることは

学習のPOINT

文法で扱う主なこと

学校文法で扱う主なことは、次の五つである。

①単語の種類・用法についての整理
②単語と単語のつながり方の整理
③文節と文節の関係の整理
④文と文との関係の整理
⑤敬語の学習

これらのうち、前節までで、①から③の学習を終えた。

ここでは、文と文との関係を整理してみよう。

文と文とを結ぶ接続詞がない場合は、あてはまる接続詞を考えよう

「㉒ 接続詞」で学習したことがこの「文と文との関係」に応用できる。

「文と文とを結ぶ接続詞」がある場合は、その接続詞の種類が、そのまま文と文との関係を示しているし、「文と文とを結ぶ接続詞」がない場合は、あてはまる接続詞を考

少ない。文章を対象にするときは、「文法」というより、「読解」的な視点となることが多い。しかし、「文章」全体に対しても、「文法的な視点」を取り入れる「文法論的文章論」という立場もある。

Go to 112・114ページへ

ミクロの文法（微視的な文法）

一方、「単語」の成り立ちといった小さな範囲に一定の法則を見いだすこともできる。たとえば、

・木→こだち・このは
・火→ほてる・ほのお

のように、イ段で終わる語（き・ひ）が、複合語を作る場合は、オ段音（こ・ほ）に変化したり、

・目→まぶた・まなじり
・舟→ふなつきば・ふなうた
・金→かなづち・かなもの

のように、エ段で終わる語（め・ふね・かね）が、複合語を作る場合は、ア段音（ま・ふな・かな）に変化したりといった法則も、学校文法では扱われない小さな単位に着目した、「微視的な文法」といえよう。

④添加（累加）型

前文の事柄に、後続の文の事柄を付け加える場合。

（例）明日の対戦チームのエースピッチャーは、県下随一の名投手だ。調子もたいへんよいらしい。

⑤対比型

前文の事柄と、後続の文の事柄とを比較・対比する場合。

（例）山田くんは、今回のテストで、とても成績があがった。ぼくは、あまり代わり映えしない。

⑥選択型

前文の事柄と、後続の文の事柄の、どちらか一方を選択する場合。

（例）コーヒーになさいますか。紅茶になさいますか。

⑦補足（説明）型

前文の事柄の原因・理由などを後続の文が補足・説明する場合。

（例）風邪をこじらせてしまった。昨日、無理して遅くまで仕事をしていたせいだ。

⑧同格（言い換え・例示）型

前文の事柄について、後続の文で、別の言い方で繰り返したり、例を挙げて述べたりする場合。

（例）結果を恐れて、立ち止まっているばかりではいけない。何事も、まずは、挑戦してみることが大切だ。

⑨転換型

前文の事柄とは、別の話題に話を変える場合。

（例）これで説明を終わります。何か、質問はありますか。

えてみればよい。たとえば、

a今回の試験はよくできた。
b準備を熱心に行ったからだ。

という連続した二文を考えてみよう。二文の間に入る接続詞を考えてみると、「なぜならば」という「補足（説明）の接続詞」があてはまることがわかる。このことから、a文とb文との関係は、「補足（説明）型」であるとわかる。

上記本文の例文は、あえて「文と文とを結ぶ接続詞がない場合」を取り上げた。

三文以上の関係を考えることもできる

a雨が降り始めた。
b風も強くなってきた。
c明日の運動会が実行できるか、とても心配だ。

右のような例文では、a文とb文が、添加（累加）の関係であり、そのa文とb文をひとまとめにしたものに対して、c文が、順接の関係になっている。図示すると、

（a＋b）→c

のような関係である。

「縦書きと横書き」

A　最近、横書きの書類が増えている。職場で目にする書類は、ほとんどが横書きだ。役所で提出する文書も、すべて横書きである。

B　しかし、日本語の文章は、横書きよりも縦書きの方が、適していると思われる。読む場合も、書く場合も、横書きよりも縦書きの方が、はるかに機能的に優れているのである。

C　まずは、書く場合のことを考えてみよう。

D　日本語の平仮名（ひらがな）は、平安時代初期に、漢字が崩されてできたものである。たとえば、「安」が崩されて「あ」に、「寸」が崩されて「す」に、という具合だ。しかし、「安」の最終画の「一」が、真っすぐ右向きであるのに対し、それを崩した平仮名の「あ」の最終画は、左下に向けて流れている。「寸」と「す」の場合も、もとの漢字「寸」の最終画の方向とは関係なく、「す」は、やはり左下に向けて最終画が流れている。これは、なぜだろうか。

E　漢字の場合、そのほとんどの書き始めは、左上の角である。この書き始めに向けて、上の文字を崩すと、自然と最終画は左下方に流れることになる。つまり、平仮名は、縦に並んだ複数の文字列の連続性を考えて、崩されているということだ。「安」が単体で、「あ」になったのではなく、例えば「安寸加」という文字列全体を崩して「あすか」と平仮名になっていったということである。

F　このような平仮名のでき具合を考えれば、日本語は縦書きにした方が、当然、速く流麗に書けることがわかる。横書きにすると文字の書き終わりと次の文字の書き始めの位置とが離れ、筆づかいに無駄が生じて書きにくいばかりか、これを無理につなげて、速く書こうとすると奇妙な字体にもなってしまうのである。一時期流行した、「丸文字」は「横書き速記によって生まれた文字」であるとも言われている。（下図参照）

よこがきにするとまるもじになる？

G　次に、読む場合について、二つの観点から考察してみよう。

H　まずは、日本語の文字に使用される「横棒」と「縦棒」との関係である。日本語の文字は「縦棒」に比べて、「横棒」が発達している。「さ」と「き」、「は」と「ほ」、「木」「本」「末」、「二」「三」など、いずれも「横棒」の有無や数が、文字の差を作る有効な付票になっていることがわかる。一方、これとは逆に、英語は、「n」と「m」、「b」と「d」、「o」と「p」など、縦棒の数・位置・有無で、文字を区別することが基本となっている。「I」「II」「III」という表記など、とても特徴的な例であろう。

I　これらの重要なラインを見落とさないためには、重要なラインが、目の動きに対して、しっかりと抵抗になって、読み流されないようにした方が効果的だ。つまり、横棒の発達した日本語は、縦書きにすることにより、重要な横棒が、読み進む目の流れに対し、ぶつかる向きにした方が読みやすく、一方、縦棒の発達した英語は、横書きの方が重要な縦棒が目立ち、正確・迅速に読み進められるのである。

J もう一点、次のような観点も紹介してみよう。

K 「人間は目が横に並んでいて横長の視野を持っている。だから、日本語も横書きにして一度に多くの文字が見えるようにした方が早く読めるはずだ。その証拠に欧米先進国のすべての言語が、横書きで効率的に表記されている」という考えがある。一見、もっともらしい理屈であるが、本当であろうか。答えは否である。

L ここで問題にしたいのは、欧米語と日本語とで使用される文字数の違いである。たとえば、英語の場合、使用できる文字は、アルファベット26文字が基本である。それに対して、日本語は、平仮名・カタカナだけでも英語の数倍、漢字をあわせれば無数の文字を持っている。英語が26文字の順列組みあわせで、世の中の森羅万象(しんらばんしょう)を表現しなくてはならないのに対し、日本語は文字の選択肢が非常に多い。いきおい、物事を表現しきるのに必要な文字数は、英語の方が多くならざるを得ない。たとえば、日本語なら「白」「黒」と一文字で済むものが、英語なら「white」「black」と五文字もかかってしまう。他の色などでも比べてみよう。漢字一文字で済むものに対し、英語だと数倍の文字数が必要になるのが分かる。

M このように、少ない文字数で多くを表現できる日本語を横書きにしてしまうと、一度に目に入る情報量は、英語を横書きにした場合をはるかに上回ってしまう。多量に見えたからといって、早く理解できるというわけではない。日本語の場合、逆に縦書きにして、ある程度、一度に見える情報量を制限した方が、整理されて読みやすいこともあるのだ。英語を横書きにしたときに一度に目に入る情報量とほぼ同等の情報量が、縦書きの日本語で、適度に十分に表現されているともいえよう。

N 以上、述べてきたように、書く場合・読む場合、いずれにしても、縦書きの方が日本語には適しているのである。にもかかわらず、横書き日本語が幅をきかせている理由は何だろうか。そこには、やはり数式との関係があるように思われる。

O 近代文明を切り開いてきた諸学問の根底には、数式の存在があったことは論を俟(ま)たないであろう。数式なしには、科学も物理も経済も、成り立たない。どんな産業においても数式の存在は不可欠である。この数式がアラビア文字で書かれ、横書きである以上、その数式を取りこみやすい横書きが、日本語においても、自然と幅をきかせるようになっていったのも、自然の成り行きであったかと思われる。

P したがって、数式を取りこむ必要のない「俳句・短歌・詩・小説」といった日本語の文学作品や、国語の教科書・国語辞書などは、さすがに横書きにされることは滅多にないのである。

初出:『ざ・れたーず』(栄光ゼミナール)2002年8月号・改稿

その他の段落と段落との関係

コラム『縦書きと横書き』からは、下記の他にも、次のような関係を見つけることができる。

・【B段落】に対して、【C段落からM段落】が「同格（言い換え・例示）型」
・【G段落】に対して、【H段落からM段落】が「同格（言い換え・例示）型」
・【H段落からI段落】と【J段落からM段落】は「並列（並立）型」
・【K段落】に対して、【L段落からM段落】が「補足（説明）型」
・【B段落からM段落】に対して、【N段落の一文目】は「同格（言い換え・例示）型」
・【N段落の二文目】に対して、【O段落からP段落】は「同格（言い換え・例示）型」

㊼ 文章の文法 二　段落と段落との関係

段落と段落との関係……他の文章にも応用できる型

㊻で「文と文との関係」の九分類を学んだが、これを利用して、段落と段落との関係を考えることもできる。前頁のコラム『縦書きと横書き』を素材文に、「段落と段落との関係の文法」を確かめてみよう。

たとえば、

・「横書き文書が増えている」と述べた【A段落】と、「日本語は縦書きの方が優れている」と述べた【B段落】との関係は、【B段落】冒頭の接続詞「しかし」が、端的にあらわしているように、逆接型である。

さらに、いくつかの段落の固まり同士の関係を考えることもできる。たとえば、

・「日本語を書く場合について考えよう」と述べた【C段落】とその内容を詳しく述べた【D段落からF段落】とは、同格（言い換え・例示）型である。
・「日本語を書く場合」について述べた【C段落からF段落】と「日本語を読む場合」について述べた【G段落からM段落】については、並列（並立）型である。

このように、文章を構成する段落に対して、大きな単位・小さな単位、さまざまな観点で、段落相互の関係をつかむことができる。模式的に図示すると、左図のようになるだろう。

このような型をそっくりまねて、まったく違った内容の文章を書くこともできる。

学習のPOINT

接続関係を示す記号

文と文との関係・文章と文章との関係・段落と段落との関係などを考える場合は、次のような記号を使って考えるとよい。文章を読むときにも、書き入れるなどして、利用してみよう。

・順接型・展開型　↓
・逆接型　↻
・並列（並立）型　＋
・添加（累加）型　＋
・対比型　↕
・選択型　⇕
・補足（説明）型　↑
・同格（言い換え・例示）型　＝
・転換型　←

（記号については、永野賢『文章論総説』〈朝倉書店〉をもとに改変した。）

段落冒頭の接続詞に注意

段落と段落との関係を考え

正解は一つではない

【B〜M】と【N〜P】については、それぞれその段落中のどこを中心に考えるかによって、順接型・展開型とも逆接型ともとらえられる。

「正解は一つ」と、無理矢理に固定的に考えるのではなく、「この文章はどのようにできているのだろう」という、文法的な意識で客観的に文章にあたることが大切だ。

そういった点で、たとえば、

・「昨日、ぼくは、公園で、野球をした。」

という文が、

・「去年、弟は、運動会で、放送係をした。」

という文に変換できる文法的な型を持っているのとまったく同様に、文章にも、いろいろな文章に適用・応用できる「文法的な型」があると考えてよいことがわかる。

る際に、段落冒頭にある接続詞が大きな目印になる。

コラム『縦書きと横書き』でも、「しかし」「まずは」「次に」「したがって」などが、段落冒頭に配置されて、文章の組み立てを示す大きな目印になっている。

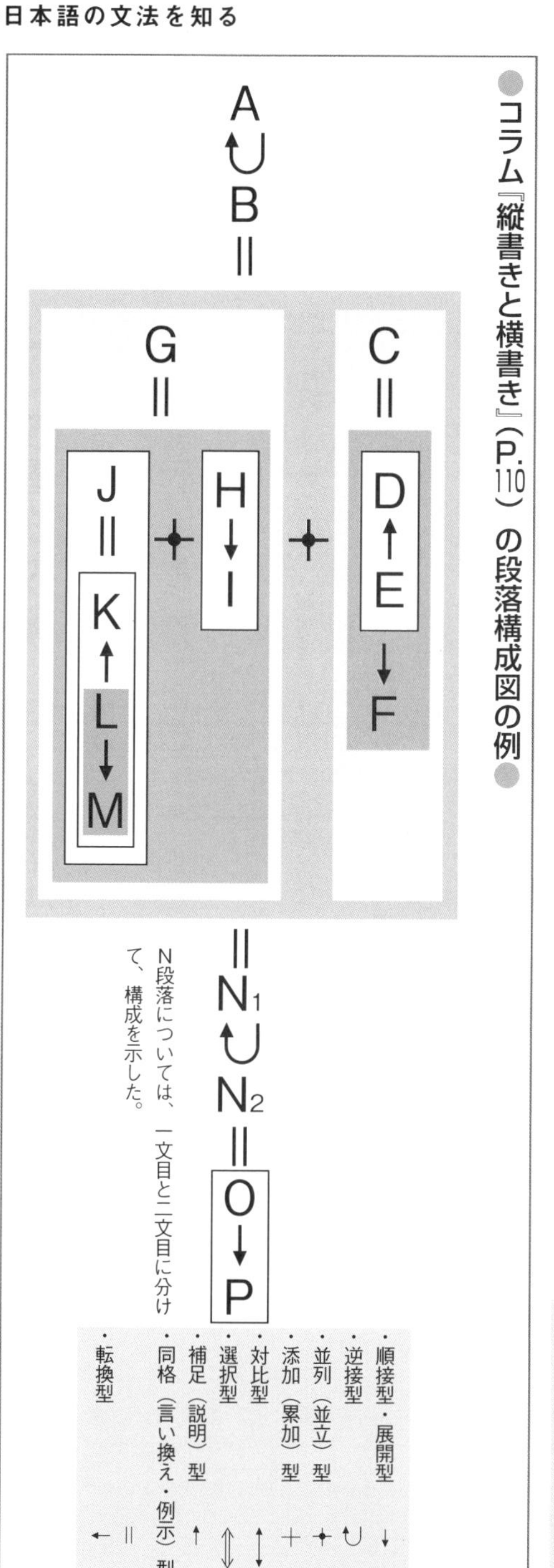

48 文章の文法　三　統括のしかた

■冒頭統括……最初にまとめる

文章全体をまとめたり、ある一部分をまとめる（統括する）には、①冒頭統括（最初におおまかにまとめる）②中間統括（中間でまとめる）③末尾統括（最後でまとめる）の三つの方法がある。

このうちぜひ学んでほしいのが、「冒頭統括」である。

110ページのコラム『縦書きと横書き』を見てみよう。

たとえば、「日本語は縦書きの方が優れている」と簡潔に述べた【B段落】は、それ以降の【C段落からM段落】に対する大きな冒頭統括である。

一つの段落の内部を見つめてみても、たとえば、【F段落】の一文目「日本語は縦書きの方が速く書ける」は、【F段落全体】の冒頭統括となっている。

こういった「冒頭統括」は、読み手にとっては「これから何が書かれていくのか」という方針が示されるため、読みやすい。また、書き手にとっても、「これから何を書いていくのか」を自ら確認して書き進められるため、文章が混乱せずに、まとまりのよい文章を書くことのできる方法であるといえる。

49 文章の文法　四　まとめる言葉「〜のである」

■「〜のである」「〜のだ」などに着目

「絶対に正しいのである。」のように、述べてきた内容を助詞「の」（98ページ参照）で受けて、さらに断定の助動詞「だ」（90ページ参照）で決着するような言い方は、とても強い統括（まとめ）の言葉になる。

もっとくわしく

序論・本論・結論

「序論」で、これから論じる内容について「冒頭統括」し、その後の「本論」で、例を挙げるなどしながら、詳しく述べ、最後の「結論」で、再びまとめる。そのような「冒頭統括型」の文章、また「序論・本論・結論」型の文章は、非常に多くみられる型である。

Go to 240・242ページへ

序論・本論・結論 そして発展

コラム『縦書きと横書き』では、この「序論・本論・結論」に加え、【N段落の後半からP段落】にかけて、最後に新たな内容が発展的に論じられている。結論を述べて、唐突に終わるのではなく、新たな内容に発展したり、余韻を付け加えたりするような文章も非常に多い。

Go to 125ページへ

学習のPOINT

その他の冒頭統括

コラム『縦書きと横書き』からは、上記の他にも、次のような冒頭統括を見つけることができる。

- 【C段落】は、【D段落からF段落】の「冒頭統括」
- 【G段落】は、【H段落からM段落】の「冒頭統括」
- 【H段落の一文目】は、【H段落】の「冒頭統括」
- 【I段落の一文目】は、【I段落】の「冒頭統括」
- 【K段落の最終文】は、【L段落からM段落】の「冒頭統括」
- 【L段落の一文目】は、【L段落】の「冒頭統括」
- 【N段落の最終文】は、【O段落】の「冒頭統括」

「〜のであろう」

「のであろう」といった言い方も「〜のである」と同様の統括する力を持った言葉であ

「〜のである」の使い過ぎに注意

「〜のである」という言い方は、とても強い統括の力を持つので、頻繁に使うと、とてもくどい感じになるため注意が必要である。

× 通常、学校文法で取り扱う対象は「文」までなのである。文章に対する文法的アプローチが行われることは少ないのである。しかし、何のきまりもなく、文章を書いたなら、まるで意味をなさないのは当然のことなのである。ここで見たような法則が、自然と文章には働いているのである。

↓

○ 通常、学校文法で取り扱う対象は「文」までだ。文章に対する文法的アプローチが行われることは少ない。しかし、何のきまりもなく、文章を書いたなら、まるで意味をなさないのは当然のことだ。ここで見たような法則が、自然と文章には働いているのである。

コラム『縦書きと横書き』から、「〜のである」「〜のだ」といった「統括する言い方」が使われている文をピックアップしてみよう。

・読む場合も、書く場合も、横書きよりも縦書きの方が、はるかに機能的に優れているのである。【B段落】
・横書きにすると文字の書き終わりと次の文字の書き始めの位置とが離れ、筆づかいに無駄が生じて書きにくいばかりか、これを無理につなげて、速く書こうとすると奇妙な字体にもなってしまうのである。【F段落】
・横棒の発達した日本語は、縦書きにすることにより、重要な横棒が、読み進む目の流れに対し、ぶつかる向きにした方が読みやすく、一方、縦棒の発達した英語は、横書きの方が重要な縦棒が目立ち、正確・迅速に読み進められるのである。【I段落】
・日本語の場合、逆に縦書きにして、ある程度、一度に見える情報量を制限した方が、整理されて読みやすいこともあるのだ。【M段落】
・以上、述べてきたように、書く場合・読む場合、いずれにしても、縦書きの方が日本語には適しているのである。【N段落】
・数式を取りこむ必要のない「俳句・短歌・詩・小説」といった日本語の文学作品や、国語の教科書・国語辞書などは、さすがに横書きにされることは滅多にないのである。【P段落】

コラムに使われた「〜のである」「〜のだ」といった統括は、右の六か所のみである。それぞれの文が、周囲の文章を強くまとめた部分に当たっていることがわかる。文章全体を見渡しても、最重要の部分に「〜のである」が置かれていることがわかるだろう。

このような見方も文章全体に対する有効な文法的アプローチであるといえる。

推量の助動詞「う」(78ページ参照)が使われているからといって、強調が弱くなっていると考える必要はない。推量の助動詞「う」は陳述にかかわる助動詞(92ページ参照)であり、話者の「語り方」を示す助動詞である。「こんな風に語るよ」という感じで、いよいよ読者の気を引こうとしている言葉だと思うくらいでもよい。

文法学習の基本

きみが文章を書く場合も、きっちりとまとめたいときには、自然と「〜のである」を使っているはずだ。

一方、少し、雰囲気・リズムを変えて、まとめたいようなときには、「〜のであろう」と、自然に使っていることだろう。

そのような自然な言葉遣いに隠れた法則性を、目に見える形でまとめてみようというのが、「文法学習」の基本である。

もっとくわしく

敬語の五分類

二〇〇七年、文部科学大臣及び文化庁長官の諮問機関である文化審議会が、敬語について五分類する指針を答申した。従来の三分類との対応は、左表のようになる。

3分類	5分類		敬意の対象
尊敬語	尊敬語	「いらっしゃる・おっしゃる」型	動作をする人
謙譲語	謙譲語Ⅰ	「うかがう・申しあげる」型	動作を受ける人
	謙譲語Ⅱ(丁重語)	「参ります・申します」型＊	話を聞く人
丁寧語	丁寧語	「です・ます」型	
	美化語	「お酒・お料理」型	

50 敬語総論

敬語とは

私たちは、目上の人や初対面の人に話したり、手紙を送ったりするとき、相手に失礼のないように言葉を選ぶ。また、あらたまった場で話したり、あらたまった文面を記すようなとき、その場、その文面に応じた言葉を選んで使用する。そのように、相手や場面に応じて、敬意や丁寧な気持ちを表す言葉を「敬語」という。

敬語の三分類

敬語を、おおまかに分類すると次の三つになる。

①**尊敬語**

a 話し手・書き手が、「ある動作をする人」を敬う言い方。

(例) 山田先生が、教室にいらっしゃった。

「山田先生、いつご覧になったのですか。」

b 話し手・書き手が、相手自身や相手の持ち物などを高めて言うことにより、相手を敬う言い方。

(例) お客様・貴社・芳名・お鞄(かばん)

c 話し手・書き手が、相手の状態・性質を高めて言うことにより、相手を敬う言い方。

(例) ご立派だ・お美しい

②**謙譲語**

a 話し手・書き手が、「ある動作を受ける人」を敬う言い方。

学習のPOINT

敬語はとても自然なこと

言葉が成り立つためには、「送り手」「受け手」「場面」の三つが不可欠である。

私たちは、話す相手や場面に応じて、使う単語を選んだり、口調を変えたりする。

「幼稚園の先生(送り手)」が、「新入園児(受け手)」に向けて、「幼稚園(場面)」で、優しい口調で、わかりやすい言葉を使って話すのは当然のことだ。こういったことは、どんな言語にもある、とても自然なことだろう。

日本語の特色として、よく挙げられる敬語も、この「送り手・受け手・場面の関係によって、使う言葉が影響を受ける」という自然なことが、とても、はっきりとした形で現れたものである。

敬語は文の最後に付ければ十分

「先生はお書きになった作品について、何度も読み返され、ご出版なさる直前まで、手を加えていらっしゃった。」

（例）先生のお宅にうかがった。　先生に、お礼を申しあげた。

b 話し手・書き手が、自分や自分の身内、所有物や自分がかかわることについてへりくだって言うことにより、聞き手・読み手を敬う言い方。

（例）私ども・愚息・拙著・粗品・粗茶・弊社

c 話し手・書き手が、自分や自分の身内の動作などをへりくだって言うことにより、聞き手・読み手を敬う言い方。

（例）申します・いたします・参ります・おります

③丁寧語

a 丁寧の意味を含む助動詞「です・ます」を使うことにより、話し手・書き手が、聞き手・読み手に対して敬意や丁寧な気持ちを表す言い方。

（例）「山田先生、明日は学校は休みですか。」
「鈴木くん、ちょっと手伝ってくれますか。」

b 丁寧の意味を含む動詞・補助動詞「ございます」を使うことにより、話し手・書き手が、聞き手・読み手に対して敬意や丁寧な気持ちを表す言い方。

（例）「もう少し大きいサイズもございます。」
「こちらは、禁煙席でございます。」

c 丁寧の意味をそえる接頭語「お・ご」をそえて、話し手・書き手が、聞き手・読み手に丁寧な気持ちを表す言い方。

（例）「お菓子ばかり食べていると、ご飯が食べられないわよ。」

＊指針では「参る・申す」型とされているが、現在では「参る」「申す」が単独で使われることはほとんどなく、「参ります」「申します」の形で使われる。そのため、本書では「参ります・申します」型と表記した。

Go to 121・122ページへ

謙譲語についての下位分類

五分類で考えれば、謙譲語については、受け手への敬意を表すもの（前ページa）を「謙譲語Ⅰ類」、聞き手への敬意を表すもの（下記b・c）を「謙譲語Ⅱ類（丁重語）」として、分類することになる。

Go to 121・122ページへ

丁寧語についての下位分類

五分類で考えれば、丁寧語のcについては、丁寧語とは別に、「美化語」として分類することになる。

このような言い方は、間違いではないものの、やはり、とてもくどい感じがする。

「先生は、自作について何度も読み返し、出版の直前まで、手を加えていらっしゃった。」のように、最後に正しい敬語を付ければ、十分に敬意を表すことはできる。特に、丁寧語のcの用法などを多用すると、不自然で悪印象さえ与えてしまいかねない。

・「先生のおズボンは、おネクタイとおそろいですね。」

尊敬語・謙譲語・丁寧語の敬意の方向

山田くんが、部長に対して、「監督がいらっしゃったら、監督に、ぜひ申しあげたいことがあります。」という場面を考えてみよう。

・「いらっしゃる」尊敬語
（山田くんから監督への敬意）
・「申しあげる」謙譲語
（山田くんから監督への敬意）
・「あります」丁寧語
（山田くんから部長への敬意）

と、三つの敬語が使われている。このように話題の人（監督）と、話し相手（部長）とが違う場合も多くあるので注意しよう。（124ページ参照）

51 尊敬語

尊敬語……動作をする人を敬う言い方

(例) 卒業式の日に先生がおっしゃったことは忘れられない。

右の例文の「おっしゃり〈おっしゃる〉の連用形」のように、話し手が、話題のなかの「動作をする人を敬う言い方」を尊敬語という。

動作をする人を敬う尊敬表現には、主に次の三つの方法がある。

①尊敬動詞を使った尊敬表現

例文の「おっしゃる」は「言う」の尊敬語である。このような動詞を「尊敬動詞」という。尊敬動詞は「おっしゃる」の他に、次のようなものがある。

・いらっしゃる（「行く」「来る」「いる」の尊敬語）
・見える（「来る」の尊敬語）
・召しあがる（「食べる」「飲む」の尊敬語）
・ご覧になる（「見る」の尊敬語）
・なさる（「する」の尊敬語）
・くださる（「与える」の尊敬語）

＊「いらっしゃる」は、「山田先生の板書は、丁寧でいらっしゃる。」「山田先生は、お風邪でいらっしゃる。」のように、補助動詞としてさまざまな語を尊敬表現にすることもできる。

②助動詞を使った尊敬表現

助動詞「れる・られる」を動詞に付けて、尊敬語にする。

尊敬動詞は「日常的な動詞」に多い

本文①の尊敬動詞は、「言う・行く・来る・いる・食べる・見る・する」など、日常的に頻繁に使われる意味の動詞であることに着目しよう。

使用頻度が高いだけに、特殊な言い方で取り立てて尊敬の意味をこめることで、効果的に敬意を示すことができる。

また使用頻度の高い語だけに限定することによって、数語に限られるから、使いこなすのにも困難はない。

多くの動詞に、このような尊敬語の形があると、使いこなすのも困難で、また、めったに使用しない動詞に特殊形を作るのは、効率が悪い。

このように、敬語においても、言語のしくみは、とても効率よくできている。

与える・くださる

「与える」は、「言う・行く・する」などに比べ、それほど使用頻度の高い動詞ではない。しかし、「与える」と

尊敬語の仕組み

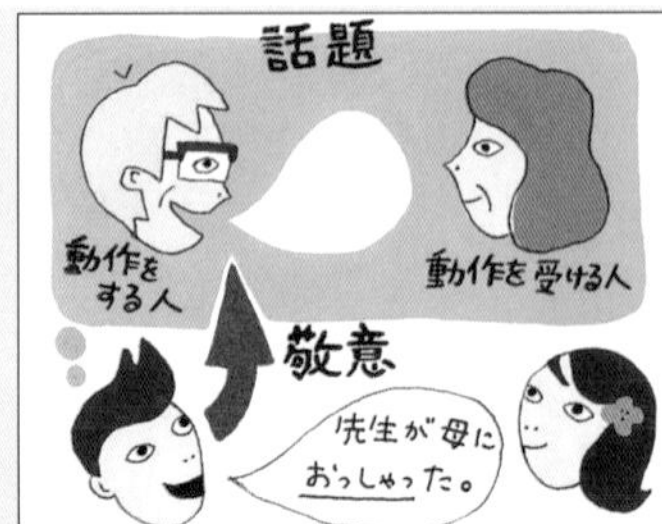

話題の人物と聞き手の違いに注意しよう

上記の例文は、話し手が、話のなかの話題の人物である「先生」に対して敬意を表したものであるが、この話の聞き手が先生である必要はない。たとえば、上記の例文は、「卒業式の日に先生がおっしゃったことは忘れられないよね。」のように、話し手が友達に言

・お客様がアンケートに書かれた当店への要望を参考にする。
・先生が来られたら、静かにしよう。

③特別な形を使った尊敬表現

「お（ご）〜になる」「お（ご）〜なさる」などの形で、尊敬語にする。

・お書きになる　・ご執筆になる
・お書きなさる　・ご執筆なさる
・お書きくださる　・ご執筆くださる
・お書きあそばす　・ご執筆あそばす

＊接頭語の「お」は和語（訓読み）に付き、「ご」は漢語（音読み）に付くという傾向がある。

いう動詞が成り立つためには、「与える側・与えられる側」の両者が必要不可欠であり、他の動詞に比べ、「自分」と「相手」との関係性を強く意識させる動詞であるため、特殊形「くださる」を生みやすかったものと思われる。

「関係性を強く意識させる」という点で、「くださる」は補助動詞としても、下記③のように多くの語に接続して、尊敬語を作ることができる。

確認問題

「食べる」という語を、右の①・②・③の方法を使って、尊敬語にせよ。

解答

①召しあがる
②食べられる
③お食べになる
　お食事なさる
　お食べあそばす

（「お食べなさる」は、くどい言い方となり、適切ではない。「お食事なさる」とした方がよい。「お食べくださる」は誤用ではないが、特殊な文脈のみで成り立つ言い方なので、ここでは省いた。）

他の尊敬語

116ページ「敬語総論」でも説明したとおり、次のようなものも尊敬語に分類する。

①**話し手・書き手が、相手自身や相手の身内・相手の持ち物などを高めて言うことにより、相手を敬う言い方。**

・お客様　・貴職　・ご親族　・ご尊父　・ご令息　・お手紙　・ご出発

②**話し手・書き手が、相手の状態・性質を高めて言うことにより相手を敬う言い方。**

・お美しい　・ご立派だ　・お静かだ　・お達者だ

ったものと、とらえることもできる。

また、

「卒業式の日に山田先生がおっしゃったことは今でも覚えています。」

と、鈴木先生に向かって言うこともできるだろう。この場合は、尊敬語「おっしゃる」が、山田先生への敬意を表し、「覚えています」の「ます」が丁寧語として、この場の聞き手である鈴木先生への敬意を表していることになる。

敬意の印象

上記の確認問題で、同じ意味の尊敬語をいくつか挙げたが、尊敬動詞を持つ語の場合は、なるべく尊敬動詞を使った方が、品もよく、すっきりとした敬語になる。また、「お食べになられる」「お召し上がりになられる」などのように、いくつもの方法を重ねて用いると、非常にくどい印象になるので、避けた方がよい。

52 謙譲語 一

■謙譲語……動作を受ける人を敬う言い方

（例）卒業式の日に先生に申しあげたことは忘れない。

右の例文の「申しあげ〈申しあげる〉の連用形」のように、話し手が、話題のなかの「動作を受ける人を敬う言い方」を謙譲語という。

動作を受ける人を敬う謙譲表現には、次の三つの方法がある。

①謙譲動詞を使った謙譲表現

例文の「申しあげる」は「言う」の謙譲語である。このような動詞を「謙譲動詞」という。謙譲動詞は「申しあげる」の他に、次のようなものがある。

・うかがう（「行く」「来る」の謙譲語）
・いただく（「食べる」「飲む」「もらう」の謙譲語）
・拝見する（「見る」の謙譲語）
・拝聴する・うかがう（「聞く」の謙譲語）
・差しあげる（「与える」の謙譲語）
・お目にかかる（「会う」の謙譲語）
・存じあげる（「知る」の謙譲語）

②補助動詞を使った謙譲表現

「申しあげる」「いただく」「差しあげる」などを補助動詞として使い、謙譲語にする。

・先生にご連絡申しあげる。　・お客様にお待ちいただく。

もっとくわしく

「せていただく」「させていただく」

最近、「休ませていただきます」「受けさせていただきます」などのように「せていただく」「させていただく」を用いて、相手への敬意を表すような言い方がよく聞かれるようになった。まだ慣用であると思われるので、本文では取り扱わなかった。

Return 70ページへ

「さ入れ言葉」

「休ませていただく」は、慣用的用法として、許容されつつある言い方だが、さらにこれを、

「休まさせていただく」

のように使う場合がある。「休む」は五段動詞であるので、「せる」と「させる」のうち、「せる」が受け持つのが本来である（70ページ参照）。

したがって、「休まさせていただく」は、慣用としても、未だ認めがたい誤用といってよかろう。

「見れる」「食べれる」など

学習のPOINT

受け手に対して敬意を表す謙譲語のしくみ

謙譲語は へりくだった表現

「謙譲」とは、「へりくだる」という意味である。自分や、自分の身内にかかわる動作や所有物などについて、へりくだった言い方を用いることにより、相手（受け手の場合と、読み手の場合がある）への敬意を表す表現を謙譲語という。（ただし、124ページに記した「二方面への敬語」につ

の誤用を「ら抜き言葉」というが、「休ませていただく」のような誤用は「さ入れ言葉」ということがある。

「申す」「参る」「いたす」などについて

「申す」「参る」「いたす」などを、それぞれ「言う」「行く」「する」の謙譲語として説明する場合が多いが、現在の用法にはそぐわない不適切な説明であると思われる。

現在では、「申す」「参る」「いたす」が、単独で使われることはほとんどなく、「申します」「参ります」「いたします」の形で、常に丁寧語「ます」を伴い、「聞き手に敬意を表すようにへりくだる語」として使われる。ここでは、「申す」などを単独で取り扱わず、「申します」の形で、「聞き手に対して敬意を表す謙譲語」として、取り扱う。（122ページ参照）

解答

①うかがう（拝聴する）
②お聞き申しあげる
③お聞きする

・先生をご自宅まで、送って差しあげる。

＊「申しあげる」「いただく」は、「お（ご）〜申しあげる」「お（ご）〜いただく」の形になる。

③特別な形を使った謙譲表現

「お（ご）〜する」の形で、動詞を謙譲語にする。

・先生の鞄をお持ちする。　・先生にお尋ねする。
・先生にご連絡する。　・先生にご相談する。

確認問題

「聞く」という語を、右の①・②・③の方法を使って、謙譲語にせよ。

他の謙譲語（聞き手に対して敬意を表す謙譲語）

116ページ「敬語総論」でも説明した通り、次のようなものも、謙譲語に分類するが、これらは、右で示した謙譲語と違い、聞き手・読み手に対して敬意を表す。

①話し手・書き手が、自分や自分の身内、所有物や自分がかかわることについてへりくだって言うことにより、聞き手・読み手を敬う言い方。

・私ども　・愚息　・拙著　・粗品　・粗茶　・弊社

②話し手・書き手が、自分や自分の身内の動作などをへりくだって言うことにより、聞き手・読み手を敬う言い方。（次ページ参照）

・申します　・いたします　・参ります　・おります　・存じます

いて考えると、「へりくだる」という言い方が適切でない場合もある。）

謙譲動詞は尊敬動詞とセットで覚えよう

謙譲動詞は、対になる尊敬動詞がある場合が多い。セットで覚えるとよい。

尊敬動詞	謙譲動詞
おっしゃる	申しあげる
いらっしゃる	うかがう
ご覧になる	拝見する
召しあがる	いただく

など

父・お父さん

目上の人に自分の身内のことを話すときは、謙譲語を利用して話す。たとえば先生に向かって言う場合は、
×「お父さんが言いました」
○「父が申しました」
である。

もちろん、父親本人に向かって話す場合は、尊敬語「お父さん」を使ってかまわない。

53 謙譲語 二

聞き手に対してへりくだる謙譲語の動詞

(例) 息子には、私から申します。

右の例文の「申す」について、「言う」の謙譲語として、受け手に対する敬意を表すものと考えると、話し手が自分の息子に対して、敬意を表したものとなり、奇妙である。この例文のような表現は、「申します」全体で、この会話の聞き手に対してへりくだり、聞き手に対して敬意を表したものとして考えねばならない。

このように「聞き手に対して敬意を表す謙譲語の動詞」は、

・申します（←「言う」）　・いたします（←「する」）
・参ります（←「行く」）　・おります（←「いる」）
・存じます（←「思う」）

の五語だけである。

確認問題

次の例文の傍線部について、「へりくだりながら、聞き手に対して敬意を表した表現」にせよ。

①来週は出張で、北海道にいます。
②私の田舎では、「手持ち無沙汰」のことを「つれづれ」といいます。
③三時までに準備します。

学習のPOINT

聞き手に対して敬意を表す謙譲語のしくみ

例文で慣れよう

・入院中、祖母の世話は私がいたします。
・父は今度、転勤で静岡に参ります。
・息子の生活態度については、私も困っております。
・来週の週末は、台風かと存じます。

右の例文は、いずれも自分や自分の身内の動作について謙譲語を用い、聞き手に対して敬意を表したものである。

もっとくわしく

聞き手に対して敬意を表す謙譲語の動詞

「申します」などを、聞き手に対して敬意を表すことから、丁寧語に分類する場合もあるが、「言います」に比べて、「申します」には、「へりくだった気持ち」が含まれるので、単純に丁寧語とするのには問題があると思われる。敬語の五分類（116ページ参照）では、これら「聞き手に対して敬意を表す謙譲語」を「丁重語」と呼んでいる。

解答

①おります
②申します
③いたします

丁重語・丁寧語・美化語

いずれも「聞き手に対して敬意を表す表現」だが、定義や分類を確認しておこう。

・丁重語

「聞き手に対してへりくだる謙譲語」の別名。

（例）申します・いたします

・丁寧語

話題・口調を丁寧にして、聞き手に対し敬意を表す表現。

（例）いいます・します

・美化語

丁寧語のうち、接頭語「お」「ご」を付ける形のものを、あえて分類する場合の呼び方。

（例）ご近所・お仕事

接頭語「お」と「ご」について

接頭語の「お」は和語（訓読み）に、「ご」は漢語（音読み）に付くという傾向がある。たとえば、

・おはようございます。

・ご馳走さまでした。

なども、「お」は和語の「早い」に、「ご」は漢語の「馳走」に付いている。

54 丁寧語

丁寧語……聞き手に対して敬意や丁寧な気持ちを表す語

（例）富士山は、日本一高い山です。

右の例文と、「富士山は、日本一高い山だ。」という言い方を比べると、例文は、「です」という丁寧の意味を表す助動詞を使うことによって、話し手が、聞き手に対して、敬意や丁寧な気持ちを表していることがわかる。このように、特にへりくだったりすることもなく、単に話題や口調を丁寧なものにすることにより、聞き手への敬意を表す表現を「丁寧語」という。

丁寧表現には、次の三つの方法がある。

①丁寧の意味を含む助動詞「です・ます」を使う。（83・91ページ参照）

・明日はよい天気です。

・ぼくが届けます。

②丁寧の意味を含む動詞・補助動詞「ございます」を使う。

・もう少し大きいサイズもございます。（動詞「ございます」の例）

・こちらは、禁煙席でございます。（補助動詞「ございます」の例）

③丁寧の意味をそえる接頭語「お・ご」をそえて、話し手・書き手が、聞き手・読み手に丁寧な気持ちを表す。

・ご飯が炊けた。お昼にしよう。

（この③は「美化語」として、丁寧語と分けて考える場合もある）

丁寧語のしくみ

丁寧語と「聞き手を敬う謙譲語（丁重語）」との違い

丁寧語と「聞き手を敬う謙譲語（丁重語）」は、いずれも聞き手に対しての敬意を表す表現だが、丁寧語は話題・口調を丁寧にする表現であるのに対し、「聞き手を敬う謙譲語」には、自分がへりくだる気持ちがこもっている。122ページの図の話者の少年が、うつむいた表情になっていることに着目しよう。

55 二方面への敬語・三方面への敬語

二方面への敬語（謙譲語＋尊敬語）

（例）野球部の優勝トロフィーは、顧問の山田先生が、校長先生に差しあげなさったそうだよ。

太郎君が友達に話している場面として考えてみよう。

「差しあげなさる」のところに注目してほしい。太郎君（話し手）は、「差しあげる」で動作を受ける「校長先生」に対して敬意を表し、「なさる」で、その動作をする「山田先生」に対して敬意を表している。このように、謙譲語と尊敬語を組み合わせて、動作を「受ける人」と動作を「する人」の二方面に敬意を表すこともできる。

三方面への敬語（謙譲語＋尊敬語＋丁寧語）

（例）野球部の優勝トロフィーは、顧問の山田先生が、校長先生に差しあげなさったそうです。

太郎君がクラス担任の鈴木先生に話している場面として考えてみよう。

「差しあげる」で「校長先生」に敬意を表し、「なさる」で「山田先生」に敬意を表しているのは先の例文と同じだが、ここでは、さらに「です」という丁寧語によって、聞き手である「鈴木先生」にも敬意を表している。

もっとくわしく

謙譲語の説明の仕方

二方面への敬語「差しあげなさる」のような言い方を考えると、「差しあげる」などの謙譲動詞を、「へりくだる動詞」とは言いにくいように思われる。話し手にとって、敬意を表すべき対象（例文では山田先生）を低めるという考え方になってしまうからだ。

本書では、「差しあげる」をはじめとした謙譲表現について、「動作を受ける人を敬う言い方」と説明して、「へりくだる」という表現は、あえて避けた。

「謙譲語＋尊敬語」の形はほとんど用いられない

敬語の発達した古文では、「聞こえ給ふ（申し上げなさるの意味）」などの形で、二方面への敬語は頻繁に使われるが、口語では、「差しあげなさる」以外、ほとんど用いられることはない。「謙譲語＝へりくだる」という先入観が影響して、敬意を表すべき対象の動作に、謙譲語を付けにくく感じるからだろう。

学習のPOINT

敬語を組み合わせる

上で説明した「差しあげなさる」のような「謙譲語＋尊敬語」の形で、二方面に敬意を表す表現は、「差しあげなさる」以外、口語ではほとんど使われない形だが、「尊敬語＋丁寧語」や「謙譲語＋丁寧語」の形で、二方面に敬意を表すことは容易にでき、日常的に使用されている。

＊尊敬語＋丁寧語

（例）太郎「山田先生、三時に、校長先生が教室にいらっしゃいます」

：「いらっしゃる」で、校長先生への敬意を表し、「ます」で、山田先生に対して敬意を表している。

＊謙譲語＋丁寧語

（例）太郎「山田先生、大会の予定は、ぼくから校長先生に申しあげます」

：「申しあげる」で、校長先生への敬意を表し、「ます」で、山田先生に対して敬意を表している。

コラム

テレビドラマにも文法がある

犯人逮捕で終わる推理ドラマはない

「文章の文法　三」（114ページ参照）で述べた、「序論・本論・結論、そして発展」の見方で、テレビドラマなどを分析してみよう。

たとえば、推理ドラマなどは、事件が起こり（序論）、刑事や探偵が捜査・推理し（本論）、やがて犯人を見つけて捕まえる（結論）という型が基本である。しかしながら、犯人が逮捕されてあっという間に終了する推理ドラマはないだろう。刑事や探偵の日常風景や、事件の後日譚（たん）が描かれて、ドラマが静かに終わっていくことがほとんどだ。

「そして発展」の部分が、このようなドラマでも見受けられることがわかる。これも一種の「ドラマの文法」といえよう。

効果音は「のである」のようなもの

ドラマでは、視聴者に印象付けたい場面や、ドラマの進行上ポイントとなるような場面には、BGMや効果音が付くことが多い。これらは、文章の重要なところにちりばめられた「～のである」（114ページ参照）のようなものとも考えられる。これも「ドラマの文法」の一種である。文章中、たいして重要でない部分に「～のである」の言い方は表れないし、同様に、ドラマでも、BGM・効果音は流れない。「～のである」が頻出する文章はとてもくどく感じられるが、ドラマでも、BGM・効果音がやたらと使われていると、くどすぎて、飽きてくるものだ。

なんだか犯人っぽいな

推理ドラマなどを見ていると、途中で「なんだかこの人が犯人っぽいな」と思うようなときがあるだろう。不自然な手の動きや、微妙な表情の変化のクローズアップ画面などは、視聴者に「なんだか怪しい感じ」を与える力がある。

「はっきりと意識されないものの、情報の送り手と情報の受け手とが、暗黙のうちに共有しているルール」「他の作品（テクスト）にも変換応用できるルール」という点で、こういった映像の工夫なども、「ドラマの文法」といえるだろう。

こういった文法に則ったままストーリーが進めば「やっぱり、そうだったか」というような作品にもなるだろうし、一方、あえてこの文法を巧みに裏切るようなストーリーを作って、視聴者を驚かせるようなこともできる。ただし、「文法を裏切る」場合も、むやみに「ドラマの文法」を無視してしまうと、「なんだかよくわからない、納得のいかないドラマ」になってしまうわけだ。

「暗黙に共有しているルール」「他の作品（テクスト）にも変換応用できるルール」という観点で、「文法」ということを考えると、たとえば、音楽作品・四コマ漫画・コマーシャル・広告など、さまざまなところに「文法」を発見することができるだろう。

① 漢字の知識

■漢字の成り立ち方

形・音・義

漢字という文字には、形（かたち）、音（読み方）、義（意味）の三つの要素が含まれている。

■六書（りくしょ）

六書とは、漢字一文字の組み立て方の原理や、漢字の使い方の原理をまとめたものである。

①象形……物の具体的な形を象（かたど）っている文字。偏（へん）・旁（つくり）などにもなる。

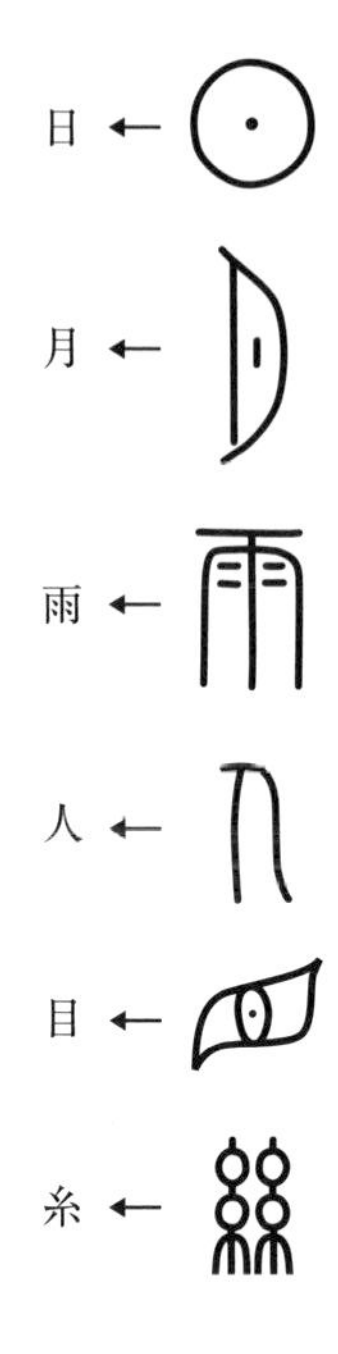

②指事……物や事柄の位置・数量などを、抽象的に点や画で表した文字。

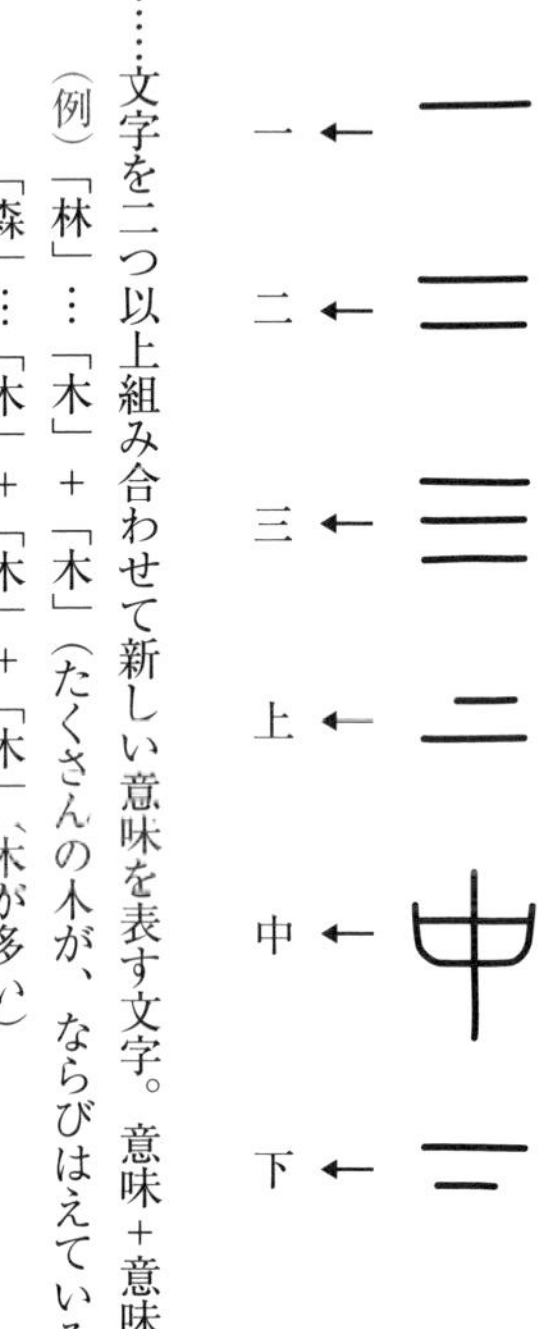

③会意……文字を二つ以上組み合わせて新しい意味を表す文字。意味＋意味。「意が会う」ということ。

（例）「林」…「木」＋「木」（たくさんの木が、ならびはえている）

「森」…「木」＋「木」＋「木」（木が多い）

漢字とは

世界各地で使われているいろいろな文字の多くは、アルファベットのように表音文字（発音を表す文字記号。文字それ自体に意味はない）であり、文字の数も少ない。ところが、漢字は非常に数が多く、また表意文字（一つ一つに意味がある文字記号）なので、覚えるのが難しいと感じる人もいるだろう。

しかし、漢字に含まれる意味の大きさは、文をわかりやすくし、たくさんの情報を文に含ませることができる。字の組み立て方や使い方の基本を知って漢字を覚えやすくしよう。

六書

象形・指事・会意・形声は、漢字一文字の中に含まれている原理である。これを踏まえると、漢字がよりわかりやすく、覚えやすくなるし、読み方も間違えない。

④形声……意味を表す字（形）に、発音を表す別の字（声）を組み合わせた文字。意味＋発音。
（例）「柏」…「木」＋音を表す「白」
「芳」…「艹（くさ）」＋音を表す「方」
「呼」…「口」＋音を表す「乎」

「炎」…「火」＋「火」（ほのおがさかん）
「明」…「日」＋「月」（月の光があかるい）

⑤転注……ある字の本来の意味を、関連する他の意味に転用して使うこと。
（例）「比」…人が二人並んでいることを表す様子から「ならぶ」、転じて「くらべる」の意に使われるようになった。
「永」…川の流れが分かれている様子から「長い川」、転じて「ながい」の意に使われるようになった。

⑥仮借（かしゃ）……意味に関係なく、ある字の音だけを借りて言葉を表すこと。「仮に借りる」ということ。
（例）阿弥陀（あみだ）　など

漢字の紀源

中国の殷（いん）の時代には、亀の甲羅や獣の骨に刻まれ、占いに用いられた甲骨文字があった。青銅器に刻まれた「金文」や、石に刻まれた「石文」という字の例が残っている。あわせて「金石文」といわれている。周王朝のもとでは、漢字のもととなる文字が成立していった。秦（しん）の時代になると、「小篆（しょうてん）」と呼ばれる「篆書（てんしょ）」へと書体の統一が行われた。（次ページ参照）

▲甲骨文字
写真提供／アマナイメージズ

▲青銅器に刻まれた金文
写真提供／CPC（OPO）

○「形声」の一例
霜＝雨（意味）＋相（音）
↓
「雨」に関係する。
「ソウ」と読む。

○現代中国の「仮借」の一例
転注・仮借は漢字を応用的に使う方法で、現在中国でも、この原則をもって外国語を表したりする。
可口可楽
↓
コカ・コーラ
本来、「可」も「口」もこの飲み物には関係ない。
ただ熟語としてみるとなんとなく「口にすると楽しい」というようなイメージがわくのが面白い。

② 書体・書写

■書体

①篆書(てんしょ)……中国周代の大篆と呼ばれる書体が発見されている。秦の始皇帝のときに小篆ができた。

家 鳥 立 車 魚 人

②隷書(れいしょ)……漢時代。

家 鳥 立 車 魚 人

③楷書(かいしょ)……後漢時代末期。

家 鳥 立 車 魚 人

④行書(ぎょうしょ)……漢の後、三国時代。用筆(筆の用い方)が楷書よりもなめらかである。

家 鳥 立 車 魚 人

学習のPOINT

篆書から後

篆書は丸みを帯びた書体だが、紙と筆の発明により、書写に適した隷書ができた。楷・行・草書は六朝時代の書家・王羲之(おうぎし)がこれを大成した。

書体・字体

活字やデジタル書体では、明朝体・ゴシック体が現在の基本的なものである。明朝体とは、中国の「明(みん)」代の印刷物に見られる書体に基づいて作られ、縦画・横画が垂直水平であり、画の止めの部分に三角形の「ウロコ」が付いているのが特徴だ。毛筆の名残をとどめているのである。ゴシック体は、点画のすべてを同じ太さにしたもので、毛筆の跡を消した近代の書体である。明朝体は、正式な感じや繊細な感じを与え、ゴシック体は力強く目立つ機能を持っている。ポスターや広告の書体(356・357ページ参照)にも注目してみるとよい。

⑤草書……漢の後、三国時代。二字・三字を続けて書く。

永為三国人

書写

筆と墨を使う毛筆書写と、鉛筆で書く硬筆書写とがある。楷書の書写を基本とする。

①点画・運筆

筆を紙上に置いてから離すまでの一筆で書く線を画という。漢字も仮名も、画と点とから成っている。始筆は、筆を置いた形が見えるようにはっきりさせるのがよい。終筆（はね・とめ・はらい）の部分でも気を配る。筆を運ぶことを運筆という。

②永字八法

楷書の基本として、八つの筆法がある。これをすべて含む字が「永」である。

点（側）、横画（勒）、縦画（努）、はね（趯）、右上がりの横画（策）、左はらい（掠）、短い左はらい（啄）、右はらい（磔）

書写
手本をまねて書くことが書写において重要である。普段、活字体に慣れている私たちだが、筆の運びに注意して書写に取り組むことは大事だ。筆の入りをきちんと意識し、画の伸びやかさや反りに目を配り、角を明らかに、はらいは美しく。余白までが引き立つ字の美しさを感じ取ろう。

※書体の成立年代や、その成立順に関しては諸説あります。

③ 筆順・画数・部首

筆順・画数

漢字も仮名も、点・画を書く順番が決まっている。これを筆順という。正しい筆順で書けば、美しく正しい字形の漢字を書ける。上の画から下の画へ、左の画から右の画へ、という順番が原則である。

画の数を、その文字の画数という。画数で漢和辞典も引ける。

部首

字の左側、あるいは上・下側にある決まった構成単位を部首という。七つに大別される。

偏（へん）

亻にんべん　冫にすい　口くちへん　女おんなへん　子こへん　山やまへん

彳ぎょうにんべん　忄りっしんべん　扌てへん　氵さんずい　犭けものへん

阝こざとへん　日ひへん・にちへん　月つきへん　月にくづき　木きへん

歹がつへん・かばねへん　火ひへん　王たまへん・おうへん　目めへん

石いしへん　禾のぎへん　糸いとへん　耳みみへん　虫むしへん　ネころもへん

言ごんべん　足あしへん　車くるまへん　金かねへん　食しょくへん

馬うまへん　魚うおへん　など

旁（つくり）

刂りっとう　力ちから　又また　彡さんづくり　寸すん　阝おおざと

戈ほこづくり　欠あくび　殳るまた　隹ふるとり　頁おおがい　など

学習のPOINT

筆順・画数

筆順や画数に注意すべき主な例としては、角や、左はらいから次の画へ続く場合、また、しんにゅう（しんにょう）などである。

○右上角の一画の連続の例

「口」　口

○最初の左はらいを一画に数える例

「斤」　斤

「向」　向

○しんにゅう　1 2 3 辶

部首・画数

部首には具体的な物を象った物が多く、その本来の物の意味を表すような呼称が付いていることが多い。同じ部首の漢字はなんらかの共通点を

冠（かんむり）

亠なべぶた　八はちがしら　冖わかんむり　艹くさかんむり
宀うかんむり　耂おいかんむり　癶はつがしら　穴あなかんむり
⺮たけかんむり　雨あめかんむり　など

脚（あし）

儿にんにょう・ひとあし　⺗したごころ　灬れんが・れっか　氺したみず　皿さら　など

垂（たれ）

厂がんだれ　广まだれ　尸しかばね　戸とだれ　疒やまいだれ　など

構（かまえ）

冂まきがまえ　勹つつみがまえ　匚はこがまえ　囗くにがまえ
門もんがまえ　など

繞（にょう）

廴えんにょう　辶しんにゅう・しんにょう　走そうにょう　など

持っていることが多い。
○りっしんべん
→気持ちや感情に関する漢字
情（なさけ）・悦（よろこぶ）・怖（こわい）など

本来の字形をそのまま残している場合の他、その形を変えて部首にしている場合もある。

たとえば「火」は「火」の形の偏のときもあるし、「灬」の形の「れっか」になっているときもある。これにより画数も異なってくることもある。

「くさかんむり」は、本来は「艹」だったが、略体化されて「艹」になったので、四画とも三画ともとらえられる。

④ 送り仮名・仮名遣い

送り仮名

漢字を訓読みする際、その読み方をわかりやすくするために、漢字にそえる仮名を送り仮名という。どこまでを漢字で表し、どこからを仮名で表すか、きまりがある。

（例）上(あ)がる／上(のぼ)る（送り仮名によって、動詞そのものとしても異なってしまう）

〈送り仮名のきまり〉

・活用（28ページ参照）のある語は、活用語尾を送る。

（例）持つ
　　過ぎる

・形容詞（50ページ参照）の語幹が「し」で終わる場合、「し」から送る。

（例）怪しい（活用語尾は「い」だが、「し」から送る）

・活用のある部分以外に他の用言が含まれている語は、その含まれている語の送り仮名のきまりにしたがう。

（例）浮かぶ（活用語尾は「ぶ」だが、「浮く」が含まれている）

（例）苦しがる（活用語尾は「る」だが、「苦しい」が含まれている）

・複合語は、それぞれの語の音訓によって送る。

（例）書き抜く
　　入り江

・許容される送り仮名、例外的送り仮名（読み間違える恐れのない場合は送り仮名を省くことがある）

（例）入江　氷　恋　志

送り仮名のきまり

自動詞から他動詞への派生や、形容詞・形容動詞などに接尾語が付いて名詞に転じたものなど（59ページ参照）において、もとの語の送り仮名を用いているのがわかる。

（例）照る〔自動詞〕
　　照らす〔他動詞〕

（例）悲しい〔形容詞〕
　　悲しみ〔名詞〕

副詞・連体詞・接続詞などは、最後の一音節を送るのがきまりだが、例外的なものもある。

（例）必ず　全く

（例外）明くる　若しくは

仮名遣いの例外

次の例は、二語に分解しにくく、「じ」「ず」を使うのが現在では一般的だが、本来は「ち」「つ」が含まれた語が結合して連濁したものである。

（例）くにじゅう
（国(くに)中(ちゅう)）

■仮名遣い

音韻上の要素と、慣習的な表記とが、現代仮名遣いを定めている。

〈現代仮名遣いのきまり〉

・長音の発音は、それぞれの段にアイウエをそえ、オ段については、ウをそえて書く。

(例) おばあさん
　　おじいさん
　　かいじょう

・「オ」「ワ」「エ」と発音する助詞は、「を」「は」「へ」と書く。

(例) 犬を飼う。
　　こんにちは。
　　ここへ来る。

・同音の連呼や二語の結合によって生じる濁音は「ぢ」「づ」と書く。二語の結合の場合、これを連濁という。

(例) ちぢめる　つづら
(例) みかづき（みっか＋つき）

・昔の表記の歴史的仮名遣い（378ページ参照）が「ホ」「ヲ」だったオ段は、現代に長音で発音するときも、オをそえて書く。

(例) おおい（→おほい）
　　こおる（→こほる）

・許容される仮名遣い、例外的仮名遣い

(例) きれいだわ。（助詞だが、そのまま「ワ」）
　　とけい（エ段の長音として発音するときも、「イ」）

(例) つまずく（爪＋突く）
(例) いなずま（稲＋妻）

「くにぢゅう」「いなづま」と書いても認められる。本来の仮名遣いの方が「つまづく」などは意味がわかりやすい。ちなみに、「いなづま」は稲光によって稲の穂に実が入るという古代信仰に基づいてできた言葉といわれる。

① 世界のなかでの日本語

日本語はどこから来たか

世界にある言語の数は、約六千五百語ともそれ以上ともいわれる。まだ発見されていない言語もあるだろう。

世界の言語は、その文法・発音・語彙（ごい）などの点から、大きく「インド・ヨーロッパ語族（英語・フランス語・ロシア語など）」「シナ・チベット語族（中国語・ビルマ語・チベット語など）」「アルタイ語族（モンゴル語・トルコ語など）」「ウラル語族（ハンガリー語・フィンランド語など）」「オーストロネシア語族（インドネシア語族・ポリネシア語族など）」など、十余りの語族、および系統不明の孤立語とに分けられる。

日本語は、「修飾語は、被修飾語の前に置かれる」などといった語順の特徴などから、「アルタイ語族」に含められることが多いが、語彙や発音などでは、他の「アルタイ語族」との共通点があまりに少ないため、単純に「アルタイ語族」に分類することは、問題があると思われる。

日本語の仲間

日本語の系統については、はっきりしない点が多いが、しいて言えば、日本語は「朝鮮語」「アイヌ語」との類似点が多く、強い影響関係にあるかと思われる。「日本語」「朝鮮語」「アイヌ語」は、いずれも、それ以外の言語とは孤立した「孤立語」とされることも多い。

日本語と朝鮮語

日本語と朝鮮語との類似点は次のようなものである。

・形容詞が、動詞の一種のような活用をする（日本語「形容詞」の補助活用〈50ページ〉を参照）。
・主語の人称によって、述語が影響を受けない。
・膠着語（こうちゃくご）である。（143ページ参照）
・用言の活用に敬語表現の要素が組みこまれる。
・「r」音と「l」音との音韻的な区別がない。
・二百～三百に及ぶ多数の語彙で、類似が認められる。

たとえば、日本語の「畑（ハタ）」は、古くは「パタ」と発音されていたと思われるが、朝鮮語では、畑は「パッㇳ」である。同様な例では、日本語の「鉈（ナタ）」は、朝鮮語の「ナッㇳ」（鎌）との類縁が認められよう。他にも、

日本語	朝鮮語
島（シマ）	［ソーム］
熊（クマ）	［コーム］
蜘蛛（クモ）	［コミ］

学習のPOINT

アルタイ語族の特徴

アルタイ語族と日本語との類似点は次のような点である。

○語順
・修飾語は被修飾語より前。
・主語は述語より前。
・英語でいう目的語のような連用修飾語も、述語よりも前にくる。（英語は述語よりも後にくる）
・述部が、必ず文末にくる。
・欧米語の前置詞にあたるものは、後置される。

○単語
・自立語に付いて、主要部分（語幹）と、付属部分（語尾）とに分けられる。
・接続詞の数が少ない（日本語の接続詞はすべて他の品詞からの転成と思われる）。

○音韻
・語頭に子音が二つこない。
・「r」音で始まる語がない。

など、日本語とアルタイ語族との類似点は多いが「日本語＝アルタイ語族」説には、異論も多い。

など、同じ関係で音が交換していると思われる語例が多数、見受けられる。

日本語とアイヌ語

古くは北海道・東北・樺太（からふと）などで話されていたアイヌ語は、日本語の一方言ではない。日本語と並ぶ、独立した一言語である。アイヌ語の話し手は、非常に減少しているものの、近年のアイヌ文化復興運動の高まりに伴って、話し始める人がやや増加しているともいわれている。

アイヌ語と日本語には、母音がどちらも五つであったり、語順がほとんど同じであったり、類似した語彙が非常に多いなど、強い親縁関係が認められる。特に、北海道・東北北部の地名は、アイヌ語を語源としたものが多い。

・稚内（ワッカナイ）は、アイヌ語の「ヤムワッカナイ」で「冷たい・水・沢」の意味。

・襟裳（エリモ）は、アイヌ語の「エンルム」で、「岬」の意味。

また、「ラッコ」「トナカイ」「シシャモ」などは、アイヌ語からの借用語である。

世界の言語地図

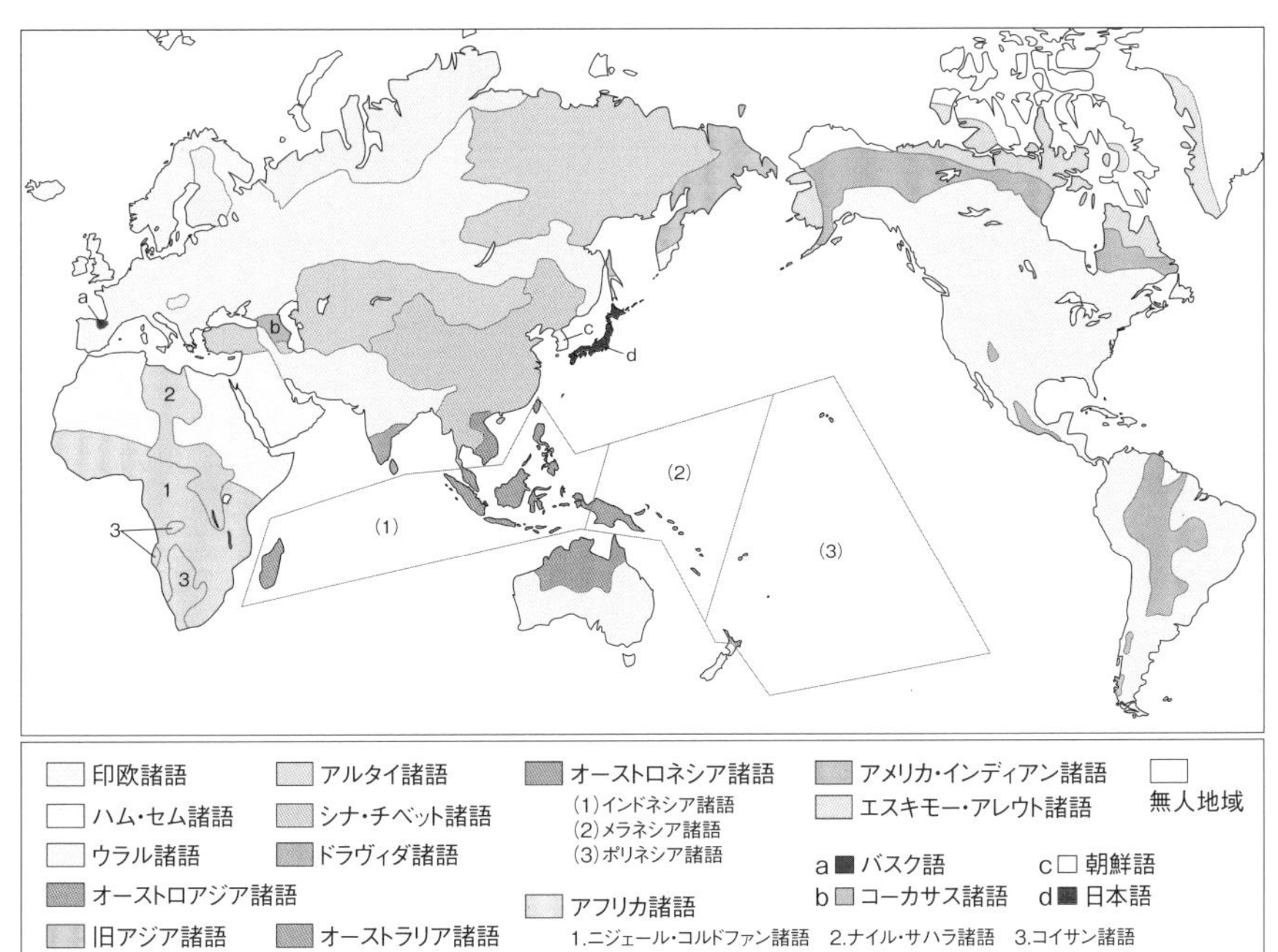

日本語の起源についての諸説

発音体系の類似などから、オーストロネシア語族との類縁を指摘する説や、膠着語といった文法構造などからドラヴィダ語族との対応関係を考える研究もあるが、学説として定着はしていない。

共通祖語はあるか？

日本語と朝鮮語、日本語とアイヌ語との類似点は認められるが、それが、互いに影響を与えあって生じた類似なのか、一つの共通の祖先の言語があって、そこから分化していった結果、残っている類似であるかは、判断できない。

共通祖語（それぞれの言語のもとになった共通の古い言語）については、「あったことの証明」も、「なかったことの証明」も、はなはだ困難であるといわざるを得ない。

共通語と標準語

共通語と標準語については、下記のように分類・定義したが、「標準語」という語には、方言軽視・中央集権的な語感も感じられるため、この語の使用を避ける傾向もある。

教科書では、「共通語」という語を、「全国共通で通用する言葉遣い」の意味で使用し、特に「標準語」の分類は設けていない。

糸魚川（いといがわ）・浜名湖線（はまなこせん）

言葉の分布を調べると、「東部方言」と「西部方言・九州方言」とで、大きく二つに使い分けられている言葉も多い。

［ショッパイ↔カライの分布］

ショッパイ
糸魚川（いといがわ）市
浜名湖（はまなこ）
カライ

② 日本語の方言

共通語と標準語

国内で一般的に通用する語を「共通語」という。「共通語」をもとに、国内での模範的な言語として整えたものを「標準語」という。

たとえば、「転んだんで、負けちゃった。」は、共通語であるが、標準語ではない。「転んだので、負けてしまった。」が、標準語である。

方言（方言区画）

特定の地方で日常生活語として使われている言葉の体系（単語・文法・アクセントなど）を「方言」という。日本全国には、無数の方言があり、その区画分けについては、諸説あるが、代表的な区分け方として、上図のようなものがある。これらをさらに細かく見ていくと、それぞれ地域に密着した、より小さな方言区画に分類されていくことになる。

日本語
- 本土方言
  - 東部方言（北海道～関東・東海地方の言葉）
  - 西部方言（北陸～四国・中国地方の言葉）
  - 九州方言（九州地方の言葉）
- 琉球（りゅうきゅう）方言……（奄美（あまみ）地方・沖縄地方の言葉）

東部方言
西部方言
九州方言
琉球方言

学習のPOINT

共通語は東京語？

文化・経済の中心地で使われている言語が、その国の共通語になっていくことが多い。現在の共通語は、ほぼ、東京周辺で使われている言語（東京地方語）である。

この東京地方語をもとに、くだけた言い方を洗練していったものが、標準語である。

・「あったけえ」＝東京語
・「あったかい」＝共通語
・「あたたかい」＝標準語

各方言の特色

上記の四つの方言について、その特色を「打ち消しの言い方」「断定の言い方」「動詞の活用」「発音」などに着目して、大まかにまとめると次のようになる。

○**東部方言**
・打ち消し「読まない」
・断定「もう春だ」

○**西部方言**
・打ち消し「読まん」

この境界は、新潟県西端の糸魚川市と、静岡県西端の浜名湖を結んでいる。「人がイル（東）」↔「人がオル（西）」「ヤノアサッテ（東）」↔「シアサッテ（西）」の分布もほぼ同じ線上を境界とする。

この線は「糸魚川・浜名湖線」と呼ばれる。この線上には、日本アルプスの山々や、天竜川・大井川などの大きな川があり、これら自然の壁が、古くから人々の往来を妨げ、言葉の交流も遮断していたため、このような分布になったと考えられる。

方言区画論と方言周圏論

右ページの方言区画は、国語学者東条操（とうじょうみさお）（一八八四～一九六六）が提唱したものである。方言区画論と、方言周圏論の二つは、互いに対立するものではなく、区画については、比較的に「文法体系」に、周圏分布については、比較的に「語彙」について、認められることが多い。「カタツムリ」と同様に周圏分布をしている語彙は、「とんぼ・母・おたまじゃくし・とうもろこし」など80項目近くが指摘される。

波紋のように広がった言葉（方言周圏論）

方言区画とは別に、同じ言葉が、遠い地方で同様に使われている場合がある。

民俗学者柳田國男（やなぎたくにお）（一八七五～一九六二）は、全国に分布する「カタツムリ」の方言を調べ、京都を中心に、日本列島の遠隔地に向けて、「デデムシ」→「マイマイ」→「カタツムリ」→「ツブリ」→「ナメクジ」という言い方が、まるで水面に波紋が広がるように分布していることを発見した。これは、文化の中心地（日本列島の場合は、奈良・京都が長く文化の中心地であった）で起こった言葉の変化が徐々に、周囲に広がっていき、それが繰り返されることによって、古い言葉が、遠い地方に押し出されるようにして残っている結果であると思われる。

この「より古い言葉が波紋のように広がって、より遠い地方に残る」という方言の周圏状の分布は、日本列島において比較的きれいに認められる。

これは日本が、

・文化の中心地（奈良・京都）が長く移動しなかった。
・文化の中心地が、国土のほぼ中央に位置していた。
・島国のため、他国の他言語からの影響が少なかった。

などの要因による。

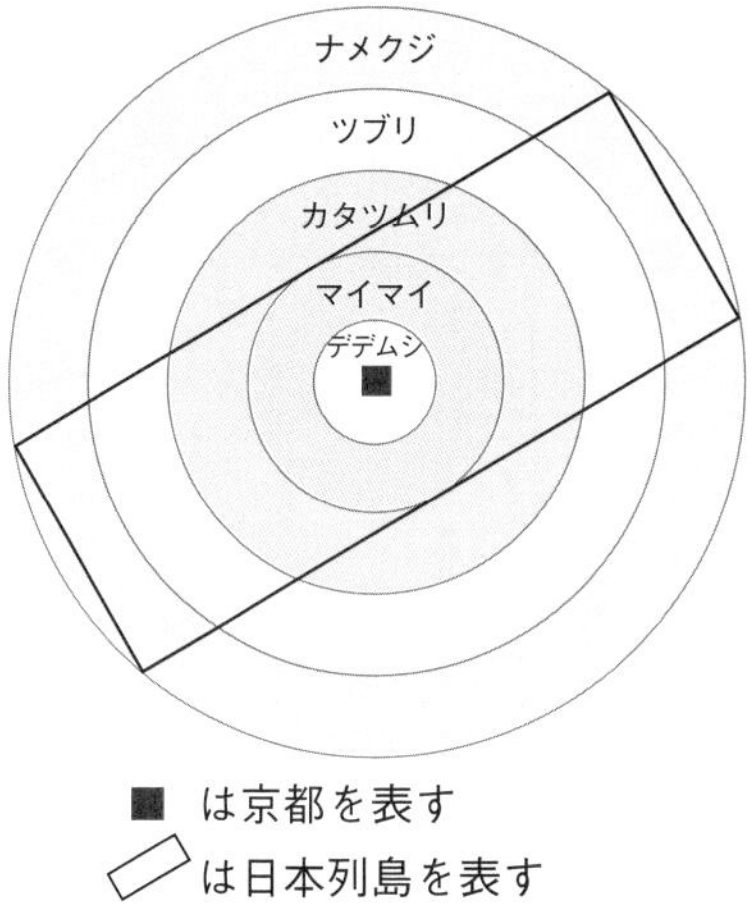

ナメクジ
ツブリ
カタツムリ
マイマイ
デデムシ

■は京都を表す
▭は日本列島を表す

・断定「もう春や」「もう春じゃ」

○九州方言
・打ち消し「読まん」
・断定「もう春じゃ」「もう春たい」
・「起きん」「起くる」「起くれば」など二段活用の動詞が残っている。（39ページ参照）

○琉球方言
・本土方言が「アイウエオ」五母音であるのに対し、琉球方言は、「アイウ」の三母音。
ココロ → 「ククル」
ワカモノ → 「ワカムヌ」
・日本語の古いハ行音の「P」音が残っている。
ハナ → 「パナ」
ヨイヒト → 「ユカピチュ」

方言は豊かな財産

方言を、標準とは、ずれた「訛（なま）り」として、否定的にとらえるのではなく、それぞれの地方の豊かな財産・個性として、とらえることが大切だ。

もっとくわしく

フライをあげた

・母親がフライを揚げた。
・打者がフライを上げた。

　これら二つの「フライ」も、英語では、[r音]と[l音]の対立があり、違う発音として認識される。だからといって、日本語の場で、あえて、二つの「フライ」を無理矢理言い分けても、それは意味の識別には役立たない。日本語では、[r]と[l]の音の差は、認識されないか、たとえ認識されたとしても、一つの「ラ」という音のなかの些細な差としてのみ認識され、別物としては認識されないからである。

「を」は音韻か

　「学習のポイント」に記した標準語の音韻には、「ヲ」は含まれていない。

・顔（かお）が赤い。
・蚊をはたく。

の二つを比べた場合、「カオ」と「カヲ」の部分の発音はまったく変わらず、意味を分ける力はない。このように現

③ 音韻とアクセント

日本語の音韻

　意味の区別に役立つ最小の音声単位を音韻という。

　たとえば、「りんご」と「たんご」とでは、「り」対「た」の発音の違いが、意味を分ける役割を担っている。したがって、「り」も「た」も一つの音韻である。

　英語では、たとえば「light（光）」と「right（右）」では、[l]対[r]が単語を区別しているため、[l]音と[r]音とがそれぞれ音韻であるが、日本語では、「スポットライト（光）」の「ライト」も、「野球の守備位置のライト（右）」の「ライト」も、どちらも、同じように発音してしまい、発音だけで、意味を識別することはできない。したがって、日本語では、[l]音と[r]音とは、別の音韻とは考えない。

日本語は音韻が少ない

　日本語では、五十音図のしくみを利用して、音韻を見渡すことができる。

　清音・濁音・半濁音・拗音などの子音[k・s・t・n・h・m・y・r・w・g・z・d・b・p]など二十五種（下図参照）に、[a・i・u・e・o]の五つの母音を組み合わせて発音する日本語の音韻の成り立ちは、非常に単純である。音韻の数も標準語では、下記のように百三種類に過ぎない。

学習のPOINT

日本語の音韻数

　日本語（標準語）の音韻は、次の百三種類である。（傍線は、それぞれ一つの子音から作られる音韻のグループ。傍線の数を数えてみよう。25の子音があることが分かる）

アイウエオ
カキクケコ　キャキュキョ
ガギグゲゴ　ギャギュギョ
サシスセソ　シャシュショ
ザジズゼゾ　ジャジュジョ
タチツテト　チャチュチョ
ダ　デド
ナニヌネノ　ニャニュニョ
ハヒフヘホ　ヒャヒュヒョ
バビブベボ　ビャビュビョ
パピプペポ　ピャピュピョ
マミムメモ　ミャミュミョ
ヤ　ユ　ヨ
ラリルレロ　リャリュリョ
ワ
ン（撥音）
ッ（促音）
ー（長音）

代日本語では、「ヲ」は「オ」と区別して発音されないため、「ヲ」について「オ」とは別の音韻としては、考えないのである。一方、

あんた↔あった↔あした
ケーキ↔けしき↔けっき

のように、「ん」「っ」「ー」は他の語との区別を作るので、それぞれ独立した一つの音韻である。

バス(bath)とバス(bus)

「r」音と「l」音の他にも、英語では意味の識別のために対立を作る二つの音韻が、日本語では一つの音韻となってしまうものがある。

たとえば、「球」を表す「ボール」と「鉢」を表す「ボール」も、英語では、前者が「ball[bɔːl]」で、後者が「bowl[boul]」となり、ここでは、母音の発音が、二語の対立を作っている。

また、「ユニット・バス」の「バス(浴槽)」も、「路線バス」の「バス」も、日本語では同じ発音になってしまうが、英語では「bath[bæθ]」と「bus[bʌs]」という発音の対立を作っている。

それに対して、英語では、子音の数は、日本語とあまり変わらないものの、母音が、短母音・長母音・二重母音など、日本語と比べて複雑で多種にわたるため、子音と母音の組み合わせで作られる音韻も、日本語よりはるかに多く複雑である。

アクセント

日本語には音韻数が少ないため、その少ない音韻の順列組み合わせで、世の中のさまざまなことを表現しようとすると、同音異義語が他言語に比べて多くならざるを得ない。同音異義語の多さは、言語として甚だ不便のようにも思われる。しかし、その不便を補うものとして、日本語の話し言葉では「アクセント」が、書き言葉では「文字の豊かさ(多様性)」が役立っている。

アクセントの位置で、同音異義語の意味の混乱を避ける。

▶箸を(使う)→ハシヲ(使う)
▶橋を(使う)→ハシヲ(使う)
▶端を(使う)→ハシヲ(使う)

▶日が(強い)→ヒガ強い(強い)
▶火が(強い)→ヒガ強い(強い)

▶渡来する　→トライする
▶トライする→トライする

(＊東京アクセントを例にした。)

文字の豊かさで、同音異義語の意味の混乱を避ける。

▶箸↔橋↔端
▶解放↔快方↔介抱↔会報↔解法↔快報
▶渡来する↔トライする

日本語のアクセント

英語は、単語の一部に強勢をつける強弱アクセントだが、日本語は、音の高さで差をつける高低アクセントである。

また、本文に記した「日が強い」「火が強い」でもわかるように、日本語のアクセントは、「日」「火」といった単語単位で、アクセントを考えるのではなく、「日が」「火が」のように、文節単位でアクセントを考えなくてはならないものである。

「橋」と「端」も、単語単位では、同じアクセントであるが、「橋を」「端を」と文節の形にすると、アクセントの差が生まれる。

地方によるアクセントの違い

アクセントは地方による差が大きい。「橋」と「箸」も、関東と関西では、高低が逆になる。

「柿」と「牡蠣(かき)」も、関東では、カキ(低→高)が「柿」で、カキ(高→低)が「牡蠣」だが、関西では、逆となる。

④ 日本語の文字

日本語の文字の多様性

日本語では、次の四つの文字が使われている。

・漢字…奈良時代以降に、中国から輸入された表意文字で、体言や用言の語幹、熟語など、さまざまに使われる。（126ページ参照）

・平仮名…漢字をくずして作られた表音文字で、助詞・助動詞といった付属語の表記をはじめ、さまざまに使われる。

・片仮名…漢字の一部を利用して作られた表音文字で、外来語の表記をはじめ、記号的にさまざまに使われる。（33ページ参照）

・ローマ字…子音・母音の組み合わせで、日本語を表記したり、標識・記号・欧米語の表記など、さまざまに使われる。

四つもの文字体系を使用している言語は、世界の言語のなかでも、他に例を見ない。この文字の多様性は、日本語にさまざまな影響・効果を及ぼしている。

＊平仮名・片仮名・ローマ字のように、「発音」を表すことを主眼にした文字を「表音文字」という。
　漢字のように、「発音」も表すものの、それ自体で「意味」を表すこともできる文字を「表意文字」という。

仮名の成り立ち

現在使われている日本語の平仮名・片仮名は、それぞれ漢字をもとにして、くずしたり、その一部を利用したりして、作られた文字である（377ページ「仮名字母表」参照）。

もっとくわしく

日本語のローマ字化

戦後まもない一九四六年に、「アメリカ教育使節団」による、日本の教育現状と今後への提言についての報告書がまとめられた。

そのなかでは、「漢字の学習が、日本語の習得に多大な障害となっている」と指摘され、漢字・仮名の表記を廃止して、日本語をローマ字表記にする提言がなされていた。しかし、ローマ字教育を行った実験校での成果が思わしくなかったことや、調査の結果、日本の識字率（文字の読み書きのできる人々の割合）がけっして低くなかったことから、日本語のローマ字化は、推進されることはなかった。

変体仮名

さまざまな万葉仮名がくずされて平仮名ができあがっていったのであるから、当初は、同じ音を表す平仮名が多数あった。たとえば「す」を表すものでも、

学習のPOINT

文字の多様性による効果は絶大

日本語の文字の多様性は、日本語の大きな特徴の一つである。多様な文字の存在は、日本語にさまざまな影響・効果を及ぼしている。

・同音異義語の識別に役立つ（前ページ参照）。

・簡単な表音文字の平仮名・片仮名があることにより、読み書きが容易にできる。

・外来語を、片仮名を利用し簡単に日本語に取りこめる。

・表意文字の漢字があることによって、未知の言葉や、造語などでも、意味を把握しやすい。（例　微苦笑・東京的・南国風味）

などといったものが挙げられるが、文字の多様性による最大の効果は、本文に記した「分かち書きの代わり」であろう。

す　↑寸

の他に

す　↑須

す　↑寿

など、いくつもある。これら、現在では一般的に使われなくなった仮名を変体仮名という。そば屋やすし屋の暖簾（のれん）の

そば（そば〈楚（そ）・者（は）〉）

すし（すし〈寿（す）・之（し）〉）

は、変体仮名である。

これら変体仮名のうち、使いにくい形のものは、自然に使われなくなっていき、やがて明治33年「小学校令施行規則」により、現行の「一音につき一つの平仮名」に、統一されることになる。

真名（まな）と仮名

仮名は、あくまでも音を表記するために作られた「仮」のものである。これに対し、本当の文字という意味で、漢字は「真名」と呼ばれる。

漢字と仮名の使い分け＝分かち書きの代わり

英語では、単語と単語の切れ目を示すために、単語と単語の間を分けて「分かち書き」をする。

「Iamaboy.」ではわかりにくいので、「I am a boy.」と書くわけだ。

日本語も、

「ここではきものをかう。」

では、意味が取りにくい。

分かち書きをして、

「ここでは　きものをかう。」

「ここで　はきものをかう。」

とすれば、意味が通じる。

一方、漢字を利用して、

「ここでは着物を買う。」

「ここで履物を買う。」

とすると、分かち書きをしなくても文節の切れ目がはっきりとわかり、意味も、よりわかりやすくなる。

自立語を主に漢字で書き、付属語（助詞・助動詞）を必ず平仮名で書くというように、文字を使い分けることによって、「分かち書き」と同様の同じ効果が生まれ、意味を把握するのが、非常に効率的になっているのである。

仮名の成り立ち

日本語を表記する固有の文字のなかった奈良時代には、漢字を、その意味とは無関係に音だけ利用した「万葉仮名」が多く使われていた。

たとえば、万葉集では、

「あしひきの山は」

と表記するのに、

「安之比企能夜麻波」

のように漢字が使われている。平安時代初期にかけて、この万葉仮名がくずされて、平仮名ができあがっていく（376ページ参照）。

安→あ→あ

波→は→は

一方、片仮名は、仏典や漢文の読み方を明らかにするため、原文の横に小さくそえたものがもとになったといわれる。原文の横に小さく書くために、画数の少ない万葉仮名や、画数を省略した簡易な形が使われ、片仮名の源流になっていったのである。

⑤ 文法上の特色

主語の省略

日本語では、述べなくてもわかりきっている内容や、すでに述べられた内容が主語になる場合、その主語は省略されることが多い。

「きのう、何してた?」 "What were you doing yesterday?"

「太郎くんと野球をした。」 "I played baseball with Taro."

「ぼくのこと何か言ってた?」 "Did he say anything about me?"

「会いたいねって。」 "He said that he wanted to see you."

それに対して、英語は、文の構造の骨格になる部分について、たとえ、わかりきった内容や、すでに述べられた内容であっても、述べずに済ますということが、あまり自由に許容されない。（主語以外でも最後の文では、英語の目的語にあたる「you」も省略されている。わかりきった目的語を省略しているのである。）

敬語の発達

116ページから124ページで学習したように、さまざまな敬語のしくみが発達しているのは、日本語の大きな特徴である。敬語においても、前項の「主語の省略」同様に、「相手との関係」「場の様子」をしっかり見極めることが必要になってくる。

語順の自由度・助詞の発達

太郎は、犬を　飼っている。 ← Taro has a dog.

犬を、太郎は　飼っている。 ← （語順の入れ替え不可能）

もっとくわしく

敬語は主語の代わり

わかりきった主語を省略するという傾向は、古文では、より顕著である。

口語よりも敬語が発達していたため、たとえ主語がなくても、述語の敬語動詞の様子から、目上の人が行ったものか、目上の人に対して行ったものかを、判断できる。

たとえば、「…たまひけり（なさった）」とあれば、主語が示されなくても、目上の人の動作だとわかるし、「…聞こえけり（申しあげた）」とあれば、動作の目的語（動作の受け手）は、目上の人であるとわかる。

むしろ、目上の人に対しては、「あえてその人を名指しして特定する」ことは、失礼にあたるという意識も働き、主語や目的語での名指しを避け、述語の敬語動詞で、意味を補っているともいえる。

英語の代名詞

英語は、文中でのその言葉の格（役割）を示すために、語順が重要となり、言葉を省

学習のPOINT

日本語は、相手との呼吸が大切?

わかりきっている内容かどうかは、「場面・相手との関係・文脈」によりさまざまだ。こちらが「わかりきっている」と考えても、相手も「わかりきっている」とは限らない。

この「相手との呼吸」のようなものを読み違うと、思わぬ誤解も生んでしまう。

日本語と英語とを比較すると、日本語はこの「相手との呼吸」に、より重きが置かれ、英語では「構文の意識」に、より重きが置かれる言語であるといえるかもしれない。

日本語は一部を省略しやすい言語

語順で「主語・目的語」などを決定する英語は、一部を省略すると、語順・構文が壊れてしまうため省略は難しい。一方、助詞によって「主語・目的語」などを決定する日本語は、一部を省略しても

略しにくい。そのため、繰り返してもくどくならないよう、また、格をしっかりと示すことができるよう、代名詞の格変化が発達している。

主格	所有格	目的格
I	my	me
you	your	you
he	his	him
she	her	her
they	their	them
it	its	it
this	this	this
these	these	these
that	that	that
those	those	those

膠着語・屈折語・孤立語

本文に記した「動詞の活用の有無・動詞への付属語の有無」などの点から、言語は、

・「膠着語（日本語など）」
・「屈折語（英語など）」
・「孤立語（中国語）」

に分けることができる。

（ここでいう「孤立語」とは、文法上の分類であり、他言語との類縁関係のないことを表す「孤立語」（134ページ参照）とは別用語である。）

右の例文のように、日本語では、文中での語順（文節順）は割合に自由度が大きい。一方、構文の意識が強い英語は、「主語・述語・目的語」の順は、入れ替えできない。文中での位置（語順）によって、主語・目的語を決定しているからである。

一方、日本語は、助詞を使い分けることによって、主語・目的語（動作の受け手）を示すことができる。そのため、語順については自由度が高くなるのである。

活用の発達

日本語は、動詞（形容詞・形容動詞・助動詞）が活用し、さらに、その後にさまざまな付属語などを付けることのできる言語である（このような言語を、言葉が後から後から「にかわ（膠）」のようにくっつくということで、「膠着語」という）。

英語は、動詞が「過去形」「過去分詞形」などに活用するものの、その後に、べたべたと別の言葉はくっつかない。

また、中国語の動詞は、

「我　打│他。（私は彼をたたく。）」

のように一切、活用しない。

自立語に付属語が「にかわ」のようにくっついていく。

文末決定性

日本語は膠着語であるため、理論的には、たとえば、「やった方がいいように思われないこともないかもしれない。」のように、いくつも言葉をつなげて、結局何を言っているのかわからないような言い方にしてしまうことも可能である。しかも、最終的に打ち消しの言葉を文末に置くことができるため、「そうなのか、そうでないのか」が決定されるのは、文末まで待たなければならない。英語・中国語では、打ち消し語は、主語の直後にきて、肯定文であるか否定文であるかが、すぐに決定される。

意味を壊すことはないので、比較的自由に一部を省略できる。

冒頭統括

日本語は「文末決定性」を持っているため、あまりに長い文は、文意がとりにくい。また、論理的な文章を書くには、不向きだともいわれる。そのため、最初にまとめるという「冒頭統括」の意識で表現することは、日本語の文末決定性のじれったさ・あいまいさを補う効果がある。

国民性と言語

「論理よりも、呼吸を重んじる」「上下関係を重んじる」「最後まで、はっきりと物事を言わない」…このような日本語の特徴を、そのまま、国民性に通じるものとして考えることもできる。そのような国民性を持っているから、そのような言語にもなるし、一方、そのような言語を話し続けることによって、そのような国民性も作られていくという双方向があるだろう。

⑥ 句読点・くぎり符号

句読点・くぎり符号の種類

日本語の書き言葉には、多くの補助符号（句読点・くぎり符号）がある。句読点・くぎり符号は、文章の組み立て・語句の関係などを明らかにするために用いられる。主な句読点・くぎり符号には、次のようなものがある。

符号の種類	名前	用法・例
。	マル・句点	文の終わりを示す。 (例) 四月から高校生になる。
、	テン・読点	意味の切れ目や、文の調子を示す。 (例) 彼は、背が高く、とてもやせている。
・	中黒・中点	体言を並列する場合に、その間に用いる。 (例) 音楽・美術・文学などの情操教育は大切だ。
!	感嘆符	文の終わりで、強意・感動をこめる。 (例) 彼が犯人だったとは!
?	疑問符	文の終わりで、疑問の気持ちをこめる。 (例) もう終わったのかい?
…	三点リーダー	省略・戸惑い・無言などを表す。 (例) 花子ちゃん、ごめんね……。
—	ダーシ・ダッシュ	言い換えたり、間を置く場合に用いる。 (例) 夢——それは人を勇気づけるものだ。
～	波形・波ダーシ	時・場所などの始点・終点の間に用いる。 (例) 一時～五時までグラウンドを使えます。
（ ）	カッコ	前の言葉に説明を加える。 (例) 騎馬戦（高校一年）が始まる。

その他のカッコ

現代語では、複雑な内容をわかりやすく示すために、下記以外にも多彩な補助符号が発達している。

特に、カッコは、次のように多彩なものがある。

・〈 〉ヤマガタカッコ
・〔 〕ソデカッコ
・［ ］カクカッコ
・【 】カメノコカッコ

用途に応じて、さまざまなカッコが使用されるが、特に決まった使用法はない。

また、対になるカッコのうち、始まりを示すものを「起こしカッコ」、終わりを示すものを「受けカッコ」という。

古文には句読点はなかった

古文の原文には、「 」などのくぎり符号はもちろん、句読点も付されてはいない。現在、古文のテキストに付されている補助符号は、一般読者の読みやすさのために、現代の人が付したものである。

「マル」「テン」をはっきり区別して書こう

「マル」を書いているつもりで、ほとんど「テン」との区別がつかないような書き方をしていないか、確認してみよう。

「マル」と「テン」の区別がつかないような作文は、非常にだらしなく、読みにくいので、きちんと、「マル」と「テン」の区別をつけて記そう。

「テン」と「中黒」

「赤・白・黄色」などのように、体言を並列するときには、「中黒（・）」を用いるとわかりやすい。「テン（、）」で並列したからといって間違いではないが、なるべく「中黒（・）」を使おう。

「!」「?」「…」などは多用しない

「!」「?」「…」のように、気持ちを表す補助符号をあま日本語は、英語と違い、基本的に名詞で文が終わることがなく、用言や、助動詞の終止形、終助詞などで文が終わるため、特に句点がなくても、文の終止位置がはっきりとわかったのである（現代語では、連体形と終止形が同じ語がほとんどであるが、古文では、この二つが違う形をしていることも多いので、文の終止位置についても、現代語に比べ把握しやすい）。

　この日本語に、どのような過程で句読点をはじめとした補助符号が多用されるようになったかは、次ページのコラムに記した。

「テン（、）」に気持ちをこめる

　「テン」は「意味で打つのが基本」としたが、これを逆手にとって、あえて意味とは無関係な位置に「テン」を打ち、特別な意味をこめることもできる。たとえば、

「ぼくは、きみが、す、き、だ。」

とすると、戸惑いながらも、思い切って告白しているような気持ちを表現できる。

Go to 146ページへ

「　」	カギカッコ	会話部分・引用部分などを示す際に用いる。（例）「愛」という字の中心には「心」がある。
『　』	二重カギカッコ	「かぎ」のなかに、さらに「かぎ」を使う場合に用いる。書物の題名などを示す際に用いる。（例）夏目漱石の『こころ』を読んだ。
、・	傍点・脇点	特に強調したい部分に付す。（例）それもまた、友達というものだ。

読点の使い方

　補助符号のなかでも、もっとも使い方が自由で、しかし、使い方が難しいのが、読点である。特に厳しい読点の使用法はないが、次の二点は、注意しておこう。

①読点は、少なすぎても、多すぎても読みにくい。

「寝転がって天井の格子のなかに見える木目をじっと眺めていると、獣の形に見えたり人の顔のようにも見えた。」

　右のような文では、読点が少なすぎて、やや読みにくい。一方、

「寝転がって、天井の格子のなかに見える、木目を、じっと、眺めていると、獣の形に、見えたり、人の顔のようにも、見えた。」

と読点を多く打っても、やはり同様に読みにくい。

「寝転がって、天井の格子のなかに見える木目をじっと眺めていると、獣の形に見えたり、人の顔のようにも見えた。」

のように、必要最小限、かつ、適切な位置に、読点を打つようにしよう。

②読点の位置で、意味を変えてしまう場合もある。

　特に、次のような例文では、読点の位置で、意味が変わってしまうので、より注意が必要である。

・ぼくは、泣きながら逃げる弟を、追いかけた。（泣いているのは「弟」）
・ぼくは泣きながら、逃げる弟を追いかけた。（泣いているのは「ぼく」）
・ぼくは、父と母のお土産を買った。（「ぼく」一人で、二人分のお土産を買う）
・ぼくは父と、母のお土産を買った。（「ぼく」と「父」とで、「母」のお土産を買う）

り多用すると、品がない、軽薄な感じの文章になる。

　正式の文章には使わないのが原則である。

　小説・詩などの文学作品などでも、安易に補助符号に頼りすぎると、とても幼稚な印象を読者に与えてしまう。

読点は、なるべく「調子」で打たずに、「意味」で打とう

　読点は、意味を明らかにしたり、文の調子を整えたりするものである。あまり長く言葉が続くような場合は、調子（呼吸・気持ち）で打つようなことも必要だが、基本的には、意味や係り受けを考えながら、論理的に打つように心がけた方がよい。

　調子・呼吸・気持ちで、なんとなく読点を打っていると、読者に対して、思わぬ誤解を生むような文章になってしまう場合がある。

句読点の歴史

句読点の先祖「句読点は読者が付けたものだった」

句読点の始まりは、「奈良時代に漢文（中国の古文）を日本語式に読むために、メモ的に施した記号がもとになった」といわれる。たとえば「国破山河在城春草木深」のままでは、わかりにくいものが、「国破、山河、在。城、春、草木、深。」のようにくぎり、符号を付けると、わかりやすくなる（「国破れて、山河在り。城、春にして、草木深し。」と読む）。

現在でも、学生が、英語を学習する場合に、ところどころ斜線を入れるなどして、意味をとりやすくすることがあるだろう。その「奈良時代・中国語版」だと思えばよい。漢文の試験を翌日に控えた学生が、苦心の末、テキストにちょいと書きこんだ記号が、句読点の先祖のようなものである。

これが和文にも広く施されるようになったのが江戸時代である。江戸時代以前は、読書は、貴族や一部の知識人の教養・たしなみだった。江戸時代になり、社会が安定し、出版業が盛んになると、一気に読者層が広がり、一般庶民も読書を楽しむようになる。高度の教育を受けていない庶民も対象になるから、文意がとりやすいように、出版者や作者の方で、「、」「。」などを施すことが行われるようになる。

近代の句読点

明治に入り、学校教育制度が整備されると、「句読点」が教育に取り入れられるようになる。ピリオド・コンマ・引用符などを持った欧文の翻訳も、日本語に補助符号を施すことを加速させた。明治30年ごろには、ほぼ現行のような句読点の用法になっている。

このような経緯をたどってきた句読点であるが、実は、使いようによっては、「文意の整理」以上の力を秘めてもいる。脇役（わきやく）としての句読点を、主役として活躍させることもできるのだ。

昭和文学の傑作、太宰治（だざいおさむ）の自伝的小説『人間失格』の結末近くに、次のような一節がある。

「人間、失格。
もはや、自分は、完全に、人間で無くなりました。」

自らの恥多い人生を振り返った主人公が、静かに述懐する場面である。「人間」と呟（つぶや）いた後の、たった一つの読点に、主人公の半生がこめられている。一瞬のうちに、半生を振り返った主人公は、そして自ら「失格。」と決着をつけるのだ。非常に重い「、」と「。」である。

この一節について、太宰治の自筆原稿では、

人間く失格。

写真提供／日本近代文学館

と記されている。太宰治の魂のこめられた「、」といえよう。

初出：『ざ・れたーず』（栄光ゼミナール）２００２年10月号・改稿

▼現代編

第2章 近代文学の流れを知る

明治以降の「日本の近代文学」について学びます。見知らぬ多くの作家や作品のあることを知れば、文学はより身近な存在になります。関心はきっと「海外の作家」や「近代の文芸用語」にまで広がることでしょう。

現代編■第２章　近代文学の流れを知る（明治・大正の文学年表）

福沢諭吉　[P. 150]

近代文学のあけぼの

文明開化と呼ばれる近代化の大きな流れのなかで、西欧の思想・風俗・文化を紹介した、**福沢諭吉**・西周・中江兆民ら知識人の果たした役割は大きかった。

坪内逍遙　[P. 150]
二葉亭四迷　[P. 150]

写実主義

坪内逍遙は、近代文学の先駆となる『**小説神髄**』を著し、社会の風俗や人間の心理をありのままに写す写実主義を唱えた。文学独自の価値を説くこの画期的な文学論は、**二葉亭四迷**の『**浮雲**』とその**言文一致**の文体によって試みられた。

言文一致運動

新しい時代の文学を表現するのにふさわしい文体として、書き言葉（＝文）を日常の話し言葉（＝言）に近づけてゆこうと模索した文学者たちの試みのこと。

幸田露伴　[P. 151]
尾崎紅葉　[P. 151]

擬古典主義

急激な欧化熱への反動のように、伝統を重んじようとする古典主義的な傾向が現れる。**幸田露伴**と**尾崎紅葉**の二人は、人情・世態を巧みに描き人気を二分した。

樋口一葉　[P. 152]
島崎藤村　[P. 153]

浪漫主義

近代化の進行するなかで、前近代的な因習や封建的な倫理から解放された自由な精神の目覚めを求め、内面の感性の真実を重んじようとする動きが生まれた。雑誌「**文学界**」は寄稿を中心とする同人誌で、美に憧れ理想に生きようとする青年たちの活躍の舞台となった。**島崎藤村**は近代詩の出発点となった抒情詩を、**樋口一葉**は雅俗折衷の擬古文体による美文の短編を残している。

森鷗外　[P. 154]

自然主義

フランス自然主義の影響のもとに、社会や人間の内部に潜む醜悪な実相を、科学的態度で客観的に描くことから出発したが、この流れは社会性への広がりをもたず、後に作家自身の身辺や内面を描く**私小説**のもととなった。

夏目漱石　[P. 156]

漱石と鷗外

自然主義全盛のこの時期に、**夏目漱石**と**森鷗外**はどの派にも同調せず、それぞれ独自の文学活動を展開した。留学によって西欧の文化に触れ、高い教養を備えた二人の作品は、確固とした倫理的骨格を持ち、深く幅広い支持を得た。彼らの影響を受けた若い作家たちが、**耽美派**・**白樺派**・**新思潮派**として登場することになる。

明治

5（一八七二）	学問のすゝめ（福沢諭吉）
18（一八八五）	小説神髄（坪内逍遙）
20（一八八七）	浮雲（二葉亭四迷）
23（一八九〇）	舞姫（森鷗外）
24（一八九一）	五重塔（幸田露伴）
28（一八九五）	たけくらべ（樋口一葉）
30（一八九七）	金色夜叉（尾崎紅葉）
	若菜集（島崎藤村）
31（一八九八）	武蔵野（国木田独歩）
	歌よみに与ふる書（正岡子規）
34（一九〇一）	みだれ髪（与謝野晶子）
38（一九〇五）	吾輩は猫である（夏目漱石）
39（一九〇六）	野菊の墓（伊藤左千夫）
	破戒（島崎藤村）
	坊っちゃん（夏目漱石）
41（一九〇八）	三四郎（夏目漱石）
	海の声（若山牧水）
	何処へ（正宗白鳥）
42（一九〇九）	邪宗門（北原白秋）
	それから（夏目漱石）
	田舎教師（田山花袋）
	すみだ川（永井荷風）
43（一九一〇）	門（夏目漱石）
	青年（森鷗外）
	刺青（谷崎潤一郎）
	一握の砂（石川啄木）
	遠野物語（柳田國男）

明星派と根岸派

与謝野晶子 [P. 152]
正岡子規 [P. 153]

歌人**与謝野鉄幹**の創刊した「**明星**」は、個性的・芸術至上主義的な**浪漫主義短歌**の時代を生み出した。**与謝野晶子**の『**みだれ髪**』は、「明星」の最盛期を飾る作品である。一方、既に俳句の革新を進めていた**正岡子規**は、『**歌よみに与ふる書**』を著して短歌革新に乗り出し、ここでも事実をありのままに写す「**写生**」を主張した。後に「**根岸派**」と呼ばれる歌人たちが集まり、明星派に対抗する勢力となった。

耽美派

永井荷風 [P. 159]
谷崎潤一郎 [P. 159]

反自然主義の立場から、感覚を解放し官能的な美を追求する、享楽的・耽美的な傾向を示した**永井荷風**や**谷崎潤一郎**らは耽美派と呼ばれた。荷風は失われゆく江戸の伝統美の世界を『**すみだ川**』に描き、谷崎は『**刺青**』で華々しく文壇に登場し、強烈な美意識によって妖艶で官能的な女性美を追求した。

白樺派

有島武郎 [P. 161]
武者小路実篤 [P. 161]
志賀直哉 [P. 164]

暗い現実を描く自然主義の人間観にも、退廃的な耽美派の美意識にも不満な、**有島武郎**・**武者小路実篤**・**志賀直哉**ら雑誌「**白樺**」の同人たちは、トルストイの影響を受けた理想主義的な人道主義の立場をとった。豊かな家庭に育った彼らはまた、個人主義的・自由主義的な**大正デモクラシー**の風潮に乗って、生命の無限とその想像力を信じ、自己に忠実に生きて個性を伸ばすことを重んじた。

高村光太郎 [P. 160]

高村光太郎は白樺派の影響を受けて、理想主義的・人道主義的な詩集『**道程**』を結実させた。

新思潮派

菊池寛 [P. 160]
芥川龍之介 [P. 162]

耽美派や白樺派によって遠ざけられ、見失いがちだった現実に目を向けた**芥川龍之介**・**菊池寛**・**久米正雄**らは、雑誌「**新思潮**」の同人であった。彼らは人間の実態を理知の眼を通して解釈し、明快なテーマを持った作品を構成した。

新感覚派

横光利一 [P. 161]
川端康成 [P. 168]

関東大震災の翌年、**横光利一**・**川端康成**・中河与一らの新世代グループが雑誌「**文芸時代**」を創刊した。彼らは写実的で平板な描写に満足せず、機械化された近代社会に生きる人間の現実生活の断面を、新しい表現形式で知的・感覚的に描き出そうとした。彼ら新感覚派の運動は、自己の体験を描くことによって現実を捉えようとした、**私小説**や心境小説に対する革新運動であった。

大正

1（一九一二） **行人（夏目漱石）**
2（一九一三） **阿部一族（森鷗外）**
清兵衛と瓢簞（志賀直哉）
赤光（斎藤茂吉）
3（一九一四） **こゝろ（夏目漱石）**
道程（高村光太郎）
4（一九一五） **道草（夏目漱石）**
山椒大夫（森鷗外）
羅生門（芥川龍之介）
5（一九一六） **高瀬舟（森鷗外）**
鼻（芥川龍之介）
6（一九一七） **月に吠える（萩原朔太郎）**
城の崎にて（志賀直哉）
父帰る（菊池寛）
7（一九一八） **愛の詩集（室生犀星）**
生れ出づる悩み（有島武郎）
田園の憂鬱（佐藤春夫）
枯野抄（芥川龍之介）
8（一九一九） **友情（武者小路実篤）**
9（一九二〇） **小僧の神様（志賀直哉）**
10（一九二一） **暗夜行路（志賀直哉）**
12（一九二三） **日輪（横光利一）**
幽閉〈のち山椒魚〉（井伏鱒二）
13（一九二四） **痴人の愛（谷崎潤一郎）**
春と修羅（宮沢賢治）
14（一九二五） **檸檬（梶井基次郎）**
15（一九二六） **伊豆の踊子（川端康成）**

福沢諭吉

一八三四〜一九〇一（天保5〜明治34）
大阪府生まれ

実用の学問を説いた思想家

幕末に咸臨丸で渡米し、さらに遣欧使節団の翻訳方として渡欧した。新しい体制作りのために、世の中全体が西欧の先進文明を取り入れるのに急ななかで、合理主義・功利主義の立場から**『学問のすゝめ』**・『文明論之概略』を著し、西欧の新しい思想や知識を移入紹介した。

読んでみよう 天は人の上に人を造らず人の下に人を造らずと云へり。（略）されども今広く此人間世界を見渡すに、かしこき人あり、おろかなる人あり、貧しきもあり、富めるもあり、貴人もあり、下人もありて、其有様雲と泥との相違あるに似たるは何ぞや。
（『学問のすゝめ』岩波書店）

学問の有無が貧富の別を生むことを言い、**実用的学問**の必要性を説いた『学問のすゝめ』の主張するところは、学問による個人の独立・国家の独立であった。

坪内逍遥

一八五九〜一九三五（安政6〜昭和10）
岐阜県生まれ

写実主義の理論家

近代における最初の小説論**『小説神髄』**を発表し、あるがままの「人情世態風俗」を描き出すという**「写実主義」**を主張した。娯楽と教訓のためのものであった文学に対して、**芸術としての独自の価値**を主張し、人間の心理を描く小説のあり方を示したもので、その後の近代小説のあり方に多大な影響を与えた。

読んでみよう 小説は美術なり、実用に供ふべきものにあらねば、其実益をあげつらはむことなか〳〵に曲ごとなるべし。〈＝小説は芸術である、実用として役立つようなものではないので、その効用を論じるようなことは、むしろ間違った行為というべきであろう。〉
（『小説神髄』第一書房）

森鷗外とは、写実と理想をめぐって「没理想論争」を展開した。演劇革新にも尽力し、晩年はシェークスピアの翻訳に専念した。

二葉亭四迷

一八六四〜一九〇九（元治元〜明治42）
東京都生まれ

言文一致の写実主義

坪内逍遥の『小説神髄』に影響を受け、逍遥の推薦で**『浮雲』**を発表して、**言文一致の心理描写**を試みた。小説の文体に初めて**「だ」調の口語体**を用いたリアリズムの心理描写は、新時代の新しい文学・新しい文体の画期をなすものとなった。

読んでみよう お勢は一旦は文三を仇なく辱めはしたものゝ、心にはさほどにも思はんか、其後はたゞ冷淡なばかりで、さして辛くも当らん。が、それに引替へて、お政はます〳〵文三を憎んで始終出て行けがしに待遇す。
（『浮雲』岩波書店）

また、ツルゲーネフの翻訳『あひびき』・『めぐりあひ』を発表したが、磨かれた口語体による清新な自然描写の翻訳は、国木田独歩ら若い文学者たちに大きな影響を与えた。その後ロシアに特派員として渡るが、病を得て帰国の途中に客死した。

幸田露伴

一八六七～一九四七（慶応3～昭和22）
東京都生まれ

擬古典主義の理想派

電信技手として赴任した北海道で坪内逍遙の『小説神髄』に触れ、文学を志す。明治22年、彫刻師の恋を夢幻的に描いた純愛小説『**風流仏**』が出世作となり、作家としての地歩を固めた。代表作『**五重塔**』には、漢語や仏教語を交えた格調高い文語体によって、職人気質を貫く男の理想像が描かれ、女性心理を巧みに描く尾崎紅葉の写実派に対して**理想派**と称された。二人の活躍した明治20年代を「紅露時代」と呼ぶ。

読んでみよう あはれ男児の醇粋、清浄の血を流さむなれば愍然ともこそ照覧あれと、おもひし事やら思はざりしや十兵衛自身も半分知らで、……（『五重塔』岩波書店）

自然主義の流行以後は随筆や古典の研究にあたり、二十数年をかけて『芭蕉七部集』の評釈を完成させている。**幸田文**は彼の次女である。

尾崎紅葉

一八六七～一九〇三（慶応3～明治36）
東京都生まれ

擬古典主義の写実派

江戸末期の戯作文学に多くを学んだ紅葉は、『**二人比丘尼　色懺悔**』などの雅俗折衷体の古典的趣によって文壇に登場した。井原西鶴の写実の手法に影響を受けた新鮮な文体と、変化に富んだ筋立てとで、20代にして既に文壇の大家と仰がれた。

読んでみよう 恋に死ぬるも命――名に捨つるも命。因縁いかなればかく惜からぬ命の人。二人まで相逢ふ事か。〈＝いったいいかなる因縁で、死ぬことさえも惜しくない人に、二人にまでも会ってしまったのか。〉（『二人比丘尼　色懺悔』岩波書店）

『**多情多恨**』は言文一致の「**である**」体で書かれ、心理的写実文学の最高傑作と呼ばれる。明治期最大の人気を博した大作『**金色夜叉**』は、金と愛との葛藤の果てに愛の勝利を描こうとしたとされるが、明治36年、未完のまま没した。

国木田独歩

一八七一～一九〇八（明治4～明治41）
千葉県生まれ

詩人的感性の自然主義

政治家を志して東京専門学校に入学するが中退。日清戦争に記者として従軍し、清新な書簡形式の戦時報道で文名を上げた。結婚生活の破綻という精神的打撃のなかで武蔵野へと転居した独歩は、武蔵野の自然と風物に詩を見出し、素朴で飾り気のない文章で、『**武蔵野**』『忘れえぬ人々』『空知川の岸辺』など、詩情豊かな浪漫小説を書き続けた。

読んでみよう 林のかなたでは高く羽ばたきをして雄鶏が時をつくる、それが米倉壁や杉の森や林や藪に籠もって、ほがらかに聞こえる。堤の上にも家鶏の群れが幾組となく桜の陰などに遊んでいる。（『武蔵野』角川書店）

その後は現実への関心を強め、貧困による悲劇を描いた『竹の木戸』や『二老人』などを発表し、自然主義の担い手と目されたが、36歳の若さで没した。

樋口一葉

一八七二〜一八九六（明治5〜明治29）
東京都生まれ

夭折の女流作家

父は役人で、家計は楽なほうであったが、17歳のとき、父が病死すると生活は一変した。一葉は窮迫した生計を内職で支えた。19歳になった一葉は、生活のために作家になろうと考え、流行作家半井桃水のもとを訪ね、小説の指導を受けるが、桃水との仲が噂になり、一葉は桃水のもとを離れた。

明治26年、当時の遊郭吉原の裏手にあたる下谷龍泉寺町に転居して、荒物・駄菓子の雑貨屋を始めた。この町での零落した庶民生活の経験と、文学結社「**文学界**」の同人との交流を通じて、一葉は一気に才能を開花させることとなった。

明治27年、苦しい生活のなかで書き上げた『**大つごもり**』を発表、続いて『**たけくらべ**』『**にごりえ**』『**十三夜**』と、古い封建的社会を生きる女性の悲哀を、こまやかな心理描写と巧みな筋立てで書きつづった。『たけくらべ』は、雑誌「文学界」に発表されるや森鷗外の激賞を受け、一葉の声価は絶頂に達した。

読んでみよう それと見るより美登利の顔は赤う成りて、何のやうの大事にでも出逢ひしやうに、胸の動悸の早く打つを、人の見るかと背後のみられて、恐る〳〵門の傍へ寄れば、信如もふつと振返りて……

（『たけくらべ』岩波書店）

一葉には、14歳ごろから死の直前まで書き続けた日記がある。生活の苦しさ、転々とする住まい、半井桃水に寄せる思慕など、一種の私小説となっている。

読んでみよう 九つ斗の時よりは我身の一生の世の常にて終らむことなげかはしく……〈＝九歳ぐらいの時からは、自分の一生が平凡な人並みの人生で終わるようなのはつまらなくて……〉

（日記（抄）『塵之中』岩波書店）

あふれる叙情性と**雅俗折衷の擬古文体**によって、女流作家として当代一の名声を獲得した一葉だが、長年の生活苦は、いつしか彼女の身体をむしばみ、父や兄の命を奪った肺結核のために、24歳という若さで生涯を閉じたのである。

与謝野晶子

一八七八〜一九四二（明治11〜昭和17）
大阪府生まれ

情熱の浪漫派歌人

少女時代から古典に親しみ、明治33年、詩歌雑誌「**明星**」を創刊した**与謝野鉄幹**と出会い、恋に落ちた晶子は、家を捨てて上京した。

明治34年、激しい情熱と自由奔放な恋愛賛美の歌集『**みだれ髪**』を刊行した。封建的な因習にとらわれない、女性としての強烈な自己主張は文壇を驚かせた。妻として母として多忙ななかで夫とともに「**新詩社**」の経営にあたり、『**恋衣**』など次々と詩集や詩歌集を刊行していった。

読んでみよう その子二十櫛にながるる黒髪のおごりの春のうつくしきかな

（『みだれ髪』新潮社）

金色のちひさき鳥のかたちして銀杏ちるなり夕日の岡に

（『恋衣』新潮社）

晶子の活動分野は極めて広く、王朝文学の現代語訳も手がけ、『**源氏物語**』の現代語訳は晶子のライフワークとなった。

島崎藤村

一八七二～一九四三（明治5～昭和18）
長野県生まれ

自然主義文学の開拓者

生家は馬籠村の屈指の旧家で、父親は維新後の文明開化の時流に抗しながら、藤村が14歳のときに座敷牢で死ぬという悲劇的な最期を遂げた。父の生涯と風土は、後の藤村の文学に深くかかわることになる。

明治学院卒業後、明治女学校の英語教師となり、北村透谷らと雑誌「**文学界**」を創刊する。教え子との恋に悩んで退職した藤村は、透谷の自殺、教え子の死など相次ぐ不幸の中で、詩集『**若菜集**』を発表する。青春の情熱と苦悩を浪漫詩に歌い上げた。

読んでみよう
まだあげ初めし前髪の
林檎のもとに見えしとき
前にさしたる花櫛の
花ある君と思ひけり
（『若菜集』新潮社）

小説へと転換した藤村は、教職を辞し、極度に切り詰めた作家生活を送る中で、相次いで三人の娘を失い、妻は栄養不良から夜盲症となった。家族の犠牲の上に、ようやく明治39年、被差別部落出身の主人公の苦悩を描いた小説『**破戒**』を自費出版し、自然主義作家としてのスタートを切った。

読んでみよう
「たとへいかなる目を見ようと、いかなる人に邂逅はうと決して其とは自白けるな、一旦の憤怒悲哀に是戒を忘れたら、其時こそ社会から捨てられたものと思へ。」斯う父は教へたのである。
（『破戒』筑摩書房）

その後の藤村は個人的な体験を告白する「**私小説**」へと進み、「文学界」当時の同人たちとの交友を描いた『**春**』、没落してゆく二つの旧家を描いた『**家**』を発表する。

妻の没後、姪との過ちを告白した私小説『**新生**』は、大きな衝撃と論議を巻き起こした。父をモデルにした大作『**夜明け前**』は、変動の激しい時代とそのなかを生きた人々を描いた自伝的歴史小説である。

読んでみよう
遠からず来る半蔵の結婚の日のことは、既にしば〳〵吉左衛門夫婦の話に上る頃であつた。隣宿妻籠の本陣、青山寿平次の妹、お民といふ娘が半蔵の未来の妻に選ばれた。
（『夜明け前』筑摩書房）

正岡子規

一八六七～一九〇二（慶応3～明治35）
愛媛県生まれ

俳句・短歌革新運動の旗手

早熟の文学青年正岡子規は、上京して**夏目漱石**と出会う。与謝蕪村を高く評価して「**写生俳句**」を唱え、**俳句革新運動**を展開した。俳句雑誌「**ホトトギス**」の編集にも加わった。学生時代から結核を病んでいたが、脊椎カリエスを併発し、以後34歳で死ぬまで闘病生活が続く。

明治31年、紀貫之を下手な歌人だと言ってのけ、古今調を否定し、**万葉調**を高く評価した『**歌よみに与ふる書**』を発表した。**根岸短歌会（根岸派）**を主宰し、「**写生短歌**」を唱えた**短歌革新運動**は大きな反響を呼んだ。「写生文」を唱え、闘病の暗さのない、ユーモアを交えた随筆『**病牀六尺**』などを書き残している。

読んでみよう
柿くへば鐘が鳴るなり法隆寺
（『寒山落木』新潮社）
くれなゐの二尺伸びたる薔薇の芽の針やはらかに春雨のふる
（『竹乃里歌』新潮社）

森鷗外

一八六二〜一九二二（文久2〜大正11）
島根県生まれ

近代的知性の文学者

森家は代々石見の津和野藩主の典医であった。神童といわれた鷗外（本名林太郎）は、学問による立身出世を目指して、幼児期から厳しい家庭教育を受けた。10歳で父と上京し、同郷の親戚で哲学者の西周邸に寄宿、年齢を2歳偽って、12歳で第一大学区医学校（現東京大学医学部）予科に入り、19歳で東京帝国大学医学部を卒業、陸軍の軍医となった。

明治17年、陸軍官費留学生として念願の**ドイツに留学**し、ベルリン大学で細菌学の権威コッホに就いて衛生学を学んだ。文学・哲学・芸術にも親しみ、また地質学者ナウマンに論争を挑むなど、精力的に体験や見聞を広めた。だが、ベルリンでの女性関係の噂は好ましいものではなく、帰国後に発表した『**舞姫**』はそのことの弁明ともいわれる。また、西欧の近代詩を紹介した訳詩集『**於母影**』を発表し、後の浪漫主義の詩人たちに大きな影響を与えた。批評家の主観を戒めた「没理想」を主張する**坪内逍遙**とは「没理想論争」を展開した。

読んでみよう 余は模糊たる〈＝ぼんやりとあいまいな〉功名の念と、検束〈＝我慢しく集中すること〉に慣れたる勉強力とを持ちて、忽ちこの欧羅巴の新大都の中央に立くり。

（『舞姫』岩波書店）

順調に出世を遂げた鷗外であったが、医学面での激しい上官批判や文学活動における名声が憎まれ、日清・日露戦争への従軍や、北九州小倉への左遷などを経験する。

だが、軍医の最高位である陸軍軍医総監に就任した鷗外は、地位の安定したことと**夏目漱石**の活躍に刺激され、旺盛な文学活動を再開する。雑誌「スバル」を中心に、漱石の『三四郎』に刺激されて書いた『**青年**』、偶然に左右される女の悲しい運命を描いた『**雁**』などを発表した。

読んでみよう 「しかし教員をやめただけでも、鷗村〈＝鷗外自身〉なんぞのように、役人をしているのに比べて見ると、よほど芸術家らしいかもしれないね。」

話題は拊石〈＝漱石〉から鷗村に移った。

コラム

文学者の横顔①　―森鷗外―

もう一つの顔

作家鷗外には、不遜で傲岸な官僚主義の、もう一つの顔がある。

日清戦争で「陸軍」では約四万人もの脚気患者と約四千名を超える死者を出した。続く日露戦争では、白米食を麦飯に変えていた海軍ではわずか約一〇五人であった脚気患者が、陸軍では約二十五万人、死者も三万名近くにのぼった。

ドイツで細菌学を学んだ陸軍省医務局の医学博士「森林太郎」は世論の激しい非難を受けるが、「食物原因説」を認めず、脚気の原因は「細菌による伝染病」だと主張して譲らなかった。

東京帝国大学教授鈴木梅太郎が米糠から発見したビタミンB_1の欠乏が脚気の原因であることを突きとめた時にも、学者としての謙虚さを欠く鷗外は、官僚の立場からこれを黙殺した。

（『青年』岩波書店）

明治45年、明治天皇の崩御と乃木大将夫妻の殉死に衝撃を受けた鷗外は、以後歴史小説に転じ、封建社会の「殉死」と武家の「意地」の悲劇を扱った**『阿部一族』**、献身と犠牲によって生かされる美しさと強さを描いた**『山椒大夫』**、安楽死と「足るを知る」ことの意味を問う**『高瀬舟』**、世俗的権威の空しさを描いた**『寒山拾得』**などの短編を発表した。

読んでみよう 阿部一族は討手の向かう日をその前日に聞き知って、まず邸内を隈なく掃除し、見苦しい物はことごとく焼き棄てた。それから老若打ち寄って酒宴をした。それから老人や女は自殺し、幼いものは手ん手に刺し殺した。（『阿部一族』文藝春秋）

読んでみよう わたくしはやっとのことで、『待っていてくれ、お医者を呼んで来るから』と申しました。弟は怨めしそうな目つきをいたしましたが、また左の手で喉をしっかり押さえて、『医者がなんになる、ああ苦しい、早く抜いてくれ、頼む』と云うのでございます。（『高瀬舟』文藝春秋）

大正4年、**『歴史其儘と歴史離れ』**を著し、歴史上の人物に現代的な解釈を加えてフィクションとしていたこれまでの「歴史離れ」から、史料上の事実を曲げない「歴史其儘」の姿勢へ移行していった。

「歴史其儘」の姿勢は、さらに史実に徹した**「史伝」**へと進み、弘前藩の侍医で考証学者でもあった抽斎の事跡・交友を、史料をもとに克明に考証し解明した伝記**『渋江抽斎』**など、自らの理想像を模索した。

読んでみよう 抽斎はかつてわたくしと同じ道を歩いた人である。しかしその健脚はわたくしの比いではなかった。はるかにわたくしに優った済勝の具（＝丈夫な足）を有していた。抽斎はわたくしのためには畏敬すべき人である。

（『渋江抽斎』中央公論新社）

陸軍退官後も帝室博物館総長兼図書頭、帝国美術院院長などを歴任した。あらゆる出世と名誉の頂点を極めた鷗外であったが、その遺言には、地位や官職を離れた「石見人森林太郎トシテ死セント欲ス」と記し、故郷へは一度も帰ることなく60年の人生を終えたのであった。

脚気医学を混乱させた責任が、すべて軍医総監であった鷗外にあるわけではないが、脚気がビタミンB_1の欠乏症であることを国家が認めたのは、鷗外の死の、実に二年後のことだった。

◀陸軍省医務局長時代の鷗外
（明治40年に軍医総監に任命され、医務局長となる。）

▶『高瀬舟』

写真提供：日本近代文学館

夏目漱石

一八六七〜一九一六（慶応3〜大正5）
東京都生まれ

近代人の我執に挑んだ文豪

本名金之助。江戸牛込の名主の家に生まれたが、生後すぐに里子や養子に出されるなど、家庭的には恵まれない幼少時を過ごした。早くから漢籍に親しみ、漱石文学の骨格は青少年時代に育成された。

17歳で大学予備門に入り、23歳で東京帝国大学英文科に進学する。同級に現愛媛県松山出身の**正岡子規**がいた。このころ夏目家に復籍、ペンネームに「**漱石**」を用いた。

明治28年、大学院在籍後、『**坊っちゃん**』の素材となった、愛媛県松山中学の英語教師となる。病気療養中の正岡子規や**高浜虚子**らと句作に熱中した。翌年、熊本の第五高等学校に赴任し、貴族院書記官長の娘と結婚、当地で四年余りを過ごした。

明治33年、文部省の官費留学生として**ロンドン**に渡り、文学論の本格的な研究を始めたが、日本と西洋の違いを痛感した漱石は、自分の研究の意味をも疑い始め、極度の神経症に陥る。このころ、自らの考えを他の権威を借りずに自分の言葉で語るべきだとする「**自己本位**」の生き方の自覚に到達したと言われる。正岡子規の訃報を受け、翌年帰国した。

明治36年、東京に戻った漱石は東京帝国大学に迎えられ、文学論などを講義した。漱石の周辺には多くの門下生が集まった。明治38年、俳句雑誌「**ホトトギス**」に発表した『**吾輩は猫である**』は好評であった。

読んでみよう 火事で茸〈＝火の粉〉が飛んで来たり、お茶の味噌〈＝お茶の水〉の女学校へ行ったり、恵比寿、台所〈＝大黒〉と並べたり、ある時などは「わたしゃ藁店の子じゃないわ」と言うから、よくよく聞きただしてみると裏店〈＝裏通りにある家〉と藁店を混同していたりする。

（『吾輩は猫である』角川書店）

続けて、純粋で一本気ゆえに世俗に交わることのできない『**坊っちゃん**』、世俗を超えた世界を俳諧の「非人情」の境地に求めた『**草枕**』を書き、旺盛な創作力を示した。漱石は、自然主義文学の即物性や無思想性に反発し、人生を俳諧的な余裕をもっ

コラム

文学者の横顔② ―夏目漱石―

堂々十六ページの正誤表

東京朝日新聞に入社した年、漱石は七百ページに及ぶ大部の『文学論』を上梓（＝出版）した。ところが、できあがったものは、あきれるほどに誤植（＝活字の文字や記号の誤り）が多い。当然、漱石は烈火のごとくに怒った。「校正者の不埒なため誤字誤植雲のごとく雨のごとく癇癪が起ってしようがない。できれば印刷した千部を庭へ積んで火をつけて焚いてしまいたい。」

（『書簡』『夏目漱石全集　第四巻』角川書店）

そうは言うものの、「古今独歩（＝昔から今まで比べるもののないほど）の誤植多き書物として珍本として、後世に残ること受け合いなれば、御秘蔵くだされたく候。」と、正誤表をつけて知人に贈呈しているところが、漱石のユーモアというべきか。『文学論』の初

て眺め、美的世界に遊ぼうとする姿勢（**低徊趣味**）から、**余裕派・高踏派**と呼ばれた。

読んでみよう 翌日何の気もなく教場へ這入ると、黒板一杯位な大きな字で、天麩羅先生とかいてある。おれの顔を見てみんなわあと笑つた。おれは馬鹿々々しいから、天麩羅を食っちや可笑しいかと聞いた。すると生徒の一人が、然し四杯は過ぎるぞな、もし、と云つた。（『坊っちゃん』岩波書店）

明治40年、東京帝国大学教授の内示を断り、東京朝日新聞社専属の作家となった。『**虞美人草**』『**夢十夜**』に続いて、《前期三部作》と呼ばれる『**三四郎**』『**それから**』『**門**』ではそれぞれ、青春期の自我形成、自我ゆえの愛と罪、人間の内なる罪、を描いた。個人の倫理の問題として**我執**（**エゴイズム**）を主題としている。

読んでみよう 代助は斯う聞いた。――「三千代さん、正直に云つて御覧。貴方は平岡を愛してゐるんですか」

三千代は答へなかつた。見るうちに、顔の色が蒼くなつた。眼も口も固くなつた。凡てが苦痛の表情であつた。

（『それから』岩波書店）

明治43年、元来胃の弱かった漱石は胃潰瘍で入院し、療養先の伊豆修善寺で吐血し、人事不省に陥った。このいわゆる「修善寺の大患」の後、《後期三部作》と呼ばれる『**彼岸過迄**』では、我執のままに忠実に生きようとする主人公の苦悩を描き、『**行人**』に続く『**こゝろ**』では、主人公を自殺にまで追いやってしまう。

読んでみよう 「精神的に向上心のないものは、馬鹿だ」

私は二度同じ言葉を繰り返しました。さうして、其言葉がKの上に何う影響するかを見詰めてゐました。

「馬鹿だ」とやがてKが答へました。「僕は馬鹿だ」

Kはぴたりと其所へ立ち留つた儘動きません。彼は地面の上を見詰めてゐます。私は思はずぎよつとしました。

（『こゝろ』岩波書店）

晩年の自伝的な家庭生活を背景にした『**道草**』では、夫婦間のこじれをエゴの対立ととらえ、続く『**明暗**』は我執を乗り越える境地（「**則天去私**」）の具象化であったといわれるが、その執筆中に胃潰瘍が悪化し、未完のまま49歳で他界した。

版の第二刷に添えられた、五三〇箇所余りの「正誤表」は二段組み十六ページにも及ぶもので、「前代未聞の大作」だと皮肉な話題になったが、門下生の寺田寅彦は「著者の良心的なことを示す」とフォローしている。

▶大正3年 牛込区（現新宿区）早稲田南町自宅にて

写真提供：日本近代文学館

伊藤左千夫

一八六四～一九一三（元治元～大正2）
千葉県生まれ

「叫び」の説

政治家を志して上京したが、眼病を患って断念、実業家を目指して牧場に勤めた。その後東京で牧場経営のかたわら、歌を詠むようになる。明治33年、**正岡子規**の『**歌よみに与ふる書**』に感動し、子規の門人となった。子規の万葉調の《写生》を発展させ、感動の直接表現が歌の生命だとする**「叫び」の説**を提唱した。

子規の没後は根岸短歌会の中心となり、明治36年に歌誌「**馬酔木**」を創刊、また明治41年には歌誌「**アララギ**」を創刊し、島木赤彦・斎藤茂吉・土屋文明らを育てた。

没後に『**左千夫歌集**』が刊行された。子規の写生文に影響された純愛小説『**野菊の墓**』でも知られている。

読んでみよう 牛飼が歌詠む時に世の中のあらたしき歌大いに起る／おりたちて今朝の寒さを驚きぬ露しと〳〵と柿の落葉深く

（『左千夫歌集』岩波書店）

田山花袋

一八七一～一九三〇（明治4～昭和5）
群馬県生まれ

私小説への転換点

文学を志して上京し、尾崎紅葉の紹介で、感傷的な抒情詩や甘美な浪漫的小説を発表した。国木田独歩や島崎藤村らとも親交を持った。フランス自然主義の強い影響を受け、「事実を事実のまま自然に書く」ことを主張して、**自然主義運動**の先頭に立った。

明治40年、花袋自身の私生活を題材に、中年作家の恋心を大胆に告白した『**蒲団**』を発表し、自然主義文学が「**私小説**」へと転換してゆく記念碑的な作品となった。

代表作に、実在した貧しい代用教員の日記をもとに、家の犠牲となって絶望と孤独のなかで死んでいった青年を描いた『**田舎教師**』がある。

読んでみよう 夜はもう十二時を過ぎた。雨滴の音はまだしている。時々ザッと降って行く気勢も聞取られる。城址の沼のあたりで、むぐりの鳴く声が寂しく聞えた。

（『田舎教師』新潮社）

北原白秋

一八八五～一九四二（明治18～昭和17）
福岡県生まれ

言葉の魔術師

水郷柳川の旧家に生まれ、中学時代から短歌を詠み始めた。早稲田大学中退後、与謝野鉄幹のすすめで「新詩社」に参加し、詩歌雑誌「明星」で詩や短歌を発表した。

異国情緒と官能美に満ちた詩集『**邪宗門**』、幼少年期の複雑多感な内面をうたった詩集『**思ひ出**』、都会趣味を主調とした『**東京景物詩**』によって、新しい象徴詩の世界を開いた。

読んでみよう 芥子は芥子ゆゑ香もさびし。
ひとが泣かうと、泣くまいと
なんのその葉が知るものぞ。

（『東京景物詩』東雲堂書店）

明治末から大正の初めには生家の破産、人妻との恋愛問題、三度の結婚など、苦しい日々を過ごしたが、大正2年、清新な色彩感覚の歌集『**桐の花**』を発表、詩壇・歌壇にゆるぎない地位を築いた。童謡や創作民謡にも数多くの作品を残している。

永井荷風

一八七九〜一九五九（明治12〜昭和34）
東京都生まれ

江戸文化への憧憬

エリート官僚の父への反発もあって、勉学には身を入れず、フランスの自然主義作家ゾラの文学に心酔した。

明治36年、渡米してミシガン州の大学に学び、その後、念願のフランスに渡った。帰朝後、異国情緒に満ちた**『あめりか物語』『ふらんす物語』**を書いた。一方で、森鷗外らの推薦で慶應義塾大学の教授となり、**耽美派**の雑誌**「三田文学」**を主宰した。

安易な西洋化を批判し、江戸文化を愛好した荷風の代表作**『濹東綺譚』**は、芸者や娼婦の世界を描いた、近代文学屈指の名作と言われる。

読んでみよう 日陰に住む女たちが世を忍ぶ後ろ暗い男に対する時、恐れもせずきらいもせず、必ず親密と愛憐との心を起こす事は、夥多の〈＝おびただしい〉実例に徴して深く説明するにも及ぶまい。

（『濹東綺譚』岩波書店）

谷崎潤一郎

一八八六〜一九六五（明治19〜昭和40）
東京都生まれ

官能的な女性美の追求

神童と呼ばれて進んだ東京帝国大学を退学後、女性に奉仕する男の喜びを描いた**『刺青』**を**耽美派**の永井荷風に激賞され、文壇にデビューし、**『痴人の愛』**などで官能的な女性美を追求した。

関東大震災後は関西に移り、献身的な女性崇拝を描く**『春琴抄』**、大阪船場の旧家を舞台に四人姉妹の織り成す王朝絵巻**『細雪』**などの、古典的な美の世界を描いた。

読んでみよう 「……それに東京と云うとこは、女がめいめい個性を貴んで、流行云うもんに囚われんと、何でも自分に似合うもんを着ると云う風やさかい、そう云う点は大阪よりもええ云うてるわ」

（『細雪』新潮社）

小説の他にも、ほのかな明かりのもとで美しさを見る伝統的美意識をとらえた随筆**『陰翳礼讃』**や、**『源氏物語』**の現代語訳などがある。

石川啄木

一八八六〜一九一二（明治19〜明治45）
岩手県生まれ

弱き心の生活派歌人

文学を志して上京し、与謝野夫妻（鉄幹・晶子）のもとで、詩集**『あこがれ』**を発表した。結婚後、母校の渋民尋常高等小学校の代用教員となる。自身を雲に象徴した小説**『雲は天才である』**を書く。学歴社会の壁に直面し転職を繰り返したが、強い自負心を満たす職には就けなかった。

文学への志を断ち切れず、家族を残して単身上京するが、小説は認められず、生活は困窮を極めた。東京朝日新聞社の歌壇選者となり、自らも歌集**『一握の砂』**を刊行し、現実に満たされない悲哀や挫折感を詠んだ。〈三行分かち書き短歌〉は歌壇に新風を送ったが、歌集**『悲しき玩具』**の刊行前に、肺結核のため26歳で失意のうちに没した。

読んでみよう
友がみなわれよりえらく見ゆる日よ
花を買ひ来て
妻としたしむ

（『一握の砂』岩波書店）

斎藤茂吉

一八八二～一九五三（明治15～昭和28）
山形県生まれ

実相観入の写生短歌

開成中学から東京帝国大学医科に進み、精神科医となった。正岡子規の『竹乃里歌』に感動し作歌を始める。医師として勤務しつつ、伊藤左千夫らが創刊した「**アララギ**」の編集に携わった。

大正2年、万葉調の情熱と現代人の悲哀をうたった歌集『**赤光**』を刊行、歌論では「アララギ」誌上に、作歌における写生法「**実相観入**」の説を発表した。次第に東洋的で落ち着いた歌風へと移ってゆき、大正10年の歌集『**あらたま**』に結実する。

読んでみよう 死に近き母に添寝のしんしんと遠田のかはづ天に聞ゆる（『赤光』新潮社） 朝あけて船より鳴れる太笛のこだまはながし並みよろふ山（『あらたま』新潮社）

第二次大戦中は戦争賛美の歌を詠み、敗戦後は自責の念にかられることとなった。『**万葉集**』の研究でも知られる。**北杜夫**は彼の次男である。

高村光太郎

一八八三～一九五六（明治16～昭和31）
東京都生まれ

愛の絶唱『智恵子抄』

彫刻家高村光雲の長男として生まれた。東京美術学校卒業後、欧米に留学し、パリでロダンの作品に感銘を受けた。帰国後は封建的な芸術界の壁にぶつかることになる。

油絵を描く智恵子との出会いが転機となり、人道的・理想主義的な芸術活動に入った。青春の苦悩と焦燥をうたった詩集『**道程**』を刊行する。しかし、智恵子は次第に精神を病み、その死に衝撃を受けた光太郎は、半生をともにした智恵子への愛の賛歌『**智恵子抄**』を刊行した。

読んでみよう

智恵子は東京に空が無いといふ、
ほんとの空が見たいといふ。
私は驚いて空を見る。
桜若葉の間に在るのは、
切っても切れない
むかしなじみのきれいな空だ。

（『智恵子抄』新潮社）

菊池　寛

一八八八～一九四八（明治21～昭和23）
香川県生まれ

芥川賞・直木賞の創設

京都帝国大学在学中に、芥川龍之介らと第四次「新思潮」を創刊し、倫理問題と人情の相克を描いた戯曲『**父帰る**』を発表した。その後も、雑誌「中央公論」に人間の孤独感を描いた『**忠直卿行状記**』、身分や仇討ちの封建性に新しい倫理の眼を向けた人間愛の結晶『**恩讐の彼方に**』を発表する。

読んでみよう 心の底からわきいずる歓喜に泣くしなびた老僧の顔を見ていると、彼を敵として殺すことなどは、思い及ばぬことであった。敵を打つなどという心よりも、このかよわい人間の双の腕によって成し遂げられた偉業に対する驚異と感激の心とで、胸がいっぱいであった。

（『恩讐の彼方に』角川書店）

現実的な人生観から生まれた単純明快な**テーマ小説**が世評の支持を受け、文壇に確固たる地位を確立した。**芥川賞・直木賞**を創設し、新人の育成にも尽力した。

有島武郎

一八七八～一九二三（明治11～大正12）
東京都生まれ

有産階級の悩み

農業革新の理想を抱いて学習院から札幌農学校へ進み、さらにハーバード大学を経て、「**白樺**」に加わり本格的な作家活動に入った。

北海道の野性的な農民を描いた『**カインの末裔**』、母を亡くした子供たちへの慈愛に満ちた『**小さき者へ**』、芸術と現実生活の間で苦悩する青年を描いた『**生れ出づる悩み**』、自我に目覚めた急進的な女の悲劇を描いた『**或る女**』などを次々と発表したが、私有農場を小作人に解放するなど、有産階級としての自らの立場に苦しみ、軽井沢の別荘で心中した。

読んでみよう 漁にこそ出ないが、本統をいうと漁夫の家には一日として安閑としていい日とてはないのだ。今日も、君が一日を画に暮していた間に、君の家では家中で忙わしく働いていたのに違いないのだ。

（『生れ出づる悩み』岩波書店）

武者小路実篤

一八八五～一九七六（明治18～昭和51）
東京都生まれ

お目出たき人道主義

学習院時代にトルストイの人道主義的な影響を受け、明治43年、志賀直哉らと同人雑誌「**白樺**」を創刊し、楽天的な自己肯定の生き方を示した『**お目出たき人**』などを発表し、その中心となって活躍した。

大正7年、人道主義の理想を掲げて、宮崎県の日向に共同体「新しき村」の建設を始めた。以後、90歳で没するまで、人類の意志と善意を信じ続け、自己愛と人類愛の間のジレンマを楽天的に描いた『**その妹**』『**幸福者**』『**友情**』など、多くの小説・戯曲を発表した。

読んでみよう 外国へ行くと思っていて行かなくなるとがっかりしはしないかと言う不安さえ感じた。そしてその根性を自分でも醜く思った。これが自分の本音か、自分の友情か。野島はそう思うと自分が骨の髄まで利己主義のような気がした。

（『友情』角川書店）

横光利一

一八九八～一九四七（明治31～昭和22）
福島県生まれ

新感覚派の旗手

早稲田大学では、学業より創作に専念した。大正12年、菊池寛の創刊した「**文藝春秋**」の同人となり、古代伝説卑弥呼の再構築を目指した野心作『**日輪**』で注目された。翌年、川端康成らと「**文藝時代**」を創刊し、表現技法の革新を目指した**新感覚派**の旗手とみなされた。

読んでみよう 太陽は入江の水平線へ朱の一点となって没していった。不弥の宮の高殿では、垂木の木舞に吊り下げられた鳥籠の中で、樫鳥が習ひ覚えた卑弥呼の名を一声呼んで眠りに落ちた。（『日輪』筑摩書房）

以後、病床の妻を描いた『**春は馬車に乗って**』、機械のように動いてやまない人間の内面を描く心理小説の試み『**機械**』などを発表する。渡欧後、10年を費やし、日本の伝統を追究しようとした長編『**旅愁**』は、死去により未完に終わった。

芥川龍之介

一八九二〜一九二七（明治25〜昭和2）
東京都生まれ

芸術至上主義の短編作家

成績優秀で、第一高等学校には無試験で入学した。同級には、久米正雄、菊池寛、山本有三、土屋文明らがいた。東京帝国大学在学中に、夏目漱石の「木曜会」に通い、門下生となる。大正4年、「帝国文学」に、人間の生きんがためのエゴイズムをあばいた『**羅生門**』を発表する。

読んでみよう　「……わしは、この女のしたことが悪いとは思うていぬ。せねば、饑死をするのじゃて、仕方がなくしたことであろ。されば、今また、わしのしていたことも悪いこととは思わぬぞよ。これとてもやはりせねば、饑死をするじゃて、仕方がなくすることじゃわいの。」

（『羅生門』文藝春秋）

翌年、第四次「新思潮」に発表した、近代知識人の不安や自尊心をユーモラスに描いた『**鼻**』が夏目漱石の激賞を受け、23歳で華々しく文壇に登場した。続いて『**芋粥**』『**手巾**』を発表する。これらの多くは題材を『**今昔物語集**』や『**宇治拾遺物語**』などの古典に求め、登場人物にエゴイズムなどの近代人の性格を吹き込んだ作品である。

読んでみよう　内供は鼻が一夜のうちに、また元の通り長くなったのを知った。そうしてそれと同時に、鼻が短くなった時と同じような、はればれした心もちが、どこからともなく帰って来るのを感じた。

（『鼻』文藝春秋）

卒業後、海軍機関学校の教官となるが、この年、師の漱石が死去した。こうしたなかで、世俗の束縛に悩まされながらも、それらを超越した芸術を至上のものとする境地を求める姿を描いた『**戯作三昧**』、芸術のためにすべてを犠牲にして悔いない芸術家を描いた『**地獄変**』、臨終の芭蕉を囲む弟子たちの心理を、漱石の臨終の場面に重ねて描き分けた『**枯野抄**』などを発表する。

読んでみよう　のみならず、さらに其角が意外だったことには、文字通り骨と皮ばかりに痩せ衰えた、致死後の師匠の不気味な姿は、ほとんど面を背けずにはいられなかったほど、烈しい嫌悪の情を彼に起こさ

コラム

文学者の横顔③ ―芥川龍之介―

僕は文ちゃんが好きです

「文ちゃん。（略）貰いたい理由はたった一つあるきりです。そうしてその理由は、僕は文ちゃんが好きだという事です。（略）僕は文ちゃんが好きです。それだけでよければ来てください。」

結婚前の文夫人に送った、芥川の有名な恋文である。これほどストレートな凡人の言葉でつづる恋文と、あの苦渋の漂う作品とのギャップは埋めようがない。婚約後にも恋文は続く。

「苦しい時は二人で一しょに苦しみましょう。その代わり楽しい時は、二人で一しょに楽しみましょう。」

これほどまでに素朴な、永遠の愛を信じて疑わない言葉で迎えた結婚生活は、どのようなものであったのか。結婚後に芥川は書く、「結婚生活というものは幻滅であって、ある意味において凡ての結婚というものは、決して幸福

せた。

（『枯野抄』文藝春秋）

大正8年、大阪毎日新聞社専属の作家となり、東京田端の自宅にこもって執筆に専念し、**『杜子春』『犬と笛』**などの児童文学や、**『蜜柑』『舞踏会』『藪の中』『トロッコ』**などの短編を次々と発表した。

読んでみよう するとその瞬間である。窓から半身を乗り出していた例の娘が、あの霜焼けの手をつとのばして、勢いよく左右に振ったと思うと、たちまち心を躍らすばかり暖かな日の色に染まっている蜜柑がおよそ五つ六つ、汽車を見送った子供たちの上へばらばらと空から降ってきた。

（『蜜柑』角川書店）

芥川は、芸術は現実の人生を超えた価値あるものだとする**「芸術至上主義」**を示し、研ぎ澄まされた感性と豊かな知性をもって近代人の心の深層にせまり、知性的・分析的な解釈をするところから、新技巧派・新理知派と呼ばれた。

読んでみよう 芸術家はなによりも作品の完成を期せねばならぬ。……芸術に奉仕する以上、僕らの作品の与えるものは、なによりもまず芸術的感激でなければならぬ。それにはただ僕らが作品の完成を期するよりほかに途はないのだ。

（『芸術その他』角川書店）

晩年は、精神を病んだ母からの遺伝の恐怖もあって神経症・不眠症を病み、睡眠薬を多量に服用したために幻覚症状に悩まされ、疲労の極致にあった。

そうしたなかでも、社会の醜さ・悪・人間の愚かさを短い文章で痛烈にえぐった**『侏儒の言葉』**、自分の精神形成の根幹をなす生い立ちについて語った**『大導寺信輔の半生』**、精神病患者の告白に仮託した文明批評である**『河童』**、人生の悲痛な敗北の記録ともいうべき**『歯車』**や、**『或阿呆の一生』『西方の人』**などの作品を書き続けたが、思想上、芸術上の懐疑と不安が深まり、友人への遺書に「将来に対する唯ぼんやりした不安」という言葉を残して、服毒自殺した。35歳の短い生涯であった。

読んでみよう 「神々の笑ひ声」

三十五歳の彼は春の日の当つた松林の中を歩いてゐた。二三年前に彼自身の書いた「神々は不幸にも我々のやうに自殺出来ない」と云ふ言葉を思ひ出しながら。………

（『或阿呆の一生』岩波書店）

なものではないと思う。」と。長男の比呂志が八歳のとき、芥川は自殺した。十年に満たない結婚生活であった。

▶大正15年 夫人の実家にて（左から龍之介、長男比呂志、三男也寸志、文夫人）

写真提供：日本近代文学館

志賀直哉

一八八三〜一九七一（明治16〜昭和46）
宮城県生まれ

小説の神様

父の赴任先で生まれ、2歳で東京に戻ってからは、祖父のもとで溺愛されて育った。学習院中等科の18歳のとき、祖父が開発にかかわった足尾銅山の深刻な鉱毒事件に義憤を感じて、現地を視察しようとするが、実業界の大物であった父と激しく衝突、これが父との長い不和の始まりとなり、生涯の志賀文学のテーマとなった。

東京帝国大学に入学後、学習院で同窓だった武者小路実篤や有島武郎らと同人雑誌「**白樺**」を創刊し、東北線で乗り合わせた母子の会話をもとに書いた『**網走まで**』を発表する。**白樺派**と呼ばれた彼らの文学は、人間の個性を尊重し、希望を与えるものとして、大正期の文壇の主流となってゆく。

自家の女中との結婚問題や大学中退などで父との関係はますます悪化し、明治45年、ついに家を出て広島県尾道、千葉県我孫子、京都、奈良などを転々とし、この間にも、正義の支持者の誇りと孤立することの寂しさを描いた『**正義派**』、瓢箪の魅力に取りつかれた少年と、少年の芸術観・鑑識眼に無理解な大人たちとの、相容れない隔たりを描いた『**清兵衛と瓢箪**』などを書き、新進作家として認められるようになった。

読んでみよう 間もなく清兵衛の父は仕事場から帰って来た。で、その話を聞くと、急に側にいた清兵衛を捕えてさんざんに撲りつけた。清兵衛はここでも「将来とても見込のない奴だ」と言われた。「もう貴様のような奴は出て行け」と言われた。

清兵衛の父はふと柱の瓢箪に気がつくと、玄能を持って来てそれを一つ一つ割ってしまった。清兵衛はただ青くなって黙っていた。

（『清兵衛と瓢箪』角川書店）

大正6年、長年にわたって対立していた父と和解する。この年、大正2年に東京の山手線の電車にはねられ、山陰の城崎温泉で療養中に見た小動物の死を通して自らの生と死をみつめた心境小説『**城の崎にて**』を「白樺」に発表した。

読んでみよう 鼠は一生懸命に泳いで逃げようとする。鼠には首のところに七寸ばか

コラム

文学者の横顔④ ―志賀直哉―

卵色のランニングシャツ

当時最新の西洋式スポーツを取り入れていた学習院に学んだ志賀は、野球からラグビー・テニス・ラクロス・ボート・器械体操・競泳・高飛び込み・長短距離走と、あらゆるスポーツを楽々とこなした万能アスリートであった。

なかでも、棒高跳びのポールが木製であった時代に、学習院のバーの上限三メートル十七センチを楽々と越えたという。学習院で「志賀のポール・ジャンプ」を知らぬ者はなかった。

また、通学服と同じ白シャツと長ズボンが体操服であった時代に、志賀はひとり卵色のランニングシャツを着ていた。「日蔭町のモトキというハイカラな店で、ああいうのをわざわざ作らしたんだよ。」という当時の志賀のスタイルは、彼のスポーツ万能ぶり以上に派手なものであった。

りの魚串が刺し貫してあった。頭の上に三寸ほど、咽喉の下に三寸ほどそれが出ている。鼠は石垣へ這い上ろうとする。子供が二、三人、四十くらいの車夫が一人、それへ石を投げる。なかなか当らない。カチッカチッと石垣へ当って跳ね返った。見物人は大声で笑った。（『城の崎にて』角川書店）

その後も、醜い田舎侍の皮肉な恋を描いた『**赤西蠣太**』、父との不和が次女の誕生をきっかけに一挙に解消してゆくいきさつと喜びを描いた『**和解**』、ひょんなことから寿司をおごられた小僧とその奇遇を、何かしら寂しく思い返す男の心を描いた『**小僧の神様**』、さらに『**焚火**』などの優れた短編を一気に書きつづった。

読んでみよう 小僧も満足し、自分も満足していいはずだ。人を喜ばすことは悪いことではない。自分は当然、ある喜びを感じていいわけだ。ところが、どうだろう、この変に淋しい、いやな気持は。なぜだろう。何から来るのだろう。ちょうどそれは人知れず悪いことをした後の気持に似通っている。

（『小僧の神様』角川書店）

大正10年、尾道時代に夏目漱石に勧められて起稿し中断していた、父との不和を主題とした新聞小説『時任謙作』を、自我形成の苦悩を乗り越えて自らの生を模索する主人公の生き方に主題を改めて、『**暗夜行路**』として連載を始めた。東洋的な自然との調和の世界を志向した、志賀文学唯一の長編小説は断続的に発表され、昭和12年に完結した。

読んでみよう 疲れ切ってはいるが、それが不思議な陶酔感となって彼に感ぜられた。彼は自分の精神も肉体も、今、この大きな自然の中に溶込んで行くのを感じた。その自然というのは芥子粒ほどに小さい彼を無限の大きさで包んでいる気体のような眼に感ぜられないものであるが、その中に溶けて行く、——それに還元される感じが言葉に表現出来ないほどの快さであった。

（『暗夜行路』角川書店）

志賀直哉の文学の特質は、好きなものは善、嫌いなものは悪であるという、自己の快不快の感覚をそのまま価値の規準とする絶対的な自己肯定にあった。短編『小僧の神様』にちなんで**小説の神様**と呼ばれた。

志賀のスポーツ好きは、いわば学生時代の部活のようなものであったらしく、志賀は私小説の中でも自らが没頭したスポーツを扱うことはなかった。

◀明治36年撮影 20歳のときの直哉

▶『暗夜行路』

写真提供：日本近代文学館 志賀直哉コレクション

萩原朔太郎

一八八六～一九四二（明治19～昭和17）
群馬県生まれ

口語自由詩の完成者

裕福な家庭で溺愛されて育ったが、幼少期は腺病質で学校を休むことが多かった。慶應義塾大学予科を中退後、マンドリンやオペラに熱中する。北原白秋の主宰する「朱欒」に詩が掲載され、詩人としての活動を始めた。

大正6年、孤独者の病的な感覚を鮮烈なイメージと緊迫感あふれるリズムで表現した口語象徴詩集**『月に吠える』**を刊行し、近代詩人としての地位を確立した。続く**『青猫』**では、希望のない憂鬱・倦怠を主情とした近代象徴詩に発展させた。

読んでみよう

光る地面に竹が生え、
青竹が生え、
地下には竹の根が生え、
根がしだいにほそらみ、
根の先より繊毛が生え、
かすかにけぶる繊毛が生え、
かすかにふるえ。（『月に吠える』筑摩書房）

室生犀星

一八八九～一九六二（明治22～昭和37）
石川県生まれ

故郷を恋うる抒情詩人

8歳で実父は死去、生母は行方不明という不幸な生い立ちは、犀星の文学に大きな影響を与えた。放浪と退廃した生活のなかで詩作に励み、大正7年、青少年期の憂い・孤独を素朴にうたった抒情詩**『愛の詩集』『抒情小曲集』**を刊行し、大正期の代表的詩人としての地位を確立した。

読んでみよう

ふるさとは遠きにありて思ふもの
そして悲しくうたふもの
よしや
うらぶれて異土の乞食となるとても
帰るところにあるまじや
ひとり都のゆふぐれに
ふるさとおもひ涙ぐむ
（『抒情小曲集』筑摩書房）

詩作から小説に転じ、詩情豊かな**『幼年時代』『性に眼覚める頃』**を発表した。晩年には作者の生涯と娘への愛情を描いた、自伝的長編**『杏っ子』**を発表した。

佐藤春夫

一八九二～一九六四（明治25～昭和39）
和歌山県生まれ

近代人の倦怠と憂鬱

中学時代から文学を志し、文芸誌に短歌を投稿。上京し、与謝野鉄幹の「新詩社」に入る。慶應義塾大学予科に入学、永井荷風のもとでフランス文学を学ぶ。大正7年、青年の倦怠と憂鬱の意識を鋭く分析した小説**『田園の憂鬱』**を発表し、谷崎潤一郎らの賞賛を受ける。

読んでみよう

些細な単調な出来事のコンビネエションや、パアミテエションが、毎日単調に繰り返された。それらがひと度彼の体や心の具合に結びつくと、それは悉く憂鬱な厭世的なものに化つた。
（『田園の憂鬱』筑摩書房）

大正10年、谷崎潤一郎夫人との恋愛や離別の悲哀などを繊細優美にうたいあげた文語定型詩**『殉情詩集』**を刊行する。続いて、自伝的な小説**『都会の憂鬱』**を刊行する。戦後は『晶子曼陀羅』『小説智恵子抄』などの評伝に力を注いだ。

宮沢賢治（みやざわけんじ）

一八九六～一九三三（明治29～昭和8）
岩手県生まれ

信仰と農民と童話と

盛岡高等農林学校を卒業後、稗貫農学校（ひえぬきのうがっこう）の教員になり、**『注文の多い料理店』**など多くの童話を書いた。詩集**『春と修羅（はるとしゅら）』**には、最愛の妹トシの死が美しい祈りとなってうたわれている。生涯を凶作（きょうさく）と飢饉（ききん）に苦しむ郷里の農民とともに生き、37歳で病死するまで、農業指導に献身的に働いた。

過労のため晩年は病床にあって**「雨ニモマケズ」**の詩や**『グスコーブドリの伝記』**、星の世界を走る**『銀河鉄道の夜』**、**『風の又三郎（かぜのまたさぶろう）』**など多くの童話を残し世を去った。

読んでみよう

「わあい又三郎、まだひとさ水かげだな。」

「風が吹いたんだい。」

みんなはどっと笑いました。

「わあい又三郎、うなそごで木ゆすったけぁなあ。」

みんなはどっとまた笑いました。

（『風の又三郎』岩崎書店）

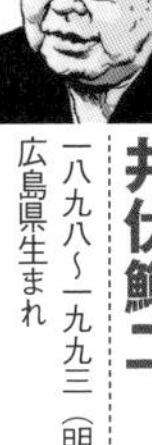

井伏鱒二（いぶせますじ）

一八九八～一九九三（明治31～平成5）
広島県生まれ

硬骨と庶民の哀歓と

画家志望から転じ、無名作家として長い習作期を経て、大正12年、山椒魚（さんしょううお）に託して人間の孤独や愚かさを描いた『幽閉』（昭和4年に**『山椒魚』**として再発表）で文壇に登場した。

読んでみよう

山椒魚は岩屋の外に出て行くべく頭が肥大しすぎていたことを、すでに相手に見ぬかれてしまっていたらしい。

「お前こそ頭がつかえてそこから出て行けないだろう？」

「お前だって、そこから出ては来れまい」

（『山椒魚』筑摩書房）


当時最盛期であったプロレタリア文学には同調せず、直木賞作品となった**『ジョン万次郎漂流記』**、若い巡査の日誌**『多甚古村（たじんこむら）』**などを書き続けた。軍国主義の風潮にも同調することなく終戦を迎え、庶民の戦後生活の哀歓をつづった**『本日休診』**、原爆の惨状を描き、戦争への怒りと悲しみを込めた**『黒い雨』**などを発表した。

梶井基次郎（かじいもとじろう）

一九〇一～一九三二（明治34～昭和7）
大阪府生まれ

死をみつめる鋭敏な感性

旧制高校時代に結核にかかって休学し、復学後東京帝国大学に進み、文学を志す。

在学中に同人誌「青空」に、自己を抑えつけている現実から脱する妄想を描いた**『檸檬（レモン）』**、**『城のある町にて』**を発表した。静岡県湯ケ島（ゆがしま）に転地療養し、このころに**『冬の日』『冬の蠅（ふゆのはえ）』『筧の話（かけいのはなし）』**などを執筆する。

読んでみよう

翳（かげ）ってしまった低地には、彼の棲（す）んでいる家の投影さえ没してしまっている。それを見ると堯（たかし）の心には墨汁（ぼくじゅう）のような悔恨やいらだたしさが拡（ひろが）ってゆくのだった。

（『冬の日』集英社）


結核は悪化し、郷里の大阪に帰り、死への不安や焦りを脱した心境から**『のんきな患者』**を発表する。『檸檬』**『闇の絵巻』**などの作品を評論家は高く評価したが、病は癒（い）えることなく31歳で没した。

川端康成

一八九九〜一九七二（明治32〜昭和47）
大阪府生まれ

抒情の美とノーベル文学賞

幼くして父母を失い、祖父母に育てられた。祖母も亡くなってからは、目の不自由な祖父との二人暮らしが続いた。15歳のときに祖父も亡くなり、天涯の孤児となった。こうした少年期の孤独が川端文学の基調にある。

東京帝国大学卒業後に横光利一らと同人雑誌「文藝時代」を創刊し、新感覚派の運動を展開した。文壇には、大正15年、青春時代特有の感傷を抒情的に描いた、自身の体験に基づく青春小説**『伊豆の踊子』**で登場し、孤独を見つめる抒情的作家として認められた。

読んでみよう『伊豆の踊子』
（伊豆の旅で出会った旅芸人とのふれあい、踊り子の美しい眼と清純な姿、踊り子への淡い恋を、すがすがしい涙でしめくくった青春小説の傑作。）

昭和になって、浅草の風俗を描いた**『浅草紅団』**、多くの鳥獣を飼う独身男性の話**『禽獣』**などの心理主義的な作品を書くが、次第に作風を変え、昭和10年、二人の女の愛と宿命の哀しさを、伝統的な抒情と美の世界の中に描いた**『雪国』**を発表した。「**掌の小説**」と呼ばれる数多くの掌編小説もこの時期に執筆された。

読んでみよう『雪国』
（越後湯沢の温泉を舞台に、舞踊評論家島村の目を通して、ひたむきな女の愛に生きる芸者駒子とのふれあいを描いた抒情文学の傑作。）

戦時中も軍国主義的風潮に傾くことなく、茶道の世界を舞台に女の哀しみを描いた**『千羽鶴』**、死を意識しつつ息子の妻に心ひかれる老年男性の心の揺らぎを描いた**『山の音』**、京都の行事や自然を背景に、数奇な運命のもとに育った美貌の双子姉妹を抒情的に描いた**『古都』**などの、日本的な美を描く作品を残した。昭和43年、日本人初のノーベル文学賞を受賞した。

若山牧水

一八八五〜一九二八（明治18〜昭和3）
宮崎県生まれ

旅に託した人生の哀感

早稲田大学で尾上柴舟・前田夕暮らと短歌グループ「車前草社」を結成した。人妻との恋に苦しむが、そのためか浪漫的なしらべが歌の主調となった。卒業と同時期に、清純な詠嘆のなかに青春の恋情と悲哀を詠んだ歌集**『海の声』**を自費出版した。

読んでみよう
幾山河越えさり行かば寂しさのはてなむ国ぞ今日も旅ゆく
白鳥はかなしからずや空の青海のあをにも染まずただよふ
（『海の声』新潮社）

明治43年、青春の哀歓をうたった清新甘美な抒情歌集**『別離』**を出版するや、新しい自然主義の歌人として、牧水の名は一躍歌壇に知れわたった。結婚後、父と死別し、生家を継ぐか否かの問題に直面し、生活と芸術の間で苦しむ。苦悩から旅と酒を愛し、自然詠の象徴主義的な歌を多く残した異色の歌人であった。

正宗白鳥

一八七九〜一九六二（明治12〜昭和37）
岡山県生まれ

自然主義を貫いた批評精神

キリスト教に共感し、内村鑑三を崇拝した。東京専門学校（現早稲田大学）を卒業後、読売新聞社で文芸時評を書き続けた後、虚無的・厭世的な青年を主人公とした**『何処へ』**によって、徳田秋声らとともに自然主義の代表的作家となった。**『泥人形』『入江のほとり』**など、厭世的な人生観を基調とした小説が多い。

読んでみよう 人中へ出てる時には心が動揺して紛れてゐるが、独り黙然と静かな部屋に坐つてゐると、心が自分の一身の上に凝り固まつて、その日常の行為の下らないこと、将来の頼むに足らぬこと、仮面を脱いだ自己がまざ〳〵と浮び、終には自分の肉体までも醜く浅間しく思はれて溜らなくなる。

（『何処へ』筑摩書房）

また、**『作家論』**『内村鑑三』など、生涯にわたって鋭い批評を行い、文壇の御意見番的存在であった。

柳田國男

一八七五〜一九六二（明治8〜昭和37）
兵庫県生まれ

日本民俗学の創始者

少年のころから短歌や詩に親しんだ。第一高等学校時代に、国木田独歩・島崎藤村・田山花袋らとの共著で『抒情詩』を刊行し、新体詩を発表した。東京帝国大学卒業後は農商務省に入り、農政官僚となった。早稲田大学などで農政学の講義を担当し、産業組合の講演で全国をまわった。

明治43年、岩手県遠野郷に伝わる座敷わらし・オシラサマ・河童などを題材に、民話・言い伝え・習俗を記録した説話集**『遠野物語』**を発表した。日本民俗学の出発点となった記念碑的作品である。

大正8年、官僚の職を離れ、日本各地を回り、民俗学の研究に専念し、多くの門下生を指導して「柳田民俗学」と呼ばれる日本民俗学を樹立した。この時期の著作に、東北地方の美しい山河と風物を書き留めた随筆**『雪国の春』**がある。

読んでみよう 日本海の水域に属する低地は、一円に雪の為に交通がむつかしくなる。伊予に住み馴れた土居得能の一党が、越前に落ちて行かうとして木ノ目峠の山路で、悲惨な最期を遂げたといふ物語は、太平記を読んだ者の永く忘れ得ない印象である。

（『雪国の春』筑摩書房）

その後も、昔話や伝説などの口承文芸、あるいは農山漁村の習俗・信仰・方言などについて調査・研究を続け、日本人の特性とそのルーツを探求し続けた。それらは『狐飛脚の話』『ダイダラ坊の足跡』『うつぼ舟の話』など、多くの分野にわたる膨大な著作として残されている。

昭和36年、**『海上の道』**を発表し、日本人の祖先は、稲作の技術を携え、唯一沖縄に産する宝貝を求めて南方から海を渡って島伝いにやって来たとする、ユニークな仮説を展開した。

読んでみよう や、奇矯に失した私の民族起原論が、殆と完膚なく撃破せられるやうな日が来るならば、それこそは我々の学問の新らしい展開である。寧ろさういふ日の一日も早く、到来せんことを私は待ち焦れて居る。

（『海上の道』筑摩書房）

現代編■第２章　近代文学の流れを知る（昭和・平成の文学年表）

プロレタリア文学

小林多喜二　[P. 172]

大正末期に、抑圧された労働者の現実を描いた**葉山嘉樹**の『**セメント樽の中の手紙**』や『**海に生くる人々**』などの**プロレタリア文学**の先駆をなす作品が生まれた。社会主義思想に基づいて社会の矛盾を訴え、労働者革命を目指した彼らの文学は、昭和初期の不景気や世界恐慌の社会不安を背景に、文壇を圧倒する勢いであった。

彼らは官憲の弾圧の強まるなかで、機関誌「**戦旗**」のもとに、搾取に苦しむ漁師の闘いと敗北を描いた『**蟹工船**』の**小林多喜二**、労働者の争議を描いた『**太陽のない街**』の**徳永直**、**中野重治**・**宮本百合子**・**佐多稲子**などが集まった。

転向文学

昭和６年の満州事変を契機として官憲の弾圧は激しさを極め、小林多喜二が拷問の末虐殺されるに及んで、組織的なプロレタリア運動は壊滅した。かわって、自らの政治性・思想性を放棄した**転向文学**が現れる。**島木健作**の『**生活の探求**』、**高見順**の『**故旧忘れ得べき**』、**徳永直**の『**冬枯れ**』、**中野重治**の『**村の家**』などである。

新興芸術派

井伏鱒二　[P. 167]
梶井基次郎　[P. 167]
小林秀雄　[P. 174]

革命のための文学であろうとしたプロレタリア文学に対抗して、純文学的な立場から文学の自律性を唱えたのが、新感覚派の後を受け継いだ**新興芸術派**で、川端康成・舟橋聖一・井伏鱒二・堀辰雄・梶井基次郎・小林秀雄らであった。

井伏鱒二はユーモアと哀しみのにじむ『**山椒魚**』『**屋根の上のサワン**』などを書き、**梶井基次郎**は繊細な感性で『**檸檬**』『**冬の蠅**』などの作品を残した。また**小林秀雄**は、評論を単なる文芸時評としての地位にとどめず、評論それ自体が創造的活動であることを、『**様々なる意匠**』『**私小説論**』などによって示した。

国策文学の暗黒時代

太平洋戦争が進行するにつれ、時局に迎合して戦争を賛美する文学が幅をきかせた。日中戦争が始まったころ、兵隊であった**火野葦平**の口記体の戦場小説『**麦と兵隊**』が爆発的な人気を博し、文学は次第に国の政策に沿って戦争に協力する作品として書かれるようになり、**国策文学**と呼ばれる文学の暗黒時代に突入する。

無頼派

坂口安吾　[P. 174]
太宰治　[P. 175]

敗戦後の混乱期を生きた、**無頼派**と呼ばれた作家たちがいた。繰り返し自殺を図る生活のなかで小説を書き始め、『**走れメロ**

昭和（戦前）

- 2（一九二七）　或阿呆の一生（芥川龍之介）
- 3（一九二八）　冬の蠅（梶井基次郎）
- 4（一九二九）　夜明け前（島崎藤村）
　　蟹工船（小林多喜二）
- 5（一九三〇）　測量船（三好達治）
- 8（一九三三）　若い人（石坂洋次郎）
- 9（一九三四）　山羊の歌（中原中也）
- 10（一九三五）　雪国（川端康成）
　　蒼氓（石川達三）
　　宮本武蔵（吉川英治）
- 11（一九三六）　風立ちぬ（堀辰雄）
- 12（一九三七）　路傍の石（山本有三）
　　濹東綺譚（永井荷風）
　　旅愁（横光利一）
- 13（一九三八）　麦と兵隊（火野葦平）
- 16（一九四一）　智恵子抄（高村光太郎）
- 17（一九四二）　山月記（中島敦）
　　無常といふ事（小林秀雄）
- 18（一九四三）　細雪（谷崎潤一郎）
　　大和古寺風物誌（亀井勝一郎）
- 21（一九四六）　赤蛙（島木健作）
　　播州平野（宮本百合子）
　　桜島（梅崎春生）
　　堕落論（坂口安吾）
　　死霊（埴谷雄高）
- 22（一九四七）　斜陽（太宰治）
　　小説の方法（伊藤整）

ス」などの人間信頼の世界を書く一方で、愛を求めながら敗北してゆく男を描く**『人間失格』『斜陽』**などを残し、自らの若い命を断った**太宰治**、伝統的な小説観に異議を唱えた評論**『可能性の文学』**の**織田作之助**、**『堕落論』**で反逆的な意見を展開し、**『白痴』『桜の森の満開の下』**などを発表した**坂口安吾**、**『黄金伝説』**の**石川淳**らであった。

民主主義文学

プロレタリア文学の作家たちは戦前の挫折に対する反省から、雑誌「新日本文学」を拠点に、**民主主義文学**としての再生をめざした。**宮本百合子**の**『播州平野』**、**中野重治**の**『五勺の酒』**、**徳永直**の**『妻よねむれ』**、**佐多稲子**の**『私の東京地図』**、**壺井栄**の**『二十四の瞳』**などがある。

戦後派

野間宏 [P. 177]
大岡昇平 [P. 175]
三島由紀夫 [P. 176]
安部公房 [P. 181]

戦争の悲惨な体験をもつ若い世代が、昭和21年創刊の雑誌「近代文学」を出発点として創作活動に入った。**『暗い絵』**の**野間宏**、**『深夜の酒宴』**の**椎名麟三**らである。他に**『仮面の告白』**の**三島由紀夫**、**『桜島』**の**梅崎春生**、**『俘虜記』**の**大岡昇平**らがおり、やや遅れて**『砂の女』**の**安部公房**、**『広場の孤独』**の**堀田善衛**らが続いた。既成の作家に対して、彼らは**戦後派**と呼ばれた。

第三の新人

遠藤周作 [P. 182]

戦後の混乱期を過ぎると、国家や戦争に対して根源的な問いかけをした戦後派とは違って、ささやかな日常生活を描く新人たちが登場した。母の狂気と死を描いた**『海辺の光景』**の**安岡章太郎**、卑屈な日本人を描いた**『アメリカン・スクール』**の**小島信夫**、性の深淵を探る**『驟雨』**の**吉行淳之介**、留学の体験を描いた**『白い人』**の**遠藤周作**、庄野潤三・三浦朱門・曽野綾子らは**第三の新人**と呼ばれた。

女流作家の時代

幸田文 [P. 182]

戦後は多くの女流作家を生む時代でもある。夏目漱石門下で**『秀吉と利休』**を書いた**野上弥生子**、**『灰色の午後』**の**佐多稲子**ら戦前からの作家に加えて、**『紀ノ川』**の**有吉佐和子**、**『流れる』『おとうと』**の**幸田文**、大阪弁を巧みに取り入れた**『感傷旅行』**の**田辺聖子**ら、新しい作家たちが続々と文壇に登場した。

昭和（戦後）	23（一九四八）	俘虜記（大岡昇平）
	24（一九四九）	夕鶴（木下順二） 足摺岬（田宮虎彦）
	27（一九五二）	真空地帯（野間宏） 二十四の瞳（壺井栄） 二十億光年の孤独（谷川俊太郎）
	29（一九五四）	驟雨（吉行淳之介）
	31（一九五六）	金閣寺（三島由紀夫）
	32（一九五七）	点と線（松本清張） 裸の王様（開高健） 死者の奢り（大江健三郎）
	33（一九五八）	赤ひげ診療譚（山本周五郎）
	34（一九五九）	紀ノ川（有吉佐和子） 敦煌（井上靖）
	35（一九六〇）	忍ぶ川（三浦哲郎）
	37（一九六二）	飢餓海峡（水上勉） 楡家の人びと（北杜夫） 砂の女（安部公房） 竜馬がゆく（司馬遼太郎）
	40（一九六五）	黒い雨（井伏鱒二）
	41（一九六六）	沈黙（遠藤周作）
	52（一九七七）	泥の河（宮本輝）
	62（一九八七）	キッチン（吉本ばなな） サラダ記念日（俵万智）
平成	1（一九八九）	放課後の音符（山田詠美）
	12（二〇〇〇）	神の子どもたちはみな踊る（村上春樹）

小林多喜二

一九〇三～一九三三（明治36～昭和8）
秋田県生まれ

虐殺された革命作家

貧しい農家に生まれ、苦学の末に小樽高等商業学校を出て、銀行に勤める。小樽の労働運動に参加し、過酷な労働に苦しむ北洋漁業の労働者の、闘争と挫折の過程を克明に描いた『**蟹工船**』『**不在地主**』などを発表後、銀行を解雇されたのを機に上京した。

読んでみよう

「俺達には、俺達しか味方が無えんだ。」
　それは今では、皆の心の底の方へ、底の方へ、と深く入り込んで行った。――「今に見ろ！」
　然し「今に見ろ」を百遍繰りかえして、それが何になるか。
（『蟹工船』新潮社）

革命運動と創作の融合を実践しようとしたが、特高警察に逮捕された昭和8年に、築地警察署で拷問の末に虐殺された。没後に『**党生活者**』などが発表された。権力に対抗する力強いリアリズムを貫いた、5年ほどの短い作家活動であった。

三好達治

一九〇〇～一九六四（明治33～昭和39）
大阪府生まれ

昭和の抒情詩人

父親の意向で陸軍士官学校に進むが、不向きと悟って中退し、東京帝国大学に進む。梶井基次郎らの同人誌「青空」に加わり、「**甃のうへ**」「**乳母車**」などの詩を発表し、反響を呼んだ。昭和5年、風刺と批評精神の抒情詩集『**測量船**』を刊行する。

読んでみよう　乳母車

母よ　私の乳母車を押せ
泣きぬれる夕陽にむかつて
轔々と私の乳母車を押せ
（略）母よ　私は知つてゐる
この道は遠く遠くはてしない道
（『測量船』筑摩書房）

昭和9年には堀辰雄らと雑誌「四季」を創刊し、四季派と呼ばれる新詩人のグループを形成した。昭和14年刊行の『**艸千里**』では文語の韻律による古典的な抒情詩を完成させ、戦後の『**駱駝の瘤にまたがつて**』はその頂点を示すものであった。

中原中也

一九〇七～一九三七（明治40～昭和12）
山口県生まれ

倦怠と哀愁の悲しみの詩

文学的に早熟で小学6年生のときには新聞や雑誌に80首あまりの短歌が入選した。学業は怠けがちで落第し、京都の立命館に転校する。京都で知り合った女優を連れて上京するが、彼女をめぐって小林秀雄との間でトラブルが起こり、彼女は別の男のもとに去った。

失意のなかで、昭和9年、倦怠と哀愁の漂う詩集『**山羊の歌**』を、高村光太郎の装丁で刊行した。だが、愛児急死の衝撃から精神を病み、『**在りし日の歌**』の原稿を小林秀雄に託し、療養先の鎌倉で30歳の短い人生を終えた。

読んでみよう　一つのメルヘン

秋の夜は、はるかの彼方に、
小石ばかりの、河原があつて、
それに陽は、さらさらと
さらさらと射してゐるのでありました。
（『在りし日の歌』筑摩書房）

石川達三

一九〇五〜一九八五（明治38〜昭和60）
秋田県生まれ

息の長い芥川賞作家

早稲田大学英文科を中退。ブラジル移民に参加し、ブラジルへの移住者集団を描いた社会小説**『蒼氓』**で、**第一回芥川賞**を受賞した。従軍した日中戦争の残虐さの状況をありのままに書いた**『生きている兵隊』**は、軍部により発禁処分を受けた。

その他にも、**『風にそよぐ葦』『人間の壁』『金環蝕』『結婚の生態』『稚くて愛を知らず』『青春の蹉跌』**など、たえず社会の直面する問題を正面から取り上げ、事実に取材した社会性の強い長編小説を、筆力ある文体でコンスタントに書き続けた作家であった。

読んでみよう 教師たちが組合をつくったのは、社会と政治とに抗議することが目的だ。職業上の共同の利益を擁護するとともに、教育という彼等の仕事を守るためでもある。文教政策のやり方が悪いから、教師に対する待遇が悪いから、抗議するための組合である。

（『人間の壁』新潮社）

堀 辰雄

一九〇四〜一九五三（明治37〜昭和28）
東京都生まれ

愛と生と死の文学

第一高等学校時代から室生犀星や芥川龍之介に師事し、東京帝国大学在学中には中野重治らと同人誌「驢馬」を創刊した。芥川の自殺の衝撃は大きく、心理小説**『聖家族』『菜穂子』**などに色濃くその影がみられる。『聖家族』を書いたころから喀血するようになり、信州での長い療養生活が始まる。

婚約者を結核で失い、自らも同じ病に苦しみつつ、軽井沢などでの体験をもとにした**『風立ちぬ』**などの西洋的ロマンを目指した恋愛小説や、日本の古典に取材した**『かげろふの日記』『曠野』**などを発表した。戦後は長く病床にあって没した。

読んでみよう 砂のやうな雲が空をさらさらと流れてゐた。そのとき不意に、何処からともなく風が立った。私達の頭の上では、木の葉の間からちらっと覗いてゐる藍色が伸びたり縮んだりした。

（『風立ちぬ』筑摩書房）

中島 敦

一九〇九〜一九四二（明治42〜昭和17）
東京都生まれ

漢学を背景に自我を造型

代々漢学者の家に生まれ、幼時期から漢学の深い素養が培われた。秀才であった中島は第一高等学校から東京帝国大学に進むが、このころから喘息の発作に苦しめられる。帝大卒業後、高等女学校の教員になり、教職のかたわらに応募した小説『虎狩』が、雑誌「中央公論」の選外佳作に入った。

持病の喘息の療養のためパラオに旅立つが、快方に向かわず帰国。中国の古典『西遊記』に取材した**『悟浄歎異』**、『人虎伝』に材をとった**『山月記』**で文壇にデビューしたが、**『弟子』『李陵』『名人伝』**などの格調高い作品の公刊前後に、喘息の発作のため、33歳の短い生涯を終えた。

読んでみよう しかし、弓はどうなさる？弓は？ 老人は素手だったのである。弓？と老人は笑う。弓矢の要る中はまだ射之射じゃ。不射之射には、烏漆の弓も粛慎の矢もいらぬ。

（『名人伝』筑摩書房）

小林秀雄

一九〇二〜一九八三（明治35〜昭和58）
東京都生まれ

創造的近代批評を確立

第一高等学校から東京帝国大学に進むが、中原中也の恋人と恋愛関係に陥り、苦悩の青春を送った。このころから批評活動を始める。昭和4年、懸賞評論に、文学における創造的な批評の必要性を唱えた**『様々なる意匠』**が入選し、批評家としてスタートする。文芸時評を通してプロレタリア文学の観念的な思想性に鋭い批評を展開した。

読んでみよう 人はこの世に動かされつつ、この世を捨てようと希ふ事は出来ない、この世を捨てた人とは世を捨てた人ではない、世が捨てた人である。

（『様々なる意匠』筑摩書房）

昭和10年、日本の近代文学を批判した**『私小説論』**を発表した。戦時下においてはもっぱら日本の古典に批評の対象を狭め、戦後に、動乱の中世をたくましく生き抜いた人々をつづったエッセイ**『無常といふ事』**にまとめられた。

読んでみよう 「大海の磯もとゞろによする波われてくだけてさけて散るかも」かういふ分析的な表現が、何が壮快な歌であらうか。大海に向つて心開けた人に、この様な発想の到底不可能な事を思ふなら、青年の殆ど生理的とも言ひたい様な憂悶を感じないであらうか。

（「実朝」『無常といふ事』所収　新潮社）

戦後は音楽・美術を対象に、芸術と実生活とのかかわりを追究した**『ゴッホの手紙』『考へるヒント』『モオツァルト』**などを発表する。また、江戸中期の国学者本居宣長の研究の軌跡をたどり、宣長の精神を現代に蘇らせた大作**『本居宣長』**がある。

読んでみよう モオツァルトは、目的地なぞ定めない。歩き方が目的地を作り出した。彼はいつも意外な処に連れて行かれたが、それがまさしく目的を貫いたといふ事であつた。

（『モオツァルト』筑摩書房）

小林秀雄は、印象批評に過ぎなかった従来の批評を否定し、自己の主観や思想を述べる創造そのものとしての近代批評を確立した評論家であった。

坂口安吾

一九〇六〜一九五五（明治39〜昭和30）
新潟県生まれ

強靭な合理精神の無頼派

新潟中学を退学、東京に出て東洋大学で印度哲学を学んだ。笑劇『風博士』などが認められ文壇に登場した。戦時下に、国粋主義全盛の潮流に抗して、ドイツの建築家ブルーノ・タウトと同名の評論**『日本文化私観』**で、形式的な伝統美を破壊する合理精神を説いた。

読んでみよう 建築は火に焼けるし人はやがて死ぬから人生水の泡の如きものだといふのは『方丈記』の思想で、タウトは『方丈記』を愛したが、実際、タウトという人の思想はその程度のものでしかなかった。

（『日本文化私観』筑摩書房）

堕落の中にこそ人間の本質があると説いた**『堕落論』**と、小説**『白痴』**は、敗戦後の虚脱状態にあった国民に衝撃をもって迎えられた。虚無的な美を描いた小説**『桜の森の満開の下』**や、独特の史観を展開した**『安吾新日本地理』**などがある。

大岡昇平

一九〇九～一九八八（明治42～昭和63）
東京都生まれ

透徹した心理分析の戦後派

高校時代からフランス文学に関心を持ち、京都帝国大学卒業後はスタンダールの翻訳や評論を発表した。

昭和19年、フィリピンのミンドロ島に出征し、米軍の捕虜となって敗戦を迎えた。復員後、戦争体験を緻密な心理分析で描いた小説『**俘虜記**』を発表し好評を得た。戦争の極限状況における人間性を徹底的に追究した『**野火**』が続く。

読んでみよう 最初彼の姿を見たとき、私は射つ気が起らなかつた。これは確かである。時間的順序から見て私はこれがその前にしてゐた決意の結果だと思つてゐた。しかしこれはそれほど確かだらうか。

（『俘虜記』筑摩書房）

他に、スタンダールの心理小説の手法を試みた『**武蔵野夫人**』『**花影**』、戦争に対する厳しい批判を込めて連載された『**レイテ戦記**』、評伝『**中原中也**』などがある。

太宰　治

一九〇九～一九四八（明治42～昭和23）
青森県生まれ

自虐と破滅の無頼派

県下有数の大地主の家に生まれ、弘前高校時代に芥川龍之介の自殺に強い衝撃を受ける。時代の風潮であったマルクス主義に出会い、地主階級出身に対する引け目・こだわりから、最初の自殺を図っている。

東京帝国大学入学後に結婚するが、別の女性と心中、自分だけが生き残り、罪の意識に苦しむ。左翼運動に加わったが、違和感と絶望から脱落し、罪の意識はさらに強くなる。『逆行』が芥川賞の候補に上がり、文壇に登場したが、その後も麻薬中毒・心中未遂・妻との離別など、危機的な生活が続く。

師の井伏鱒二の仲介で再婚し、敗戦まで安定した生活を送る。御坂峠で毎日富士と対し、温かい人の心に触れた作者の心象風景をつづった『**富嶽百景**』、友情と信頼を希求した『**走れメロス**』、故郷の風土や人物を通して津軽人としての自己を見つめた『**津軽**』など、人間信頼を基調とする作品を発表した。

読んでみよう 娘さんは、興奮して頰をまつかにしてゐた。だまつて空を指さした。見ると、雪。はつと思つた。富士に雪が降つたのだ。山頂が、まつしろに、光りかがやいてゐた。御坂の富士も、ばかにできないぞと思つた。

（『富嶽百景』筑摩書房）

敗戦後の軽薄な文壇とジャーナリズムに憤って**無頼派**宣言を行い、再び退廃的な生活に戻る。敗戦後の没落貴族への感傷と、新しく生きんとする者の強さを描いた『**斜陽**』、愛と信頼を求めながら疎外されてゆく自身の内面を自虐的に語った『**人間失格**』を発表して文壇の寵児となったが、実生活の疲れから、東京三鷹の玉川上水に女性と入水自殺した。

読んでみよう それは、自分の、人間に対する最後の求愛でした。自分は、人間を極度に恐れてゐながら、それでゐて、人間を、どうしても思ひ切れなかつたらしいのです。さうして自分は、この道化の一線でわづかに人間につながる事が出来たのでした。

（『人間失格』筑摩書房）

三島由紀夫

一九二五～一九七〇（大正14～昭和45）
東京都生まれ

観念的な死の美学

代々官僚の家に生まれ、学習院に学んだ早熟な天才三島は、16歳で小説『花ざかりの森』を発表した。昭和23年、東京大学卒業後に勤めた大蔵省を辞め、作家生活に入った。昭和24年、青年の性的倒錯の告白という形をとって、戦後社会への違和感を表現した**『仮面の告白』**で注目を集めた。

読んでみよう 愛しもせずに一人の女を誘惑して、むかうに愛がもえはじめると捨ててかへりみない男に私はなつたのだ。なんとかういふ私は律義な道徳家の優等生から遠くにゐることだらう。

（『仮面の告白』筑摩書房）

昭和26年にギリシャを訪問し、精神と肉体の均整のとれた人間像を理想とし始め、自らもボディービルを始める。調和のとれた人間性と肉体美へのあこがれから、若者の健康的な恋愛の賛歌**『潮騒』**を書く。

三島には、独自の美と滅びの一致という美意識が見られ、それは実際の放火事件を素材に、自閉的な青年の疎外感と孤独を描いた**『金閣寺』**に象徴されている。一方で**『サド侯爵夫人』**などの戯曲にも力量を示した。

六〇年安保の騒乱以後、政界への批判的な言動が見られ、二・二六事件に取材した**『憂国』**や、独自の天皇観を世に問う『英霊の聲』などを発表した。自衛隊に体験入隊したのもこのころである。高遠な哲学を披瀝する13歳の少年たちの殺人を描いた**『午後の曳航』**などは、平和で退屈な日常的リアリズムに固執する現代文学に対する弾劾ともいえよう。

読んでみよう 僕たちはあの男の生きのいい血を絞り取って、死にかけている宇宙、死にかけている空、死にかけている森、死にかけている大地に輸血してやらなくちゃいけないんだ。

（『午後の曳航』新潮社）

壮大な輪廻転生破綻の物語を展開の軸として、作者の美意識・政治意識・終末観などを総合した最後の長編四部作**『豊饒の海』**を書き終えた三島は、自衛隊市ヶ谷駐屯地に乱入し、クーデターへの決起を促す演説の後、割腹自殺を遂げた。

松本清張

一九〇九～一九九二（明治42～平成4）
福岡県生まれ

社会派推理小説の先駆け

尋常高等小学校卒業。新聞社に勤めながら、40歳を過ぎて小説を書き始める。**『或る「小倉日記」伝』**で芥川賞を受賞後、アリバイくずしを軸としたトラベル・ミステリーの長編**『点と線』**、ハンセン病差別の暗い歴史を背景とした重厚なヒューマン・ミステリー**『砂の器』**などが清張ブームを呼んだ。現代社会の歪みを背景に犯罪の動機を巧みに設定した作品は、社会派推理小説の潮流を生んだ。

読んでみよう 『砂の器』

（迷宮入り寸前の殺人事件を追いつめてゆく斬新なトリックで、天才音楽家に隠された暗い宿命を描いた社会派推理小説の傑作。）

他に**『無宿人別帳』**などの時代小説や、**『日本の黒い霧』**のような現代史の暗部に迫るノンフィクションでも高い評価が残された。

野間宏

一九一五〜一九九一（大正4〜平成3）
兵庫県生まれ

日本の暗部をえぐる社会派

京都帝国大学ではマルクス主義に傾倒し、反戦活動に参加。戦時中には思想犯として投獄された。戦後、満州事変の暗い時代を生きた左翼学生の苦悩を描いた**『暗い絵』**を書き、その屈折した文体で注目を浴びた。その後、軍隊内の腐敗と非人間性を描いて軍国主義を批判した**『真空地帯』**で毎日出版文化賞を受賞した。

読んでみよう 彼は彼の傍の木山省吾の存在を感じながら、先ほど永杉英作の部屋で見たブリューゲルの絵の気味悪い姿、あの黒い淫らなふくれ上ったような穴のことを考えていた。

（『暗い絵』筑摩書房）

被差別部落問題にかかわる青年たちを描いた自伝的小説**『青年の環』**で谷崎潤一郎賞を受賞した。被差別部落の問題から狭山事件の真相を追究した**『狭山裁判』**などを書き、社会的な活動も活発に行った。

大江健三郎

一九三五〜（昭和10〜）
愛媛県生まれ

新世代のノーベル賞作家

東京大学在学中に、山村に墜落した米兵と子供たちとの交流を、大人たちとの対比で描いた**『飼育』**で芥川賞を受賞し、学生作家としてデビューした。山村で共同生活をする少年たちの希望と挫折を描いた**『芽むしり仔撃ち』**などの後、六〇年安保闘争を機に、**『ヒロシマ・ノート』**など、広く社会を視野に入れた活動に力を注いだ。

読んでみよう 「俺は戦争をしたいし、人を殺したいな」と南がいった。「君たちの年齢ではわからない」と兵士がいった。「そして突然わかってしまう」

僕らは半信半疑で黙りこんだ。

（『芽むしり仔撃ち』筑摩書房）

昭和39年、重度の障害を持つ息子の父親という自己の体験を踏まえた**『個人的な体験』**を発表。その後は弱者に光を当てた作品からも問題を提起している。平成6年、ノーベル文学賞受賞。

井上靖

一九〇七〜一九九一（明治40〜平成3）
北海道生まれ

詩情豊かな西域ロマン

5歳で家族と離れ、伊豆湯ヶ島で祖母に溺愛されて育った。学業には熱心でなく、京都帝大を卒業したのは29歳のときであった。新聞記者を経て、戦後に現代人の虚無的な心情を描いた**『闘牛』**で芥川賞を受賞し、続いて、知識人の孤独と情熱を描いた**『氷壁』**などを発表した。

人間の成長過程を叙情的に描いた**『あすなろ物語』『しろばんば』『夏草冬濤』『北の海』**、鑑真の来朝と留学僧たちの無償の情熱を描いた**『天平の甍』**、中国西域を舞台に人間の運命をみつめた**『楼蘭』『敦煌』**などの長編があり、国際的な評価は高い。

読んでみよう 遣渤海使小野国田守の帰朝は、普照に業行のことを諦めさせた許りでなく、普照のためにもう一つの役割を持っていた。それは彼が、一個の甍を普照のために持って帰国したことであった。

（『天平の甍』新潮社）

山本周五郎（やまもとしゅうごろう）

一九〇三〜一九六七（明治36〜昭和42）
山梨県生まれ

善人を描く一刻な人情作家

小学校を出て、山本周五郎質店へ奉公に出た。ペンネームはこの恩人からとっている。貧困との闘いのなかで、初期の代表作『**日本婦道記**』が直木賞に選ばれたが、文学を評価する者は読者だけだと辞退する。その後もあらゆる文学賞を辞退した。

伊達騒動を描いた長編『**樅ノ木は残った**』や幕末を舞台にした『**天地静大**』などの歴史物、『**赤ひげ診療譚**』『**さぶ**』『**柳橋物語**』などの江戸下町を舞台にした時代物、戦前の庶民の哀歓を描いた『**青べか物語**』『**季節のない街**』などがある。

読んでみよう ——死ぬことにはなんの意味もない。

郷臣の言葉がまだなまなまと頭に残っている。おれの分まで生きてくれ、生きて、おまえの学問をやりぬくことだ。

透はつむっていた眼をあいて、郷臣の死顔をじっとみつめた。（『天地静大』新潮社）

水上勉（みずかみつとむ）

一九一九〜二〇〇四（大正8〜平成16）
福井県生まれ

女の哀しさと母恋い

貧しさのため8歳で寺の徒弟となるが、脱走を繰り返した。立命館大学国文科を中退、職を転々としながら、昭和36年、少年時代の体験をもとに孤独な人間の心を描いた推理小説『**雁の寺**』で直木賞を受賞した。

水俣病に取材した『**海の牙**』、地方の名士の過去の犯罪を巧みな展開で明かしてゆく『**飢餓海峡**』などの推理小説の他、薄幸な女の宿命をテーマとした『**五番町夕霧楼**』『**越前竹人形**』や、『**一休**』『**良寛**』などの伝記小説、金閣寺放火の事件の奥に潜む、犯人の心理や社会状況を丹念に描いた『**金閣炎上**』がある。

読んでみよう 忠平は玉枝の髪の匂いに、半年前の竹神の家のうす暗い炉端で、ぺしぺしと燃えていた薪の音をきくように思った。と、好色な独身男の心に、ささやきかけてくる情念があった。

（『越前竹人形』新潮社）

石坂洋次郎（いしざかようじろう）

一九〇〇〜一九八六（明治33〜昭和61）
青森県生まれ

若く明るい青春像

慶應義塾大学卒業後、青森や秋田で教員生活をするかたわら、多くの青春小説を書いた。同郷の作家葛西善蔵に深く傾倒し、学生時代には鎌倉の自宅を訪問している。

若い国語教師と、奔放な美しい女生徒、理知的な同僚の女性教師らとの愛情のからみ合いを、左翼運動の崩壊期を背景に描いた『**若い人**』は不敬罪で告訴され、職を退いた。戦後は、明るい青春像を描いた『**青い山脈**』、戦後の女性のそれぞれの生き方を描いた『**丘は花ざかり**』『**山と川のある町**』などが朝日新聞に連載され、絶大な人気を博した。

読んでみよう 「男の人の無理が、そこだけで止まっているといいんですけど、その飛ばっちりを女が受けて、どうしても家庭は、亭主関白という形になりやすい。それが日本の現状だろうと思います……」

（『丘は花ざかり』新潮社）

山本有三

一八八七〜一九七四（明治20〜昭和49）
栃木県生まれ

健全な常識と道義感

東京帝国大学在学中に芥川龍之介・菊池寛らと第三次「新思潮」に参加する。大正9年、社会の直面する現実と矛盾を見つめた戯曲『**嬰児殺し**』など、人道主義の破綻や理想と現実の相克を扱った作品の成功で、新劇作家の第一人者となった。

大正末に小説に転じ、『**真実一路**』に代表される、健全な常識と道義感に裏打ちされた作品を生み出していった。結婚・死別など女医の人生記録を描いた『**女の一生**』、逆境のなかをたくましく生きる少年を描いた『**路傍の石**』などがある。

読んでみよう　吾一は出世を夢みていた。金もちになりたいと思っていた。えらい人物になりたいと祈っていた。えらい人物になって、自分をぶんなぐった者、自分をけとばした者、自分を冷笑した者を、見かえしてやろうと、常に念じていた。

（『路傍の石』新潮社）

吉川英治

一八九二〜一九六二（明治25〜昭和37）
神奈川県生まれ

人間と歴史の壮大なドラマ

尋常高等小学校在籍後、さまざまな職業を経て小説を書き始め、美男剣士の活躍を描いた『**鳴門秘帖**』や、少年向けの歴史活劇『**神州天馬侠**』などで流行作家となった。

以後、時代小説を国民文学にまで高めたと言われる『**宮本武蔵**』、中国の興亡史を描く『**三国志**』など、主人公の人間的成長の物語を中心とした、明快な筋立ての大衆小説を次々と発表し、国民的な人気を得た。戦後には、源平興亡の歴史を素材にした『**新・平家物語**』など、歴史を素材に、豊かな想像力と構想力によって、壮大な人間のドラマを描き続けた。

読んでみよう　会ったにせよ、武蔵が、自分の一心を、どの程度までうけ容れてくれるだろうか。彼女は、武蔵に会うよろこびとともに、武蔵に会ってのかなしみにも、胸が傷んで来るのであった。

（『宮本武蔵』講談社）

亀井勝一郎

一九〇七〜一九六六（明治40〜昭和41）
北海道生まれ

現代知識人の挫折と再生

東京帝国大学美学科在学中に、マルクス主義に傾倒して退学、労働争議指導者として検挙され投獄されたが、獄中で転向し、釈放された。

転向後、日本の伝統文化や仏教思想に関心を示し、奈良の古寺を巡り、転向という精神の危機を乗り越えることを希求した『**大和古寺風物誌**』を著し、広範な読者を得た。

読んでみよう　僕らはこの不幸を、信仰の上にも思想の上にも、おそらく恋愛の上にも担っている。比較しつつ信仰する人間の信仰を信用出来るだろうか。比較しつつ愛する人間の愛情を信じうるだろうか。

（『大和古寺風物誌』新潮社）

信仰・愛・死をテーマにした『**愛の無常について**』、西洋美術に始まり日本の伝統美術に至った『**私の美術遍歴**』の他、日本人の魂の遍歴を考察した『**日本人の精神史研究**』に取りかかるが、第四巻で食道癌に倒れた。

木下順二

一九一四～二〇〇六（大正3～平成18）
東京都生まれ

民話劇をうち立てた劇作家

東京帝国大学在学中、熊本の民話に関心を持ち、**『赤い陣羽織』『彦市ばなし』『三年寝太郎』**など、昔話に基づく新たなドラマ「民話劇」を発表した。ことに、佐渡の民話「鶴の恩返し」を素材に、人間の欲望と純粋さを追究した**『夕鶴』**は、記録的な上演回数を重ねた。

読んでみよう 与ひょう「ああ、早う都さ行きたいもんだ。つう、こらよう織れたなあ。」つう「あれほど頼んでおいたのに……あれほど固く約束しておいたのに……あんたはどうして……どうして見てしまったの？……」

与ひょう「何だ？　何で泣くだ？」

（『夕鶴』未來社）

現代劇では一貫して歴史と人間の緊迫した関係を描き、ゾルゲ事件に取材した**『オットーと呼ばれる日本人』**や、大逆事件を扱った**『冬の時代』**などがある。

北　杜夫

一九二七～二〇一一（昭和2～平成23）
東京都生まれ

ユーモアとペーソスの調和

歌人斎藤茂吉の次男。東北大学医学部に進む。卒業後、自己の幼年期を回想した**『幽霊』**を自費出版した。船医として世界各地を巡ったユーモラスなエッセイ**『どくとるマンボウ航海記』**がベストセラーとなった。

読んでみよう 父はほとんど口をきかない人であった。ときたま父の声をきくと、なんだか初めてきく人の声のようにひびいた。よく咳をこらえる仕草で片手を口にもっていったが、そのくせ咳はなかなか出てこなかった。

（『幽霊』角川書店）

ナチスの抹殺指令に抗して患者を救う医師を描いた小説**『夜と霧の隅で』**で芥川賞を受賞。斎藤家の病院を素材とした**『楡家の人びと』**、山男たちの愛すべき素顔を描いた**『白きたおやかな峰』**があり、**『斎藤茂吉伝』**四部作では、偉大な歌人であった父の素顔の人間像を描いている。

三浦哲郎

一九三一～二〇一〇（昭和6～平成22）
青森県生まれ

血を乗り越える清澄な作風

六人兄弟の末っ子として生まれたが、二人の姉の自殺、二人の兄の失踪、残った姉は先天的視覚障害者であった家族の悲劇を「血」の問題として思い悩み、それに挑むべく文学を志して、早稲田大学に進む。

純朴な愛を叙情的に描いた短編**『忍ぶ川』**で芥川賞を受賞。以後、**『たきび』『かえりのげた』**など、私小説的な短編を次々に発表した。長編には、信仰に支えられてローマに赴いた天正遣欧少年使節を描いた**『少年讃歌』**、暗い運命を乗り越えて生きようとする**『白夜を旅する人々』**などがある。

読んでみよう 彼は、里子がみんなを笑わせようとして派手に倒れてみせたのだと思ったのである。けれども、彼の見当は外れていた。

里子は、倒れたまま右目を手のひらで覆って、痛いよう、痛いよう、と泣き出した。

（「たきび」『ふなうた』所収　新潮社）

司馬遼太郎

一九二三～一九九六（大正12～平成8）
大阪府生まれ

歴史という物語を展開

ペンネームは司馬遷にちなんでいる。大阪外国語学校蒙古語科に入学するが、学徒出陣で満州に渡る。敗戦後、モンゴル人のペルシャ征服を描いた『ペルシャの幻術師』で認められた。伊賀忍者とその時代を描いた**『梟の城』**で直木賞を受賞する。

明治維新の立役者坂本竜馬の生涯を描いた**『竜馬がゆく』**の他、**『国盗り物語』『坂の上の雲』『翔ぶが如く』**など、独自の歴史観と人物解釈を展開し、歴史の変革期を舞台に歴史的人物を躍動させた作品は幅広い読者を獲得した。歴史紀行**『街道をゆく』**を連載中に急逝した。

読んでみよう 竜馬は、雑草のつるをぬきとってきてヒモにし、その虫籠に結びつけた。やがて縁にあがり、のびあがって軒端につるした。（妙な男だ）と西郷は、どぎもをぬかれた思いで、この土佐人を見た。（『竜馬がゆく』文藝春秋）

開高 健

一九三〇～一九八九（昭和5～平成元）
大阪府生まれ

世界を疾駆した行動派作家

アルバイトで生計を支え、大阪市立大学を卒業。役人の無能さと愚かさを痛切に風刺した短編**『パニック』**で注目される。家庭と学校とで萎縮してしまった子供の描いた絵を通して、社会の通念を痛烈に批判した**『裸の王様』**で芥川賞を受賞した。

読んでみよう これは局長の独創でもなんでもない、使い古された手だ。いままでに指導者たちは過度のエネルギーが発生するたびに何度もこの手を使い、自分に肉薄する力をすべて幻影に仕立てて大衆の関心をそらしたのだ。（『パニック』新潮社）

その後も長編**『日本三文オペラ』『ロビンソンの末裔』**など、組織における人間疎外の問題を力強い筆致で追究した。平和運動にも積極的にかかわり、昭和39年からのベトナム戦場体験**『輝ける闇』**、釣りと味の紀行**『オーパ！』**などがある。

安部公房

一九二四～一九九三（大正13～平成5）
東京都生まれ

超現実的手法の前衛作家

埴谷雄高・野間宏らとの交流を経て、東京大学医学部卒業後に文学を志す。自身の存在を求めた男が繭となる**『赤い繭』**など、非現実的な世界を描いて人間の実存を追究する。社会への帰属意識が生む弊害を描いた**『壁―S・カルマ氏の犯罪』**で芥川賞を受賞した。

読んでみよう 『砂の女』（砂丘の砂穴に埋れてゆく家に閉じ込められた男。男を引きとめる女と、男の逃亡を妨害する村人達。男は毎日砂かきに没頭する。いつしか男は女と夫婦のように馴染み、村人達との間にも奇妙な連帯感が生まれてゆく。不条理を受け入れてゆく人間存在の脆弱な本質を描いた長編小説。）

その後も**『砂の女』『他人の顔』**など、見慣れた現実から非日常的な世界に迷い込ませ、奇抜な寓意によって人間存在の根源的な不安を追究し、世界的な評価を得た。

遠藤周作

一九二三〜一九九六(大正12〜平成8)
東京都生まれ

神の愛を求め続けた作家

11歳でカトリックの洗礼を受けた。慶應義塾大学卒業後、戦後、フランスのリヨン大学に留学し、ナチスの拷問に加わる人間を描いて神を探った『**白い人**』で芥川賞を受賞した。

米人捕虜の生体解剖事件を題材に、日本人の罪意識の欠如を描いた『**海と毒薬**』、信徒への迫害を放置し続けるかに見える神に疑いを抱く宣教師が、踏絵を踏むに至って神の声を聞く『**沈黙**』、弱さに潜む悪の問題を扱った『**スキャンダル**』、若い司祭たちがインドのガンジス川で魂の救済に至るまでを描く『**深い河**』などの長編の他、軽妙な「狐狸庵」シリーズのエッセイでも親しまれた。

読んでみよう その時、踏むがいいと銅版のあの人は司祭にむかって言った。踏むがいい。お前の足の痛さをこの私が一番よく知っている。踏むがいい。(『沈黙』新潮社)

埴谷雄高

一九一〇〜一九九七(明治43〜平成9)
台湾生まれ

自己の存在凝視の思索文学

父親の転勤などで台湾各地を転々とし、大正12年に東京に移転する。日本大学予科に入学し、演劇活動やアナーキズム運動に傾斜してゆく。大学除籍後、共産党に入党し、不敬罪などで起訴される。転向して出獄後、翻訳や批評を書きながら、『**不合理ゆえに吾信ず**』などを発表する。

戦後は雑誌「近代文学」の創刊に加わり、谷崎潤一郎賞を受賞した掌編『**闇のなかの黒い馬**』や、自己を凝視した長編『**死霊**』を連載し続けたが、未完のまま没した。政治的考察の評論集『**幻視のなかの政治**』や、多くの評論・紀行文がある。

読んでみよう 宙釣りになった私は、そのとき、一つの閃きすぎる想念をも堅く摑んだ。もしこの手を放さなければ、と、私は自身に呟いた、《闇の果て》までゆけるのだ……。(『闇のなかの黒い馬』筑摩書房)

幸田 文

一九〇四〜一九九〇(明治37〜平成2)
東京都生まれ

飾らず簡潔な文体に父の影

東京向島に幸田露伴の次女として生まれた。結婚するが長女(現作家、青木玉)と実家に帰り、父の晩年を看護する。父の死後、父の思い出をつづった随筆『**父—その死**』『**葬送の記**』で注目を浴び、結核で夭逝した弟との交流を描いた『**おとうと**』など、父露伴の教育に堪えた、高い教養と歯切れのよい簡潔な文体で高い評価を得た。

一時筆を断つが、やがて小説を書き始め、短編集『**黒い裾**』で読売文学賞、『**流れる**』で新潮社文学賞・日本芸術院賞を受賞する。他に『**みそっかす**』『**こんなこと**』『**笛**』『**勲章**』などがある。

読んでみよう 真剣勝負は一人を八方から囲んでも、誰も皆が真剣勝負である。露伴の死を何人が囲まうともそれは縁次第で一向かまはないけれど、私はづんと正面にゐようと思つた。(『父—その死』岩波書店)

コラム

◆読書案内◆ ―いつかは読みたい隠れた名作①―

▶『夢の島』〈講談社〉日野啓三

巨大都市東京が排出し続けるゴミで作られた埋立地「夢の島」。建築会社に勤める主人公は、埋立地を訪れるうちに、都市の持つ「意志的でもなく、生命的でもない無機物を含めた自然そのものの力」に取り憑かれていく。都市と都市で生きる人間の姿を追求した現代文学の傑作。ショーウインドーに陳列されたマネキンに、「奇妙なリアルさや、自分の存在の不思議」を感じてしまうような君に、薦めたい一作。芸術選奨文部大臣賞受賞。

▶『次郎物語』〈新潮文庫刊〉下村湖人

里子に出され、反抗心を抱きながら母性愛に飢えて育った幼年期の次郎。やがてみずからの意志による生き方の転換を自覚する次郎には、新たな試練を迫る巨大な暗黒の時代の影が忍び寄っていた。真っ向から立ち向かうことのできない「権力への抵抗」と、真っ正面から向き合うべき「真理の探究」を大きなテーマとしながらも、押し付けがましさを感じさせない、緻密な心理描写とともに進行してゆく巧みな展開の行間には、誇り高く生きること、自分の意志を貫いて生きること、ものの考え方も生き方も異なる人から学ぶことの意味が温かく滲み出している。山本有三の『路傍の石』とともに、時代を超えて読み継がれる一冊である。

▶『尾形亀之助全集』〈思潮社〉尾形亀之助

大正から昭和、自己の生を突き放して見つめ、無為と貧乏と芸術に生きた尾形亀之助。その詩作は、なんの思想にも寄りかからず純粋で、それゆえに不穏だ。「気がつくと私はその一本橋の上で　びつしよりぬれた猫に何か話しかけられてゐました　そして猫には　すきをみては私の足にまきつこうとするそぶりがあるのです」（「情慾」）

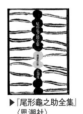

▶『ピエールとリュース』〈KADOKAWA/角川文庫〉ロマン・ロラン

戦争という暗い影のなかで光り輝くダイヤのような二人のピュアな六〇日間と、揺れる繊細な二つの心をつづった恋愛小説。フランスの作家ロマン・ロランが第一次世界大戦という悪夢の後発表した小品である。「ヨーロッパの良心」と評された文豪が醜悪な戦争の対極に置いたのは、若い二人の、二人だけの甘く切ない時間だった。窓ガラス越しの最初のキスが映像となっていつまでも心に残る。古い文庫本なので図書館や古本屋で探してみよう。素敵な恋がどこかで君を待っている。

▶『恐るべき空白』〈早川書房〉アラン・ムーアヘッド

ノンフィクション文学の隠れた傑作。オーストラリア開拓時代、大陸の真ん中には何があるのか、当時の開拓民には大きな謎であった。この謎を解明すべく、探検家たちが大陸の最深部を目指して旅立った。探検隊を襲う過酷で悲劇的な状況と、運命のいたずら。下手な冒険小説よりも面白い、手に汗握る展開がすごい。

会津八一（あいづやいち） 歌人・書家・美術史家
一八八一～一九五六（明治14～昭和31）
新潟県生まれ

仮名書きによる流麗な万葉調

●歌集『南京新唱』『鹿鳴集』『山光集』『寒燈集』など

赤川次郎（あかがわじろう） 小説家
一九四八～（昭和23～） 福岡県生まれ

ユーモアとミステリー

●小説『幽霊列車』『三毛猫ホームズの推理』『ふたり』『東京零年』『セーラー服と機関銃』など

阿川弘之（あがわひろゆき） 小説家
一九二〇～二〇一五（大正9～平成27）
広島県生まれ

悲惨な戦争を語る穏やかな文体

●小説『年年歳歳』『春の城』『雲の墓標』『山本五十六』、評論『志賀直哉』など

あさのあつこ 小説家
一九五四～（昭和29～） 岡山県生まれ

児童文学にもベストセラー

●小説『ほたる館物語』『たまゆら』『弥勒の月』、児童文学『バッテリー』など

阿部昭（あべあきら） 小説家・評論家
一九三四～一九八九（昭和9～平成元）
広島県生まれ

私的に家族を語る短編作家

●小説『子供部屋』『未成年』『大いなる日』『明治四十二年夏』『司令の休暇』『千年』『人生の一日』、評論『短編小説礼讃』、随筆『父たちの肖像』『言葉ありき』など

阿部知二（あべともじ） 小説家・英文学者
一九〇三～一九七三（明治36～昭和48）
岡山県生まれ

ヒューマニズムへの思索

●小説『冬の宿』『黒い影』『おぼろ夜』『人工庭園』、評論『主知的文学論』など

有吉佐和子（ありよしさわこ） 小説家
一九三一～一九八四（昭和6～昭和59）
和歌山県生まれ

古典芸能から公害・介護まで

●小説『地唄』『紀ノ川』『恍惚の人』『複合汚染』『華岡青洲の妻』『香華』など

い

飯田蛇笏（いいだだこつ） 俳人
一八八五～一九六二（明治18～昭和37）
山梨県生まれ

孤高の気概と硬質な格調

●句集『山廬集』『霊芝』など

池井戸潤（いけいどじゅん） 小説家
一九六三～（昭和38～） 岐阜県生まれ

組織に生きる人間を描く

●小説『果つる底なき』『空飛ぶタイヤ』『オレたち花のバブル組』『鉄の骨』『下町ロケット』など

池上嘉彦（いけがみよしひこ） 言語学者
一九三四～（昭和9～） 京都府生まれ

身近な日本語から文化論へ

●評論『意味の世界』『ことばの詩学』『記号論への招待』『自然と文化の記号論』など

池澤夏樹（いけざわなつき） 小説家
一九四五～（昭和20～） 北海道生まれ

父福永武彦ゆずりの澄明な文体

●小説『スティル・ライフ』『夏の朝の成層圏』『真昼のプリニウス』『バビロンに行きて歌え』『マシアス・ギリの失脚』、エッセイ『母なる自然のおっぱい』『エデンを遠く離れて』など

池波正太郎（いけなみしょうたろう） 小説家
一九二三～一九九〇（大正12～平成2）
東京都生まれ

苦労人の江戸っ子大衆作家

●小説『剣客商売』『人斬り半次郎』『鬼平犯科帳』『編笠十兵衛』『雲霧仁左衛門』、随筆『映画を見ると得をする』『食卓のつぶやき』『おもしろくて、ありがたい』など

石垣りん（いしがきりん） 詩人
一九二〇～二〇〇四（大正9～平成16）
東京都生まれ

生活に根ざした働く女性の哀歓

●詩集『私の前にある鍋とお釜と燃える火と』『表札など』『略歴』、散文集『ユーモアの鎖国』『夜の太鼓』など

石川淳 小説家
一八九九～一九八七（明治32～昭和62）東京都生まれ
絶望と再生を描く自由な精神
●小説『普賢』『マルスの歌』『黄金伝説』『焼跡のイエス』『紫苑物語』『鷹』『至福千年』『狂風記』、評論『森鷗外』『文學大概』など

石田波郷 俳人
一九一三～一九六九（大正2～昭和44）愛媛県生まれ
清新な青春句の人間探求派
●句集『石田波郷句集』『鶴の眼』『惜命』など

石牟礼道子 詩人・小説家
一九二七～二〇一八（昭和2～平成30）熊本県生まれ
水俣病を伝える衝撃の叙事詩
●叙事詩『苦海浄土―わが水俣病』、小説『アニマの鳥』『十六夜橋』、評論『潮の呼ぶ声』、詩集『はにかみの国』など

伊集院静 小説家
一九五〇～（昭和25～）山口県生まれ
深い抒情を描く繊細な文体
●小説『乳房』『受け月』『機関車先生』『ノボさん』など

泉鏡花 小説家
一八七三～一九三九（明治6～昭和14）石川県生まれ
浪漫的幻想美の世界
●小説『夜行巡査』『外科室』『高野聖』『婦系図』『歌行燈』など

五木寛之 小説家
一九三二～（昭和7～）福岡県生まれ
物語性で描く人間の生きざま
●小説『さらばモスクワ愚連隊』『蒼ざめた馬を見よ』『青春の門』『青年は荒野をめざす』『デラシネの旗』『朱鷺の墓』、随筆『生きるヒント』『大河の一滴』『風に吹かれて』『ゴキブリの歌』、評伝『蓮如』など

伊東静雄 詩人
一九〇六～一九五三（明治39～昭和28）長崎県生まれ
抒情詩に埋もれる浪漫詩人
●詩集『わがひとに与ふる哀歌』『夏花』『春のいそぎ』『反響』など

伊藤整 評論家・小説家
一九〇五～一九六九（明治38～昭和44）北海道生まれ
新心理主義の理論と実践
●評論『小説の方法』『新心理主義文学』『日本文壇史』、翻訳『チャタレイ夫人の恋人』、小説『青春』『典子の生きかた』『鳴海仙吉』『火の鳥』『若い詩人の肖像』など

井上ひさし 劇作家・小説家
一九三四～二〇一〇（昭和9～平成22）山形県生まれ
巧みな笑いの社会批評
●人形劇『ひょっこりひょうたん島』、戯曲『道元の冒険』『珍訳聖書』『しみじみ日本・乃木大将』『きらめく星座』、小説『手鎖心中』『吉里吉里人』、随筆『私家版日本語文法』『コメの話』など

茨木のり子 詩人
一九二六～二〇〇六（大正15～平成18）大阪府生まれ
平明率直にうたう現代批判
●詩集『対話』『見えない配達夫』『鎮魂歌』『人名詩集』『自分の感受性くらい』『寸志』『倚りかからず』、詩論『詩のこころを読む』、翻訳『韓国現代詩選』、随筆『うたの心に生きた人々』『言の葉さやげ』など

岩井克人 経済学者
一九四七～（昭和22～）東京都生まれ
身近な比喩で経済問題を説く
●評論『二十一世紀の資本主義論』『ヴェニスの商人の資本論』『会社はだれのものか』『会社はこれからどうなるのか』など

岩野泡鳴 作家・詩人
一八七三〜一九二〇（明治6〜大正9）
兵庫県生まれ
一元描写を唱えた自然主義作家
●小説『耽溺』『放浪』『発展』など

う

上田敏 詩人・評論家
一八七四〜一九一六（明治7〜大正5）
東京都生まれ
西欧の象徴詩の紹介と翻訳
●訳詩集『海潮音』『牧羊神』、評論『詩聖ダンテ』など

内田百閒 小説家・随筆家
一八八九〜一九七一（明治22〜昭和46）
岡山県生まれ
漱石の影響色濃く生きた門下生
●小説『冥途』『旅順入城式』『サラサーテの盤』『贋作吾輩は猫である』『実説艸平記』、随筆『百鬼園随筆』『阿房列車』など

内海隆一郎 小説家
一九三七〜二〇一五（昭和12〜平成27）
愛知県生まれ
庶民の日常をさわやかに描く
●小説『雪洞にて』『人びとの忘れもの』『欅通りの人びと』『朝の音』『だれもが子供だったころ』など

宇野浩二 小説家
一八九一〜一九六一（明治24〜昭和36）
福岡県生まれ
ユーモアとペーソスの私小説
●小説『蔵の中』『苦の世界』『子を貸し屋』『枯木のある風景』など

梅棹忠夫 生態学者・民族学者
一九二〇〜二〇一〇（大正9〜平成22）
京都府生まれ
B6判カードによる情報整理法
●評論『モゴール族探検記』『知的生産の技術』『行為と妄想』『夜はまだあけぬか』『日本探検』など

梅崎春生 小説家
一九一五〜一九六五（大正4〜昭和40）
福岡県生まれ
青春の死と影を描く反戦文学
●小説『桜島』『日の果て』『狂ひ凧』『ボロ家の春秋』『砂時計』『幻化』など

梅原猛 哲学者・評論家
一九二五〜二〇一九（大正14〜平成31）
宮城県生まれ
古代史の大胆な仮説を展開
●評論『水底の歌』『隠された十字架』『葬られた王朝』『地獄の思想』『法然の哀しみ』など

え

江國香織 小説家
一九六四〜（昭和39〜）東京都生まれ
繊細な描写で綴る奥深い恋愛観
●小説『きらきらひかる』『号泣する準備はできていた』『落下する夕方』『真昼なのに昏い部屋』『神様のボート』など

江藤淳 英文学者・評論家
一九三二〜一九九九（昭和7〜平成11）
東京都生まれ
人間漱石の実像に迫る
●評論『奴隷の思想を排す』『作家は行動する』『小林秀雄』『漱石とその時代』など

江戸川乱歩 小説家
一八九四〜一九六五（明治27〜昭和40）
三重県生まれ
日本のミステリーの礎石を築く
●小説『屋根裏の散歩者』『黒蜥蜴』『パノラマ島綺譚』『陰獣』『怪人二十面相』、評論『幻影城』など

円地文子 小説家
一九〇五〜一九八六（明治38〜昭和61）
東京都生まれ
女の生を描く古典的教養
●小説『女坂』『妖』『食卓のない家』、評論『源氏物語私見』、現代語訳『源氏物語』など

大岡信 詩人・評論家

一九三一～二〇一七（昭和6～平成29） 静岡県生まれ

詩人による伝統詩歌の再発見

●詩集『記憶と現在』『透視図法』、評論『抒情の批判』『装飾と非装飾』『うたげと孤心』『紀貫之』、随筆『ことばが映す人生』など

大野晋（おおのすすむ） 国語学者

一九一九～二〇〇八（大正8～平成20） 東京都生まれ

斬新な日本語語源説

●評論『日本語練習帳』『日本語の教室』『日本語の起源』『日本語の形成』など

大庭みな子（おおばみなこ） 小説家

一九三〇～二〇〇七（昭和5～平成19） 東京都生まれ

人間の救いようのない孤独と性

●小説『三匹の蟹』『ふなくい虫』『栂の夢』『浦島草』『オレゴン夢十夜』『寂兮寥兮』『舞へ舞へ蝸牛』『がらくた博物館』『啼く鳥の』『海にゆらぐ糸』、評伝『津田梅子』など

大森荘蔵（おおもりしょうぞう） 哲学者

一九二一～一九九七（大正10～平成9） 岡山県生まれ

科学と哲学を結びつける認識論

●評論『流れとよどみ』『時間と自我』『時間と存在』など

岡本かの子（おかもとかのこ） 小説家・歌人

一八八九～一九三九（明治22～昭和14） 東京都生まれ

岡本太郎を子に持つ個性派作家

●小説『鶴は病みき』『母子叙情』『老妓抄』など

小川国夫（おがわくにお） 小説家

一九二七～二〇〇八（昭和2～平成20） 静岡県生まれ

孤独と不安に人間の根源を問う

●小説『アポロンの島』『生のさ中に』『海からの光』『悠蔵が残したこと』『試みの岸』『或る聖書』『逸民』、随筆『回想の島尾敏雄』など

小川洋子（おがわようこ） 小説家

一九六二～（昭和37～） 岡山県生まれ

温かなまなざしの繊細な文章

●小説『妊娠カレンダー』『博士の愛した数式』『薬指の標本』『ブラフマンの埋葬』『ミーナの行進』など

荻原井泉水（おぎわらせいせんすい） 俳人

一八八四～一九七六（明治17～昭和51） 東京都生まれ

無季自由律の新傾向俳句

●句集『湧出るもの』『流転しつつ』『無所住』『原泉』『長流』など

小山内薫（おさないかおる） 劇作家

一八八一～一九二八（明治14～昭和3） 広島県生まれ

日本の近代演劇界の革新運動

●戯曲『自由劇場』『息子』『亭主』など

大佛次郎（おさらぎじろう） 小説家

一八九七～一九七三（明治30～昭和48） 神奈川県生まれ

傑作時代小説の決定版

●小説『鞍馬天狗』『赤穂浪士』『帰郷』、実録『パリ燃ゆ』『天皇の世紀』など

尾崎一雄（おざきかずお） 小説家

一八九九～一九八三（明治32～昭和58） 三重県生まれ

日常生活の哀歓を描く心境小説

●小説『暢気眼鏡』『虫のいろいろ』『すみっこ』『まぼろしの記』、随筆『あの日この日』など

尾崎放哉（おざきほうさい） 俳人

一八八五～一九二六（明治18～大正15） 鳥取県生まれ

咳をしても一人、の自由律俳句

●句集『大空』など

織田作之助（おださくのすけ） 小説家・評論家

一九一三～一九四七（大正2～昭和22） 大阪府生まれ

関西の市井の男女の生態を描く

●小説『雨』『夫婦善哉』『世相』『土曜夫人』、評論『可能性の文学』など

落合恵子（おちあいけいこ） 随筆家・小説家

一九四五～（昭和20～） 栃木県生まれ

行動する多作な社会派作家

●随筆『スプーン一杯の幸せ』

『積極的その日暮らし』、小説『恋は二度目からおもしろい』『泣きかたをわすれていた』など

乙川優三郎 小説家
一九五三〜（昭和28〜）東京都生まれ
確かな日本語表現の宝箱
●小説『露の玉垣』『五年の梅』『生きる』『蔓の端々』『武家用心集』など

尾上柴舟 歌人・評論家
一八七六〜一九五七（明治9〜昭和32）岡山県生まれ
「車前草社」を主宰した学究派歌人
●歌集『静夜』『永日』『ひとつの火』、評論『平安朝時代の草仮名の研究』『短歌滅亡私論』など

か

海音寺潮五郎 小説家
一九〇一〜一九七七（明治34〜昭和52）鹿児島県生まれ
受賞に無欲な直木賞作家
●小説『天正女合戦』『武道伝来記』『風流戦国武士』『二本の銀杏』『天と地と』『海と風と虹と』『幕末動乱の男たち』など

加賀乙彦 小説家・評論家
一九二九〜（昭和4〜）東京都生まれ
精神科医の描く人間の異常性
●小説『フランドルの冬』『帰らざる夏』『宣告』『錨のない船』、評論『文学と狂気』など

角田光代 小説家
一九六七〜（昭和42〜）神奈川県生まれ
物語性重視の読みやすい文体
●小説『幸福な遊戯』『ゆうべの神様』『ピンク・バス』『八日目の蟬』『対岸の彼女』など

葛西善蔵 小説家
一八八七〜一九二八（明治20〜昭和3）青森県生まれ
貧困と病苦の破滅型私小説作家
●小説『哀しき父』『子をつれて』など

加藤周一 評論家
一九一九〜二〇〇八（大正8〜平成20）東京都生まれ
雑種文化を見抜く日本文化観
●評論『雑種文化』『日本文学史序説』、随筆『山中人閒話』『夕陽妄語』、小説『ある晴れた日に』『運命』など

加藤楸邨 俳人
一九〇五〜一九九三（明治38〜平成5）東京都生まれ
生活に密着した人間探求派
●句集『寒雷』『穂高』『まぼろしの鹿』『野哭』『起伏』など

加藤秀俊 評論家・社会学者
一九三〇〜（昭和5〜）東京都生まれ
のびやかな文体で綴る日本文化
●評論『中間文化』『日常性の社会学』『人生のくくり方』など

金子兜太 俳人
一九一九〜二〇一八（大正8〜平成30）埼玉県生まれ
無季を提唱する前衛派の旗手
●句集『少年』『両神』『暗緑地誌』、評論『種田山頭火』『小林一茶』など

金子光晴 詩人
一八九五〜一九七五（明治28〜昭和50）愛知県生まれ
反戦・反権力の抵抗詩人
●詩集『赤土の家』『こがね虫』『鮫』『落下傘』『蛾』『人間の悲劇』『IL』など

唐木順三 評論家
一九〇四〜一九八〇（明治37〜昭和55）長野県生まれ
死と無をテーマにした文芸評論
●評論『中世の文学』『鷗外の精神』『無用者の系譜』『無常』など

柄谷行人 評論家
一九四一〜（昭和16〜）兵庫県生まれ
すべての概念を根元的に疑う
●評論『〈意識〉と〈自然〉—漱石試論』『畏怖する人間』『意味という病』『坂口安吾と中上健次』など

河合隼雄（かわいはやお） 心理学者
一九二八～二〇〇七（昭和3～平成19）兵庫県生まれ
深層心理から心の問題を解明
●評論『こころの処方箋』『とりかへばや、男と女』、エッセイ『こころの声を聴く』『おはなし おはなし』など

河合雅雄（かわいまさを） 霊長類学者・児童文学作家
一九二四～（大正13～）兵庫県生まれ
霊長類を社会生態学として研究
●評論『ゴリラ探検記』『森林がサルを生んだ』『子どもと自然』『ニホンザルの生態』『森に還ろう』など

河上徹太郎（かわかみてつたろう） 評論家・随筆家
一九〇二～一九八〇（明治35～昭和55）長崎県生まれ
小林秀雄と並ぶ近代批評の先駆
●評論『自然と純粋』『日本のアウトサイダー』、随筆『有愁日記』など

川田順造（かわだじゅんぞう） 文化人類学者
一九三四～（昭和9～）東京都生まれ
無文字社会の歴史と文化の考察
●評論『聲』『口頭伝承論』『曠野から―アフリカで考える』『無文字社会の歴史』『西の風・南の風』など

河野裕子（かわのゆうこ） 歌人・評論家
一九四六～二〇一〇（昭和21～平成22）熊本県生まれ
斬新な現代女流短歌の旗手
●歌集『森のやうに獣のやうに』『桜森』『葦船』『蟬声』、評論『体あたり現代短歌』など

川端茅舎（かわばたぼうしゃ） 俳人
一八九七～一九四一（明治30～昭和16）東京都生まれ
自然賛美と仏教的求道精神
●句集『華厳』『白痴』『春水光輪』『川端茅舎句集』など

河東碧梧桐（かわひがしへきごとう） 俳人
一八七三～一九三七（明治6～昭和12）愛媛県生まれ
実感と印象重視の新傾向俳句
●紀行文『三千里』『続三千里』、句集『新傾向句集』『碧梧桐句集』『八年間』など

蒲原有明（かんばらありあけ） 詩人
一八七五～一九五二（明治8～昭和27）東京都生まれ
上田敏らと新体詩を完成
●詩集『草わかば』『独絃哀歌』『春鳥集』『有明集』など

北川冬彦（きたがわふゆひこ） 詩人
一九〇〇～一九九〇（明治33～平成2）滋賀県生まれ
新散文詩運動と長編叙事詩運動
●詩集『三半規管喪失』『検温器と花』『戦争』『氷』『夜陰』『汎濫』『馬と風景』など

北村透谷（きたむらとうこく） 詩人・評論家
一八六八～一八九四（明治元～明治27）神奈川県生まれ
浪漫主義運動のリーダー
●叙事詩『楚囚之詩』、劇詩『蓬莱曲』、評論『厭世詩家と女性』『内部生命論』など

木下利玄（きのしたりげん） 歌人
一八八六～一九二五（明治19～大正14）岡山県生まれ
白樺派のヒューマニズムをうたう
●歌集『銀』『紅玉』『一路』など

木俣修（きまたおさむ） 歌人
一九〇六～一九八三（明治39～昭和58）滋賀県生まれ
新浪漫主義から現実的な歌風へ
●歌集『高志』『市路の果』『冬暦』『呼べば谺』など

清岡卓行（きよおかたかゆき） 詩人・小説家
一九二二～二〇〇六（大正11～平成18）中国大連生まれ
思索的叙情的な詩的世界
●詩集『氷った焔』、小説『アカシヤの大連』『萌黄の時間』『花の躁鬱』など

金田一春彦（きんだいちはるひこ） 国語学者
一九一三～二〇〇四（大正2～平成16）東京都生まれ

日本語のアクセントを体系化
●評論『日本語音韻の研究』『国語アクセントの史的研究』『日本人の言語表現』『日本語方言の研究』『日本語の特質』など

草野心平（くさのしんぺい）　詩人
一九〇三〜一九八八（明治36〜昭和63）
福島県生まれ
庶民の意識をうたう歴程派
●詩集『第百階級』『蛙』『母岩』『絶景』『富士山』『定本 蛙』など

葛原妙子（くずはらたえこ）　歌人
一九〇七〜一九八五（明治40〜昭和60）
東京都生まれ
抽象的・幻想的な歌風を確立
●歌集『飛行』『橙黄』『朱霊』『葡萄木立』など

窪田空穂（くぼたうつぼ）　歌人・国文学者
一八七七〜一九六七（明治10〜昭和42）
長野県生まれ
浪漫的歌風から実感尊重へ
●詩歌集『まひる野』『土を眺めて』『鏡葉』、小説『炉辺』、評釈『伊勢物語評釈』『新古今和歌集評釈』など

久保田万太郎（くぼたまんたろう）　小説家・戯曲家
一八八九〜一九六三（明治22〜昭和38）
東京都生まれ
下町情緒と人情の機微を描く
●小説『朝顔』『末枯』『寂しければ』『春泥』、戯曲『大寺学校』など

久米正雄（くめまさお）　小説家
一八九一〜一九五二（明治24〜昭和27）
長野県生まれ
芥川龍之介らの新思潮同人
●小説『父の死』『競漕』『破船』『受験生の手記』、戯曲『阿武隈心中』『牛乳屋の兄弟』など

倉橋由美子（くらはしゆみこ）　小説家
一九三五〜二〇〇五（昭和10〜平成17）
高知県生まれ
反写実的作風と寓話的な虚構
●小説『パルタイ』『スミヤキストQの冒険』『アマノン国往還記』『大人のための残酷童話』『妖女のように』など

倉本聰（くらもとそう）　脚本家・劇作家
一九三四〜（昭和9〜）　東京都生まれ
本物の芝居を目指す富良野塾
●脚本『前略おふくろ様』『北の国から』『優しい時間』『風のガーデン』『やすらぎの郷』など

黒井千次（くろいせんじ）　小説家
一九三二〜（昭和7〜）　東京都生まれ
生の充足を希求する内向の世代
●小説『時間』『五月巡歴』『夢時計』『春の道標』『群棲』『時の鎖』『走る家族』『禁域』『眠れる霧に』など

黒島伝治（くろしまでんじ）　小説家
一八九八〜一九四三（明治31〜昭和18）
香川県生まれ
従軍経験に基づく反戦作家
●小説『二銭銅貨』『渦巻ける烏の群』など

桑原武夫（くわばらたけお）　仏文学者・評論家
一九〇四〜一九八八（明治37〜昭和63）
福井県生まれ
現代俳句の芸術性を否定
●評論『ルソー研究』『フランス革命の研究』『第二芸術—現代俳句について』『文学入門』『研究者と実践者』『フランス文学論』など

源氏鶏太（げんじけいた）　小説家
一九一二〜一九八五（明治45〜昭和60）
富山県生まれ
サラリーマン小説の旗手
●小説『ホープさん』『坊ちゃん社員』『若い仲間』『明日は日曜日』『重役の椅子』『三等重役』『定年退職』など

小池昌代（こいけまさよ）　詩人・小説家
一九五九〜（昭和34〜）　東京都生まれ

詩・小説・評論から翻訳まで
●詩集『水の町から歩きだして』『コルカタ』『永遠に来ないバス』『もっとも官能的な部屋』、小説『タタド』『ことば汁』『たまもの』など

河野多恵子（こうのたえこ） 小説家
一九二六〜二〇一五（大正15〜平成27）
大阪府生まれ

倒錯した意識の深みを描く
●小説『幼児狩り』『蟹』『不意の声』『一年の牧歌』『骨の肉』など

小島信夫（こじまのぶお） 小説家
一九一五〜二〇〇六（大正4〜平成18）
岐阜県生まれ

社会的な脱落者を風刺的に描く
●小説『アメリカン・スクール』『抱擁家族』『別れる理由』など

小松左京（こまつさきょう） 小説家
一九三一〜二〇一一（昭和6〜平成23）
大阪府生まれ

人類の未来を描くSF作家
●『復活の日』『日本沈没』『虚無回廊』など

近藤芳美（こんどうよしみ） 歌人
一九一三〜二〇〇六（大正2〜平成18）
朝鮮馬山生まれ

鋭い時代感覚で戦後をうたう
●歌集『早春歌』『埃吹く街』『歓声』、歌論『新しき短歌の規定』など

西条八十（さいじょうやそ） 詩人・仏文学者
一八九二〜一九七〇（明治25〜昭和45）
東京都生まれ

清新な感覚と叙情の象徴詩
●詩集『砂金』『蠟人形』『美しき喪失』『一握の玻璃』、評論『アルチュール・ランボオ研究』など

佐江衆一（さえしゅういち） 小説家
一九三四〜（昭和9〜）東京都生まれ

社会派小説から時代小説へ
●小説『昭和質店の客』『兄よ、蒼き海に眠れ』『エンディング・パラダイス』『黄落』『子づれ兵法者』『江戸職人綺譚』など

榊 邦彦（さかきくにひこ） 小説家・教育者
一九六三〜（昭和38〜）埼玉県生まれ

人生の偶然と必然、その確率は
●小説『一〇〇万分の一の恋人』『もう、さよならは言わない』、評論『現代文標準問題精講』など

鷺沢 萠（さぎさわめぐむ） 小説家
一九六八〜二〇〇四（昭和43〜平成16）
東京都生まれ

現代人の心の揺れを描く
●小説『川べりの道』『帰れぬ人びと』『駆ける少年』『葉桜の日』『バイバイ』『君はこの国を好きか』、エッセイ『町へ出よ、キスをしよう』『ケナリも花、サクラも花』など

佐佐木信綱（ささきのぶつな） 歌人・国文学者
一八七二〜一九六三（明治5〜昭和38）
三重県生まれ

個性尊重の短歌革新運動
●歌集『思草』『新月』『常磐木』『豊旗雲』、評釈『校本萬葉集』など

佐佐木幸綱（ささきゆきつな） 歌人・評論家
一九三八〜（昭和13〜）東京都生まれ

骨太で力強い男性的な歌風
●歌集『群黎』『夏の鏡』『金色の獅子』、評論『極北の声』『詩の此岸』など

佐多稲子（さたいねこ） 小説家
一九〇四〜一九九八（明治37〜平成10）
長崎県生まれ

苦難を乗り越えた真摯な文学
●小説『キャラメル工場から』『くれなゐ』『私の東京地図』など

佐藤愛子（さとうあいこ） 小説家
一九二三〜（大正12〜）大阪府生まれ

夫婦や家族をユーモラスに描く
●小説『ソクラテスの妻』『その時がきた』『戦いすんで日が暮れて』『花はくれない』『赤い夕日に照らされて』など

里見弴（さとみ とん） 小説家
一八八八～一九八三（明治21～昭和58）
神奈川県生まれ
洒脱な会話と卓越した心理描写
●小説『多情仏心』『安城家の兄弟』『恋ごころ』『善心悪心』『極楽とんぼ』など

澤地久枝（さわち ひさえ） ノンフィクション作家
一九三〇～（昭和5～） 東京都生まれ
平和の尊さを訴え続ける語り部
●小説『妻たちの二・二六事件』『昭和史のおんな』『もうひとつの満州』『滄海よ眠れ』『火はわが胸中にあり』『おとなになる旅』など

し

椎名誠（しいな まこと） 小説家
一九四四～（昭和19～） 東京都生まれ
行動派のマルチ作家・冒険家
●エッセイ『さらば国分寺書店のオババ』『わしらは怪しい探検隊』、小説『岳物語』『犬の系譜』『アド・バード』『哀愁の町に霧が降るのだ』『ジョン万作の逃亡』『黄金時代』など

椎名麟三（しいな りんぞう） 小説家
一九一一～一九七三（明治44～昭和48）
兵庫県生まれ
重厚なキリスト教的観念小説
●小説『深夜の酒宴』『重き流れのなかに』『永遠なる序章』『自由の彼方で』など

重松清（しげまつ きよし） 小説家
一九六三～（昭和38～） 岡山県生まれ
現代の家族関係を温かく描く
●小説『ビタミンF』『エイジ』『十字架』『きよしこ』『流星ワゴン』『とんび』など

芝木好子（しばき よしこ） 小説家
一九一四～一九九一（大正3～平成3）
東京都生まれ
一途に生きる女の運命を描く
●小説『湯葉』『青果の市』『洲崎パラダイス』『隅田川』『丸の内八号館』『華燭』『今生』『青磁砧』『隅田川暮色』など

柴田錬三郎（しばた れんざぶろう） 小説家
一九一七～一九七八（大正6～昭和53）
岡山県生まれ
シバレンの愛称で剣客ブーム
●小説『江戸群盗伝』『素浪人江戸姿』『赤い影法師』『眠狂四郎無頼控』『御家人斬九郎』『図々しい奴』『剣は知っていた』など

島尾敏雄（しまお としお） 小説家
一九一七～一九八六（大正6～昭和61）
神奈川県生まれ
病む心の潜在意識を描く
●小説『出孤島記』『出発は遂に訪れず』『単独旅行者』『夢の中での日常』『われ深きふちより』『日のちぢまり』『死の棘』、随筆『島にて』など

島木赤彦（しまき あかひこ） 歌人
一八七六～一九二六（明治9～大正15）
長野県生まれ
アララギ派を継ぐ写生と鍛錬道
●歌論『歌道小見』、歌集『切火』『氷魚』『太虚集』『柹蔭集』など

島木健作（しまき けんさく） 小説家
一九〇三～一九四五（明治36～昭和20）
北海道生まれ
転向と新しい生き方の模索
●小説『癩』『再建』『生活の探求』『人間の復活』『嵐のなか』『礎』『黒猫』『赤蛙』など

清水幾太郎（しみず いくたろう） 社会学者・随筆家
一九〇七～一九八八（明治40～昭和63）
東京都生まれ
戦後社会を疑う進歩的文化人
●評論『現代思想』『戦後を疑う』『倫理学ノート』『私の文章作法』、随筆『私の読書と人生』など

下村湖人（しもむら こじん） 教育者・小説家
一八八四～一九五五（明治17～昭和30）
佐賀県生まれ
青年教育に情熱を注いだ教育者
●小説『魂は歩む』『次郎物語』『若き建設者』など

釈迢空（折口信夫）（しゃく ちょうくう（おりくち しのぶ）） 歌人・国文学者

一八八七～一九五三（明治20～昭和28）
大阪府生まれ

古代人の心をうたう孤独と哀しみ

●歌集『海やまのあひだ』『春のことぶれ』『倭をぐな』、小説『死者の書』、詩集『古代感愛集』など

庄野潤三　小説家

一九二一～二〇〇九（大正10～平成21）
大阪府生まれ

日常に潜む、もろさと危うさ

●小説『プールサイド小景』『静物』『夕べの雲』『紺野機業場』『絵合せ』『明夫と良二』、紀行『ガンビア滞在記』など

す

薄田泣菫　詩人・随筆家

一八七七～一九四五（明治10～昭和20）
岡山県生まれ

ソネット形式と八六調の試み

●詩集『暮笛集』『ゆく春』『二十五絃』『白羊宮』、随筆『茶話』など

鈴木孝夫　言語学者・評論家

一九二六～（大正15～）　東京都生まれ

日本文化に特有の日本語の構造

●評論『ことばと文化』『ことばの社会学』『日本語と外国語』『日本人はなぜ英語ができないか』『日本語は国際語になりうるか』など

鈴木三重吉　小説家・児童文学者

一八八二～一九三六（明治15～昭和11）
広島県生まれ

児童文学を牽引した「赤い鳥」

●小説『千鳥』『八の馬鹿』『小鳥の巣』『桑の実』、児童文学『湖水の女』など

瀬戸内寂聴　小説家

一九二二～（大正11～）　徳島県生まれ

情熱的な女を描く情熱的な女性

●小説『かの子撩乱』『夏の終り』『美は乱調にあり』『女人源氏物語』『花に問え』など

千家元麿　詩人

一八八八～一九四八（明治21～昭和23）
東京都生まれ

素朴で明るい生活感情を謳う

●詩集『自分は見た』『虹』『夏草』『新生の悦び』『昔の家』など

曽野綾子　小説家・随筆家

一九三一～（昭和6～）　東京都生まれ

人生への諦念と常識への反発

●小説『遠来の客たち』『生贄の島』『木枯しの庭』『神の汚れた手』『天上の青』、随筆『誰のために愛するか』など

高樹のぶ子　小説家

一九四六～（昭和21～）　山口県生まれ

柔軟な感性でつむぐ愛の物語

●小説『揺れる髪』『その細き道』『遠すぎる友』『追い風』『光抱く友よ』『波光きらめく果て』『哀歌は流れる』『街角の法廷』『陽ざかりの迷路』『星夜に帆をあげて』『花嵐の森ふかく』『ゆめぐに影法師』など

高階秀爾　美術史家・評論家

一九三二～（昭和7～）　東京都生まれ

親しみやすい語り口の美術鑑賞

●評論『世紀末芸術』『ルネッサンスの光と闇』『十二人の芸術家』『日本美術を見る眼』『西洋の眼日本の眼』など

高田敏子　詩人

一九一四～一九八九（大正3～平成元）
東京都生まれ

母親の眼で見た市民生活の哀歓

●詩集『雪花石膏』『人体聖堂』『月曜日の詩集』『にちよう日』『藤』『夢の手』『愛のバラード』など

高野素十　俳人・法医学者

一八九三～一九七六（明治26～昭和51）
茨城県生まれ

即物的にうたう客観写生

●句集『初鴉』『雪片』『野花集』など

高橋和巳　小説家

一九三一～一九七一（昭和6～昭和46）
大阪府生まれ

究極の倫理の追究

●小説『悲の器』『憂鬱なる党派』『邪宗門』『我が心は石にあらず』など

高橋三千綱　小説家

一九四八～（昭和23～）大阪府生まれ

リアルなエピソードを満載

●小説『退屈しのぎ』『九月の空』『あの時好きだと言えなかったオレ』『さすらいの甲子園』など

高浜虚子　俳人・小説家

一八七四～一九五九（明治7～昭和34）
愛媛県生まれ

子規の写生を受け継ぐ花鳥諷詠

●小説『風流懺法』『俳諧師』『斑鳩物語』、俳論『進むべき俳句の道』、句集『虚子句集』『五百句』など

高見順　小説家

一九〇七～一九六五（明治40～昭和40）
福井県生まれ

体験的庶民作家

●小説『故旧忘れ得べき』『如何なる星の下に』『いやな感じ』、実録『昭和文学盛衰史』、詩集『死の淵より』など

武田泰淳　小説家

一九一二～一九七六（明治45～昭和51）
東京都生まれ

滅亡に人類の運命を見る作家

●評伝『司馬遷』、小説『風媒花』『ひかりごけ』『森と湖のまつり』『富士』など

武田麟太郎　小説家

一九〇四～一九四六（明治37～昭和21）
大阪府生まれ

市井の庶民の風俗・生態を描く

●小説『日本三文オペラ』『釜ケ崎』『銀座八丁』『一の酉』など

竹西寛子　評論家・小説家

一九二九～（昭和4～）広島県生まれ

古典への造詣とこまやかな情感

●評論『往還の記』『源氏物語論』『式子内親王・永福門院』『山川登美子』、小説『儀式』『鶴』『春』『兵隊宿』『挨拶』『管絃祭』、随筆『ものに逢える日』『庭の恵み』など

多田道太郎　仏文学者・評論家

一九二四～二〇〇七（大正13～平成19）
京都府生まれ

日常の風俗から見た日本文化

●評論『しぐさの日本文化』『遊びと日本人』『ことわざの風景』『変身放火論』『からだの日本文化』など

立原道造　詩人

一九一四～一九三九（大正3～昭和14）
東京都生まれ

青春の孤独をうたうソネット

●詩集『萱草に寄す』『暁と夕の詩』など

立松和平　小説家

一九四七～二〇一〇（昭和22～平成22）
栃木県生まれ

ひたむきに生きる意味を問う

●小説『遠雷』『毒─風聞・田中正造』『道元禅師』『歓喜の市』『ふたつの太陽』など

田中美知太郎　哲学者・評論家

一九〇二～一九八五（明治35～昭和60）
新潟県生まれ

日本のギリシア哲学を先導

●評論『善と必然との間に』『哲学からの考察』『プラトン』『原子力時代に思ふ』など

田辺聖子　小説家

一九二八～二〇一九（昭和3～令和元）
大阪府生まれ

古典への造詣と大阪弁の妙味

●評釈『文車日記』『舞え舞え蝸牛─新・落窪物語』『新源氏物語』、評伝『千すじの黒髪─わが愛の与謝野晶子』『ひねくれ一茶』、小説『花狩』『感傷旅行』『窓を開けますか？』など

谷川俊太郎　詩人

一九三一～（昭和6～）東京都生まれ

青春の孤独を清新にうたう
●詩集『二十億光年の孤独』『六十二のソネット』『愛について』『うつむく青年』『空に小鳥がいなくなった日』『ことばあそびうた』『日々の地図』、訳詩集『マザー・グースのうた』など

種田山頭火 俳人
一八八二～一九四〇（明治15～昭和15）山口県生まれ
旅に生きた僧形の自由律俳人
●句集『鉢の子』『草木塔』など

田宮虎彦 小説家
一九一一～一九八八（明治44～昭和63）東京都生まれ
庶民へ向ける温かなまなざし
●小説『霧の中』『落城』『足摺岬』『絵本』『異端の子』『銀心中』『沖縄の手記から』など

多和田葉子 小説家・詩人
一九六〇～（昭和35～）東京都生まれ
日独語を操るバイリンガル作家
●小説『かかとを失くして』『尼僧とキューピッドの弓』『犬婿入り』『容疑者の夜行列車』『雪の練習生』『雲をつかむ話』『ヒナギクのお茶の場合』、詩集『まだ未来』『シュタイネ』など

俵万智 歌人
一九六二～（昭和37～）大阪府生まれ
口語や流行語で女心をうたう
●歌集『サラダ記念日』『かぜのてのひら』『とれたての短歌です。』『もうひとつの恋』『チョコレート革命』、エッセイ『よつ葉のエッセイ』、歌論『短歌をよむ』など

檀一雄 小説家
一九一二～一九七六（明治45～昭和51）山梨県生まれ
一瞬の生の燃焼に賭ける私小説
●小説『リツ子・その愛』『リツ子・その死』『火宅の人』『小説太宰治』『真説石川五右衛門』『夕日と拳銃』など

つ

つかこうへい 戯曲家
一九四八～二〇一〇（昭和23～平成22）福岡県生まれ
過剰な情熱のセリフとユーモア
●戯曲『郵便屋さんちょっと』『戦争で死ねなかったお父さんのために』『幕末純情伝』『熱海殺人事件』『蒲田行進曲』など

塚本邦雄 歌人
一九二〇～二〇〇五（大正9～平成17）滋賀県生まれ
魂の嘆きを訴える反写実の歌風
●歌集『水葬物語』『日本人霊歌』『感幻楽』『装飾楽句』『水銀伝説』など

津島佑子 小説家
一九四七～二〇一六（昭和22～平成28）東京都生まれ
人間関係の孤絶と連帯を描く
●小説『葎の母』『光の領分』『黙市』『寵児』『夜の光に追われて』など

辻邦生 小説家
一九二五～一九九九（大正14～平成11）東京都生まれ
普遍的人間精神の高貴さの追究
●小説『廻廊にて』『夏の砦』『北の岬』『安土往還記』『西行花伝』『背教者ユリアヌス』『春の戴冠』など

辻仁成 小説家
一九五九～（昭和34～）東京都生まれ
作曲家・映画監督のマルチ作家
●小説『ピアニシモ』『グラスウールの城』『母なる凪と父なる時化』『海峡の光』『白仏』など

辻征夫 詩人
一九三九～二〇〇〇（昭和14～平成12）東京都生まれ
日常を切り取る繊細な抒情
●詩集『かぜのひきかた』『天使・蝶・白い雲などいくつかの瞑想』『ヴェルレーヌの余白に』『隅田川まで』『落日』など

土屋文明（つちや ぶんめい）　歌人

一八九〇～一九九〇（明治23～平成2）
群馬県生まれ

アララギに社会的視野を導入

●歌集『ふゆくさ』『往還集』『山谷集』、評釈『万葉集私注』など

筒井康隆（つつい やすたか）　小説家

一九三四～（昭和9～）大阪府生まれ

奇抜な着想と毒のある笑い

●小説『ベトナム観光公社』『アフリカの爆弾』『家族八景』『脱走と追跡のサンバ』『虚人たち』『虚航船団』『文学部唯野教授』など

壺井 栄（つぼい さかえ）　小説家

一八九九～一九六七（明治32～昭和42）
香川県生まれ

庶民的プロレタリア作家

●小説『二十四の瞳』『妻の座』など

寺田寅彦（てらだ とらひこ）　物理学者・随筆家

一八七八～一九三五（明治11～昭和10）
東京都生まれ

漱石門下生の物理学者

●随筆『柿の種』『天災と国防』『漱石先生』など

寺山修司（てらやま しゅうじ）　歌人・劇作家・詩人

一九三五～一九八三（昭和10～昭和58）
青森県生まれ

既成の価値を超えたマルチ作家

●歌集『空には本』『血と麦』、戯曲『血は立ったまま眠っている』『毛皮のマリー』『書を捨てよ、町へ出よう』など

土井晩翠（どい〈つちい〉 ばんすい）　詩人

一八七一～一九五二（明治4～昭和27）
宮城県生まれ

漢文調のロマンをうたう新体詩

●詩集『天地有情』『暁鐘』『東海遊子吟』など

峠 三吉（とうげ さんきち）　詩人

一九一七～一九五三（大正6～昭和28）
大阪府生まれ

戦争の悲しみを静かに語る

●詩集『原爆詩集』など

戸川幸夫（とがわ ゆきお）　児童文学作家

一九一二～二〇〇四（明治45～平成16）
佐賀県生まれ

日本の動物児童文学を確立

●小説『高安犬物語』『咬ませ犬』『オーロラの下で』『牙王物語』『けものみち』『人喰鉄道』『王者のとりで』など

土岐善麿（哀果）（とき ぜんまろ〈あいか〉）　歌人

一八八五～一九八〇（明治18～昭和55）
東京都生まれ

日常の喜怒哀楽をうたう生活派

●歌集『NAKIWARAI』『六月』『黄昏に』など

徳田秋声（とくだ しゅうせい）　小説家

一八七一～一九四三（明治4～昭和18）
石川県生まれ

無理想・無解決を貫く自然主義

●小説『新世帯』『黴』『あらくれ』『仮装人物』『縮図』など

徳富蘆花（とくとみ ろか）　小説家

一八六八～一九二七（明治元～昭和2）
熊本県生まれ

トルストイを仰ぐ浪漫主義作家

●小説『不如帰』『おもひ出の記』『寄生木』、随筆『みみずのたはこと』『自然と人生』など

徳永 直（とくなが すなお）　小説家

一八九九～一九五八（明治32～昭和33）
熊本県生まれ

社会の下層を描く労働運動作家

●小説『太陽のない街』『黎明期』『妻よねむれ』『静かなる山々』など

富岡多恵子（とみおか たえこ）　詩人・小説家

一九三五～（昭和10～）大阪府生まれ

詩・小説・戯曲・評論の才媛

●詩集『返礼』『カリスマのカシの木』『物語の明くる日』、小説『植物祭』『冥途の家族』『ひべるにあ島紀行』など

外山滋比古（とやま しげひこ）　評論家・英文学者

一九二三～二〇二〇（大正12～令和2）
愛知県生まれ

言葉の人間関係に与える影響

●評論『思考の整理学』『知的創造のヒント』『省略の文学』『近代読者論』『日本語の個性』など

な

直木三十五 小説家・脚本家

一八九一～一九三四（明治24～昭和9）
大阪府生まれ

直木賞の由緒を背負う大衆作家

●小説『心中きらら阪』『仇討浄瑠璃坂』『青春行状記』『南国太平記』『正伝荒木又右衛門』など

永井龍男 小説家

一九〇四～一九九〇（明治37～平成2）
東京都生まれ

庶民生活の心のひだを描く

●小説『活版屋の話』『黒い御飯』『朝霧』『蜜柑』『一個』など

中上健次 小説家

一九四六～一九九二（昭和21～平成4）
和歌山県生まれ

既成の価値観を打ち破る筆力

●小説『十九歳の地図』『鳩どもの家』『浄徳寺ツアー』『岬』『枯木灘』『鳳仙花』『千年の愉楽』など

中里介山 小説家

一八八五～一九四四（明治18～昭和19）
東京都生まれ

旅を愛した孤高の時代小説作家

●小説『氷の花』『島原城』『高野の義人』『大菩薩峠』など

長塚節 歌人・小説家

一八七九～一九一五（明治12～大正4）
茨城県生まれ

写生を実践した気品と冴え

●歌集『鍼の如く』、小説『佐渡が島』『土』など

中根千枝 社会人類学者

一九二六～（大正15～）東京都生まれ

日本の社会人類学の草分け

●評論『タテ社会の人間関係』『未開の顔・文明の顔』『適応の条件』『家族の構造』など

中野孝次 評論家・小説家

一九二五～二〇〇四（大正14～平成16）
千葉県生まれ

人間の生き方を問う社会批判

●評論『実朝考』『清貧の思想』『風の良寛』、小説『麦熟るる日に』、随筆『ブリューゲルへの旅』『ハラスのいた日々』など

中野重治 詩人・小説家

一九〇二～一九七九（明治35～昭和54）
福井県生まれ

時局への抵抗を貫いた批判精神

●詩集『中野重治詩集』、小説『歌のわかれ』『むらぎも』『甲乙丙丁』、評論『斎藤茂吉ノオト』など

中村草田男 俳人

一九〇一～一九八三（明治34～昭和58）
中国廈門生まれ

「万緑」を主宰した人間探求派

●句集『長子』『美田』『火の島』『来し方行方』など

中村憲吉 歌人

一八八九～一九三四（明治22～昭和9）
広島県生まれ

アララギ派の写生的諷詠を貫く

●歌集『林泉集』『しがらみ』『松の芽』『軽雷集』など

中村真一郎 小説家・評論家

一九一八～一九九七（大正7～平成9）
東京都生まれ

王朝文学の心理的追究

●小説『死の影の下に』『空中庭園』『雲のゆき来』、評論『王朝の文学』など

中村汀女 俳人

一九〇〇～一九八八（明治33～昭和63）
熊本県生まれ

日常生活を詠むこまやかな眼

●句集『都鳥』『春雪』『紅白梅』『中村汀女句集』など

中村光夫 評論家・小説家

一九一一～一九八八（明治44～昭和63）
東京都生まれ

日本近代文学の私小説性を批判

●評論『二葉亭四迷論』『風俗小説論』『志賀直哉論』『佐藤春夫

論』、小説『わが性の白書』『贋の偶像』など

中村稔 詩人・評論家
一九二七〜（昭和2〜）埼玉県生まれ
ソネット形式に凝縮する抒情
●詩集『無言歌』『鵜原抄』『羽虫の飛ぶ風景』『浮泛漂蕩』、評論『宮沢賢治』『言葉なき歌―中原中也論』など

中村雄二郎 哲学者
一九二五〜二〇一七（大正14〜平成29）東京都生まれ
現代人の感性と情念を再検討
●評論『現代情念論』『パスカルとその時代』『感性の覚醒』『哲学の現在』『共通感覚論』『術語集』など

中山義秀 小説家
一九〇〇〜一九六九（明治33〜昭和44）福島県生まれ
硬骨の芥川賞作家
●小説『厚物咲』『テニヤンの末日』『少年死刑囚』『散りゆく花の末に』『夕日武者』『咲庵』など

長与善郎 小説家・劇作家
一八八八〜一九六一（明治21〜昭和36）東京都生まれ
個性的人間の悲劇的運命を描く
●戯曲『項羽と劉邦』、小説『盲目の川』『青銅の基督』『竹沢先生と云ふ人』、自伝『わが心の遍歴』など

南木佳士 小説家・随筆家
一九五一〜（昭和26〜）群馬県生まれ
愛と命の尊さを訴える医師
●小説『医学生』『ダイヤモンドダスト』『阿弥陀堂だより』『こぶしの上のダルマ』『神かくし』、随筆『ふいに吹く風』『根に帰る落葉は』など

なだいなだ 小説家・精神科医
一九二九〜二〇一三（昭和4〜平成25）東京都生まれ
精神科医の投じた温かい一石
●小説『トンネル』『しおれし花飾りのごとく』『おっちょこちょ医』、評論『お医者さん』『娘の学校』『神、この人間的なもの』『人間、この非人間的なもの』など

に

西垣通 情報学者・小説家
一九四八〜（昭和23〜）東京都生まれ
科学技術と人間社会との関わり
●評論『ウェブ社会をどう生きるか』『ネットとリアルのあいだ』『集合知とは何か』、小説『刺客の青い花』『サイバーペット／ウェブ生命情報論』など

西田幾多郎 哲学者
一八七〇〜一九四五（明治3〜昭和20）石川県生まれ
禅の絶対無を論理的に体系化
●評論『善の研究』『芸術と道徳』『哲学の根本問題』『働くものから見るものへ』など

西村京太郎 小説家
一九三〇〜（昭和5）東京都生まれ
トラベルミステリー小説の旗手
●小説『天使の傷痕』『寝台特急殺人事件』『終着駅殺人事件』『消えた巨人軍』『華麗なる誘拐』『十津川警部 怒りと悲しみのしなの鉄道』『十津川警部の事件簿』『城崎にて、殺人』など

西脇順三郎 詩人
一八九四〜一九八二（明治27〜昭和57）新潟県生まれ
超現実主義的詩論の実践
●詩集『Spectrum』『Ambarvalia』『旅人かへらず』『近代の寓話』『第三の神話』『豊饒の女神』、詩論『梨の女』、評論『輪のある世界』など

新田次郎 小説家
一九一二〜一九八〇（明治45〜昭和55）長野県生まれ
山岳小説を開拓した気象学者
●小説『聖職の碑』『孤高の人』『八甲田山死の彷徨』『武田信玄』『昭和新山』など

丹羽文雄 小説家
一九〇四〜二〇〇五（明治37〜平成17）
三重県生まれ
仏教小説に行き着いた長寿作家
●小説『鮎』『厭がらせの年齢』『哭壁』『蛇と鳩』『親鸞』『蓮如』『日日の背信』など

の

野上弥生子 小説家
一八八五〜一九八五（明治18〜昭和60）
大分県生まれ
漱石門下の夫と歩む良心の作家
●小説『海神丸』『真知子』『迷路』『秀吉と利休』など

野坂昭如 小説家
一九三〇〜二〇一五（昭和5〜平成27）
神奈川県生まれ
戦争と風俗を描く饒舌な長文
●小説『アメリカひじき』『火垂るの墓』『ウミガメと少年』『とむらい師たち』『エロ事師たち』など

は

馬場あき子 歌人・評論家
一九二八〜（昭和3〜）東京都生まれ
日本的な心情世界の探求
●歌集『早笛』『地下にともる灯』『飛花抄』『桜花伝承』、評論『式子内親王』『鬼の研究』など

葉室麟 小説家
一九五一〜二〇一七（昭和26〜平成29）
福岡県生まれ
正しさ、その美しさをうたう
●小説『散り椿』『蛍草』『蜩ノ記』『銀漢の賦』『いのちなりけり』『花や散るらん』など

林京子 小説家
一九三〇〜二〇一七（昭和5〜平成29）
長崎県生まれ
被爆体験から語る客観描写
●小説『祭りの場』『ギヤマンビードロ』『無きが如き』『やすらかに今はねむり給え』『三界の家』など

林房雄 小説家
一九〇三〜一九七五（明治36〜昭和50）
大分県生まれ
プロレタリア作家からの転向
●小説『林檎』『青年』『西郷隆盛』『息子の青春』『妻の青春』など

林芙美子 小説家
一九〇三〜一九五一（明治36〜昭和26）
山口県生まれ
波乱に富んだ人生派作家
●小説『放浪記』『風琴と魚の町』『牡蠣』『稲妻』『晩菊』『浮雲』など

葉山嘉樹 小説家
一八九四〜一九四五（明治27〜昭和20）
福岡県生まれ
労働運動と高い芸術性
●小説『淫売婦』『セメント樽の中の手紙』『誰が殺したか』『海に生くる人々』『鼻を覗ふ男』『今日様』『山谿に生くる人々』など

原民喜 詩人・小説家
一九〇五〜一九五一（明治38〜昭和26）
広島県生まれ
被爆体験を語る哀切な嘆き
●詩集『原爆小景』、小説『廃墟から』『壊滅の序曲』『夏の花』など

干刈あがた 小説家
一九四三〜一九九二（昭和18〜平成4）
東京都生まれ
軽妙な筆致で描く都会人の不安
●小説『樹下の家族』『ゆっくり東京女子マラソン』『ウホッホ探険隊』『黄色い髪』『野菊とバイエル』など

久生十蘭 小説家
一九〇二〜一九五七（明治35〜昭和32）
北海道生まれ
博識な多面体作家
●小説『鈴木主水』『母子像』『だいこん』『十字街』『うすゆき抄』『肌色の月』など

日高敏隆 動物行動学者

一九三〇～二〇〇九（昭和5～平成21）
東京都生まれ

人間の生物学的基礎づけを行う

●評論『チョウはなぜ飛ぶか』『春の数えかた』『人間についての寓話』『ネコはどうしてわがままか』『人間はどこまで動物か』など

火野葦平（ひのあしへい） 小説家

一九〇七～一九六〇（明治40～昭和35）
福岡県生まれ

戦争文学から庶民文学へ

●小説『糞尿譚』『麦と兵隊』『青春と泥濘』『赤道祭』『花と龍』『革命前後』など

日野啓三（ひのけいぞう） 小説家

一九二九～二〇〇二（昭和4～平成14）
東京都生まれ

不定形な現代人の意識を描く

●小説『還れぬ旅』『此岸の家』『あの夕陽』『母のない夜』『抱擁』『聖家族』『夢の島』『砂丘が動くように』『断崖の年』『台風の眼』、随筆『都市という新しい自然』など

平岩弓枝（ひらいわゆみえ） 小説家・脚本家

一九三二～（昭和7～） 東京都生まれ

多彩な肝っ玉かあさん

●小説『御宿かわせみ』『華やかな魔獣』『女の幸福』、脚本『女と味噌汁』『肝っ玉かあさん』『下町の女』、随筆『女らしいということ』『愛する人ができたら』『老いること暮らすこと』、など

平野謙（ひらのけん） 評論家

一九〇七～一九七八（明治40～昭和53）
京都府生まれ

私小説の実生活との背反を論争

●評論『島崎藤村』『組織のなかの人間』『芸術と実生活』『昭和文学の可能性』『わが戦後文学史』など

平林たい子（ひらばやしたいこ） 小説家

一九〇五～一九七二（明治38～昭和47）
長野県生まれ

社会と人生の不条理に挑む

●小説『施療室にて』『敷設列車』『かういふ女』『私は生きる』『地底の歌』『砂漠の花』など

広津和郎（ひろつかずお） 小説家

一八九一～一九六八（明治24～昭和43）
東京都生まれ

知識人の苦悩と生き方を描く

●小説『神経病時代』『死児を抱いて』『風雨強かるべし』『二人の不幸者』、評論『作者の感想』『松川裁判』など

ふ

福永武彦（ふくながたけひこ） 小説家

一九一八～一九七九（大正7～昭和54）
福岡県生まれ

芸術と愛と孤独と死と

●小説『草の花』『風土』『廃市』『忘却の河』『海市』『死の島』など

藤沢周平（ふじさわしゅうへい） 小説家

一九二七～一九九七（昭和2～平成9）
山形県生まれ

人間の弱さへの共感

●小説『用心棒日月抄』『よろずや平四郎活人剣』『橋ものがたり』『たそがれ清兵衛』『時雨みち』『一茶』『白き瓶』『市塵』など

古井由吉（ふるいよしきち） 小説家

一九三七～二〇二〇（昭和12～令和2）
東京都生まれ

現代人の不安を幻想的に描く

●小説『円陣を組む女たち』『杳子』『聖』『槿』など

別役実（べつやくみのる） 劇作家・評論家

一九三七～二〇二〇（昭和12～令和2）
中国長春生まれ

日常を超えた不条理の演劇世界

●戯曲『マッチ売りの少女』『赤い鳥の居る風景』『そよそよ族の叛乱』、評論『言葉への戦術』『台詞の風景』など

辺見庸（へんみよう） 小説家・詩人

一九四四～（昭和19～） 宮城県生まれ

底辺で生きる人々の極限を描く

●小説『自動起床装置』『もの食う人びと』『赤い橋の下のぬるい

水』、詩集『生首』『眼の海』など

星新一（ほし しんいち）　小説家
一九二六～一九九七（大正15～平成9）
東京都生まれ
SF的手法ショート・ショート
●小説『悪魔のいる天国』『おせっかいな神々』『ノックの音が』『エヌ氏の遊園地』『妄想銀行』『夢魔の標的』『黒い光』『人民は弱し官吏は強し』『祖父・小金井良精の記』など

細見綾子（ほそみ あやこ）　俳人
一九〇七～一九九七（明治40～平成9）
兵庫県生まれ
素朴な喜びをうたう写生俳句
●句集『桃は八重』『冬薔薇』『雉子』『曼荼羅』、随筆集『俳句の表情』『武蔵野歳時記』など

堀田善衛（ほった よしえ）　小説家
一九一八～一九九八（大正7～平成10）
富山県生まれ
国際政治にかかわる人間の追究
●小説『広場の孤独』『漢奸』『歴史』『時間』『海鳴りの底から』、随筆『方丈記私記』『定家明月記私抄』『インドで考えたこと』など

堀口大学（ほりぐち だいがく）　詩人・仏文学者
一八九二～一九八一（明治25～昭和56）
東京都生まれ
フランス近代詩を日本に紹介
●訳詩集『月下の一群』、詩集『月光とピエロ』『砂の枕』『人間の歌』『夕の虹』など

前田夕暮（まえだ ゆうぐれ）　歌人
一八八三～一九五一（明治16～昭和26）
神奈川県生まれ
絵画的自由律短歌の試み
●歌集『収穫』『生くる日に』『水源地帯』など

松岡譲（まつおか ゆずる）　小説家・随筆家
一八九一～一九六九（明治24～昭和44）
新潟県生まれ
不遇に終わった漱石門下の寵児
●小説『地獄の門』『憂鬱な愛人』、随筆『漱石の漢詩』『漱石の思ひ出』『ああ漱石山房』など

松田道雄（まつだ みちお）　小児科医・評論家
一九〇八～一九九八（明治41～平成10）
茨城県生まれ
親たちに訴え続けた小児科医
●評論『私は赤ちゃん』『私は二歳』『育児の百科』『自由を子どもに』『安楽に死にたい』など

丸谷才一（まるや さいいち）　小説家・評論家
一九二五～二〇一二（大正14～平成24）
山形県生まれ
現代人の不安を描くマルチ作家
●翻訳『ユリシーズ』、小説『エホバの顔を避けて』『年の残り』『たった一人の反乱』『裏声で歌へ君が代』、評論『後鳥羽院』『日本語のために』『新々百人一首』など

丸山薫（まるやま かおる）　詩人
一八九九～一九七四（明治32～昭和49）
大分県生まれ
感傷に流されない知的抒情詩
●詩集『帆・ランプ・鷗』『鶴の葬式』『月渡る』『幼年』『丸山薫物象詩集』など

丸山健二（まるやま けんじ）　小説家
一九四三～（昭和18～）長野県生まれ
緊迫感ある会話と乾いた文体
●小説『夏の流れ』『正午なり』『朝日のあたる家』『黒い海への訪問者』『雨のドラゴン』『火山の歌』『さらば、山のカモメよ』など

丸山真男（まるやま まさお）　政治思想学者
一九一四～一九九六（大正3～平成8）
大阪府生まれ
戦後思想のオピニオンリーダー
●評論『日本政治思想史研究』『現代政治の思想と行動』『日本の思想』『「文明論之概略」を読む』『忠誠と反逆』『歴史意識の「古層」』など

三浦綾子（みうら あやこ）　小説家

一九二二〜一九九九（大正11〜平成11）
北海道生まれ

人間の原罪をめぐる神の愛

●小説『氷点』『塩狩峠』『細川ガラシャ夫人』『海嶺』『積木の箱』など

三浦朱門 小説家

一九二六〜二〇一七（大正15〜平成29）
東京都生まれ

身近な現実を軽妙な風刺で描く

●小説『斧と馬丁』『不肖の父』『セルロイドの塔』『箱庭』『武蔵野インディアン』など

三木清 哲学者・評論家

一八九七〜一九四五（明治30〜昭和20）
兵庫県生まれ

哲学の追究と国家権力への抵抗

●評論『パスカルに於ける人間の研究』『哲学入門』『人生論ノート』『歴史哲学』『哲学ノート』など

三木卓 詩人・小説家

一九三五〜（昭和10〜） 東京都生まれ

重い現実を柔らかな文体で描く

●詩集『東京午前三時』『わがキディ・ランド』、小説『鶸』『砲撃のあとで』『震える舌』『野いばらの衣』『馭者の秋』など

三木露風 詩人

一八八九〜一九六四（明治22〜昭和39）
兵庫県生まれ

抒情詩から象徴詩・宗教詩へ

●詩集『夏姫』『廃園』『白き手の猟人』『信仰の曙』など

水原秋桜子 俳人

一八九二〜一九八一（明治25〜昭和56）
東京都生まれ

主観写生の俳句革新

●句集『葛飾』『霜林』『古鏡』『新樹』『秋苑』『晩華』、俳論『俳句の本質』など

三田誠広 小説家

一九四八〜（昭和23〜） 大阪府生まれ

テーマに淡々と向き合う作風

●小説『僕って何』『赤ん坊の生まれない日』『野辺送りの唄』『地に火を放つ者』『恋する家族』など

宮柊二 歌人

一九一二〜一九八六（大正元〜昭和61）
新潟県生まれ

平凡な生を清新な叙情でうたう

●歌集『群鶏』『小紺珠』『晩夏』『日本挽歌』『独石馬』など

宮部みゆき 小説家

一九六〇〜（昭和35〜） 東京都生まれ

随所に不可解な謎を仕込む

●小説『我らが隣人の犯罪』『理由』『火車』『模倣犯』『名もなき毒』『本所深川ふしぎ草紙』など

宮本輝 小説家

一九四七〜（昭和22〜） 兵庫県生まれ

叙情的感性のストーリーテラー

●小説『泥の河』『螢川』『道頓堀川』『幻の光』『錦繍』『ドナウの旅人』『優駿』『青が散る』『春の夢』『海岸列車』『流転の海』『地の星』『血脈の火』『草原の椅子』など

宮本百合子 小説家

一八九九〜一九五一（明治32〜昭和26）
東京都生まれ

非転向のプロレタリア作家

●小説『貧しき人々の群』『播州平野』『伸子』『風知草』『二つの庭』『道標』など

三好十郎 劇作家

一九〇二〜一九五八（明治35〜昭和33）
佐賀県生まれ

庶民の心で描く大衆劇作家

●戯曲『首を切るのは誰だ』『疵だらけのお秋』『斬られの仙太』『彦六大いに笑ふ』『炎の人』『戦国群盗伝』など

む

椋鳩十 児童文学作家

一九〇五〜一九八七（明治38〜昭和62）
長野県生まれ

生きることの美しさをうたう

●小説『片耳の大鹿』『大空に生きる』『金色の足あと』『孤島の野犬』『マヤの一生』『大造じいさん

とガン』『モモちゃんとあかね』など

向田邦子（むこうだくにこ） 小説家・脚本家

一九二九〜一九八一（昭和4〜昭和56）東京都生まれ

庶民の日常生活の息吹

●脚本『七人の孫』『時間ですよ』『だいこんの花』『寺内貫太郎一家』『阿修羅のごとく』、小説『あ・うん』『花の名前』『かわうそ』『犬小屋』『隣りの女』、随筆『父の詫び状』『眠る盃』など

村上元三（むらかみげんぞう） 小説家

一九一〇〜二〇〇六（明治43〜平成18）北朝鮮元山生まれ

スランプのない多作な大衆作家

●小説『源義経』『佐々木小次郎』『次郎長三国志』『松平長七郎旅日記』『天保六道銭』『顔のない侍』『五彩の図絵』『仙石騒動』など

村上春樹（むらかみはるき） 小説家

一九四九〜（昭和24〜）京都府生まれ

叙情を模索する現代文学の旗手

●小説『風の歌を聴け』『1973年のピンボール』『羊をめぐる冒険』『ダンス・ダンス・ダンス』『世界の終りとハードボイルド・ワンダーランド』『ノルウェイの森』『国境の南、太陽の西』『ねじまき鳥クロニクル』など、ノンフィクション『アンダーグラウンド』など

村上陽一郎（むらかみよういちろう） 評論家

一九三六〜（昭和11〜）東京都生まれ

科学と科学者の果たすべきこと

●評論『歴史としての科学』『近代科学を超えて』『科学者とは何か』『生と死への眼差し』など

村上龍（むらかみりゅう） 小説家

一九五二〜（昭和27〜）長崎県生まれ

現代に生きることの意味を問う

●小説『限りなく透明に近いブルー』『コインロッカー・ベイビーズ』『ラブ&ポップ』『イン ザ・ミソスープ』など

村野四郎（むらのしろう） 詩人

一九〇一〜一九七五（明治34〜昭和50）東京都生まれ

実存的思考を深める新即物主義

●詩集『罠』『体操詩集』『亡羊記』『蒼白な紀行』『芸術』など

村山知義（むらやまともよし） 劇作家・評論家

一九〇一〜一九七七（明治34〜昭和52）東京都生まれ

プロレタリア演劇運動を牽引

●戯曲『スカートをはいたネロ』『暴力団記』『国定忠治』、評論『現代演出論』など

森毅（もりつよし） 数学者・評論家

一九二八〜二〇一〇（昭和3〜平成22）東京都生まれ

常識破りのユニークな文化評論

●評論『エエカゲンが面白い』『ものぐさ数学のすすめ』『チャランポラン数学のすすめ』『まちがったっていいじゃないか』など

森田草平（もりたそうへい） 小説家

一八八一〜一九四九（明治14〜昭和24）岐阜県生まれ

一級の基本文献『夏目漱石』

●小説『煤煙』『輪廻』『吉良家の人々』『細川ガラシャ夫人』、評伝『夏目漱石』など

森村誠一（もりむらせいいち） 小説家

一九三三〜（昭和8〜）埼玉県生まれ

小説を書くための鉄則はない

●小説『悪魔の飽食』『空洞の怨恨』『人間の証明』『腐蝕の構造』『高層の死角』『魔性の群像』『深海の寓話』など

森本哲郎（もりもとてつろう） 評論家

一九二五〜二〇一四（大正14〜平成26）東京都生まれ

旅をキーワードにした文明批評

●評論『文明の旅』『サハラ幻想行』『日本語 表と裏』『日本語 根ほり葉ほり』、随筆『すばらしき旅』など

安岡章太郎（やすおかしょうたろう）　小説家
一九二〇～二〇一三（大正9～平成25）
高知県生まれ
日常の幸福に潜む空虚さと不安
●小説『陰気な愉しみ』『悪い仲間』『海辺の光景』、随筆『アメリカ感情旅行』『僕の昭和史』など

山川方夫（やまかわまさお）　小説家
一九三〇～一九六五（昭和5～昭和40）
東京都生まれ
清新な叙情的センスの短編作家
●小説『画廊にて』『愛のごとく』『日々の死』『その一年』『お守り』など

山極寿一（やまぎわじゅいち）　人類学者・霊長類学者
一九五二～（昭和27～）東京都生まれ
自然と共生する人間の可能性
●評論『ゴリラ―森に輝く白銀の背―』『サルはなにを食べてヒトになったか―食の進化論―』『父という余分なもの―サルに探る文明の起源―』『暴力はどこからきたか―人間性の起源を探る―』『ゴリラからの警告「人間社会、ここがおかしい」』『ゴリラが胸をたたくわけ』など

山口誓子（やまぐちせいし）　俳人
一九〇一～一九九四（明治34～平成6）
京都府生まれ
ものの根源に迫る根源俳句
●句集『凍港』『黄旗』『炎昼』『七曜』『遠星』『晩刻』など

山口瞳（やまぐちひとみ）　小説家・エッセイスト
一九二六～一九九五（大正15～平成7）
東京都生まれ
プロ棋士を目指した平和主義者
●小説『江分利満氏の優雅な生活』『血族』『マジメ人間』『居酒屋兆治』、エッセイ『草野球必勝法』『男の風俗・男の酒』など

山崎豊子（やまさきとよこ）　小説家
一九二四～二〇一三（大正13～平成25）
大阪府生まれ
緻密な取材に基づく社会派小説
●小説『花のれん』『白い巨塔』『不毛地帯』『華麗なる一族』『沈まぬ太陽』など

山崎正和（やまざきまさかず）　劇作家・評論家
一九三四～二〇二〇（昭和9～令和2）
京都府生まれ
劇的な日本文化の普遍性を指摘
●戯曲『世阿彌』『実朝出帆』、評論『劇的なる日本人』『不機嫌の時代』『柔らかい個人主義の誕生』『鷗外 闘ふ家長』など

山田詠美（やまだえいみ）　小説家
一九五九～（昭和34～）東京都生まれ
現代人の心を乾いた筆致で描く
●小説『ベッドタイムアイズ』『指の戯れ』『ハーレムワールド』『トラッシュ』『ジェシーの背骨』『放課後の音符』『晩年の子供』『蝶々の纏足』『風葬の教室』『ぼくは勉強ができない』など

山田美妙（やまだびみょう）　小説家
一八六八～一九一〇（慶応4～明治43）
東京都生まれ
言文一致を唱えた硯友社作家
●小説『嘲戒小説天狗』『武蔵野』『夏木立』など

山村暮鳥（やまむらぼちょう）　詩人
一八八四～一九二四（明治17～大正13）
群馬県生まれ
人道主義から東洋的詩境へ
●詩集『三人の処女』『聖三稜玻璃』『風は草木にささやいた』『雲』など

山本健吉（やまもとけんきち）　評論家
一九〇七～一九八八（明治40～昭和63）
長崎県生まれ
俳句の本質は挨拶と滑稽と即興
●評論『私小説作家論』『現代俳句』『古典と現代文学』『芭蕉』『柿本人麻呂』『詩の自覚の歴史』など

養老孟司（ようろうたけし）　解剖学者
一九三七～（昭和12～）神奈川県生まれ

脳から見たヒトの精神構造
●評論『バカの壁』『唯脳論』『死の壁』『ヒトの見方』『考えるヒト』など

横溝正史　小説家
一九〇二～一九八一（明治35～昭和56）
兵庫県生まれ
日本的趣向と本格的推理の融合
●小説『鬼火』『人形佐七捕物帳』『本陣殺人事件』『八つ墓村』『犬神家の一族』など

吉井勇　歌人
一八八六～一九六〇（明治19～昭和35）
東京都生まれ
人生の寂寞をかなしくうたう
●歌集『酒ほがひ』『祇園歌集』『東京紅燈集』『人間経』『形影抄』など

吉川幸次郎　中国文学者
一九〇四～一九八〇（明治37～昭和55）
兵庫県生まれ
中国文学研究の実証的方法論
●評論『杜甫詩注』『杜甫私記』『新唐詩選』『陶淵明伝』『元雑劇研究』『中国散文論』『支那人の古典とその生活』など

吉田秀和　音楽評論家
一九一三～二〇一二（大正2～平成24）
東京都生まれ
美しい文章で芸術と人間を語る
●評論『主題と変奏』『現代の演奏』『マネの肖像』『音楽のある場所』『二十世紀の音楽』『音楽紀行』など

吉野弘　詩人
一九二六～二〇一四（大正15～平成26）
山形県生まれ
弱き者への深い優しさをうたう
●詩集『消息』『幻・方法』『感傷旅行』『自然渋滞』『北入曽』『叙景』『陽を浴びて』、エッセイ『詩への通路』『現代詩入門』『遊動視点』など

吉村昭　小説家
一九二七～二〇〇六（昭和2～平成18）
東京都生まれ
冷静緻密な取材による長編小説
●小説『石の微笑』『星への旅』『戦艦武蔵』『高熱隧道』『桜田門外ノ変』『神々の沈黙』『冷い夏、熱い夏』など

吉本隆明　詩人・評論家
一九二四～二〇一二（大正13～平成24）
東京都生まれ
行動する若い世代の理論的支柱
●詩集『固有時との対話』、評論『共同幻想論』『言語にとって美とは何か』『悲劇の解読』『言葉からの触手』『夏目漱石を読む』など

吉本ばなな　小説家
一九六四～（昭和39～）東京都生まれ
透明感のある世界の構築
●小説『キッチン』『うたかた』『サンクチュアリ』『哀しい予感』『TUGUMI』『白河夜船』『N・P』『とかげ』『アムリタ』、エッセイ『パイナツプリン』など

吉行淳之介　小説家
一九二四～一九九四（大正13～平成6）
岡山県生まれ
人間存在における性の追究
●小説『薔薇販売人』『原色の街』『驟雨』『娼婦の部屋』『砂の上の植物群』『星と月は天の穴』『鞄の中身』『夕暮まで』など

わ

渡辺淳一　小説家・整形外科医
一九三三～二〇一四（昭和8～平成26）
北海道生まれ
医療現場を舞台に数々の話題作
●小説『光と影』『遠き落日』『失楽園』『ひとひらの雪』『化身』『うたかた』など

和辻哲郎　哲学者・評論家
一八八九～一九六〇（明治22～昭和35）
兵庫県生まれ
倫理学を大成した漱石門下生
●評論『古寺巡礼』『人間の学としての倫理学』『風土』『面とペルソナ』『倫理学』など

ア行

アガサ・クリスティ　小説家
Agatha Christie

イギリス（一八九〇〜一九七六）

●自信家でうぬぼれ屋の私立探偵エルキュール・ポアロが『スタイルズ荘の怪事件』に登場して以来、発表された数々の推理小説は世界的なベストセラーとなった。

●小説『スタイルズ荘の怪事件』『オリエント急行の殺人』『ABC殺人事件』『もの言えぬ証人』『そして誰もいなくなった』『ナイルに死す』『メソポタミヤの殺人』『ゴルフ場殺人事件』『ポアロのクリスマス』など

アナトール・フランス　詩人・小説家
Anatole France

フランス（一八四四〜一九二四）

●博識と皮肉と風刺の効いた軽妙な文体で知られる。傾倒していた芥川龍之介には『バルタザアル』の翻訳がある。「もし私が神だったら、私は青春を人生の終わりに置いただろう。」などの名言にはまるファンは今も絶えない。

●小説『シルヴェストル・ボナールの罪』『赤い百合』『舞姫タイス』『エピクロスの園』『昔がたり』『少年少女』『神々は渇く』など

アンデルセン　童話作家
Hans Christian Andersen

デンマーク（一八〇五〜一八七五）

●百五十編を超える童話を残し、近代童話を確立した。

●小説『即興詩人』、童話『人魚姫』『裸の王様』『マッチ売りの少女』『みにくいアヒルの子』『赤い靴』など

アンドレ・ジード　小説家
André Gide

フランス（一八六九〜一九五一）

●既成の道徳への懐疑と、克己主義をテーマとし、人間の倫理的なあり方を誠実に追究し続けた。

●小説『狭き門』『贋金づくり』『背徳者』『一粒の麦もし死なずば』など

イプセン　劇作家
Henrik Ibsen

ノルウェー（一八二八〜一九〇六）

●口語による新しい社会劇によって近代劇の創始者となった。

●戯曲『人形の家』『民衆の敵』『野鴨』など

オー・ヘンリー　小説家
O.Henry

アメリカ（一八六二〜一九一〇）

●職業を転々とし、勤務した銀行で横領の罪を犯し、服役を機に小説を書き始めた。『最後の一葉』『賢者の贈り物』など、人生の意外性や偶然性を、庶民生活の哀歓を織り交ぜて、皮肉と軽妙なユーモアたっぷりに表現した。

●短編集『四百万』『手入れのよいランプ』など

オルコット　小説家・教育者
Louisa May Alcott

アメリカ（一八三二〜一八八八）

●自由の精神と、健全な人間の成長してゆく姿を描く児童文学者。自身の四姉妹をモデルにした『若草物語』は、アメリカ人に最もよく知られた家庭小説である。

●小説『病院スケッチ』『若草物語』『昔気質の一少女』『ジョーおばさんのお話かご』『ライラックの花の下』など

カ行

カフカ　小説家
Franz Kafka

チェコ（一八八三〜一九二四）

●威圧的な父と折り合いが悪く、生涯苦しみ続けた。結核で療養を続ける役所勤めのかたわら、人間存在の不条理、自己疎外に苦しむ現代人の孤独を描いた。

●小説『変身』『審判』『城』『アメリカ』など

カミュ　小説家・劇作家
Albert Camus

フランス（一九一三～一九六〇）
●実存主義の立場から、不条理を前にした人間存在の無意味性とそこから見いだされる新たな生の意味を追究した。
●小説『異邦人』『ペスト』、戯曲『カリギュラ』など

ゲーテ 詩人・小説家・劇作家
Johann Wolfgang von Goethe
ドイツ（一七四九～一八三二）
●近代的人間形成の可能性を実証した、近代を代表する文豪である。
●小説『若きウェルテルの悩み』、詩劇『ファウスト』など

ゴーゴリ 小説家・劇作家
Nikolai Vasil'evich Gogol
ロシア（一八〇九～一八五二）
●ロシアリアリズム表現の先駆者として、ロシアの社会問題を初めてリアルに描いた。
●戯曲『検察官』、小説『外套（がいとう）』『死せる魂』など

ゴーリキー 劇作家・小説家
Maksim Gor'kii
ロシア（一八六八～一九三六）
●貧苦と放浪生活の中で階級意識に目覚め、ロシア革命でも活躍し、ロシア社会主義リアリズム文学の先駆者となった。
●戯曲『どん底』『小市民』、小説『母』など

サ行

サガン 小説家・劇作家
Françoise Sagan
フランス（一九三五～二〇〇四）
●思春期の少女の心の微妙な揺れを描いたデビュー作『悲しみよこんにちは』は、ベストセラーとなって世界中で翻訳された。繊細な心理描写に優れ、若い世代のモラルにとらわれない恋愛風俗を簡潔な文体で描いた。
●小説『悲しみよこんにちは』『ある微笑』『ブラームスはお好き』『愛は束縛』『愛という名の孤独』、戯曲『スウェーデンの城』『バランチーヌの藤色の服』など

サマセット・モーム 小説家
William Somerset Maugham
イギリス（一八七四～一九六五）
●簡潔平明な文体と、風刺と機知に富んだ作風で、人間存在の不可解さを描いた。『源氏物語』を世界に紹介したことでも知られる。
●小説『人間（にんげん）の絆（きずな）』『月と六ペンス』『木の葉のそよぎ』など

サリンジャー 小説家
Jerome David Salinger
アメリカ（一九一九～二〇一〇）
●高校を退学になった16歳の少年を通して、大人の世界の虚偽を告発した『ライ麦畑でつかまえて』は、当時の10代の口語体の文体とあわせて、若者たちの圧倒的な支持を得た。
●小説『ライ麦畑でつかまえて』『ナイン・ストーリーズ』『フラニーとゾーイー』など

サルトル 哲学者・小説家
Jean-Paul Sartre
フランス（一九〇五～一九八〇）
●第二次世界大戦後に、無神論的実存主義とマルクス主義で世界的に影響を及ぼした。ノーベル文学賞に選出されるが辞退した。
●哲学書『存在と無』『聖ジュネ』、小説『嘔吐（おうと）』『壁』『自由への道』、戯曲『悪魔と神』など

サン・テグジュペリ 小説家
Antoine de Saint-Exupéry
フランス（一九〇〇～一九四四）
●飛行家としての経験を素材に、詩情あふれる想像力によって、人間行動の情熱と悲劇を描いた。
●小説『夜間飛行』『星の王子さま』、随筆『人間の土地』など

シェークスピア 劇作家
William Shakespeare
イギリス（一五六四～一六一六）
●豊富な語彙（ごい）と豊かな韻律で、さまざまな個性的な人間像・人生の諸相を創造した、世界的な古典作家である。
●悲劇『ロミオとジュリエット』『ハムレット』『オセロ』『マクベス』『リア王』、喜劇『真夏の夜の夢』

『ヴェニスの商人』『お気に召すまま』など

ジェイムズ・ジョイス　小説家

James Augustine Aloysius Joyce

アイルランド（一八八二～一九四一）

●困窮のなかで創作を続けながら、新しい表現の可能性を追究し、意識や心理をとらえる新しい手法を確立した。

●小説『ユリシーズ』など

ジェーン・オースティン　小説家

Jane Austen

イギリス（一七七五～一八一七）

●牧師の娘として平凡な家庭に育ち、平凡な人生を生きてゆくなかで、平和で平凡な田園生活に生きる人間ドラマを書き尽くした。その作品は近代イギリス小説の頂点と仰がれている。夏目漱石はその『文学論』に「平凡にして活躍せる文字を草して技神に入る」と激賞している。

●小説『分別と多感』『エマ』『高慢と偏見』『マンスフィールド・パーク』『説得』『ノーサンガー・アビー』など

ショーロホフ　小説家

Mikhail Aleksandrovich Sholokhov

ロシア（一九〇五～一九八四）

●ロシア革命前後のドン河畔コサックの生活に取材し、革命と歴史を掘り下げた作品を書いた。

●小説『静かなるドン』『開かれた処女地』など

スウィフト　小説家

Jonathan Swift

イギリス（一六六七～一七四五）

●牧師からジャーナリストに転身した風刺作家で、豊かな想像力とわき出る機知によって、人間の愚かさを痛烈に揶揄した。

●小説『ガリヴァー旅行記』『ドレイピア書簡』など

スタインベック　小説家

John Ernst Steinbeck

アメリカ（一九〇二～一九六八）

●写実的で簡潔な文体で、生命に対する深い愛情とそれを抑圧するものへの強い怒りが込められている。農民の死活の闘いを描いた『怒りの葡萄』でピュリッツァー賞を受賞した。

●小説『怒りの葡萄』『エデンの東』『われらが不満の冬』、短編集『長い谷間』など

スタンダール　小説家

Stendhal

フランス（一七八三～一八四二）

●ナポレオン配下の陸軍士官としてモスクワ遠征に参加。ナポレオン失脚後はミラノに移住し、政治風刺と恋愛心理分析を特色とする小説を書いた。自選の墓碑銘「生き、書き、愛せり」は有名。

●評論『恋愛論』、小説『赤と黒』『パルムの僧院』など

スティーブンソン　小説家

Robert Louis Stevenson

イギリス（一八五〇～一八九四）

●生涯を結核と闘いながら、冒険と空想と寓意に満ちた小説を書き続けた。

●小説『宝島』『ジキル博士とハイド氏』など

セルバンテス　小説家

Miguel de Cervantes Saavedra

スペイン（一五四七～一六一六）

●スペイン・ルネッサンスの代表的小説家。代表作『ドン・キホーテ』は、人間の理想主義と物質主義、悲劇性と喜劇性の両典型を描き、「人間」を描いた近代小説の初めといわれる。

●小説『ドン・キホーテ』など

ソルジェニーツィン　小説家

Aleksandr Isaevich Solzhenitsyn

ロシア（一九一八～二〇〇八）

●スターリン批判の罪で8年の思想矯正のための労働刑を宣告され、ノーベル文学賞受賞後も、当時のソヴィエト社会主義体制に対する激しい懐疑を展開したため、国外追放となった。ソ連が崩壊し、ロシアとなって国家反逆罪も取り下げられ、故国に戻った。

●小説『イワン・デニーソヴィチの一日』『煉獄のなかで』『ガン病棟』『収容所群島』など

タ行

ダニエル・キイス 小説家
Daniel Keyes

アメリカ（一九二七～二〇一四）

●心理学の知識と取材に基づく多くの作品を残した。なかでも知的障害者を描いた『アルジャーノンに花束を』は各界に大きな反響を呼び、世界的ベストセラーとなった。

●小説『アルジャーノンに花束を』『五番目のサリー』『24人のビリー・ミリガン』『クローディアの告白』など

ダンテ 詩人
Dante Alighieri

イタリア（一二六五～一三二一）

●イタリア・ルネッサンス最大の叙事詩人。政界を追放され、流浪の間に書かれた『神曲』は、死の直前まで書き続けられた。

●宗教的叙事詩『神曲』など

チェーホフ 劇作家
Anton Pavlovich Chekhov

ロシア（一八六〇～一九〇四）

●古い生活から新しい生活を創造してゆくことを創作のテーマとし、揺れ動く内面の微妙な心理を描く短編小説を得意とした。

●戯曲『ワーニャ伯父さん』『かもめ』『三人姉妹』『桜の園』など

ツルゲーネフ 小説家
Ivan Sergeevich Turgenev

ロシア（一八一八～一八八三）

●裕福な家庭に育ったが、幼少時代に農奴の悲惨な生活を見たことによる農奴制に対する強い反発と憎悪は、作品に強い影響を与えた。農奴制下の農民や地主の姿を描いた『猟人日記』は、皇太子アレクサンドル二世に農奴解放の決意を促したと言われる。

●小説『猟人日記』『父と子』『初恋』など

ディケンズ 小説家
Charles Dickens

イギリス（一八一二～一八七〇）

●社会悪を糾弾し、人間性への回帰を促す人間味あふれる作品を残した。

●小説『二都物語』『クリスマス・キャロル』『オリヴァー・トゥイスト』など

デフォー 小説家
Daniel Defoe

イギリス（一六六〇～一七三一）

●貿易商として西欧各地をまわり、初めて試みた長編の児童文学が彼の名を不朽のものとした。

●小説『ロビンソン・クルーソー』など

デュマ 小説家・劇作家
Alexandre Dumas

フランス（一八〇二～一八七〇）

●波乱万丈の展開を特色とする歴史小説によって世界中に読者を持ち続ける、フランスのロマン派を代表する作家である。

●小説『三銃士』『モンテ・クリスト伯』『黒いチューリップ』、戯曲『アンリ三世とその宮廷』など

トーマス・マン 小説家
Thomas Mann

ドイツ（一八七五～一九五五）

●ヒトラーのファシズムに対して戦闘的ヒューマニズムの立場から抵抗し、アメリカへ亡命した。

●小説『トニオ・クレーゲル』『ヴェニスに死す』『魔の山』『ファウスト博士』など

ドストエフスキー 小説家
Fyodor Mikhailovich Dostoevski

ロシア（一八二一～一八八一）

●19世紀ロシアのリアリズム文学を代表する世界的な文豪。人間の内面に渦巻く欲望や情念と、キリスト教的人間愛との相克を描いた。政治犯として銃殺刑の宣告を受けたが、死刑は免れた。4年間のシベリア流刑の体験が作品に大きく影響している。

●小説『罪と罰』『カラマーゾフの兄弟』『虐げられた人々』『白痴』『未成年』など

トルストイ 小説家

Lev Nikolaevich Tolstoi

ロシア（一八二八〜一九一〇）

●19世紀ロシア文学の代表的作家。名門の貴族に生まれ、農民の子弟の教育と生活改善に力を尽くし、生涯ロシアの自然を愛した。

●小説『戦争と平和』『アンナ・カレーニナ』『イワンのばか』『復活』など

ナ行

ニーチェ 哲学者

Friedrich Wilhelm Nietzsche

ドイツ（一八四四〜一九〇〇）

●西洋哲学の根幹をなす神を否定し、個人の意志による哲学を展開した。「神は死んだ」は、後世の思想界に多大な影響を与えた強烈な一句であった。

●哲学書『人間的な、あまりに人間的な』『ツァラトゥストラはかく語りき』『善悪の彼岸』、自伝『この人を見よ』など

ハ行

バートランド・ラッセル 哲学者

Bertrand Russell

イギリス（一八七二〜一九七〇）

●人道的理想と思想の自由を尊重する哲学者として、ノーベル文学賞を受賞。「ラッセルのパラドックス」などの論理学者としても知られる。「浪費することを楽しんだ時間は、浪費された時間ではない。」など、哲学者の残した名言は奥が深い。

●評論『正義と闘争』『自由への道』『結婚と道徳』『宗教と科学』『常識と核戦争』『人類に未来はあるか』『武器なき勝利』など

バーナード・ショー 劇作家・評論家

George Bernard Shaw

イギリス（一八五六〜一九五〇）

●イプセンの影響を色濃く受け、多くの戯曲を書いてイギリス近代劇の創始者となった。演劇を通して社会の陋習(ろうしゅう)を批判した英語圏における功績は多大で、理想性と人間性を描いた文学者としてノーベル文学賞を受賞した。機知にあふれた警抜な皮肉は有名である。

●戯曲『ピグマリオン』『聖女ジョーン』『シーザーとクレオパトラ』『人と超人』『失恋の家』など

パール・バック 小説家

Pearl S. Buck

アメリカ（一八九二〜一九七三）

●中国に育ち、中国の歴史や国土・民衆の生活に深い理解を示し、単純明快な文体に、肯定的な人生観が貫かれている。『大地』によってピュリッツァー賞を受賞した。

●小説『大地』『息子たち』『分裂せる家』など

ハイネ 詩人

Heinrich Heine

ドイツ（一七九七〜一八五六）

●ユダヤ系ゆえの迫害を受けるが、フランス革命によって目覚め、パリへ亡命の後、ドイツの旧体制を激しく批判した、人類解放の革命詩人である。

●詩集『旅の絵』『歌の本』、物語詩集『ロマンツェーロ』など

バイロン 詩人

George Gordon Byron,6th Baron

イギリス（一七八八〜一八二四）

●ゲーテが「今世紀最大の天才」と激賞した、ロマン派の代表的詩人。情熱家で、ギリシャ独立戦争に参加し、熱病にかかって没した。

●物語詩『チャイルド・ハロルドの巡礼』、叙事詩『ドン・ジュアン』など

バルザック 小説家

Honoré de Balzac

フランス（一七九九〜一八五〇）

●裕福な家庭に生まれたが、親の期待を裏切って、貧困のなかでさまざまな人間像や社会像を分析的に描く作家となった。

●小説『ゴリオ爺(じい)さん』『谷間(たにま)の百合(ゆり)』『従妹(いとこ)ベット』など

ファーブル　昆虫学者

Jean-Henri Fabre

フランス（一八二三〜一九一五）

●一生の仕事として、昆虫の生態・本能・生活史を観察・研究した。代表作『昆虫記』は、単なる昆虫の観察記録にとどまらない、優れた文体による文学である。

●観察記録『昆虫記』など

フィッツジェラルド　小説家

Francis Scott Key Fitzgerald

アメリカ（一八九六〜一九四〇）

●一九二〇年代の社会風俗を描いた『楽園のこちら側』の爆発的な売れ行きと、その後の目に余る享楽的な生活。再起を期したフランスで書き上げた『華麗なるギャツビー』の大成功と、その後の血を吐くほどのアルコール中毒。わずか四十四年、華麗なる生涯の最期は**心臓発作**であった。

●小説『楽園のこちら側』『美しく呪われし者』『グレート・ギャツビー（日本語訳『華麗なるギャツビー』『偉大なるギャツビー』『グレート・ギャツビー』など）』『夜はやさし』『ラスト・タイクーン』など

プルースト　小説家

Marcel Proust

フランス（一八七一〜一九二二）

●裕福な両親のもとで早くから上流社交界や文学サロンに出入りした。母の死を契機に大作『失われた時を求めて』の執筆に取りかかり、死の直前まで執筆を続けた。人間の意識の深みを綿密に追った芸術空間の創造は、従来の小説の概念を大きく変え、二十世紀文学の幕開けの書とされた。

●小説『ジャン・サントゥイユ』『失われた時を求めて』、評論集『サント・ブーヴに反論する』など

フロイト　精神医学者

Sigmund Freud

オーストリア（一八五六〜一九三九）

●無意識の心のはたらきの中心に性的欲望をおこさせるエネルギー（＝リビドー）があることを重視した。精神分析を創始し、「夢」は抑圧された欲望の実現であると説き、精神医学界のみならず、文学の世界にも多大な影響を与えた。

●医学書『精神分析入門』『夢判断』など

フローベール　小説家

Gustave Flaubert

フランス（一八二一〜一八八〇）

●感情移入のない客観性と、写真を見るように精密な描写を特徴とする写実主義で知られる。

●小説『ボヴァリー夫人』『感情教育』など

ヘミングウェイ　小説家

Ernest Hemingway

アメリカ（一八九九〜一九六一）

●強靭（きょうじん）な意志と情熱で過酷な運命に立ち向かう人間を描いた。激情・暴力といった行動の世界をハードボイルド・スタイルの文体で描き、世界的に大きな影響を与えた。

●小説『日はまた昇る』『武器よさらば』『誰（た）がために鐘（かね）は鳴（な）る』『老人と海』など

ヘルマン・ヘッセ　小説家

Hermann Hesse

ドイツ（一八七七〜一九六二）

●神学校や高等学校などの束縛の多い教育への反抗からいずれも退学し、書店に勤めながら独学し、自己と社会、自己の人間的成長をテーマとした作品を書いた。

●小説『車輪の下』『デミアン』『知と愛』『郷愁』『少年の日の思い出』など

ホイットマン　詩人

Walt Whitman

アメリカ（一八一九〜一八九二）

●自由で簡潔な表現形式で、自由の精神・民主主義・未来への希望・肉体の賛美・友愛など、あらゆるテーマが肯定的にうたわれ、アメリカの国民的詩人と

呼ばれている。

●詩集『草の葉』など

ポー 小説家

Edgar Allan Poe

アメリカ（一八〇九〜一八四九）

●理知的に構成された神秘的・怪奇的な短編小説を書き、探偵小説・推理小説の創始者とされている。

●小説『アッシャー家の崩壊』『黒猫』『モルグ街の殺人』など

ボードレール 詩人

Charles Baudelaire

フランス（一八二一〜一八六七）

●退廃的な生活のなかで、人間や社会の堕落と魂の浄化を、明晰な批評精神でうたい上げ、近代象徴詩の先駆となった。

●詩集『悪の華』『パリの憂鬱』など

マ行

マーガレット・ミッチェル 小説家

Margaret Mitchell

アメリカ（一九〇〇〜一九四九）

●彼女の名を不朽のものとした名作は、南北戦争時代を背景に、愛と苦悩の日々を力強く生きる南部出身の女性スカーレットを描いたものである。10年の歳月をかけて書かれたこの作品によって、ピュリッツァー賞を受賞した。

●小説『風と共に去りぬ』など

マーク・トウェイン 小説家

Mark Twain

アメリカ（一八三五〜一九一〇）

●既成の社会規範にとらわれず、自由を求めて自分たちの夢に誠実に生きる少年たちを、社会への批判を込めて描いた。アメリカ独自の文学を確立した作家とされる。

●小説『トム・ソーヤの冒険』『ハックルベリー・フィンの冒険』『王子と乞食』など

メーテルリンク 劇作家

Maurice Maeterlinck

ベルギー（一八六二〜一九四九）

●主題は象徴的で、日常生活のなかに隠れている幸福の追求をテーマにしている。

●児童劇『青い鳥』など

モーパッサン 小説家

Henri René Albert Guy de Maupassant

フランス（一八五〇〜一八九三）

●冷徹な観察力によって、写実的に簡潔に対象をとらえる客観手法を駆使し、多くの優れた短編を残した。日本の自然主義にも多大な影響を与えた。

●長編小説『女の一生』『ベラミ』『ピエールとジャン』、短編小説『脂肪の塊』『首飾り』『シモンのパパ』『勲章』など

ヤ行

ユゴー 小説家・詩人・劇作家

Victor Marie Hugo

フランス（一八〇二〜一八八五）

●フランスのロマン主義文学の巨匠。独裁者ナポレオン三世に抵抗した亡命先で書いた『レ・ミゼラブル』は、主人公ジャン・ヴァルジャンの波乱の生涯とともに、日本でもよく知られている。

●小説『ノートルダム・ド・パリ』『レ・ミゼラブル』『九十三年』、詩集『静観詩集』、戯曲『エルナニ』など

ユング 心理学者・精神医学者

Carl Gustav Jung

スイス（一八七五〜一九六一）

●フロイトの『夢判断』に感激したが、後に論争することになる。フロイトは欲求の基礎に性的欲望（リビドー）を考えたが、ユングは「生命力」が基礎的欲求であると考えた。人間の性格を内向型・外向型の概念で分類し、フロイトを外向型、自身を内向型と区別した。

●医学書『リビドーの変容と象徴』『心理学的類型』『心理学と錬金術』『無意識の心理』など

ラ行

ランボー 詩人

Jean-Nicolas-Arthur Rimbaud

フランス（一八五四〜一八九一）
●フランス詩壇に突如として現れ、象徴主義の頂点を極め、20歳にして文学を放棄した早熟の天才詩人。狂気と錯乱に満ちた感受性と、隠喩や逆説に富んだ表現によって人間精神を描いた。
●詩集『酔いどれ船』『イリュミナシオン』『地獄の季節』など

ルイス・キャロル　童話作家
Lewis Carroll

イギリス（一八三二〜一八九八）
●空想と現実が交錯する奇想天外なストーリーは、童話の常識を破った。数学者で、当代屈指の写真家でもあった。
●童話『不思議の国のアリス』『鏡の国のアリス』など

ルソー　哲学者・小説家
Jean-Jacques Rousseau

フランス（一七一二〜一七七八）
●文明社会を批判し、人間のもつ自然性を重んじて個人的自我の確立を提唱した。
●思想論『社会契約論』、教育論『エミール』、小説『新エロイーズ』『告白』など

ローリング　児童文学者・脚本家
Joanne Rowling

イギリス（一九六五〜）
●作者が生活保護を受けながら書いた「ハリー・ポッターシリーズ」は、世界史上最多の販売部数を誇る児童文学書となった。その後も「コミック・リリーフ」への寄付のために、ハリーが作品中で用いた架空の教科書『幻の動物とその生息地』『クィディッチ今昔』を執筆した。
●児童文学書『ハリー・ポッターと賢者の石』『ハリー・ポッターと秘密の部屋』『ハリー・ポッターとアズカバンの囚人』『ハリー・ポッターと炎のゴブレット』『ハリー・ポッターと不死鳥の騎士団』『ハリー・ポッターと謎のプリンス』『ハリー・ポッターと死の秘宝』など

魯迅（ルーシュン）　小説家

中国（一八八一〜一九三六）
●日本で医学を学んだ。帰国後は革命期の中国で、封建的旧体制を支える儒教を痛烈に批判し、民衆の目覚めと真の革命を訴えた。また、従来の文語表現から口語（白話）への切り替えによって、民衆への文学解放を促した功績は大きい。
●小説『狂人日記』『阿Q正伝』など

ロマン・ロラン　小説家
Romain Rolland

フランス（一八六六〜一九四四）
●文学活動のかたわら音楽史の研究にも手を広げ、ベートーヴェンをモデルにした大河小説は、彼の名を不滅のものとした。反戦運動を展開した平和主義者でもあった。
●小説『ジャン・クリストフ』、評伝『ミケランジェロの生涯』など

ワ行

ワーズワース　詩人
William Wordsworth

イギリス（一七七〇〜一八五〇）
●イギリス北部の美しい自然に恵まれた湖水地方を愛したロマン派の代表的詩人。自然愛が人類愛へと深まってゆく過程をうたった彼の詩は、国木田独歩ら日本の浪漫主義作家に大きな影響を与えた。
●詩集『抒情民謡集』『序曲』など

ヴェルレーヌ　詩人
Paul Marie Verlaine

フランス（一八四四〜一八九六）
●27歳のときに16歳の少年ランボーから手紙をもらい、その詩心に感心して交際を続けるが、意見の違いからピストルでランボーを負傷させた。詩集『叡知』には獄中での心境が詠まれている。
●詩集『サチュルニヤン詩集』『言葉なき恋歌』など

ア行

●芥川賞 純文学新進作家を対象とした文学賞。**菊池寛**が、**芥川龍之介**を記念して、昭和10年に**直木賞**（＝**直木三十五**を記念して創設した、大衆文学新進作家を対象とした文学賞）とともに創設した。

●悪魔主義 19世紀末ヨーロッパの**耽美主義**で、ことさら退廃的なことを求めた。**永井荷風**・**谷崎潤一郎**らが強い影響を受けた。

●アバンギャルド avant-garde（仏） ダダイスムに代表される、従来の伝統的手法を打破しようとする**前衛的芸術**。

●アプレゲール après-guerre（仏） 戦後の意で、もともとはヨーロッパでの第一次大戦後の前衛的文学・芸術運動を指し、日本では**戦後派**を指す言葉。

●アララギ派 明治41年に**伊藤左千夫**が中心となり創刊した雑誌「アララギ」による短歌結社で、「写生」を作歌の基本姿勢とした。当初は「明星」に圧されていたが、大正期以降は歌壇の中心となった。

●一元描写 作品のなかの特定の人物の視点を通して、作者の主観を投入した描写をするもので、**岩野泡鳴**が主張した。**田山花袋**の主張した**平面描写**（＝登場人物の内面には立ち入らず、外側から客観的に描写すること）と対照をなす。

●韻文 詩・短歌・俳句のように、音数律などの一定のきまりをもったリズムの作品をいう。

●エキゾティシズム exoticism（英） **異国趣味**・**異国情緒**などと訳され、**北原白秋**『**邪宗門**』などにその傾向が見られる。

●S・F science fiction（英） **空想科学小説**などと訳され、J・ヴェルヌやH・G・ウェルズらが確立した。日本では、**筒井康隆**・**星新一**・**小松左京**・**眉村卓**などの作家が登場し、S・Fを社会に認知させた。

●エッセイ essay（英） 構成や表現の形式の自由な散文。**随想**や**随筆**のこと。

●欧化主義 極端な西洋文化の模倣と、伝統的日本文化否定の傾向を指す。明治の初期から中期にかけてみられた。**国粋主義**と対照をなす。

●オムニバス omnibus（英） いくつかの短編を一本にまとめた映画やドラマなどの作品のこと。

カ行

●雅俗折衷体 平安時代からの品格のある雅文（文語文）と下品な言葉や日常的俗語が混ざった文体。**尾崎紅葉**や**樋口一葉**らが用いた。

●花鳥諷詠 四季の推移に伴う、自然や人間界の現象をとらえること。**高浜虚子**の唱えた俳句の理念である。

●観念小説 主として、日清戦争後に現れた、戦後社会の不合理を描いた作品を指す。**泉鏡花**の『**夜行巡査**』『**外科室**』などが知られるが、**森鷗外**は「狭き世界観もしくは、ある世界観の一片を写せる小説なり」として、評価は否定的であった。

●**記号論**　ソシュール（＝スイスの言語学者、『一般言語学講義』など）の言語学から発展したもので、人間生活にかかわる事柄や芸術表現などを記号としてとらえようとする理論。

●**擬古典主義**　日本では、明治前期の**尾崎紅葉・幸田露伴・樋口一葉**などが、写実主義によりつつ近世（江戸時代）を規範とした文学をいう。

●**教養小説**　主人公の、精神的・人格的成長の過程を描く小説を指す。**トーマス・マン『魔の山』・志賀直哉『暗夜行路』・下村湖人『次郎物語』**などがこれにあたる。

●**近代的自我**　自立した個人、市民としての自覚に基づき、形成された自我をいう。近代の作家たちの根本をなすテーマであった。

●**芸術至上主義**　人間のあらゆる営みのなかで、芸術を至上のものとする態度をいう。人生のための芸術を否定し、文学の芸術的完成だけが文学の目的であるとする立場で、日本では、**谷崎潤一郎・芥川龍之介・葛西善蔵**らがこの立場をとった。

●**形象化**　抽象的な観念を具体的な形に表現することをいう。作家は抽象的な観念をそのままの抽象表現では述べず、具体的な人間の言動として描き出すが、その方法的過程を「形象化」という。

●**啓蒙文学**　フランスの**ルソー**や、明治初期の**福沢諭吉・中江兆民**らに代表される、民衆に知識を与え、教え導こうとする文学をいう。

●**言文一致運動**　**二葉亭四迷・山田美妙**らの試み。話し言葉（言）と書き言葉（文）の一致した近代的な文体をめざした。

●**硯友社**　明治18年に**尾崎紅葉・山田美妙**らによって結成された文学結社。雑誌「我楽多文庫」を刊行し、明治20年代の文壇の主流となった。

サ行

●**散文**　一定の韻律をもった韻文に対し、音数やリズムにとらわれず、自由に書いた文章で、小説・随筆・評論などをいう。

●**自己疎外**　マルクスやヘーゲルの用いた概念で、人間が生み出したものに、人間自身が支配され、逆に非人間的な状況に陥ることをいう。

●**自然主義**　近代科学の実証主義と写実主義を受けて、ありのままの真実をとらえようとする文学をいう。日本では、虚構を否定する**私小説**など、独自な展開を示した。

●**実相観入**　**斎藤茂吉**の短歌理念で、対象と自己の生命が一体となるのが真の「写生」だという。「写生」は、**正岡子規**の唱えた客観写実をいう言葉。

●**実存主義**　哲学で、《ここに今ある自己、人間の実存》は、主観や客観に分けてとらえる「本質」に先立って存在するという考え方をいう。自己の主体的なあり方を問いかけたもので、**キルケゴール・ハイデッガー・サルトル**らは、日本の思想・文学に大きな影響を与えた。

●写実主義　物事を見たままに偽りのない真実を描こうとする文学態度をいう。科学的精神の浸透や浪漫主義への反発を背景に生まれた。

●写生文　正岡子規が俳句や短歌の理念の「写生」を散文にも広げて提唱したもの。これを受けて根岸派の人々は写生文を試みたが、やがて小説などに展開していった。**高浜虚子**『**鶏頭**』・**伊藤左千夫**『**野菊の墓**』・**長塚節**『**土**』などがこれに当たる。

●自由民権運動　明治前半期の大規模な政治運動で、市民的権利の拡大・国会の開設などを求めて、全国的な広がりを展開した。

●シュールレアリスム　surréal-isme（仏）超現実主義と訳される。現実世界にとらわれず、個人の自由な発想によって芸術的に構成しようとする前衛的芸術運動。一九二〇年代のフランスに始まり、日本の詩壇にも大きな影響を与えた。

●純文学　純粋に芸術的感興を追求する小説の意味だが、興味本位の娯楽的通俗小説とされる「**大衆文学**」との差は明確でなく、現在では学問的には意味を成さなくなっている。

●象徴主義　感情の直接的表現を避けて深い感情を間接的に暗示しようとした、19世紀後半のフランスを中心とする文芸思潮。日本には**上田敏**が紹介し、**蒲原有明**らに多大な影響を与えた。

●ショート・ショート　short-short（英）どんでん返しなどによる気のきいたオチなどで強い印象を与える、極めて短い掌編・小編をいう。

●抒情詩　劇詩や叙事詩と異なり、自分の感情、情緒を主観的、直接的に表現する詩をいう。

●白樺派　学習院出身者が明治末期につくったグループで、反自然主義の立場をとり、理想主義・人道主義を唱えた。**武者小路実篤**・**志賀直哉**・**有島武郎**らがおり、個性の尊重を主張した雑誌「白樺」は関東大震災まで続いた。

●新感覚派　大正末年に**横光利一**・**川端康成**らによって結成されたグループ。雑誌「文藝時代」を機関誌とし、現実の再現ではなく、知的に構成された新しい世界を感覚的な文章で創り出そうとした。

●心境小説　私小説が実生活の破綻の上に成立するのに対して、生の肯定や調和を感じたときの心境を描いたものをいう。**志賀直哉**『**城の崎にて**』はその代表とされる。

●新現実主義　第三次、第四次「新思潮」の同人たちを中心とする、社会の現実を冷静に判断し、認識しなおそうとする文学傾向をいう。

●深刻小説　明治後期に硯友社の作家たちが試みた小説。暗い現実や悲惨な現実を強調した作品をいう。

●新理想主義　自己の拡充・個人の伸張などを目指した白樺派の立場で、自然主義や耽美主義に対立した。**トルストイ**らの影響も強く、人道主義的傾向が見られる。

●スバル派　雑誌「スバル」に集まったグループで、反自然主義の立場に立ち、耽美主義的な傾向を持った。**北原白秋**・**高村光太郎**・**永井荷風**・**森鷗外**・**与謝野晶子**らがいた。

●世紀末　19世紀末のヨーロッパに現れた風潮で、退廃的・懐疑的・耽美的な芸術的傾向をいう。

●政治小説　明治前期の自由民権運動に呼応して流行した小説で、主眼は文学そのものの追究より、政治思想の宣伝にあった。

●戦後派　第二次大戦後の昭和20年代前半に登場した若い文学世代をいう。**野間宏**・**梅崎春生**・**大岡昇平**・**三島由紀夫**らの多くは戦争体験を持ち、政治と文学に対する鋭い問題意識を持って活動した。

●則天去私　我執（エゴ）を去って、大きな自然の理法に従おうとすることで、晩年の**夏目漱石**の理想とした心境であるといわれる。未完に終わった『明暗』に描かれるはずであったとも言われている。

●ソネット　sonnet（英）四連・十四行・押韻などのきまりをもった、西欧の抒情詩の一形式。**中原中也**・**立原道造**など、日本の詩人たちも試みている。

●ゾライズム　Zolaism（英）明治30年代に**永井荷風**らによって、ゾラの自然主義文学の理論を実践したもの。うわべだけの模倣的試みにとどまり、本格的な自然主義へとは展開しなかった。

タ行

●大河小説　時代や社会の大河のような大きな流れを背景に人間を描く、スケールの大きな長編小説をいう。**ロマン・ロラン**『**ジャン・クリストフ**』や、**ショーロホフ**『**静かなるドン**』などがその典型として知られる。

●第三の新人　戦後の混乱期が過ぎた昭和27、28年ごろに登場した作家たちをいう。**安岡章太郎**・**吉行淳之介**・**遠藤周作**らで、政治への関心は薄く、社会の片隅に生きる庶民の日常を私小説風に描く作品が多い。

●大衆文学　純文学に対する通俗文学の意で用いられる。娯楽のための文学ではあるが、**山本周五郎**や**吉川英治**を挙げるまでもなく、文学の永遠のテーマ《人間を描く》という点で、純文学に比して何ら見劣りすることのない、優れた未評価の作品が目白押しである。

●第二芸術論　俳句は第二流の芸術でしかない、とした俳句芸術の否定論。戦後に**桑原武夫**が唱え、大きな反響を呼んだ。

●ダダイスム　dadaïsme（仏）伝統的な権威の否定・破壊を主張した芸術革命運動で、第一次大戦中、スイスで始まった。

●耽美主義　美を最高のものと考え、その創造を追究する芸術的態度で、**永井荷風**・**谷崎潤一郎**らが独自の世界を深めた。

●短編小説　原稿用紙百枚くらいまでの短い小説をいう。人生の断面をえぐり、緊密な構成のもとに主題を明確に打ち出すものが多い。**モーパッサン**や**オー・ヘンリー**、日本では**芥川龍之介**の作品が代表的である。

●長編小説　一般に原稿用紙三百枚を超える長い小説をいう。雄大な構想のもとに、人生や社会を総合的に描こうとする作品が多い。**島崎藤村**『**夜明け前**』・**志賀直哉**『**暗夜行路**』などがある。

●テーマ小説　菊池寛の提唱したもので、主題を明確に打ち出すことを心がけて書かれた小説をいう。**菊池寛**『**恩讐の彼方に**』・**芥川龍之介**『**鼻**』『**芋粥**』などを指す。

●転向文学　官憲の圧力によって、プロレタリア文学の作家たちは自らの思想としていた共産主義を放棄し、思想的転向を余儀なくされた。昭和10年代に見られる「転向文学」は、そうした状況の中から生まれた、プロレタリア文学の再スタートともいうべき文学で、官憲の圧力に屈した自らの「転向」そのものを主題として書かれた文学をいう。

●同人雑誌　営利追求の商業雑誌に対して、同じ考え方や主張を持つ人たちが、仲間で資金を出し合って、共同で発行する雑誌のこと。「文学界」「白樺」が名高い。

ナ行

●ニヒリズム　nihilism（英）虚無主義と訳される。人生は無価値・無目的だとして、いっさいの秩序などを否定するもの。

ハ行

●ハードボイルド　hard-boiled（英）冗長な修飾語を省いて、事実をたたみかけるような非情な文体で描く写実主義的手法。**ヘミングウェイ**らに代表される。

●恥の文化　ルース・ベネディクトによる文化類型で、集団の規制力が強く、個人が自立していない日本社会では、価値基準や倫理観のもとに「恥」の観念があるという。個人の内面の「罪」の観念を基調とするという欧米文化は「**罪の文化**」と呼ばれる。

●ハムレット型　ツルゲーネフの分類による人間類型で、懐疑的で内向的・優柔不断な人間をいう。直情径行・誇大妄想・自己犠牲・楽天的な「**ドン・キホーテ型**」とは対極にある。

●パロディ　parody（英）有名な作品を巧みにもじって、まったく別の内容を盛り込んで、滑稽と風刺をきかせた作品のことで、単なる盗作とは区別していう。

●プロット　plot（英）小説・戯曲などの構想・骨組みをいう。時間的な順序による筋立てのことで、単に「あらすじ」の意味でも使われる。

●プロレタリア文学　労働者階級の自覚を促し、階級闘争に勝利することを目指した文学で、大正時代の雑誌「種蒔く人」に始まり、関東大震災を契機に本格化した。後に**小林多喜二**・**徳永直**らの「戦旗派」と、**葉山嘉樹**らの「労芸派」に分裂した。昭和初期には暗い時代を背景に、文壇を席捲する勢いであった。

●文学界派　雑誌「文学界」によった**北村透谷**・**島崎藤村**・**上田敏**・**樋口一葉**らのグループ。「文学界」は明治26年に創刊され、浪漫主義文学運動の中心となった。

●没理想論争 文芸における理想をめぐって、明治24年から翌年にかけて**森鷗外**と**坪内逍遙**の間に展開された文学論争で、逍遙が屈服したかたちで終結したとされる。

マ行

●三田派 雑誌「三田文学」に集まった耽美派のグループ。**永井荷風**を中心に**北原白秋・佐藤春夫**らが活躍した。

●明星派 明治33年に**与謝野鉄幹**が設立した「新詩社」に集まったグループ。雑誌「明星」によって浪漫主義の立場から自我を肯定し、恋愛賛美の文学を展開した。ここから**石川啄木・北原白秋**らが出た。

●メルヘン Märchen（独）童話・おとぎ話のこと。

●モダニズム modernism（英）近代主義・現代主義などと訳される。伝統的な主義・思想を否定して、自由で新しい様式を求める芸術をいう。

ヤ行

●唯物論 物質のみを真の存在として尊重する立場で、精神の作用をも高度に発達した物質の機能によるものだとする考え方。物質の実在を否定して、すべてを人の観念で認識したものとする「**唯心論**」とは対極をなす。

●余裕派 自然主義の現実密着の文学に対し、余裕をもって人生を眺めようとした**夏目漱石**らのグループをいう。

ラ行

●歴史小説 歴史上の事件や人物を素材とする小説をいう。史実を尊重する「歴史其儘」のものと、創作を交えた「歴史離れ」のものとがある。**森鷗外・島崎藤村・芥川龍之介・吉川英治・井上靖・司馬遼太郎**などが挙げられる。

●浪漫主義 西欧で、古典主義や合理主義に反発して、情緒や個性を重んじた芸術思潮をいう。日本では、西欧思想の「自我の確立・思想の自由・奔放な感情表現」の影響が強く、**森鷗外**の『**舞姫**』がさきがけとなった。明治30年代の詩歌全盛期においては、奔放な情熱による恋愛至上観・空想的唯美観を特色とした。

ワ行

●早稲田派 雑誌「早稲田文学」によるグループ。とりわけ**島村抱月**らの第二次「早稲田文学」は自然主義文学の中心となり、**正宗白鳥・宇野浩二・葛西善蔵**らを輩出した。

●私小説 小説とは、本来「想像力」の産物であることを特色とした、いわゆる「作り話」をいうものである。ところが日本では、作者自身の直接的な生活体験や心理・心情・心境を書いたものをも小説と見る風潮が起こっていた。西欧の小説に見られるような虚飾や作り事のない、〈事実そのもの〉の〈純粋さ〉を重んじる国民性が拍車をかけ、「私小説」は白樺派に代表されるような日本独特の文学の一形態となっていった。**小林秀雄**は『私小説論』で、本来の小説にあらざる日本の私小説を鋭く指弾し、日本文学の近代化を妨げる封建制であると断じた。

◆読書案内◆ ―いつかは読みたい隠れた名作②―

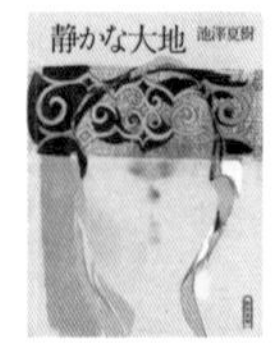
▶『静かな大地』〈朝日新聞出版〉池澤夏樹

明治初期に淡路島から北海道静内に入植した宗形三郎・志郎の兄弟とアイヌの人々との交流、一族の繁栄と没落を描いた壮大な歴史小説。「日本」とは何かということを重く考えさせる。暗澹たる破滅へと向かう絶望の小説だが、読み終えた後、雄大な自然に抱かれたような心地よさに包まれる。本の分厚さを見て一瞬たじろぐかもしれないが、大丈夫、一気に読める。そして最終ページにたどり着いたとき、「シマフクロウの嘆きの歌」を、なぜか自然な気持ちで受け入れている自分に気づくはずだ。

▶『富士日記 新版』〈中央公論新社〉武田百合子

著者は武田泰淳の妻。淡々としているが、人間・自然に対するみずみずしい好奇心にあふれた文体だ。この作品を読むと必ず空腹を感じるのが不思議。武田一家が富士山麓の別荘で過ごした日々の記録だが、毎日の献立の羅列がなんとも食欲をそそるのだ。彼女の目線についてゆくと、日常的な食べ物、出来事も、輪郭がくっきりとしてきてすべてがいとおしくなる。泰淳の死後に発表されたために、ありし日に思いを馳せる百合子のモノローグが入る。もう帰らぬ人と過ごした時間を夢のなかに閉じ込めるような、また、過去を解きほぐしてあの世へと送るような営みが感じられて、行き場のない想いがせつない。

▶『夜と霧』〈みすず書房〉V.E.フランクル

第二次世界大戦中、ナチスドイツによるユダヤ人の迫害・大量虐殺が行われた。本書は、アウシュヴィッツ強制収容所から奇跡的に生還したユダヤ人精神科医フランクルによる迫真の手記。極限状態においても奪われることのなかった精神の自由に、人間の尊厳とは何かを考えさせられる歴史的名著。

▶『完本　妖星伝』〈祥伝社〉半村良

著者が約二十年をかけて完成させた伝奇小説の傑作。時は江戸時代、鬼道衆と呼ばれる闇の軍団が、失われた宝を求めて動き出した……。どんでん返しの連続で、娯楽小説としても一級品だが、この本はこのままでは終わらない。「人はなぜ生きるのか？」「進化とは？」など、人類の根源にせまる壮大な思索小説でもあるのだ。その圧倒的な世界観は、必ずや君にショックを与えるはず。人間について深く考えたいときに読みたい本。

▶『片耳の大シカ』〈ポプラ社〉著／椋 鳩十 絵／武部 本一郎

屋久島に「片耳」と呼ばれる大鹿がいた。いつも猟師たちの裏をかくように群れを誘導する、その大鹿を山深くに追い込んだ猟師の親子を、急変した山の天気が襲った。凍りつく寒さのなかを、たどり着いた洞穴の奥に光るいくつもの眼。大人になってからも読み直したい、厳かな感動に魂が揺さぶられる、動物児童文学の白眉である。

現代編

第3章 文章の読み方を知る

文章には二つのタイプがあり、文章の読み方には、それぞれに対応した「読解の原則」がありま す。本章では、この原則をもとに実際の入試問題で実践する「設問形式別攻略法」を用意しました。

① 文章読解の原則 ― 文章を読む前に

普段の生活のなかで、言葉が使われる場面を考えてみよう。

月曜日の朝、きみが寝不足な目をこすりながら起き出すと、家族に「おはよう」とは言わなくても、テレビからは話しかけるような朝の挨拶（あいさつ）が聞こえてくる。朝ご飯もそこそこに、「行ってきます」とも言わずに家を飛び出しても、学校に着けば、そこはもう「言葉」の氾濫（はんらん）する世界だ。話しかけられる前に、きみはもう自分から話しかけずにはいられなくなっている。休み明けの朝だけに、情報があふれている。まとまりのない話が飛び交（か）って、みんないい加減にしか聞いていないくせに、なんだかみんなやけに元気にしゃべりまくっている。チャイムが鳴っても、なかなかおしゃべりはおさまらない。

一時間目の国語は、文明とか人類とか社会などというおおげさな言葉がやたらと目に付く、長ったらしい評論だ、もう二週間も同じ評論を読んでいる、ついついまぶたも重くなる、そこへプリントが配られる、見ると、感想を交（まじ）えて意見を書けとある、あ～あイヤだ、なんで国語ってこんなに退屈なんだろう、おしゃべりするような国語ってないのかなあ、と思いつつも鉛筆は動かさなければならないのが現実だ。やっと書き終えて読みなおしてみると、「人類の未来を考えたスルドイ指摘だと思う」だなんて、我ながらなんて歯の浮くようなセリフだろう、これでいい点をつけられるとしたら、なんて軽い現実を自分は生きているんだろう……。

▼人が言葉に接するのは、五つの場合がある！

「言葉」は、上のような日常のありふれた場面で、限りなく使用され、瞬時に消え去ってゆくものであるが、そうしたなかで人が「言葉」に接するのは、次の五つの場合が考えられよう。

①人が話すのを自分が聞く場合
→テレビからは話しかけるような朝の挨拶が聞こえてくる

②自分が話す場合
→きみはもう自分から話しかけずにはいられなくなっている

③人が書いたものを自分が読む場合
→長ったらしい評論だ、もう二週間も同じ評論を読んでいる

④自分が書く場合
→「人類の未来を考えたスルドイ指摘だと思う」だなんて、我ながらなんて歯の浮くようなセリフだろう

⑤自分が考える場合
→あ～あイヤだ、なんで国語ってこんなに退屈なんだろう

「言葉」の使われる場合として、右に挙げた「⑤自分が考える場合」にも《言葉》が使われているということについては、意外な感じを受けるかもしれない。だが、人は頭でものを考えているときですら、《言葉》からは逃れられない存在なのである。この難しい言

語哲学には私の力量ではふれられないが、このことにかかわる注意事項については、別の機会にふれることとしよう。

また、①・②の「自分が聞く・話す場合」と、③・④の「自分が読む・書く場合」とは、「言葉」が《音声》として使われるか、《文字》として使われるかの、言葉の表れ方の違いであり、さらに④の「自分が書く場合」は、③の「人が書いたものを自分が読む場合」を参考にして考えることができるので、ここでは③の「自分が読む場合」の**《前提と原則》**について考えてみることにしよう。

▼人はだれでも、自分勝手な性格である！

人の話を聞くことと、人の書いた文章を読むこととは、ある意味で非常によく似ている。**聞く人によって、読む人によって、同じ内容のことが、ずいぶん違ったふうに受け取られてしまうことがある**からだ。どうしてそういうことが起こるのだろうか。

結論から言ってしまえば、それは**聞く人・読む人が、自分勝手な聞き方・読み方をしてしまっているからである**。自分勝手な理解のしかたをしてしまっているからなのである。それは、話す側や書く側に表現力がないからだとか、聞く側や読む側に理解力がないからだとかいったレベルの問題ではない。

人はだれでも、多かれ少なかれ、ひとりよがりで自分勝手な性格なのだ。文章理解という点で言い換えると、要するに、**人はだれでも人の話を自分勝手に聞き、人の書いたものを自分勝手に読んでしまう性格の強い動物なのである。**

▼文章理解は、なぜそんなに難しいのか？

きみが今、二人の友達と歩いているとしよう。向こうから小犬を連れた人がやって来る。そのとき、友達の一人が「イヌだ！」と叫び、ほとんど同時に、もう一人も「イヌだ！」と叫ぶ。友達の一人は大の犬好きで、もう一人は大の犬嫌いだということを、きみはよく知っている。二人の友達は、期せずして「イヌだ！」と《同じ言葉》を叫ぶのだが、きみには**二人の《同じ言葉》が、決して《同じ意味》で発せられたものではない**ことは十分にわかるはずだ。何も事情を知らない通りすがりの人が、二人の「イヌだ！」という叫び声を聞いて、中学生にもなって犬が珍しいのかねえ、などと笑ったとしても少しも不思議はない。

ところで、もしきみが犬嫌いの友達のことをよく知らないで、その叫び声を聞いたとしたらどうだろう。そのとき、その友達の悲鳴を、きみはどの程度に理解できただろうか。通りすがりの人の感想と大差ないかもしれないことは、容易に察しがつくことだ。だが、コワイのは、このときのきみの理解のしかたなのだ。友達が犬嫌いだと知らないきみは、この悲鳴に対して《よくわからないけど、どうしたのだろう、何か見間違えたのかな？》などと思いやり深い理解のしかたをするだろうか。いや、きっときみはあきれたような顔をして、キツイ言葉を発していることだろう。おそらく**人間とは、人の言葉を、こんなにも自分勝手に理解してしまう動物なのだ。**

確かに、犬嫌いの友達の言葉は、自分の気持ちの《説明》として聞くなら、説明不足は明らかだ。だが、《怖(こわ)いコワイ犬》と遭遇(そうぐう)してしまった友達にとって、そのときの自分の《パニックめいた気持ち》を表すのに、《イヌダ》という三音で十分であったのだということは、実は、意味深長なことなのだ。

人は自分の伝えたい思いを《自分勝手な言葉で、自分勝手な言い方》でしか表さないのだ。同じことは、聞く側にも当てはまる。聞く側は、自分の持っている情報の範囲内でしか理解できないのだから、やむを得ないことではあるのだが、存分に《勝手な理解》のしかたをすることになってしまうのだ。

なぜ、そういうことになってしまうのか。ここで、初めに書いた「人はだれでも人の話を自分勝手に聞き、人の書いたものを自分勝手に読んでしまう性格の強い動物なのである」という、少々さみしい結論を繰り返すことになる。ただ、私はここで「あきらめよう」などと言おうとしているのではない。人間というものの現実を知ったうえで、それを「国語」の問題として乗り越えるための心構えを伝えようとしているのだ。

▼素直に読めば、答えはすべて文章中にある！

言うまでもなく、**文章を読むということは、他人の書いた文章を読むということである。**もともと感じ方も考え方も違う、他人の書いた文章を読もうとしているのだ。私たち一人ひとりの顔が、時に微妙に、ときにずいぶんと違っているように、**文章の書き手が違えば、感じ方も考え方も使われる言葉も書き方も、おのずと微妙にも大きくも違ってくる**はずだ。「十人十色」という四字熟語は、まさにこの間の事情を十二分に言い当てている。

一人ひとり違った感じ方・考え方をする**他人の文章を読むときの心構えはただ一つ、書き手の受け止めてもらいたいと思っているとおりに、素直に読むということだけである。**書かれている内容が自分の気に入ろうが入るまいが、筆者の考えが正しかろうが間違っていようが、必ず**筆者の考えているとおりに考え、自分勝手に判断したり推測したりしない**ことだ。答えは、きみの頭のなかにあるのではない。**答えのすべてが、文章中の言葉のなかに必ずあるのだ。**

受験適性診断テスト（問題編）

次の問題文（江藤淳『犬と私』〈三月書房〉）を読んで、235ページの設問に答えよ。制限時間は三分を厳守のこと。

フランク・ロイド・ライトが帝国ホテル旧館を設計したとき、彼はあの古城のような煉瓦積みの建物が日比谷公園の森の茂みのかなたから浮きあがって来るさまを想い描いていたのだということである。環境との調和を考えずには、この建築家は一枚の図面もひけなかった。日比谷公園の木がほとんど切り倒され、およそ無趣味な新館が建てまされた今日になってみれば、ライトの苦心も水の泡になったようなものであるが、最近あちこちに建てられている無統制な建物を見ていると、こういう慎重な配慮がなつかしく思われてならない。東京ほど全体や周囲との調和を無視して、建物が雑然と建てられている都会は世界のどこにもないだろう。

（設問・解答・解説は235ページ）

② 文章読解の原則 二 説明的文章

通常、私たちが「**文章**」と呼んでいるものは、書かれ方の違いによって、大きく【**説明的文章**】と【**文学的文章**】の二つに分けられる。分け方の基準は極めて明確で、《**書き手が読者に、どのように受け止めてもらいたいと思っているか**》の違いによる。

▼私たちの読むものは、二種類の文章である！

【**説明的文章**】**とは、読者の**《**理性＝理解しようとする心の働き**》**に訴えて、読者に「理解」されることを目指すもの**であるのに対して、【**文学的文章**】**は、読者の**《**感性＝感じ取ろうとする心の働き**》**に訴えて、読者の「共感」を得ることを目指すもの**である。こうして、書き手が《**読者にどのように受け止めてもらいたいか**》によって異なる表現上の違いは、《**読者がどのように受け止めなければならないのか**》という課題に対する、二つの読み方の違いをおのずと明らかにしてくれている。

▼説明的文章は、「理解」を目指している！

解説とか評論・論説などの【**説明的文章**】では、詩とか随筆・小説などの【文学的文章】とは違って、読者の感動を呼び起こすことよりも、**筆者は何よりもまず**《**理解されること**》**を目指している。**読者が理解することを求め、読者を説得することがねらいなのだ。

そのため、筆者の主張しようとする事柄は、《**言葉**》という形で、必ず文章中に表れるはずである。《**自分勝手な解釈ではなく、必ず、文章中にある言葉だけを頼りにして文章を理解せよ**》という文章読解の原則は、まさしくここにその根拠があるのである。

▼説明的文章は、実は読みやすい！

中学生がゼッタイに考えそうもないような、難しいことが書かれているのが【説明的文章】だ、という先入観があるのだろうか、評論や論説といった【説明的文章】を読まされると、真っ先にヤル気をなくしてしまう生徒をよく見かけるが、それは大きなマチガイだ。授業をする者も出題者も、できるだけ生徒に関心の持たれやすい内容の文章をと、いつだって懸命に探しているのだ。

【説明的文章】では、**読者にいちばん理解してもらいたいことは、必ず**《**言葉**》**で文章中に書かれている**わけだから、事件を捜査する刑事なら、これほど楽な《犯人捜し＝筆者のいちばん理解してもらいたいことを読み取ること》はないはずだ。犯人は《物的証拠＝言葉》を、必ず《事件の現場＝文章中》に残しているからである。難しいのは、むしろ《状況証拠＝犯人らしい可能性》しかないという【文学的文章】の場合であろう。

それでは、次の【説明的文章】を素材にした入試問題によって、いままでのことを確認してみよう。

確認問題

針葉樹は現在、世界中に五六〇種ほどが知られており、多様化という意味でも、植物進化のうえでの成功者といえるグループである。**A**、世界各地で化石が多く出土することから、かつて地球上にかなり広く分布していたと推測されるイチョウの仲間は、今では分布域が著しく限定され、現存種はイチョウ一種だけである。

ア繁栄を続けた針葉樹と衰退の一途をたどったイチョウ類。ここ数百万年間の植物界での交代劇の主役たちの命運をわけたのは、針葉樹が進化させた松脂（まつやに）だったのではないかと推測されている。針葉樹は、松脂という非常に効果的な防御物質を進化させることによって、食害を効果的に回避することができるようになったのである。

虫に食べられてしまうのを防ぐことができれば、厳しい環境で成長が抑制されたとしても、光合成で稼いだものを少しずつ蓄積しながら、時間をかけてゆっくりと成長していくことができる。**B**、松脂を発明するという適応進化をなしえなかったイチョウは、食害に苦しんだ結果、樹木進化の主役の座を降りなければならなかった。そして、大気汚染に強いことにあらわれているような別の面でのストレス耐性を獲得したイチョウ一種だけを残して絶滅してしまった。**イ**はてしない適応進化の一断面として、現在にその姿を伝えている生物は、その一種一種が、地球および地域の地史と生命史の産物として、かけがえのない歴史的存在であるといえる。

（鷲谷（わしたに）いづみ『生態系を蘇（よみがえ）らせる』〈日本放送出版協会〉）

㈠ ――線部の漢字の読みがなを、ひらがなで書きなさい。

① 出土　② 著しく　③ 抑制　④ 稼いだ　⑤ 蓄積　⑥ 降りなければ　⑦ 絶滅

㈡ 文中の**A**、**B**に共通して当てはまる最も適切な語句を、次の**ア**～**オ**の中から一つ選び、記号を書きなさい。

〔**ア** このほか　**イ** なぜなら　**ウ** しかも　**エ** それに対して　**オ** それだから〕

㈢ ――線部**ア**「繁栄を続けた針葉樹」について、次の各問いに答えなさい。

①針葉樹が繁栄していることは、現在のどのような事実から分かるか。本文中の語句を使って、三十字程度で書きなさい。

②針葉樹が繁栄できるようになった過程を、第二段落と第三段落をもとにして書きなさい。

㈣ イチョウ類は、かつてどのように分布していたと書かれているか。根拠も分かるように、本文中から抜き出して書きなさい。

㈤ 食害に苦しんだイチョウが、現在まで生き残ることができたのはなぜか。本文中から十五字程度で抜き出し、「から」につながるように書きなさい。

㈥ ――線部**イ**「はてしない適応進化の一断面」とはどういうことか。九十字以内で説明しなさい。

（長野県）

ここに挙げたものは、ごく標準的な《説明的文章》の入試問題である。確認に入る前に、**国語の問題の設問には、全く性格の異なった二つのタイプがある**ことを説明しておこう。

▼国語の設問には、異なる二つのタイプがある！

「作文」という特殊な形式を別にすれば、**国語の問題には二つのタイプしかないということ、また、この二つのタイプは、学習のしかた・問題の考え方が全く異なるのだということ、この二点がはっきりしていないことが、「国語」という科目をとらえどころのないものにしている**ように思われる。

①予備知識を試そうとするもの

一つは、漢字・四字熟語・慣用句・ことわざ・文法・文学史などの、いわゆる予備知識を試そうとするもので、これらは**試験までにしっかり覚えて、あらかじめ頭に入れておかなければ答えることのできないタイプの設問**である。試験場に入る前にだいたい勝負の決まっているものだ。

このタイプの設問は、大学入試になると全体の一割にも満たないくらいなのだが、高校入試では全体の二割近くを占めている。覚えていれば確実に得点できるものなので、学校での日々の学習をおろそかにしないことが肝要である。

②文章の読解力を試そうとするもの

もう一つが、文章の読解力を試そうとするもので、本章はこのタイプの設問の攻略法が大半である。読解力を試すと言えば大げさだが、実は、**問題文中に書かれていることを、試験時間内に、その場限りの知識として取り入れて、今手に入れたばかりの知識をもとに答えさせるものというのが、この二つ目のタイプの設問**である。国語の問題には、作文を除けば、この二つのタイプの設問しかないのである。

さて、設問にもどろう。

㈠は、漢字の読み方の問題で、**予備知識問題の典型**と言ってよい。覚えていたかだけで決まるものであって、解説のしようがないという点においても、日々の学校での学習の積み重ねが、いかに大切かを思い知らされる設問と言えよう。

解答 ①しゅつど ②いちじる（しく） ③よくせい ④かせ（いだ） ⑤ちくせき ⑥お（りなければ） ⑦ぜつめつ

㈡は、接続語の問題である。空欄Aの前には「植物進化のうえでの成功者といえる」針葉樹、空欄Aの後には《対照的》な「かつて地球上にかなり広く分布していたと推測されるイチョウの仲間」が語られている。同様に、空欄Bの前には松脂（まつやに）の発明で「適応進化」を遂げた針葉樹、空欄Bの後には《対照的》な「適応進化をなしえなかったイチョウ」が説明されている。**《対照的》な内容を結びつける接続語**の入ることは明らかであろう。

解答 エ

続く㈢から㈥まで、難しそうな記述問題が並んでいるように見えるが、**《説明的文章》**であるという性格上、実際には**《問題文中に、すべて答えのある設問》**ばかりである。確認してみよう。

㈢は、勝手に自分の頭で考えろと言われたら難問だが、もちろん文章中に明確に書かれている。①の「針葉樹が繁栄していること」と「現在のどのような事実」については、「世界中に五六〇種ほどが知られており、**多様化**という意味でも、植物進化のうえでの成功者といえる」とあることを用いて答えることになる。②は**「松脂」の発明**という「適応進化」がもたらしたプロセスを説明することになる。「松脂という非常に効果的な**防御物質**を進化させ」て「**食害を効果的に回避**することができるようになった」結果、「厳しい環境で**成長が抑制**されたとしても、光合成で稼いだものを**少しずつ蓄積**」し、「時間をかけて**ゆっくりと成長**していくことができる」ようになったことを、もう少し手短にまとめることで十分であろう。

解答 ①**世界中に五六〇種ほどが知られており、多様化している**
という事実。
②**松脂を進化させて食害を回避し、厳しい環境で成長が抑制されても、光合成で稼いだものを蓄積しながらゆっくり成長することができるようになった。**

㈣は、「世界各地で**化石が多く出土する**」と「地球上にかなり**広く分布**」を含むことが条件である。

解答 **世界各地で化石が多く出土することから、かつて地球上にかなり広く分布していた**

㈤は、「大気汚染に強いことにあらわれているような別の面での**ストレス耐性を獲得した**」から抜き出すことになる。

解答 **別の面でのストレス耐性を獲得した**（から）

㈥は、前の五問に比べて難問と言えよう。「はてしない適応進化の一断面」とは、**永遠に続く**（＝はてしない）「**適応進化**」の**一時的な様子**（＝一断面）ということである。そこから、**《環境への「適応進化」によって生き残ってきた》生物**は、これからも《環境への「適応進化」によって**生き残ろう**》とし続け、「現在にその姿を伝えている生物」は**《生命史》の一時的な様子**を示している、のようにまとめることになる。

解答 **現存する生物は環境への適応変化によって生き残ってきた。過去から未来へと続く生命史からみると、その一種一種は、今後も生き残ろうとする生物の営みの一時的な姿を示しているのだということ。**

《説明的文章》の読解においては、**《自分の頭で勝手に考えるのではなく、必ず、問題文中にある言葉だけを頼りにして、問題文の筆者の考えに、素直に従って文章を理解する》という文章読解の原則**を、改めてしっかり確認しておこう。

③ 文章読解の原則　三　文学的文章

一般の高校入試では、説明的文章・文学的文章・古文の三つが、三点セットとして出題される場合がいちばん多いようである。受験生は、なかでも**《文学的文章》**がいちばん取り組みやすいと感じているように見受けられるが、読みやすさと正解しやすさとはそれほど簡単には結びつかないところが、国語の問題のやっかいなところである。

▼文学的文章は、「感動」を目指している！

詩や小説・随筆などの文学的な文章における作者の究極の目標は、読者の感性に働きかけて読者の心を揺り動かし、共感を呼び起こし、さらに読者を感動へと導くことである。**《感動されることを目指す文学的文章》**と、**《理解されることを目指す説明的文章》**とのいちばん大きな違いはここにある。

▼直接的な心情語は、意識的に避けられる！

ここから、**《文学的文章》**の書かれ方には大きな違いが生まれてくることになる。**《文学的文章》においては、読者に最も強く受け止めてもらいたい《思い》や《心情》を直接に表す言葉は意識的に避けられ、《何かさりげない別の事柄》によって、間接的に表現さ**れるのである。

もし、逆に、訴えようとする思いや心情を、直接に表す強い言葉で表現したとすると、どうなるであろうか。全く意外なことに、その強い言葉とは裏腹に、その**熱い思いや心情は読者に《理解》されたところで止まってしまい、読者の心（＝感性）にまで届かないことになってしまう**のだ。このことは、次に並べた二つの子供の俳句を比べてみるとよくわかる。

- **犬死んだ　ああ悲しいな　悲しいな**
- **コロ眠る　エサも食べずに　雪の日に**

前の句は、**「悲しい」という《心情語＝思いや心情・感情を表す言葉》を用いたために、飼い主が非常に悲しんでいるということだけは、実に明確に理解される【説明的文章】になっている**。読者は、この子供の悲しみに共感できないまま、すぐ次の句を読むことになってしまうのである。

確かに、「悲しい」という言葉の単純な繰り返しや、「季語」を忘れてしまっているところには、ただただ悲しいばかりの子供らしい心が読み取れるが、これは《理屈》であって、しみじみと心を打たれ、感動したことの結果ではない。

これに対して、後の句はどうであろう。「エサも食べずに」「雪の日に」という、愛犬の死の状況を表す**《間接的な表現》**によって、眠るように死んでいった愛犬の哀れさ、そのことで自分を責めずにはいられない飼い主の子供の悲しみは、かえって激しく読者の胸に迫ってこないだろうか。

▼文学的文章は、実はムズカシイ！

問　これらの俳句の主題は何か。

　さて、こう問われた場合を考えてみよう。【文学的文章】の読解の難しさは明白である。前の句はちゃんとした【説明的文章】になっているので、**《説明的文章の答えは、必ずその文章中にある》**という原則に従って、「愛犬を失った飼い主の悲しみ」という答えは、いとも簡単につかめてしまうのだが、これに対して、後の句からは、前の句と同じ主題がそんなに簡単に引き出せるであろうか。

▼文学的文章では、間接的な心情語を探る！

　後の句から「主題」を引き出すことの難しさは、心情を読み取るための**《ヒント》**しか書かれていないことによるのだが、まさにそこに**《文学的文章》**を読み解くための手がかりが示されている。つまり、**《作者の訴えようとしているもの》**と**《作者が意識的にガマンして使わなかった心情語》**との間に立って、**《仲介している言葉・事柄》**を探し出すことだ。「間に立って、仲介している言葉・事柄」とは、会話の言葉や動作・自然描写などで、先の俳句でいえば、「エサも食べずに」「雪の日に」がそれに当たる。

　仮に作者が「言葉」として何もふれなかったとしたら、作者の訴えようとしていたことは読者の心に届かないわけだから、**《仲介の役割をしている言葉・事柄》は、必ず文章中に用意されている**はずである。たとえば、顔のにきびを気にかける描写があれば（芥川龍之介『羅生門』）、そこには多かれ少なかれ、必ず**《何らかの意味》**がこめられているのである。**《文学的文章》**の読解においては、そういった**作者の心情を仲介する事柄に敏感に反応する**ような、多少とも神経質な読み方が一つの課題である。

　それでは、次の【文学的文章】を素材にした入試問題によって、いままでのことを確認してみよう。

確認問題

> 小学校二年生の信雄と喜一は、お金を出し合って買う物を決めていたが、祭り見物が初めての喜一は別の物が欲しくなり店の前を動かない。

　すねたふりをして一歩も動こうとしない喜一を尻目に、信雄は一人境内に向かって歩きだした。歩き始めると、人波に押されて立ち停ることもできなくなってしまった。喜一の顔が遠ざかり見えなくなった。

　信雄は慌てて引き返そうとした。色とりどりの浴衣や団扇や、汗や化粧の匂いが、大きな流れとなって信雄を押し返す。やっとの思いで元の場所に戻って来たが、喜一の姿はなかった。信雄はぴょんぴょん跳びあがってまわりを見渡した。いつのまにすれちがったのか、人波にもまれている喜一の顔が、神社の入口の所で見え隠れしていた。

「きっちゃん、きっちゃん」

信雄の声は、子供たちの喚声(かんせい)や祭り囃子(ばやし)に消されてしまった。喜一は小走りで先へ先へと進んでいく。相当狼狽(ろうばい)して信雄を捜しているふうであった。信雄は大人たちの膝元(ひざもと)をかきわけ、必死で走った。何人かの足を踏み、ときどき①怒声を浴びて突き飛ばされたりした。境内の手前にある風鈴屋(ふうりんや)の前でやっと喜一に②オいついた。赤や青の短冊(たんざく)が一斉に震え始め、それと一緒に、何やら胸の底に突き立ってくるような冷たい風鈴の音に包み込まれた。信雄は喜一の肩を摑(つか)んだ。喜一は泣いていた。泣きながら何かわめいていた。

「えっ、なに？　どないしたん？」

よく聞きとれなかったので、信雄は喜一の口元に耳を③ヨせた。

「お金あらへん。お金、落とした」

風鈴屋の屋台からこぼれ散る夥(おびただ)しい短冊の影が、喜一の歪(ゆが)んだ顔に④映っていた。

（宮本輝(みやもとてる)『泥の河』〈新潮社〉）

きっちゃん……信雄が喜一を呼ぶときの呼び方。

1　①怒声　②オいついた　③ヨせた　を漢字に直して書きなさい。また、①怒声　④映って　の読みがなを書きなさい。

2　ぴょんぴょん跳びあがって　のように、信雄が子どもでまだ背が低いことを最もよく表現している箇所を、本文中から十五字以内で抜き書きしなさい。

3　きっちゃん、きっちゃん　と呼びかける信雄の気持ちとして最も適切なものを、次から一つ選んで記号を書きなさい。

ア　勝手な行動を責める　**イ**　自分の行動力を誇る　**ウ**　見失うまいとあせる　**エ**　逃げられてあきれる

4　赤や青の～込まれた　の一文の効果の説明として最も適切なものを、次から一つ選んで記号を書きなさい。

ア　一斉に鳴り始めた風鈴のひびきで再会の喜びを表している。
イ　短冊の震えと冷たいひびきで不運な事態を予感させている。
ウ　短冊の揺れと風鈴の音の重なりで清涼感を生み出している。
エ　赤や青の色彩や音で華やかなお祭り気分を盛り上げている。

5　視覚と他の感覚による表現を効果的に用いて、夏祭りの人ごみの様子を描いている一文の始めの五字を抜き書きしなさい。

（秋田県）

2から**5**までが文学的文章を前提とした出題となっている。

1は、漢字の読み方と書き取りの問題で、**予備知識を問うもの**であることは、**【説明的文章】**の場合と変わりはない。

解答 ②追（いついた）　③寄（せた）　①どせい　④うつ（って）

2は、「出題者」からの説明があるためにわかりやすくなっている。「作者」は「信雄が子どもでまだ背が低いこと」を説明していないが、読者はこの表現から「信雄が子どもでまだ背が低いこと」などを十分に感じ取れるはずである。そのため、**出題者からの説明抜きに《同じ意図で書かれている表現》をいきなり抜き出させる出題の方がむしろ一般的である**ようだ。

解答 （信雄は）大人たちの膝元をかきわけ

3は、当然この呼び声だけでは「気持ち」はわからない。呼んでいるのは「信雄」だから、呼び声の前後にある《信雄の様子》を見ることになる。**「相当狼狽（＝あわてふためくこと）して」いるのは「喜一」の方だが、その様子が信雄に見えたために、信雄も「必死で走」ったり、人の「足を踏」んだりして、「やっと」喜一に追いついた**のである。

解答 ウ

4の**《表現の効果》を問うものは、選択問題として必ず出題される形式と言ってよい。**当然、作者からの説明があるはずもないのだが、**必ず《問題文中の表現内容に対して効果を上げている》という方向で《表現の効果》が説明されている選択肢がある**はずである。問題文中の表現内容の意図から外れた、突拍子もない選択肢は真っ先に消去しよう。

解答 イ

5の求める**《感覚的表現》**は、問題文中の随所に見られる、この問題文の特徴といってよい。「夏祭りの人ごみの様子」にしぼって読み直してみると、「色とりどりの浴衣や団扇や、汗や化粧の匂いが、大きな流れとなって信雄を押し返す。」とある。なるほど、**視覚・嗅覚による《感覚的表現》**として「色とりどりの浴衣や団扇」が鮮やかに見えるようであり、また「汗や化粧の匂い」が漂ってきそうな近さに感じられる文章である。

解答 色とりどり

最後にもう一度、**《説明的文章》**と違って文章中に明確な説明がないからといって、豊かな想像力のままに、勝手に判断したり推測したりしてはならないことを繰り返しておこう。文章中に明確な説明があるかないかの違いはあっても、**文章中に書かれていることだけを手がかりにして読み解くという、読解上の原則が変わることはない**のだから。

④ 文章読解の原則

四　効率よく解答するために

国語の読解問題の試験においては、問題用紙が配られてから、問題文から時間内に、どれだけ正確な情報がその場で得られるかが、得点できるかどうかの分かれ目となる。**問題文中にある筆者の考えを、後の設問に答えるためのその場限りの知識として、しばらくの間どれだけ正確に頭にとどめておけるかにかかっている**のである。

▼問題用紙は、汚（よご）しながら読むものである！

【説明的文章】の読解問題の答えは、すべて問題文中にあるのだから、ライン・マーカーなどで社会科の教科書をぬりつぶして暗記するのと同じように、問題文の中で**《答えやヒント》に当たると思われる部分の右側に傍線を引いてゆく**のだ。すると、なんだか頭に入りやすくなってしまうから不思議なことである。おそらく傍線を引くことによって、他のさほど重要でない部分と切り離され、そのことによって重要さの認識が高まり集中力も増し、その結果、覚えやすくなるなどということが起こるのであろう。

《答えやヒント》に当たる部分とは、**《問題文を読むうえで、ここだけは読み落としてはならないと思われる重要な部分》**のことだが、**あまりこだわらずに気楽にサーッと傍線を引くようにする**ことが、実は大事なことなのだ。なお、実際の入学試験などでは、ライン・マーカーや色鉛筆の使用を禁じているところもあるので、普段から《気楽に鉛筆でサーッと傍線を引く》ことを習慣づけておきたいものである。

▼理由・根拠の部分は、必ずマークする！

長い問題文のなかの言葉のすべてが同じ比重で書かれているわけではないのだから、

筆者の考え（＝主張）の中心をなしている部分
それを支える理由・根拠になっている部分
筆者の考えと対立する見解をあげている部分

などを、その重さによって分類し区別する。これは各自でいろいろなマークのしかたを工夫すればよいのだが、慣れるまでは、今ここで使ってみた＿＿・□・┅┅の三種類を使い分けてみよう。文章への集中と理解がきっと深まってゆくはずだから。

なかでも**《理由・根拠に当たる部分》は、筆者が特別にエネルギーを注ぎ、出題者が常に注目している箇所でもある**ので、絶対に読み落とさない注意が必要である。読んでいる途中でこの箇所を見つけたら、真っ黒にぬりつぶすくらいにマークしよう。

▼記述式の解答は、単純明快がよい！

記述式の問題は苦手だとこぼす生徒には、何か文学的なウマイ文章を書かなければならないかのような一種のカンチガイがあるようだ。出題者は受験生に、決してそのような《名文》を期待してはいない。**受験生は、自分が問題文を理解しているのだということを、採点者に向かって、必要最小限の内容で、《単純明快》に表現すれば十分なのだ。**逆に、採点者があらためて《読解》しなければならないような、ムズカシイ名文を書いたりしたのでは、かえって好意的な採点は期待できないのだと心得よう。

▼あれこれ考えず、まず書き出してみる！

怖気づくことはない。どんなに優秀な受験生でも、実際の入試の答案は幼稚なものなのだ。模範解答のような答えは、どの受験生にだって書けるわけがないのだ。もともと時間がほとんどないのだから、幼稚な文章しか書けないことの方が、むしろ自然というものだ。模擬試験や問題集の模範解答は、それに携わった人たちが、何時間もの時間をかけて練り上げた、一種の《作品》なのだ。

とにかく、**あれこれ頭のなかで考えていないで、とりあえず書いてみる**ことだ。頭のなかにあるうちは《推敲》はできない。それを自分の頭から取り出し、目に見える形で文字にしてみる（＝これを「対象化」という）と、間違っているとか適切だとかいうことが、すっきりと見えてくるから不思議なことである。《読解》で、気楽に傍線をサーッと引くように、**できるだけ汚い字で、できるだけ素早く書く**ことが、実は大事なことなのだ。

Go to 265ページへ

頭のなかに浮かんでは消えてゆく考えやひらめきは、瞬間的とさえ言っていいくらいにおぼろげで、はっきりとした形をもっていない。それを消える前に文字にすると、案外にいい答えを思いついていたりするものなのだ。それなのに、頭のなかで文章としてまとめようとしてガンバッたりするから、文章化する前に、立派な答えをみすみす頭から消してしまっていたりするのだ。とにかく、頭に思い浮かんだことを、普段から《できるだけ汚い字で、できるだけ素早く書く》ことを習慣づけておきたいものである。

▼選択問題なのに、なぜそんなに間違えるのか？

記述式の問題に対して、設問のほぼ七割を占める解答形式に、《選択式》の問題がある。記述式と違って、これだと受験生は大変気楽に取り組むようだが、いまひとつ成績のパッとしないのはなぜであろうか。

それは、**選択肢に惑わされている**からだ。**問題文をきちんと読もうともしないで、選択肢の方にすぐ移ってしまうのがクセになっているからだ。選択肢がヒントになるかのようにカンチガイしている**からだ。言うまでもないことだが、選択肢が五つあったら、そのうち四つはウソなのだ。

選択肢に頼って、誤った選択肢であっても、その一つひとつを丁寧に理解しようとすると、頭のなかの一方では、**問題文の内容と意味上のつながりを見いだそうとする思考が働き始める**のだ。その思考はさらに、**こじつけ・拡大・飛躍など、勝手にどんどん進行して、読めば読むほど、どの選択肢も正解らしく思えるようになってしまう**のだ。読解力・理解力の優れた生徒が、時に意外なほど選択問題に弱いことがあるのは、ここに原因があるのだ。

▼選択肢は消去法に頼らず、一度で決める！

選択問題に打ち勝つ唯一の方法は、**選択肢を当てにせず、自力で、まず大まかな答えを、問題文中の言葉や語句で大づかみにすること**だ。その後で選択肢を読むのだが、**選択肢は必ず一度だけ読んで選ぶこと**だ。選べなかったら、もう一度、問題文で答えをつかみ直すのだ。このとき、選択肢を続けて何度も読んでしまったら、それこそ受験生をオトシイレヨウとたくらんでいる出題者の思うツボである。

よく《**消去法**》という解答法が、あたかも万能であるかのように言われる。誤った選択肢を消していって、残った一つを答えにするというやり方である。確かに、主題を問う問題、表現上の特色を問う問題、登場人物の性格を問う問題など、消去法に頼らなければ時間の足りない設問には有効なのだが、**普段の練習問題でこの消去法に慣れてしまうと、どうしても選択肢に頼ってしまうクセがついて、問題文の理解がおろそかになる傾向を確実に生む**。普段の練習問題では、決して勧められるやり方ではない。

◆◆

コラム

受験適性診断テスト（設問・解答編）

問 筆者は、現在の東京の建物の景観について、どのような感想を抱いているか。

イ 環境との調和を考えずに設計した、ライトの無統制な建築観を残念に思っている。

ロ 全体や周囲との調和を無視して、雑然と建物が建てられている現状を残念に思っている。

ハ 自然環境の破壊が最も進行し、世界一無趣味な都会となってしまった現状を残念に思っている。

ニ ライトが日比谷公園との景観の調和を考えた設計が、水の泡になってしまったことを残念に思っている。

三分では短かったかもしれないが、診断に移ろう。

イを選んだ人は、小さなものごとにはこだわらない、さっぱりした、人にも好かれる性格だと思われる。ただ、これだけ短い文章なのに、文と文のつながりが正しく読み取れていない。一語一語に〈こだわって読む〉読み方を心がけよう。

ニを選んだ人は、細かなことにもよく気のつく頭のよさが、この読解問題ではかえって災いしているようだ。「水の泡になった」ことと「残念に思っている」こととを、意味のつながりからサッサと判断してしまったようだ。普段から早合点して恥をかくようなことがなければいいのだが……。

ハを選んだ人は、今日のことは忘れよう。だって、せっかちで一人よがりな性格だ、なんて言われたら気分悪いよね。文章中のどこにも書かれていないことを、「環境破壊」という社会問題の予備知識を活用して堂々と選んだ君は、ひょっとするとすごい大物の卵なのかも知れない。

さて、**ロ**を選んだ人は読解に関していちばん受験適性の高い、基本的な読み取りのできている人だと思う。素直に読んで素直に答えられる、素直な性格だろうとも推測できる。ただ、素直さだけでは生きにくいこの世の中には、素直に読めない文章のあることも心に留めておこう。

⑤ 設問形式別攻略法 ― 指示語問題

前に述べた言葉や文を**指し示す役割**をもつ、「この・その・あの」などの連体詞や、「これ・それ・あれ」などの代名詞は、**同じ言葉や文を繰り返して使うわずらわしさを避けて、簡潔に前の言葉や内容を後につなぐために使われる**。これらの言葉は、単に前と後をつなぐ役割だけの「接続詞」と区別して、「**指示語**」と呼ばれている。

▼指示内容は、必ず直前にある！

同じ言葉や文の繰り返しを避けて使われるのが指示語だから、**指示語に置きかえられた指示内容（＝指し示す内容）は、原則としてその指示語よりも前にある**はずである。しかも、ずっと前の方に書いていたことを指すのでは読み手に通じないから、**指示内容は必ず指示語の直前の近いところにある**はずである。

次の入試問題で確認してみよう。

確認問題

ビデオを見た女子学生のほとんどは「大変勉強になりました。新しい発見がたくさんありました」という感想でした。一方、それに対して、男子学生は皆一様に「こんなことはすでに保健の授業で知っているようなことばかりだ」という答え。同じものを見ても正反対といってもよいくらいの違いが出てきたのです。

これは一体どういうことなのでしょうか。同じ大学の同じ学部ですから、少なくとも偏差値的な知的レベルに男女差は無い。だとしたら、どこからこの違いが生じるのか。

（養老孟司（ようろうたけし）『バカの壁』〈新潮社〉）

問　「それ」「これ」は何をさしているか。

（お茶の水女子大学附属高改）

「それ」の指示内容は直前にあるはずだが、直前のどの語なのか、「感想?」「発見?」「新しい発見があったこと?」…すぐにはわからない。**指示内容がどれなのか迷ったら、その指示語を含む部分が、どんな役割をしているのかを考えよう。**主語や述語なのか、理由を述べているのか、方法を述べているのか、どの語句にかかってゆくのかなどを手がかりに、その役割を考えるのである。

▼指示語の、文中での役割から考える!

問題文の指示語を含む部分は「それに対して」とあるから、この部分は**前の内容とは対立した内容がくることを前置きする役割をしている**ことがわかる。この「役割」を見いだすことが先決。男子学生は皆一様に「知っているようなことばかりだ」との答え、つまり「正反対といってもよいくらいの違い」が出てきたとある。

すると、「対立」した内容の片方が、**男子学生は皆一様に知っているようなことばかりだと答えたこと**であるから、**「それ」の指示内容は**それとは正反対の**《女子学生のほとんどが、新しい発見がたくさんあったという感想をもったこと》が正解**ということになる。

指示内容が正しく読み取れているかどうかは、もとの指示語の部分に置きかえて、意味のよく通じるものになっているかどうかで確認できるので、その都度必ず実行しよう。

▼段落冒頭の指示語は、直前の段落から探す!

問題文の「それ」のように、**指示語が段落内の途中にある場合は、指示内容はその段落内にある**と見て、まず間違いない。ところが、**指示語が段落の冒頭あるいはその近くにある場合は、直前の段落から探す**ことになる。この場合でも、指示内容が直前にあることと、指示語を含む部分の役割から考えるという原則は変わらない。

問題文の第二段落冒頭の指示語「これ」は、述部の「一体どういうことなのでしょうか」に対して**主語の役割**をしている。**主語の意味は述語が示す**ものだから、「一体どういうことなのでしょうか」の意味さえわかれば簡単。すぐ後の文で繰り返しているから、**「どこからこの違いが生じるのか(=一体どこから生じる違いなのか)」**という意味だとわかる。

直前の段落では、**女子学生と男子学生の間で「正反対といってもよいくらいの違い」が生じたこと**を述べているから、**「これ」の指しているのは**《違いが生じたこと》、つまり前の段落全体の内容を指し示す。よって、**《男子学生と女子学生の間で正反対の感想の違いが生じたこと》**のようにまとめればよい、ということになる。

⑥ 設問形式別攻略法

二 接続語問題

「しかし」「つまり」などの接続詞や、「その結果」「以上のことから」のように、前を指して後につなぐ役割の言葉は**接続語**と呼ばれる（64ページ参照）。文章のつながりのうえで、後に続く文は必ず前の文を意識して書かれるはずだから、**後の文の頭に置かれた接続語には、前の文とのつながり方の関係がはっきりと表れる**ことになる。たとえば、「だから」とあったら、前の段落には後の段落のための「理由」が述べられているのだなとわかる。このような前後関係を空欄補充の形で問うのが接続語問題と呼ばれる出題形式である。

▼段落内の接続語は、段落内の文と文をつなぐ！

段落の頭ではなく、**段落内の途中にある接続語は、その段落内の文と文をつないでいる**。段落内における文と文の関係を表し、決して前の段落の文にまで及ぶことはない。

接続語は、その働きによって、次のように分けられる。分類の用語は一定していないので覚える必要はないが、**前後の文をどのようにつなぐ役割をしているのか**は、しっかり区別して理解しよう。

タイプ	働き	接続語の例
因果型	前の原因に対する《**結果**》を述べる 前の**結果**に対する《**原因**》を述べる	したがって・すると・その結果・だから・ゆえに なぜなら（…だから）・というのも（…だからだ）
逆接型	前に対して《**逆の内容**》を述べる	けれども・しかし・しかるに・ところが
補足型	前に対して《**対等な内容**》を補足する 前の内容を《**要約**》して補足する 前に《**不足している内容**》を補足する	かつ・しかも・そのうえ・また（あるいは） すなわち・つまり・要するに ただし・もちろん・もっとも
選択型	《**選択的**》に補足する 強引に《**押し付け**》て補足する	あるいは・それとも・または・もしくは むしろ（…だ）

次の入試問題で確認してみよう。

確認問題

　読書を必要ないとする意見の根拠として、読書をするよりも体験することが大事だという論がある。これは、根拠のない論だ。体験することは、読書することとまったく矛盾しない。本を読む習慣を持っている人間が多くの体験をすることは、まったく難しくはない。［A］いろいろな体験をする動機づけを読書から得ることがある。

［B］、藤原新也のアジア放浪の本を読んで、アジアを旅したくなる若者がいる。本に誘われて旅をするというのはよくあることだ。［C］考古学の本を読み、実際に遺跡掘りの手伝いに行く者もある。読書がきっかけとなって体験する世界は広がってくる。

（齋藤孝『読書力』〈岩波書店〉）

問　［A］、［B］、［C］に入る語句の組み合わせとして、最も適当なものを、次の**ア**〜**エ**から一つ選び、記号で答えなさい。

	A	B	C
ア	むしろ	あるいは	しかし
イ	あるいは	むしろ	たとえば
ウ	たとえば	しかし	むしろ
エ	むしろ	たとえば	あるいは

（鳥取県）

　空欄**A**は段落内にある接続語である。**段落内の文と文をつなぐ**働きをしている。空欄**A**の前では、「本を読む」ことと「体験をする」ことの**両方を実行する**ことが「まったく難しくはない」と言う。空欄**A**の後では、難しくないどころか、「体験」しようと思うきっかけを「読書」が与えてくれる（＝役に立つ）のだと、その場では理由・根拠も示さず、**強引に押し付けて補足する**、少々意外な付け足しの展開になっている。**押し付けの「むしろ」**と記憶しよう。

▼段落の頭の接続語は、段落の展開を予告する！

　空欄**B**は、段落の頭にある接続語の問題である。**その段落と前の段落とをつなぎ、その段落がどのように展開されるのかを、頭の部分で予告している**。空欄**B**の前の段落では、「本を読む」ことが「体験をする」ことの動機になることを述べている。空欄**B**はこの段落で述べる内容を予告しているのだが、その内容は前の段落と同じである。異なるのは《具体例》であることだけだ。**空欄Bはこの具体例を述べることを予告する接続語である**。また、空欄**C**は段落の途中にある接続語で、「アジア放浪の本」という具体例に続けて「考古学の本」という、**対等な具体例を補足している**。**エが正解**ということになる。なお、空欄**C**の「あるいは」は《選択的な補足》の用法ではなく、**《対等な内容》を補足する**「（あるいは）また」の意味で用いられた例である。

⑦設問形式別攻略法

三　構成問題

構成問題とは、通常「段落」に関する問題をいい、「段落」という言葉は一般に二通りの意味で使われている。

①形式段落…原文の筆者が**意味・内容のまとまり**を意識して、頭の一字を下げて書いている文章のこと。Return 112ページへ

②意味段落…原文の筆者の意思にかかわりなく、さらに大きな意味・内容のまとまりを意識して、連続した複数の形式段落をひとまとめにしてとらえたもの。**内容段落**ともいう。

▼意味の切れ目が、形式段落の切れ目である！

形式段落とは、もともと原文の筆者が、**段落とするだけの意味のまとまりがあることと、前の段落との間には意味の切れ目があることを意識して、一つのグループとして独立させたもの**である。意味段落も、実はこれと同じ考え方をもとにしている。

▼意味のつながりが、意味段落をまとめている！

意味段落とは、原文の筆者の示した形式段落に対して、今度は出題者が**隣り合った形式段落相互に意味のつながりがあることと、前後に意味の大きな切れ目があることとを読み取って、問題文全体をいくつかのグループに分類した、そのまとまりの一つを指していうもの**である（112ページ参照）。これらのことから、構成問題に関して読み手に必要な意識・自覚・心構えをまとめておこう。

①まず、何を話題にした段落なのか？

②次に、前の段落に対して、どんな関係にあることを書いているのか？

③最後に、問題文全体に対して、どんな役割をしているのか？

右の三点は、「次の文はどこに入るか？」「～の理由を説明しているのはどの段落か？」「この段落は本文全体でどんな働きをしているか？」のような構成問題だけに必要なのではなく、文章を読み解くうえで極めて基本的な心構えである。右の三点をしっかり意識しながら読む習慣をつけたいものである。

▼説明的文章は、三段構成で考える！

文化・自然・社会のしくみなどを論じた**「説明的文章」の構成は、いわゆる《序論・本論・結論》の三段構成の「意味段落」で理解することが原則**である。筆者が**読者に《理解》されること**を目的として、読者に《説き明かす》ために様々に論じるその展開のしかたには、筆者の数だけ違いがあるのだが、**読者は常に三段構成になっているものとして読むことが原則**である。Go to 242ページへ

なぜ《原則》と言えるのか。それは、**《分ける》ことによって**《分

かる》からであり、分けられたものの最も分かりやすい数はと言えば、言うまでもなく二ないし三であるからである。**《分ける》ことは〈分解〉や〈細分〉することではなく、同類のものをいくつかのまとまりごとに《分類》すること**なのだ。古い日本語の「分く」という動詞は、《分ける》と《分かる》の両方の意味で使われる言葉であったが、同時に**多くの数に分けすぎると、かえって分かりにくくなってしまう**ことまでをも表している、面白い言葉である。

次の入試問題の文章で確認してみよう。

確認

①昆虫を利用する植物たちは、昆虫を誘い引き寄せるために、巧みな工夫をしている。②花を色や形で装い、香りを漂わせ、甘い蜜のごちそうを準備する。③花たちは、美しさ、香りやごちそうで、昆虫を引きつける魅力を競い合う。④春や秋、多くの花が咲く野や花壇は、花々たちの魅力の競演の舞台である。⑤花々は、「自分の子孫を残したい」との願いを込めて、他種の花と、仲間の花と、昆虫たちを誘い込む魅力を競い合っている。

（田中修『つぼみたちの生涯』〈中央公論新社〉）

（茨城県）

右の短い文章は、五つの文でできている。この文章を、分けないでひとまとまりのものとして「理解」することも、一文ずつ五つに分けて「理解」することも、さほど難しいことだとは思われない。このとき、この二つの「理解」のしかたを、私たちは別々の異なる理解のしかたであるかのように感じているが、実は、**頭のなかでは常に二つないし三つに分けた理解のしかたをしている**のである。もっともっと長い文章であれば、そのことはさらにはっきりしてくるはずである。

右の文章に対する理解のしかたをたどってみよう。

まず、「何」について書こうとしている文章なのか？　すぐに、「植物たちの工夫〈＝A〉」だとわかる。では、何のために工夫するのか？　これもすぐ、「昆虫を引き寄せる〈＝B〉」ためだとわかる。では、何の目的〈＝C〉で「昆虫を引き寄せる」のか？　これがわかるのは、最後の⑤の文を読んだときである。つまり、筆者はすべての言いたいことを、一度にまとめて述べるのでなく、理解しやすい（と筆者の考える）段階を追って書いているのである。

このとき、右の文章が**【①＝A】【②③④＝B】【⑤＝C】**のように、初めから**A・B・C（＝序論・本論・結論）**の三段に分けて書いてあったとすれば、読者の理解のしやすさが増したであろうことは、改めて言うまでもないであろう。形式段落にせよ、意味段落にせよ、これが「段落」の役割なのである。

三段構成とは、《序論・本論・結論》というそれぞれの論の性格・特徴に合わせて、**筆者が同じ趣旨の話題を三度語ったもの**である。それぞれの性格・特徴をしっかり理解しておこう。

①序論…「本論」で論じる**話題を最初に紹介する第一段**。話題として取り上げることになった「**いきさつ**」「**きっかけ**」等が書かれることが多い。「緒論(しょろん)」と呼ぶ場合もある。

②本論…「序論」で取り上げた**話題を本格的に論じる第二段**。具体例などを用いて、筆者の強く訴えたい内容（＝中心となる考え・主張）が明確にされてゆく段である。ここでは、本論と対立する論を取り上げて、それとの対立点を明確にする展開が多い。「**確かに**」「**なるほど**」**のような書き出しがあったら、本論と対立する（＝筆者の否定する）考えが紹介されるところ**だなとつかみ、後に必ずある「**しかし**」**以下の段が実は筆者の考え**なのだなととらえよう。段落分けの問題では、「**しかし**」**の直前で切って、全体を「四段」でとらえさせる場合もある**ことは記憶しておこう。

③結論…話題を論じ尽くした後の、**しめくくりの第三段**。本論で論じた話題について**筆者の「感想」が書かれることが多く、問題文全体の話題と関連づけた出題がよく見られる**。この段は数学などの論理的な結論部とは異なり、この段に至って初めて筆者の考えが明確に打ち出されるのではない。筆者の考えは「序論」の段階で決まっているのである。

▼文学的文章は、四段構成で考える！

随筆・小説などの「**文学的文章**」**の構成は、いわゆる《起(き)・承(しょう)・転(てん)・結(けつ)》の四段構成の意味段落で考えるのが原則**である。**読者の心に訴えかけ、その共感を得ること、ひいては読者の心をしみじみとした感動へと導くこと**が究極の目的である【文学的文章】においては、読者の心に働きかける点において、読者にとっても作者にとっても《起・承・転・結》の四段構成は非常にわかりやすい、有効性の高い図解公式である。

その展開のしかたの多様性において、原則などなさそうに思われる【文学的文章】であるのだが、【説明的文章】の場合と全く同じ理由から、**読者は常に四段構成になっているものとして読むことが原則**である。特徴をしっかり理解しておこう。

①起…書き出しの段。次の「**承**」との境目が明確でないことが多く、「**承**」とあわせて全体を三段とする出題もある。

②承…「**起**」を継承して展開される段で、比較的穏(おだ)やかに進められることが多い。

③転…クライマックスに当たる段。意外な事件への展開、心情の大きな変化、大きな変化へのきっかけとなる出来事などが書かれる。

④結…結末の段。小説や随筆の《主題》に関する表現が文学的な言い回しによって語られることが多い。この微妙な「言い回し」に気づくかどうかが読解の分かれ目になる。

次の入試問題の文章で確認してみよう。

確認

①「愛」という言葉には、人のこころを暖かく包むような幸せなイメージがあるようだ。しかし、愛することは、時として辛く、切ないことでもある。

②「愛」について考えるたびに、私は若いころに読んだ西欧の作家の、こんな言葉を思い出さずにはいられない。
「人はなぜ去ってゆくもののみを愛するのだろうか」

ちょっと意外にも思われる言葉だが、よく噛みしめてみると、すこしずつ重い真実がこころに伝わってくるところがある。

③私たちは平和を愛する。しかし、本当に切実に平和を願うのは、それが失われようとしている時か、戦乱のさなかにおいてではなかろうか。
万葉の歌人が春をうたうのは、やがて過ぎ去る短い季節の実感からではあるまいか。

永遠にそばにいてくれる異性を、私たちはいつまでも激しく恋うるだろうか。命のみじかさを実感すればこそ、「恋しいひと」と呼びかけるのかもしれない。人間は勝手なものだ。やがて離れていくもの、たちまち去っていくもの、そういうものに心惹かれ、情熱を注ぐ。

若さも、美も、うつろいやすいものだからこそ、深くそれにこだわる。

④そう考えてみると、「愛」というどこか甘ったるい言葉が、一転して、切ない祈りの営みのように重く感じられてくるのだ。

（五木寛之『愛するということの真実』）（秋田県）

書き出しの①（**起**）の段落で、作者は**「愛」という言葉のイメージの持つ《二面性》**を語り出す。「暖かく包むような幸せなイメージ」と「辛く、切ないこと」との二面性である。続く②（**承**）の段落において、作者は西欧の作家の「去ってゆくもののみを愛する」という意外な言葉を引用して、**「愛」の持つ「重い真実」**を「比較的穏やかに」語り進めてゆく。

だが、作者は③（**転**）の段落では、「愛」の持つ「重い真実」を、言葉多く叫ぶような調子で語らずにはいられない。**失われるからこそ愛するのだ、命短いからこそ愛するのだ**、と。そして、結末の④（**結**）の段落では、書き出しの①（**起**）の段落で語った「愛」という言葉のイメージの持つ《二面性》の意味をしみじみと噛みしめている。**「愛」とは、切ない祈りの営みのようなものだ**、と。結末の第四段に書かれることの多い「主題」に関する表現が、ここでは「切ない祈りの営み」という文学的な言い回しによって語られている。**必ず出題される《結末の一句》**である。

⑧ 設問形式別攻略法

四　空欄補充問題

空欄に補充する問題には、あらかじめ学習しておかなければ解けないものと、空欄の前後との関係や、問題文の読解に基づいて解答するものとの、二種類がある。

前者は、四字熟語・故事成語・ことわざ・文学史などの、覚えていたか否かで勝負の決まってしまうような、味気ない問題である。問題文の前後関係から判断しなければならない問題も、漢字の問題と同程度であって、日々の我慢強い努力の積み重ねだけが頼りである。

▼空欄補充問題は、一種の「なぞ解き」である！

それに対して後者は、試験に臨んでその場で読み解くことができるか否かにかかっている、スリリングな「なぞ解き問題」である。とはいっても、**問題文中には必ず正解への手がかりが書かれている**ので、きちんと読み進めてゆけば、必ず「なぞの空白」は埋められるはずである。

前者と後者の中間的な問題として、すでに解説済みの「接続語」に次いでよく出されるのが、「呼応の副詞」の補充問題である。代表的なものを挙げておこう。これは、**空欄の後の語句との間に「呼応（＝常にセットで使う言葉の関係）」がある**ことに気づきさえすれば、なんでもない「なぞ解き問題」である。

Return 61ページへ

［　］…ないだろう。
⬇まさか・よもや（「打ち消しの推量」と呼応）

［　］…だろう。
⬇おそらく・さぞかし・たぶん（「推量」と呼応）

［　］…ても（…としても）、
⬇かりに・たとえ・よしんば（「仮定」と呼応）

［　］…ような、
⬇あたかも・ちょうど・まるで（「比喩」と呼応）

［　］…たい（…てほしい）。
⬇ぜひ・どうか・どうぞ（「願望」と呼応）

▼なぞ解きは、同内容の繰り返しから！

読解にかかわる問題とはいっても、問題文中にたった一度きりしか書かれていない語句を「なぞの空白」にして、そのまま答えさせるような意地悪な出題者はいない。**出題者が空欄にしてまで設問にしたがるような重要な語句というものは、原文の筆者が問題文中で多少は言い回しを変えて、必ず何度か繰り返している**はずである。

次の入試問題で確認してみよう。

確認問題

ふと手にした小さな詩集、『のはらうたⅣ』〈童話屋〉（工藤直子作）の巻末にこんな詩が載っていました。

ひかりとやみ
ふくろうげんぞう

みあげれば
よぞらの　ほしが
まつりのように　まぶしい

ああ
ひかるためには
くらやみも　ひつようだ

たった六行、文字にして四〇字ばかりの短い詩ですが、この詩を読んだ人は、真っ暗闇のなかにキラキラと輝く満天の星空をくっきりとイメージすることができるでしょう。静まりかえった星明かりの夜の雰囲気を感じたり、人によっては、いつかどこかで見た星空を思い浮かべるかもしれません。「キラキラ」とか「満天の」とか、私がいま思わず使ってしまった手あかのついた言葉は、この詩には一切使われていません。簡潔な言葉で「□」をみごとに対比させ、読む者の想像力を刺激し、深く強い印象を残します。

（笠原良郎『読書するということ』〈岩波書店〉）（広島県）

問　□にあてはまる最も適切な語句を、文章中から抜き出して書きなさい。

この問題の難しいところは、□の後に「を（みごとに）対比させ」とあることから、**《〜と□を対比させ》の文型**とみて、「〜と」はどこかと探してしまうことである。見当たらなかったら、こだわらずに原則にもどろう。「対比」とある以上、**対照的に対になって使われている語句**があるはずである。

まず、問題文中に「真っ暗闇」「キラキラと輝く満天の星空」があり、引用された詩のなかに「よぞら」「まぶしい」と「ひかる」「くらやみ」が繰り返されている。設問は、「抜き出して」と指示されている。通常「抜き出して」という場合は、《手を加えず、そのまま連続したかたちで抜き出して》という意味である。

このままでは正解が見つからないのだが、よく見てみると、引用した詩の題名に「**ひかりとやみ**」という「対比」させた語句が「連続したかたち」で隠れている。**これが正解である**。初めに迷った《〜と□を対比させ》の文型までもそろえて……。詩の題名を答えにした出題者のイタズラを責める前に、やはり注意の行き届かなかったことを反省しよう。

⑨ 設問形式別攻略法　五　理由説明問題

入試問題に限らず、私たちは日常生活のいたるところで、「理由」という言葉や、これに類する「わけ・～ので・～から・～ために」といった言葉を常に耳にし、口にしている。それは、**「理由」というものが、人が物事を《そのとおりだ、もっともだ》と、理解し納得するための原点である**ゆえなのである（274ページ参照）。私たちは、物事を何らかの理由抜きに理解したり納得したりすることのできない、《合理性を求めてやまない存在》なのである。

▼理由を意識している表現に、敏感になろう！

少々大げさな言い方になったのは、**《出題者が入試問題を作成する際に、どこに目をつけて読んでいるか》**がわかるからである。基本の「指示語問題」にせよ、後で解説する「主題問題」にせよ、**《理解と納得のための原点》**である**「理由」**にかかわらない問題はない。すべての問題文は、あらゆる「なぜ？」に答えられたとき、初めて全文が理解できたことになるのだと言ってよい。いや、むしろこう言った方が理解が早いかもしれない。**出題者は、「なぜ？」「なぜ？」と問いかけながら問題文を読み、その「なぜ？」に答えさせる形で、様々な設問をひねり出そうとしているのだ**、と。もう、改めて言うまでもないが、受験生は、問題文の筆者が**なんらかの《原因・理由》を意識しながら書いている表現に対して、過敏なくらいに反応する**ような問題文の読み方を、普段から心がけていたいものである。

次の入試問題で確認してみよう。

確認問題

「イソップ寓話集」とは、自分を知らざる者の悲喜劇、といってもよい。おのれを知らなければ、どうして経験を生かすことができようか。経験という学校で学ぶ者は、ほかならぬ［A］なのであるから。

じっさい、『イソップ物語』は、おのれを知らざる者の顚末集である。自分の〝分〟を心得ぬ者の破滅集である。どのページを開いても、その悲喜劇が語られている。（中略）

イソップが笑うのは、自分を正しく認識できない者、おのれについて錯覚しか持ち得ぬ者の愚かな行動なのである。

では、B<u>人間はどうして自分について正しい認識が持てないのか</u>。

じつは、経験を充分に学ばないからなのだ。そもそも、自分を知るということは、経験を通じて知る以外にない。人生とは無数の経験の集積といってよいが、そうした日々の経験、そして他人の経験を見聞することから、人間はそれぞれに、自分についての意識を形成していくのである。だとすれば、その経験を、どのように「自分」のなかに取り入れるか、によって、とうぜん自己認識は変わってこよう。つまり、C経験を充分に生かすことのできない人間は、けっして正確な自分の姿をつかめないことになる。

（森本哲郎（もりもとてつろう）『続 生き方の研究』〈新潮社〉）

(1) 文章中の［A］に入る最も適当なことばを、問題文中から抜き出して、漢字二字で書きなさい。

(2) 文章中にB人間はどうして……持てないのか とあるが、自分について正しい認識を持つためには何が大切なのか。それを説明した次の文の［　］に入る最も適当なことばを、文章中から抜き出して、十字で書きなさい。

［自分について正しい認識を持つためには［　］ことが大切である。］

(3) 文章中にC経験を充分に生かすことのできない人間は、けっして正確な自分の姿をつかめないことになる とあるが、なぜこのようなことが言えるのか。筆者の考えを、「人間は」という書き出しで、「……から。」の形で、四十字以内（「人間は」は字数に数えない。句読点は字数に数える。）でまとめて書きなさい。

（千葉県）

(1)を見るとよくわかる。出題者は、**「なぜ?」と問いかけながら問題文を読み、その「なぜ?」に答えさせる形で、設問をひねり出そうとしている**のだ。**「おのれ」を知らなければ「経験」を生かすことはできない。経験から学ぶ者は「おのれ」自身なのだから。**これほど明快な「理由」はあるまい。出題者は、《おのれを知らなければ、なぜ経験を生かすことができないのか》という容易な設問からスタートして、「おのれ」の言い換えとしての「自分」を答えさせる、抜き出しの空欄補充問題にしているのである。

(2)も同様である。**《なぜ人間は自分について正しい認識が持てないのか》**というストレートな設問では、直後の一文にズバリ「じつは、経験を充分に学ばないからなのだ。」と書かれていて、これでは入試問題にならないから、設問のように**《自分について正しい認識を持つにはどうすればよいのか》**という、肯定文による逆の趣旨の設問に変えているのである。答えは**《経験を充分に学ぶ》**でいいのだが、設問には**「問題文中から抜き出して」**とあるので、**手を加えないでそのまま「経験という学校で学ぶ」を答える**ことになる。

▼説明的文章では、評価語の周辺を手がかりにする!

そもそも**「説明的文章」とは、理解されることを目指して《説き明かす》ことを目的にしている文章のことをいう**のであるから、理由も根拠もなしに断言したりするはずはない。筆者は必ず評価の

《理由・根拠》を、問題文中のどこかで《説き明かしている》はずである。**評価の根拠の書かれている場所の手がかりは、同方向の評価語**（＝正負の評価を表す言葉）**の周辺である**。傍線部の《正負の評価》の方向を判断し、同方向の評価語の使われている周辺に見当をつけるわけである。

ところで、「**評価語**」とは、**有能だ・よく気がつく・経験が生きている、のような《正の評価》を表す言葉と、消極的だ・余裕がない・経験が生かされていない、などの《負の評価》を表す言葉**をいう。

さて、(3)は本格的な理由問題である。設問は、**《経験を生かせない人間は、自分の姿をつかめない》という《負の評価＝判断》はどういう考え方からきているのか**を問うものである。問題文中のどのあたりにあるのかは、《負の評価語の周辺》を手がかりにするが、ここでは、好都合にも傍線部**C**の直前に、前文を要約する役割の接続語「つまり」があって、その場所が直前にあることを示してくれている。

Go to 269ページへ

だが、その直前に書かれているのは《負の評価》ではなく、**《経験をどのように取り入れるかによって、自己認識が変わってくる＝経験の生かし方次第で、評価は負にも正にもなり得る》**という**《正負の両面》を持った評価の原則**である。設問の求めている評価の根拠＝出所は、この《原則》だということになる。「**人間は日々の経験や他人の経験を見聞して、それぞれの自己認識を形成していくから。**」のようにまとめればよかろう。

▼文学的文章では、言動と心情のかかわりに着目する！

【文学的文章】では、登場人物の心情や言動の理由が、【説明的文章】ほど明確に書かれることはない。そもそも**【文学的文章】とは、読者に《理解》されることよりも、読者の《心》に届くことを目指している文章である**からだ。

私たちは経験的に、たとえば「うれしい気持ちとその表情」とか、「怒りの感情とその言動」といった結びつけ方で、**《言動》と《心情》は密接に連動している**ことを知っている。文学といえども、私たちの日常の延長上にあることは言うまでもない。そこで、【文学的文章】の読解においては、**登場人物の《心情》に関する理由は、その《言動》をよりどころにして、《言動》に関する理由は、その《心情》をよりどころにして説明する**ことになる。

【文学的文章】ゆえに、《さりげなく》しか書かれていないことを承知のうえで、**心情は《言動》に、言動は《心情》に着目して、理由説明の手がかりにする**のである。

次の入試問題で確認してみよう。

確認問題

母が元気でいた頃(ころ)、夏の夜、母は大きな声で私を呼んだ。押入れの襖(ふすま)に、一匹の蟬(せみ)が、今、からからはい出て生まれる厳粛な、瞬間であった。何故(なぜ)その蟬は、家の中の襖などに止まって、脱皮しようとしているのか。不思議でならなかった。私と母は息をころしてじっと見ていた。このようなものを実際に、目で見られることすら珍しいことであった。うすい白っぽい緑色の羽は、空気にあたると、すぐにうす茶色に変化していった。余りにこまかいことは、私は忘れてしまったが、その美しさと生まれて来る瞬間が、表現しがたいほどの素晴らしさであったことだけは、よく覚えている。そして立派に脱皮した大きい蟬を、庭の杏(あんず)の木にそっと止まらせてやった。私は襖にじっと止まっている蟬のぬけ殻(がら)を、眺めていた。それは実に不思議なものとして、目に映った。たった今まで大事な役目をしていながら、脱皮が終わると同時に、それは無用のものとなるのである。<u>私はそっとつまんでみた</u>。だが、ぬけ殻は襖の織り目にしっかりとつかまっていて、容易にはとれなかった。役目は終わったものの、まだぬけ殻は蟬を抱いていると同じ状態であった。私はセルロイドのすき透った箱に、綿を敷いてそっといれた。

（室生朝子(むろうあさこ)『父犀星(さいせい)の贈りもの』〈光文社〉）

問　<u>私はそっとつまんでみた</u>　とありますが、なぜつまんでみようと思ったのか、本文中の言葉を使って書きなさい。

（石川県）

設問は、「蟬」のぬけ殻をつまんでみたという《動作》をもとにそのような行動をとった「理由」を問うている。《動作》の理由であるから、出題者も「なぜつまんでみようと思ったのか」と示してくれているように、《心情・気持ち》で答えることになる。

つまんだのは「ぬけ殻」であって、蟬ではない。「ぬけ殻」に対する筆者の心情・気持ちの書かれている後半を手がかりに読んでみると、「実に不思議なものとして、目に映った」という表現がまず目に入る。そこから「**蟬のぬけ殻が実に不思議なものとして目に映ったから。**」と答えればよいのだが、字数制限に余裕のある場合には、「たった今まで大事な役目をしていながら、脱皮が終わると同時に、それは無用のものとなるのである。」という一文にも目を向けたい。**「ぬけ殻」のどういう点が「不思議」なのかを明かしている文である**からである。「**生まれるまでは大事な役目をしていながら、脱皮が終わると同時に無用のものとなってしまう蟬のぬけ殻が、実に不思議なものとして目に映ったから。**」のようにまとめれば、このときの気持ちがよりはっきりしてこよう。

⑩ 設問形式別攻略法　六　心情問題

入試問題における**《心情問題》**とは、**登場人物の心のなかが、どのような心情にあるか、どのような気持ちを抱いているのかを問うもの**で、小説や随筆などの【文学的文章】において出題されるものをいう。

【文学的文章】におけるテーマ（＝読者に最も受け止めてもらいたいこと）は、この《心情》に関する事柄を中心に展開されるが、やっかいなのは、**【文学的文章】の特性として、この《心情》そのものに関して問題文中で、【説明的文章】のようには明確に表現されない点**である。

▼心情は、そこまでの「いきさつ」から考える！

手がかりは、その人物がそうした心情を抱くに至るまでの**《いきさつ》**であり、そのような心情をもたらした**《原因》**である。作者は、心情・気持ちについては書かなくても、**《いきさつ・原因》**については十分に行を費やすというのが、また「文学的文章」の特性なのである。

（詳しく書かれていること）
その心情に至るまでのいきさつ

⬅

（はっきりとは書かれていないこと）
登場人物の心情・気持ち

つまり、**登場人物の心情は、その心情を抱くに至るまでの《いきさつ》によって語られ、その結果としての《現在の心情や気持ち》のほとんどは、読者の受け止めるのにゆだねられている**のである。

次の入試問題で確認してみよう。

確認問題

根をつけたまま横倒しになって枯れきっていない倒木の根元にノコギリを入れた健二（けんじ）は、ₐおどけて腰をふらつかせながら作業していた。枝払いの真一（しんいち）は一本ずつ丁寧に枝を幹からそぎ落としていった。材木にするのではないから適当でいい、と言ったのだが、真一は①ニヤニヤ笑っているだけだった。このようにしか仕事のできない自分の性分に照れているような、大人びた微笑であった。

「やったぜ」

太い倒木を切っていると、ᵦうしろから健二のはしゃいだ声がした。

振り向いてみると、彼は背を丸めて枝を切る三歳上の兄に向かって、やったんだぜ、と ᶜノコギリを差し上げてポーズをきめていた。

真一はおもむろに腰を伸ばし、どれどれ、と切り口をのぞきに来た。

「うーん、年輪は七本だな」

しゃがみ込んで切り口の年輪を数えた真一は、慎重にもう一度数え直しながら言った。

「なんだ、ねんりんてのは」

分からない宿題を兄に聞くときと同じ横柄(おうへい)さで健二は真一を見おろした。

「年輪ていうのはこの輪のことで、木の年齢をあらわすんだ。つまり、この木は七歳のときに死んだってことさ」

真一は淡々と言い置いて持ち場の幹の先に戻って行った。

健二はうつ伏せになって指さしながら年輪を数え、助けを求めるような顔を兄の方に向けた。

「ほんとうに七歳で死んだのかあ」

泣き出しそうな声だった。

「年輪が七本で終わっているんだから、そうだろう」

真一は振り返らずに、先の方に残る枝にノコギリをあてていた。

「おれとおなじ年で死んだのかよお、こいつ」

健二が②おどけた表情を造ろうとして定(き)まらない顔をこちらに向けたので、そうさ、とそっけなく応(こた)えてやった。

兄とどんな交渉をしたのか知らないが、太い倒木の中程まで切ってひと休みしながら見ると、健二は枝を適当に切る役に替わっていた。

子供達とそれぞれ一本ずつ倒木を処理したところに沢から澄子(すみこ)がもどって来た。出がけに母がかぶせた麦ワラ帽子の中にはタラの芽が山盛りになっていた。

「きれいな沢ねえ、芹(せり)もあったわよ」

澄子は子供達に笑いかけたが、ノコギリで木を切る初体験のおもしろさと不気味さを知った彼らは、

「早く手伝えよお」

と、そろえて口を尖(とが)らせた。

（南木佳士(なぎけいし)『ニジマスを釣る』〈文藝春秋〉）

1 ①このようにしか仕事のできない自分の性分とありますが、真一の性分をよく表していることばを二つ、本文中からそれぞれ漢字二字で抜き出しなさい。

2 aおどけて腰をふらつかせながら作業していた、bうしろから健二のはしゃいだ声がした、cノコギリを差し上げてポーズをきめていた とありますが、これらは健二のどのような様子を表していますか。――線部a、b、cの三つに共通する様子として最も適切なものを、次のア〜エから選び、記号で答えなさい。

ア 周囲を笑わせようとしている様子。
イ 年齢にふさわしくない横柄(おうへい)な様子。
ウ 初体験の作業を楽しんでいる様子。
エ 木を切り終えて満足している様子。

3 ②おどけた表情を造ろうとして定まらない顔をこちらに向けた とありますが、このときの健二の気持ちはどのような様子に表れていますか。その様子が表現されている部分を――線部②以外から二つ抜き出し、それぞれ十字以内で答えなさい。

(富山県)

問題文は、「わたし」が「お墓」を唐松林(からまつばやし)に移すために、妻と小学生の二人の子供を連れて唐松林の整理をし始めた場面である。心情問題が《記述式》で出されると、受験生には相当しんどい問題になってしまうのだが、実際にはこうした《選択》とか《抜き出し》の形で出されることが多い。

2から始めよう。「健二」の《動作》から《様子》を答えさせる形式の設問になっているため、動作と様子の違いにこだわると難しくなってしまうが、ここは《どのような気持ちの読み取れる動作か》という設問だと理解しよう。《その様子だと、結果はよくなかったみたいだね》などと使うように、**一般に《内面が表に表れて、心が読み取りやすくなっているような動作・状態》を「様子」と言うことが多い。**

aの「おどけて」とbの「はしゃいだ」は動作というよりも、もうほとんど《気持ち》とか《心の状態》を表す言葉であるため、設問は容易になっている。「健二」は「周囲を笑わせよう」とするような面のある子供のようだが、ここではcに「ポーズをきめていた」とあるところから、アではない。

問題文の終わりに、作者は子供達の心を「**ノコギリで木を切る初体験のおもしろさと不気味さを知った**」と書いているので、ここに気づけば、**正解ウ**を選ぶことも、仮に《記述式》で出されたとしても苦労はないのだが、多くの小説はそれほど説明的ではない。

3は、2とは逆に、**「おどけた表情を造ろう」としている健二の気持ちは、どのような「様子」になって表れているか**、という設問である。**《わざと》しようとしている様子**であるから、2の傍線部と答えが重ならないことにも注意しよう。

「**助けを求めるような顔**」「**泣き出しそうな声**」**が正解**なのだが、健二の演技にだまされてしまった受験生は、2も間違えたかもしれない。**父親は健二の「造ろうとして定まらない」下手くそな演技を、**

笑おうにも笑えず、「そうさ」とそっけなくやり過ごしているのである。

心情を問う問題とよく似たものに、《登場人物の性格や人物像》を問う問題がある。これが**1**で、ここの「性分」は《性質》とか《性格》と考えてよかろう。

▼性格は、常日ごろの言動についての表現を探す！

「性格」や「人物像」とは、その人物が常日ごろどのように考え、感じ、どのように行動しているのかを見て、その人物の考え方・感じ方・言動の傾向や特徴をとらえて、《〜な性格》とか、《〜ような人》として表現したものである。

とはいうものの、現実に問題文中にたったの一回きりしか表現されていない言動だとすれば、それをもとにして、常日ごろの考え方・感じ方・言動の全体を言い当てることはできないし、そもそも正しい人間観察のあり方ではない。

したがって、《性格》を問う問題が出されるケースは二つしかない。一つは**問題文中で何度か繰り返される言動から割り出させるもの**で、入試ではほとんどが《選択式》で出題されている。

もう一つは、**作者がその人物の《常日ごろの言動》について、何かヒントになるような表現をしているところが問題文中にあって、それを抜き出させるもの**である。**《いつも〜だ》のような表現があれば、それはもう決定的な決め手となる**はずであって、記述式の設問であったとしても恐れるに足りない。

1は、**「このようにしか仕事のできない」のは《いつも》のことだとは書かれていないが、「性分」とある以上は、《性質》や《性格》と同じく、いつものことなのだと考えてよい。**すると、問題は「このように」の指している様子を見つければいいわけで、すぐ直前に「一本ずつ**丁寧**に枝を幹からそぎ落としていった」とあり、同様の**丁寧**な動作は少し後の「**慎重**にもう一度数え直しながら」にも見られよう。よって「丁寧」「慎重」**が正解。**

▼心情は、小道具によっても語られる！

【文学的文章】では、作者が地の文のなかで直接的な《説明＝説き明かすこと》はしないものの、**登場人物の心情や作品の雰囲気づくりのために、あるいは事件の結末などを《暗示》したり《予告》したりするために、問題文中のあちこちに、登場人物のちょっとした《言動》や、ささやかな《日用品》や、見なれた《風景》などを用意することがある。**作者の用意した、ちょっとした仕掛けといった意味で、これらは文芸用語で**《小道具》**と呼ばれる。いたるところに、小道具が巧みなトリックとして使われる《推理小説》を思い浮かべれば、わかりやすい。

今回の問題文では、高校入試の設問としては使いにくいところだが、子供達が倒木を切るために用いた「ノコギリ」がそれに近い。「小学生」「初体験」という条件では、「ノコギリ」を使うことの《難しさ》と《危なっかしさ》を考えれば、この小道具には少々無理があるのだが、**「ノコギリで木を切る初体験のおもしろさと不気味さを知った」という表現で《子供の心》をとらえた作者には、どうしても必要な《小道具》であったのだ**と思われる。

⑪ 設問形式別攻略法　七　主題問題

主題は「テーマ」とも呼ばれ、その作品を通じて**作者が《読者にいちばん受け取ってもらいたい》と思っていること**、の意味で使われる。入試では、作品の一部だけしか出せないこともあって、「主題を答えよ」のようなストレートな問い方は見られず、「本文について」とか「内容について」のような言い方で出題されることが多い。

主題問題は、通常①**《登場人物の揺れ動く心情の全体》**か、②**《登場人物の最後にたどり着いた心情》**のいずれかを問う形で出題されるが、**「表現の特色」と結び付けて出題される**ことも多い。

▼主題は「あらすじと心情」の同時進行で考える！

「主題」を問う問題は、ほとんどが最後の設問に《選択問題》として出題される。①**《登場人物の揺れ動く心情の全体》**を問う問題では、**選択肢には必ず簡単な《あらすじ》が書かれる**ので、**《登場人物の心情が、そのあらすじと同時にどのように揺れ動いて、どのような心情にたどり着いたかを吟味すること》**が、主題問題攻略の原則である。

次の入試問題で確認してみよう。

確認問題

そうだ。潜ってみたらわかるんだ。

と思って、ぼくは水の中に頭まで沈め、目を開いておじさんの泳ぐ姿を見た。

おじさんの姿は、夢の中を進む船のようにぼんやりと輪郭を失っていたが、鼻からブクブクと息が出てきているのははっきりとわかった。そうして、口はしっかり閉じられていた。

次の瞬間、こんどは、水中にいる自分自身の姿にぼくは驚いた。だって、知らず知らずのうちにぼくは水中で目を開いていたのだから。しかも、不思議なことに今まで「水中で目を開くと痛いだろうな」と思っていたのに、全然痛くないのだ。塩素を含んだ水が目に沁(し)みるなんて感覚は全くない。それよりも、焦点を失ったようにぼんやりして曖昧(あいまい)な水中の景色がとても美しかった。紗(しゃ)のかかったようないままで見たことのない映像が面白(おもしろ)かった。

「アシカ大騒動」という映画を観(み)たときに、アシカが水中を自由自在に動き回る様子に感動して、いつかあんなふうに泳げるようになって水中の世界が楽しめたら、と思っていた。だから、水の中で目を開けられたことがものすごくうれしかった。

20メートルほど向こうから、おじさんが、

「こっちにバタ足で泳いできてごらん」

と言って、手招きしてくれた。

呼吸のときの「あ」の口の形。口から吸って鼻から息を出すこと。すばやい息継ぎ。

ぼくは勇おじさんのやり方を頭の中でイメージしながら、そっくり真似するようにビート板バタ足をやってみた。

真似をするのはぼくは得意なんだ。書道だってお手本を真似することから始まったじゃないか。

ぼくは自分に向かって勇気づけた。そして、ビート板に軽く両腕をのせ、プールの底を蹴って下半身を浮かせ、勇おじさんの方に向かってバタ足をはじめた。

波を蹴立てる音が夏の空に吸い込まれていく。飛沫が目に入ってももう痛く感じない。「あ」と言って顔を上げて息を吸い、すぐ水につけ、「ふうーっ」と言いながら鼻から水中に息を吐いていく。

さっきバタ足をやった時と全然ちがって、こんどは面白いように前へ進んでいく。目を水中で開けられたことが水への恐怖心を薄れさせていたし、頭の中にくっきり刻まれた勇おじさんのイメージを真似るのはとても楽しかった。

「えらい、えらい。今度はちゃんとバタ足で泳げたさあ」

勇おじさんの所まで一度もプールの底に足をつけずに到着した。

すごい。たとえビート板に手を置いていたにせよ、こんなに泳げたのははじめてだ。

ちょっと自分自身誇らしい気分だったし、おじさんに誉められたのがすごくうれしかった。誉められると、もっと上手く泳げるようになりたい、とやる気が俄然出てくる。

いつのまにか宮里も近くにやってきていて、

「この調子やったら、10メートルなんてすぐ泳げるようになるよ」

と言ってくれる。

水が親しいもののように感じられたのがうれしい。もっともっと泳いでいたい、と生まれて初めて思った。


（吉村喜彦『こぼん』〈新潮社〉）

(一) 右の文章について述べたものとして、最も適当なものを、次の**1**～**4**から選び、記号で答えなさい。

1 「ぼく」の泳ぎきった時の達成感が具体的に読みとれるように、心情を率直に表現している。

2 「ぼく」の観た映画の場面が色彩豊かに思い描けるように、映像を詳しく表現している。

3 「ぼく」に対するおじさんの丁寧な指導が正確に理解できるように、行動を細かに表現している。
4 「ぼく」の水への恐怖心が強く印象づけられるように、心理をありのままに表現している。

（山口県）

(二) もっともっと泳いでいたい、と生まれて初めて思ったとあるが、この時の「ぼく」の気持ちとして最も適切なものを、次の1〜4の中から選んで、その番号を書きなさい。

1 上手く泳げるようになって、宮里に励まされ、うれしいが照れくさいような気持ち。
2 泳げたことがうれしく、やる気が出て、泳ぐ楽しさを味わい続けたいという気持ち。
3 泳げた自分が誇らしく、おじさんにはめられたことで満足しきっている気持ち。
4 自由自在に泳げるようになって、水中の世界を楽しんでいることが信じられない気持ち。

（茨城県）

主題問題では、自力で答えを作るだけの時間がないので、《消去法》によって誤った選択肢を一つ一つ消してゆくことになる。右の選択肢には見られないが、**主題問題の選択肢の誤答には、《大げさな心情語》を用いて、ちょっと首をかしげたくなるような《強調表現》の見られる場合がよくある**ことは記憶しておくとよい。

さて、(一)は《主題を問う》とは明記されていないか、設問に「右の文章について述べたものとして、**最も適当なもの**」とある以上、**問題文について最も適切な説明のもの**、つまり、**最も主題に近い説明になっているものを求めている**、と考えるべきである。その点で、**2**「映画の場面」「映像を詳しく」、**3**「おじさんの丁寧な指導」、**4**「水への恐怖心」は中心主題とはなり得ない。また、《あらすじ》としても一部分に過ぎない。消去法によって残る**1**が、**「泳ぎきった時の達成感」という主題**と、**「心情を率直に」という表現上の特徴**を述べていて、出題者の要求に適う（かな）と言えよう。**1が正解**。

▼選択肢の末尾に、主題が集約されている！

(二)は、「登場人物の最後にたどり着いた心情」を問う設問で、これも選択問題として出題される場合がほとんどである。それまでのいきさつを含むため、通常は長い選択肢が並ぶことになるが、**選択肢の末尾に、《主題》の中心となる語句が、必ずまとめて表現されている**ことを手がかりにしよう。

すると、どの選択肢の前半も共通して《泳げるようになったこと》を書きながら、後半から末尾にかけての、**1**「宮里に励まされ、うれしいが照れくさい」、**4**「水中の世界を楽しんでいる」、**3**「おじさんにほめられたことで満足しきっている」は、それぞれが中心主題とはなり得ない。《泳げたことがうれしい、泳ぐことが楽しい、もっともっと泳ぎたい》の三点にきちんとふれている、**2が正解である**。

⑫ 設問形式別攻略法 八 要旨問題

「要旨」は、趣旨・論旨なども呼ばれ、**筆者のいちばん主張したかったことを、短い文章で要約したもの**をいう。入試問題としては、「主題問題」とともに、最終段階に位置する問題である。

多くは選択問題として出されるが、三十～六十字でまとめさせるものも見られる。受験生には嫌われる設問形式の筆頭だが、当然配点も高く設定されるものなので、イヤがらずに、むしろ積極的に取り組みたいものである。

▼主役と脇役を識別して、中心段落を見つけ出す！

《中心段落》とは、筆者の主張が最も明確に結論的にまとめられている段落のことで、主役にあたる段落をいう。長い問題文では、主役は即座には見つからないので、**《脇役を除いた残りが主役である》という、消去法を用いよう。**脇役とは、主役を補助し、主役の引き立て役に徹する段落のことで、《具体例》や《対立する見解》を挙げた段落が脇役にあたることになる。

次の入試問題で確認してみよう。

確認問題

一般に、人は、中学校から高校にかけての時期に、人生において最も成長をとげるといわれていますが、それはとりもなおさず、それだけ大きな試練の時期に立たされることになるといえるのではないでしょうか。

青年期は、子どもっぽい自己中心性から次第に抜け出て、自分と周りの人のこと、社会についてのさまざまなことを、はっきりと自覚するようになり、社会的な存在としての対応力が高まっていく時期です。ただ、いちどきにそうなるわけではなく、未発達の部分を残しながら着実に成長していくのです。また、旺盛な知的好奇心や行動力を基盤に、各自の資質や能力が多面的に発達する時期でもあります。

ところが、青年期は、周りの状況に敏感に反応し、刺激を受けやすい時期でもあるので、自分の才能を他人と比較して自信をなくしてしまうことがあります。確かに、世の中には幼いころからすぐれた才能を発揮し、自信にあふれている人もいます。しかし、自分にはとりえがないのではないかと思い悩み、自分の可能性を見出せない人も多いでしょう。後に立派な活躍をしている人であっても、青年期を暗い失意の中に送ったという人は決して少なくありません。その意味で、青年期はまさに苦悩を経験する試練の時期だといえます。

現代は「価値観の多様化」ということが合い言葉のようにいわれますが、若い人たちを見てみると、生きるということについては、ほとんど画一的な考え方に支配されているように思えます。そのため、限られた人間関係の中で、同じような考え方に押し流され、自分の可能性をますます狭め、目の前の試練に立ち向う糸口さえ見出せないことも多いのです。

こういうときは、自分のものの見方や考え方を広げたり、人生の広く深い意味と人間の可能性を学んだりする機会が必要です。その機会を与えてくれるものの一つに読書があります。読書は、人生を生きる上で実に多様なものの見方や考え方を示してくれます。また、読書のほかに、異なった価値観を持つさまざまな人との交流も、私たちに生きる意味の多様さと深さを教えてくれます。これらは、若い人たちが自分の生き方を見つけるための導き、いわば地図のようなものです。

この地図をながめながら、どこに行くのか、どうやって行くのかを決めるのは、あくまでも自分自身なのです。青年期においては、読書やさまざまな人との交流などを通じて自分の心の支えとなるものを見つけ出すことが大切です。しかし、それにとどまることなく、主体的に生き、積極的にものごとに挑むことが重要だと思います。このようにして青年期の試練を乗り越えることで、自分の資質や能力がおのずと培(つちか)われ、自分の可能性も最大限に広がるのです。

（田代三良(たしろさぶろう)『高校生になったら』〈岩波書店〉）

問　本文中に大きな試練の時期に立たされるとあるが、筆者は、試練を乗り越えるためにどうするとよいと述べているか。本文中の語句を使って、一文にまとめて書きなさい。ただし、読書、さまざまな人との交流、挑むの三つの語句は必ず使うこと。

（福岡県）

設問にヒントが書かれているとおり、**問題文は《試練を乗り越えるために、人はどうするのがよいのか》について述べた文章である**。文章は六つの形式段落からなり、第二段落から第四段落までが「試練の時期に立たされる」ことについての《説明》に徹した「脇役」の段落になっている。

「こういうときは」で始まる第五段落と、続く第六段落が主役だと見てよかろう。ここまでたどり着けばもうしめたものなのだが、さらによく読んでみると、第五段落で「試練を乗り越える」ための「読書」という「機会」の一つを提示し、**第六段落ではその「機会」をどのようにして生かしてゆくかを、力強くまとめている**。第五段落は大事な段落だが、機会を生かすための**《心構え》**まで示してしめくくっている第六段落が、やはりいちばん重い役割を担った**《主役》**になっていると読むべきであろう。

さて、選択問題ではここで正解に達することになるのだが、記述式ではそう簡単に事は運ばない。問題文中のどの語句を用いるべきか、その《キーワード》を見つけ出さなければならないからである。**「キーワード」とは、《錠(かぎ)》のかかった扉が開けられる（＝筆者の考えを理解し説明できる）かどうかの《鍵(かぎ)》を握っている言葉のこと**である。

▼キーワードを、理由表現のなかから見つけ出す！

この《キーワード》を「理由表現」の中から見つけ出すという提言をするのは、**いかなる書き手も、「理由」抜きに読み手を納得させることはできない**、という極めて基本的な原則に基づくことであるからである。

設問では、そのキーワードを明かしてくれているので容易だが、そうでない場合の方がむしろ一般的なので、明かされていないものとして読んでみよう。

まず、「機会」としての「読書」と「さまざまな人との交流」によって「自分の心の支えとなるものを見つけ出すこと」が大切だと述べている。しかし、「それにとどまることなく、主体的に生き、積極的にものごとに挑むことが重要だ」とも語っている。**「このようにして青年期の試練を乗り越え」て、初めて「自分の資質や能力がおのずと培われ、自分の可能性も最大限に広がる」からである。**

ここで「設問」の求める「どうするとよい」のかが明らかとなる。設問にあるヒントのとおり、「読書」と「さまざまな人との交流」、そして「主体的に生き、積極的にものごとに挑むこと」の三つが、少々長めの《キーワード》ということになって、「読書やさまざま**な人との交流を通じて、自分の心の支えとなるものを見つけ出し、それにとどまることなく、主体的に生き、積極的にものごとに挑むようにするのがよい。**」のようにまとめられよう。

▼ヒトは「理由で納得する」動物である！

よく「どういうことか、説明せよ」と問う説明問題を見かけるが、出題者は普通にたずねているつもりでも、実のところ受験生には、何を答えればいいのか、ピンとこないことが多い。

だが、はっきりしていることはある。**《傍線部は何か説明しないとわからない》**と出題者が考えている、ということだ。

では、その説明として何を答えれば採点者は**「納得」**するのか。

そこに、**「納得」**のためのキーワード**《理由》**が登場するのである。

Return 246ページへ

▼結論部の空欄は、要旨・主題とかかわっている！

この問題にはないが、入試問題の中には、**主役の結論部に空欄を設けて、「要旨」や「主題」を答えさせる場合が見られる。**必ずしも「結論部」とは限らないが、わざわざ《主役》の段落に設けられる空欄であることを考えれば、単に前後の関係で割り出せる空欄補充問題などではなく、**必ず要旨や主題、主題についての感想とかかわった空欄補充問題である**と考えよう。

たとえば右の問題文で、**《主役》**の最終段落中の「主体的に生き、積極的にものごとに挑むこと」が空欄の選択問題になったような場合は、必ず**《要旨・主題にかかわる問題》**として解答する心構えが肝要である。

中島みゆきの「詩」の世界

『歌姫』

中島みゆき

淋しいなんて　口に出したら
誰もみんな　うとましくて逃げ出してゆく
淋しくなんかないと笑えば
淋しい荷物　肩の上でなお重くなる
せめておまえの歌を　安酒で飲みほせば
遠ざかる船のデッキに立つ自分が見える
歌姫　スカートの裾を
歌姫　潮風になげて
夢も哀しみも欲望も　歌い流してくれ

南へ帰る船に遅れた
やせた水夫　ハーモニカを吹き鳴らしてる
砂にまみれた錆びた玩具に
やせた蝶々　蜜をさがし舞いおりている
握りこぶしの中にあるように見せた夢を
遠ざかる誰のためにふりかざせばいい
歌姫　スカートの裾を
歌姫　潮風になげて
夢も哀しみも欲望も　歌い流してくれ

男はいつも　嘘がうまいね
女よりも子供よりも　嘘がうまいね
女はいつも　嘘が好きだね
昨日よりも　明日よりも　嘘が好きだね
せめておまえの歌を　安酒で飲みほせば
遠ざかる船のデッキに　たたずむ気がする
歌姫　スカートの裾を
歌姫　潮風になげて
夢も哀しみも欲望も　歌い流してくれ

握りこぶしの中にあるように見せた夢を
もう二年　もう十年　忘れすてるまで
歌姫　スカートの裾を
歌姫　潮風になげて
夢も　哀しみも　欲望も　歌い流してくれ

中島みゆき

札幌市出身。一九七五年「アザミ嬢のララバイ」でデビュー。同年、世界歌謡祭「時代」でグランプリを受賞。76年アルバム「私の声が聞こえますか」をリリース。現在までにオリジナル・アルバムを多数リリース。アルバム、ビデオ、コンサート、夜会、ラジオパーソナリティ、TV・映画のテーマソング、楽曲提供、小説・詩集・エッセイなどの執筆と幅広く活動。日本において、70年代、80年代、90年代、二〇〇〇年代と四つの世代(decade)で、シングルチャート1位に輝いたアーティストは、中島みゆき、ただ一人である。

歌詞の文学性

右は、シンガーソングライター中島みゆきが、一九八二年に発表したアルバム『寒水魚（かんすいぎょ）』のなかの一曲『歌姫』の歌詞である。

数々の名曲を作り続ける中島みゆきだが、彼女の書く歌詞は、メロディーから独立した一編の「詩」として読んでも、豊かな世界を内包し続けたまま、光を失わない。『歌姫』の言葉をたどりながら、「詩」に使われる技巧や、豊かな世界の一端を探ってみよう。

技巧上の特色

まずは、「詩」に使われる基本的な技巧を確認しよう。

①繰り返し

文字通り、同じフレーズを何度も繰り返す技巧だ。『歌姫』では、「歌姫　スカートの裾を　歌姫　潮風になげて　夢も哀しみも欲望も　歌い流してくれ」というフレーズが全編のテーマとして、何度も繰り返されている。やや、難解な言い回しが、問いかけるように、深く染み渡っていく部分だ。

②対句（ついく）

似たようなフレーズを対比的に繰り返すことで、その変化や対比の妙を作る技巧のことを「対句」という。

A「淋しいなんて　口に出したら　……」
⇔
A'「淋しくなんかないと笑えば　……」

B「やせた水夫　ハーモニカを吹き鳴らしてる」
⇔
B'「やせた蝶々　蜜をさがし舞いおりている」

等、『歌姫』には、多数の対句が見受けられる。AA'では、「淋しい」と告白することも、「淋しくない」と強がることも、「淋しさ」をより強めることにしかならないという、逃れようのない孤独のイメージが、対句により塗り重ねられるように語られている。BB'では、失った大切なものを一人噛（か）みしめているような淋しさのイメージが、具体的な二つの光景に託されて表現されている。

③比喩（ひゆ）

言いたいことを、直接に言わずに、何か別の表現にたとえて述べる技巧を「比喩」という。『歌姫』では、たとえば、「スカートの裾を　潮風になげる」という表現が「比喩」にあたる。「スカートの裾を潮風になびかせる」ということを「スカートの裾を潮風になげる」と表現することにより、潮風に身を委ねて一体化するような、豊かなイメージが描かれている。

「哀しみ」の語り方

『歌姫』では、「どんなことがあって、どんな理由で哀しいのか」という具体的な因果関係は、一切、語られない。ストーリーの中で「哀しみ」を語るのでなく、「遠ざかる船」「やせた水夫・蝶々」「握りこぶしの中にあるように見せた夢」等の具体的イメージの響きあいで「哀しみ」が語られている。一編のストーリーにまとめられないからこそ、聴く者一人一人の魂に染み渡る力を持っているとも言えよう。『歌姫』は、いわば氷山の一角の具体的なイメージを鮮烈に語ることにより、背後に沈殿する大きな哀しみの世界を描いている詩である。

「せめて」の思い

「せめて安酒で飲みほせば」という表現が繰り返されているが、この「せめて」の想いに、着目してみよう。「せめて」という言葉には、「本当は、その程度では解決できないのだけれど」という想いがこめられているのを忘れてはならない。「せめて安酒で飲みほしたい（哀しみを忘れたい）」「せめて、歌姫の歌で歌い流してほしい（哀しみを忘れさせてほしい）」、けれど、本当は「忘れることなんかできやしない」という想いが、『歌姫』の底に流れ続けているのである。

この「忘れることなどできない」という想いは、「もう二年もう十年　忘れすてるまで」の部分にも同様に語られているものだ。『歌姫』で語られている「夢」や「哀しみ」は「二年経とうが、十年経とうが、決して忘れられない」ものなのだろう。

「夢」と「哀しみ」

『歌姫』では、「夢も哀しみも」と、「夢」と「哀しみ」とが、まるで同じもののように語られている。このことに違和感があるのではないだろうか。きみにとって、「夢」はとても晴れやかな、きみを勇気づけるもので、「哀しみ」とは遠くにあるものだろう。

しかし、「夢」を持っているからこそ、たどり着けない苦しみや、「夢」に向かってあがく辛さも生じる。「夢」さえなかったら、どれほど哀しさ・辛さを抱くことなく生きることができるか……。

だから、『歌姫』では、「夢も哀しみも歌い流してくれ」と、繰り返し訴えているのかもしれない。

しかし、ここで語られているのは、本当に「楽に生きるために、夢を捨ててしまいたい」という、消極的な後ろ向きの思いなのだろうか。

忘れ捨てられない夢

「哀しみ」を手に入れてしまったのは、実は「何かを追い求めていた」からだ。「何かを追い求めた」日々は間違いなく貴重なもので、決して忘れ捨てられるものではないだろう。

忘れられるはずなどないからこそ、「忘れさせてくれ」と繰り返す。「忘れたい」と言いながら、「忘れられない」のは、実は「大切にしているから」なのではないか。「忘れたい」という反復は、「捨てたくない」「忘れたくない」という心の叫びの裏返しだろう。

たどりつくことは、とても困難で、ときに「哀しみ」をも呼びかねない「夢」。

そんな「夢」と「哀しみ」に、耐え続けて生きていく人の姿は、痛ましくもある。

醜い「欲望」に自ら傷つき、欲望のない清らかな心になりたいと願いつつも、「欲望」を捨てきれない人間の姿もまた、痛ましく、弱く、しかし美しい人の姿だ。

清らかな魂を持っているからこそ、自分の「欲望」に傷ついてしまうこともあるだろう。

そんな「夢」や「哀しみ」や「欲望」に、耐え続ける人の「傷み」を思い、癒すように語りかけるのが、「歌姫」の歌う「祈り」の歌のように思われる。

▲中島みゆき『寒水魚』
株式会社ヤマハミュージックコミュニケーションズ
YCCW-10337

▼現代編

第4章

文章の書き方を知る

さまざまな文章の書き方を学びます。作文の基本から文体の書き分けなど、ワンランク上の文章をめざします。手紙やメール、ＳＮＳなどの日常にも役立つ書き方・考え方にも触れています。

①作文の基本

のっけから結論を言うと、作文の基本はこうだ。

作文は　料理だ

〈料理＝作文〉は三段階からなる。

❶材料を選ぶ（**観察**）
お母さんが真剣によい野菜を選ぶように、書こうとする対象をよく見ること。細かく、少しの違いも見逃さないように見ることから書くことは始まる。

⬅

❷調理する（**分析**）
素材に応じた調理法を考える。キーワードという調味料で観察した素材に合った自分なりの味付けを工夫する。

⬅

❸器に盛って出す（**主張**）
調理が済んだものをぴったりの器に盛ってお客さんに食べてもらう。分析したことをもとにして言いたいことを言いたい相手に訴える。自分と世界をつなぐ営みである。

はじめからおいしい料理をお客さんに出そうとしても無理だ。何度も失敗しながら繰り返し練習しているうちに料理が楽しくなってきて、だれかに食べてもらいたくなる。作文もそれと同じだ。

作文が苦手な人　タイプ別対処法

Ⓐ書くことが見つからない人

あなたは先生から作文のテーマを与えられたとき、「えーっ」と言ったと同時に、隣の人に「おれさ、こないだこんなことあったんだ」などとしゃべってはいないか。作文のネタになりそうなことを散々しゃべっておきながら、その後決まって「おれ、書くことなんにもないよぉっ」と言うはずだ。あなたは、観察力も、それをうまく切り取る力もある人だ。一度口をぐっとつぐんで、そのしゃべりたい「ネタ」をしゃべるとおりに書いてみよう。いい作文になるはずだ。

Ⓑ字数が埋まらない人

書き始めてもあっというまに書くことがなくなって指定の字数の半分にもいかない人。そういう人の作文は、初めの方に結論がきて、具体的な描写が極端に少ないことが多い。あなたは、ふだんから何に対してもハヤリの単語、ハヤリの言い方で済ませてしまってはいないだろうか。そういう人は、まずドキュメンタリー番組のカメラマンになったつもりで、観察したことをじっくり描写することから始めよう。書いているうちに自分の先入観に気づき、いきいきとした長い文章が書けるようになるだろう。

失敗してもいいからまず書いてみること。書くことによって観察が精密になり、観察が精密になることによって分析が深くなり、分析が深くなることによって主張がより明確になる。そうなれば、きっとだれかに読んでもらいたくなる。

	内容	要素	文章
観察	対象をよく見て事実を手に入れる。	具体例	記録文
分析	観察された事実を分析して意味を引き出す。キーワード化する。	まとめ	報告文・レポート
主張	分析された意味を通して言いたいことを訴える。	結論	意見文・評論文

もう一つ。中学生ならば、

「だ・である」体（常体）で書く

ことも基本に加えよう（口頭での伝達を除く）。お菓子ではなく、料理を出すためだ。

Ⓒ書き始めるまでに時間がかかる人

文章を書くときに、こんなことを書いて意味があるだろうか、こんなことを書くと先生に低い評価をされるのではないだろうかと、書くことに対して不安が先に立ってしまうのだろう。作文で、正直さや道徳的価値が問われているような気がしているに違いない。

そういう人は、作文には「書かない勇気」が必要だと自覚しよう。全部を立派に書こうとしすぎているからつらいのだ。たった数百字の作文で人格のすべてを判断できるわけがない。一つのテーマに対して、まったく異なる結論の作文をいくつか想定してみよう。そしてそのうちの一つを提出するという気持ちで書き出せば気が楽になるはずだ。

Ⓓありきたりのことをダラダラと書いてしまう人

このタイプの人はⒸの人とは逆に、テーマが与えられると、すぐ飛びついて書き始めてしまうことが多い。あなたの「自分にしか書けないこと」をじっくり探そう。自分だけが気づいたこと。自分だけがなぜか他人と違う感想・意見を持ったこと。自分だけが体験したこと。これらを表現し、読み合うことが作文を書く意味ではないだろうか。

②作文の種類

作文として課される文章は、264ページの❶～❸に対応して分類できる。何を書くことが求められているかを知ることで、書くことに対する迷いが減る。

一 観察文・記録文＝❶観察

観察された具体的事実、記録を淡々と記していく。事実の文を積み上げていく。

価値のある観察文・記録文とは、その観察された事実、記録されたデータ自体に価値があるものである。食材そのものがおいしいケースだ。

下に挙げたのは東北の田老町における津波の襲来を記録した記録文である。リアルタイムで淡々と正確に描写しようとする書き方を学ぼう。

Go to 270ページへ

二 報告文・レポート＝❶観察＋❷分析

観察された事実をもとに分析・考察を述べる。高校入試でよく出題される「グラフをもとに論じなさい」というタイプの問題は、ここに分類される。

具体的事実（数字・グラフ・写真なども含む）をよく観察し、分析を引き出す。

遠足の作文など、学校行事についての作文を書かされることがよくあると思うが、それなどもこれにあたる。どんなことがあったか

●記録文の例

午前十時二十八分、見張所から、

「海水が干きはじめたので、当所員も避難する」

という第二報が入った。

いよいよ津波襲来は確実となり、対策本部は緊張して一層厳重な監視をつづけた。そのうちに、沖合で海水が盛り上った。

対策本部は、午前十時三十分津波来襲と断定、全町内に対しサイレンを吹鳴するとともに、

「津波、津波、津波、津波」

と、スピーカーで連呼した。

二分後、電話不通となる。

津波は、二メートルの波高で海岸に押し寄せたが、防潮堤はかたくそれを阻止、対策本部は岩手県知事に対し、

「午前十一時現在、人的被害なし、その他の被害は目下調査中」

と、第一報をつたえた。

そのうちに被害状況が各所から入り、午前十一時五十分、港内外で漁船が漂流、うち一隻が顚覆したことが判明し、県知事にその旨を報告した。

（吉村昭『海の壁』〈中央公論新社〉）

●時間を追って具体的に記録している様子を読み取ろう。

自分にとっていちばん印象に残ること（具体例）を書き、それについての評価（分析）で締めくくる。

下の例は「アイアイ」というサルの指について述べたものだが、分析と具体例という順番になっている「報告」であることがわかるだろう。

三 意見文＝❶観察＋❷分析＋❸主張

意見文とは、具体的事実から引き出された分析をもとに、主張まで展開するものである。なんらかのメッセージを世界に発信したかったらこのスタイルで書くとよい。

「世界に」などと大げさに書いたが、下に挙げた「お父さんに新しいラケットを買ってもらうための説得」などという会話も一種の意見文にあたる。「お父さん」も立派な「世界」だ。

では「感想文」はどれにあたるか考えてみよう。答えは、二あるいは三である。

Go to 284ページへ

●報告文の例

アイアイの指は霊長類の手としてはまったく例外的な特別なものである。

第一に目につくのは、中指の細さである。さまざまな動物学者がこの指を「針金のような」とか、「曲がったワイヤーのような」と形容しているほどの特別な形をしている。

第二の特徴は、指が長いことである。親指は3・9センチメートル、人差し指6・8センチメートル、中指8・7……

（島泰三『親指はなぜ太いのか』〈中央公論新社〉）

練習1 「分析」のキーワードは？　**解答** 例外的な特別なもの

●意見文の例

お父さん。ぼく今、M社のラケット使ってるんだけど、M社のはグリップの小指の所が滑りやすくて試合中ずれちゃうんだよね。で、先輩にアドバイスしてもらってY社のを借りて使ってみたの。ミスの数がすごく減ってびっくりしちゃった。Y社のはグリップエンドが角張っていて滑らないんだ。とにかく使いやすいんだ。お願いします。買ってください。

練習2 「分析」のキーワードは？　**解答** 滑らない

練習3 「主張」を抜き出そう。　 買ってください

③ 事実と意見

観察したことを、事実としていちばん淡々と客観的に描写しているのは次のうちどの文だろう。

ア テニスコートが三面ある。
イ テニスコートが三面もある。
ウ テニスコートが三面しかない。
エ テニスコートは三面ある。
オ テニスコートも三面ある。

正解はア。では他の文には事実以外の何の要素が入ってきているのだろう。そう、ア以外の文には、コートが三面あることに対する何らかの評価が述べられている。

ここでは、客観的な事実のみを述べている文を「事実の文」、客観的な事実以外の意見（主観的要素）が含まれる文を「意見の文」と呼ぶことにする。

「観察」を上手に書くコツは、できる限り「事実の文」の書き方で書き、「事実」と「意見」をはっきり分けて示すことである。「意見」とは「推論」か「評価」が含まれる文である。

意見＝推論 or 評価

推論とは、目に見える事柄について、目に見えない事柄を述べる

練習1

上のイ～オにはどのように「書き手の意見」が含まれているか考えよう。

解答

イは、三面という面数が「多い」という意見が含まれている。
ウは、「少ない」という意見。
エは、何か他の施設が不十分だという意見が含まれる。「○○はないが、テニスコートは三面（も）ある。」
オはエと逆に、テニスコート以外にも、なくてもよいなどと書き手が考える施設があることを示す。「○○もあるし、テニスコートも三面ある（し、うらやましい・けしからん）。」

練習2

次の文から推論を取り除き、できるだけ「事実の文」の書き方で書き直してみよう。

寝ていると、夜中にアパートの上の階の人が、掃除を始めたので起きてしまった。

考え方

1 どこに推論の要素があるか考える。
2 推論のもとになる事実はどのように観察されたものだったと推測できるか考える。

解答例

いつものとおり十一時にベッドに入った。疲れていたのです

ことである。

たとえば看護師の制服を着ているだけで、私たちは「あ、看護師さんだ」と考えるし、「看護師さんが包帯を巻いてくださった」と作文に書く。しかし、見えているのは「看護師」ではなく、「看護師の制服を着た人物」だ。「看護師」というのはそこから導かれる推論ということになる。「多分〜」「〜だろう」がつけられる言葉には推論が含まれている。

推論を書くときには推論であることをはっきりさせるとともに、そのもととなる事実を書こう。

推論＝事実＋判断

評価とは目に見える事柄について、自分のプラス（肯定）の評価、もしくはマイナス（否定）の評価を述べることである。

肯定あるいは否定の意見を表す言葉が含まれていれば価値判断を含む意見の文である。「…と思う」をつけることができる文は評価が含まれていることが多い。

ただし、本人に肯定否定の意思がなく使った言葉が、読み手・聞き手にとってはそうではないこともあるので注意しよう。

Return 248ページへ

ぐ寝たようだった。ふと目が覚めた。上で物音がする。床を何かが転がるような音とモーター音だ。五分ほど続いた。気になって眠れない。たぶんアパートの上の階の住人が掃除をしているのだろう。

（「夜中」「アパートの上の階の人」「掃除」と筆者が推論した根拠は何だったかを考え、それを具体的に描写する。）

練習 3

次の形容詞・形容動詞に意見や評価がどの程度含まれているか考えてみよう。

美しい人　面白い人　背の高い人　色の黒い人　早口な人
純粋な人　真面目（まじめ）な人　几帳面（きちょうめん）な人

考え方

形容詞・形容動詞は、基本的にすべて意見が含まれる。「高い」「早口」などは、統計などをとればある程度実証可能だが、それでもどこから「高い」「早口」とみるかは人によって異なる。また、同じ言葉でも時代・場所・世代によっても大きく評価が異なることがある。たとえば、日本で「鼻が高い人」といえば、整った顔を意味することが多いが、西洋では「高すぎる鼻」の意味に取られることのほうが多い。

●名詞にも価値判断が含まれることがある。次の言葉にどのような価値判断が含まれているだろうか。じっくり考えてみよう。

先生　教員　教師　教諭　大先生　恩師

④ 作文のコツ ― 観察

ここからは、作文を書く手順を〈観察〉〈分析〉〈主張〉の段階にそって見ていく。書く力をつけたい人は、下の段の練習問題を実際にやっていこう。まずは〈観察〉から。

観察とは、食材を集めることである

ステップ① とりあえず書く

まず、見たままを書いてみよう。できるだけ、淡々と客観的かつ具体的に。評価してもらおうとか、書く意味があるかとかあれこれ考えず、

とにかく書く

書くことに対して苦手意識がある人は、書き出すまでのハードルが高い。見たこと、覚えていること、気になったこと、何でもいいから書きつける。

書くことによって、書こうとすることが自分を離れてよく見えてくることがある（難しい言い方をすると「対象を相対化する」ということになる）。

ふだん思い込んでいたものが新鮮に見えてくる、という経験だ。

ステップ② 表現を見直す

次に、自分の書いたものを「他人の目」で読み直してみよう。自分ではわかっているのに、他人に伝わらないことがある。自分でわ

練習1

次の写真をよく見て観察できたことを箇条書きにしてみよう。

解答例

- 幼い男の子と女の子がいる。
- 砂浜。
- しゃがんで砂で遊んでいる。
- 男の子は短いパンツ。女の子は水着。二人ともはだし。
- 男の子はシャベルで砂をいじっている。女の子はシャベルを持っている。

練習2

上の②にしたがって書き直してみよう。

解答例

- 男女の子供。五～六歳か。
- 二人の背後には海らしきものが見え、女の子の足元には水がたまっていることと、二人がはだしでいることから砂浜と思われる砂地らしい。
- 二人は並んでしゃがみこんでいる。向かって右が男の子。左が女の子。
- 男の子は縞柄(しまがら)の短いパンツ。女の子は水色の水着。

かっているからこそ、書いているときにはわかっていない他人の目になることができないのだ。

△		○
あいまいな表現 主観的な形容 抽象的な表現 過度の推論	→	くわしい表現 客観的な形容 具体的な表現 もととなる事実

ステップ③　順序を見直す

文や語句の順序を入れ替えて、よりわかりやすくできないか検討する。次の順序を意識する。

先		後
重要 全体 推論	→	些細（ささい） 部分 もととなる事実

ステップ④　文の長さを見直す

文を短くできないか検討する。一文の長さを三〇字平均にするように心掛ける。六〇字を超える文を見つけたら必ず分けること。

長すぎる文は分割する

・男の子はシャベルを持ち、砂をいじっている。女の子は右手にシャベルを持っている。

練習 3

上のステップ③④を意識して、読んだ人が写真を再現できるように書き直してみよう。

解答例

砂浜で幼い男女の子供が遊んでいる写真である。右側が男の子。左側が女の子。五～六歳だろう。二人ともしゃがみこみ、砂遊びをしている。砂浜だと推論できるのは、次の二点から。二人の背後に海らしいものがあること。女の子の足元に水たまりらしきものがあること。

男の子は、シャベルを持ち、女の子は右手にシャベルを持ち、二人は砂遊びに夢中になっているようだ。男の子は砂をシャベルでいじり、何かを作ろうとしている。女の子は手前の砂をたくさんとっているらしく、足元には穴があき、水がたまっている。そして、男の子と一緒に何かを作ろうと右手でシャベルを持っている。

男の子の服装は、縞柄の短いパンツ。女の子は髪が長く、上下水色の水着を着ている。二人ともはだしでいる。

二人はごく近い間柄であろう。二人の距離の近さ、二人で協力して作業する様子からそう推測される。

⑤作文のコツ 二 テーマを絞る

テーマを絞るとは、必要な食材を選ぶことである

作文のテーマを与えられたときに「何を書けばいいんだろう?」とだれでも悩む。そして多くの人がなんとなく書き始めてしまう。

あなたの中学校をよく表している写真を二枚だけ撮ってきてほしい、と頼まれたとしたらどこを撮るだろう? 真正面から二枚写すだけで済ます人はいないはずだ。自分なりの視点でいい写真を撮ろうと工夫するに違いない。たとえば、野球部の先輩が監督のノックに必死で飛びつく姿とトイレをぴかぴかに磨(みが)いている友人の姿の二枚の写真は、どれだけ雄弁にその学校を語るだろう。なんとなく書き始めるというのは、二枚しかないフィルムの一枚をいきなり無駄にしているようなものだ。

第一に、与えられたテーマを思い切って絞る勇気を持とう。何かを書くことは他のことを書かないことだ。第二に、自分にしか書けないものを書くことを心掛けよう。

テーマを自分なりに絞るというのは、自分なりの切り口を見つけるということだ。そのコツを三つ覚えておこう。

コツ① 自分しか知らない事柄を書く

これがあるときは忘れないうちに、印象が鮮明なうちに、とにかくすぐ書こう。めったに遭遇しない出来事、人物、事物……。デジタルカメラで撮っておくように日記やメモ帳に書き残しておくとよい。

テーマをうまく絞れない人への一言アドバイス

Ⓐ全部を羅列(られつ)してしまう人

与えられたテーマについて、全部を書こうとする人がいる。「遠足」について書きなさい、と言われるとその日の朝のことから帰るまでを順に書きたくなってしまう。原稿用紙何百枚も書くのであればそれもあり得るが、八〇〇字ぐらいまでであれば、観察した事実をリアルに描写しようとしたなら一〇分ぐらいの出来事しか書けない。腹を据えて書くことを決めるしかない。

そんな人への一言。

「『そして』を使わずに書くべし。」

Ⓑ当たり前のことしか書けない人

与えられたテーマに、ふっと飛びついてしまう人だ。その人には次の言葉をささげよう。

「人の見残したものを見るようにせよ。」

民俗学で大きな成果を上げた宮本常一(みやもとつねいち)という学者の父親の言葉だ。宮本は日本全国の隅々を歩いてその土地土地の民俗を記した。それまでの学者が目を向けることのなかった道端の道祖神(どうそじん)に目をつけ、その特徴と人々の信仰を記したり、長老からその土地の開拓の困難を聞き書きし、それまで無視されてきた民衆の歴史を記し続けたりという営みを地道に続けた。その著作集を読むと、日本という国がどういうふうに成

コツ② 自分の意見・感想が他人と違う事柄を書く

おいしいと評判のラーメン店が、自分には人工調味料の味がきつくておいしく感じられなかったとしよう。その経験をきちんと伝えてくれたなら、それは読者にとって貴重な情報となる。自分にとってもメディアの情報と自分の感性とを比較し論じるいいチャンスだ。

コツ③ テーマを象徴している些細な事柄を書く

奈良に修学旅行に行ったとして、何を書いたら「自分」が出るだろうか。「東大寺の大仏は大きかった」や「薬師寺のお坊さんの話は面白かった」では、題材（観察）・感想（分析）ともに当たり前すぎる。

逆に、当たり前から遠い題材は何だろう。出発前の準備、帰宅後できあがってきた写真、大仏殿の片隅に置いてあった仏具、旅館の隣の民家の庭木……。ちょっと印象に残った些細なことが、そのテーマをよく表している（象徴している）という場合、テーマ全体がいきいきと伝わる。

り立っていたのかがよくわかる。言うなれば日本中で価値ある作文を書いた人だ。その言葉はこう続く。「その中にいつも大事なものがあるはずだ。」

C 何を書いてよいかわからない人

価値があることを書こうとしすぎて鉛筆が動かなくなっているに違いない。その人にはこの一言。

「ウソを書こう。」

作文で「ホント」を書く必要はない。「ホントらしく」フィクションを書いてみるといい。びっくりするくらい簡単に書けることがある。

作家の吉村昭氏は、中学生のとき、お母さんが亡くなったときのことをしみじみと作文に書いて先生にすごくほめられた。しかしうちに帰ってそのことを報告したらすごく怒られたのだそうだ。「まったくこの子は。私がいつ死んだっていうんだい！」

さすが作家の卵という感じだ。ここまでやる勇気のある人はそういないだろうが、実際にあったことを少しずらして書くだけでもずいぶん書きやすくなる。登場人物を変えたり、場所を変えたり、結末を変えたり。「私の中学生活」なんていう条件作文も、一度他人になりきって書いてみてから書き直すとずっと楽に書ける。

⑥ 作文のコツ　三　分析

分析とは、食材に合った調理をすることである

食材が集まったらどんな料理にするか考えるのと同様、観察した事実をどうまとめるか考えていくことになる。

観察された生の事実というのは意味を持たない情報である。野菜や肉を生のまま置いてあるのと同じだ。食材に合った調理法を考えて煮たりいためたりして、味をつける必要がある。

ステップ①　観察したことに直感的な感想を持つ

観察した事実に対するちょっとした「心の動き」をつかまえることから始まる。

好き！　嫌い！　あれっ？　何かひっかかるゾ
不愉快だなあ　気持ちいい　似ている　違う

何も感じないときは観察力の不足を反省しよう。少しでもいい食材を手に入れようと思ったら真剣に見るしかない。無味乾燥に見えるグラフや数字から意味を引き出すのも、まずは「あれっ」という気づきからだ。

ステップ②　その感想が生じた理由・過程を掘り下げる

次に、その心の動きをじっくり見つめ、その動きがなぜ、どのよ

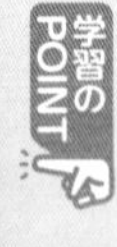

●直感的感想の例

ゴーヤ（苦瓜）のサラダを初めて食べたときのある人の感想。「苦い！　けど嫌いじゃない」

●直感的感想の掘り下げの例

「苦いから小学校のときだったら絶対食べなかっただろうけど、後口がさっぱりしていて、口のなかから胃までキレイになりそうな気がするし、いかにも夏野菜といった植物のエネルギーを感じるみずみずしさがあって力のわくおいしさだなあ」

練習1

右の感想をもとに、次の文の空欄にぴったりの言葉＝キーワードを考えてみよう。

ゴーヤは［　　　］野菜である。

解答例

○爽快感（そうかいかん）のある
　元気はつらつな
　真夏のスコールのような
　にがうまい
△素晴らしい（広すぎる）
　おいしい（ズレている）

うに起こったのか考えていく。刑事が参考人の言葉に「あれっ」と思う。よく考えたら前に聞いていたことと矛盾があることに思い至る。その「矛盾」が「あれっ」の「意味」だ。個人的な「感想」が普遍的「意味」へと昇華（しょうか）したということになる。

作文を長く書けない人は、たとえばある本を読んで「感動した」と感じて、そのまま書いてしまう人だ。どこに、なぜ、どのように感動したのかを分析することで、「作者の人間への深い信頼に強く励まされる思いがした」というような「意味」を引き出すことができるようになる。

ステップ③ キーワード化する

最後にその「意味」をぴったりの言葉でまとめる。食材にふさわしい調味料をちょうどいいさじ加減で振り掛けるように、ぴったりの言葉を探し出すぎりぎりの知的努力をしよう。「ふつう」「びみょう」「うざい」「感動的」などという、他の味を殺してしまう安直な調味料で済ませてしまうのは卒業しよう。仲間相手ならいいかもしれないが、中学生として社会に向かうとき、それではうまくいかない。

ちょっと背伸びしてキーワードを探す

同時にさまざまな調味料を収集するように心のアンテナを伸ばしておこう。きりっとしたキーワード、かっこいい言い回し、絶妙な比喩（ひゆ）など、いつでも使えるように心の棚に集めるとよい。

練習2

270ページの写真を五字以内でキーワード化してみよう。

解答例

○仲良し　無邪気　童心　ほのぼの　なつかしさ

△砂遊び　二人の子供（「意味」が取り出せていない）

練習3

自分の小学校六年生のときの一年間について、具体例をもとに二〇〇字程度で書きなさい。初めにキーワードを含んだまとめの文を二〇字程度で書き、その後に具体例を挙げなさい。

解答例

私の小六はチャレンジの一年だった。

児童会の書記に立候補して当選し自信がついたのをきっかけに、初めてのことをいくつもやった。たとえばボランティアのクラブで町内の老人会を訪れ子供寄席（よせ）をした。落語などきちんと聞いたこともなかったのに、担当の田中先生に教わり、ひと月かかって「寿限無（じゅげむ）」を覚え、三〇人あまりのお年寄りの前で演じた。せんすを持つ手が震えているのが自分でわかるほど緊張したが、おじいちゃんおばあちゃんが声を出して笑ってくれたときは身体が浮き上がるような快感だった。

（具体例を具体的にリアルに書くこと。列挙型よりも一つか二つを詳しく書くほうがよい。まとめはきりっとしたキーワードでくくる。）

⑦ 作文のコツ　四 主張

主張とは、料理を器に盛って客に出すことである

主張というのは、これまでの**観察**・**分析**と違い、特定の相手に向かって自分の気持ちを働きかける活動だ。ある物事に賛成・反対を言い表したりだれかを説得したりと、社会に対して価値ある訴えをすることになる。

中学生だからと消極的になったり、キレイゴトで逃げたりする必要はない。皆に通じる日本語で書ければ、中学生だって立派な社会人だ。堂々と率直に自分の意見を社会に届かせよう。

コツ① 自分の立場をはっきりさせること

まずは、賛成か反対かをはっきりさせること。どっちつかずはだめ。わからなければ、「こういう点でまだ結論が出ない」と率直に述べる。

コツ② 反対側の立場に立つこと

①と矛盾するようだが、自分の意見に説得力を持たせるためには、自分とは逆の意見をよく知り、吟味することである。

コツ③ 自分なりの立場の位置を知ること

自分の立場と反対の立場がわかれば、自分がどの程度の賛成なのか反対なのかを見極められるだろう。積極的に賛成するときもあれ

練習1

選挙権を十五歳以上に引き下げるべきだ、という意見に対し、根拠をもとにして自分の意見を明らかにしなさい。初めに結論を書くこと。

解答例

私はその意見に賛成である。なぜなら最近の選挙の投票率を見ていると50%を超えることが少ない。人口全体でいうともっと下がることになる。少しでも多くの人の意見を反映させるのが民主主義だとすれば、一定の責任が取れるとして刑事罰の対象になっている十五歳以上に選挙権を与えるのは妥当だと考えるからだ。

（結論に迷いがあるのは当然だ。今の自分が考える結論だ、と割り切るしかない。）

練習2

練習1の解答例に対しての、予想される反論を挙げよ。

解答例

昔に比べて若者が幼くなっているという。二〇歳でさえ、大人とは言えない行動をしている人が多いのに、さらに判断力が足りない子供に選挙権を与えたら、選挙が政治的見解の選択ではなくただの人気投票になってしまう。

ば、やむなく今は反対するという立場のときもあるだろう。たとえば、文化や宗教の相違に伴う摩擦に関しての結論は非常に難しい。絶対の正しさがないからだ。

コツ④　現実的であること

だれにも否定できないが絶対に実現できない理想論、精神論は、何も書いていないのと同じだ。主張した案が実現可能なものかどうかの検討も必要だ。現実的なアイディアが浮かばない場合、残念ながら正直に「今はわからない」と書くしかない。

説得力のある主張とは、そこまでに論じられている観察・分析に沿ったものである。どんなに主張が立派でもその基盤が弱いと逆にうさんくさくなってしまう。よい食材をもとによい調理ができたならば、とびきりの器に盛って、大勢のお客さんに食べて喜んでもらうことができる。「世界の平和を訴える」などという主張はそれにふさわしい観察と分析に基づいていなければ恥ずかしい。

逆にそれなりの料理でもそれにぴったりの器で慎(つつ)ましやかに出されれば、食べてみようという気になる。「他人の悪口を言って自分の不安を紛らわせていたことを恥ずかしく思い、せめてそこから改めようと思った」などという主張は、この先有望な料理人の小品という趣がある。

練習3

練習2の解答例に対してさらに反論せよ。

解答例

選挙権を広げると衆愚(しゅうぐ)政治になってしまうという反論は理解できるが、それは年齢だけの問題ではない。自分の目先の利害にとらわれて投票する大人にも十分衆愚の資格がある。むしろしがらみの少ない若者の方が正しい意見を純粋に見抜く可能性が高いのではないだろうか。

（練習1＋2＋3で説得力のある意見文になる。2の最初に「確かに、」、最後に「という恐れはある」と付け加え、3を「しかし」で始めてつなげてみよう。）

●理想論・精神論・安易な折衷案のダメな例

△コンピュータによって人間はダメになった。コンピュータは一切使うべきではない。（理想論）

△エネルギー問題を解決するためには一人ひとりの自覚が大切だ。（精神論）

△この本を読んで平和の大切さを理解した。世界の人は今すぐすべての戦争をやめてほしい。（理想論）

△異文化だからといって排除すべきではない。接点を見つけてどちらも気持ちよく過ごせるように工夫すべきだ。（安易な折衷案）

⑧ 文章の型 ― 基本型

ここまで、〈観察〉〈分析〉〈主張〉という文章を書くうえで私たちがなすべき「見る」という作業の内容を学んできた。次は見ることによって得られた要素を用いた文章の型を学ぶ。

ここでは、〈導入〉〈具体例〉〈まとめ〉〈結論〉という要素に分ける。それぞれの要素の性格をつかんでめりはりのある作文を書こう。

導　入＝文章の方向性の予告
具体例＝観察によって得られた具体的事実
まとめ＝分析による具体例の抽象化
結　論＝具体例・まとめをもとにした主張

基本型＝導入➡具体例➡まとめ➡結論

説得優先　あせらない

もっとも一般的な文章の型。意見文、小論文など、自分の意見が求められるタイプの文章はこれに入る。謝罪の手紙、反省文、抗議文などといった書きにくい文章もこの型で書ける。だれかに頼みにくいことを頼むときもこの型を応用してみよう。

①導入10％

どんなことを述べるかあっさり予告する。

読み手に興味を持たせることを目的とする。導入でキーワードや主張を述べてしまうと抵抗感が生まれることがある。

●導入の書き方

「何を」「どのように」「なぜ」書くのかが導入の要素である。正式な論文でなければ、このうちの要素が一つあれば導入になる。

「何を」➡与えられたテーマをこう絞った。
「どのように」➡こういう方向で論じたい。
「なぜ」➡与えられたテーマにはこういう問題が含まれていると考え論じていく。

導入は、まとめ・結論まである程度定まってから書くことが望ましい。まとめ・結論を意識することで文章としての骨格（構え）がしっかりする。下書きをする余裕があるときは、いちばん最後に書くようにしよう。

気をつけたいのは、

〈導入〉では、〈まとめ〉〈結論〉を書かないこと。結論・まとめのキーワードを薄めて、読者に方向性だけ示し、興味を持たせるような示唆にとどめる。

練習1

「スキーに行って楽しかった」というまとめとなる作文を四〇〇字程度で書くとしたとき、考えられる二〇字程度の導入をいくつか挙げよ。

② 具体例70％

観察した事実をできる限り客観的に淡々と述べる。実際に見・聞き・経験したこと、情報収集の結果得られた事実・データを提示する。「たとえば〜」

論の本体とも言うべきこの具体例が、少なかったり、貧弱だったり、偏っていたりすると文章全体の説得力がなくなる。

Return 270ページへ

典型例文型：（たとえば）××（テーマ）は、
（例）たとえばこのチームは三月の練習試合で、

Go to 282ページへ

③ まとめ10％

具体例から意味を引き出す。具体例を分析し、抽象化したキーワードでまとめる。「つまり〜」

具体例とのつながりを読者が納得できる合理性があること、なおかつそこに新しい発見・鋭さを追求したい。

Return 274ページへ

典型例文型：（つまり）××（テーマ）は○○（キーワード）である。
（例）つまり今年のこのチームは守備力が弱い。

④ 結論10％

自分の意見を主張する。まとめから得られる価値ある提案をする。「したがって〜」

自分なりの意見をじっくり引き出し、安易な借り物の結論によりかからない。

Return 276ページへ

典型例文型：（したがって）△△すべき（主張）である。
（例）したがって守備力を重点的に練習すべきである。

解答例

・この冬休み、蔵王（ざおう）で初めてスキーを経験した。
・スキーなんて滑り落ちるだけでどこが楽しいのかと思っていた。
・食わず嫌いだね、とよく言われる。スキーもその一つだった。
・△冬休みに初めてスキーをしてとても楽しかった。
（まとめを書いてしまっている）
・△これから冬休みにやったことを書こうと思う。
（方向性が出ていない）

練習2

次のような具体例を持つM君を生徒会委員に推薦するときの応援演説の〈導入〉〈まとめ〉〈結論〉の簡単なメモを基本型で書け。

彼は他人の悪口を言わない。場の雰囲気がそうなっても絶対に流されない。中一の秋にある出来事があって悪口を言わないと自分に誓ったとのことです。

解答例

〈導　入〉M君の人となりがいかに生徒会委員に向いているか話します。
〈まとめ〉自分に厳しく他人に優しい人です。
〈結　論〉M君の厳しさと優しさは学校全体のことを考えて動く生徒会にぴったりです。ぜひ投票してください。

⑨ 文章の型 二 応用型

一 報告型 ＝導入⬇具体例⬇まとめ

節度優先　でしゃばらない

主張まで求められていない文章の型。まとめで終わらせる。報告、レポート、説明文、行事の作文、グラフから読み取れたことを論じる条件作文、「私の中学生活」といった課題作文などもこれに含まれる。とってつけたような結論をついついもってきてしまうことが多い。「これからは昔の人の知恵を見習っていきたい」「来年の旅行ではこのようなことがないように心がけたい」これがないと書き終わった気がしないのだろう。しかしこのありきたりな結論をぐっとガマンすることで文章の質が上がることが多い。読者がその先を自分で考えるという余韻が生じるからだ。

二 ブリーフィング型 ＝結論（⬇まとめ）（⬇具体例）

スピード優先　まず結論

ブリーフィングとは、簡潔な説明のこと。早く大事なことを伝えなければならないときの文章の型。時間がない打ち合わせでの発言、結果を待ち望んでいる人への速報など、主に口頭での伝達に用いる。とにかくまず結論を述べる。

Go to 298ページへ

学習のPOINT

練習1

次の文を報告型〈〈具体例〉と〈まとめ〉の二文〉にしよう。

リンをふくむ洗剤は、海や湖を富栄養化させ、植物プランクトンを増殖させて水質汚濁を起こすので、使用を禁止すべきである。

解答例

リンをふくむ洗剤は、海や湖を富栄養化させ、植物プランクトンを増殖させる。つまり、水質汚濁の原因となる。

（「具体的事実」と「まとめ」、「まとめ」と「主張」をしっかり分ける練習）

練習2

次の文章をブリーフィング型に直そう。

今、見張りをしてたんですけど、二〇〇メートルぐらい向こうから、敵が五〇人ほど向かってきています。大変危険な状況だと思います。全員戦闘態勢についたほうがいいと思います。

解答例

直ちに全員戦闘態勢につくべきです。たいへん危険な状況です。敵が五〇人ほど二〇〇メートル先から侵攻してきています。

三 科学論文型

＝研究の目的と方法⬇研究結果⬇考察

実証可能性優先 正確に

専門家の間で認められる研究論文の型。厳しくその作法が決まっている。文系・理系ともに基本的にこのスタイルを用いる。

基本的に「報告型」である。導入にあたるのが目的・方法。この研究の目的・価値とその方法をまず示す。次いでその研究で得られた事実を報告する。調査結果、実験のデータ、得られた映像等。主観を交えず、だれでも同じことをすれば確かめられる（＝実証可能な）提示のしかたになっていることが必要。そして最後にその結果から導かれる考察を論じる。

四 大論文型

＝序論（導入）⬇本論（第一章（具体例⬇まとめ）第二章（具体例⬇まとめ）第三章（具体例⬇まとめ）……）⬇結論（大まとめ）

章立て優先 多方面から

大きなテーマで論じる科学論文の型。全体を小テーマに分けて論じる。それぞれの小テーマを「章」として「報告型」で論じ、最後に全体をまとめる。

練習3

自然の中から一つ題材を取り上げて調べ、レポートをまとめることになりました。その題材を取り上げる理由と調べる方法を説明する文章を、あなたなりに考えて、八十字以内で書きなさい。ただし、第一文には取り上げる題材を書き、第二文以降には取り上げる理由と調べる方法を書くこととします。

（北海道改）

解答例

日本の森林面積の推移について調べる。森林の減少が地球温暖化にかかわっていると聞いたことがあるからだ。林野庁などの関係する官公庁の統計資料を中心に調べる。（76字）

（科学論文の導入にあたる部分を書かせる問題である）

練習4

「自分の中学校について」というテーマの論文を、序章（導入）、第一～三章（具体例）、終章（大まとめ）として目次立てしたときの第一～三章の小テーマを決めなさい。

解答例

第一章 カリキュラムについて
第二章 部活動について
第三章 行事について

⑩ 説得力のない文章の飛躍パターン

ここでは、書いた文章に説得力がないときの点検方法を学ぶ。多くの場合どこかに飛躍がある。自分の文章を他人の目で読んでみて、その飛躍を見つけよう。

飛躍① 少なすぎる具体例

初対面のときに嫌な人だなと感じた人がしばらく付き合ってみるとすごくいい人だったということがよくある。「初対面」という少ない具体例で「嫌な人だな」とまとめてしまって失敗した例だ。ある国の人一人の振る舞いを見ただけでその国の人はこうだ、と論じるような文章も同じだ。

客観的に見えるものでも、回収率の少ないアンケートや、三年ぐらいのデータで変化を示すグラフからまとめを引っ張り出すのも同じミスを犯していることになる。

これぐらい事実が積み重なれば大丈夫、あるいはこれぐらい濃厚な事実があれば間違いない、と多くの人が感じるように具体例を集めよう。

279ページへ

飛躍② 客観性がない具体例

「彼の評判が悪いのは事実だ。」という文は一見「事実」を装ってはいるが、決して「事実」ではない。一〇〇％「意見」の文であ

練習1

「みんな持ってるんだ。買ってよ。」という説得には、どのような飛躍があるか分析してみよう。上記の①～⑤のどれに該当するだろうか。

考え方

・「みんな」という具体例があいまい。「どういう母集団のうち何パーセントが所有している」というように書くべきである。またその母集団（たとえばクラスの友達）が勝手に設定されたものでなく、意味のある集団であることを述べる必要がある。（②または①）

・それが一〇〇パーセントでなければ「みんな」と抽象化することはできない。（③）

・仮に、その母集団において、自分を除く全員が持っていたとして、「みんな持っているのに自分は持っていない」ことがマイナスの価値をもたらすという「まとめ」がない。たとえば、皆がインフルエンザウイルスに感染しているからといって、自分も感染しなければならない理由はない。（④または⑤）

る。事実の文として書くのなら「『A君はすぐ約束を破るから嫌いだ』とB君が言った。」のように書くべきである。また、「美しい」「間抜けだ」などの価値判断が入っている形容はもちろん「高い」「混雑」などの言葉にも主観が含まれていることを意識しよう。

Return 268ページへ

飛躍③ 強引なまとめ

「誠実な人」「夢のように快適なマシン」などというまとめに至るには、どれだけ分厚い具体例が必要だろう。言い過ぎだと感じたら適度の濃さまで薄めよう。「真面目(まじめ)な部分があると言える」「多少快適になる道具」あたりがちょうどよいことが多い。

Return 274ページへ

飛躍④ まとめがない結論

具体例に思い入れがあって、それだけで、賛成や反対が他人にも伝わるはずだと思い込んでしまうことで陥りやすい飛躍のパターン。強く訴えたいときほど冷静に書こう。

Return 276ページへ

飛躍⑤ 広すぎる結論

まとめまでは自分なりの視点で論じているのに、最後になって突然ありきたりの社会批判や自己反省になってしまうものがある。最後まで自分なりの感性で書ききるようにしよう。

練習2

「3キロ太ってしまった。やせなければならない。」という文章の飛躍を指摘せよ。

解答例

「3キロ太った」という事実と「やせなければならない」という主張には合理的な結び付きがない。太ったことによる不都合を述べる必要がある。太りたい人も世の中にはたくさんいる。

練習3

「この添加物は発がん性が疑われる。ただちに使用禁止にすべきである。」という文章の飛躍を指摘せよ。

解答例

「発がん性」の度合い、量が述べられていない。どの程度の危険度なのかわからない。その可能性がどんなに低くても使用禁止ということでは、ほとんどのものが食べられなくなる。

実例 ある中学校の読書感想文の結論部

△「……戦争のむごさ、無意味さを伝えたい。」

△「僕は湯川秀樹(ゆかわひでき)のように何事にも挑戦してみようと思います。」

△「僕もできるだけ自ら率先して行動していきたい。」

△「……環境を守るために努力をしたい。」

（いずれも波線部の結論が一般論で広すぎる。読んでいて「絶対だなっ。」と突っ込みたくなる。もう少し自分の今に引き付けた現実的な結論にするか、無理に結論をつけない方がいい。）

⑪感想文を書くコツ

感想文は「報告型」で書こう。感想文における具体例とは「著者が書いたこと」で、まとめは自分の感想だ。〈具体例➡まとめ〉を必要な字数分（全体の90%）繰り返し、最後に大まとめ（10%）をつける。安易な結論は全体を台無しにするので気をつけよう。余韻を残すぐらいの書き終わりで、感想文を読んだ人にその本を読んでみたいなと思わせればベスト。

読み終わったときに、何か心に引っかかったところならどこでもよい。そこを手掛かりに具体例を取り出す。なぜ引っ掛かったのかを考えたら、それを確かめるためにもう一度読んでみよう。二度目の読書は科学論文における実験と同じだ。自分で立てた仮説を証明するために読み直すのだ。

具体例は著者の主張、ストーリー展開などという大きなところでもよいが、むしろ会話の一部や些細な心理描写、何気ない風景描写、山場にいたる伏線などをもとにして展開していくとおもしろい。

ステップ① 自分の心に生じている感覚を言葉にする

「面白かった」「感動した」「いらいらした」「つまらなかった」という大ざっぱな感想からでかまわない。特に「少しわからなかった」という感覚は大事にしよう。作者がわざと仕組んだ罠に気づきかけていることが多い。そこにこそ作者が言いたいことが隠されているのだ。

274ページへ

●感想文の例「走れメロス」

感動的な結末を読んでホッとしたが、同時にどこか変な気持ちも残った。もう一度読んでそれを確かめてみた。それは、山場の一つ、山賊が現れるところだった。

「私には、いのちの他には何も無い。その、たった一つの命も、これから王にくれてやるのだ。」

「その、いのちが欲しいのだ。」

「さては、王の命令で、ここで私を待ち伏せしてゐたのだな。」

山賊たちは、ものも言はず一斉に棍棒を振り挙げた。

山賊なのに金品ではなく命を欲しがるというのは、明らかに王の命令である。「ものも言はず」というのもその表れだろう。だとすれば、王はメロスが友のために死ぬのを覚悟で戻ってくると信じていたことになる。

これはおかしくないだろうか。王はだれをも信じない人物だったはずだ。特に友情などというものは信じていなかったはずだ。それなのに、何のために山賊を放ったのだろう。メロスが命がけで戻ってくることを確信しているようではないか。

ステップ② その感覚が生じた理由を考える

もしこう書いてあったらどう感じただろう、という発想から作者の表現やストーリーの意味がつかめることもある。

Return 229・274ページへ

ステップ③ 具体例を探しながら再度読む

もう一度読んで、その感覚をよりぴったりの言葉に修正し、引用すべき箇所（証拠＝具体例）を抜き出す。

ステップ④ 大まとめをじっくり考える

大まとめでは、次のようなパターンに当てはめてみよう。

1 読者にどう感じてもらいたかったのか、ということを推測して作者の言いたいことを掘り出す。

2 作者の言いたいことを踏み切り台にして自分の言いたいことを書く。この場合は「結論」をつけることになる。

Return 274ページへ

説明的文章の感想の場合も同様だが、筆者の主張のもとになっている具体的事実を丁寧に読むように心掛けよう。

僕は、実は王が計算ずくでこのドラマをしくんだのではないかと考えた。本当に殺すつもりなら棍棒などではなく刀や矢で確実に殺せたはずだからだ。王はメロスのような人物が現れるのを待っていた。ぎりぎりで帰ってこさせてこれを許し、感動のなか、悪逆非道のキャラクターを脱するチャンスを待ち望んでいたのだ。

　やがて静かに二人に近づき、顔をあからめて、こう言った。

「（略）……仲間の一人にしてほしい。」

　どっと群衆の間に、歓声が起った。

「万歳、王様万歳。」

　王のこの顔のあからみは、さんざん悪逆の限りを尽くしておきながら、安っぽいドラマで群集をだまし、ちゃっかりいい人物になってしまうことへの恥じらいである。またこの恥じらいは、このドラマの真のプロデューサーである太宰治の恥じらいでもある。こんなドラマで群集＝読者をだまそうとすることに対しての。

（太宰治『走れメロス』〈筑摩書房〉）

（「走れメロス」には、それなりに感動したけれど、なんだかうさんくさくもあるという感想から出発している。そしてその証拠を探し分析することで、作者の本音に迫っていこうとしている。）

⑫ 二〇〇字作文を一〇分で書くコツ

三原則

一　書きやすいことを書く
二　基本型で書く
三　「だ・である」体で書く

ここでは、高校入試で頻出(ひんしゅつ)する条件作文の書き方を学ぶ。今まで述べてきた作文の書き方と大きく異なる点は、入試はゲームなのだから、「自分」を出す必要はないということ。ゲームのルール＝読みやすく書けているほうが勝ち、にのっとってプレーすることが大事だ。

課題文が完璧(かんぺき)に読めても、時間が足りなくて書ききれなければ負け、素晴らしい意見を出しても字数がオーバーしていれば負け。普段の八割の力を一〇分で出すつもりで臨もう。

条件として多いのが次の二つ。

・二〇〇字前後の文字数。
・統計表やグラフや課題文をもとにして自分の意見を述べる。

一　文型［具体例⬇まとめ⬇主張］

278ページへ

型としては基本型だが、文字数が少ないので導入は省き、［具体例

学習のPOINT

上の三原則を逆に言うとこうなる。

一　書きたいことを書いてはいけない
二　行き当たりばったりで書いてはいけない
三　「です・ます」体で書いてはいけない

練習1

次の資料は、「仕事についての希望」について、中学生と高校生を対象に調査し、その結果をまとめたものです。国語の授業で、この資料をもとに意見発表をすることになり、一人一人が自分の考えを文章にまとめることにしました。自分の体験もふまえて二〇〇字程度であなたの考えを書きなさい。

（埼玉県改）

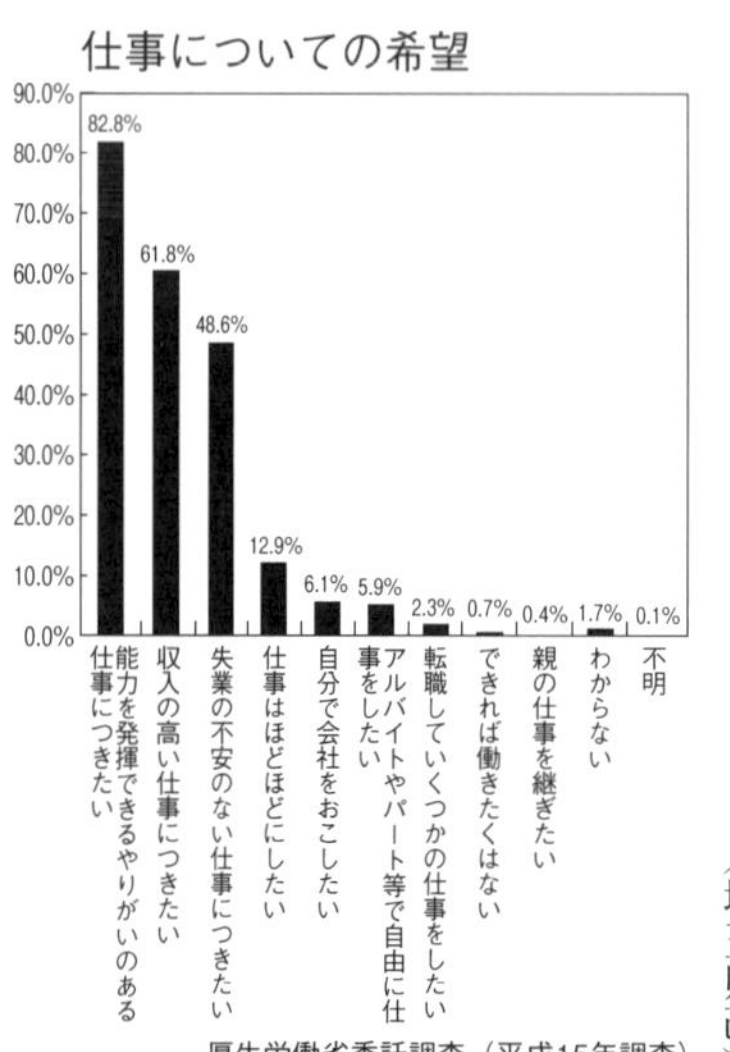

➡まとめ➡主張」という構成をとる。全体で四～七文を目安にする。

ア本文に○○とある。（具体例を二～四文で）
イそれは△△ということだ。
ウだから私は××だと思う。
（エなぜなら◇◇だからだ。）

「自分の経験をふまえて」という条件がついている場合も同じだ。自分の具体例と設問（グラフ・表・課題文）の具体例をあわせて述べればよい（アとイは逆でもいい）。**「自分の経験」もフィクションでかまわない。書きやすいネタに変換しよう。**

ア○○という経験をしたことがある。
イ本文の○○と重なる（違う）。
ウそれは△△ということだ。
エだから私は××だと思う。

テーマだけが与えられて自由に論じるものは、報告型をすすめる。

（ア◇◇というと私には◆◆だ。）
イ○○という経験をしたことがある。
ウ△△ということだった。
（エ××であるべきだ。）

余計な結論は不要。ない方が余韻を生じる。
くれぐれも「だ・である」体で書くこと（「です・ます」体を指示されている場合を除く）。

解答　例1

ア　叔父の養鶏場の手伝いをしたことがある。臭いのと怖いのとで嫌々やったが、出荷まで終えたとき、この卵が全国の食卓に運ばれるのだと実感できて充実した気持ちになった。
イ　資料を見ると、「やりがいのある仕事につきたい」という人が多い。
ウ　しかし「やりがい」は、やってみて初めて感じるものではないだろうか。
エ　（したがって）今の私の希望は、仕事に対するものではなく、さまざまな仕事につくことができる能力をみがきたい、という自分へのものだ。

解答　例2

イ　上位三つを総合すると、やりがいがあって高収入で安定した仕事につきたいということになる。
ア　私の母は、PCのケーブルの接続チェックという細かい仕事を自宅でしている。この三要素とは正反対に見える仕事だ。しかし母はその作業をしながらも実に楽しそうだ。思わず私もたびたび「やらせて」と手を出してしまう。
ウ　いい仕事につくことより、いい人生を送ろうとする気持ちの方が大切だ。そのことを母は無言で私に教えてくれる。

二　書く手順

ステップ①　具体例として取り上げることを絞る

小さなグラフであってもすべては取り上げられない。ステップ②③に見合う部分を取り上げる。決してだらだらと取り出さない。多少まとめる形で取り上げる。

ステップ②　それに見合うキーワードを考える

気の利いたキーワードを力んで考える必要はない。オーバーにならないように、できるだけぴったりの熟語を考える。うろ覚えの単語や自信のない漢字は使わない。

ステップ③　書きやすい主張をあてはめる

試験ではあなたの倫理性や実際のアイディアが求められているわけではない。たった二〇〇字で文化を論じたり、人生を論じたりできるわけがないのだ。自分の意見を展開しようと思わないこと。うまく字数に収まるすっきりした主張を選ぶ。

276ページへ

ステップ④　下書きをする

少し字数オーバーするぐらいに書く。いきなり完成形を書こうとせず、文型の要素にしたがって書いてみよう。

練習2

「水について」という題で二〇〇字程度の作文を書きなさい。ただし、二段落構成とし、第一段落では、体験や見聞を具体的に書き、第二段落では、そのことに対する自分の考えを書くこと。

（青森県改）

解答例1

中学二年の夏、テニス部の合宿で越後湯沢に行った。炎天下の練習の合間の休憩時間に、私たちはテニスコート裏の小川に水を飲みに走った。山あいの谷川の水は冷たく甘く、皆腕立て伏せの格好で川にはいつくばり息の続く限り飲み続けた。しかし、その晩、川の水を飲んだ中学生はピストン輸送で病院に運ばれた。見た目にも飲んでも美しかったあの水は、細菌に汚染されていたのだ。

水は命であるということを身をもって体験したのだった。

解答例2

昆布をおいしい肉厚のものに育てるために、その海に流れ込む川の上流の森林の植林から始めている漁師たちがいるという。森林の落ち葉によって養分を蓄えた川の水が流れ込むことで昆布がよく育つらしい。五十年以上かけ、すでに二〇〇万本を植え海はよみがえったと聞く。

生命の源である水は、いったん汚染されてしまうとそれを回復させるのに極めて多大なエネルギーを必要とする。汚す前にできることをすべきだと思う。

ステップ⑤ 推敲（すいこう）する

推敲の手順

長すぎる文を分ける
⬅
必要な接続詞を入れる
⬅
主語述語を整える
⬅
語順を整える（特に主語と述語、形容句と被形容句を近づける）
⬅
ぴったりの言葉はないか検討する
⬅
余韻を持って終われないか検討する

ステップ⑥ 清書し、読み返す

二〇〇字程度の場合、原則的には段落を設けず、一マス一字で書く（行頭に句読点が来てもそのまま書く）。

ただし、解答用紙が原稿用紙の体裁になっていて、二〇〇字を超える字数の場合、まとめ以降を段落分けし、二段落構成にする。

字は一画ずつ丁寧に。誤字脱字も減点の対象になると心得よう。

Go to 296ページへ

練習3

次の文を二文に分けよ。

今日は、日が短くなってきたので、下校時間が早くなったので、部活の練習も三〇分早く終わりにします。

解答例 今日は部活の練習を三〇分早く終わりにします。日が短くなり、下校時間が早くなったためです。

練習4

次の文の主語と述語を整えよ。

ここでの課題は効率を優先すると環境が破壊されてしまう。

解答例 効率を優先すると環境が破壊されてしまうことがここでの課題である。

練習5

次の文を意味が通りやすくなるように語順を入れ替えよ。

私はいつかお母さんの一度外国に行きたいという夢をかなえてあげたい。

解答例 一度外国に行きたいというお母さんの夢を、私はいつかかなえてあげたい。

練習6

次の文を推敲せよ。

母は、いい仕事につくことより明るく過ごすことの方が大切だということを私に無言で教えてくれる。

解答例 いい仕事につくことより、いい人生を送ろうとする気持ちの方が大切だ。そのことを母は無言で私に教えてくれる。

⑬ 手紙

一生の大事は、やはり今でも手紙（葉書を含む）によって、手書きで気持ちを伝えた方がいい。重大な謝罪、とても嬉しかったことに対するお礼、一世一代のお願い、お願いに対する拒否、命がけの愛……。相手に何かを訴えるために文章を書くのなら、伝わりやすい形式を採用した方がよいに決まっている。

手紙には、離れた人同士の通信手段が他になかった古い時代から形式が練り上げられているのでそれを踏襲することが望ましい。

作文の型と同様、型があることで個性が失われるということはない。逆に少しの心遣い（たとえば便箋の選び方、つ（ ）が多くを相手に伝える。

基本型は次のとおり。いろいろ応用パターンはあるが、まず基本の型を覚えよう。

頭語	「拝啓」など
前文	時候の挨拶
本文	用件
末文	しめくくりの挨拶
結語	「敬具」など
後付	日付　自分の名　相手の名　敬称

学習のPOINT

●詫び状書ければ一人前

自分の失敗をあやまる「詫び状」が書ければ社会人として一人前だ、と言われる。「羅生門」などで知られる作家芥川龍之介の詫び状を見てみよう。

拝啓　先だっては失礼しました。あなたの原稿が新聞へ出なかった理由は左の通りです。

あなたの原稿を頂戴したという僕の通知が遅れたため、あなたの原稿の方が先へ社へ着いたので社ではそれを菊池へ回送したのだそうです（受け取った男が僕の住所を失念していたので菊池でもよかろうと思ったと言うのだから驚きます）。ところが菊池は旅行中なので原稿は小石川中富坂の彼の家へ届いたまま今日までそこにあったのだそうです。右様の次第につき菊池が帰って来たのでやっとすべてが明らかになりました。近々掲載の運びになるだろうと思います。一時はあなたの原稿が途中紛失したのではないかと思って大分心配しました。つい僕の疎漏からあなたにもいろいろ御迷惑をかけて甚だ恐縮に思っています。以上とりあえず御詫びまで。　頓首

十一月四日朝　　芥川龍之介

岩野英枝様

〔『芥川龍之介全集　第十八巻』〈岩波書店〉　※仮名遣いなどを改めている。

〈導入➡具体的事実➡まとめ〉という構成。事実をきちんと伝えることを主眼にしている。

Return 278ページへ

⑭ 事務通信文

事務的な連絡は、必要要素を誤解なく過不足なく伝えることが生命だ。事務通信文では次の型を基本型として身につけよう。

①日付	年月日を必ず記す。右上。
②宛名（あてな）	役職、フルネーム、殿（様も可）。絶対間違いのないように。左寄せ。
③自分の名	組織として出すときにも必ず責任者（担当者）の個人名を入れる。右寄せ。
④表題	「○○について」の形式でテーマを示す。中央。大きな字で。
⑤用件の種類	「表題」に続いて括弧書きで書く。この要件が「依頼」なのか「お知らせ」なのかといった種類、あるいは緊急度を記す。
⑥前文	時候、日ごろの感謝などの挨拶（あいさつ）に続いて（省略可）、「標題の件について下記のとおり……」と簡単に予告する。
⑦用件	「記」以下に箇条書きにする。具体的に誤解のないよう明快に記す。
⑧結語	「以上」としめくくる。

学習のPoint

●事務通信文の例

①令和○年５月10日

②
文化祭実行委員各位

③装飾係○○○○

④　⑤
第二回装飾係打ち合わせについて（連絡・至急）

⑥
急ではありますが、標記の件について下記のとおり第二回の打ち合わせを行います。関係する係の方はご出席をお願いします。

記 ⑦

１日時　５月１６日（水）15:00〜16:00

２場所　３階第二会議室

３議題　各参加団体のポスターを認めるか。

欠席の場合は、前もって意見をメモに書いて○○まで持って来てください。

（○○先生も出席予定です）

⑧ 以上

●「お父さんに対してのお小遣いの値上げのお願い」の事務通信文を、次の五点の用件で書いてみよう。

1　要求額
2　値上げの時期
3　根拠（三点以上）
4　回答の期限と回答方法
5　値上げ拒否の場合の対応

（前文で相手の立場を思いやる工夫が必要だ。）

⑮ Eメール

Eメールの注意点

一　件名＝具体的に

メールの内容がわかるような具体的な件名にしよう。仲間内のおしゃべりメールなら思わせぶりな件名でもかまわない。しかし、一日に百通以上も扱うような人もいる。その人は件名で緊急度を判断している。「教えてください」ではなく、「合宿について教えてください：至急」「○○君の消息を教えてください：急ぎません」のように具体的に書こう。

二　宛先（あてさき）・署名＝最初のやりとりでは必ず

本文の初めに「○○様」「△△中学の××です」と入れるとよい。Eメールでは、思いがけず別のアドレスに届いてしまうことがあるので、だれからだれに宛てたものかはっきりさせよう。特に初めてやり取りするときは必ずこれを冒頭に持ってこよう。

三　本文＝丁寧な説明から簡潔な表現を

説明不足から誤解が生じることが多い。ディスプレイ上の文字はとかく冷淡に見えやすいので、最大限相手の気持ちを配慮して正確な表現を心掛ける。慣れてきたら読みやすく簡潔な表現に挑戦してみよう。

●デジタル通信の特徴

①スピード

デジタル通信の特徴は何といってもそのスピードだ。顧客からのEメールにどれだけ迅速に返事をしているかで事務処理能力を査定している会社もあるという。携帯電話でメールのやり取りをしている人のなかには、五分返事が返ってこないとイライラする人もいるようだ。スピードがプラスにもマイナスにも働くことを知って利用しよう。

「手紙は朝出せ」と言われる。夜、調子に乗って書いた文章は、後で読み返してみると相手の気持ちを考えず独りよがりで言い過ぎていたと後悔することが多い、朝読み直してから封をして出すべきである、という経験知からの言葉だ。スピードが要求されるメールでも、クリックする前にひと息入れて他人の目で読み直してから送信しよう。

そして、どの程度返事を必要としているか次のように知らせると相手の負担が減る。

「至急返事がほしい」「とりあえず、このメールを見たという返事がほしい」「○○日までに返事がほしい」「返事があれば嬉（うれ）しいがなくてもかまわない」「返事不要」

四　引用＝引用であることを明確に

デジタルデータは複製が簡単で正確だ。他人のデータを自分のものとして再発信できる。だからこそ他人のデータを用いるときはそのことを明らかにしなければならない。ネットでの情報を自分の作文などに用いるときもその出所をはっきりさせるようにすること。

五　マナー＝挑発には絶対乗らない・時間を置く

ネットでのやりとりはいったん誤解が生じるとあっという間に激しく大きくなって多くの人が傷つく結果になりやすい。もらったメールにカチンときたら、しばらく（最低二、三日）冷却期間を置いてから返事を出す。会って話ができる関係ならそれまで待つ。また、掲示板（ＢＢＳ）で挑発的な書き込みがあったら絶対それに乗らず、そこから撤退しよう。

六　受け取り確認のメール

メールは返事が来ないとイライラしやすい。すぐに返事ができないときも、とりあえず「メールを受け取りました」という確認のメールを出そう。また、返事を必要としないメールを出すときは、相手に負担をかけないために、「返事は不要です」と付け加えよう。

◆◆

②発展途上の道具

手紙と違い、新しいデジタル通信は、マナーが確立されていない。会話での表情、電話の肉声のニュアンス、手紙での筆跡や封筒、便箋（びんせん）という、言葉以外の情報がまったくないので、言葉の意味そのものがストレートに伝わってしまう。

「バカ」という言葉を受け取ったらどう感じるだろう？　会話、電話、手紙なら語り手の体温が伝わるから許せる場合があるかもしれない。しかしメールやインターネットの掲示板などでは、受け取った人のなかでの最悪の意味合いとして伝わりがちなのではないだろうか。そして、誤解されても会話のようにすぐに訂正がきかず、悪循環を形成する。

したがって、Ｅメールや掲示板は、事務的な連絡や個人的なおしゃべりには有効だが、議論をするまでには成熟していないようだ。ちょっとした批判があっという間に増幅して傷つけあう事態に至ることが多い。

体温を伝えるために顔文字や合成文字が開発されてきたが、まだ内輪のものであり、手紙や通信文のように正式なものとしては認められていない。成熟した文化になるよう知恵を出し合って工夫していこう。

⑯中学生はSNSとどう向き合うべきなのか

デジタル機器やインターネットが社会、個人に与えた変化は幅広く深い。ここではいわゆるSNSに絞って、中学生がSNSとどう向き合ったらよいのか考えてみたい。

このコラムを読む前にぜひ566ページのあとがき「言葉とは何か」に目を通してもらいたい。「言葉とは何か」に述べられている、言葉がたどった歴史、言葉の本質とSNSの問題は切り離せない。

一 SNSとは

SNSとは、言うまでもないが、LINE、ツイッター、フェイスブックなどを総称したソーシャル・ネットワーキング・サービス（Social Networking Service）の三単語の頭文字である。

しかし、「ソーシャル・ネットワーキング・サービス」は、直訳すれば単に「社会の連絡の仕組みに役立つこと」である。社会があれば連絡の仕組みは必ず存在する。言葉の誕生以前から人類が持っていたものである（ある種の社会的動物も）。そのサービスに対して今さら「どう向き合えばよいのか」もへったくれもないはずだ。

二 文字とSNSの関係

では現在のインターネットによるSNSは何が問題なのか。

二〇一〇年前後から、スマートフォンが広く普及し、それとともに情報交換を目的としたSNSの使われ方も質を変えて広がっている。それは、瞬時に大量に世界中に自分がいる場所を問わず情報を発することができるようになったことである。

「言葉とは何か」の「言葉のうぶごえ」「分身としての言葉」にあるとおり、そもそもの言葉は肉声によって特定の相手にだけ届かせるもので、その瞬間に消えてしまうものだった。霊長類学者の山極寿一（やまぎわじゅいち）先生によると音声によるコミュニケーションの範囲は一五〇人が限度だったという。それが「文字という怪物の登場」によってデジタル化が始まり、今や手のひらサイズの薄っぺらの箱から指先一つで何万人×何万回といった単位で情報が届くようになったのだ（オバマ元米大統領のツイッターは一億人以上のフォロワーがいる）。

文字の誕生以降、広い意味でのSNSが歩んできた「省力」「持続」「複製」「非物質」「広範囲」「大量」「簡便」への方向性は一貫している。甲骨文字からインターネットまで地続きであるこの流れは決して後戻りすることはない。あなたたちが生きている間には今のSNSに代わるさらなる情報伝達メディアも生まれるに違いない（それも広い意味でSNSだが）。

つまり今のSNSの特徴は、情報を短時間に大量に広範囲にそして極めて容易に生み出せることが特徴であるが、それは「文字という怪物の登場」によって予告された宿命だったということなのである。

三 SNSの問題

であれば、「SNSであるがゆえの問題」というのは相対的なことであり、絶対的、本質的な問題ではないということである。文字を用いたコミュニケーション一般の問題の延長上で考えるべきものなのである。

言葉を用いたコミュニケーションの問題として「言葉とは何か」では「すれちがいの連鎖」と「もどかしさの連鎖」を挙げている。そしてこれは言葉の本質において避けがたく生じる「宿命」である。そして文字の延長であるSNSはその連鎖を短時間に大量に広範囲にそして極めて容易に生み出すことが特徴ということになる。したがってそのことを意識して用いる必要がある。

肉声を多くの人に届くように発するのは身体的にも労力を要する。指でキーボードを叩いたり、画面をスワイプしたりするほうがずっと楽である。特定の相手に面と向かって肉声で嘘(うそ)をつくことはそれほど容易なことではない。匿名な存在となって不確かな情報をポチったり悪意に満ちたデジタルの矢を放ったりするのは実にたやすい。また、意図しない誤解や、単なる情報の空白を悪意のある無視だと読解するようなすれ違いも、SNS上ではほぼ無限に発生している。

四「つなぐもの」としてのSNS

一方で「人と人をつなぐもの」としてSNSをとらえるとどうなるか。

いくら大声で叫んでも声が届かない環境に置かれた人や、いくら声を発しても無視されてしまう状況にいる人が、SOSや悲痛な思いを世界に届ける手段になりうる。あるいは、自分だけが手にした有意義な情報や、じっくり思索したうえで到達した哲学を発表する場にもなる。それらを目にした人々が共感し広げれば、よりよい世界に一歩進んだことになる。

五 SNSとの向き合い方

こう見てくると、ありきたりだがSNSは言葉・文字の持つ悪い面も良い面も増幅するツールだというのが結論ということになる。

ダイナマイトしかり、核エネルギーしかり。巨大なパワーを持つツールは、使い方を間違えると非常に危険である。SNSが本格的に広まってまだ一〇年ちょっと。人類はまだまだこのツールをよい面だけにコントロールして使うための思想やノウハウやルールを手にしていない。

誰かに導いてもらうのを待つのではなく、巨大なパワーを持つこのツールのよい面をいかに生かせるのかを、中学生のきみたちも探すことに取り組んでもらいたい。

原稿用紙の使い方

一般的な約束事として、以下の点を守るように気をつけたい。

① 一マスに一字（一符号）が原則である。ただし、アルファベットを用いてつづりを書く場合、また、複数桁(けた)の算用数字を書く場合は、その部分のみ横書きにし（横書きの原稿用紙の場合はそのまま）、一マスに二字（大文字は一マス一字）を当てる。

```
子供は遊びのなかでいろいろなアイデンティ
ティ（identity）を獲得しようとする。まる
で自分が本当に「……としての自分」になり
きってしまったかのように——。二十一世紀
```

一 題名・氏名

② 題名は一枚目の二行目に、上から三字分程度あけて書く。副題をつけるときは、その次の行に、題名より少し下げて書く。

③ 氏名は、題名の次の行に、下を一～二字分あけて書く。必要に応じて、学校名・クラス名・番号などを氏名の上につける。

二 書き出し・改行

④ 本文は、氏名から一行あけて書き始める（氏名の次の行から書くこともある）。

⑤ 書き出し、および段落の初め（行を改めたとき）は、最初の一字分をあける。

⑥ 章・節・小見出しなどを入れるときは、一、二行分取って、行間に書く。その際は、上から二、三字分下げて書く。

三 句読点・記号

⑦ 、。（句読点）、「」（カギカッコ）『』（二重カギカッコ）（）（カッコ）〈〉（ヤマガタカッコ）、？（疑問符）、！（感嘆符）などはそれぞれ一字分使う。

⑧ 会話の最後などで、句点と」が用いられるときは、［。」］の形で、一マスに入れてもよい。［。』］や［。）］も同様に扱う。

⑨ ——や……は二字分使う。

⑩ 句読点および括弧の閉じが行の冒頭にくる場合は前行の最後のマスに文字と一緒に入れる。

⑪ 括弧の頭が行の最後にくる場合は、その一マスをあけておいて、次の行の冒頭に書く（⑩⑪はワープロソフトの場合、自動的に処理されることが多い）。

```
　現代社会における多種多様な問題について、
各自がそれぞれの見解を持つことが望ましい。
　ここでは、実態に即して一つ一つの事柄を
```

四 会話・引用

⑫ 会話は、原則として「」でくくり、行を改める。そのときは最初の一字分は下げなくてもよい。

⑬ 短い会話を「と」で受けるときは改行せずに続ける。会話が二行以上になって「と」で受けるときは改行して一番上のマスから書く。

⑭ 引用は、短いときは、「」でくくって示す。詩歌や長文を引用するときは、行を改めて、引用文全体を二字分ほど下げて書くのがよい。

▼現代編

第5章　話し方のテクニックを知る

コミュニケーションの基本である話し方について考えます。ディベートや会議の基本も学習しましょう。話すためのベースとなる発声・滑舌のトレーニング方法も紹介しています。

① わかりやすく話すコツ ― ロジカルに話す

話を聞くことと書かれた文章を読むことのいちばんの大きな違いは、

一度きりで消えてしまう

ということだ。

このことから、大事なことを口頭で伝えるときには次のことに気をつける必要がある。

- **頭に残るように話す**
- **論理の組み立てがわかるように話す**
- **ひきつけるように話す**

このためのコツを次に挙げる。

コツ① 結論を先に言う

何が言いたいのかわからない発言は、聞いていて落ち着かない。目的地のわからないバスに乗せられているようなものだ。結論がわかっていれば、その後の説明もその結論に向かうことをわかって聞くことになるので、聞きながら頭のなかで論理を組み立てやすい。

コツ② 結論をほのめかす

Return 114・280ページへ

相手の発言に対し、否定的な結論を言うのはつらい。しかし否定だからこそ、はっきり相手に伝わるように言わなければならない。一言めに次の言葉を使うと結論を先に言うのと同じ効果が出る。

●公的発言（パブリック・スピーキング）

ここでの「話すこと」は、友達や家族とのおしゃべりではなく、公（おおやけ）の場面で話すときのことを想定している。たとえば、大勢の人を相手に話すとき（校内放送や生徒総会）、改まった場面で話すとき（面接、病院で受診するとき）、初対面の人と話すとき（道を尋ねられたとき、家族の知人からの電話の応対）などである。

●ロジカル

ロジカル（logical）とは「論理的」という意味だが、ただ単に論理に矛盾がないことだけではなく、頭にすっきり入る道筋になっていることをも含む言葉である。

練習1

次の発言を、先に結論を述べる形に直そう。

「今日は、天気予報だと雨の確率が三〇％だけど、最近天気が変わりやすくて予報も当てにならないから、傘を持っていったほうがいいよ。」

解答例

「今日は傘を持っていったほうがいいよ。天気予報だと雨の確率が三〇％だけど、最近天気が変わりやすくて予報も当て

あいにく　残念ながら　お言葉ですが

コツ③ 接続の言葉を使う

結論に引き続いて説明を加える。その際、接続の言葉でなんのための説明かが明らかにされると聞きやすくなる。次のような接続の言葉を頭に入れておいて意識して使ってみよう。

というのは＝理由…結論を先に述べた後、理由を続ける言葉。「なぜなら〜だからです。」という言い方は大げさにするときに便利。

たとえば＝例示…具体例が挙がると飛躍的に理解しやすくなる。「たとえば」と、とりあえず言ってから例を考えてもよい。

したがって＝帰結…もう一度結論が繰り返されることを意識させる。「つまり」「要するに」

ちなみに＝補足…主要な話が終わり、つけ加えであることがはっきりする。

ただし＝例外…今までの説明の趣旨と違うケースがあることが認識できる。

Return 64・238ページへ

コツ④ いくつのことを話すか先に言う

いつまで続くのかわからない話を聞かされるのはつらい。話が三分を超えるときは、話題の数もしくは何分話すのかをあらかじめ示そう。聞く側に心の準備ができる。

にならないから。」

練習2 次の発言を、「というのは」を用いてわかりやすく直そう。

「明日は、もうほとんど大丈夫なんですけど、半年前に怪我した左足の、二か月に一度の手術の術後の検査で、病院に行くので二時間ほど遅刻します。」

解答例 「明日は二時間ほど遅刻します。というのは、検査で病院に行くためで、もうほとんど大丈夫なんですけど、半年前に怪我して手術した左足の、二か月に一度の術後の検査なんです。」

練習3 練習試合の申し込みがあったが、その日は別の予定が入っていて断るときの言葉を考えてみよう。

解答例 「あいにくその日は別の予定が入っており、残念ながら都合がつきません。またいつか別の日にぜひお願いします。」

② わかりやすく話すコツ ― 相手の立場に立つ

話し言葉はその場で聞いてもらうしかないので、ひきつけるための工夫が必要となる。

抽象的なわかりにくい説明が続くと、聞き手はうんざりしてくる。聞き手が聞いていてすっきりする話し方を身につけよう。

コツ① 具体的に話す

聞き手にイメージが目に浮かぶように説明する。書くとき以上に話す順番（全体➡部分、重要➡些細（ささい））に気をつける。加えて、耳で聞いてわかりやすい言葉を選ぶようにしよう。

コツ② たとえ話で話す

仏陀（ブッダ）もキリストも説教をするときに、多くのたとえ話を用いている。難しいことを、相手がよく知っている事柄に置き換えて説明する技法は有効だ。ただし、効果的なだけに表面的にしかわかっていないのにわかった気になってしまう危険性があることも知っておこう。

コツ③ 言い換える

同じ内容でも表現を変えて繰り返して説明することで理解が定着することがある。特に聞き手が知らない言葉かもしれないと感じたら、すかさず言い換えよう。

●落語の工夫

落語は、どれだけ目に見えるように話せるかが勝負の芸である。身振り手振り、声色（こわいろ）もさることながら、言葉による描写にも大勢の人がすっきりわかる工夫をしている。

「代書」という落語の例を見てみよう。「留（とめ）」という能天気な男が自分では履歴書が書けず、代書屋に書いてもらっている場面。出身小学校を聞かれての答え。

> 留　「うちの近所の小学校です。校門のところに大きな桜の木がビャッピャーッ…とちょうど五本ありまして、そうらまあ、花見時分になりますと、パッパッ…と、ところが三日見ぬ間の桜かな、これがこう散るでしょう。そうするというと、女子（おなご）のお子やなんか、女子の子、針と糸と持ってきて、この花びら一枚ずつこう丹念に拾うては通して、まあるいもんこしらえて、『留ちゃん、きれいやろ、あんたらやーれへんわい、ア～ホ～』ちゅうて。そういうような学校でした」
>
> 代書屋「本籍地内小学校卒…」

（『枝雀（しじゃく）落語大全 第一集 寝床／代書』発売元 EMIミュージックジャパン）

雰囲気まで目に浮かぶ見事な描写だ。ただし、残念ながらこれでは履歴書に書けない。

話す内容だけでなく、話し方で聞き手に配慮することも大切な要素になる。

コツ④ 敬語

言葉遣いは、服装と同じで、改まった場面では改まったスタイルが望ましい。ここでは、「自分の身内について述べるときは尊敬語を使わない」ということを覚えておこう。

Return 116ページへ

コツ⑤ 態度・発声

人は、言葉の内容と共に態度や言い方から多くのメッセージを得ている。

苦手な人が多いが、聞き手の顔を見て話すようにしよう。聞き手の表情から、聞き手が納得しているのか疑問を感じているのかが感じ取れる。

また、日本語は文末で内容がひっくり返りうる構造の言語なので、語尾をはっきり発音するように気をつけよう。

Return 143ページへ

これらの「わかりやすい話し方」をまとめると、

聞き手の立場に立って話す

ということになる。

特に聞き手の「?」に反応すること。聞き手の「なぜ?」「例えば?」「何のこと?」を感じよう。自分のなかにもう一人の聞き手がいて自分の話をチェックできていればベストだ。

練習1

「○○としての務めを果たす」というときの「務め」を違う言葉で言い換えてみよう。

解答例

・役目　・任　・任務　・職務　・責務
・義務　・大任　・重任　・職分　・職掌
・使命　・ミッション

※言い換えのパターンとして、専門用語、日常語、和語、漢語、外来語などがある。

練習2

「お父さんいらっしゃいますか?」と電話がかかってきたときの次の言葉を適切な表現に直そう。

「お父さんは札幌（さっぽろ）に長く出張に行っていてずっとうちにいらっしゃいません。」

解答例

「あいにく父はしばらくうちを空けております。と申しますのは、札幌に長期の出張に行っているものでして。」

③スピーチ

聴衆の前で話す「スピーチ」には、式典や会合での挨拶、演説、発表（プレゼンテーション）などがある。

中学生でもスピーチの機会は意外と多い。授業での発表や三分間スピーチ、面接での自己PR、HRでの意見表明、生徒会、行事での挨拶など。

人前で話すのはだれにとってもなかなか難しいもの。その場に集った人々が共有する時間を有益なものにするための準備を心掛けたい。

コツ① 原稿を書く

前もってわかっているスピーチは必ず原稿を書くようにする。いきなり発言が求められたときも、その場で簡単にメモを取るか、頭のなかである程度まとめてから話すようにしよう。まとまらないときは、断るか後に回してもらうとよい。

1 テーマを絞る

思いついたことをだらだらと話すのを聞かされるのはつらい。与えられた時間に合わせて話すことを絞る。時間が決められているときは、必ずそれを守れる字数にする（一分あたり三〇〇〜四〇〇字）。

2 具体的に書く

必ず具体的なエピソードを入れるようにすること。

270ページへ

●マザー・テレサのスピーチ

一九八二年に行われた「生命の尊厳を考える国際会議」特別講演会でのスピーチ。

> この世の中で、私たちがたんなる数ではないと思うことは、すばらしいことです。私たちは神ご自身の子どもです。インド、日本、アメリカ、ヨーロッパに住む人も、そして世界のどの地域に住む人びとも、みな、私の兄弟、私の姉妹なのです。あのとてもさみしそうな人、とても貧しい人、とてもかわいそうな人、そしてとても偉い人も、私の姉妹、私の兄弟です。……神はどこにおられるのでしょう。神はすぐそこにおられます。どこ？ 貧しい人びとのなかに、私の家族の母、兄、妹、夫や妻のなかに。そこにいらっしゃるのです。
>
> （マザー・テレサ『生命あるすべてのものに』〈講談社現代新書〉）

マザー・テレサのスピーチの魅力は、ことばの美しさ、簡潔さ、響き、力強さにあると言われている。そしてまた、話す際の彼女のほほえみが、聴衆の心を魅了しているのだ。

スピーチは、原稿のすばらしさだけでなく、話し方や表情も人をひきつける重要なポイントとなることがわかるだろう。

3 ひきつける工夫をする

聴衆を飽きさせないための工夫もしてみたい。ただし、厳粛な場面でのスピーチや聴衆の雰囲気によってはかえって逆効果になることもあるので注意を要する。

遠い話題から入る…わざと関係なさそうな話題から入ってつなげる。

ジョークを入れる…他人をおとしめるジョークは禁物。上品な言葉遊び、自分を笑うエピソード（自虐的にならないよう注意）などが適当。

コツ② 練習する

人前で話すことは、相当慣れた人にとってもかなり緊張する。「まあ、その場でどうにかなるだろう」と甘く考えることは禁物。メモを見ながら話す場合でも必ず何回か練習しておこう。家族や友人に聞いてもらうとよい。

その際、臨場感をもって話すようにしよう。具体的な描写の箇所をその場にいるように話してみよう。態度・身振りも重要だ。

また、有名な演説に、一九六三年に行われたキング牧師の演説がある。この演説を録音したものはウェブサイトで聞くことができるので、一度聞いてみてもよいだろう。

練習

「自分はこんな人間である」という趣旨の自己紹介を三十秒以内でする際の原稿を書いてみよう。

〔書く手順　報告型〕

①まとめのキーワードを考える。

②その適切な具体例（エピソード）を考える。

③二〇〇字以内にまとめる。導入三〇字、具体例一四〇字、まとめ三〇字を目安にする。

Return 280ページへ

解答例

私は意地っ張りだと言われます。一度始めたことをやめられません。今年の目標として元日に決めた「一週間に一冊必ず本を読む」ということも、欠かさず続けています。熱が出たときや、テスト前など、母は「こんなときぐらいやめなさい。来週二冊読めばいいでしょ。」と言いますが、私は絶対やめたくないので無理をしてでも読んでしまいます。私は自分のことをよく言えば意志が強い、悪く言えば強情な人間だと思います。

解説

だれにでも長所も欠点もある。また、見方によってはどちらとも言える特性を持っていることも多い。どちらか一方に偏らないキーワードで自分を分析できると説得力が出る。

④ 会議

■会議のきまり

会議を開いて物事を決めようとしても、すっきりしない終わり方をすることがある。会議の進め方が定まっていないことが原因であることが多い。

次に挙げたのは、19世紀にアメリカの軍人ヘンリー・ロバートが作った議事規則の一部である。この「ロバート議事規則」が現在世界でもっとも標準的かつ権威のある会議の進め方であるとされている。皆で話し合って物事を決めていく原則として知っておこう。

- 議長が審議を進める権利を持つ。
- 会議成立の出席者の数（定足数）を定める。一般的には過半数である。
- 出席者の過半数によって決議される。
- 提出された議案に対し、一人以上の賛同者がいた場合、議案として審議しなければならない。少数意見を尊重するためである。
- 沈黙は同意を意味する。
- 議案が一度採択されたなら、同じ会合で二度審議されない。
- 個人攻撃は禁止される。発言者と発言は切り離して尊重される。

●会議の進め方の実際（❶〜⓫とⒶⒷⒸは上段に対応）

議長　❶これから、ホームルームを始めます。❷❸欠席者は○○君です。❹時間は××時までです。❺今日の議題は、学校祭のクラスの出し物の決定です。それでは学校祭実行委員の△△さん、委員の原案を説明してください。

△△　❻はい。クラスの実行委員三名で話し合い、このクラスの出し物は、映画を作って上映するということにしたいと考えました。細かい内容は昨日配布した資料をごらんください。

議長　❼原案に対し、何か質問はありませんか。Ⓐはい、◆◆さん。

◆◆　Ⓐはい。資料には夏休みに撮影すると書いてありますが、遠い所に旅行に行ったりする人は参加できないことになりませんか？

議長　△△さん。

△△　はい。そういう人は、できるだけその前の段階の脚本とか衣装作りとかの係になってもらえたらと考えています。

中略

一般的な会議の流れ

❶開会宣言
❷出席者の確認
❸定足数の確認
❹閉会時間の確認
❺議題の確認
❻原案説明…議案は、「どうしますか」という問いかけではなく、なんらかの提案の形にして提出してもらう。
❼質疑応答…原案への質問とそれに対する提出者の答え。意見に踏み込まないようにする。
❽討議…意見の交換をする。反対意見がない場合は原案で可決する。
❾採決動議…採決するかの採決を行う（「反対はいませんか」の形でよい）。
❿採決…拍手、挙手、起立、記名投票、無記名投票などがある。
⓫決定事項の確認
⓬次回会議の確認
⓭閉会宣言
⓮議事録の作成

会議での発言のしかた

Ⓐ必ず議長に指名されてから発言する。
Ⓑ意見は〔結論➡理由〕の順で述べる。
Ⓒ発言の趣旨がわかりにくいときは、議長が要約して復唱し、発言者に確認する。

298ページへ

議長 ❽それでは、討議に移ります。意見をお願いします。◆◆さん。
◆◆ はい。やはり夏休みは旅行や部活や遊びとかで忙しいので、映画ではなくて、合唱とかがいいと思います。
議長 今の◆◆さんの発言は、出し物を合唱にするという修正案ですか？
◆◆ 修正案っていうほどではないんですが。
議長 Ⓒそれでは、夏休みは用事のある人が多いので原案に反対、ということですね。他に意見はありませんか？　□□くん。
□□ Ⓑぼくは原案に賛成です。自分たちで何かを表現する機会は貴重だし、映画作りはいろいろな人が個性を発揮する場がたくさんあると思うからです。
議長 ❾それでは、だいぶ意見も出ましたし、時間も迫ってきたので採決したいと思いますが、反対の人はいませんか。❿それでは採決します。原案に賛成・反対・保留の順で挙手をお願いします。賛成の人……。反対の人……。保留の人……。⓫賛成24、反対12、保留3でしたので原案が可決されました。

⑤ディベート

ディベート（debate）とは本来広い意味での討論のことである。しかし、日本の学校において「ディベート」というときは、ある主題について肯定と否定の二チームに分かれて一定のルールに従って議論を戦わせ勝敗を争う競技ディベートのことを指すことが多い。ここではその進行のしかたとルールを学ぼう。

■ディベートのきまり

ディベートで決めておく必要があるのは、各チームの人数、進行方法、発言の制限時間、および進行・行事役の司会者、計時係、審判である。

参加者は司会者の指示に従い、次のルールを守らなければならない。

- **制限時間を守る（時間オーバーは打ち切り）。**
- **個人の中傷、私的な発言をしてはいけない。**
- **司会者の指示を受けてから発言する。**
- **ディベートの進行のなかの位置づけに沿った発言をする。**

学習のPOINT

●ディベートの進行例

開会

司会者による主題の提示

肯定側	否定側
立論6分	
	質疑準備1分
	質疑3分
	立論準備1分
	立論6分
質疑準備1分	
質疑3分	
	反駁準備1分
	第一反駁4分
反駁準備1分	
第一反駁4分	
	反駁準備1分
	第二反駁4分
反駁準備1分	
第二反駁4分	

審判の講評・判定

閉会

一般的なディベートの進め方

❶立論＝主題に対しての主張と論拠

Ａ一般に肯定側は主題のメリットの重要性を、否定側はデメリットの深刻性を、それぞれ論拠を示して自説の優位を訴える。

Ｂその際、メリット（デメリット）が何点あるかを初めに提示する。

Ｃ論拠は証拠資料がある場合はそれを示す。

❷質疑応答＝相手の立論に対する質問と答え

Ａ相手の立論の内容を確認する。

Ｂ自分の意見を述べない。あくまで質問にとどめる。

Ｃ短くはっきり答えられる質問にする。

❸反駁＝相手の立論への反論

Ａ論拠が誤っていることを指摘する。

Ｂ論拠から主張への論理に矛盾や飛躍があることを指摘する。

❹審判＝メリットとデメリットの優劣の判定

審判は次の要領で勝敗を決める。

Ａ個々の論点についての議論のどちらに説得力があったか判定する。

Ｂ個々の論点が成立するか否かを判定する。

Ｃ個々の論点の重要度を判定する。

Ｄメリットとデメリットが全体としてどちらが勝っていたか判定する。

勝敗が決した後は、将棋などと同じ知的ゲームとしてとらえ、勝敗を個人的な感情にひきずらないようにしよう。

練習1

「制服の廃止」について肯定側、否定側それぞれの立論を三点ずつ挙げよう。

解答例

肯定側

1ファッションの感覚が磨かれる。

2自分に合った服装が選べる。

3制服を着崩すようなルール違反がなくなり先生の負担が減る。

否定側

1洋服にかける費用が増える。

2派手な服装の生徒が現れて風紀が乱れ、かえって先生の負担が増える。

3学校とそれ以外の時間のけじめがつかなくなる。

練習2

それぞれに対する反論を考えよう。

解答例

肯定側に対する反論

1かえって無頓着になる生徒が増える。

2流行や周囲を気にするようになるだけである。

3否定側立論2と同じ。

否定側に対する反論

1費用をかけたくない人は制服を着続ければよい。

2服装のルールがなくなれば後は家庭の問題なので先生が口を出す必要はなくなる。

3場所が変われば気持ちも変わる。

⑥議論をかみ合わせるコツ

訴えたいことがあって、一生懸命発言しているのに、なんとなくはぐらかされたり議論がかみ合わなかったりして悔しい思いをしたことがだれにでもあるのではないだろうか。

次に挙げるのは、よくある議論の混乱のケースである。それぞれその対処法を示した。

コツ① 論点のズレの対処法

ある点について議論をしているのに、違う論点を持ち出してきて混乱するケース。

部活動の帰宅時間が遅いという件について話しているときに、成績が下がっていることを持ち出されるような場合だ。完全に関連がないわけではないし、こちらに弱みがあると反論しにくくなってしまう。そういうときは、

「そのお話は後で十分うかがいますから、今はこのことについて話をしてください。」

と言おう。

コツ② 議論の次元のズレの対処法

①の一種だが、議論の一つ上の次元に話を持っていくことで混乱するケース。「そもそも」という言葉がそのサイン。

もっと冷房の温度を下げるかそのままにするかという議論をしているときに「そもそも冷房なんてつけるから温暖化が進むんだ。冷

練習 1

死刑制度は是か非かという議論についての次の発言に対し、どう対応すべきか。

「死刑よりも無期懲役の方が長いこと囚人を苦しめるので非人道的である。死刑はそれよりはましだ。」

解答例

今は、死刑制度の是非を議論しているので、無期懲役が非人道的か否(いな)かの議論は論点が違う。

練習 2

席替えをするべきかどうかの議論をしているときに次のような発言があった。どう対応すべきか。

「席なんてどこでも一緒なんだからこんなこと話しても意味ないよ。」

解答例

それは席替えに意味があるかないか、という一つ上の次元の話なので、席替えをするかどうかの議論をすることは決まっていることなのだから、反対なら反対という意見を理由をつけて論じてもらう。

房なんか切っていい。」というような場合。そういうときの対処法は、**「それを言い出すと議論にならなくなるので、まずはこの件について決着してから、『そもそも』の話をしませんか。」**

コツ③ 決着のつかない議論の対処法

どっちのラーメンがおいしいか、どっちの映画が面白いかのように主観に関する議論は、それ自体興味深くはあっても結論が出る議論にはならない。客観性のある議論（どちらの店の客が多いか）に変えるか、定義についての議論に次元を上げる必要がある。

「二人にとっての『おいしさ』が違うようですね。それじゃあ、結論が出るかどうかわかりませんが、『おいしさとは何か』についての議論にしませんか。」

コツ④ 抽象的な議論の対処法

具体的な件について議論をしているのに、精神論や一般論で終わらせようとするケース。

「『一人一人の心がけが大切だ』とおっしゃいますが、それができないのでこの議論になっているので、具体的に提案してください。」

練習3

「野球とサッカーのどちらが面白いか」という議論が平行線で決着がつかず険悪な雰囲気になってきた。どう対応すべきか。

解答例

まずスポーツの面白さは人によって違うということを認め合う。そのうえで、スポーツの面白さはどこにあるかを考え合うことを提案する。そして野球とサッカーのそれぞれの魅力をまとめる。

練習4

「掃除当番をサボる人が多いのでどう改善したらよいか」という話し合いをしているときに、次のような意見が出た。どう対応すべきか。

「一人一人が**中学生としての自覚をもって生活をすればいいと思います。**」

解答例

今議論しているのは、どう改善するかという具体的な話である。実際に迷惑をかけられている人がいるのだから、精神論で片付けるのはおかしい。具体的に提案してもらう。

⑦日本語を肉声で届ける

自分の肉声で他人に思いを届ける。これが言葉の原点だ（566ページのあとがき「言葉とは何か」を参照されたい）。

ここでは肉声で他人に思いを届ける練習をする。内輪でのおしゃべりは好きだけれど、公の場でスピーチしたり、改まった場で大事なことを話したりすることに自信がない中学生はたくさんいるはずだ。そういう中学生のために、他人に届くように話すための技術的なアドバイスとヒントを伝授する。

ただし、実際に技術を習得するにはけっこうな時間がかかることを覚悟してもらいたい。発声方法、滑舌の鍛え方、相手に届く朗読というステップで一つ一つスキルを得ていく。とにかく実践あるのみだ。

一 発音

最初の段階として日本語の発音のしくみを知ろう。発音の達人だった二人の歌手の日本語を伝えるための工夫を聴き、自分の発音に生かそう。

①母音

日本語は一音一音が母音a・i・u・e・oで終わる（開音節）。聞き取りやすく発音するためには、母音をはっきり発音する必要がある。母音をはっきり発音するためには、母音に応じて口をしっかり開けることが肝要である。特にaとoを。口をしっかり開けないと「佐々木君が映画の役者をやった」が「鈴木君が英語の役所に寄った」に聞こえかねない。

母音名人といえば往年の歌手・美空（みそら）ひばり（一九三七～一九八九）が挙げられる。彼女の歌は言葉の意味が心に直接届くと言われる。どのように母音を発音しているか確認してみよう。

動画サイトなどで、遺作『川の流れのように』のサビの部分を聴いてもらいたい。「あ～あ～～、かぁわぁのぉなぁがぁれぇのぉ、よぉぉおにぃい」と徹底的に母音を響かせて歌っている。一音一音を実に丁寧に発音しているのがわかるはずだ。日本語が母音の言語であることが実感できる。実際に発音のトレーニングとして、言葉の一音一音にその母音をくっつけて発音したり（かアわアのオなアがアれエのオよオオにイ）、母音だけで発音したり（ああおああえおおおい）という手法がある。

▲美空ひばり
写真提供　朝日新聞社 ゲッティ　イメージズ

次に母音「あa」に絞ってもう一度注意深く聴いてみよう。同じ「あa」でも最初の「あ～」の「a」と「川ka・wa」「流れna・ga・re」の「a」とに違いがあることがわかるだろう。前者の「a」はぐっと明るい。発音記号で言うと「a」と「ɑ」の違いに近い差がある。「川の流れ」の「a」を明るく発音することによって、川の明るさや流れの穏やかさが伝わってくる。同様の工夫は他の母音でも発見、いや発聴できる。また、『真赤（まっか）な太陽』や『お祭りマンボ』など別の曲でも工夫を確認してみよう。

日本語の母音は、英語や朝鮮語、中国語などに比べてその数が少ない。しかし美空ひばりの歌を聴いていると、表記上は五つでもそのなかで母音の音色を無限に使い分けられることがわかる。

②子音

それでは母音だけを響かせればはっきり聞き取れるのだろうか？ もちろんそうではない。子音をはっきり発音しないことによる聞き間違いも多い。「七時に大阪駅で加藤さんと会う」が「一時に大塚駅で佐藤さんと会う」に聞こえては笑い話ですまない。

子音名人としては、忌野清志郎（一九五一～二〇〇九）を挙げたい。忌野はロックに乗りにくいと言われる日本語の歌詞を、自然な日本語のままリズムに乗せたことで知られる。

▲忌野清志郎
写真提供　有限会社ベイビィズ

忌野が率いたバンド「RCサクセション」のバラードの代表曲『スローバラード』や『多摩蘭坂』とエイトビートの激しい曲『ドカドカうるさいR&Rバンド』や『ボスしけてるぜ』を聴き比べてみよう。ゆっくりとしたテンポのバラードでは柔らかい子音（m・y・rなど）と伸びる母音を組み合わせて甘く切ない余情を歌い上げたり、後述する「母音の無声化」を使って焦れったさを表現したりするのに対し、エイトビートのロックでは、s・k・g・t・b・zなどの硬い子音に促音（っ）や撥音（ん）を組み合わせてテンポよくリズムを刻む。子音の柔らかさと硬さを意識して歌詞を作り、発音していることがわかるだろう。日本語の子音の美しさ、強さが聞こえてくるはずだ。

二人の歌を聴くと、日本語には母音の美しさと子音の美しさの両方あることがわかる。その技術は、多くの人にこの歌を「届けたい」という強い思いがまずあって磨かれていったのだろう。朗読、スピーチなどの際にも「届けたい」という思いを大事にしつつ、よりよい発音を心がけてみよう。

また、聞きやすい発音をしている人の母音、子音などにも意識を向けてみよう。歌手、俳優、声優、アナウンサー、落語家などでお気に入りの人がいたら、その発音の仕方を真似しよう。

③母音の無声化

母音i・uが無声子音k・s・t・h・pに挟まれたときや、文の最後に来たときに、母音i・uの声帯の振動がなくなりやすくなることを「母音の無声化」と言う。例えば「きく」「くさ」「した」「すき」「つき」などの単語の一音目あるいは文末の「～です」「～ます」は無声化しやすい（条件によっては必ず無声化するわけではない）。

無声化した音はその子音を強く発しないと聞こえにくくなるので注意が必要である。ただし、強く発声することによって有声化してしまう（「～ですぅ」のように）と幼稚に聞こえてしまうので注意しよう。声帯は震わさずに子音の後も息を吐くことを意識するといい。「～です」では「des～」のような感じだ。子音で終わる英単語の発音をイメージしよう。

先述した忌野の『多摩蘭坂』では「お月様のぞいてる」「キスしておくれよ」など連続した無声化（ツキさ、キスンて）によって耳元で囁いているような効果を出している。

④発音トレーニング

詩人の北原白秋が日本語の母音と子音の発音の練習のために子供向けに作った『五十音』という詩がある。四・四・五音のリズムに乗って①〜③を意識して音読してみよう。

五十音　**北原白秋**

水馬赤いな。ア、イ、ウ、エ、オ。
浮藻に子蝦もおよいでる。

柿の木、栗の木。カ、キ、ク、ケ、コ。
啄木鳥こつこつ、枯れけやき。

大角豆に醋をかけ、サ、シ、ス、セ、ソ。
その魚浅瀬で刺しました。

立ちましょ、喇叭で、タ、チ、ツ、テ、ト。
トテトテタッタと飛び立った。

蛞蝓のろのろ、ナ、ニ、ヌ、ネ、ノ。
納戸にぬめって、なにねばる。

鳩ぽっぽ、ほろほろ、ハ、ヒ、フ、ヘ、ホ。
日向のお部屋にゃ笛を吹く。

蝸牛、螺旋巻、マ、ミ、ム、メ、モ。
梅の実落ちても見もしまい。

焼栗、ゆで栗。ヤ、イ、ユ、エ、ヨ。
山田に灯のつく宵の家。

雷鳥は寒かろ、ラ、リ、ル、レ、ロ。
蓮花が咲いたら、瑠璃の鳥。

わい、わい、わっしょい。ワ、ヰ、ウ、ヱ、ヲ。
植木屋、井戸換え、お祭りだ。

（「ヰ」「ヱ」「ゐ」「ゑ」については、378ページ「歴史的仮名遣い」を参照のこと）

二　発声

①発声のための五つのコツ

次によい声を発するための身体の使い方のコツを習得しよう。発声がよくない人は、表情筋をはじめとする身体の動きが硬く小さいことが多い。次の五つを意識して身体を使ってみよう。最初は力が入りすぎて疲れるが、慣れてくると力を入れずに声が出るようになる。

顔……読む前に顔の緊張を取るウォーミングアップをする。口と目を目いっぱい開き舌を思い切り下に伸ばして十秒、目と口を閉じ、顔全体を鼻の方に集めるようにしわくちゃにして十秒を三回繰り返す。口角を上げて明るい表情を作って読み始める。

姿勢……身体がぐらぐらしないよう体幹を保ち、腹に力を入れる。両足をやや開いて立ち踏ん張る。東京タワーになったイメージで読む。

喉……口と喉を開いて、母音を前に出す。喉を絞らない。

呼吸……息を、ばんっと大きく吸って一行（もしくは二行）ごとに使い切る。躊躇なく子音を大きく前に出す。

口……口がスムーズに回転しない人は滑舌棒を使って負荷をかける。横にした割り箸を奥歯でくわえ、ほっぺたの方に押し付けた状態で読む。短時間で効果がある。

あ（a）	い（i）	う（u）	え（e）	お（o）
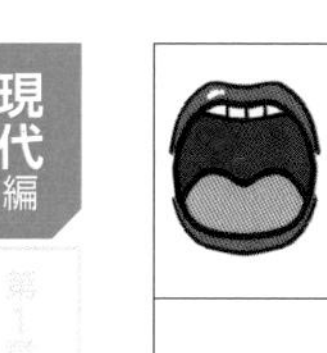 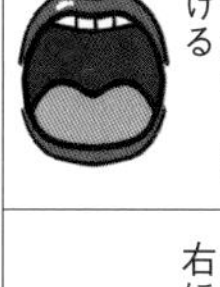	 	  	 	
あくびをするように口を大きく開ける	上下の歯をつけて、口の両端を左右に引く	口をすぼめて丸くする	「い」の口の両端をさらに引いて口を開く	「あ」の口をすぼめながら唇で円を描く

② 発声トレーニング

前記の身体の使い方を意識して北原白秋「五十音」を大きな声で読むことで、自分の発声を鍛えよう。

さらに発声を鍛える上級トレーニングとしては、歌舞伎の「外郎売」という演目のなかの、言い立てと呼ばれる早口言葉の連続のような台詞が有名である。アナウンサーや声優の発声の訓練に多く用いられている。白秋の「五十音」で自信がついたら「外郎売」にチャレンジしてみよう。

外郎売

拙者親方と申すは、お立ち合いの内に御存知のお方もござりましょうが、お江戸を発って二十里上方、相州小田原、一色町をお過ぎなされて、青物町を登りへお出でなさるれば、欄干橋虎屋藤右衛門、只今剃髪致して、円斎と名乗りまする。元朝より大晦日まで、御手に入れまする此の薬は、昔、ちんの国の唐人、外郎という人、わが朝へ来り、帝へ参内の折から、此の薬を深く籠め置き、用ゆる時は一粒ずつ、冠の隙間より取り出だす。依って其の名を帝より、透頂香と賜る。即ち文字には、頂、透く、香と書きて、とうちんこうと申す。只今は此の薬、殊の外世上に弘まり、方々に似看板を出し、イヤ小田原の、灰俵の、さん俵の、炭俵のと、色々に申せども、平仮名を以ってういろうと致したは、親方円斎ばかり。若しやお立合いの内に、熱海か塔の沢へ湯治にお出なさるるか、又は伊勢御参宮の折からは、必ず門違いなされまするな。お登りならば右の方、お下

りなれば左側、八方が八棟、表が三つ棟玉堂造、破風には菊に桐の薹の御紋を御赦免あって、系図正しき薬で御座る。イヤ最前より家名の自慢ばかり申しても、御存知ない方には、正身の胡椒の丸呑み、白川夜船。さらば一粒食べかけて、その気味合いをお目に懸けましょう。先ず此の薬を、かように一粒舌の上へ乗せまして、腹内へ納めまするとイヤどうもいえぬは、胃肝肺肝が健やかに成って、薫風咽より来り、口中微涼を生ずるが如し。魚、鳥、木の子、麺類の食い合わせ、其の外、万病速効あること神の如し。扨て、此の薬、第一の奇妙には、舌の廻ることが銭独楽が裸足で逃げる。ひょっと舌が廻り出すと、矢も楯も堪らぬじゃ。そりゃそりゃそりゃ、そりゃそりゃ、廻って来たわ、廻って来るわ。アワヤ咽、サタラナ舌に、カ牙サ歯音。ハマの二つは唇の軽重開口爽やかに、あかさたな、はまやらわ。おこそとの、ほもよろを。一つへぎへぎに、へぎほし、はじかみ。盆豆、盆米、盆牛蒡。摘蓼、摘豆、摘山椒。書写山の社僧正。小米の生噛、小米の生噛、こん小米のこ生噛。繻子緋繻子、繻子繻珍。親も嘉兵衛、子も嘉兵衛、親嘉兵衛子嘉兵衛、子嘉兵衛親嘉兵衛。古栗の木の古切口。雨合羽か番合羽か。貴様の脚絆も皮脚絆、我等が脚絆も皮脚絆。尻皮袴しっ綻びを、三針針長にちょと縫うて、縫うてちょとぶん出せ。河原撫子野石竹。野良如来野良如来、三野良如来に六野良如来。一寸のお小仏に蹴躓きゃるな。細溝に泥鰌にょろり。京の生鱈、奈良、生学鰹、ちょと四五貫目。お茶立ちょ、茶立ちょ、ちゃっと立ちょ、茶立ちょ。青竹茶筅でお茶ちゃと立ちゃ。来るわ来るわ何が来る、高野の山のおこけら小僧、狸百疋、箸百膳、天目百

杯、棒八百本。武具馬具、武具馬具、三武具馬具、合わせて武具馬具六武具馬具。菊栗、菊栗、三菊栗、合わせて菊栗六菊栗。麦ごみ、麦ごみ、三麦ごみ、合わせて麦ごみ六麦ごみ。あの長押の長薙刀は、誰が長薙刀ぞ。向うの胡麻殻は荏の胡麻殻か真胡麻殻か、あれこそ本の真胡麻殻。がらぴいがらぴい風車。おきゃがれ小法師、おきゃがれ小法師。昨夜もこぼして、又こぼした。たあぷぽぽ、たあぷぽぽ、ちりから、ちりから、つったっぽ。たぽたぽ、干蛸落ちたら煮て食を。煮ても焼いても食われぬ物は、五徳、鉄弓、金熊童子に、石熊、石持、虎熊、虎鱚。中にも東寺の羅生門には、茨木童子が、うで栗五合、掴んでおむしゃる。かの頼光の膝元去らず。鮒、金柑、椎茸、定めて後段な、蕎麦切り、素麺、饂飩か、愚鈍な、こ新発知。小棚のこ下に、小桶にこ味噌がこ有るぞ、こ杓子こ持って、こ掬てこ寄こせ。おっと合点だ、心得たんぼの、川崎、神奈川、程ケ谷、戸塚は走って行けば、灸を擦りむく、三里ばかりか、藤沢、平塚、大磯がしや、小磯の宿を七つ起きして、早天そうそう、相州小田原透頂香。隠れござらぬ、貴賤群衆の花のお江戸の花ういろう。あれ、あの花を見て、お心をお和ぎゃっという。産子、這子に至るまで、此のういろうの御評判、御存知ないとは申されまいまいつぶり、角出せ、棒出せ、ぼうぼう眉に、臼、杵、擂鉢、ばちばち、ぐわらぐわらぐわら（がらがらがら）と、羽目を外して今日御出の何も様に、上ねば成らぬ、売ねば成らぬと、息せい引っぱり、東方世界の薬の元締、薬師如来も上覧あれと、ホホ敬って、ういろうはいらっしゃりませぬか。

三 朗読

発音・発声の基礎ができたら、いよいよ朗読だ。ここでは高村光太郎の「レモン哀歌」という詩を例に「届く」朗読のコツを見ていく。

レモン哀歌　　高村光太郎

そんなにもあなたはレモンを待っていた
かなしく白くあかるい死の床で
わたしの手からとった一つのレモンを
あなたのきれいな歯ががりりと噛んだ
トパアズいろの香気が立つ
その数滴の天のものなるレモンの汁は
ぱっとあなたの意識を正常にした
あなたの青く澄んだ眼がかすかに笑う
わたしの手を握るあなたの力の健康さよ
あなたの咽喉に嵐はあるが
こういう命の瀬戸ぎわに
智恵子はもとの智恵子となり
生涯の愛を一瞬にかたむけた
それからひと時
昔山巓でしたような深呼吸を一つして
あなたの機関はそれなり止まった
写真の前に挿した桜の花かげに
すずしく光るレモンを今日も置こう

（原文の旧仮名遣いを新仮名遣いに改めた）

① 棒読みにならないための八つのコツ

アーティキュレーション……滑舌よく発声すること。口を回す。最後の一行「すずしく光るレモンを今日も置こう」にはa・i・u・e・o全部の母音、無声子音三つが出てくる。口の開け方、母音の響き、子音の強さに注意して全部の音がきちんと響くようにしよう。

イントネーション……語尾、助詞を自然に下げる。話しかけるように読む。「レモンを待っていた」で「を」と「た」を上げずに、ただししっかり聞こえるように読む。

フレージング……意味のまとまりをかたまりとして読む。たとえば二行目「かなしく白くあかるい死の床で」はひとつながりの意味なのでまとまりとして読む。

プロミネンス……一文で一つ、「立てる」フレーズを決める。これは「一つ」がポイント。そして必ずしも強調したいフレーズを立てる必要はない。たとえば一行目「そんなにもあなたはレモンを待っていた」では「レモンを」や「待っていた」を立てなければいけないということはない。「そんなにも」や「あなたは」などの文節でもかまわない。文節を組み合わせて、「そんなにもあなたは」を立ててふっと抑え気味に「レモンを待っていた」と続けてもいい。自分で何種類か試してみてしっくりいく読み方を見つけよう。二箇所以上立てると、散漫になってしまうので気をつけよう。

テンポ・ポーズ……立てる文・フレーズの前や場面の転換で間を取る。立てない部分や勢いのある場面はさらさらとテンポよく読む。間は思い切って自信を持ってしっかり取る。

「レモン哀歌」のなかでいちばん間を取りたい行は何行目の後だろう？　そう。「それなり止まった」の後だ。そこは十分すぎるほど間を取って、回想から「今」の場面に戻ってきた様子を表そう。声の調子も少し変えた方がいい。工夫を重ねて何回も試そう。

感情・雰囲気……文章に具体的事物が出てきたら、その事物そのものを必ず具体的に思い浮かべるようにする。たとえば五行目「トパアズいろの香気」では、宝石のトパーズを調べてその色を知り、その色に喩（たと）えた香りとはどのようなものか考えて表現する。

情緒を生き生きと伝えることも外せない。たとえば最終行「レモンを今日も置こう」と述べる語り手の智恵子を思う気持ちを想像して演じる。

ある落語家は弟子に「高座では二十倍の感情を出さないと客に伝わらない」と語ったと言う。練習の段階ではこれ以上オーバーにできないというぐらいオーバーに演じてみよう。たとえば一行目の「そんなにもあなたはレモンを待っていた」を練習する際には、「そんなにも」を絶叫するぐらいオーバーに読んでみてはどうだろう。そこから徐々にオーバーの度合いを減らしていってちょうどいい加減を見つけるようなステップを踏むといい。

②「届く」朗読 練習の手順

朗読練習の題材は『レモン哀歌』ではなく、自分の好きな歌の歌詞や小説の一節でもかまわない。一つの文章を、感情こめて相手に届くように読めるまで練習して、誰かに聞いてもらおう。

0　朗読練習用用紙を手書きで書く。二段に分けた上半分に、行を空けて。
1　まず棒読みでゆっくり3回読む。子音・母音、無声化などに注意する。
2　十分理解できない語句、事物をしっかり調べてイメージする。
3　状況設定、背景、人物像、感情の変化等を想像して下段に書き出す。随時修正する。
4　3を想像しながら雰囲気を出すように意識して読んでみる。母音の音色を試す。
5　躊躇を取るため4を超オーバーに（二十倍のイメージで）やる。
6　立てる所、メリハリ、間、スピードなどの加減を行間に書き込む。随時修正する。
7　暗唱する。考えずとも自然に出てくるように超速のスピードで何十回も声に出す。滑らかに読めないところは滑舌棒を使ったり母音をわざと伸ばしたりするなど負荷をかけてから徐々にスピードを上げていく。
8　出だしの調子を繰り返して調整する。
9　噛みやすい箇所、しっくりいかない言葉を繰り返し練習する。滑舌棒を使う。

全部通しての練習と8・9をひたすら繰り返す。読むことが楽しくなるまで練習する。ある程度できたら家族、友人に聞いてもらってアドバイスをもらい、さらに練習を繰り返そう。練習を繰り返すうちに発音、発声、間、感情がコントロールできるようになって、滑舌など気にならなくなる。そうなったら完成だ。

現代編

第6章

映像イメージの読み解き方を知る

現代社会には、映像イメージがあふれています。この章では、映像イメージとして「漫画」「映画」「広告」「写真」を例にとり、言葉の力・国語の力で、映像に潜む奥深い世界の読み解き方を探っていきます。

① 映像イメージの読み解き方（はじめに）

■私たちの身の回りは映像だらけである

朝、起きて、テレビのスイッチを入れれば、すぐさま、画面から華やかなカラー映像が目に飛び込んでくる。街を歩いても、電車に乗っても、レストランで食事をしても、広告・看板・商品写真……ありとあらゆる映像が、私たちを取り囲んでいる。

巨大なものでは、ビルの壁面に作られたモニター画像や、映画のスクリーン。小さなものでは、商品パッケージから、切手のデザイン、スマートフォンの画面にあるアプリのアイコンも、すべてが「映像イメージ」だ。作り手が気持ち・考えを込めて、見る者に対して発信するメッセージである。一つの映像で、商品の魅力や、アプリの使用方法を伝えるものもあれば、映画や漫画など、いくつもの映像を続けて、一つの作品に作り上げているものもある。

▲高さ 35m にも及ぶ巨大広告。
地元のプロ野球球団を応援してほしいという気持ちが、圧倒的な大きさで、力強く表現されている。（横浜市「宇徳」本社ビル／横浜 DeNA ベイスターズ）（掲出期間：2017 年 3 月 25 日～11 月 9 日）

写真提供／しいれいフォト

▲スナック菓子を食べて、「ほっとひといき」できるような雰囲気が、のんびりした山村のイラストや、丸太を並べた素朴なロゴ（意匠文字）から感じられる。

写真提供／株式会社 明治

もっとくわしく

「マス・メディア」と「パーソナル・メディア」

「メディア」とは、「媒体・手段」の意味の英語だが、特に「情報を伝達する媒体・手段」の意味で使われることが多い。

テレビもラジオも広告も、送り手から受け手に向けて、情報を送り届けるための媒体・手段、すなわちメディアである。

メディアのうち、大量の情報を不特定多数の受け手に送るという意味で、テレビや新聞や雑誌などの巨大メディアは、「マス・メディア」と呼ばれる。

一方で、ユーチューブやインスタグラムなどを介して、個人が簡単に映像メッセージを、多くの他者に向けて、発信できるようになった。このようなメディアは、マス・メディアに対して、パーソナル・メディアと呼ぶ。

私たちの身の回りには、「マス・メディア」によって、また「パーソナル・メディア」によって、大量に作られた映像があふれている。

世界最大の プラスチック製巨大広告看板

■映像も言葉である　国語力で読み解こう

送り手が、気持ちや考えを、「言葉」を通して、受け手に送るのが、「言葉によるコミュニケーション」ならば、送り手が、「映像」を通して、受け手に、気持ちや考えを送っているのも、まったく同様の「映像によるコミュニケーション」であるだろう。映像が、コミュニケーションの手段であるというのは、ＬＩＮＥなどで使うスタンプなどを考えれば、すぐにわかる。

論説文・小説・詩・俳句、どんな言葉によるメッセージにも、その味わい方や、読み解き方があった。さらりと目を通して楽しむのも一つの味わい方だが、国語を学び、深く読み取る力を身につけることによって、それぞれの作品は、通り一遍に目を通しただけでは感じ取れないような、豊かな世界を持って、新しく私たちに語りかけてくる。

また、言葉に潜んだしくみ・文法を学ぶことによって、今まで何気なく使っていた言葉が、複雑でありながらも美しいシステムを持っていることに気づくことは、言葉の織りなす世界の奥深い魅力に、自覚的になっていくことでもあるだろう。

映像も同じだ。さらりと眺めるのも一つである。漫画や映画なら、ストーリーだけ楽しむのも一つの方法だろう。しかし、その映像の読み解き方を考えたり、映像に潜んだしくみを発見していったりすることは、映像をより深く味わうことにつながっていく。きみの「言葉」の力で、映像という「言葉」に迫っていこう。今までとは違った、豊かで新しい世界を、映像は語り始めるかもしれない。

▲スマートフォンの画面に示されるアプリのアイコンは、1cm四方よりも小さいが、単純な映像によって、そのアプリの使用方法が、示されている。
提供／ヤフー株式会社

▲「眠い」という言葉の代わりに、このような映像のスタンプを送ることで、同様なメッセージとなる。
提供／LINE株式会社

映像というより、「立体オブジェ」であるが、左の写真は、チョコレートを模した高さ27・6メートル×幅165・9メートルという、巨大な広告である。

「このチョコレートこそ、我が社の代表的商品である」という企業の強い気持ちが感じられる。これもまた、「作り手が気持ち・考えを込めて、見る者に対して発信するメッセージ」である。

「株式会社 明治」の大阪工場前に作られたこの巨大オブジェは、「世界最大のプラスチック製広告看板」として、ギネスブックにも認定されている。

映像を読み解く—何気ない映像の向こうにあるもの—

LINEのスタンプなどは、とてもわかりやすいメッセージだ。すばやく簡単に意味がわかることを主眼としている。一方で、じっくりと映像を見つめることによって、その映像の持つ世界が広がっていくものもある。

たとえば、次の写真を見てみよう。

写真提供／阿部 了

もっとくわしく

**コロ眠る
エサも食べずに
雪の日に**

この俳句は、「一つの事実・一つの映像」の描写である。しかし、この俳句で描かれた事実・映像の奥底には、愛犬を失った作者の痛切な悲しみが流れている。

作者は、コロのエサ当番だったかもしれない。コロと散歩したり、公園で遊んだこともあったろう。

そのように、この俳句につながる時間を想像し、寒い雪の日に、コロを思い出している作者の悲しみに思いを至らせない限り、この俳句を読み味わったことにはならないだろう。

229ページへ

語られない物語

作品は、その作品中で具体的に描かれた映像や言葉だけでは、決して成り立たない。「直接には表現されない、直接には語られない」ながらも、その場面が成り立つためには、さまざまな背景が必要だ。

その「語られないながらも、間違いなくあるはずの物語」を豊かに想像させる作品が豊かな文学作品・映像作品だろう。

同じ制服の男女の学生が並んで参拝している。

さらりと見ただけなら、何気ない光景だ。

しかし、この写真を、例えば「今は何時頃だろう」と「時間」に着目して見直してみよう。日光が低い角度で、写真の左手から射し込んでいる。放課後の夕方だろうか（通常、神社の拝殿は、南向きに開いているので、この日射しが東からの朝日とは考えにくい）。夕方、級友から離れ、こっそり約束して、二人でこの神社を訪れたのかもしれない。

空間にも着目してみよう。まず手前に置かれた鞄に気づくだろう。なぜ二人はここに鞄を置いていったのだろう。神様の前では、余計なものを持たず、清らかな気持ちで手を合わせたい、そんな気持ちが感じられないだろうか。地域の案内板が階段脇にあることも、階段の向こうが神聖な空間で、こちら側が俗の日常空間であることを感じさせる。

「鞄はここに置いていこうか」……二人は、この鞄を置くときに、どんな言葉を交わしたのだろうか。もしかしたら、無言で気持ちが通じ合って、そっと鞄を並べて置いたのかもしれない。

そのように、この写真には、直接には描かれないながらも、この写真を成り立たせている「語られない物語（下記参照）」が無数にあるはずだ。もちろん、正解は一つではない。しかし、何らかの物語を想定して、そのなかの一場面として、この写真を読み解かないかぎり、この写真を本当に味わったことにはならないだろう。この写真の一瞬につながる時間、そしてこの一瞬から始まる時間がある。

二人は、いま、どんな言葉を祈っているのだろう。同じ言葉ばかりではないかもしれない。鞄は近くに並べて、神前ではきちんと離れて祈る、二人の今の思いを想像してみよう。

そのような気持ちで、この写真をもう一度、見つめてみると、最初、さらりと見ただけでは感じられなかった、豊かで新しい世界が感じられてくるはずだ。

たとえば、このようなことが、「言葉」の力で映像を「読み解く」ということである。

次のページから、「漫画」「映画」「広告」「写真」の順で、「映像」について考えていこう。

例えば、

「コロ眠る
エサも食べずに
雪の日に」

という俳句からは、コロと作者との日々の歴史（語られない物語）が感じられる。

つまり、直接描かれた世界（語られた世界・表現された世界）は、氷山の一角にすぎず、その下に、語られた世界を成り立たせるための「語られない世界」が潜んでいるということだ。

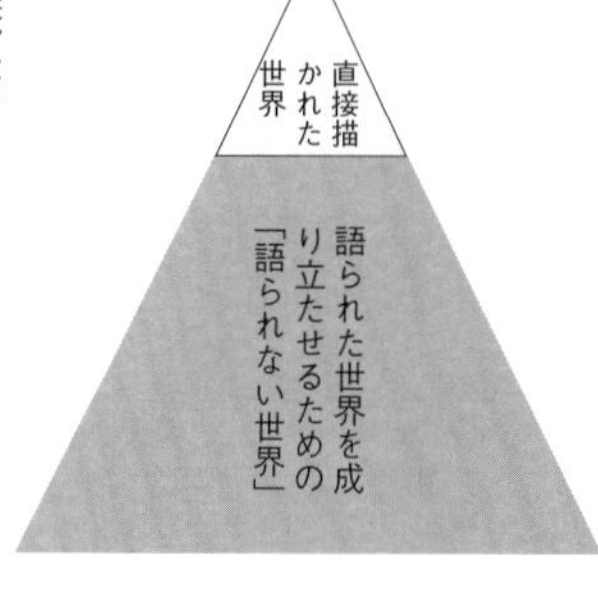

「犬死んだ
ああ悲しいな
悲しいな」

という俳句は、作者の感情がすべて直接的な言葉で語り尽くされてしまい、その背景を想像させる力を、作品が持つことができない。

229ページへ

②漫画の読み解き方 ―『はだしのゲン』―「場面」を読む―

左の作品は、『はだしのゲン』（中沢啓治（なかざわけいじ））の一部である。この部分は、一九四五年八月六日、広島に原子爆弾が落とされた直後の様子を描いている。まずは327ページまで続く場面を読んでみよう。

①読むスピードと物語の進行時間

きみは、今、この六ページの場面をどのくらいの時間で読み終えただろうか。

うわ〜〜〜ん
うわ〜〜〜ん
進次（しんじ）〜〜〜
進次（しんじ）〜〜〜
ねえちゃ〜ん
ねえちゃ〜ん
とうちゃ〜〜〜ん
とうちゃ〜〜〜ん
なくな元（げん）
かあさんをつれて
にげろー
わしを
これいじょう
くるしめるな
たのむ!
にげてくれー
元（げん）
とうちゃんの
いうことが
きけんのか!
たのむから
にげてくれー
バチ
バチ
元（げん） はよう
にげろ
火（ひ）に
まきこま
れるぞ
元（げん） 強（つよ）く
なるんだ
しっかり
するんだ
ううう
わ……
わかったよ
とうちゃん
に…
にげるよ
うわ〜〜〜ん
あんちゃん
にげるのか
ずるいぞ
ずるいぞ
進次（しんじ）ー!

1

もっとくわしく

『はだしのゲン』

自らも被爆体験を持つ中沢啓治によるドキュメンタリー風作品。一九七二年の「月刊少年ジャンプ」から、「週刊少年ジャンプ」での掲載・連載を経て、八五年まで描き続けられる。

戦争・原爆の惨禍や当時の時代状況を描いた作品として、国内外での評価が高い。全編が英訳された初の日本漫画であり、現在では、韓国語・ロシア語・スペイン語などにも翻訳されている。

中沢啓次／汐文社

三分程度の時間で読み終えたのではないだろうか。その三分間は、ほぼこの場面の物語の進行時間に等しいものである。この家族を襲った悲惨な時間と同調するつもりで、もう一度読んでみよう。圧倒的な迫力を持って、作品が目の前に迫ってくるはずだ。

② 短時間に詰め込まれた数多くの物語

1ページから**6**ページのわずかな時間に詰め込まれた、家族それぞれの思いを比較しながら読み込もう。

・「自分たちを捨てて強く生きろ」と叫ぶ父

2

ここまでのストーリー

一九四五（昭和二十）年、四月。太平洋戦争敗戦間近の広島。

ゲンの父「中岡大吉」は、反戦思想の持ち主。周囲から非国民扱いされながら、ゲンは、父・母・姉・弟と、貧しくもたくましい生活を続けている。

原子爆弾

一九四五年八月六日午前8時15分。広島に人類初の原子爆弾が投下された。四五年末までに、14万人余が死亡したと推定され、その後も、多くの人が、被爆障害に苦しめられ、また命を失っていった。

三日後の八月九日には、長崎に原子爆弾が投下された。

▲原子爆弾投下後の広島
写真／U.S. National Archives/The New York Times　提供／アフロ

・「一緒にここで死ぬ」とその場を動かない母
・「助けてほしい」と叫び続ける弟
・もはやわずかに痛みを訴えることしかできない姉
・家族を助けようとしつつも、何もできないゲン

これら五人の様子と迫り来る火や周囲の状況が、並行して描かれ、一気に読者の前に迫ってくる。

まるで、現実世界そのもののように、「同時に、無数の様子が、体感させられる」というのは、漫画ならではの力だ。それは、小説のように、ゆっくりじっくりと文字を追いながら、作品世界を想像していくのとは、また違ったリアルな迫力だろう。画像と文字とがあることにより、多くの情報が一気に読者の前に提供され、読者をあっというまに、作品世界のなかに取り込んでいく。

3

もっとくわしく

軍艦

弟（進次）が、非国民の子であるとして、友達に軍艦の模型を貸してもらえないことを、可哀想に思ったゲンは、なんとかして立派な軍艦の模型を弟に買い与えたいと思う。

近所のガラス店の店頭で、軍艦の模型を見たゲンは、店主に値段を聞くが、店主は、「戦死した息子の形見だから売れない」という。

一方、戦地で片足を奪われ、仕事が満足にできないガラス店の店主は、借金に追われていた。その事情を立ち聞きしたゲンは、近所の家々のガラスを割りまくるといういたずらをして、ガラス店の経営を助ける。

ゲンの行動に生活を救われたガラス店の店主は、軍艦をゲンに贈る。立派な模型には、ゲンも未練が残ったものの、ゲンは弟に軍艦を与える。

広島に原爆が投下される前日、八月五日のことである。

4

③「物」に込められたものを読み解く

ゲンが、最後に弟に渡す「軍艦」は、324ページの「もっとくわしく」に示したような事情で、弟の持ち物になったものだ。

それは「戦争によってもたらされた貧しさ」の象徴であり、「戦争によって大切なもの（健康・家族）を奪われた者の痛み」の象徴である。同時に、悲惨な状況下にあっても、なお「弱者を思いやる優しさ」の象徴でもあり、「弟を思いやる優しさ」の象徴でもある。

そして、「軍艦」とは、まさに、この家族を引き裂いていく「戦争」そのものの象徴でもある。

記号にも意味がある

句読点などにも、意味を込めることができることは、「日本語のきまりを知る」などでも説明したが、この場面のせりふにも、そのような力がある。

144ページへ

たとえば、ゲンの言う

「し…　進次
ねえちゃん
とうちゃん
いくよ
わしは…
…いくよ……」

を見てみよう。

「進次」と単に言うのではなく、「し…進次」とゲンの言葉が表現されている。「いくよ」という言葉の前後にも「…」が施され、ギリギリの思いのなかで、絞り出すような言葉となっていることを感じさせる。

前のページにある「は…はしるよ」という言葉でも、弟を励ましつつも、弟の死を覚悟せざるを得ないゲンの苦悩が「…」という記号から感じられる。

ゲンの弟は、家族を引き裂き、自分の命を奪っていく「戦争」そのものを、それと気づかないまま大切に抱きしめながら、命を終えていく。

このように作中に描かれたさまざまな「物」の向こうには、さまざまな物語が潜んでいるはずだ。たとえば、原爆によって瞬時に壊された家の屋根を見てみよう。父が雨漏りの修理をしたこともあったかもしれない。もちろん、屋根の下には、家族の幸福な歴史の一つ一つが押しつぶされている。

④「個」の物語から「人々」の物語へ

ゲン一家を取り巻く物語が具体的に描かれているが、これは、もちろん、ゲン一家だけを襲った悲

おかあちゃん
にげようよ
にげようよ
いやだー
いやだー
かあさんは
いっしょに
死ぬんじゃ
みんなと
いっしょに
死ぬんじゃ
バキ
バキ
うわーーん
おかあちゃーん
おかあちゃーん

5

もっとくわしく

作者　中沢啓治（一九三九〜二〇一二）

代々漆塗りを生業としていた家に、四男一女の三男として、広島に出生した。父は反戦主義者のため、思想犯として特別高等警察により連行され一年二か月拘置、拷問を受けた人物だったという。自身は奇跡的に助かるが、父、姉、末弟の三人を失い、次いで原爆投下当日に生まれた妹も四か月半後に死亡。これらは『はだしのゲン』の原爆投下時のエピソードとほぼ同じである。73歳で、肺がんのため亡くなるが、亡くなる直前には「『ゲン』は俺が死んでも残る。『ゲン』が世代を超えて歩んでいってくれれば、それだけでいい」と語っていたという。

写真提供／アフロ

劇ではない。具体的な形はさまざま形を変えても、理不尽に命を奪われ、家族が引き裂かれていく物語は、この一瞬のうちに数限りなくある。

最後のページを見てみよう。

ゲンの父親たちと同じように、屋根の下敷きで身動きがとれない家族の姿がある。逃げ行く人々も皮膚が溶け垂れ下がっている。子供たちを抱き、背負い、炎から逃げ惑う人々、その一人一人に、ゲン一家と同様に、戦争によって引き裂かれた「具体的な物語」「家族の幸福な時間」の一つ一つがある。

ⓒ中沢啓治　6

原爆を取り扱ったその他の文芸作品

●『黒い雨』井伏鱒二（一九六六）
原爆投下後に降った強い放射能を帯びたコールタール状の雨（黒い雨）を浴び、その後、原爆症を発症する姪の姿を、同居する叔父の視点から描いた小説作品。一九八九年には、映画化され、国内外で高い評価を得た。

Return 167ページへ

●『この子を残して』永井隆（一九四八脱稿）
旧制長崎医科大学で放射線医学担当の助教授・医局員として働く筆者は、一九四五年八月九日の長崎原爆投下によって妻を失くし、自らも被爆する。自分の子供を残して死んでゆく悔しさと、自分の専門にかかわる病気と戦争で死ぬ悔しさを訴えた随筆作品。一九八三年には映画化もされている。

③ 漫画の読み解き方 二 『SLAM DUNK』―「動き」「沈黙」を読む―

左の作品は、バスケットボールを扱った漫画『SLAM DUNK』（井上雄彦）の一部である。スピード感あふれる場面の中から、漫画ならではの「動き」や「沈黙」を読んでみよう。

① 漫画に描かれた動き

漫画の一コマ一コマは、それぞれ一瞬をとらえたもののようにも思える。しかし、漫画の一コマが

1

もっとくわしく

『SLAM DUNK』

井上雄彦による高校バスケットボールを題材にした漫画作品。一九九〇年から九六年まで、「週刊少年ジャンプ」に連載された。

「バスケットボールを扱ったスポーツ漫画は失敗する」という少年漫画界のジンクスを打ち破り、大人気を博し、バスケットボールブームを巻き起こした。

単行本全31巻の国内総売り上げ冊数は一億冊を突破している。

井上雄彦・作『SLAM DUNK』（集英社刊）

一葉の写真と違うのは、写真が「動いているものを止めて表現する」のに対し、漫画のコマは、逆に「一コマの中に動いた時間を表現する」ものであるということだ。漫画の一コマは、一瞬を描いているようで、実は、その前後の時間までも描いている。

たとえば、**1**ページ目の上のコマを見てみよう。山王工高のディフェンスの選手の腕が何本も描かれている。このコマには、一瞬の前後に続く時間も、描きこまれていることがわかる。

4ページ目の上のコマも同様だ。写真で同じ構図を撮影したとしても、それは、動きを止めた静止画像に見える。しかし、このコマでは床の描写や、コマの上部に描かれた放射状の線によって、ドリブルをする選手のスピード感ある動きが感じられる。この場面の一瞬前から、この場面の一瞬後までを一コマの中に表現しているのである。

2

ここまでのストーリー

片思いの彼女の気を惹くために、湘北高校バスケットボール部に入部した主人公「桜木花道」だったが、やがてバスケットボールの魅力に取り付かれていく。

弱小だった湘北バスケットボール部は、厳しい練習の末、全国大会に進出する。一回戦を突破した湘北は、二回戦で優勝候補の山王工高と対戦する。

桜木（背番号10）は背中を痛めながらも奮闘。チームメートの流川（背番号11）の活躍により、次第に山王工業との点差を詰めていく。

ここにあげた六ページは、試合終了まで残り時間七秒となった「湘北高校77点対山王工高78点」からの秒数を描いている。

漫画は、このような描写によって、連続した時間を表すことができる。コマとコマの間の時間をつなげ、途切れることのない、活き活きとした時間を作り上げている。

まったく同じ構図の写真を、すべて並べたとしても、このように連続した躍動感は、表現できない（「もっとくわしく」参照）。

②わずか五秒間の描写

この六ページに描かれているのは、わずか五秒間の出来事である。この前後でも、百ページにわたり、わずか一分間ほどの場面が描写される。

3

もっとくわしく

写真と漫画の違い

同じような場面の漫画のコマと写真を比べてみよう。

写真提供／アフロ

写真が「動いているものを止めて表現する」のに対し、漫画は「一コマの中に動きを表現する」ものであることが感じられると思う。

スローモーションのように、しかし圧倒的なスピード感が表現された場面だ。
動きを表す線だけでなく、

・飛び散る汗
・髪の動き
・ユニフォームの皺（しわ）
・シューズの紐（ひも）のはねる様子

そういった細部にも、スピード感あふれる描写が施されていることに着目しよう。

4

写真提供／アフロ

短い一瞬一瞬に交わされる、それぞれの選手の視線にも着目してみよう。

ほんのわずかな瞳の位置の違いで、攻める者、守る者、それぞれのギリギリの思いが表現され、圧倒的な力強さで読者に迫ってくる。短い時間の中に、たいへん濃密な心理ドラマが描き込まれたシーンだ。

③言葉が消える

この六ページには一切の言葉・音声が書かれていないのに気付いただろうか。この六ページだけではない。前後二〇ページにも会話の描写は皆無である。にもかかわらず、**3**ページ目の一コマ目から

5

もっとくわしく

作者　井上雄彦（一九六七〜）

鹿児島県出身。一九八八年、手塚賞入選の『楓（かえで）パープル』でデビュー。一九九〇年、連載を開始した『SLAM DUNK』は日本で初めてバスケットボールを題材にした漫画といわれ、日本におけるバスケットボールブームの火付け役となった。他の代表作に、吉川英治（よしかわえいじ）の小説『宮本武蔵（みやもとむさし）』を原作とした『バガボンド』や、車椅子バスケットボールの世界を描いた『リアル』などがある。

は、パスを求める選手の叫びが聞こえてくるような圧倒的な臨場感がある。

私たちが、このような試合を見るとき、もしくは、私たちがこのような試合をするとき、はたしてどれだけ意味ある言葉を発しているだろうか。たとえ、発していたとしても、それは意図して発する言葉ではなく、思わず叫ぶ本能的な声であろう。

この場面では、あえて、一切の言葉を消すことによって、この場面のスピード感・臨場感が、表現される。文字に煩わされることなく、読者も同じスピード感で、場面を読み進めることが出来るわけだ。

もちろん、描かれない言葉は、「沈黙」や「静寂」を表すのではない。この「描かれない言葉」の向こうには、観客の歓声や、選手の叫びが満ちている。

© 井上雄彦　I.T.Planning, inc.

その他のスポーツ傑作漫画

日本では、「野球」が最も盛んなスポーツであるといわれる。そのため、「野球」を題材にした傑作漫画は、『巨人の星（66年〜71年）』（梶原一騎原作・川崎のぼる画）『キャプテン（72年〜79年）』（ちばあきお）『ドカベン（72年〜81年）』（水島新司）『タッチ（81年〜86年）』（あだち充）など数多い。

一方、それまでは野球に隠れた存在だった別のスポーツが、一つの漫画作品の影響によって、一気に人気を博し、競技人口の増大・競技の発展につながるケースもある。『SLAM DUNK』によるバスケットブームの他では、『キャプテン翼（81年〜88年）』（高橋陽一）によるサッカーブームが、その後のJリーグの隆盛やサッカー日本代表チームの活躍の遠因になったことは間違いなかろう。

©高橋陽一／集英社

④漫画の読み解き方 ≡ 『海猿(うみざる)』―「漫画でしか描けないもの」―

左の作品は、海難救助に活躍する海上保安官の生きざまを描いた『海猿』(佐藤秀峰(さとうしゅうほう))の一部である。

一八七名の命を失った旅客機墜落の大惨事の後、その旅客機の機長と、被災者の救助にあたった主人公「仙崎(せんざき)」とが、入院先の病院で会話する。そこから続く場面だ。この場面を通して、さらに「漫画特有の力」を発見していこう。

明日は さっそく 記者会見…
その後も 事情聴取やら なんやらで いっぱいだ…
なあ、仙崎くん…
どうして 死なんて ものがある のかな…?
いつかは 死ぬのに…
オレ達は どうして 生きるん だろう…?

1

もっとくわしく

『海猿』

佐藤秀峰作。幼いころ、海難事故で母を失った海上保安官「仙崎大輔(だいすけ)」の生きざまを通して、「命の意味」について問いかけた作品。「週刊ヤングサンデー」(一九九八年〜二〇〇一年)連載。

ここまでのストーリー

機体異常から、操縦不能となったJ・W-NG206便は、生還の望みをかけて、海上着水を試みる。機長の懸命の操縦、仙崎らの決死の救助活動にもかかわらず、乗客・乗員一八七名死亡という、多大な犠牲を出してしまう。

①自分の手でページをめくる

漫画は「映像を利用し、一連のストーリーを作っていく」という点では、映画やテレビドラマにも近いものだ。しかし、映画やドラマの情報が、見る者とは無関係に、一方的に送り続けられるのに対して、漫画では、見る者みずからが、ページをめくってストーリーを追うという、情報に対する積極的な働きかけがある。自分のペースで、絵を味わったり、言葉の意味を探ったりしながら、作品を読み進められるわけだ。

2ページ目（335ページ）の最後のコマを見てみよう。

2

報道の倫理

上記の新聞紙面は、新聞社に勤める浦部美晴（仙崎の元恋人）がかかわって作成したものである。事故で家族を失い、悲しみにくれる家族のもとに取材を続けていくなかで、美晴は「報道の意味・報道の倫理」について思い悩む。

Go to 365ページへ

主人公「仙崎」は、ベンチに置かれた新聞に気づく。仙崎同様に、ひかれるように、読者がページをめくると、新聞の記事が目に入る。

「仙崎が新聞を手にして紙面を開いた間」と「読者みずからページをめくる間」とが同調して、作品に味わいを与えている部分だ。

② 瞬間的に、多大な情報が与えられる

「読者みずからページをめくる」という点では、小説なども同様だろう。しかし、漫画が小説と違うのは、ページを開いた次の一瞬に、多大な情報が、一気に目に飛び込んでくるということである。

万不明者・犠牲者名簿
ミレニアムイベントを企画、その打ち合わせからの帰り。

フリージャーナリスト。

会社員。海外旅行から帰る途中予定を変更し、福岡へ直行。友人一家と新年を迎えるはずだった。

自営業。イベント参加のため。

帰省する途中。

その日、彼は年末の仕事がキャンセルとなり急きょ帰省することにした。

空港で空席待ち、206便へ搭乗することとなった。

3

もっとくわしく

生と死を分けるもの

3ページの最後のコマで「その日、彼は年末の仕事がキャンセルとなり急きょ帰省することにした。空港で空席待ち、206便へ搭乗することとなった。」とある。偶然、事故機に乗り合わせ、命を失ったことがわかる。

322ページで取り扱った『はだしのゲン』では、ゲンが校庭に入る寸前に女性に呼び止められ、偶然、立ち止まったため、塀が原爆の熱線を遮ることになり、命が助かった場面が描かれている。

生と死を分けるものは、まったくの偶然で訪れる。

生と死を分ける「ほんの小さな偶然」を取り上げることで、今、生きて漫画を読んでいる読者にも、「遠い出来事ではなく、もしかしたら、自分も」という当事者意識が生まれる可能性を持った描写となっている。

4ページ目（337ページ）から**5**ページ目（338ページ）への流れを見てみよう。

墜落事故で命を失った乗客一人一人の記事を読み進めながらページをめくると、突然、新聞の全紙面が、読者の目に飛び込む。この事故で失われた人命の数々、失われたものの大きさを、圧倒的な力で一気に感じさせる力を持った描写だ。

瞬間的に多大な情報に自らアクセスするという漫画ならではの力を活かし、読者に強く訴えた表現となっている。

(三四)＝主婦。
東京都中野区。夫の単身赴任
夫の単身赴任先の福岡へふたりの子供を連れ、206便へ搭乗。
空港で出迎えていた夫は〝自分が東京へ帰ればよかった〟
〝乗り遅れてくればいいのに〟と泣きくずれた。
17
(二七)＝貿易会社勤務。香港市……………勤務先の香港から商用で一時帰国。年末の休みを利用して福岡の実家へ。
…さん（四〇）
学生時代を過ごした福岡へ旅行中。
…さん（五一）
…さん（五二）
親戚の家へ向かう途中。

4

名前

『海猿』では、繰り返し「名前」の持つ意味について、取り扱われている。上記の場面でも、新聞記事の製作過程で、「乗客名簿のカタカナ名」を「漢字に直す」という作業が描かれている。

カタカナの名前と、漢字の名前とはどう違うのか、考えてみよう。

カタカナとは、記号の文字である（33・140ページ参照）。

一方、漢字とは、意味を持ったその人自身の肉体・人生をも表す「その人そのもの」であろう。事故で失われた命を、単なる記号の集まりにして、ひとくくりにしてはいけない。「被害者」として、一つ一つのかけがえのない人生を背負った「君と同じ生身の人間」であるという証でもある。

③ 一つの場面を見つめ続けられる

漫画が持つ特色に、「その場面を、何度でも、じっくり見直すことができる」ということがある。もう一度、**5**ページ目（338ページ）と**6**ページ目（339ページ）を見てみよう。

「文字しか描かれていない見開き2ページ」というのは、漫画としては、とても異例なものだ。しかし、「187名――」という大きな文字と、一面の犠牲者名簿の無言の訴えは、読者を立ち止まらせる力を持っている。読者は、このページを見つめ、そして、またページを戻り、この事故に携わった人々の思いや、この新聞が作られるに至った経緯を思い描き、命の尊さや、一人一人の人生の重みについて、突きつけられ、考えさせられるのである。

毎朝新聞

187名――

J-WING 206便 行方不明者・犠牲者名簿

5

もっとくわしく

作者　佐藤秀峰（一九七三〜）

北海道出身。綿密な取材にもとづいた人間ドラマを描く。他の代表作『ブラックジャックによろしく』では、医療問題を取り扱い、高い評価を得た。『海猿』も『ブラックジャックによろしく』も、テレビ・映画などで実写化されている。

以上、「漫画の読み解き方」では、『はだしのゲン』『SLAM DUNK』『海猿』の一場面を題材に、漫画ならではの性質や漫画の持つ可能性を考えてみた。ここで示してきたこと以外にも、漫画だからこそ表現できるものは様々あるだろう。

言葉の力で「読み解く」つもりで、漫画作品を再読してみよう。映画や小説とは、また違った魅力・可能性を持った、漫画の深い世界を発見できるかもしれない。

6

実写化された海猿

漫画『海猿』は、テレビドラマや映画の形で何度も実写化されている。四作目の映画『BRAVE HEARTS 海猿』（二〇一二年公開）は、原作のラストで描かれた、海上着水したジャンボジェット機からの乗客救助を扱った作品。ストーリーは原作とは、かなり変わっているものの、「命」について、真摯に立ち向かうテーマは、貫かれている。

日航ジャンボ機墜落事故

一九八五年八月十二日、乗員・乗客五二四人を乗せた日本航空のジャンボ機ボーイング747型123便は、機体異常のため、群馬県御巣鷹山の尾根に激突、炎上し、五二〇名もの犠牲者を出した。毎年、八月十二日には、関係者による慰霊の登山が行われている。

名作漫画紹介

▼『火の鳥』手塚治虫

一九五四年「漫画少年」での連載開始から、「少女クラブ」「COM」「野性時代」等で一九八八年まで連載された、手塚治虫のライフワークといわれる未完の大作である。

© 手塚プロダクション

作品は、「黎明編」「エジプト編」「未来編」「ヤマト編」「宇宙編」などに分かれ、古代から未来まで、日本・世界・宇宙を舞台に、生命・歴史・人間・愛といった壮大なテーマが描かれる。永遠の命を持つ「火の鳥」は、人智を超越した存在・時空を超えた存在として描かれ、各編を貫くテーマとなっている。「現代編」で完結する予定であったが、現代編は、一九八六年にその構想が語られたのみで、一九八九年に手塚治虫はその生涯を終える。

▼『ドラえもん』藤子・F・不二雄

一九六九年に小学館の学年月刊雑誌「よいこ」「幼稚園」「小学一年生」～「小学四年生」で連載が開始され、以降、テレビアニメ化・映画アニメ化・キャラクター商品化など、国民的漫画・国民的キャラクターとして、絶大な人気を博している。

未来から来たネコ型ロボット「ドラえもん」の取り出すさまざまなひみつ道具を利用しながら、少年「のび太」が、問題を解決したり、しくじったりしながら、成長していく様子を描く。友情・助け合い・優しさといった心温まるテーマが、世代を超えて支持され続け、一九九六年に作者が亡くなった後も、テレビアニメ化・映画化は継続されている。

©藤子プロ・小学館

▼『あしたのジョー』高森朝雄（梶原一騎）原作・ちばてつや画

（「週刊少年マガジン」一九六八～七三）

©高森朝雄・ちばてつや／講談社

『巨人の星』と並ぶ、スポーツ漫画の最高峰作品。孤児の矢吹丈を、元プロボクサーの丹下段平が見出して、ボクサーとして育て上げ、やがて世界タイトル戦に挑むまでの紆余曲折を描く。連載中の社会的反響は大きく、矢吹丈のライバル力石徹が作中で死亡すると、ファンも参列して実際の葬儀が行われた。世界戦を終えた矢吹丈が、灰のように真っ白になって描かれたラストシーン（右記）は、漫画史に残る傑作ラストシーンとして語り継がれている。

▼『ドラゴンボール』

鳥山明（とりやまあきら）
（「週刊少年ジャンプ」一九八四～九五）

©バードスタジオ／集英社

七つ集めて「神龍（シェンロン）」を呼び出すと、どんな願いも一つだけかなえてもらえるという「ドラゴンボール」をめぐる冒険活劇。『西遊記』『南総里見八犬伝』といった古典を下敷きにしつつ、神話的世界観や英雄伝説的年代記の趣を兼ね備えた、一大叙事詩の構成を持つ。日本国内でのコミックス単行本累計発行部数は、計1億6000万部にのぼる。欧米・アジアなど世界40か国以上でコミックスが発売され、テレビアニメが放映されている。世界で最も知られている日本漫画といわれる。

▼『ガラスの仮面』

美内（みうち）すずえ

© 美内すずえ／白泉社

「花とゆめ」に一九七六年から連載された大河漫画巨編。貧しい家庭に育ちながら、女優を夢見る少女北島（きたじま）マヤは、往年の大女優月影千草（つきかげちぐさ）に演劇の才能を見出され、劇団「つきかげ」に入団する。演劇界のサラブレッド姫川亜弓（ひめかわあゆみ）と競いながら、幻の名作『紅天女（くれないてんにょ）』のヒロインの座を目指す物語。

作品中では、『たけくらべ』『奇跡の人』など、既成の演劇作品が取り上げられる一方で、オリジナルの演劇も、劇中劇の形で詳細に描写される。少女漫画のジャンルを超えて、幅広いファンを獲得した記念碑的作品。

▼『あさきゆめみし』

大和和紀（やまとわき）
（「mimi」他　一九七九～九三）

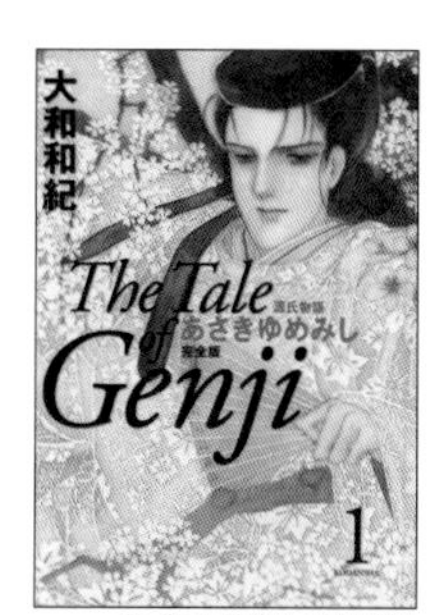
© 大和和紀／講談社

宇治十帖（うじじゅうじょう）を含む『源氏物語』54帖を原作に沿って描いた漫画作品。平安時代の服装・小物・風俗なども、正確に表現されている。『源氏物語』や平安貴族の世界を、身近に視覚的に理解できるものとして評価が高く、少女漫画ファンの域を超えて、古文や、『源氏物語』を学ぶ学生にも愛読されている。

⑤ 映画の読み解き方 『東京物語』―無いものを観る―

「映画は座って眺めているだけで楽しめるから、本を読むより楽でいい」と普通は考える。しかし、その考えが間違っているということをつきつけるような映画ばかり撮り続けた監督がいる。小津安二郎監督。海外でも高く評価されている日本人監督の一人だ。小津監督の代表作『東京物語』を読み解きながら、観客が感性と想像力をフルに働かせて観る映画の面白さを学んでみたい。先に下記の「あらすじ」に目を通してから読むといい。面倒な人は、写真で説明しているシーンの前後〈＝傍線――が引いてあるところ〉だけ確認しよう。そして、できればＤＶＤなどをどこかで借りて家族や友達と観てみよう。動画サイトでも視聴できる。

■「無いもの」を観る

次の二枚の写真は冒頭のシーンＡとラストのシーンＢだ。どう違うだろう？

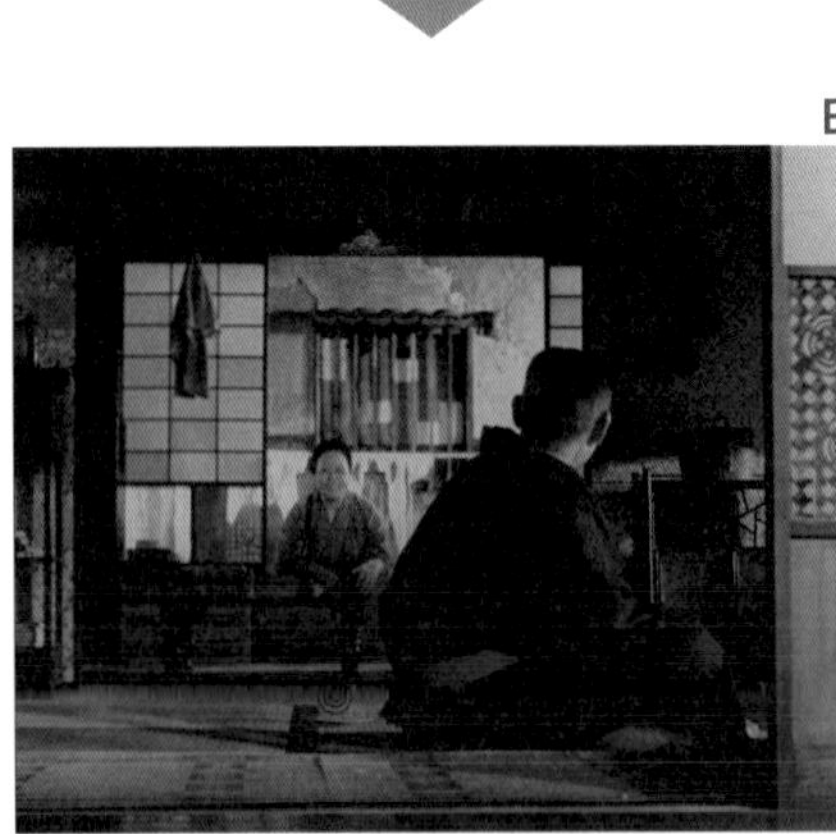

もっとくわしく

あらすじ

昭和28年。平山周吉、とみの老夫婦は尾道で生活しているが、東京で暮らす長男と長女の家を久しぶりに訪ねる。長男は開業医、長女は美容院を経営していて世間体からすれば立派な息子と娘ということになる。

歓待してもらえると思いきや、長男と長女はそれぞれ仕事が忙しいこともあり老夫婦はあまりかまってもらえない。長男と長女は両親をある意味でやっかい者のように扱う。長女は美容院に長居されるのは迷惑とばかり、二人だけで数日間のんびりしてきたらと二人を熱海の温泉旅館に追いやる。熱海は夜中まで麻雀や歌声で騒々しく眠ることもままならず、とうとう二人は一泊だけで東京に戻ってきてしまう。

長女の家に戻るとなぜすぐに帰ってきたのかと疎まれる。そこでやむなくとみは戦死した次男の未亡人・紀子の狭いアパートに泊めてもらうことにする。血のつながった娘たちより血のつながりのない紀子の方が生活が苦しいにもかかわらず老夫婦を親身にもてなしてくれるのだ。周吉はその夜は同郷出身の旧友と久しぶりに酒を酌み交わし、期待通りにはならないそれぞれの子こう比べて見れば一目瞭然。左の女性（とみ）がいなくなっているだけだ。そしてこの「いないこと＝欠如」こそがこの映画のテーマなのである。

Ａ　とみと周吉が旅の支度をしているところに、隣人の主婦が通りかかる。「お子さんたちに会うのが楽しみですね」と老夫婦の幸せをことほぎ、旅行の無事を祈る。この場面を観ながら観客は隣人と同じ気持ちになる。「あぁ、いい夫婦だな。子供たちってどんなだろう？」

Ｂ　葬式も終わり、子供たちがそれぞれ自分のところへ戻り、一人周吉が外を眺めているところ。再び隣人が通りかかる。隣人「お寂しいこってすなぁ」周吉「一人になると急に日が永うなりますわい」何気ない台詞が観客にずしりとこたえる。二時間前（映画のなかでは二週間ほど前）旅行の準備の場面で、空気枕をあっちに入れたのにこっちには入ってないだのという他愛ないいさかいをしている二人を微笑ましく見ていた観客は、その他愛のないやりとりこそかけがえのない幸せな時間であったということを周吉とともに思い知る。

Ｂのシーンは、隣人と周吉が写っているシーンというよりも、いない「とみ」が写っているシーンといってもいいのではないだろうか。二時間経って、観客は**Ｂ**の映像にずしりとした「いないことの重み」を感じる。

ハリウッド映画のように、目まぐるしいストーリーの展開や人目を引く派手なシーンは一つもない。淡々とありふれたドラマが進んでいくだけの古い日本のモノクロ映画だ。しかしこの映画の白黒の映像は観る人の心の奥に実に多くの情報を届ける。その情報に意味を与える鍵は観客の感性と想像力なのだ。

供たちの話を酒の肴にして酔いつぶれる。

老夫婦にとって東京は、親切な紀子を除けば、楽しい思い出を残してくれる場所ではなかった。[E]尾道へ夜行列車で帰る途中、とみの具合が悪くなり大阪にいる三男のところに寄って二日ばかり休んでから帰った。

老夫婦が尾道に帰ってから間もなく東京の子供たちへ「とみ危篤」の電報が届く。結局とみは周吉、長男、長女、紀子、地元で小学校の教師をしている[F]次女に看取られて[J]亡くなってしまう。葬式も無事済んだ直後、長女は母の形見として着物をあれこれ所望する始末。長女は長男、三男と共に仕事が忙しいからとすぐ帰ってしまう。結局、紀子だけが仕事があるにもかかわらず数日間、尾道に滞在し、周吉の寂しさをまぎらわせる。周吉は、けなげな紀子に対して、とみの時計を遺品として与え、これまでの感謝を伝え、いい人を見つけて再婚するようにすすめる。周吉の言葉と気持ちに感激し、紀子は思わず泣く。別れの朝、次女・京子は高台にある小学校の教室から紀子が乗った汽車が過ぎゆくのをじっと見つめる。[B]尾道の内海を貨物船が静かにすべってゆくのを周吉はじっと見やる。

■「空(から)ショット」から読み解く

直接ストーリーに関係ない情景だけを写した映像が流れることがある。こういうシーンを空ショットという。空ショットは、小説における情景描写と同じ役割を果たす。どう解読するかは観客（小説なら読者）の感性に任される。

次の二つの空ショットを比べてみよう。Cは場面が尾道であることを示す石灯籠(いしどうろう)のショット。Dは東京であることを示す煙突のショットだ。場所が変わるたびに、石灯籠と煙突の空ショットがはさまれる。この映像から何を感じるだろう。単に場所を表すだけだとしたら、地名がはっきりわかる、たとえば駅などの方が煙突よりふさわしくはないだろうか。

C

D

まず、多くの人が石灯籠に落ち着いた心地よさを、煙突に威圧感めいたものを感じるのではないだろうか。「何か落ち着くなぁ」「何か不安になるぞ」

次に、同じようなショットEとGを比べてみよう。それぞれFHの直前にはさみ込まれる空ショットだ。

もっとくわしく

名匠小津安二郎

小津安二郎は一九〇三年、東京生まれ。三重松阪(まつさか)で育つ。さかのぼると国学者本居(もとおり)宣長(のりなが)と同じ一族という。

松竹映画に入り、一九二七年『懺悔(ざんげ)の刃(やいば)』で監督としてデビューした。練り上げた脚本をもとに、人情の機微、人生の悲哀を、深い叙情をたたえた映像と淡々としたテンポで描いた。

地面ぎりぎりから撮影する独特の低いカメラアングルなど、世界の監督に影響を与えたことでも知られる。

監督作品は全54作。代表作に『東京物語』『大人の見る絵本 生(うま)れてはみたけれど』『大学は出たけれど』『晩春』『麦秋』『浮草物語』『東京暮色』『秋日和』『小早川(こはやかわ)家の秋』『浮草』『秋刀魚(さんま)の味』がある。

お化け煙突

Gの煙突は、東京の下町千住(せんじゅ)に昭和39年まであった火力発電所の煙突。見る角度によって一～四本に見えたのでこう呼ばれた。

シーンA 周吉ととみの会話

とみ　空気枕(まくら)　そっちい　入りゃんしたか
周吉　空気枕　お前に　頼んだじゃないか
とみ　ありゃんしぇんよ　こっちにゃ

Fはとみが病に倒れ、周吉と次女で看病している場面。Hは長女が経営する美容院。長女と従業員が忙しく働く。数と位置関係が一致しているこの組み合わせをセットとして見たとき、石灯籠と煙突がそれぞれ比喩として見えてくる。

このシーンが連続することによって、観客は石灯籠の安定した構図と老夫婦と次女の家族としての絆の強さを知らず知らずに重ねて観てしまう。同様に煙突の無機質な冷たさ、近代的な機能優先の景観と美容院という当時の先端を行く商売の仕事振りも重なっていく。

石灯籠と煙突は、尾道と東京の場所の説明になっているだけでなく、人間関係を象徴する意味合いも持って観客に伝わってくる。すなわち、映像が比喩になっているのだ。

煙突は生産と消費に大きく貢献するけれど、冷たく無機的でそれぞれに孤立した存在である。脇目も振らずに成長に突き進む戦後の東京という場所でバラバラに生きる子供たちの姿そのものである。一方、それ自体何も生産しないけれど、見る者を穏やかな気持ちにする石灯籠は、尾道で穏やかな老後を過ごす周吉ととみの姿を比喩的に表す。

空ショットによって観客にじんわり意味合いを伝えていく手法だ。

周吉　そっちよう　渡したじゃないか
とみ　そうですか（隣人通る）
隣人　お早うございんす
とみ　ああ　お早う
隣人　今日お発ちですか
とみ　へぇ　昼過ぎの汽車で
（中略）
隣人　立派な息子さんや娘さんがいなさって結構ですなぁ　本当にお幸せでさあ
周吉　いやぁ　どんなもんですか
隣人　ええ塩梅にお天気も良うて
とみ　ほんとにお蔭さんで
隣人　まあお気をつけて行っておいでなしゃあ
とみ　ありがと（隣人去る）
とみ　空気枕ありゃしぇんよ　こっちにゃ
周吉　ないこたないわ　よう探してみ
周吉　ああ　あった　あった
とみ　ありゃんしたか
周吉　ああ　あった

シーンH 長女と客との会話

志げ　奥様　一度アップにしてごらんなさいましよ（中略）レフトサイドをぐっと詰めて　ライトサイドにふんわりウェーブでアクセントつけて
客　じゃ今度一度そうやってみようかしら
志げ　ええその方がずっと個性的ですわ

■「空ショット」から「無いもの」を観る

次の写真は一人暮らしをする紀子のアパートの廊下の空ショットだ。約30秒続く。
紀子は周吉とみの次男昌二（しょうじ）の嫁。昌二は八年前に戦死したという設定である。東京に来たものの、実の子供たちには邪険に扱われた二人だが、血のつながっていない紀子はとても親切にしてくれる。この場面も、映画後半、子供たちに邪魔者扱いされてついに泊まるところのなくなったとみが、紀子の狭いアパートにやっかいになることになり、寝る前に紀子に肩揉（かたも）みをしてもらう場面の直前にはさみ込まれているシーンだ。

1

雑然とした人気（ひとけ）のないアパートの廊下。何の意味もなさそうな映像だ。小津監督はここから何を読み取らせたかったのだろう。

ヒント１　この映像を小説の情景描写で表すとしたらどうなるだろう。

ヒント２　「もし　～　だったら」を探してみよう。

もっとくわしく

その他の「空ショット」

「東京物語」のなかでもっとも有名な空ショットは、とみの臨終の場面だ。

「今晩がヤマです」という医師でもある長男の説明のシーンのあと、いくつかの空ショットがはさまれて切り替わると、とみの顔に白布がかけられ、子供たちが周りで下を向いているというシーンになる。空ショットは、桟橋、白壁、線路というなんの変哲もない場所で、いずれも早朝を思わせる澄明さと人気（ひとけ）のない寂しさが漂っている。

　この映画のクライマックスといってもいい場面が、逆にぽっかり穴の開いたようになっている。盛り上げようとする監督なら、家族がとみにすがりついて泣く映像ははずせないところだ。

　観客それぞれの思いが空ショットに映しだされる。小津が開けたこの穴にきみは何を感じるだろう。

偶然？　わざと？

　空ショットの三輪車など、たまたまそこにあっただけで監督はそこまで考えていないにちがいない、と考える人もいるだろう。もちろん映像の隅から隅まですべてを計算しているとは言い切れない。しかし、小津この映像の第一の働きは、とみが紀子のアパートで世話になっているという事情の説明だ。では、なぜこんな雑然とした廊下の映像でそれを示しているのだろう。どう見ても快適な映像ではない。一つには、狭い安いアパートであることを示すことで、お金を稼いで広い家に暮らす長男長女の冷たさとの対比を表すというねらいがあるのだろう。

■隠された意味を読み取る

もう一つ、この映像のなかでもっとも目立つ小道具から考えてみよう。画面の左下の隅、いちばん手前に置かれている三輪車だ。もちろんこの三輪車は、紀子とは直接関係しない。アパートの他の部屋の住人のものだ。しかし、八年前に夫を亡くし、毎日勤めに出る紀子の目に、この三輪車はどう映るのだろう。「もし昌二さんが生きていれば、私たちにもこのくらいの子供がいて、今頃(いまごろ)三輪車で遊ばせていたのに……」という思いを抱かずにおれないのではないか。小説ならこんな情景描写になるだろう。「紀子のアパートには若い住人が多く、昼には子供たちの笑い声が響き渡る。紀子は勤めから帰ると廊下に置かれた三輪車を端に片付けては部屋のドアを開ける」。今「いる」子供の説明をしていると同時に、今「いない」子供の存在を伝えているのだ。言い換えれば、「三輪車に、今いない子供が見えている映像」ということになる。

このシーンは長男長女の冷たさや、紀子の境遇を直接訴えるものではない。しかし、もし昌二が生きていたら紀子はこんな暮らしをしないですんでいたはずなのに、という「紀子のありえた人生」を観客の意識の底に沈めてくる。これを一歩進めれば、「戦争さえなかったら」を伝えてくる映像ということになるはずだ。

当然のことながら、この映画には昌二は一度も出てこない。しかし、紀子がけなげであればあるほど観客は昌二を意識する。同じように、とみが死んだ後の周吉のせつない穏やかさを目にするほどに、観客はとみを意識する。

「死んでしまった人間への視点」を常に感じさせるとともに「死んでしまった人間からの視点」にも満ちた映画なのである。

『東京物語』（一九五三年）監督／小津安二郎　写真提供／松竹

監督は画面に入るどんな小さな調度類でも必ず自分でチェックし、置き方も入念に考えていたという。また、アニメ映画『もののけ姫』などで知られる宮崎駿(みやざきはやお)監督も、観客の目にはとても意味のある情報としてはとらえられない細かい部分も丹念に描き込んでいる。

小説の情景描写が偶然ではありえないように、映画の何気ない映像にも監督は意味を込めている。

死者からの視線——二つの石灯籠

次の場面でも石灯籠が効果的に使われている。とみが亡くなった後、夜明けを見ていた周吉を紀子が迎えにいったシーンである。

J

じっと見ていると、まるで二つの石灯籠が二人を見守るとみと昌二に見えてくる。

名作映画紹介

▼スタンド・バイ・ミー

STAND BY ME（アメリカ　一九八六年　88分）

『スタンド・バイ・ミー コレクターズエディション』
¥1,480（税込価格）
※価格が変更になる恐れもあります。
発売・販売：ソニー・ピクチャーズエンタテインメント

ホラー小説の帝王スティーヴン・キングの非ホラー小説が原作で、少年時代の想い出をロブ・ライナー監督がさわやかに描き上げた。オレゴン州の小さな田舎町に住む仲良し四人組の少年たちは、行方不明の少年の死体を捜すため、ささやかな冒険の旅に出る。コロコロと笑い、ささいなことで怒り、突然不安に襲われたりする、少年期特有の心情がつぶさに描かれている。タイトルにもなっているベン・E・キングのスタンダード・ナンバーも有名。

▼大人の見る絵本　生れてはみたけれど

（日本　一九三二年　91分）

巨匠・小津安二郎監督のサイレント（無声）作品。東京の郊外に、あるサラリーマンの一家が引っ越してくる。その近所には父親の上司一家も住んでいる。二人の息子は、さっそく近所の子供たちのガキ大将になり、上司の息子も配下に置く。しかし、二人が尊敬していた父親は、上司相手にペコペコと頭を下げてばかり。父親のそんな卑屈な態度が、子供たちは我慢できなかった。

▼蝿の王

LORD OF THE FLIES（イギリス　一九九〇年　90分）

アメリカの陸軍幼年学校の生徒たちを乗せた飛行機が墜落した。生き残った二十四人の少年たちは、救命ボートで近くの無人島になんとかたどり着く。南太平洋の孤島であるこの島で、助けを待つ少年たちは自立した集団を営むうちに仲間割れを起こし、いじめやグループ内・グループ間の対立などを通じて、ついには殺人も犯してしまう。人間性の奥に潜む〝善と悪〟を鮮烈な映像で描き出した傑作。

▼山の郵便配達

那山　那人　那狗（中国　一九九九年　93分）

80年代初頭の中国の山間地帯。郵便配達をしてきた男性は、足を患（わずら）ったために引退を余儀なくされる。長年、誇りを持ってしてきた大事なその仕事は、彼の息子に引き継がれることになった。父は、息子と共に最後の仕事へと向かう。過酷な山道を、重い郵便袋を背負い、いくつもの村をめぐりながら、愛犬とともに二泊三日かけて配達していく。決して多くを語らない父親だが、息子は、郵便配達の仕事の責任の重さ、その誇りを父親から学び、不在がちな父に感じていた心の隔たりも解けていくのだった。

▼ペイ・フォワード

PAY IT FORWARD（アメリカ　二〇〇〇年　124分）

H・J・オスメント演じるトレバー少年が繰り広げる、ハート・ウォーミング・ストーリー。トレバーは、中学一年生になった最初の日に、社会科のシモネット先生からある課題を出される。それは、〝この世の中をよくするためには何をしたらいい？〟というものだった。彼が思いついたのは、〝ペイ・フォワード〟――人から受けた厚意を別の人へ回す――という方法だった。ペイ・フォワードは学校の課題を超え、本当に世の中に広まっていく。

▼洗骨

（日本　二〇一八年　111分）

沖縄の離島で今も残る「洗骨」という風習。亡くなった人の亡骸を数年後に洗い清めて再度埋葬する儀式である。恵美子を亡くした後、夫、長男、長女はそれぞれが生きにくさを抱え、恵美子の洗骨を前にして激しくぶつかり合う。バラバラになりかけた家族を再生させたのもまた亡き恵美子だった。

監督照屋年之はガレッジセールのゴリ。随所に散りばめられるユーモアのセンスが生と死という深刻なテーマを相対化する。

⑥ 広告の読み解き方 ― 画面構成

■美しい配置

「広告の読み解き方」を考える前に、ちょっとした実験をしてみよう。

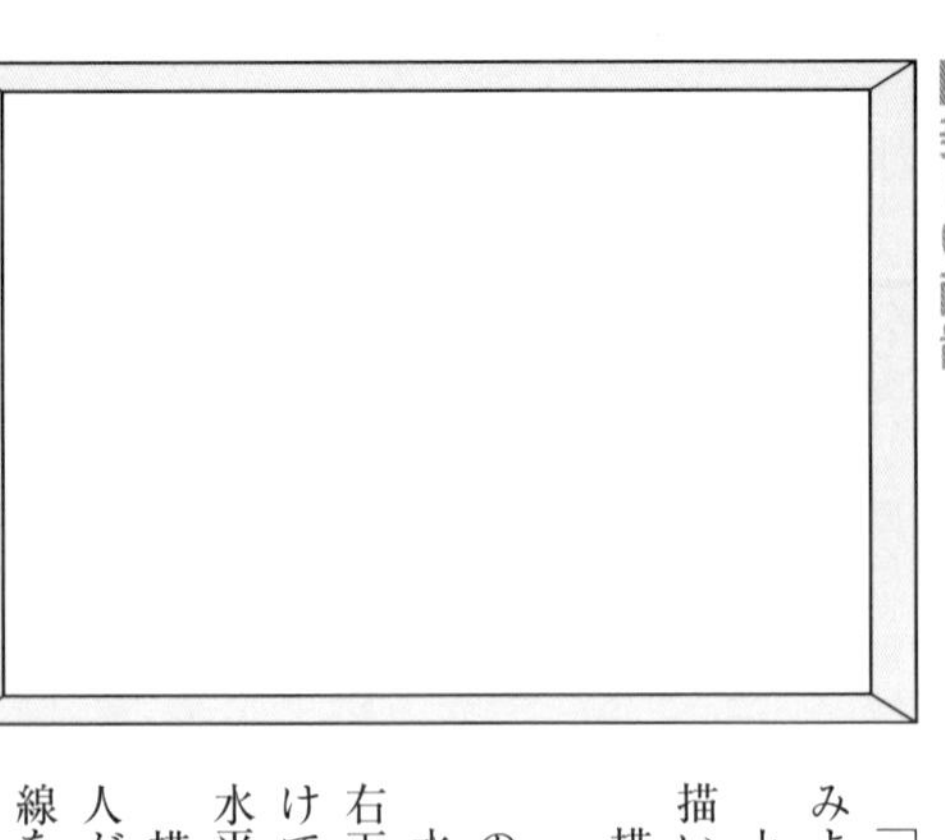

上の長方形を、真っ白いキャンバスだと思って、簡単な絵を描いてほしい。

描くのは、

・水平線一本。　・かもめ一羽。

の二つだけだ。

（かもめ）

水平線は、画面を横切るようにまっすぐ描くだけ。かもめは右下図の大きさで一羽だけ空に飛ばしてほしい。かもめは、傾けてもかまわない。きみが「気持ちいいなあ」と思う配置で、水平線とかもめを描いてみよう。

描き終わったら、352ページの下段の図を見てみよう。多くの人が、352ページの図と同じような位置に、かもめを描き、水平線を描いたのではないだろうか。

この配置は、実は、三分割法と呼ばれる画面構成になっている。三分割法は、多くの人がバランスよく安定していると感じる構成を統計的に分析したものであり、画面構成を考えるときに、もっとも基本的な考え方になるものである。

縦横を三分割するガイドラインや、その交点（下図a・b・c・d）に重要なものを配置すると、バランスよく美しい画面構成になる。君の描いた水平線とかもめも、そのラインと交点上にあるはずだ。

■美しい角度・傾き

もう一つ、実験をしてみよう。左の円を時計の文字盤だと思って、長針と短針を描き加えてほしい。

やはり、時計が美しく見えるような気持ちのよいバランスで描いてみよう。

もっとくわしく

三分割法

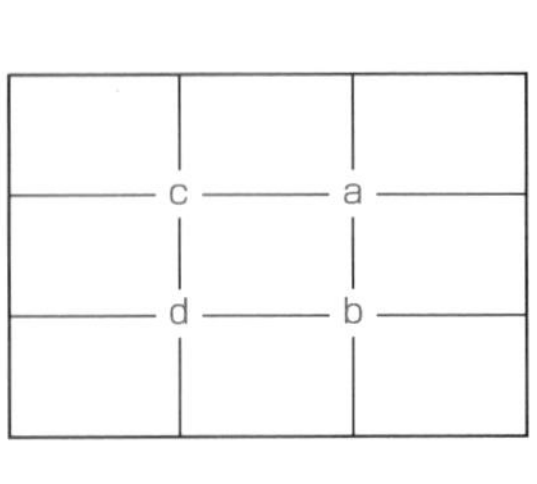

画面の縦横の比が、2対3であるとき、三分割法によって九分割された小長方形も、縦横の比が、ほぼ2対3になる。

ダイナミックシンメトリー

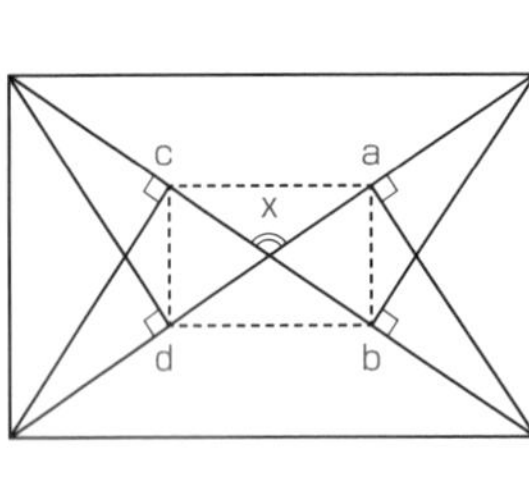

三分割法に似た画面構成の考え方に、ダ

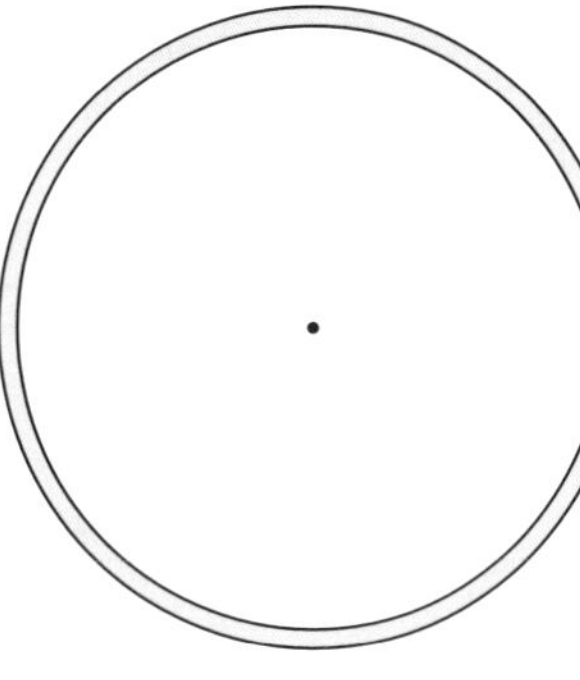

こちらは、「水平線とかもめ」の絵ほどには、同じ絵にはならなかったかもしれない。

10時8分程度に、短針と長針を配置したきみは、とてもよい美術的センスを持っている。

この10時8分は、時計がもっとも美しく見える時間だと言われている。長針と短針が、ほどよい角度を作り、自然な安定感を感じさせる。この長針と短針の先端によって切り取られる部分の上下の比は、ほぼ、1対2で、三分割法になっていることも注意しよう（10時8分の長針と、短針を結び、右に伸ばすと、ちょうど右ページの「かもめ」にぶつかる）。

時計がもっとも美しく見えるということで、時計店のアナログ時計や、テレビに流れるアナログ時計のコマーシャルでは、10時8分程度の表示になっていることが多い。

この角度・傾きが自然で安定しているという点では、たとえば、古代人の祈りのポーズを想像してみよう。空をいだくように、大きく広げられた両手は10時8分程度に開いているだろう。また、右で、「水平線とかもめ」を描いた縦横2対3の基本的な横長長方形の場合でも、二本の対角線の交差する角度（右ページ下図「ダイナミックシンメトリー」にある角度x）は、ほぼ10時8分の角度で、安定感を感じさせるものになっている。

■美しい分割

また、一つの線分を二つに分割する場合は、全体を約5対3に分割すると、非常に安定した美しい分割が得られると言われる。この分割は黄金分割と呼ばれ、パリの凱旋門（がいせんもん）の柱の比率や、ミロのヴィーナスのプロポーションなどにも、この比率が発見できる（355ページ参照）。

このように、私たちは、自然に美しいと思うような分割・角度・構成を、無意識のなかに共有している。これは、文章の文法で学んだ「美しいバランスの文章」にも通じることだ（114ページ参照）。

他の絵画・写真にも、応用できるルールという点では、「デザインの文法」と言ってもよいだろう。

イナミックシンメトリーがある。画面の縦横の比が、2対3であるとき、三分割法によって作られる四つの交点と、ダイナミックシンメトリーによって作られる四つの交点はほぼ一致する。

また、ダイナミックシンメトリーによって作られる中央の四角形abdcは、縦横の比率が黄金比（354ページ参照）となっている。

縦横2対3

一般的な一眼レフカメラの画面は、縦24ミリ×横36ミリの、2対3の比率になっているため、広告・ポスターも、この比率になっていることが多い。

自然な角度

写真提供／OPO

自然に挙げられた両手の角度に注目しよう。10時8分の角度は、豊かで自然な美しいバランスを持っている。

■三分割法を利用した広告

下の広告は、日本三景の一つ「松島」への旅行を宣伝した広告である。三分割法や黄金分割の発想でこの広告を見ると、一見しただけではわからない、さまざまなことを発見することができる。

女性が座ってくつろいでいる位置は、ほぼ右三分の一の重要なライン上にある。また、この広告のポイント「女性の穏やかにくつろいだ表情」は、三分割法の交点「かもめ」の位置（350ページの交点a）という、非常に安定した位置にあって、見る者の心を和ませる。

全体的な画面構成も、「遠くの夜空」「島の浮かぶ夜の松島湾」「手前の縁台」と、三分割で構成されて、非常に安定感のある構図となっている。

この安定した画面構成が、「松島の旅で安らぐ」といった豊かな趣を効果的に物語っている。

■「新しい見方」の発見

他にも、下の広告からいろいろな「新しい見方」を発見して、広告の物語る世界を味わってみよう。

① 季節・時間

きれいな満月が出ている。この広告の季節は月のイメージに一番合う季節、やはり秋だろう。女性の浴衣姿も秋の趣である。満月の高さから、時刻は六時過ぎ頃と思われる。秋の宵、夕食前のゆったりとした時間を感じさせる場面だ。

② 浴衣

女性の着ているのは、旅館の浴衣だろう。きりりとしながらもくつろいだ着こなしが、旅先での優

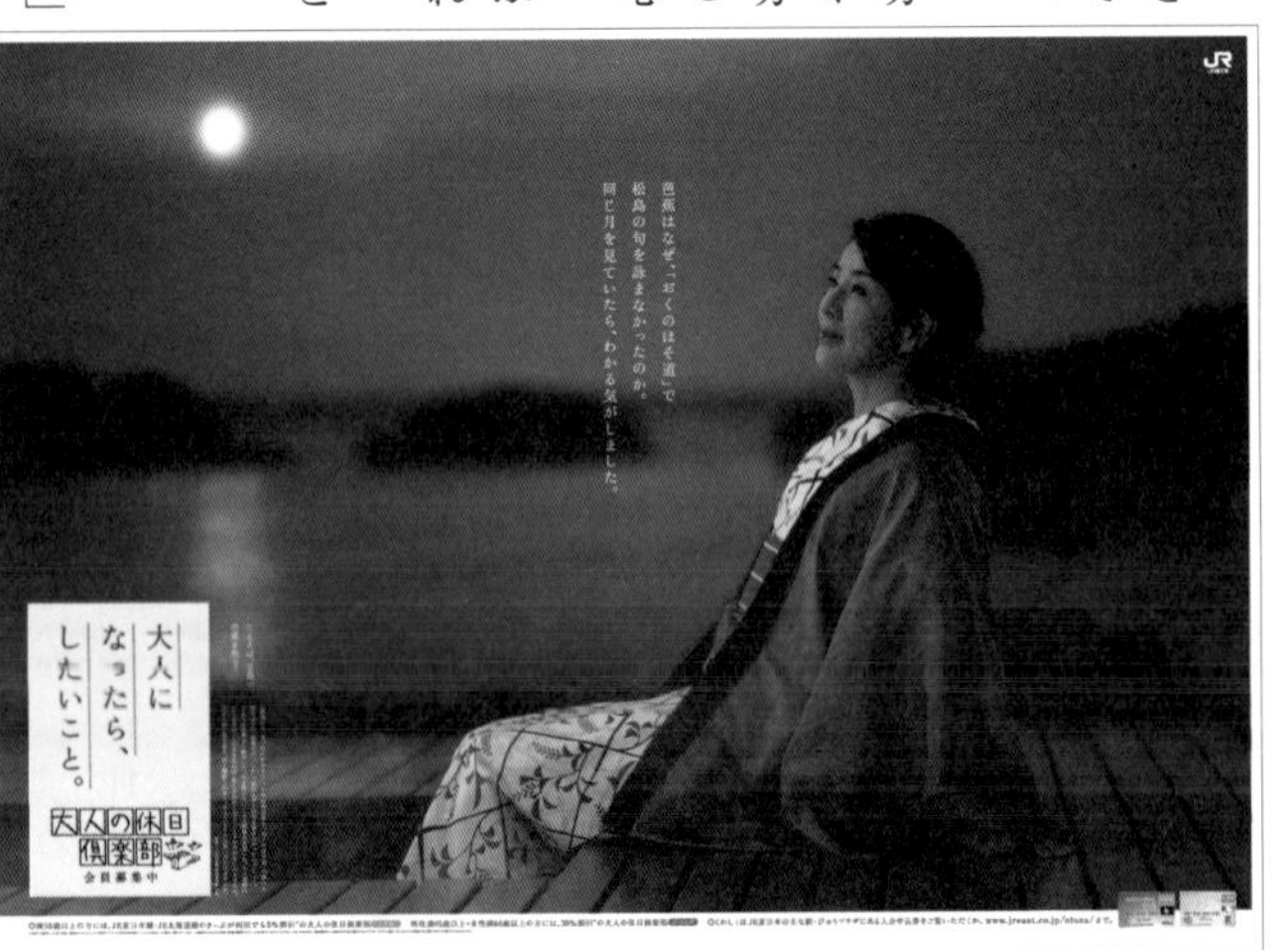

「大人の休日倶楽部」JR東日本

もっとくわしく

「かもめと水平線」

かもめに加えて、水平線に浮かぶ船も描いてみよう。やはり三分の一を基本とした位置に、配置するとバランスがよい。

おくの細道

江戸時代前期の俳諧紀行文。松尾芭蕉作。一七〇二年刊。江戸から奥羽・北陸をめぐり、大垣にいたる六百里、五か月余りの旅を、句詠とともに、綴ったもの。

この作品の冒頭で、芭蕉は旅立つ思いを「松島の月まづ心にかかりて（松島の月が何より気になって）」と述べているものの、実際に松島を旅する場面では、松島の句を詠んではいない。

雅で穏やかな時間の流れを感じさせる。

③ 足湯

縁台の左三分の一に着目すると、掘られたような形状になっているのに気づく。女性はそこに足を下ろしているのだが、その上にはわずかに湯気が立っている。女性は足湯に浸かっていると思われる。「足湯」は、多くの場合、屋外で自由に入ることのできる簡単な温泉だ。屋内からふらりと出て、足湯に浸かり、静かに月を眺めている。そんな日常生活を離れたのんびりと進む時間がここにある。

④ 切り詰められた言葉

この広告には、中央に「芭蕉はなぜ、『おくのほそ道』で松島の句を詠まなかったのか。同じ月を見ていたら、わかる気がしました。」と控えめなレイアウトで「わずかな言葉」が描かれている。しかし、それも「わかる気がした」と述べるだけで、説明はない。言葉があえて切り詰められた広告である。

松尾芭蕉でさえ言葉にすることのできなかった松島の絶景……その感慨を、この女性も、時間を超えて共有している。その尊い瞬間を、「言葉」を超えて画面全体で表現した広告であると言えよう。

⑤ 霞んだ月

月が霞んでいることにも着目したい。同じ満月でもはっきりとした月は、「いまここにある月」を強くイメージさせる。しかし、霞んでいることによって、「いまここにある月」以上に、かつて芭蕉が見たかもしれない月へと、見る者の想像を広げさせる力を持っている。

⑥ 女性の視線

この広告の中心は、言うまでもなく、穏やかな女性の表情だ。最後にその視線に着目してみよう。一見すると、彼女は月を見つめているようだ。しかし、よく見ると彼女の視線は月をとらえていない。月よりもさらに遠く先を見つめている視線であることに気づく。彼女は、「いまここにある月」を眺めながらも、「かつて芭蕉が見た月」へと思いを馳せている、そんなことを感じさせる表情である。

このようにこの広告は、「松尾芭蕉の感動をも共有できるような豊かで趣のある旅の時間」というイメージを、安定した場面構成・豊かな映像で表現している。この映像の説得力の前では、かえって多弁な言語表現は邪魔になるだけだろう。「言葉による宣伝」は、あえて最小限の内容に切り詰められている。

三分割法の広告例

【広告A】

【広告B】

思い出といっしょに…
日々の成長を美しい写真に残しませんか？
たんぽぽカメラ店

（作成例）

【広告A】の着目点

・キャッチコピーは「三分割法のa：『かもめ』の位置」に、重機は「三分割法のd：『船』の位置」にバランスよく配置（352ページ「もっとくわしく」参照）。
・今日の仕事を終えた充実感と安息を思わせる夕方の時間。
・今後の仕事の広がりと可能性を感じさせる工事着工前の空き地。
・仕事への真剣な取り組みを感じさせる、きっちりとしたキャッチコピーの字体。

（提供：小柳建設／制作：むすび株式会社）

【広告B】の着目点

・縦三分割した画面構成。
・黄・赤・青の「対比性」と「連続性」を感じさせる服の色。
・幼児→少年→青年と、人生の時間・成長の過程を感じさせる配列。

黄金分割

▼黄金分割とは？

一つの線分を、二つに分割する場合、全体と長い部分の比が、長い部分と短い部分との比に等しくなるような点で分割すると、バランスのとれた美しい分割になると言われる。

この分割比は、A対B＝1対1．618…であり、分割点は、全体を、ほぼ3対5（5対8）に内分する位置となる。

正五角形は美しい形をした神秘的な多角形として、古来、多くの数学者の関心をひいてきた。正五角形の対角線を引くと、内部には、美しい星型ができ、またその中央には、再び正五角形が残る。このような無限に繰り返される美しさを内包した正五角形だが、その一辺と、対角線との比は、1対1．618…の黄金比の比率となっている。

また、この黄金比を縦横の比率に持つ長方形は、黄金長方形と呼ばれる。

黄金長方形の長辺を黄金分割して、正方形部分と長方形部分とに分けると、出来上がった長方形は、再び黄金長方形となる。

（左ページ「オウムガイの形状」参照）

1　1.618…

A＋B　A　B

$$
\begin{aligned}
A : B &= B : (A + B) \\
&= 1 : 1.618\cdots \\
&\fallingdotseq 3 : 5 \\
&\fallingdotseq 5 : 8
\end{aligned}
$$

▼美しい黄金比の例

黄金比・黄金長方形などは、建築物・美術品や自然界の形状など、さまざまなものにその例を見ることができる。

・パルテノン神殿

ギリシャのパルテノン神殿を正面から見ると、その建物全体の縦横の比率は、黄金比となっている。

写真提供／アマナイメージズ

・パリの凱旋門(がいせんもん)

凱旋門の柱には、さまざまな部分に黄金比が利用されている。

写真提供／アフロ

・ミロのヴィーナス

上半身対下半身の比が、1対1．618…の黄金比になっている。

©Photo RMN／amanaimages

・オウムガイの形状

黄金長方形から正方形を取り続けるように、四分の一円を描いていくとオウムガイのような形状になる。

▲オウムガイ化石断面　写真提供／OPO

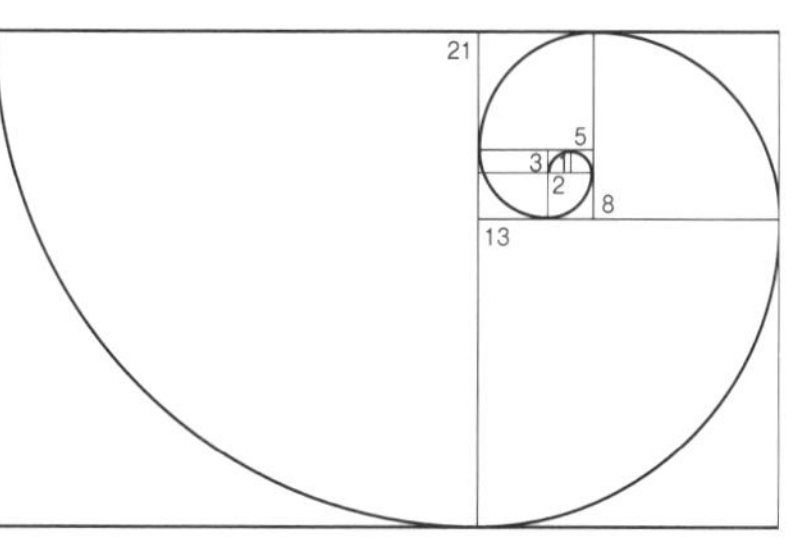

他にも、名刺・クレジットカード・新書等の縦横比や、ひまわりの種の並び方、まつぼっくりのまつかさの並び方にも、1対1．618（3対5≒5対8）の黄金比が見出せる。

▲まつぼっくりを上から見た図

⑦ 広告の読み解き方 二 文字の効果

【広告A】

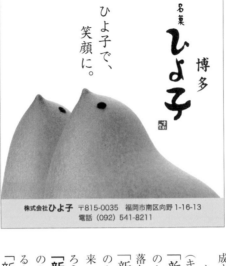

名菓
博多
ひよ子
ひよ子で、
笑顔に。
株式会社ひよ子 〒815-0035 福岡市南区向野1-16-13
電話（092）541-8211

※この「ひよ子」の文字は女流書家の町春草（まちしゅんそう）（一九一二〜一九九五）によるもの。昭和39年、商品の東京進出をきっかけに採用されたこの字体（ロゴタイプ）は、商品のイメージとして定着し、知名度を上げる大きな要因の一つとなった。

■広告と文字

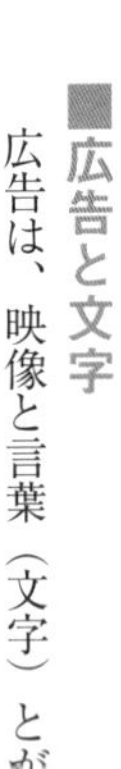

広告は、映像と言葉（文字）とが、響きあい、さまざまなメッセージを作っている。

文字の配置・字体・大きさなども、広告を構成する重要な要素だ。

たとえば、同じ「新しい生活」というコピー（キャッチフレーズ）でも、

「新しい生活」

のように、毛筆体で柔らかく書けば、穏やかに落ち着いた感じが表現できるし、

「新しい生活」

のように、くっきりとした明朝体で書けば、未来への決意・希望のようなものも表現できるだろう。

「新しい生活」

のように、ポップな字体で書けば、うきうきするような楽しさを表現することもできる。

「新しい生活」

のように、素人（しろうと）じみた手書き風の文字を利用して、親しみやすさを表現することさえできるだろう。

上の**【広告A】**では、素朴で可愛らしい毛筆体の文字で商品名が記されて、まるでヒヨコが楽しそうに跳ねてはしゃいでいるような微笑（ほほえ）ま

もっとくわしく

さまざまな字体

字体もデザインの一種なので、無限の字体が存在するが、大まかに分けて、

- 明朝体
- ゴシック体
- **ナール体（丸ゴシック体）**
- 教科書体
- 毛筆体
- **ポップ体**

などがある。

【広告A】では、毛筆体のうちでも、印刷用として既にあるものではなく、書家によるオリジナルデザインのものが使われている。

一方、**【広告B】**では、ゴシック体のうちでも、かなり太目の力強い字体が使われている（正確には、「ゴシックＭＢ101」という字体）。

ポイント・級数

文字の大きさは、「ポイント」「級」などで表される。

- 文字の大きさ
（8ポイント・12級）

【広告B】

未来を予見する力。
インターネット＆イントラネット
THE GLOBAL STANDARD
http://www.compaq.co.jp/
未来標準を差し示すビジョン。
Is this possible?
次の「コンパックショック」は何だろう。
世界標準
ワールドワイド・パートナーシップ。
トータルコスト・オブ・オーナーシップという思想。
オープンビジネス
コンピューティングのすべてを。
COMPAQ

(旧)コンパックコンピューター→(現)日本ヒューレット・パッカード

しい様子が醸し出されている。

商品の穏やかな姿や、上を向いた視線、「ひよ子で、笑顔に。」というシンプルなキャッチコピーが、商品の「純朴で温かい趣」を感じさせ、文字・言葉・映像が、統一的に、「穏やかな幸福感」を感じさせている例である。

一方【広告B】は、大量の文字が、大小さまざまな大きさで、画面を埋め尽くしているコンピューター会社の広告だ。

莫大（ばくだい）な文字量は、コンピューターの莫大な情報処理能力もイメージさせるし、無機的で力強い太目のゴシック体で統一された字体は、コンピューターの無機質さや正確さや、パワーなども、連想させるだろう。

またさまざまな文字の大きさを利用することによって、まるで、コンピューターの複雑なプログラムの奥底まで、のぞいていくような垂直感（手前から奥まで進んでいくような感覚）を感じさせている。情報を処理するスピード感といってもいいだろう。

色使いも単純な「黒」と「白」で統一され、コンピューターが、「0」と「1」の単純なデジタル記号で成り立っている単純明快さもイメージさせている。

このように【広告B】は、文字そのもののデザインを縦横無尽に、巧みに利用することによって、コンピューターの「それらしさ」を圧倒的な説得力で表現している広告だ。

この他にも、身の回りの広告や、商品に記された字体を見つめてみよう。

きっと「親しみやすさ」や「スピード感」や「力強さ」など、さまざまな雰囲気・イメージを持っているはずだ。

・文字の大きさ
(10.5ポイント・15級)

・文字の大きさ
(12ポイント・18級)

・文字の大きさ
(14ポイント・20級)

・文字の大きさ
(16ポイント・24級)

・文字の大きさ
(20ポイント・28級)

・文字の大
(26ポイント・38級)

・文字の
(34ポイント・50級)

上の【広告B】では、5ポイントから、306ポイントまでの文字が使用されている。ポイントが2倍になれば、文字の占める面積は、4倍になるから、【広告B】では、最小から、最大まで、3600倍以上もの差のある文字を利用しているわけだ。

時代を映す広告・「時代の歌」

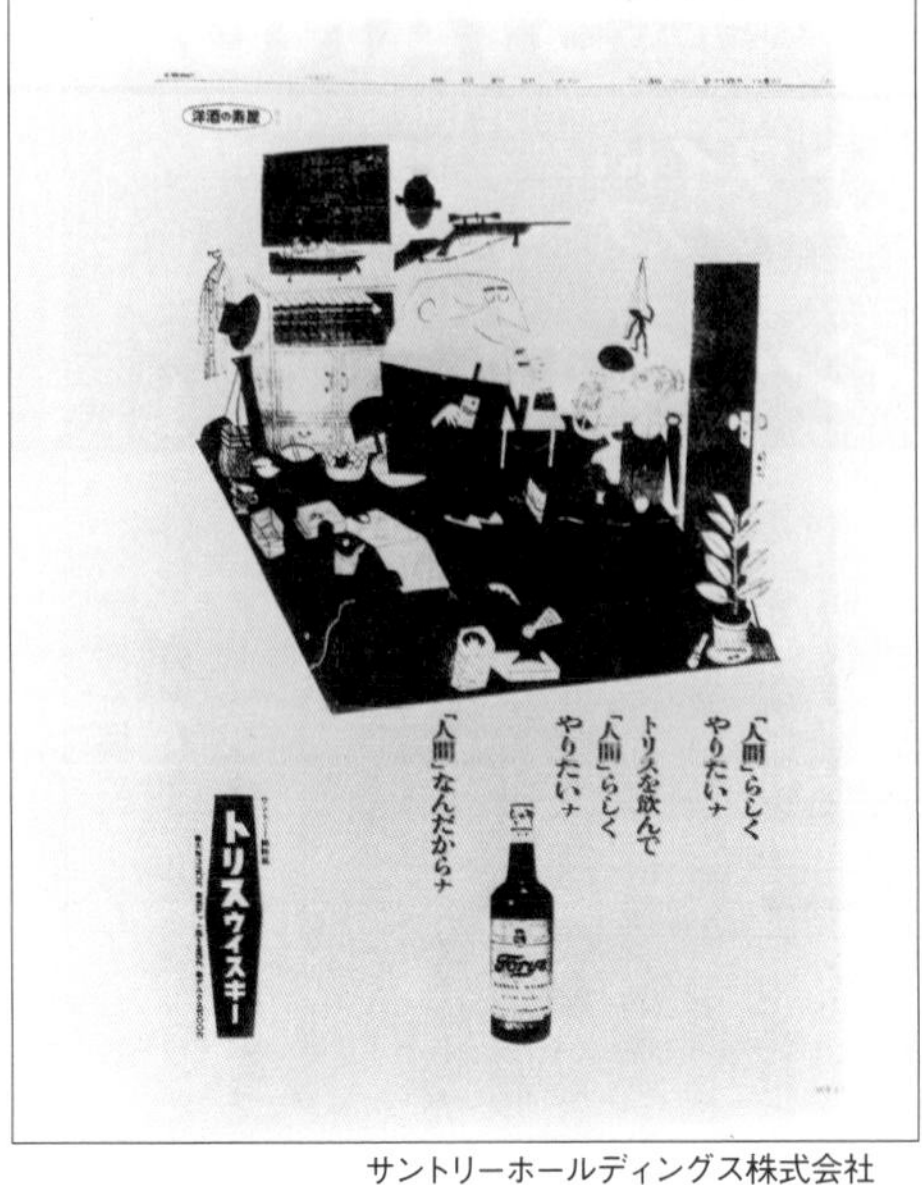

サントリーホールディングス株式会社

戦後、日本国内の生産力の水準が、戦前最高時の水準を回復したのが一九五五年。その後、約二〇年間にわたり、日本は経済成長率の年平均が、10%にも及ぶ驚異的な経済成長を遂げる。高度経済成長期といわれる時代である。社会・企業・人々は、競争するように利潤や利便性を追い求める。

高度経済成長は、「冷蔵庫・洗濯機・テレビ（一九六〇年代三種の神器）」「カラーテレビ・マイカー・クーラー（一九七〇年代新三種の神器）」などの消費革命を起こし、人々の生活に豊かさをもたらした一方で、社会や人々に、さまざまなゆがみも生んでいく。労働災害や職業病・企業戦士の戦死（後に「過労死」と呼ばれるものの走り）が社会問題化し、水俣病・光化学スモッグ等の公害問題も起こり、自然破壊・環境破壊が深刻化する。

そんな時代のなか、広告のコピー（キャッチフレーズ）にも、「働きすぎ」「猛烈な追求」に対する風刺や反省をこめたものが現れてくる。

上記の広告は、高度経済成長の真っただなか、一九六一年のものである。「『人間』らしくやりたいナ……『人間』なんだからナ」（トリスウイスキー）というコピーは、猛烈経済成長社会に疲れた人々の共感を呼んだ。一つのコピーが時代批評・生活批評になった好例である。

高度経済成長もかげりを見せ始める一九七〇年代に入ると、「のんびり行こうよ俺たちは」（モービル石油　一九七一年）「ゆっくり走ろう。ゆっくり生きよう。」（日産自動車　一九七二年）

「追い越されたって

ハイウェイを安全に走るおまじないです。
追い越されて、カッとなったらとなえてください。
また、ふだんは気づかない小さな異常が時速100キロで表面化することもあります。
ハイウェイに入る前に、東京トヨペットの〈ハイウェイ・チェック〉を。
お車の具合いを科学が診断する、もうひとつのおまじないです。

いいじゃないの」

安全運転はドライバーだけの問題ではない。半分はディーラーがカバーすべきである。

取扱い車種：センチュリー・クラウン・マークII・コロナ・カリーナ クラウン・バン・・イエース・トヨエース

東京トヨペット 株式会社 本社・〒108 港区高輪3-23-10☎443-1111(大代表)

トヨタモビリティ東京

など、人間性回復を訴える広告が、作られるようになる。

上の「追い越されたっていいじゃないの」（東京トヨペット）の広告も、同時期一九七一年の広告である。

一九七三年に作られた、総理府（現内閣府）の「せまい日本そんなに急いでどこへ行く」というコピーもその延長にあるものだろう。

このように、広告は時代を映す鏡でもある。「『人間』らしくやりたいナ」のコピーを作った＊開高健(かいこうたけし)は、「時代に敏感な文明批評家・哲学者・文学者の言葉よりも、広告の言葉のなかに、的確で深い時代感覚・文明感覚がある（「一時代の回想　トリス時代はどう演出されたか」）」として、そのような広告の言葉を「時代の歌」と呼んでいる。

今、街にあふれる広告を、眺めてみよう。君の生きる時代の雰囲気をずばり鋭く切り取った「時代の歌」になるような広告があるかもしれない。

（＊開高健　一九三〇年～一九八九年。寿屋（現・サントリー株式会社）に入社、宣伝部員となる。在職中より小説を発表、一九五八年に『裸の王様』で第38回芥川(あくたがわ)賞を受賞する。ベトナム戦争時には、朝日新聞社臨時海外特派員として戦地取材のため従軍。その時の体験をもとに『輝ける闇』（一九六八）『夏の闇』（一九七二）など、数多くの傑作を発表する。181ページ参照。）

⑧写真の読み解き方 ― 芸術写真を読み解く

写真提供／アフロ

上の写真は、夕暮れの空に影となって浮かぶ富士山を遠景に、海と夕景とを一つの画面に収めたものである。

この写真を例に、「写真の読み解き方」を考えてみよう。

小説作品などを読み解く場合、重要になるのは、時間・空間・人物の三点である。

その作品が、どのような時間、どのような場所で成り立っているのか。そして、どのような人物の姿が描かれているのか。この三点は、文字で書かれた作品、映像を利用した作品、いずれにも共通する重要なポイントだ。

時間を読み解く

写真に描かれた「時間」を読み解いてみよう。しかし、「写真に描かれた時間」には、次のように、いくつもの観点があるので、注意しよう。

①実際に写し取られた時間を読み解く

たとえば、右の写真なら、車のライトが流れている様子から推察して、数秒程の時間を、シャッターを開いたまま、撮影したものだとわかる（下記参照）。「実際に写し取られた時間」とは、その時間幅のことでもある。

加えて、その写真の時刻・季節なども重要なポイントだ。右の写真に写し取られた時間は、夕暮れであり、人々が一日の営みを終えていく時間だ。また、右上の写真は、季節感を感じさせるものではないが、写真によっては、季節感が重要なポイントになることも多いだろう。

②背景としての時間を読み解く

この写真では、実際に写し取られた時間は数秒程に過ぎないが、その背景として、この場面が成り立つための時間を、さまざまに想像してみよう。

たとえば、一台一台の車が、ここまで旅してきたその時間を考えてみよう。休日を利用したドライブの帰りだろうか。仕事を終えて帰宅する車もあるかもしれない。この「一日の終わり

もっとくわしく

シャッタースピード

その映像を写し取るために、シャッターを開いている時間のことを「シャッタースピード」と言う（上の写真のシャッタースピードは、30秒程である。30秒間の車の走行の様子が、光の軌跡となって画面に写し取られているわけだ）。

たとえば、シャッタースピードを極端に短くすれば、早く動くものでも、静止したように写すことができるし（**写真A**）、シャッタースピードをやや長くすることにより、動きのあるものを生き生きと、動的に写し取ることもできる（**写真B**）。

（**写真A**…シャッタースピード 1000分の1秒）
写真／小林 勉

の夕暮れの時間」にまでつながる今日一日の時間が、この写真の背景にある時間だ。

さらに想像を広げて、この道ができ上がっていったその時間も想像してみよう。昔の旅人が富士山を眺めながら歩いた海沿いの街道が、次第に整備され、舗装され、やがて車が行き交うようになったその歴史も想像してみよう。

【参考】 歌川広重『富士三十六景』の一枚「相模七里か浜」。右の写真とほぼ同じ構図。

■空間を読み解く

写真に描かれた「空間」を読み解いてみよう。

① 実際に写し取られた空間を読み解く

遠景の富士山と、近景の夕景との関係から、ここに写し取られた空間の実際の広がりを読み解くことができる。富士山の大きさから推察して、直線距離で50キロ程の空間を写し取っていることが想像できる（実際の撮影地は七里ヶ浜）。

② 背景としての空間を読み解く

この写真に描かれたものが成り立つためには、とても広い空間が必要になる。

たとえば、道を走る車は、どこからやってきたのだろう。その広がりを想像してみよう。

また、浜に寄せる波は、遠く太平洋の果てから届いたものだ。そのはるかな広がりを想像してみよう。富士山の向こうまで続く道や富士山の向こうの夕空へ思いをはせてもいいだろう。

■人物を読み解く

写真に写し取られた人物の姿を読み解こう。単なる風景写真に思えるものも、必ず人物の影はあるはずだ。右ページの写真では、車を運転しているドライバーの様子や、車のなかで交わされる家族や仲間との会話なども想像してみよう。無数の人々の呼吸が感じられるはずだ。富士山に続く道を作った人の歴史を想像するのもよいだろう。人工物を一切排除して、自然物しか写していない写真であっても、間違いなく、その風景を見つめている写真家の存在がある。その写真家の思いを想像してみよう。

■対比を読み解く

「時間」「空間」「人物」に加えて、画面のなかに描かれた「対比的なもの」にも着目してみると、写真に描かれた世界が重層的な深みを持ってくる。右の写真では、「自然」対「人工」の対比が鮮やかに描かれている。「空」と「海」の対比、「茜」と「黒」の対比などの見方もよいだろう。そのような対比を発見しながら、作品に描かれた世界を豊かに感じてみよう。

（**写真B**…シャッタースピード30分の1秒）
写真提供／OPO

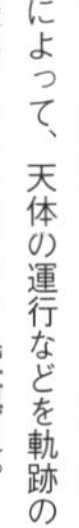

また、長時間シャッターを開け続けることによって、天体の運行などを軌跡のように撮影することもできる（**写真C**）。

（**写真C**…シャッタースピード9時間）　写真／石川勝也

写真に描かれた「時間」「空間」「人物」「対比」

「時間」「空間」「人物」「対比」などに着目しながら、ここに挙げたいくつかの写真を読み解いてみよう。

【写真１】

▲アラスカの自然を撮り続けた写真家　星野道夫の作品
撮影／星野道夫・写真提供／星野道夫事務所

【写真２】

▲「ヒロシマ」原爆ドーム（昭和32年撮影）　撮影／土門拳・写真提供／土門拳記念館

【写真3】

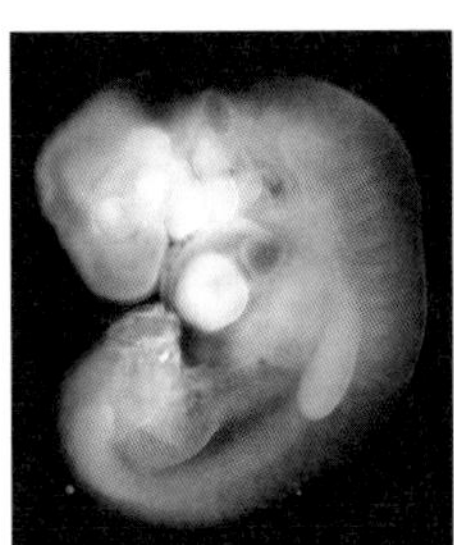
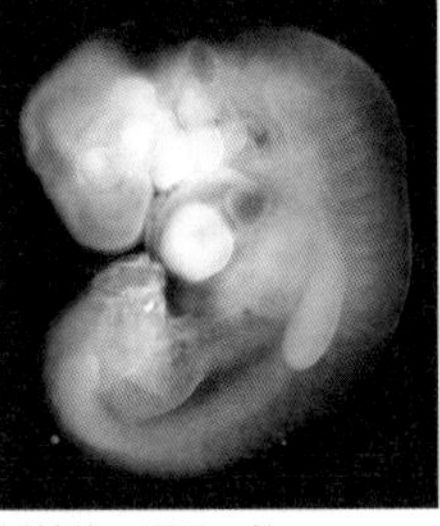

授精後4週目。約7mm。

【写真4】

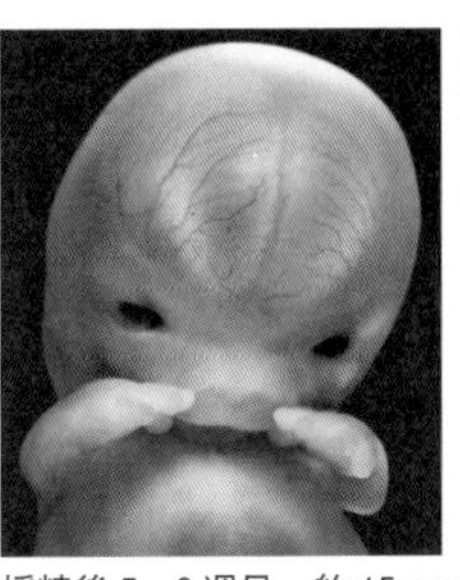

授精後5〜6週目。約15mm。

【写真5】

授精後20週目。約18cm。新生児の1/3程度。

写真提供／Lennart Nilsson/Science Photo Library

▲【写真3〜5】はいずれも、胎内の胎児の写真。

レナート・ニルソン撮影。

・**【写真1】**について

「時間」…アラスカの内海を旅する時間や、この雄大な自然を作りあげた悠久の時間を想像しよう。

「空間」…ここまで旅を続けてきたその道程や、これから旅していくその道程にも思いをはせよう。この内海のはるかかなたは、いったいどこまで続いているのだろうか。カヤックに乗せられた地図も、空間の広がりを想像させる。

「人物・対比」…この広大な自然のなかで、たった一人、カヤックを漕いでいる写真家の姿にも思いをはせよう。

・**【写真2】**について

「時間・対比」…広島に原爆が落とされた日から十二年、復興していった広島の時間を想像しよう。

「空間・対比」…観客の歓声に満ちた野球場の様子を想像しよう。一方で、まだ復興途中の原爆ドーム周辺の広島の町を想像しよう。あの日、広島で光った原爆の光と、今、球場を照らすカクテルライトとを考えよう。

「人物」…野球場に集まった一人一人の観客には、それぞれ一つ一つのかけがえのない人生がある。無数の人々の日々の営みに、思いをはせよう。そこには、戦禍にも屈することのない、人間のたくましい生きる力がある。

・**【写真3】【写真4】【写真5】**について

「時間・対比」…この胎児が命を与えられるまでの時間、両親が出会い愛し合った歴史や、これから胎児が成長し、世の中に生まれ、生きていく時間を想像しよう。

「空間」…ここに写し取られた実際の空間は、「母親の胎内」という非常に狭い空間だ。しかし一方で、命という無限の可能性をはぐくむ小宇宙でもある。

「人物」…**写真3**に写された心臓の様子（きれいなハート型）や、**写真4**に写された瞳の様子には、この胎児の確かな命の力が感じられる。一センチ程の胎児に宿る強い命の力に思いをはせよう。**写真5**では、胎児は、指を吸いながら、母親の胎内で気持ちよく眠っているようだ。妊娠を喜び、子供の誕生を心待ちにしている両親の気持ちも想像してみよう。

⑨ 写真の読み解き方 二 報道写真を読み解く

左の写真は、二〇〇二年九月末、アフリカのコートジボワールで起こった内戦の模様を伝えたものである。「芸術写真を読み解く」で考えた「時間・空間・人物・対比」といった観点を応用して、この写真から、一目見ただけではわからない、隠れた物語を探ってみよう。

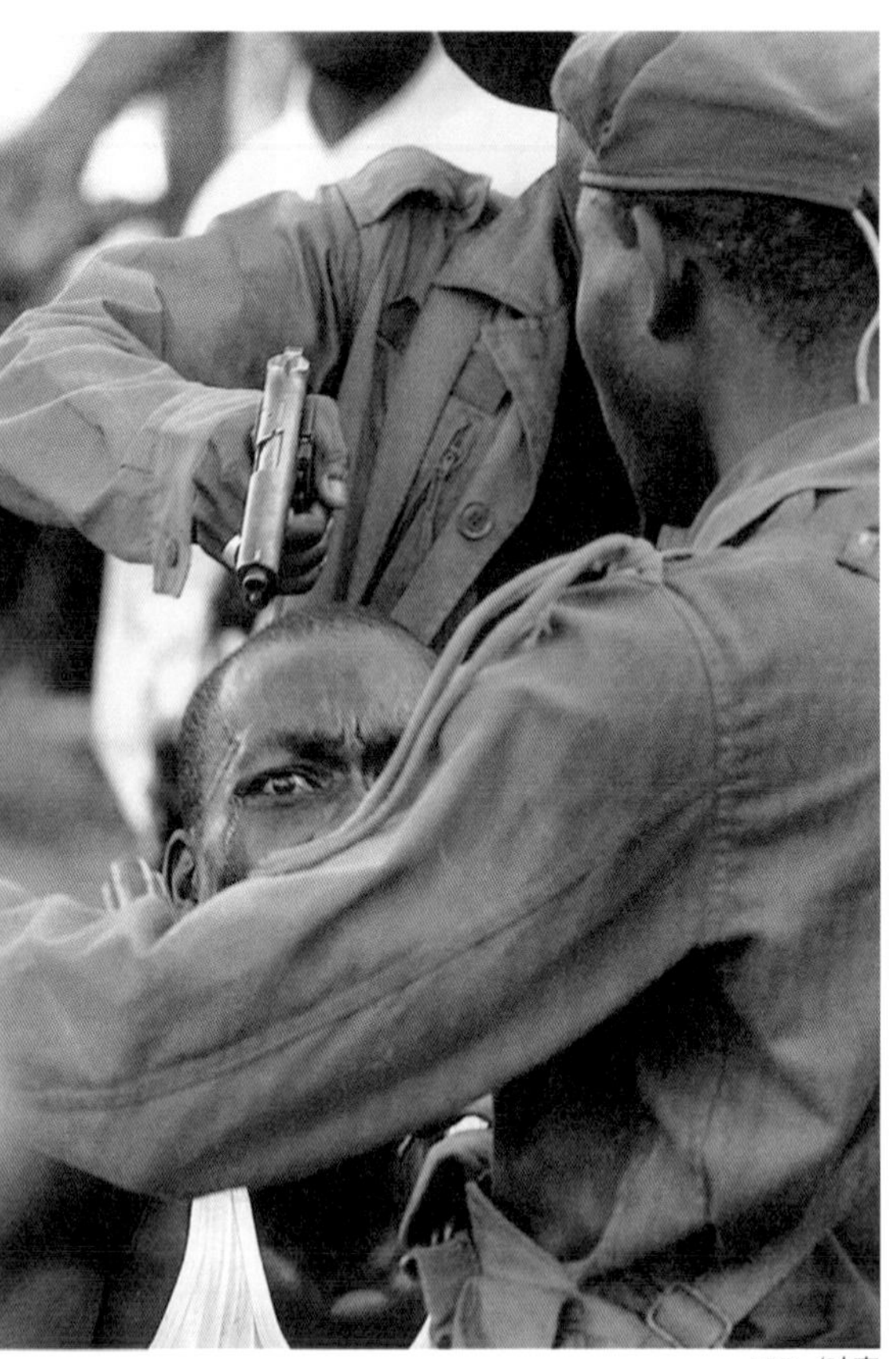

AFP／時事

■服装から立場を読み解く（人物・対比）

この写真の場面の政治的事情は、下記の通りだが、そのような事実を知らなくとも、この写真の背景を感じ取ることはできる。

簡素なシャツ一枚の男性は、戦闘服を持たない民衆か、もしくは戦闘服を脱がされた捕

もっとくわしく

コートジボワールの内戦

二〇〇二年九月、政府に解雇通告された退役予定の兵士らが、復職を求め、南部の都市アビジャンで武装蜂起、北部にいた部隊も呼応して内戦が勃発した。背景にはキリスト教徒の多い豊かな南部と、イスラム教徒の多い貧しい北部との経済格差・宗教対立がある。南部出身のバグボ大統領の政権に対し、北部の不満も高まっており、反政府軍は北部イスラム教徒からも新兵を募っていたとされる。

フランスの写真家ジョルジュ・ゴベによって撮影された上の写真は、二〇〇三年世界報道写真展のスポットニュースの部で組写真の部第一位に選ばれる。

虜だろう。いずれにしろ圧倒的な立場の差を兵士と男性の服装から読み解くことができる。

■音や匂（にお）いを読み解く（空間）

この場面から聞こえる音を想像してみよう。周囲では、銃声が繰り返されているだろうか。兵士の怒声が聞こえるだろうか。助けを叫ぶ声が聞こえるだろうか。もしくは、軍の鎮圧によって、兵士の命令する声以外は、沈黙が覆（おお）っているのだろうか。

匂いも同様に想像してみよう。土の匂い・汗の匂い・軍服の匂い・拳銃（けんじゅう）の鉄の匂い・火薬の匂い……。君の勉強部屋の匂いとは、まるで違う匂いがこの写真のなかにはあふれている。

■男性の年齢から「語られない物語」を読み解く（人物・時間）

この男性は何歳ぐらいだろう。二十五歳前後だろうか。もしかしたら、結婚したばかりの妻や、小さい子供がいるかもしれない。男性の人生・日々の生活を想像してみよう。

この男性を「殺されそうな男性」と一言でくくってしまってはいけない。この男性は、「殺されそうな男性」ではなく、名前を持ち、家族を持ち、毎日を自分なりに生きている一人の個人である。きみと同じ、誰（だれ）とも代替のきかない一人の個人である。

■視線の訴えるものを読み解く（人物）

この男性の瞳（ひとみ）は何を訴えているのだろう。「助けてくれ」「死にたくない」……さまざまな言葉が考えられるだろう。そして、この男性はいったい何を凝視しているのだろう。この男性は、自分に向けられたカメラや、ファインダーを覗（のぞ）くカメラマンに瞳を向けているのではないか。もしかしたら、この男性は、「今、見ている君」に向けて何かを訴えているのかもしれない。

■カメラマンの思いを読み解く（人物）

この場面をカメラのファインダー越しに見つめているカメラマンを想像してみよう。彼はどんな思いで、この男性の瞳に向かい合い、シャッターを押したのだろうか。カメラマンには、命の危険はなかったのだろうか。安全な立場であったなら、どんな思いで、殺されそうな男性にカメラを向けたのだろう。息の詰まるようなカメラマンの思いを想像してみよう。

このようにいくつもの観点を発見しながら、この写真全体を、君なりに感じてみよう。一目見ただけでは感じられなかったたくさんの世界が、君に迫ってくるはずだ。

ハゲワシと少女

Photo by Kevin Carter／Sygma／Sygma via Getty Images

ケビン・カーター（一九六〇年南アフリカ生）は、南アフリカの政治抗争や弾圧、暴力の最前線に身を投じたフリーのカメラマン。内戦・飢饉（ききん）・伝染病に苦しむスーダンの実情を報道するためスーダン南部に入ったカーターは、食糧センターに向かう途中で力尽き倒れた少女と、少女の死を待つようにたたずむハゲワシの姿を目撃し、シャッターを押す。

この写真で、カーターは、一九九四年のピュリッツァー賞を受賞するものの、その後「写真を撮る前に、なぜ少女を助けなかったのか」という批判にさらされ、同年七月二十七日、三十三歳で自ら命を絶つ。

あるカメラマンの死

左の写真は、写真家、藤原新也(ふじわらしんや)が、一九七二年、インド・パキスタン戦争による難民のキャンプを訪れたとき、難民の少女を撮ったものである。

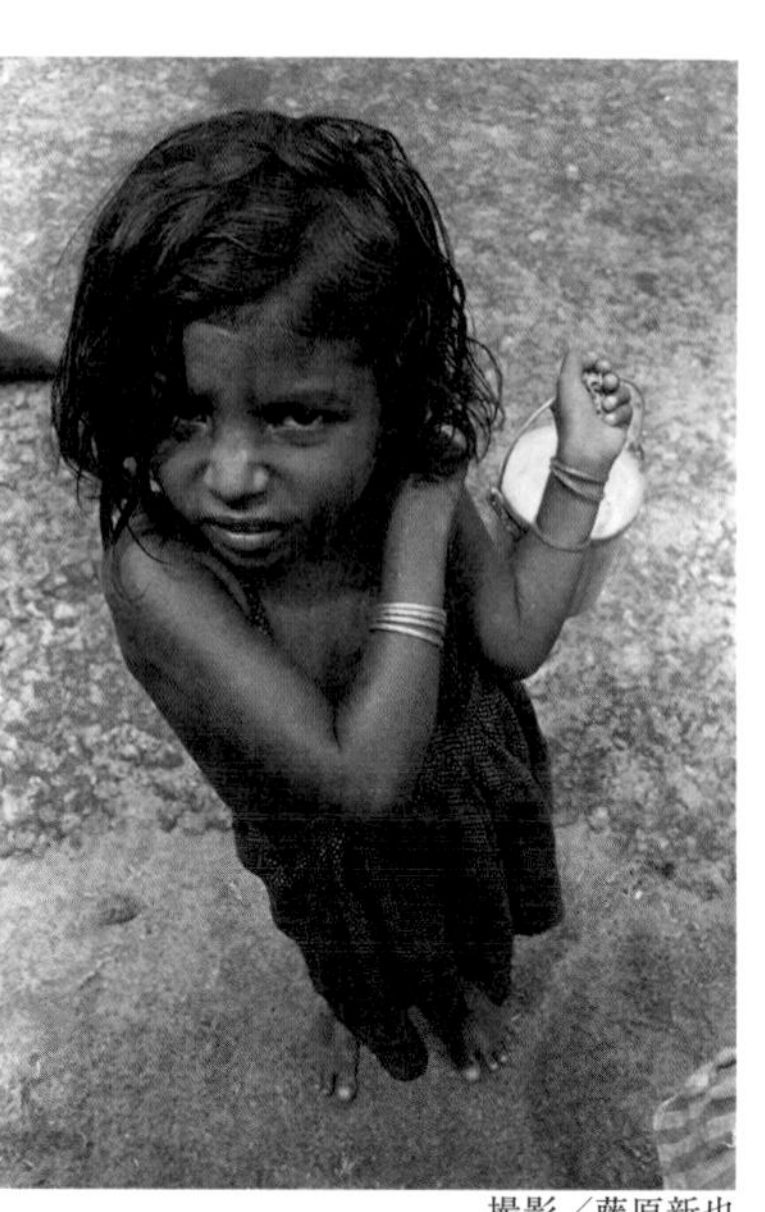
撮影／藤原新也

後に藤原新也は、「あるカメラマンの死」というエッセイのなかで、この難民キャンプの様子に触れて次のような文章を記している。

「難民キャンプは国境のいくつかの限られた場所に設営されており、だいたいこのような場合、取材は最も大きな難民キャンプに集中する傾向がある。だから世界からハゲタカのように空を飛んでやってきたカメラマンたちはさらにまたハゲタカのように、集団になって獲物に襲いかかることになる。たとえばコレラにかかって痩せた尻から血の便を垂れ流しながら地面を這(は)いずっている三歳くらいの子供に三人の白人カメラマンがアングルを考えながら百ミリ前後の中望遠を向け何度もシャッターを押している光景を私は見たことがある。気持ちのいい光景とは言えない。しかしその〝現場〟にいた私の感情から言うと、彼らがシャッターを押す前にその子供を救うべきだという感覚は私にはなぜか不思議なくらい起こらなかった。現場に居合わせた者として言わせてもらうなら、シャッターを押す前にその子供を助けろというのは、ハッシュド・ポテトつきフライド・エッグをフォークでつつきながらＴＶで流される飢えた子供たちの救済番組（ＴＶ画面の下にはここに電話してすぐ金を振り込めという無料電話番号のテロップが流れている）を見ている平和で退屈で善良な、そして世界の救世主の任を持って大陸に移民をしてきたと錯覚しているアメリカ人の言い出しそうなことだが、だいたい難民の現場に入ったときほど人間は人ひとりの無力を感じることはない。ちょうどそれは渇いた広大な砂漠に立っているときのようになすすべがない。砂漠の中の一粒の砂に水をやることの無意味と無力感の中で、怠惰な感情にすら襲われる。たぶん子供を囲むカメラマンはきっとひとりひとりそのような無力感と怠惰を気持ちのどこかで感じながらシャッターを押しているはずだ。

そしてまたフリーのカメラマンならギャラの計算もしているだろう。社用カメラマンなら他の社に出し抜かれまいとそのことで頭がいっぱいかも知れない。慣れたカメラマンなら雑誌のページ割りすら考慮しながらファインダーを覗く。ひょっとしたらこれは何かの賞にあずかるかも知れないという下心のある者もいるはずだ。私はあるとき、うちひしがれて荷物に寄りかかる若い女性にセックス・アピールを感じてしまったこともある。反面、彼らは一人の人間であり一人の病んで飢えた子供の前で当然あわれみや憤りや哀しみも感じている。またこういった悲惨をしょうこりもなくつくりだす人間というものの所業に自分一人ではどうすることもできないという焦りと無力を感じる。また彼らの中のある者はそのような哀しみの感情が肥大し、たとえばアンコールワットで死んだ一ノ瀬泰造のようにポロポロ涙を流しながら（彼はちょうど私がパキスタン難民を取材していたその現場にいたらしい）カメラのシャッターを押しているかも知れない。しかしまた彼が一人の子供の前で涙を流したからといって彼が〝そこに居合わせた〟ということの不幸と幸福から、あるいは健常者が瀕死の飢えた病人にカメラを向けているということの冷酷と罪からとうてい逃れ得るものではない。あるいはまたカメラを投げ出し、子供を抱きかかえようとしたカメラマンがいたとして、それはポトマック川でおぼれかかっている女性を助けた英雄のようにＴＶウォッチャーには見えるかも知れないが、現場では彼は〝さまざまな煩悩を抱え込んだ人間〟であることに耐えきれず自己救済的行為に走ったというふうに見えるかも知れない。

ひとすじなわではないのだ。

そして、なおかつそれらのカメラマンは聖者ではなく、彼もまたごく普通の人間ではないかというそのような酌量の上で、あるいは優しみの視線で見つめてやったとしても、一人の瀕死の子供に向かってカメラの放列を敷くその光景はまたおぞましく、反吐すら吐きたくなるという妙な現実がのさばっている。現場にはいかんともしがたい矛盾が渦巻いている。あたかも人ひとりの人生のように。

飢えた子供の前で写真を撮るべきか、救うべきかという机上の単純な二分法的ものの考え方は、のどかで平和な場所で暮らす人の言葉であり、私にはそちらの方がよほど現実という不可解なものに対して冷淡であるように思える。」

（『藤原悪魔』〈文藝春秋〉所収「あるカメラマンの死」より）

文中でははっきりと語られないものの、この文章は、「ハゲワシと少女」の写真を撮ったケビン・カーター（365ページ参照）の自殺に触れて、藤原新也が記したものであると思われる。

君は、この写真に写された少女の瞳から、どのような叫びを聞くだろうか。

そして、この写真を撮っている藤原新也のどのような心の声を聞くだろうか。

⑩ 言葉による枠組み（現代編のまとめに代えて）

【A図】

C+Fコミュニケーションズ編・著『パラダイム・ブック』（日本実業出版社）より

上の【A図】を見てみよう。

何に見えるだろうか。

「海に浮かぶ島の地図かな」

「子犬が走っている？」

「顕微鏡で何かを覗（のぞ）いたんじゃないだろうか」……

いろいろな見え方がすることだろう。

何かもやもやした、訳のわからない図形であるだけに、逆に、いろいろと自由な空想を働かせることもできるかもしれない。

今、きみの目の前に広がる、その「もやもやした見え方」を、ぜひ覚えておいてほしい。

さて、ここで、ページをめくって、370ページ下段にある【B図】を一度、見てみよう。

そして、もう一度、【A図】に戻ってみる。


そうすると、さっきまでは、訳のわからない図形にしか見えなかった【A図】から、ヒゲをはやした男性の上半身が見えてくるはずだ。

【B図】が、一つの「枠組み」「ものの見方の前提」となって、きみは【A図】から、意味を読み取ったのだ。

もっとくわしく

強固な枠組みによって、真実から目隠しされる

あまりに強固な枠組みがあると、物事の真実から、目隠しされてしまう場合がある。

たとえば、キリスト教的世界観が、世界の見方を決定していたときは、「神様の作った地球が中心で、全宇宙が地球のまわりを回っている（天動説）」という強固な枠組みは、疑問の余地のない大前提であった。

人々のなかに、強固なキリスト教的世界観があることによって、真実が見えにくくなってしまっている状態である。

「回っているのは、自分たち地球のほうである」と地動説を訴え続けた天文学者ガリレオ・ガリレイ（一五六四〜一六四二）は、宗教裁判にかけられ、有罪判決を受けるが、「それでも地球は動いている」と自分の主張を曲げなかった。有罪判決の結果、ガリレオ・ガリレイは終生監禁生活を余儀なくされる。

この裁判の誤りが認められ、ガリレオの汚名が晴らされるのは、その死から三五〇年もたった、一九九二年のことである。

「なるほど、そうだったのか」「そういう意味の絵だったんだ」

きみは、今、驚くと同時に、納得してしまっただろうか。

実は、ここで言いたいのは、「正解がわかってよかったね」ということではない。むしろ、その逆、「一つの見え方しかできなくなっちゃったね」ということである。

今、きみは、確かに一つの「ものの見え方」は手に入れた。しかし、一方で、きみは、「たくさんの自由な見え方」の一切を失ってしまったはずだ。さっき「ぜひ覚えておいてほしい」といった、あの「もやもやした見え方」を、きみはもう見ることはできない。どんなに、目を凝らしたり、どんなにぼけっと見つめたところで、必ず、画面からはヒゲの男性が浮かび上がってしまう。

……

実は、私たちを「枠組み」の魔術に取り込み、ものの持つ多様な真相から目隠ししてしまいかねない、もっとも強烈な枠組みは「言葉」だ。

たとえば「桃の色は、桃色である」と、言葉で一つにくくってしまうと、桃の表面の持つ微妙な色の変化や、白い粉のようなうぶ毛の様子も、うす黄色い未熟な部分の色合いも、すべて単調な「桃色」のヴェールに覆(おお)われてしまいかねない。

桃は、「桃色」ではない。まさに「桃の色そのもの、もやもやした色の変化の集合」のはずだ。水は決して「水色」ではないし、木々の葉は、「緑色」ではない。手をたたく音は、「パン」ではないし、風の音は「ヒューヒュー」ではない。どれもこれも、言葉にはできない、何かもやもやとしたものだ。

第6章で、「映像の読み解き方」を学んできた。

しかし、「読み解いた」結果、一つの見方に限定されてしまったら、それこそ、残念なことだ。実は、ここで取り上げた映像は、どれも、まさに映像そのもの、「言葉にはできないもやもやとした何か」である。

虹(にじ)の色は本当に七色?

虹の色は、日本では「赤・橙(だいだい)・黄・緑・青・藍(あい)・紫」の七色とされる。子供に虹の絵を描かせれば、七色の虹を描くだろう。しかし、英語圏では、虹は、「赤・橙・黄・緑・青・紫」の六色とされ、「藍色」が抜ける。また、メキシコの原住民であるマヤ族は、「黒・白・赤・黄・青」の五色で虹を表現するという。

虹の色は、本来は連続した色の変化であるから、そこに切れ目を入れて、いくつかの色に区別することは不可能なものである。しかし、言葉による枠組みが強烈に働いて、日本語圏では「虹は七色」、英語圏では「虹は六色」と、固定的に、はなから思い込んでしまうのである。

「頬(ほほ)」ってどこ?

人間の顔は、「額・目・鼻・口・耳・頬」といった一つ一つの部品でできてはいない。もやもやとした肉の連続でできているものであって、やはり虹の色のように、そこに切れ目を入れることはできないものだ。

それなのに、私たちは言葉で枠を作って、単純に整理してしまう。その結果、あたかも、「福笑い」のような一つ一つの部品で顔ができ上がっているように思ってしまうのだ。虚心になって顔を見つめれば、「頬」という部品など、どこにも存在しないことがわかるはずだ。

その「もやもやとした何か」を、「おだやかな旅情」だとか、「戦争に対する怒り」だとか、安直に一つの「言葉」でくくってしまうことは、逆に、映像の持つ豊かな世界を狭めてしまうことにもなりかねない。

しかし、だからといって、ただ漫然と見つめているだけでは、その映像に秘められた世界を感じ取ることもできないだろう。やはり、私たちは言葉を使って、一つ一つ「対象の真相・深相」に迫っていくしかないのだ。

言葉の持つ「枠組み、くくってしまう力」を知ろう。

安易な言葉でまとめてしまうことは、それこそ、逆に真実を見失わせてしまうことを知ろう。と同時に、言葉の豊かな力も信頼し、誠実に丹念に言葉を見つめ、物事を見つめていこう。

犬死んだ　ああ悲しいな　悲しいな

「悲しい」という言葉で、安易に語ってしまうとき、逆に「悲しさ」は、はるか彼方に遠ざかってしまう(229ページ参照)。

「悲しい」という言葉をぐっと我慢し、誠実に丹念に、言葉を見つめ、心を見つめ、物事を見つめるとき、

コロ眠る　エサも食べずに　雪の日に

という、「言葉で整理してしまうことのできない、ある切実な思い」が、真に迫って描かれるのである。

もっとくわしく

【B図】

C+Fコミュニケーションズ編・著『パラダイム・ブック』(日本実業出版社)より

映像が物語る

364ページの、兵士に銃口を突きつけられた男性の瞳をもう一度見てみよう。

男性の瞳は、どんな言葉よりも、鮮烈に、「何か」を私たちに叫んでいる。その聞こえない言葉が、私たちの胸に突き刺さるのである。

古典編

▼古典編

第1章 古文の読み方を知る

古文を読むための要点を学びます。文法や重要単語から、平安時代の文学世界に登場する風物、年中行事、恋愛事情などまで紹介します。有名な古典作品を簡略な文学史の形にまとめました。

文語文と口語文

口語文はいつできたのだろうか。明治時代半ば、二葉亭四迷（一八六四―一九〇九）が言文一致体の小説『浮雲』を発表し、「だ」調の口語体を用いた。これが文学における口語体完成への第一歩とされる。『浮雲』は以後の文学者に大きな影響を与えたが、文語体がすぐに消えてしまったわけではない。森鷗外、泉鏡花、樋口一葉など、文語体ならではの深いあじわいを持つ優れた作家たちが、明治時代には活躍した。何千年にもわたる日本語の歴史において、口語が書きとめられるようになった時間は、むしろ短い。

文語文の美しさ・雰囲気・リズムのよさなど、その魅力をぜひ知ってもらいたい。

150ページへ

① 古文（文語文）

古文の特徴

現代文とは文法が異なり、また、使われている語も異なる。現代文（口語文）に対し、古文のことを**文語文**ともいう。実際の例を見てみよう。

（例一）灯をともしたるに、水はよく澄みて、青き苔むしたる石鉢の底もあきらかなり。

（泉鏡花『竜潭譚』―19世紀末―）

訳〔灯火をともしているので、水はよく澄んで、青い苔が生えている石鉢の底も明らかだ。〕

（例二）又の年の正月に、梅の花ざかりに、去年を恋ひて行きて、立ちて見、ゐて見、見れど、去年に似るべくもあらず。

訳〔次の年の正月に、梅の花盛りのときに、去年を恋しく思って（その邸に）行って、立っては見、座っては見て、（何度も）見るけれど、去年の様子に似ているはずもない。〕

（『伊勢物語』第四段―9世紀後半―）

学習のPOINT

古文も現代とつながっている

上の（例一）を見てみよう。「ともしたる」「あきらかなり」など、口語文法には見られない語があることに気づく。これらは古文に特有な「古語」である。

また、「澄みて」は、「澄む」という語であることはわかるけれども、現代語では「澄んで」と撥音便化するところだ（→33ページ参照）。このように口語文が現代の発音そのままの表記であるのに対し、発音の変化を受ける以前の活用形をそのまま残しているのも、古文の特徴である。

（例二）を見てみよう。「又の年」（＝次の年）、「去年」、「〜べくもあらず」など、現代では意味や読み方がわかりにくい。ただ、「又」（＝次回）という意味は現代にもあるし、「なるべくしてそうなった」などと、似たような言葉

五十音図

現代の仮名遣い(かなづか)では、ワ行を「わいうえを」「ワイウエヲ」と表記しているが、古文では「**わゐうゑを**」「**ワヰウヱヲ**」を用いる。書けるようにしよう。

〔平仮名(ひらがな)〕

あ	い	う	え	お
か	き	く	け	こ
さ	し	す	せ	そ
た	ち	つ	て	と
な	に	ぬ	ね	の
は	ひ	ふ	へ	ほ
ま	み	む	め	も
や	い	ゆ	え	よ
ら	り	る	れ	ろ
わ	**ゐ**	う	**ゑ**	**を**
ん				

〔片仮名(かたかな)〕

ア	イ	ウ	エ	オ
カ	キ	ク	ケ	コ
サ	シ	ス	セ	ソ
タ	チ	ツ	テ	ト
ナ	ニ	ヌ	ネ	ノ
ハ	ヒ	フ	ヘ	ホ
マ	ミ	ム	メ	モ
ヤ	イ	ユ	エ	ヨ
ラ	リ	ル	レ	ロ
ワ	**ヰ**	ウ	**ヱ**	**ヲ**
ン				

を現代語の表現のなかに探していくこともできる。〈昔―今〉の連続性を考えていこう。

ワ行の仮名

ワ行の「ゐ」「ゑ」「ヰ」「ヱ」は、それぞれ次の漢字からでき上がってきた。

為→ゐ
恵→ゑ
井→ヰ
恵→ヱ

Go to 377ページへ

確認問題

古文でのワ行を、平仮名と片仮名とで書け。

解答

〈平仮名〉わゐうゑを
〈片仮名〉ワヰウヱヲ

万葉仮名の遊び心

原則的に一字一音で漢字を連ねる万葉仮名だが、遊戯的に、「十六」と書いて「シシ」と読ませたり、「山上復有山」と書いて「イデ（出で）」にあてたり、などという場合もある。

「十六＝シシ」は、四×四＝十六という、掛け算の答えを含ませた読み方。「山上復有山＝出で」は、「出」の漢字の格好が「山の上に復（また）山有り」であることから。

② 仮名（かな）の成り立ち

万葉仮名（まんようがな）

上代（奈良時代）には、日本語を表記するのに、漢字を用いていた。このような表記法を**万葉仮名**という。

（例）銀母（しろかねも）　金母（くがねも）　玉母（たまも）　奈尓世武尓（なにせむに）
麻佐礼留（まされる）　多可良（たから）　古尓斯迦米夜母（こにしかめやも）
（山上憶良（やまのうえのおくら））

訳〔銀も、黄金も、宝玉も、何ほどのものであろうか。それよりすぐれている宝物といったら、子供に勝るものがあろうか。〕
（『万葉集（まんようしゅう）』巻第五）

字母表

平仮名（ひらがな）や片仮名（かたかな）のもとになった漢字を字母という。

学習のPOINT

万葉仮名・平仮名・片仮名

奈良時代には仮名がまだなく、漢字の音や訓を使い、原則的には一字一音で日本語を書き表していた。これを「万葉仮名」という。

9世紀になると、漢文を訓読するための訓点として、漢字の字画を省略した「片仮名」が用いられ始めた。

Go to 451ページへ

「平仮名」は、漢字を草体化する（草書として形をくずし書きにする）ことによって生まれた。漢字を「真名」（まな・まんな）というのに対し、平仮名を「仮名」（かな・かんな）という。

Return 141ページへ

仮名の歴史

片仮名は、僧侶(そうりょ)たちによって用いられ始めたとされる。漢文で書かれた経典を和文として読むためには、助詞や送り仮名を補って「訓(よ)み下し」をしなければならない。経典の狭い字間・行間にすぐに書きこめるような字が必要とされた。そこで、万葉仮名を使っていたのでは間に合わず、漢字の一部を使った字体が発明されていったのである。「片」とは、「字画が不完全な」の意であるという。

平仮名については、漢字の形を崩して書くことで成立していったと考えられている。

平仮名	字母	くずし字	片仮名	字母
あ	安	安	ア	阿
い	以	以	イ	伊
う	宇	宇	ウ	宇
え	衣	衣	エ	江
お	於	於	オ	於
か	加	加	カ	加
き	幾	幾	キ	幾
く	久	久	ク	久
け	計	計	ケ	介
こ	己	己	コ	己
さ	左	左	サ	散
し	之	之	シ	之
す	寸	寸	ス	須
せ	世	世	セ	世
そ	曽	曽	ソ	曽
た	太	太	タ	多
ち	知	知	チ	千
つ	川	川	ツ	川
て	天	天	テ	天
と	止	止	ト	止
な	奈	奈	ナ	奈
に	仁	仁	ニ	二
ぬ	奴	奴	ヌ	奴
ね	祢	祢	ネ	祢
の	乃	乃	ノ	乃
は	波	波	ハ	八
ひ	比	比	ヒ	比
ふ	不	不	フ	不
へ	部	部	ヘ	部
ほ	保	保	ホ	保
ま	末	末	マ	末
み	美	美	ミ	三
む	武	武	ム	牟
め	女	女	メ	女
も	毛	毛	モ	毛
や	也	也	ヤ	也
ゆ	由	由	ユ	由
よ	与	与	ヨ	与
ら	良	良	ラ	良
り	利	利	リ	利
る	留	留	ル	流
れ	礼	礼	レ	礼
ろ	呂	呂	ロ	呂
わ	和	和	ワ	和
ゐ	為	為	ヰ	井
ゑ	恵	恵	ヱ	恵
を	遠	遠	ヲ	乎
ん	无	无	ン	尓

※太字になっていない字は、くずし字からできたもの。

字母

上の表は、現在定められている仮名の五十音図に対応する字母を表にしたものである。しかし、万葉仮名では、同じ音をいくつもの漢字で表していた。

(例) か→可・迦・加 など

同じ仮名でも何種類かの字母をもとにした複数の字が存在していた(「変体仮名」)。しかし、歴史の流れのなかで、複数の種類の仮名は統一化・画一化されてきたのである。

Go to 382ページへ

③ 歴史的仮名遣（かなづか）い

■歴史的仮名遣い（古典仮名遣い）

「去年（こぞ）を恋（こ）ひて行きて、立ちて見、ゐて見、……」。このように、古文の表記に使われる仮名遣いは、現代の仮名遣いとは異なっている。この、古文特有の仮名遣いを、**歴史的仮名遣い（古典仮名遣い）**と呼ぶ。これは平安時代中ごろ以前の仮名表記を基本としている。

▽歴史的仮名遣いのきまり

① **語の頭にない「はひふへほ」**は「わいうえお」と読む。

（例）こふ→こう（恋う）　ほふし→ほうし（法師）　あはれ→あわれ

② **「ぢ」**は「じ」と読み、**「づ」**は「ず」と読む。

（例）もみぢ→もみじ　まづ→まず

③ **「くわ」**は「か」、**「ぐわ」**は「が」と読むことがある。

（例）くわし→かし（菓子）
いんぐわ→いんが（因果）

もっとくわしく

歴史的仮名遣いは古代の化石？

平安時代中ごろにおいては、発音と、それを書き表す仮名表記との間に大きな違いがなかった。したがって、歴史的仮名遣いとは、当時の発音の名残をとどめているものだと考えられる。

その後、時代が移り変わると共に日本語の発音は徐々に変化していった。ただ、これを書くときには、平安時代に完成された仮名の表記法が受け継がれた。発音に合わせ、現代仮名遣いが定められたのは、意外に遅い。昭和21年（一九四六）である。

平安時代初めには、ア行とヤ行のイ・エはすでに発音の区別がつかなくなっていたが、平安時代中期にはア行のイ・エとワ行のヰ・ヱとの間には、まだ明確な区別が残っていた。だから、ワ行の仮名は存在するし、「いろは歌」にもヰ・ヱが含まれているのである。

学習のPOINT

歴史的仮名遣い

私たちが読む古文においては、万葉仮名（まんようがな）や字母などの、昔の仮名そのものを覚える必要はない。ただし、「仮名の使い方」については、少しルールがあるので、それを知っておこう。

①「語の頭にない」ハ行はワ行で読むが、語の頭にハ行がある場合はそのまま読んでよい。

（例）はな→はな（花）

したがって複合語（2つ以上の単語が合わさってできた単語）の場合も、語中にハ行があってもそのまま読む。

（例）つきひ→つきひ

④母音が続くと長音（伸ばす音）になるが、ここに［アフ］の原則が重なると、

Go to 380・381ページへ

平安時代後期から鎌倉時代にかけて、発音上、ア行のイ・エ・オとワ行のヰ・ヱ・ヲの区別が消滅し、表記上も混同が始まった。

江戸時代になると、四つ仮名（ジ・ヂ・ズ・ヅ）のジとヂ、ズとヅの発音が混同し、ジ・ズに統合することが多くなる。

④**〔アウ〕〔アフ〕**は〔オー〕、**〔イウ〕〔イフ〕**は〔ユー〕、**〔エウ〕〔エフ〕**は〔ヨー〕と読む。

（例）まうけ↓もうけ（モーケ）（設け）　しうと↓しゅうと（シュート）（舅）

てうし↓ちょうし（チョーシ）（調子）

〔イフ〕〔エフ〕も長音化する。

（例）あふぎ→あうぎ→おうぎ

じふはち→じうはち→じゅうはち

てふてふ→てうてう→ちょうちょう

⑤ワ行の仮名**「ゐ」「ゑ」「を」**（片仮名では**「ヰ」「ヱ」「ヲ」**）は、それぞれ「い」「え」「お」と読む。

（例）ゐる↓いる（居る）　ゑむ↓えむ（笑む）　をとこ↓おとこ（男）

⑥助動詞の「む」「むず」「らむ」「けむ」や、助詞の「なむ」に含まれる**「む」**は「ん」と読む。

（例）いざ行かむ。↓いざ行かん。

これなむ都鳥（みやこどり）。↓これなん都鳥。

確認問題

次の語の読み方を現代仮名遣いの平仮名（ひらがな）で書け。

①わらは　②しゃうにん　③さをとめ

④てうし　⑤あらむかぎり　⑥くわんとう

⑦なほす　⑧にふだう　⑨ゐなか

⑩めうほふれんげきゃう

解答

①わらわ　②しょうにん　③さおとめ　④ちょうし　⑤あらんかぎり　⑥かんとう　⑦なおす　⑧にゅうどう　⑨いなか　⑩みょうほうれんげきょう

④ いろは歌

四十七の仮名をすべて並べ、七五調の形に整えた、**いろは歌**というものがある。リズムもよく覚えやすい。暗唱してみよう。

〔本　文〕（平仮名(ひらがな)）

いろはにほへと　ちりぬるを
わかよたれそ　つねならむ
うゐのおくやま　けふこえて
あさきゆめみし　ゑひもせす

〔本　文〕（片仮名(かたかな)）

イロハニホヘト　チリヌルヲ
ワカヨタレソ　ツネナラム
ウヰノオクヤマ　ケフコエテ
アサキユメミシ　ヱヒモセス

もっとくわしく

上代特殊仮名遣い(かなづか)

現代は日本語の母音は〔ア〕〔イ〕〔ウ〕〔エ〕〔オ〕の5種類だが、上代（奈良時代）には、〔イ〕〔エ〕〔オ〕がそれぞれ2種類ずつあり、全部で八つの母音があったと考えられている。万葉仮名(まんようがな)で書かれている書物を調べると、〔イ〕〔エ〕〔オ〕については、二つのグループの漢字が厳密に書き分けられていることがわかるからだ。このような万葉仮名の使い分けを**上代特殊仮名遣い**という。最初にこれを発見したのは、江戸時代の国学者・本居宣長(もとおりのりなが)（一七三〇―一八〇一）であった。これを音韻(おんいん)上の区別だと考え、その呼称を命名したのは、近代の日本語学者・橋本進吉(はしもとしんきち)（一八八二―一九四五）である。

学習のPOINT

いろは歌四十七音

奈良時代には、ア行のイ・エとヤ行のイ・エに、発音上きちんと区別があったことが上代特殊仮名遣い（→本ページ上段）の研究からわかっている。

平安時代に入るとヤ行のイ・エを表す仮名は消滅したが、ア行のイ・エと、ワ行のヰ・ヱとの間には、まだ明確な発音の区別があり、これを表す仮名も存在していた。この事情をそのまま表しているのが、いろは歌の四十七音なのである。五十音図とくらべて、何行の何の仮名がないのか、確かめてみよう。

375ページへ

いろは歌の内容

現存する最古のいろは歌は、11世紀の文献のなかに書き留められているものである。

内容には**諸行無常**という仏教の教えが含まれる。そのせ

むかしの発音に思いをはせる

中世に「母には二度会ひたれども父には一度も会はず」というなぞなぞがある。答えは「唇」。なぜだろう?

現代の［h］の発音は当時は［f］、さらにさかのぼれば［p］だったことを示すと考えられている。「ふぁふぁ」「ぱぱ」と唱えると、上下の唇が合うが「ちち」では唇は触れ合わない。このなぞなぞがあった時代には、「母」の発音は上下の唇を触れ合わせていたことがわかるのである。

まだまだ言葉の歴史にはなぞも多そうだ。

〔現代仮名遣いでの読み方〕

色(いろ)は匂(にお)えど　散(ち)りぬるを
我(わ)が世誰(よたれ)ぞ　常(つね)ならん
有為(うい)の奥山(おくやま)　今日(きょう)越(こ)えて
浅(あさ)き夢(ゆめ)見(み)じ　酔(え)いもせず

【大意】

美しい色合い・形ある物がどんなに照り輝くとしても、いつかは散り果てるものなのに。この世でだれがいったい不変の存在でいられようか、いやだれでもいつかは滅びるのだ。無常・虚妄の煩悩(ぼんのう)の山を今日もまた越えて、浅い夢は見るまい、はかないこの世に酔いもせずに。

▲いろはカルタ　　写真提供／アフロ

いか、作者を弘法大師(こうぼうだいし)（空海(くうかい)）とする説もあった。

※諸行無常＝世の中のすべてのものは常に移り変わり、生じてはまた消え、不変のものはないという考え。

いろは歌は読むだけでなく、書道の初歩（手習い）の手本ともなったものであり、また、古くは、字書・辞書の配列にもいろは順が用いられていた。現代でも「いろはカルタ」などはおなじみである。

確認問題

いろは歌を、平仮名・片仮名の両方で書け。

解答

右ページ参照

もっとくわしく

草仮名の美

平安時代の貴族は、日常的に書簡（文）をやり取りしていた。その際、内容は無論だが、仮名の美しさ・筆の太さ細さ・紙の質や色・紙に付ける香りまで、細かな気配りがされた。総合的な表現だったと考えられる。

絵巻物

平たい本の形になる以前の書物として、巻物（巻子本）というものもある。軸を中心に長い紙を丸め、最後はひもを巻きつける。絵巻などは大画面の迫力が魅力で、紙を繰り出す瞬間に、何が現れるかわからない点が面白い。漫画の原点として高い評価を受けている『鳥獣戯画』『信貴山縁起絵巻』などは有名だ。

⑤ 仮名書きの字体・古典資料

仮名

昔の人はどのような平仮名を書いていたのだろうか。現代五十音図の平仮名以外の平仮名も実は存在した。これらは、現在の平仮名の字母とは別の漢字をもとにした仮名である。**変体仮名**という。

Return 376・377ページへ

▽**変体仮名の例**

（須）　（寿）　（能）

▽**草仮名**

漢字を大幅にくずして生まれた仮名の字体。続けるように（連綿体）、流麗な筆さばきで書いたもの。

（やまとうたはひとのこゝろをたねとしてよろつのことのはと）

▲古今和歌集巻第一

出典：東京国立博物館蔵（平安時代）
ColBase（https://colbase.nich.go.jp/）

学習のPOINT

仮名の字体の変遷

現代では、〔ア〕の発音を表記する平仮名は「あ」、〔エ〕の発音を表記する平仮名は「え」と決まっている。ところが、平仮名の字体が現在のように統一されたのは明治時代も後半のことなのである。ではそれまではどのような仮名があったのだろうか。上の例を見てほしい。

これらの仮名字体は明治33年（一九〇〇）、「変体仮名」とされ、今では、看板や商標において見かける程度になってしまった。美しい筆の運びに注目してみよう。

書物のかたち

書物以前、人間は石や器、木などに文字を彫りつけたり書いたりしていた。大容量の情報をコンパクトにまとめる知恵として、紙が発明されたのは西暦一〇〇年ごろ。中国の蔡倫という人物の手による

Return 140ページへ

印刷の歴史

現存最古期の印刷物としては、8世紀の『無垢浄光大陀羅尼経』（韓国）や、『百万塔陀羅尼経』（日本）などが知られている。

日本での製版の歴史は長い。画面全体の完成度が高く、絵も簡単に入れられる。中国の書風をまねるものや草仮名風のものなど、さまざまなものがあった。

16世紀末～17世紀初めには、外国から来た宣教師たちが金属活字で印刷を行った。「キリシタン版」と呼ばれている。

古典資料

▽和本

現在の本の装丁はほとんどが洋装本である。和本は、和紙を日本独特の製本法でとじた本。とじ方にも数種類あるが、もっとも一般的なのは袋とじである。

▽製版

木板に見開きページの内容を彫りつけ、版画のように板全体に墨をのせて刷る方法。あるいはそれによって刷った紙面。

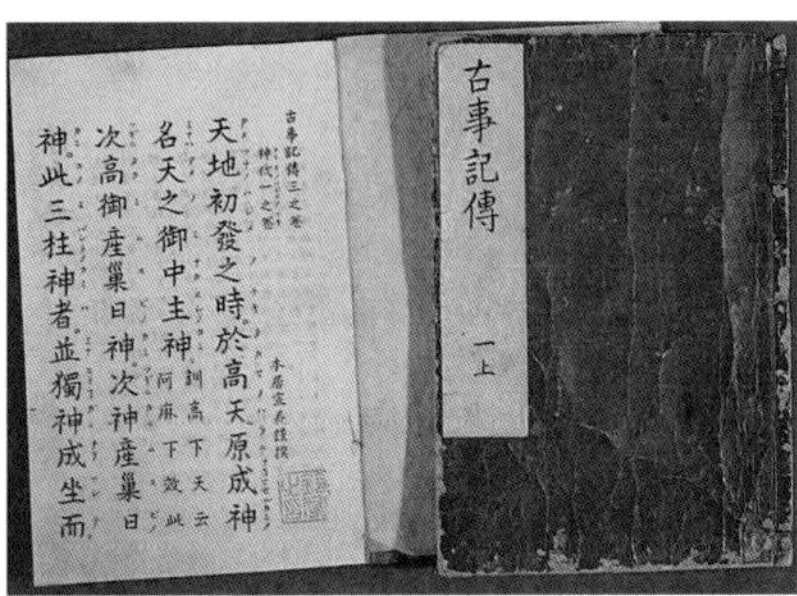

▲古事記伝（江戸時代）　本居宣長記念館蔵

▲鈴屋集板木（江戸時代）　本居宣長記念館蔵

とされている。紙を継いで長くなった状態を整理する方法として編み出されたのが、巻物である。その後、より持ち運びやすく、また、どの部分からでもすぐに読めるように、巻物を折りたたんだ形のアコーディオン式の折本が生まれた。そしてさらに紙を切り離した製本法が発明されていった。

⑥ 古文の特徴 ― 活用

■口語文法との違い

いよいよ、古文の内容に迫れるようにしたい。基本的な文法事項を見ていこう。

▽活用

口語文法の用言においては、未然・連用・終止・連体・仮定・命令の六つの活用形があった。古典文法では、**未然・連用・終止・連体・已然（いぜん）・命令**の六つになる。

（例　動詞「進む」の活用）

・**未然形**　足**進ま**ず。　訳〔足が進まない。〕
いざ、**進ま**む。　訳〔さあ、進もう。〕
右に**進ま**ば良し。　訳〔右に進むならばよい。〕

・**連用形**　三歩**進み**て二歩下がる。　訳〔三歩進んで二歩下がる。〕
吹雪の中を**進み**けり。　訳〔吹雪のなかを進んだ。〕

・**終止形**　軍勢と共に**進む**。　訳〔軍勢といっしょに進む。〕

・**連体形**　大路を**進む**人多し。　訳〔大通りを進む人が多い。〕

・**已然形**　百日**進め**ど、行き着かず。　訳〔百日進んだけれど、行き着かない。〕
霧深き中を**進め**ば、道を　訳〔霧が深いなかを進んだので、

もっとくわしく

活用形の種類

古典文法の6種類の活用形は次のように考えてみよう。

・未然形
・連用形
・終止形
・連体形
・已然形
命令形

終止形をはさみ対応関係があると見るとよい。

口語文法との混同に注意

古典文法の未然形は、口語文法における未然形・仮定形の両方を含んでいる。一方、古典文法の已然形は、口語文法において対応する活用形を持たない。

口語文法の五段活用の未然形に［オ］段が含まれている（例＝進もう）理由は、古典文法での未然形が変化してきたからである。

学習のPOINT

古典文法における用言の活用

口語文法での六つの活用形と、古典文法での六つの活用形とを比較してみよう。大きな違いは、口語文法では仮定形があったが、古典文法では已然形があることだ。

Return 29ページへ

未然形と已然形

・未然＝未だ然らず（いまだしからず）
・已然＝已に然り（すでにしかり）

古典文法では、未然形が「〜ば」に続いて仮定を表す。「未然」とは「まだそうでない」の意味だから、仮定を表すのにふさわしい。古典文法の方が合理的である。口語の仮定形（例＝「もし進めば」）は、古典文法の已然形を起源としている。

「已然」とは「もうそうな

（例）進まむ→進まん
→進まう→進もう

Return 78ページへ
古典文法での已然形（例＝進めば）が仮定の意味も持つようになり、口語文法の仮定形に近づいていったのは鎌倉時代以降だといわれる。

見失ひけり。　　道を見失った。〕

・**命令形**　「**進め**」と愛馬に鞭（むち）をあてたり。　訳〔「進め」と愛馬に鞭をあてた。〕

▽**口語文法での活用形との比較対照**
〔古典文法での六つの活用形〕

29ページへ

・**未然形**…助詞「ば」に続いて仮定を表す形。助動詞「ず（打ち消し）」「む・ん（推量）」などに続く形。

・**連用形**…助詞「て」などに続く形。助動詞「けり（過去・詠嘆）」などに続く形。

・**終止形**…言い切りの形。助動詞「らむ（現在推量）」などに続く形。

・**連体形**…体言（名詞）などに続く形。

・**已然形**…助詞「ば」に続いてすでに起こったことを表す形。助詞「ど・ども」に続いて逆接を表す形。

・**命令形**…命令の意味で言い切る形。

った」の意味だ。しかし、その使い方がだんだん変化し、已然形でも仮定を表すように混同していった。

⑦ 古文の特徴　二　仮定と確定

前ページの未然形・已然(いぜん)形の用法を、くわしく見ていこう。

■仮定条件と確定条件

▽未然形＋助詞「ば」の形によって、仮定条件を表す。

→「(もし)〜ならば」

(例) 毒を食らはば、皿まで。

訳〔もし毒を食らうならば、皿まで食らおう。〕

→「どうせ悪事を犯すのならば、最後まで徹してやってやろう」という意味のことわざ。

(例) 隙(すき)あらば、と見守る。

訳〔もし隙があるならば、と見守る。〕

▽已然形＋助詞「ば」の形によって、順接の確定条件を表す。

①「〜ので」(原因・理由)

(例) 今は亡き人なれば、かばかりのことも忘れがたし。

訳〔今は亡くなった人なので、これほどの(小さな)ことも忘れがたい。〕

②「〜と・〜したところ」(偶発的条件)

「住めば都」

ことわざに「住めば都」というものがある。「もし住むなら都がいいなあ」「もし住んだらどんなところでも都のように感じられるだろう」と解釈していないだろうか。

文法的に正確に考えると、「(どんな田舎や不便なところでも) 住み慣れると必ず住みよくなって、都のように感じられるのだ」と、確定条件法の恒時的条件(下段参照)でとらえるべきだ。そうなるとこのことわざ、楽観的で頼もしい感じが強く感じられてくる。

学習のPOINT

確定条件法

「已然形」に助詞「ば」が続くと、「〜ので」「〜したところ」「〜と必ず」など、「すでに起こったこと」を表す。

(例) 見れば泉あり。

→○見ると、泉がある。
×もし見るならば、泉がある。

用言の已然形に助詞が続くと、「すでに起こったことが条件になって次につながってゆく」意味を持つ。

後ろに助詞「ば」が続くと、順接の確定条件、後ろに助詞「ど・ども」が続くと、逆接の確定条件を示す。

逆接の確定条件の例は、次のようなものである。

(例) 待てど暮らせど
来(こ)ぬ人を…

確定条件は、順接にせよ、逆接にせよ、その動作がすで

(例) 所の掟を聞けば、「旅人に宿貸すことなし」と語る。
訳〔その場所のきまりを聞いたところ、「旅人に宿を貸すことはない」と語る。〕

③ **「〜と・〜と必ず」**(恒時的条件)

(例) 日に向かへば影あり。
訳〔日に向かうと必ず影ができる。〕

※仮定条件と確定条件の違いを理解し、訳を考えるときには、次のことに注意しよう。

仮定条件＝「(もし) 〜ならば」と考える。
「〜だと」「〜すると」などは、確定条件と紛らわしい。

確定条件＝「〜ので」「〜と・〜したところ」「〜と (必ず)」と考える。
「〜すれば」「〜したら」などは、仮定条件と紛らわしい。

確認問題

次の例文の傍線部は、**ア**仮定条件、**イ**確定条件のどちらか。また、意味を考えよ。

① 冬深くなれば、風はげしく吹き、雪も降る。
② 朝にならば、人も来て心強からむ。

解答

① **イ**〔冬が深くなったので〕
② **ア**〔朝になったならば〕

「仰げば尊し」

「仰げば尊し、我が師の恩…」。卒業式で定番のこの歌の冒頭にも確定条件が使われている。「振り仰ぐと、しみじみと我が師の恩が思い返される…」。

「もし振り仰ぐならば」なんて失礼を言ってはいけない。「我が師」は最初から「振り仰ぐべき」存在なのだから。

になされて「確定」していることを示している。仮定条件と間違えないようにしよう。

Return 100ページへ

偶発的条件・恒時的条件

「恒時」とは「常」の意である。確定条件が「(たまたま) 〜したところ」「〜と (必ず)」の意を持つことがあるので、それぞれをこのように呼んでいる。

Return 101ページへ

⑧ 古文の特徴 三 動詞の分類①

動詞の活用の種類

口語文法では、動詞の活用には、五段活用・上一段活用・下一段活用・サ行変格活用・カ行変格活用の五種類があった。

古典文法では、動詞の活用は次の九種類である。

①四段(よだん)活用……〔ア〕〔イ〕〔ウ〕〔エ〕の四段にわたり活用する。
②上二段活用……〔イ〕〔ウ〕の二段にわたり活用する。
③下二段活用……〔ウ〕〔エ〕の二段にわたり活用する。
④上一段活用……〔イ〕段を中心に活用する。十数語のみ。
⑤下一段活用……〔エ〕段を中心に活用する。「蹴(け)る」一語のみ。
⑥カ行変格活用…「来(く)」一語のみ。
⑦サ行変格活用…「す」「おはす」の二語のみ。
⑧ラ行変格活用…「あり」「をり」「はべり」「いますがり」の四語のみ。終止形は「〜り」で言い切る。
⑨ナ行変格活用…「死ぬ」「去(い)ぬ(往(い)ぬ)」の二語のみ。

もっとくわしく

四段活用動詞の例

古典文法で四段活用を示す動詞は、口語文法ではすべて五段活用動詞となる。ただし、口語では「〜う」の形で終止形となる動詞は、古語ではすべて「〜ふ」とハ行の動詞になるので、注意が必要だ。

(例) 会ふ・問ふ・奪ふ　など

学習のPOINT

動詞の活用

先に述べたように、口語文法の五段活用で未然形に含まれる〔オ〕段は、古典文法における未然形が変化したものである。したがって、古典文法では、四段活用はあっても、五段活用はない。

上一段・下一段・カ行変格・サ行変格・ラ行変格・ナ行変格の各活用は、語の数が少ないので、該当する語を覚えてしまうとよい。

四段活用動詞の活用表

活用の原則は、左のとおりである。五十音図の五段のうち、〔ア〕〔イ〕〔ウ〕〔エ〕の四段にわたり活用する。

	未然形	連用形	終止形	連体形	已然(いぜん)形	命令形
	〔ア〕	〔イ〕	〔ウ〕	〔ウ〕	〔エ〕	〔エ〕
主な用法	ず・む・ばに続く	て・けりに続く	言い切る	時・人に続く	ば・ど・どもに続く	命令して言い切る

（例）「思ふ」…ハ行のうち四段〔ハ〕〔ヒ〕〔フ〕〔ヘ〕にわたって活用している。

語	語幹	未然形	連用形	終止形	連体形	已然形	命令形
思ふ	思	―は	―ひ	―ふ	―ふ	―へ	―へ

活用表の注意

活用表の作り方は、口語文法におけるそれと変わりなく、活用語尾だけを表にあらわせばよい（→30ページ参照）。

なお、上の例「思ふ」のように、活用語尾に歴史的仮名(かな)遣(づか)いが含まれている場合は、その仮名遣いのままに活用させるようにしよう。したがって、「思ふ」は、ハ行四段活用動詞である。

確認問題

次の傍線部の活用形は、それぞれ何形か。また、この動詞は何行四段活用の動詞か。

①芋頭(いもがしら)といふ物を好みて、多く食ひけり。
②食はず嫌ひ。
③ひとり飯を食ふ。

解答

①連用形
②未然形
③終止形
ハ行四段活用の動詞

四段活用動詞の見分け方

口語文法では、五段活用動詞を見分けるとき、打ち消しの「ない」を付けてみた。古典文法では、同様に、打ち消しの「ず」を付けてみよう。そのときに未然形が〔ア〕段になるものは、四段活用の動詞である。

（ただし、ナ行変格活用動詞「死ぬ・去ぬ（往ぬ）」、ラ行変格活用動詞「あり・をり・はべり・いますがり」も未然形が〔ア〕段になる）

Return 31ページへ

（例）持つ＋ず
→持たず〔ア〕

会ふ＋ず
→会はず〔ア〕

⑨ 古文の特徴　三　動詞の分類②

■上二段活用動詞の活用表

活用の原則は、左のとおりである。五十音図の五段のうち、上方の〔イ〕〔ウ〕の二段を中心に活用する。

	未然形	連用形	終止形	連体形	已然形	命令形
	〔イ〕	〔イ〕	〔ウ〕	〔ウる〕	〔ウれ〕	〔イよ〕
主な用法	ず・む・ば に続く	て・けり に続く	言い 切る	時・人 に続く	ば・ど・ども に続く	命令して 言い切る

（例）「過ぐ」…ガ行のうち上方の二段〔ギ〕〔グ〕にわたって活用している。

語	語幹	未然形	連用形	終止形	連体形	已然形	命令形
過ぐ	過	―ぎ	―ぎ	―ぐ	―ぐる	―ぐれ	―ぎよ

上二段活用動詞

古典文法で上二段活用を示す動詞は、口語文法では、ほぼ上一段活用に変化している。

Return 36ページへ

特に、終止形・連体形・已然形に注意しよう。

終止形は、口語でのそれより短くなり、「～る」の形ではなく、活用行のウ段の形をとる。

（例）過ぐ　…文語
（過ぎる…口語）

閉づ　…文語
（閉じる…口語）

連体形は「過ぐる人」「閉づる時」など。

已然形は「過ぐれば」「閉づれど」など。

上二段活用動詞の例

上二段活用の終止形の切れのよさはいかにも文語らしい響きを持つ（この点は下二段活用も同様である）。新聞の見出しなどでは、字数を極力減らし伝達力を高めるために、現代仮名遣い（かなづかい）でも文語の言いまわしを使っている場合が多い。

（例）（劇場閉館などで）
「幕を閉ず」

（例）（訃報（ふほう）などで）
「巨星落つ」

上二段活用で、活用行に注意してほしい動詞には次のようなものがある。

ハ行…恋（こ）ふ　など
ダ行…閉づ・恥づ　など
ヤ行…老ゆ・悔ゆ・報ゆ
（3語のみ）

下二段活用動詞の例

活用行に注意してほしい下二段活用動詞には、次のようなものがある。

ハ行…与ふ・答ふ　など
ダ行…出づ　など
ヤ行…覚ゆ・見ゆ　など
ワ行…植う・飢う・据う（3語のみ）

また、語幹と活用語尾の区別がなく、終止形が一音である下二段活用動詞がある。得（う）・経（ふ）・寝（ぬ）の3語である。

下二段活用動詞の活用表

活用の原則は、左のとおりである。五十音図の五段のうち、下方の〔エ〕〔ウ〕の二段を中心に活用する。

	未然形〔エ〕	連用形〔エ〕	終止形〔ウ〕	連体形〔ウる〕	已然形〔ウれ〕	命令形〔エよ〕
主な用法	ず・む・ばに続く	て・けりに続く	言い切る	時・人に続く	ば・ど・どもに続く	命令して言い切る

（例）「受く」…カ行のうち下方の二段〔ケ〕〔ク〕にわたって活用している。

語	語幹	未然形	連用形	終止形	連体形	已然形	命令形
受く	受	―け	―け	―く	―くる	―くれ	―けよ

下二段活用動詞

古典文法で下二段活用を示す動詞は、口語文法では、ほぼ下一段活用に変化している。

38ページへ

上二段活用動詞と終止形・連体形・已然形の形を同じくしている。すなわち、終止形〔ウ〕、連体形〔ウる〕、已然形〔ウれ〕である。

確認問題

次の口語の動詞を文語の終止形に直せ。（歴史的仮名遣い（かなづかい）を用いること。）

（例）閉じる　→　閉づ

①強いる　→
②与える　→
③出る　→
④老いる　→

解答

①強ふ
②与ふ
③出づ
④老ゆ

⑩ 古文の特徴　三　動詞の分類③

■上一段活用動詞の活用表

活用の原則は、左のとおりである。五十音図の五段のうち、〔イ〕段を中心に活用する。

	未然形〔イ〕	連用形〔イ〕	終止形〔イル〕	連体形〔イル〕	已然形〔イレ〕	命令形〔イヨ〕
主な用法	ず・む・ばに続く	て・けりに続く	言い切る	時・人に続く	ば・ど・どもに続く	命令して言い切る

（例）「見る」…マ行のうち上方の一段〔ミ〕が中心になり活用している。

語	語幹	未然形	連用形	終止形	連体形	已然形	命令形
見る	○	み	み	みる	みる	みれ	みよ

もっとくわしく

特に覚えておくとよい上一段活用動詞

カ行…着る
ナ行…似る・煮る
ハ行…干る（乾る）
マ行…見る・後ろみる・顧みる・鑑みる・試みる
ヤ行…射る・鋳る
ワ行…居る・率る・率ゐる・用ゐる

「ひいきにみゐ・る」（贔屓に見ゐる）と覚えるとよい。

学習のPOINT

上一段活用動詞

口語文法の上一段活用において、語幹と活用語尾の区別ができないものがあった（→37ページ参照）。それらが、古語では、この上一段活用動詞に相当している。

上一段活用動詞はすべて「〜る」という終止形になるが、四段活用・上二段・下二段活用と違って、終止形の末尾が活用行になっているわけではない。主なものは十数語しかないので、覚えておくとよいだろう。

下一段活用動詞の活用表

活用の原則は、左のとおりである。五十音図の五段のうち、〔エ〕段を中心に活用する。

	未然形〔エ〕	連用形〔エ〕	終止形〔エる〕	連体形〔エる〕	已然形〔エれ〕	命令形〔エよ〕
主な用法	ず・む・ばに続く	て・けりに続く	言い切る	時・人に続く	ば・ど・どもに続く	命令して言い切る

(例)「蹴(け)る」…カ行のうち下方の一段〔ケ〕が中心になり活用している。

語	語幹	未然形	連用形	終止形	連体形	已然形	命令形
蹴る	○	け	け	ける	ける	けれ	けよ

下一段活用動詞「蹴る」

連用形が「蹴(け)」であり、「蹴て」「蹴けり」などと活用させると、口語との相違に違和感を覚えるかもしれない。ただ、「けたおす」「けつまずく」など、口語でも複合動詞を形成する際に、「蹴(け)」という連用形が残っている。

確認問題

次の傍線部の活用形は、それぞれ何形か。

①声さへ似るものなし。
②尻(しり)蹴むとする相撲取り……
③「射よ」とにこそ候(さぶら)ふらめ。

下一段活用動詞

「蹴る」の一語のみである。

解答

①連体形
②未然形
③命令形

⑪ 古文の特徴　三　動詞の分類④

カ行変格活用動詞の活用表

「来（く）」の一語のみ。「急ぎ来」「出（い）で来」など、複合語を形成している場合も、この活用である。

語	語幹	未然形	連用形	終止形	連体形	已然形	命令形
来	○	こ	き	く	くる	くれ	こ／こよ
主な用法		ず・む・ば に続く	て・けり に続く	言い 切る	時・人 に続く	ば・ど・ども に続く	命令して 言い切る

サ行変格活用動詞の活用表

「す」「おはす」の二語のみ。「愛す」「勉学す」「先んず」など、複合語を形成している場合も、この活用である。

語	語幹	未然形	連用形	終止形	連体形	已然形	命令形
す	○	せ	し	す	する	すれ	せよ
主な用法		ず・む・ば に続く	て・けり に続く	言い 切る	時・人 に続く	ば・ど・ども に続く	命令して 言い切る

ラ変の終止形

ラ行変格活用は、口語文法には存在しない。口語では「ある」はラ行五段活用に分類されている。

なぜ、ラ変のみ、終止形が「～〔ウ〕段」でなく、「～り」なのだろうか。

ラ変の四語はすべて、動作

カ行変格活用動詞

口語文法のカ行変格活用とよく似ているが、終止形「く」と命令形に注意。

命令形には「こ」「こよ」の二種類の形がある。

Return 42ページへ

サ行変格活用動詞

「おはす」は尊敬語（→118ページ参照）で「いらっしゃる」の意味。あるいは「～ていらっしゃる」と、補助動詞としても用いる。

ではなく、存在・有無という、他の動詞にはない意味を持つ。このことと、終止形「〜り」とは関係が深いと考えられる。形容詞の言い切りの形は古語では「〜し」、口語では「〜い」と、〔イ〕段で終わるから、ラ変の言い切りの語形「り」と共通性を持っているというわけだ。

「あり」の反対語は？ と考えてみると、形容詞の「なし」しか思い浮かばない。ラ変は、動詞でありながら形容詞に近い性質を持っているのだ。

ナ行変格活用

ナ行変格活用は、六つの活用形がすべて異なる語形であり、日本語の活用形を六つに分ける基本となった。

Return 29ページへ

ちなみに口語ではナ行五段活用の語は「死ぬ」一語のみである。

ラ行変格活用動詞の活用表

「あり」「をり」「はべり」「いますがり」の四語のみ。終止形が〔ウ〕段ではなく「〜り」の形である。四段活用の活用表と似ているが、終止形が異なる。

語	語幹	未然形	連用形	終止形	連体形	已然形	命令形
あり	あ	—ら	—り	—り	—る	—れ	—れ
主な用法		ず・む・ばに続く	て・けりに続く	言い切る	時・人に続く	ば・ど・どもに続く	命令して言い切る

ナ行変格活用動詞の活用表

「死ぬ」「去ぬ（往ぬ）」の二語のみ。四段活用の活用表と似ているが、連体形と已然形が異なる。

語	語幹	未然形	連用形	終止形	連体形	已然形	命令形
死ぬ	死	—な	—に	—ぬ	—ぬる	—ぬれ	—ね
主な用法		ず・む・ばに続く	て・けりに続く	言い切る	時・人に続く	ば・ど・どもに続く	命令して言い切る

ラ行変格活用動詞

四語とも存在や有無を表す「ある」の意を持つ。「〜である」と、状態を表す補助動詞（→42・43ページ参照）としても用いられる。

・「をり」は「いる・ある」の意。また補助動詞「〜ている」の意味もある。

・「はべり」は、謙譲語（→120・121ページ参照）として「お仕えする」の意。また、丁寧語（→123ページ参照）として「あります・ございます」などの意味もある。

・「いますがり」は尊敬語「いらっしゃる」の意。

ナ行変格活用動詞

「去ぬ（往ぬ）」の意味は、「去る・行く（行ってしまって帰らない）」というものである。現代ではあまり使われない動詞だが、「いにし辺（行ってしまって帰らない辺り）」＝「いにしえ（古）」の用例から考えてみよう。

男性の名前

形容詞の終止形「〜し」は、ことわざや文語体の唱歌などに残っている。

(例) 見渡す山の端霞(かすみ)深し。
(例) 日暮れて道遠し。

身近なところでは、男性の名前に形容詞型というのは意外に多い。サトシ、キヨシ、タケシ、マサシ、ツヨシ、アツシ……。みな立派なすがすがしい意味を持つ形容詞だ。

ちなみに、動詞型の名前も数多くある。トオル、オサム、シゲル、マナブなどだ。さまざまな願いをこめてつける名前を「日本語」として振り返ってみるのも面白い。

⑫ 古文の特徴　四　形容詞・形容動詞

形容詞

口語文法では、形容詞の終止形は「〜い」であった(→50ページ参照)。古典文法では、形容詞の**終止形は「〜し」**である。形容詞の活用は、表にしてみると二種類あり、表の右側を**本活用**という。左側は連用形「〜く」にラ行変格活用「あり」が付いて融合したもので**補助活用**という。

連用形が「〜く」となる活用を**ク活用**といい、連用形が「〜しく」となる活用を**シク活用**という。

(例) 「長し」…ク活用

語	語幹	未然形	連用形	終止形	連体形	已然(いぜん)形	命令形
長し	長	[—く] —から	—く —かり	—し	—き —かる	—けれ	 —かれ
主な用法		ず・む・ば に続く	て・けり に続く	言い 切る	時・人 に続く	ば・ど・ども に続く	命令して 言い切る

(例) 「をかし」…シク活用

語	語幹	未然形	連用形	終止形	連体形	已然形	命令形
をかし	をか	[—しく] —しから	—しく —しかり	—し	—しき —しかる	—しけれ	 —しかれ

学習のPOINT

形容詞の活用表

本活用の未然形に[　]付きで活用が示されている。これは、形容詞に助詞「は(ば)」が付いて仮定を表すときに、その形容詞の活用語尾を未然形とみるか、連用形とみるか意見が分かれていることを示している。

(例) 群臣信無くは、万(よろづ)の事悉(ことごと)くに敗れん。

訳〔群臣にまことの心がないならば、何事もすべて達成しないだろう。〕

主な用法	ず・む・ば に続く	て・けり に続く	言い切る	時・人 に続く	ば・ど・ども に続く	命令して言い切る

形容動詞

口語文法では、形容動詞の終止形は「〜だ」であった（→54ページ参照）。古典文法では、形容動詞の**終止形は「〜なり」「〜たり」**である。

（例）「あはれなり」…ナリ活用

語	語幹	未然形	連用形	終止形	連体形	已然(いぜん)形	命令形
あはれなり	あはれ	—なら	—なり —に	—なり	—なる	—なれ	—なれ
主な用法		ず・む・ば に続く	て・けり に続く	言い切る	時・人 に続く	ば・ど・ども に続く	命令して言い切る

（例）「騒然(さうぜん)たり」…タリ活用

語	語幹	未然形	連用形	終止形	連体形	已然形	命令形
騒然たり	騒然	—たら	—たり —と	—たり	—たる	—たれ	—たれ
主な用法		ず・む・ば に続く	て・けり に続く	言い切る	時・人 に続く	ば・ど・ども に続く	命令して言い切る

形容動詞

形容動詞はもともと、「〜に」「〜と」の形にラ行変格活用動詞「あり」が付いて、活用ができたものなので、活用表を見るとラ変の活用と一致していることがわかる。

タリ活用は、漢語で状態や性質を表す語を語幹としている。漢文をなんとか日本語文体として読みこなそうとする営みが「漢文訓読」を生んだわけだが、その際、「漫々」「洋々」や、「泰然」「平然」などの修飾語を日本語の用言として読んだ結果が、タリ活用の形容動詞に結びついたのである。

Go to 451ページへ

形容動詞の活用

形容動詞「〜なり」の語幹としては、状態や性質を表すものとして、「〜か」「〜げ」などの形を示すものが多い。

（例）涼やかなり・のどやかなり・寒げなり・心細げなり　など

「〜たり」の形容動詞は、漢文訓読体や和漢混淆文体(わかんこんこうぶんたい)によく見られる。漢語で状態や性質を表す語が語幹となる。

Go to 458ページへ

（例）堂々たり・朗々たり・平然たり・断乎(だんこ)たり　など

形容動詞は、連用形「〜に」「〜と」、あるいは「〜にして」「〜として」などの形で見られることも多い。

⑬ 古文の特徴 五 助動詞①

■助動詞

主な助動詞の基本形と意味・例文とを挙げてみよう。

す・さす 使役・尊敬

(例) 妻の女（をんな）に預けて養はす。

訳〔妻の女に預けて養わせる。〕

る・らる 受け身・尊敬・自発・可能

(例) ありがたきもの。舅（しうと）にほめらるる婿（むこ）。

訳〔珍しいもの。舅にほめられる婿。〕

む（ん） 推量・意志

(例) 何の楽しびかあらむ。

訳〔なんの楽しみがあるだろうか。〕

(例) 名を立てん。

訳〔名を立てよう。〕

まし 反実仮想・意志

(例) この木無からましかば、とおぼえしか。

「む」・「ん」・「ぬ」

口語では、「ぬ（ん）」という助動詞に打ち消しの意味がある。しかし、古語の助動詞では、「む」[mu]の[u]が抜け落ちて「ん」と読むような場合や、実際「ん」と表記している場合がある。その際は打ち消しの意味はない。

(例) 偽り（いつは）ても賢を学ばんを、賢といふべし。

→○嘘（うそ）でも賢人のまねをしているようなのを、賢人というべきだ。

×嘘でも賢人のまねをしないのを、賢人というべきだ。

口語の打ち消しの助動詞「ぬ（ん）」は、古語の打ち消しの助動詞「ず」の連体形である「ぬ」からできてきたものである。

学習のPOINT

助動詞について

古典文法でも、それぞれの助動詞に特有の接続があるし、また、活用の型もある（→400ページ参照）。ただし、ここでは主な助動詞の主な意味だけを取り上げ、例文を紹介するにとどめる。各例文をよく読み、訳と見合わせながら、助動詞の働きに注目してみよう。

口語の助動詞との関係

古語		口語
す・さす	➡	せる・させる
る・らる	➡	れる・られる
む	➡	う
まじ	➡	まい
らし	➡	らしい

Return 68・69ページへ

反実仮想

口語にはない助動詞で、「まし」というものがある。特に、「ましかば～（まし）」という形で、「現実にはそうではないけれど、そうだったらよかったのに」という意味を表す。

訳〔この木が無かったらよかったのに、と思われた。〕

ず　打ち消し

（例）ものの理（ことわり）を知らず。

訳〔物事の道理を知らない。〕

（例）本意（ほい）通らぬこと多かるべし。（「ぬ」は「ず」の連体形。）

訳〔本来の意志が通らないことが多いだろう。〕

じ・まじ　打ち消しの推量・打ち消しの意志など

（例）法師（ほふし）ばかりうらやましからぬはあらじ。

訳〔法師ほどうらやましくないものはあるまい。〕

まほし　願望

（例）少しの事にも先達（せんだつ）はあらまほしきことなり。

訳〔ちょっとしたことでも、案内者はあってほしいことだ。〕

確認問題

次の各文の傍線部はどのような意味か。

①ふるさとのことぞ思はるる。

②よばひ星少しをかし。尾だに無からましかば、まいて。

解答

①自発〔ふるさとのことが自然と思い出される。〕

②反実仮想〔流れ星はちょっとはいい感じ。尾を引きさえしなかったら、もっと（いいのに）。〕

⑭ 古文の特徴　五　助動詞②

き　過去

(例) わづかに一人二人なりき。

訳〔わずかに一人二人だった。〕

けり　過去・詠嘆

(例) 腹立ちて帰りにけり。

訳〔腹が立って帰った。〕

(例) 枯(か)れ枝(えだ)にからすのとまりけり秋の暮れ

訳〔枯れ枝にカラスがとまっていることだなあ。さびしい秋の暮れの風景よ。〕

つ・ぬ　完了

(例) 陣の外に引き捨てつ。

訳〔陣屋の外に引き出し捨てた。〕

(例) 年久しくなりぬ。

訳〔長い年月がたってしまった。〕

たり・り　存続・完了

(例) 記したる物なし。

訳〔記録してある物がない。〕

助動詞のさまざま

(例) まず最初に法律ありき、なんだね。

「まず～ありき」とは、それがすでにあることを前提としている、の意味で、過去の助動詞「き」の意味が強く出ている。ちなみに、「き」は直接自分が体験した過去を表し、「けり」は間接的な体験や、伝聞的な過去を表す。

(例) 風と共に去りぬ。

名作映画の邦題だ。完了の助動詞「ぬ」は、その動作が完全に終わったことを表すので、いかにも「風と共に去って」戻ってこない感じをよく表している。

口語に打ち消しを表す助動詞「ぬ」があるので、古典文法の「ぬ」にも打ち消しの雰囲気を感じ取ってしまいがちだ。注意しよう。

(例) 転ばぬ先の杖(つえ)。

＝打ち消しの助動詞「ず」の

学習のPOINT

助動詞の活用

ここでは助動詞の活用までは扱っていないが、助動詞それぞれに活用がある。例えば、過去の助動詞「き」は、

未然	連用	終止	連体	已然(いぜん)	命令
(せ)	○	き	し	しか	○

と、特殊な型の活用をする。

(例) 境にて子を産みたりしかば、離れて別に上る。

訳〔辺境の地で子供を産んだので、(一行とは) 別に離れて上京する。〕

「しか」は、過去の助動詞「き」の已然形である。

実際の古文の文章を読んでいると、このようにわかりにくいものに行き当たるかもしれないが、注釈や訳をよく見て、しりごみせずに読んでいこう。

連体形

↓転ばない前の準備。

（例）杖なくて転びぬ。

＝完了の助動詞「ぬ」の終止形

↓杖がなくて転んだ。

「ず」は、用言の未然形に接続し、「ぬ」は用言の連用形に接続する。

（例）その智（ち）を知れり。

訳〔その智を知った。〕

べし　推量・意志・可能・当然　など

（例）大きなる誤りなるべし。

訳〔大きな誤りであるだろう。〕

らし　推定

（例）深山（みやま）にはあられ降るらし。

訳〔山奥ではあられが降っているらしい。〕

ごとし　比況

（例）光陰矢のごとし。

訳〔時間のたつ速さは矢のようだ。〕

確認問題

次の各文の傍線部はどのような意味か。

①得たりし物は失ひつ。

②「この一矢（ひとや）に定むべし」と思へ。

解答

①完了〔手に入れていた物は失った。〕

②意志〔「この一本の矢で決めよう」と思え。〕

⑮ 古文の特徴　六　助詞

助詞

古語において注意すべき助詞を挙げてみよう。

▽格助詞

が・の　主格・連体修飾格・同格・比喩（ひゆ）　など

（例）世には心得ぬことの多きなり。

訳〔世の中にはわからないことが多いのだ。〕→主格

（例）我が家。

訳〔自分の家。〕→連体修飾格

（例）楝（あふち）の木に、法師（ほふし）の、登りて木の股（また）についゐて物見るあり。

訳〔楝（おうち）の木に、法師で、登って木の股に座って見物をしている（者が）いる。〕

→同格

（例）瀬をはやみ　岩にせかるる　滝川の

われても末に　あはむとぞ思ふ

訳〔瀬の流れが速いので岩にせきとめられる滝川のように、二つに分かれても後にまたあなたと会いたい、と思う〕→比喩

助詞について

ここに挙げた助詞は、それぞれの種類のなかでも、一部の特徴的なものだけである。

また、それぞれの助詞の用法においても、省略した事項がある。

格助詞「が」「の」の用法（同格・比喩）

上の、同格の例文を見てみよう。

「法師」＝「登りて木の股についゐて物見る（者）」という関係ができていて、間を「の」がつないでいる。これが、前後が同じ人物であることを示す、同格の用法である。「～で（かつ）、…な者（物）」のようにとらえるとよい。

また、比喩の用法は、格助詞「と」にもある。

▽接続助詞

ば

①活用のある語の未然形に続き、順接の仮定条件

（例）人にまさらん事を思はば、ただ学問して……

訳〔人に勝とうと思うならば、ひたすら学問をして……〕

②活用のある語の已然形（いぜん）に続き、順接の確定条件

（例）命長ければ、恥多し。

訳〔寿命が長いと（必ず）それだけ恥も多い。〕

▽副助詞

だに　最小限限定「せめて〜だけでも」・類推「〜さえ」

（例）わが思ふ妹（いも）を夢にだに見む。

訳〔心に思う恋人を、せめて夢のなかにだけでも見よう。〕

（例）星の光だに見えず……

訳〔星の光さえ見えない……〕

ばかり　程度「〜くらい・ほど」・限定「〜だけ」

（例）首もちぎるばかり引きたるに……

訳〔首もちぎれるくらい引いたところ……〕

（例）けふばかりは、わざとかくてあるべきなり。

訳〔今日だけは、わざわざこうしてあるのがよいのです。〕

（例）雨と降る。

訳〔雨のように降る。〕

見慣れないけれど

「だに」なんて見たことがない。そう感じる人も、次の例文を見ると、なるほど、と思ってくれるだろうか。

（例）想像するだに恐ろしい。

（例）微動だにしない。

前の例は最小限限定。「〜するだけでも恐ろしい（だから実際そんな目にあったらもっと恐ろしいだろう）」。

後の例は類推。「かすかな動きさえもしない（だからもちろん大きな動きなどしない）」。

「だに」は、このように、言葉の外側に何かを想像させる働きをしている。現在でも、ちょっと固定化された言いまわしだが、こんな風に生き延びてきている助詞なのだ。

⑯ 古文の特徴 七 係り結び

■係り結び

係助詞とは、さまざまな語に付いて、強調・疑問・反語などの意味を添える。係助詞が付いた語は文末まで係っていって一文を成り立たせる。特定のいくつかの係助詞が、文末の語を終止形でない活用形にさせることがある。これを**係り結び（の法則）**という。係り結びを起こす**係助詞**には「**ぞ**」「**なむ**」「**や**」「**か**」「**こそ**」がある。

ぞ　強意　→　文末は連体形に変化
なむ　強意　→　文末は連体形に変化
や　疑問・反語　→　文末は連体形に変化
か　疑問・反語　→　文末は連体形に変化
こそ　強意　→　文末は已然形に変化

（例）川流る。　→川ぞ流るる。（連体形）　訳〔川が流れる。〕
花赤し。　→花なむ赤き。（連体形）　訳〔花が赤い。〕
国境越ゆ。　→国境や越ゆる。（連体形）　訳〔国境を越えるのだろうか。〕

こそ―已然(いぜん)形結びの中止法

係助詞「こそ」に対する結びの已然形で文が終わらずに、「、」でいったん文が切れ、さらに下につながってゆくことがある。このとき、逆接の関係が生じる。

（例）やや春深く霞(かす)みわたりて、花もやうやうけしきだつほどこそあれ、折しも、雨風うちつづきて、……

訳〔だんだん春も深まって空も一面にかすみ、桜の花もしだいに咲きそうになるころであるのに、折しも雨風が続いて、……〕

学習のPOINT

係り結びのときの文意

「ぞ」「なむ」「こそ」とその結びにおいては、文意自体は変わらず、ただ強調がされるだけである。

「や」「か」とその結びにおいては、疑問なのか反語なのかを、文章の流れから判断しなければならない。

人あり。　→誰（たれ）かある（連体形）。　訳〔だれかいるか。〕

雨降る。　→雨こそ降れ（已然形）。　訳〔雨が降る。〕

▽疑問と反語

・疑問は「〜か」

・反語は「〜だろうか、いや、〜ではない」

（例）「誰々かはべる（連体形）」と問ふこそ、をかしけれ。

訳〔「だれとだれが控えているのか」と聞くのが、いい雰囲気だ。〕

（例）よき人は、知りたる事とて、さのみ知り顔にやは言ふ（連体形）。

訳〔身分が高い人は、知っている事だからといって、そうむやみに自慢げな顔で言うだろうか、いやそんなことはない。〕

確認問題

係り結びの結びの部分に傍線を引け。また、それぞれ活用形は何形になっているのか、答えよ。

①めでたくこそ思へ。

②いかなるをか善と言ふ。

反語

反語とは、「〜か、いや、〜ではない」とすることで、より文意を強調することができる表現法だ。特に、「〜やは」「〜かは」のように、係助詞「や・か」に「は」が続くと、反語を表すことが多い。結びが省略されて、文末にこの形がおかれていることもある。

（例）命は人を待つものかは。

訳〔寿命というものは、人を待ってくれるものだろうか、いや、待ってはくれない。〕

Go to 406・407ページへ

解答

①思へ・已然形〔すばらしいと思う。〕

②言ふ・連体形〔どのようなことを善と言うのだろうか。〕

⑰ 古文の特徴　八　省略のある文

■古文の省略

古文の分量は少ない（短い）のに、それに対応する大意や現代語訳の分量が多い（長い）ことがしばしばある。これは、古文には省略が多いからである。古文にみられる省略について、主な場合を見ていこう。省略のあるところは＊で示してある。

▽助詞の省略

・主語を示す格助詞「が」は、しばしば省略される。

（例）男＊ありけり。

訳〔男がいた。〕

（例）薫物（たきもの）の香（か）＊、いと心にくし。

訳〔お香の香りが、たいそう奥ゆかしい。〕

・目的語を示す格助詞「を」は、しばしば省略される。

（例）家々より、松ども＊ともして走り寄りて見れば……

訳〔家々から、たいまつをともして走りよってきて見ると……〕

▽体言の省略

連体修飾されるはずの体言が省略されることがある。「こと」「さま（様子）」「人」などの抽象的な名詞を補うとわかりやすくなる。

（例）（柳の芽が）まだまゆにこもりたる＊は、をかし。

訳〔（柳の芽が）まだつぼんでいるさまは、よい風情だ。〕

きまり文句

「と」には何かの引用を示す用法があるから、それ以降を省略することは多い。

（例）～だとさ。

これは、話のしめくくりとしてきまり文句のようになっているが、よくよく考えてみると、「『～だ』と（いうことだ）よ。」と、省略を含んだ表現になっている。

同様に、説話の末尾部分には、しばしば、次のようなきまり文句が見られる。「説話」とは、「実際にあったこと」として伝えられる短い話のことである。

（例）～となむ語り伝へたるとや。

最後の部分に、「や」を受けて結ぶはずの「聞く・聞ける」などが省略されている。「～と語り伝えているとか（聞きましたよ）。」という意味で、二重三重に語り伝えられ、伝（でん）

学習のPOINT

省略性

省略が多いのは古文の特徴だ。簡略で力強く感じられるときもあるし、難しく思われるときもあるだろう。主語―述語や、修飾―被修飾といった文節同士の関係は、口語文法のそれと変わりないから、そのような文の構造に気をつけて読んでいくことが大事だ。特に、主格や目的格を示す部分を見極めて読もう。

準体法

上の「体言の省略」において、直前の語が連体形になっている（例文では「こもりたる」「いふ」）。この連体形が体言に準じて用いられている播していく「説話」の実態を示している。

(例) 左兵衛の督なりける在原の行平といふ＊ありけり。
訳〔左兵衛の督であった在原行平という者がいた。〕

▽文節の省略

係り結びの結びにあたる文節が省略されることがある。会話文や、語りの文においてよく用いられる。

・「〜と」の後に係助詞が付いて「(言ふ・聞く・語り伝ふ)」などを含む文節が省略される場合

(例) よくよく思ふべき事とぞ＊。
訳〔よくよく考えるべきことだと〈いうことだよ〉。〕

(例) ゆゑに、かく往生するなりけりとなむ＊。
訳〔そのため、このように往生したそうだと〈語り伝えられているよ〉。〕

・「〜に」の後に係助詞が付いて「(あり・はべり)」などを含む文節が省略される場合

(例) 物の怪にこそ＊。
訳〔化け物で〈ある〉。〕

(例) ひが耳にや＊。
訳〔聞き間違いで〈あろうか〉。〕

と考えることもできる。これを、連体形の準体法という。

⑱ 重要単語 一

指示代名詞

	事物	場所	方向
近称	こ・これ	こち	こなた
中称	そ・それ	そち	そなた
遠称	あ・あれ・か・かれ	あち	あなた・かなた
不定称	なに・いづれ	いづこ・いづく	いづち・いづかた

動詞（古語と口語とで意味の違うものに注意しよう）

古語	意味
あきらむ	明るくする。はっきりさせる。
あくがる	浮かれ出る。さまよい歩く。
あそぶ	詩歌（しいか）・管弦の催しなどをする。
出（い）づ	出る。
後（おく）る	死に遅れる。先立たれる。
おこたる	病気が治る。
おこなふ	仏道修行をする。
おどろく	はっと目が覚める。
おほとのごもる	おやすみになる。（尊敬語）
おぼゆ	思われる。
きこゆ	申しあげる。（謙譲語）
ことわる	道理に基づき説明する。
候（さぶら）ふ・候（さうら）ふ	お仕えする。（謙譲語）
さはる	さしさわりがある。
したたむ	準備・用意をする。
たてまつる	差しあげる。～し申しあげる。（謙譲語）
たまふ	くださる。～なさる。（尊敬語）
遣（つか）はす	人を派遣なさる。（尊敬語）
ときめく	時流に乗る。寵愛（ちょうあい）を受ける。
馴（な）らふ	馴れる。
にほふ	色鮮やかに映える。
ののしる	大声で騒ぐ。
侍（はべ）り	お仕えする。（謙譲語）
まうく	準備する。用意する。
まかる	退出する。（謙譲語）
まもる	じっと見る。見守る。

形容詞（古語と口語とで意味の違うものに注意しよう）

古語	意味
あさまし	驚きあきれたさまだ。
あし	悪い。
惜し（あたら）	惜しい。残念だ。
あやし	不思議だ。身分が低い。
ありがたし	めずらしい。滅多にない。
いたし	程度がはなはだしい。
いとほし	気の毒だ。かわいそうだ。
いまいまし	不吉だ。
いみじ	程度がはなはだしい。すばらしい。
いやし	身分が低い。みすぼらしい。
憂し（う）	嫌だ。つらい。
うしろめたし	不安だ。
うつくし	かわいらしい。
うるはし	立派だ。整っている。
おとなし	大人びている。
おぼつかなし	ぼんやりしてはっきりしない。
かしこし	おそれ多い。
かなし	いとしい。
怪し（け）	異様だ。変だ。
こころにくし	奥ゆかしい。上品だ。
さうざうし	ものさびしい。物足りない。
しるし	はっきりとしている。
すさまじ	興ざめだ。
つきづきし	似つかわしい。ふさわしい。
なつかし	慕わしい。好ましい。
なまめかし	上品だ。優美だ。若々しい。
はかなし	あてにできない。弱々しい。むなしい。
はづかし	立派だ（こちらが恥ずかしくなるほどに）。
むつかし	面倒だ。やっかいだ。
めざまし	目がさめるほど意外だ。
やさし	優雅だ。上品だ。
やむごとなし	身分が高い。高貴だ。
ゆかし	もっと知りたい。心ひかれる。
よしなし	根拠がない。意味がない。つまらない。
よろし	悪くはない。
らうたし	かわいい。いとおしい。
わろし	よくない。
をかし	興味を引かれる。風情がある。

⑲重要単語 二

形容動詞

古語	意味
あからさまなり	ついちょっとである。すぐだ。
あてなり	高貴だ。
あはれなり	しみじみとした風情がある。
いたづらなり	無駄だ。役に立たない。
おろかなり	不十分だ。いいかげんだ。
さらなり	言うまでもない。今更めいている。
すずろなり	何というわけもなくする様子。
つれづれなり	手持ちぶさただ。することがない。
なのめなり	普通だ。平凡だ。
まめなり	まじめだ。実用的だ。

副詞

古語	意味
あまた	たくさん。
いと	とても。非常に。たいそう。
いとど	なおいっそう。
いよいよ	ますます。いっそう。
かく	こう。このように。
かつ	一方では。すぐに。
げに	なるほど。もっともなことに。
ここら・そこら	たいそう。非常に。多く。
さ	そう。そのように。
さすがに	そうはいってもやはり。
しか	そう。そのとおり。
なかなか	かえって。むしろ。
なべて	おしなべて。一般に。
なほ	やはり。依然として。
ほとほと	もう少しのところで。ほとんど。
やうやう・やうやく	しだいしだいに。だんだん。
やがて	すぐに。そのまま。
やをら	そろそろと静かに。ゆっくりと。

主な文型

▽呼応

いまだ～打ち消し	まだ～ない。
え～打ち消し	到底～ない。
さらに～打ち消し	まったく～ない。～できない。
つゆ～打ち消し	少しも～ない。
な～そ	～するな。～してはいけない。
ゆめ～打ち消し	まったく～ない。
ゆめ～禁止	絶対～してはいけない。
よも～打ち消し推量	まさか～ないだろう。

▽助動詞を使った文型

～ましかば…まし	〈反実仮想〉もし～だったら …だろうに。
～せば…まし	〈反実仮想〉もし～だったら …だろうに。
いかに～らむ	〈推量〉どんなに～だろう。 どのように～だろう。
など～らむ	〈原因推量〉なぜ～だろう。

▽疑問

いかが	どうして～か。どのように～か。
いかで	どのようにして～か。どうして～か。
などか	どうして～か。なぜ～か。
なんぞ	どうして～か。

▽助詞を使った文型

未然形＋ば	仮定条件 （もし）～ならば。
已然形＋ば	確定条件 ～ので。～と。～したところ。
ぞ～連体形	係り結び 〈強意〉
なむ～連体形	係り結び 〈強意〉
や～連体形	係り結び 〈疑問・反語〉
か～連体形	係り結び 〈疑問・反語〉
こそ～已然形（いぜん）	係り結び 〈強意〉
（な）～そ	〈禁止〉 ～するな。～してはいけない。
～ばや	〈願望〉 ～したい。

⑳ 古代の時空間 ― 十二支

我が庵(※1)は　都の辰巳　しか(※2)ぞ住む
世をうぢ山(※3)と　人は言ふなり

喜撰法師

（『古今和歌集』巻第十八　雑歌）

※1　**庵**＝いお。いおり。僧侶や世捨て人が住む、草木などで作った粗末な仮小屋。
※2　**しか**＝「然」と「鹿」の二つの意味が掛けられている。「然」＝このように。
※3　**うぢ山**＝「憂し」と「宇治山」の二つの意味が掛けられている。「憂し」＝嫌だと思う。つらい、苦しいと思う。

【訳】
私の庵は、都の辰巳、つまり南東にあたります。このように安らかに住んでおりますよ。鹿ばかり住むようなこの宇治山の山中で、「世を憂し」、つまり俗世をいとわしいと思っているのだろうと人は言うようですが。

学習のPOINT

歴史的仮名遣いの読み方

Return 378・379ページへ

いほ→いお
うぢ山→うじ山

十二支

古代中国の天文学で、天（黄道：太陽の道）を十二等分したときの呼称。これらの字に後代、動物をあてはめた。時刻や方角を表すのにも用いられた。

子（ね）・丑（うし）・寅（とら）・卯（う）・辰（たつ）・巳（み）・午（うま）・未（ひつじ）・申（さる）・酉（とり）・戌（いぬ）・亥（い）

喜撰法師の歌を見てみよう。「都の辰巳……」とくれば、十二支の順序だと、次は「午」が来るところ。そこに「鹿」を持ってきたのが、言葉遊びとしての面白さである。もちろん、「然ぞ住む」（このように、心安らかに生活しています）という意味が、一方にある。

十干(じっかん)

木(もく)・火(か)・土(ど)・金(ごん)・水(すい)という五行(ごぎょう)（万物の構成元素）それぞれに、陽・陰（＝兄(え)・弟(と)）をあて、十種類の組み合わせとしたもの。

甲（きのえ）乙（きのと）丙（ひのえ）丁（ひのと）戊（つちのえ）己（つちのと）庚（かのえ）辛（かのと）壬（みづのえ）癸（みづのと）

方位

真北を子（ね）とし、右回りに十二等分して十二支をあてはめる方位。北東・南東・南西・北西はそれぞれ各方位の中間として、艮（うしとら）・巽（たつみ）・坤（ひつじさる）・乾（いぬゐ）と呼称される。

時刻

午前0時から前後1時間を子（ね）の刻とし、2時間（一刻）ごとに十二支をあてはめる時刻法。鎌倉時代以降になると、日の出と日の入りを起点として昼と夜をそれぞれ六つに分ける時刻法も用いられた。この場合、季節によって一つの長さが変わる。

掛詞(かけことば)

「世をうぢ山」にも二つの意味が含まれている。一つは、実際に平安京の南東に位置する「宇治山」。もう一方は、「世を憂し」。

このように、和歌などにおいて、同音に二つの意味を含ませる技法を、掛詞という。

Go to 436ページへ

㉑古代の時空間　二月の異名

願はくは　花(※2)のもとにて　春死なむ
その如月(きさらぎ)(※3)の　望月(もちづき)のころ

西行法師(さいぎやうほふし)(※1)

（『山家集(さんかしゅう)』春）

※1　**西行法師**＝平安時代末期の歌人。生涯、桜を愛し、桜の歌を多く残す。
※2　**花**＝桜の花。平安時代の中期ごろから、「花」といえば桜を指すことがほとんどである。
※3　**如月の望月のころ**＝旧暦の二月十五日。新暦の暦でいうと三月の上旬から中旬ごろ。釈迦(しゃか)が入滅した（亡くなった）日でもある。

【訳】
望み願うことは、桜の木の下で、春に死にたいということだ。それも二月の十五日、満月に照らされた桜の花の下で（その日に亡くなられたお釈迦様のあとを慕って）。

学習のPOINT

歴史的仮名遣(かなづか)いの読み方　Return 378・379ページへ

願はくは→願わくは
死なむ→死なん

月の異名
現在用いられている太陽暦に対し、古くから用いられていた暦に、月の動きを基本とする太陰暦がある。これを旧暦ともいう。旧暦では、月を左のような異名で呼ぶこともあった。

一月	睦月（むつき）
二月	如月（きさらぎ）
三月	弥生（やよい）
四月	卯月（うづき）
五月	皐月（さつき）
六月	水無月（みなづき）
七月	文月（ふみづき・ふづき）
八月	葉月（はづき）
九月	長月（ながつき）
十月	神無月（かんなづき・かみなづき）
十一月	霜月（しもつき）
十二月	師走（しわす）

旧暦（太陰暦）での季節

四季の始まりは現代とは異なっており、季節感を先取りする感覚があった。一月から「春」がはじまる。

月	季節	二十四節気（読み方）	現在のおよその日
一月	春	立春（りっしゅん） 雨水（うすい）	二月四日 二月十九日
二月		啓蟄（けいちつ） 春分（しゅんぶん）	三月六日 三月二十一日
三月		清明（せいめい） 穀雨（こくう）	四月五日 四月二十一日
四月	夏	立夏（りっか） 小満（しょうまん）	五月六日 五月二十二日
五月		芒種（ぼうしゅ） 夏至（げし）	六月六日 六月二十一日
六月		小暑（しょうしょ） 大暑（たいしょ）	七月八日 七月二十三日
七月	秋	立秋（りっしゅう） 処暑（しょしょ）	八月八日 八月二十四日
八月		白露（はくろ） 秋分（しゅうぶん）	九月八日 九月二十四日
九月		寒露（かんろ） 霜降（そうこう）	十月八日 十月二十四日
十月	冬	立冬（りっとう） 小雪（しょうせつ）	十一月八日 十一月二十三日
十一月		大雪（たいせつ） 冬至（とうじ）	十二月八日 十二月二十二日
十二月		小寒（しょうかん） 大寒（だいかん）	一月五日 一月二十日

月齢

月の入りの形	呼び方	
	新月	闇夜。
	三日月	
	十日余りの月	
	望月	満月。十五日の月。
	十六夜月	「いざよふ」は「ただよふ」などと似た意味で、出ようとしてはぐずぐずしている月、の意。
	立待月	十七日ころの月。立って待てるくらいの時間帯に出る月。
	居待月	十八日ころの月。月の出がしだいに遅くなり座っていないと待てないくらいの時間帯に出る月。
	臥待月（寝待月）	十九日ころの月。待つのに臥してしまうほど遅い時間に出る月。
	二十日余りの月	朝方西の空に残っている、有明の月。
	つごもり（晦日）	月がこもって（隠れて）いる。三十日の月。

㉒ 四季の風物・年中行事

「灌仏(※1)の比、祭(※2)の比、若葉の、梢涼しげに茂りゆくほどこそ、世のあはれも、人の恋しさもまされ」と人のおほせられしこそ、げにさるものなれ。五月、あやめふく(※3)比、早苗とる比、水鶏の叩く(※4)など、心細からぬかは。六月の比、あやしき家に夕顔(※5)の白く見えて、蚊遣火ふすぶるも、あはれなり。六月祓(※6)、又をかし。

（『徒然草』第十九段）

※1 **灌仏**＝四月八日、釈迦誕生の日を記念した仏教行事の日。
※2 **祭**＝葵祭。当時は四月に行われていた、賀茂神社（→427ページ参照）の祭。
※3 **あやめふく**＝菖蒲を屋根に差すこと。端午の節句に行う。
※4 **水鶏の叩く**＝水鳥の一種「くいな」は戸を叩くような声で鳴く。
※5 **夕顔**＝ゆうがお。ツル性の植物で、夏の夕方に白い花を咲かせる。
※6 **六月祓**＝六月末に行われる、穢れを払う儀式。

【訳】

「灌仏のころや、葵祭のころ、若葉が、梢も涼しそうに茂ってゆく時季こそ、世の中のしみじみとした風情も、人恋しさもまさるものだ」とある人がおっしゃったことは、なるほどたしかにそのとおりだ。五月、菖蒲を屋根に差すころ、田植えをするころ、水鶏が戸を叩くような声で鳴くのなどは、（あれ、だれかがやってきたのか、と人恋しくなったりして）心細くないわけがあろうか、いや、心細い気になるものだよ。六月のころ、粗末な家の軒先に夕顔の花が白く見えて、蚊を追い払う火をくすぶらせているようなのも、しみじみと物寂しげな雰囲気がある。六月祓もまた、興味ひかれる行事だ。

学習のPOINT

表現・単語

心細からぬかは〈反語〉 Return 405ページへ

あはれなり＝しみじみとした風情がある。をかし＝興趣がある。興味をひかれる雰囲気だ。

409・410ページへ

年中行事

一年を通して、決まった時期に慣例的に行われる行事を年中行事という。

平安時代の宮中で定着した年中行事には、日本の農耕信仰に根を持つ新嘗祭のようなものや、中国から輸入された節句の宴などのようなものもある。

さらに仏教行事もここに加わっている。日本の祭りや習慣には実にさまざまな信仰や要素が含まれているのだ。雛祭りや七夕も、この年中行事をもとにして、民間に広まっていったものである。

【参考】さまざまな年中行事

一月一日	**四方拝** 天皇が国家の安泰を祈る。
一月七日	**白馬節会** 白馬（あおうま）を見る儀式。
一月の上の子の日	**子日宴** 野に出て小松を引き、若菜を摘んで長寿を願う。
一月の上の卯の日	**卯杖・卯槌** 飾りをつけた桃の木で邪気を払う。
二月十五日	**涅槃会** 釈迦の入滅を追悼する仏教法会。
三月三日	**曲水宴** 宮中や貴族邸で庭の水の流れに盃を浮かべ、詩歌を詠む。雛を流して穢れを払う儀式もここから起こったという。
四月八日	**灌仏会** 釈迦降誕の日。釈迦像に香水や甘茶をそそぐ。
四月の中の酉の日	**賀茂祭（葵祭）** 賀茂神社の例祭。
五月五日	**端午節会** 薬草の菖蒲の葉で屋根をふいたり、薬玉を軒に吊るしたりして邪気を払う。
五月五日	**賀茂競馬** 上賀茂神社で競馬が行われる。
六月十四日	**祇園御霊会** 八坂神社の例祭。疫病を払う。
六月晦日	**水無月祓・夏越祓** 半年分の身の穢れや罪を払う。
七月七日	**七夕** 牽牛・織女を祭り、供物をささげる。
七月十五日	**盂蘭盆会** 祖霊をまつる仏教法会。
八月十五日	**観月宴（仲秋の月）** 仲秋の月を見る宴。
八月十六日	**駒牽き** 諸国から献上された馬を天皇が見る。
九月九日	**重陽節会** 菊を浮かせた酒で長命を祈る。
十一月の中の卯の日	**新嘗祭** 天皇が新穀を神にささげ、自らも食す儀式。
十二月晦日	**大祓** 一年間の穢れや罪を払う。
十二月晦日	**追儺** 邪鬼を追い払う。おにやらい。

四季の風物

四季折々いろいろな風物があるけれども、和歌をはじめとする文章に取り上げられる風物はある程度決まっている。これらを愛し、敏感に感じ取ることによって、古代の人々は季節感を味わっていた。

春	梅・霞・氷解く・若菜・子の日の松・鶯・花・桜・雁帰る・藤 など
夏	五月雨・橘・卯の花・ほととぎす・柳・夏の夜・蛍・みそぎ・水無月祓 など
秋	風立つ・七夕・萩・露・月・虫の音・紅葉・鹿・女郎花・藤袴・雁・菊 など
冬	氷・千鳥・雪 など

㉓ 宗教・信仰（平安時代）

今は昔、一叡（いちえい）といふ持経者（ぢきやうじや）（※1）ありけり。幼（えう）の時より法華経（ほけきやう）を受けたもち（※2）て、日夜に読誦（どくじゆ）して年久しくなりにけり。

しかる間、一叡志を運びて熊野（くまの）（※3）に詣（まう）でけるに、「完の背山（ししのせやま）」という所に宿りしぬ。夜にいたりて、法華経を読誦する声ほのかに聞こゆ。その声貴（たふと）きことかぎりなし。「もし、人のまた宿りせるか」と思ひて、よもすがらこれを聞く。暁（あかつき）にいたりて一部を誦（じゆ）しをはりつ。明けて後、そのほとりを見るに、宿りせる人なし。ただ、屍骸（しにかばね）（※4）のみあり。近く寄りてこれを見れば、骨みな連なりて離れず。骸（かばね）の上に苔生（こけお）ひて、多く年を積みたりと見ゆ。髑髏（ひとがしら）（※5）を見れば、口のなかに舌あり。その舌鮮やかにして生きたる人の舌のごとし。一叡、これを見るに、「奇異（きい）なり」と思ひて、「さは、夜、経を読みたてまつりつるは、この骸にこそありけれ。いかなる人のここにして死にてかくのごとく誦すらむ」と思ふに、あはれに貴くて、泣く泣く礼拝（らいはい）して、この経の声をなほ聞かむがために、其日その所にとどまりぬ。

（『今昔物語集（こんじゃくものがたりしゅう）』巻第十三－第十一話）

※1 **持経者**＝経典をひたすらに唱える修行をする僧。
※2 **受けたもちて**＝お経を常に心に念じていること。

学習のPOINT

歴史的仮名遣（かなづか）いの読み方

Return 378・379ページへ

持経者（ぢきやうじや）→じきょうじゃ
幼（えう）→よう
詣（まう）でける→もうでける
なほ→なお

表現・単語

今は昔＝今となっては昔のことだが。説話の初めに置かれる、常套句（じょうとうく）（きまり文句）。
宿りしぬ〈完了〉
聞こゆ＝聞こえる
見ゆ＝見える
生きたる人の舌のごとし（〜のようだ）
かくのごとく＝このように

仏教信仰

平安時代は、神道（しんとう）信仰と並行して、仏教が盛んになった時代だ。

『法華経』が信仰を集め、写経（経文を書写すること）や、行法（ぎょうぼう）（修行や祈禱（きとう））が盛んに行われた。

輪廻転生（りんねてんしょう）・因果応報（いんがおうほう）（前世での行い〈因〉

※3　**熊野**＝今の和歌山県と三重県に位置する山岳地帯。熊野三山の神社を中心とした聖なる修行の場。
※4　**屍骸**＝死体。
※5　**髑髏**＝頭蓋骨。

【訳】

　今となっては昔のこと、一叡という経典を唱える修行をする僧がいた。幼いころから法華経を心のなかで尊く思い続け、毎日毎夜唱える修行をして長い年月がたった。

　そんなころ、一叡は熊野で修行をしようという志を立て熊野三山に参拝したときに、「完の背山」というところで野宿した。夜になって、法華経を唱える声がかすかに聞こえてきた。その声の立派なことこのうえない。「ひょっとして、他に人が泊まっているのか」と思いつつ、夜じゅうこれを聞いた。夜明けになって（その声は法華経を）最後まで一回唱え終わった。明るくなってから、その辺りを見るが、宿っている人はいない。ただ、一つの死体だけがあった。（一叡が）近寄ってそれを見ると、骨がみなつながっていて、バラバラにもなっていない。死体の上には苔が生えて、長い年月を重ねたと見える。頭蓋骨を見ると、口のなかに舌があった。その舌はなんとも鮮やかで生きている人の舌のようだ。一叡は、これを見て、「不思議だ」と思い、「それでは、夜に、経を読み申しあげていたのは、この死体であったのだな。どういう人がここで死んでこのように法華経を唱えるのだろう」と思うにつけても、なんとも貴い気持ちになって、泣く泣く（死体を）拝み、このお経の声をやはりもっと聞くために、一日その場所にとどまった。

　（この後、死者の霊が一叡の夢に現れ、「自分も法華経の修行者であったが、志半ばにして死んでしまった。もうすぐ、六万回経を唱える修行が完成するので、そうしたら往生したい」と告げる。）

▲熊野古道　　写真提供／アフロ

が現世にあらわれる〈果〉という考え方は仏教の基本的な思想であり、説話によってそのような考え方が広められた。
　平安時代中期になると、阿弥陀仏を信じ、来世に西方の極楽浄土に生まれ変わることを祈る浄土教の教えが広まった。

その他の信仰（陰陽道など）

　日本では、「モノ」にも霊魂があるという考え方が古代からある。よって、生霊・死霊やさまざまな妖物などが「物の怪」ととらえられ、恐れられた。これらを調伏（鎮めたり退治したりすること）するために、密教僧や陰陽師による加持・祈禱が行われた。

㉔ 恋愛事情・貴族の一生（平安時代）

（源氏）「いぶせくも[※1] 心にものを 悩むかな やよや[※2]いかにと 問ふ人もなみ 言ひ難み[※3]。」と、このたびはいといたうなよびたる薄様[※4]に、いと美しげに書きたまへり。……（中略）

（女は）浅からずしめたる[※5]紫の紙に、墨つき濃く薄くまぎらはして、

「思ふらむ 心のほどや やよいかに まだ見ぬ人の 聞きか悩まむ」

（『源氏物語』「明石」の巻）

※1　**いぶせく**＝形容詞「いぶせし」。心が晴れない様子。
※2　**やよや**＝呼びかけの言葉。やあ。ねえ。おい。
※3　**言ひ難み**＝「言ひ難し」の語幹に「み」が付くことで、「～なので」という意味を表す。
※4　**薄様**＝張りのある薄い紙。さまざまな色あいのものが作られた。
※5　**しめたる**＝薫き染めてある。香をたいて、紙や衣料に香りをうつすこと。

【訳】

（光源氏から女性にあてた和歌）「なんともふさぎこんで、心のなかに物思いをしていることです。『ねえ、どうしたの』と尋ねてくれるような人もいないのですから。（あなたへの恋心を）伝えにくいので。」と、今回はたいそうなよやかな薄様（薄い紙）に、とても美しい感じに書きなさった。……（中略）

（女性の返歌は）深く香りを染み込ませた紫色の紙に、墨の色も、濃くあるいは薄く、

学習のPOINT

歴史的仮名遣いの読み方　Return 378・379ページへ

問ふ→問う
まぎらはして→まぎらわして

表現・単語

いかに＝どう。どのように。どんなに。
いと＝とても。たいそう。
いたう＝とても。たいそう。
（＝「いたく」のウ音便形）

恋愛

当時、女性はむやみに姿を人前に見せてはならないものであったから、人と話すときは御簾（すだれ）や几帳（布のついたて）を間にはさんで、顔も、扇や自分の髪で隠した。男性は女性の評判を伝え聞き、あるいは自ら「垣間見」をして女性の姿を見る。「垣間見」とはもともと、庭にある垣根の隙間から見る行為を指す言葉である。そのようにして女性に恋心を持った男性が手紙や和歌を贈り、女性もそれにこたえた歌を返す。手紙のやりとりや駆け引きをする内に恋愛が成り立ってゆく。上の、光源氏と女

まぎらわせるようにして、「あなたが私のことを想っているという、その心の程度こそ、『まあ、どれぐらいかしら』ですわ。まだお会いしてもいない人が、私の評判を聞いただけで悩んだりするでしょうか」

【参考】貴族の一生

・結婚

男性は、女性のお付きの女房（↓442ページ参照）の手引きに頼るなどして、女性の邸に通うようになる。平安時代の貴族は、通い婚の形式が一般的だった。若い貴族はよい家柄の女性を妻とし、その実家に大切にもてなされることが理想だったし、女性の実家側としても、将来有望な婿が通ってくることを望んだ。また、経済力のある夫が妻を自分の家に引き取ることもあった。

・出産

出産は、死と共に「穢れ」と扱われるものだった。したがって、皇族が生まれる場合など、妃は宮中から退去して里邸（実家）で出産した。

・教育・成人

男子は七歳ごろに「読書始め」を行い、漢籍を学び始める。女子が漢文を読めることは、一般的には必ずしもよいとはされず、むしろマイナスの評価をされることもあった。和歌・管弦（楽器）・習字の才能は男女共に重要視された。

男子の成人式は元服という。髪を上げて元結いにし、冠（↓430ページ参照）を着ける。女子の成人式は裳着という。裳（↓432ページ参照）という衣装をつけ、髪を結い上げる。

・出家と死

俗世のしがらみを捨て、剃髪して仏道に入ることを出家という。死にあたって現世での罪業を軽くするために出家する者が多かった。近親者が亡くなると、親族の者は薄墨色の喪服（藤衣）を着て喪に服した。

性のやりとりも、そのような事情のもとにある。

手紙のことを「文」という。恋愛には特に、欠かせないアイテムであった。料紙（紙）にはさまざまな厚さ・色のものがあり、季節の花や紅葉を添えることもあって美意識が問われた。また、美しい筆跡で書けることも、重要なポイントであった。顔を合わせない分、お互いのセンスや性格を手紙で推測したのだ。

▲源氏物語絵巻橋姫絵　右端に「垣間見」をする男性の姿が描かれている。
徳川美術館所蔵

㉕ 平安の貴族社会

源三位入道[※1]と申すは、摂津守頼光[※2]に五代、三河守頼綱[※3]が孫、兵庫頭仲政[※4]が子なり。保元[※5]の合戦の時、御方[※6]にて先を駆けたりしかども、させる賞にもあづからず。又平治[※7]の逆乱にも、親類を捨て参じたりしかども、恩賞これおろそかなり。大内守護[※8]にて年ひさしうありしかども、昇殿[※9]をば許されず。年たけ、よはひ傾いて後、述懐[※10]の和歌一首よみてこそ、昇殿をば許されけれ。

人知れず大内山のやまもりは木がくれてのみ月を見るかな

この歌によって昇殿許され、正下の四位にてしばらくありしが、三位を心にかけつつ、

のぼるべきたよりなき身は木のもとにしゐを拾ひて世をわたるかな

さてこそ三位はしたりけれ。

（『平家物語』巻第四）

※1 **源三位入道**＝源頼政。平安時代後期の武将。「入道」とは、剃髪して僧の格好となりながら、寺には入らず家にいる状態の人を指す。

※2 **摂津守頼光**＝源頼光。平安時代中期の武将。「摂津守」とは、摂津国の長官。

学習のPOINT

表現・単語

三河守頼綱が孫＝〈連体修飾格〉

ひさしう＝〈ウ音便〉

木がくれてのみ月を見るかな＝～だなあ。〈詠嘆〉

しゐ（椎）＝四位〈掛詞〉

さてこそ三位はしたりけれ＝〈こそ―已然形の係り結び〉

「こそ」がない場合と比べてみよう。

＝「さて三位はしたりけり」

昇殿

三位以上の者は「公卿」と呼ばれ、国家の中心となって政治にたずさわった。また、四位・五位のなかで選ばれた者が「昇殿」を許されて帝のそば近くに伺候した（→424ページ参照）。したがって、上の話に出てくる源三位頼政が、「昇殿」や「三位」に対する思いが強かったことも当然なのである。

彼は、老人ながら勇壮な戦いをした武将として知られる。また掛詞を使った巧みな和歌を作るところなど、風流な心を持つ人物でもあったようだ。

※3　**三河守頼綱**＝源頼綱。「三河守」とは、三河国の長官。
※4　**兵庫頭仲政**＝源仲政。「兵庫頭」とは、兵庫寮（武器の管理をした役所）の長官。
※5　**保元の合戦**＝保元の乱（一一五六年）。後白河天皇と崇徳上皇との対立に、藤原氏の内部対立や源氏の武士たちなども加わった兵乱。
※6　**御方**＝天皇の味方。
※7　**平治の逆乱**＝平治の乱（一一五九年）。政治的勢力を伸ばす藤原通憲（信西）を藤原信頼が討とうとし、そこに平清盛と源義朝の対立がからんだ兵乱。
※8　**大内**＝大内裏。平安京の北方に位置し、天皇の住む内裏や、政治機関が集まる（↓426ページ参照）。
※9　**昇殿**＝天皇の住居「清涼殿」の、「殿上の間」に昇ることを許可されること。
※10　**述懐**＝心中の思い（主に不満なこと）を述べること。

【訳】

源三位入道頼政は、摂津守・源頼光から五代目、三河守頼綱の孫であり、兵庫頭仲政の子である。保元の乱のときも、天皇の側について先陣を切ったが、さほど褒賞も与えられなかった。また平治の乱のときにも、親類を捨てて参戦したけれども、恩賞は十分でなかった。大内裏の守護の役職を長年勤めていたが、昇殿は許されなかった。年を取り、老齢となって後に、残念に思う心境を述べる和歌一首を詠んで、昇殿を許されたのだった。

人に知られることなく、大内裏の守護をしております私は、大内山の守り人が木の間からしか月を見られないように、陰ながら帝を拝見してばかりでございますなあ。

この和歌（の巧みだったこと）によって昇殿を許され、正下の四位という身分でしばらくいたが、やはり三位の位を望みつつ、

位が上がるようにはからってくれる人の縁もない私は、木の下で椎の実（四位の身）を拾うようにして世を渡っておりますことだ。

このような和歌のことがあって三位になったのだった。

旧国名

県名が定められる前は、旧国名が用いられていた。上の話に出てくる「摂津」「三河」などがそうである。

Go to 425ページへ

㉖ 官位・旧国名

官位

官位には、太政官（国政の中枢。現在の国会のような組織）の他、各々の省（現在の官庁・省庁のような組織）も含まれる。ここでは太政官と地方官を中心に取り上げよう。

位階／官職	太政官	地方官	
正一位（※1）	太政大臣（※2）	豊かさによって、大国、上国、中国、下国とランク付けがあった。国守のことを受領ともいう。	公卿（上達部）
従一位			公卿（上達部）
正二位	左大臣・右大臣・内大臣（※3）		公卿（上達部）
従二位			公卿（上達部）
正三位	大納言（※4）		公卿（上達部）
従三位	中納言（※5）		公卿（上達部）
正四位	参議（※6）		殿上人（参議は公卿）
従四位	左大弁・右大弁（※7）		殿上人
正五位	左中弁・右中弁・左少弁・右少弁		殿上人
従五位	少納言（※8）	大国守・上国守	殿上人
正六位	（以下省略）	大国介・中国守	地下人
従六位		上国介・下国守	地下人
正七位		大国大掾	地下人
従七位		大国少掾・上国掾	地下人
正八位		中国掾	地下人
従八位		大国大目・大国少目・上国目・下国掾	地下人

官位

平安時代には律令が整備され、「官」と「位」がととのった。「官」とは、「つかさ」ともいう。「位」とは身分のこと。上は一位、下は少初位まである。各位には正・従の二つがあった。

四位・五位以上（および六位の蔵人）のなかで昇殿を許された者を殿上人という。それに対し、六位以下の、昇殿を許可されない者を地下人という。さらに、三位以上の者は上達部・公卿という。四位でも参議の官に就いている者は、公卿に含まれる。

官は、各部署・省において、「かみ・すけ・じょう・さかん」の四等官に分かれていた。たとえば太政官では、大臣クラスが「かみ」、大納言・中納言・参議が「すけ」、弁と少納言が「じょう」、六位以下が「さかん」である。地方官の四等官については、上を参照。

中国の律令制度をまねてできた官位だが、日本独特の「令外官」もいくつかあった。天皇の秘書官にあたる「蔵人」や、都の警察組織「検非違使」、大宰府の長官である「大宰帥」などがそれである。

（※1）「正一位」は、死後に生前の業績を称えて贈られるものであった。

（※2）藤原道長や平清盛は栄華を極め、この官位に昇り詰めた。物語中では光源氏も（→420・442ページ参照）そうである。

（※3）左大臣の方が上官である。官職の「左・右」は皆、「左」が上位である。

（※4）大臣に次ぐ実力を持つ。

（※5）政治に腕をふるうポスト。平安朝随一の学者・大江匡房などがこの職を務めている。また、「水戸黄門」の「黄門」とは「中納言」の中国風の呼称である。

（※6）四位以上の特に有能な者が就く実務職。文官の出世コース。

（※7）弁は実質事務。なかでも、蔵人頭（蔵人の長官）を兼ねる者は有望である。

（※8）文書や印の管理出納などを行った。『枕草子』の作者「清少納言」は女性だが、近親に少納言を務める者がおり、それにちなんだ女房名が付いたといわれる。

旧国名地図

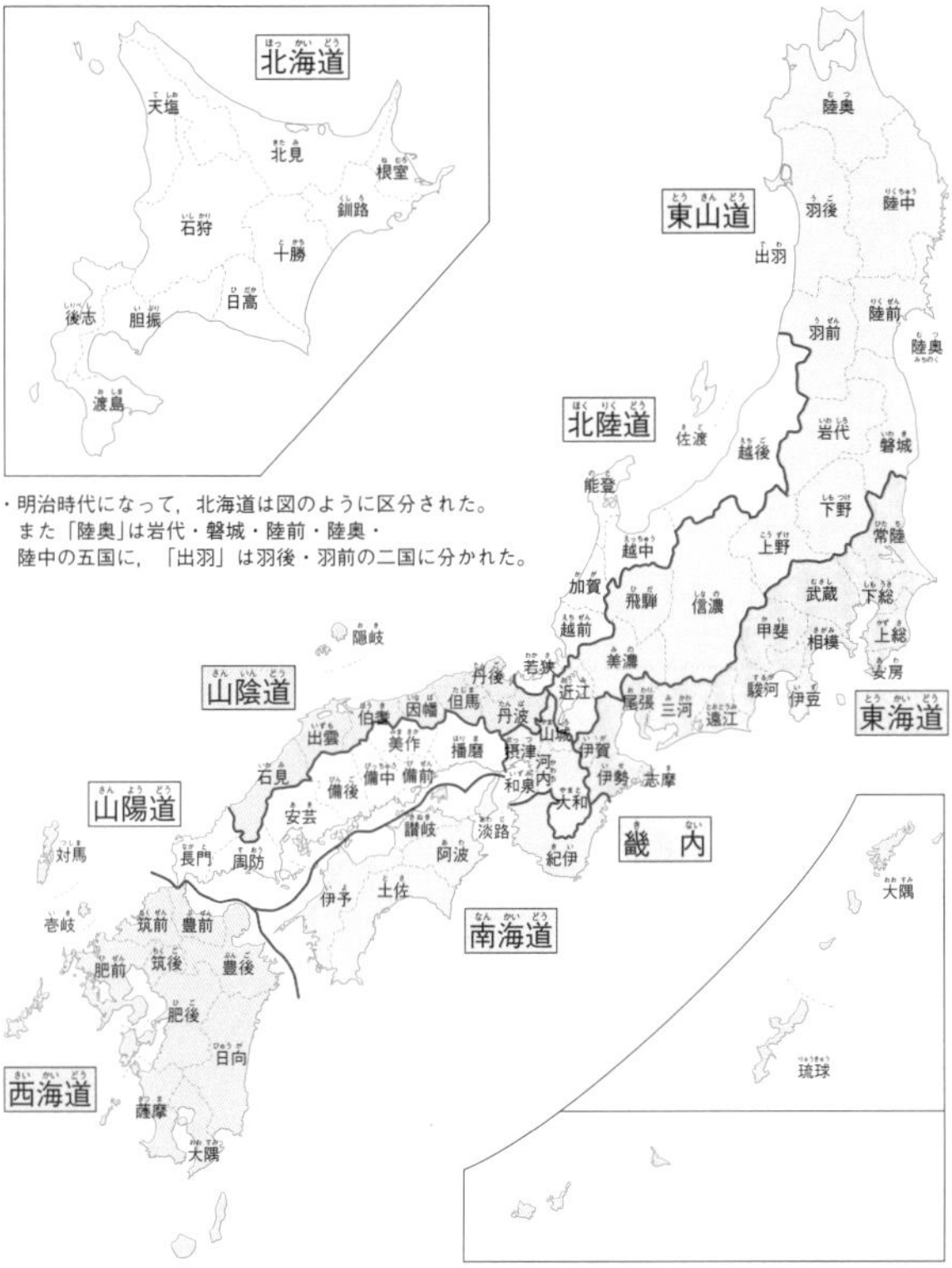

・明治時代になって，北海道は図のように区分された。
また「陸奥」は岩代・磐城・陸前・陸奥・
陸中の五国に，「出羽」は羽後・羽前の二国に分かれた。

右大臣道真

平安時代前期、宇多天皇・醍醐天皇という賢帝のもとで、右大臣の菅原道真は政治の理想を追求していた。しかし、左大臣の藤原時平の謀略により、彼は九州の大宰府へ左遷された。以後、藤原氏が政治の中心を占めてゆくのである。

道真は「東風吹かば匂ひおこせよ梅の花あるじ無しとて春を忘るな」と、庭先の梅の木に呼びかける和歌を残し、都から追われていった。死後、天神と化して時平一家に祟り続けたという。のちに京都の北野天神として祀られた。

▲太宰府天満宮（福岡県）本殿に向かって右側にある梅の木は、道真を慕って京都から一夜にして飛来したと伝えられている。
写真提供／アフロ

㉗ 平安京

平安京見取り図

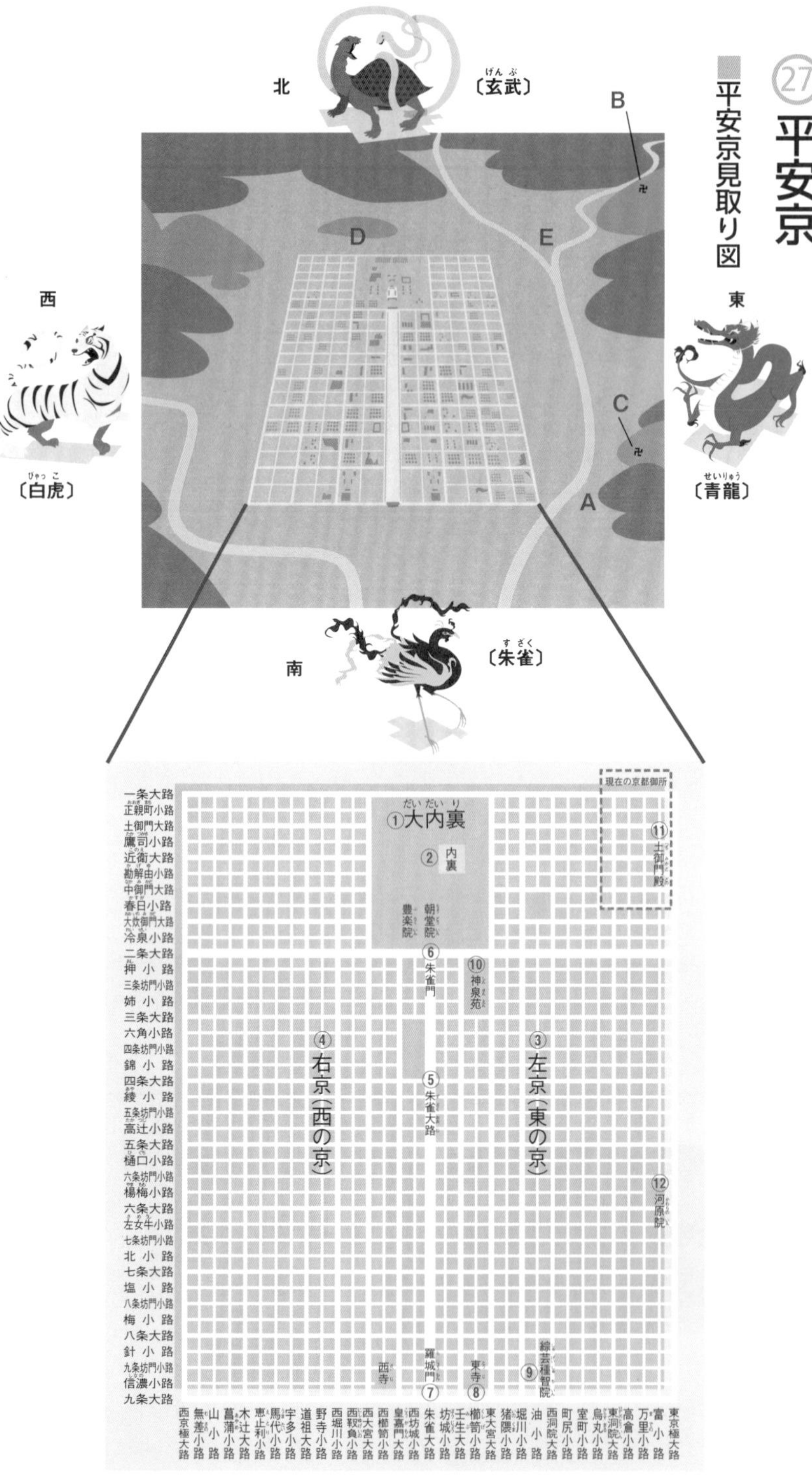

D

⑤

⑦

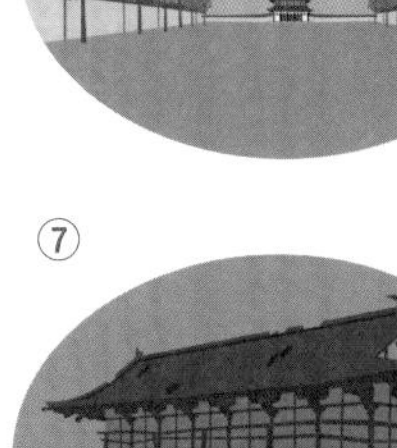

A 鳥辺野＝都人の葬送地とされる。

B 比叡山＝都の鬼門（北東）を護る、天台宗の本拠。最澄によって開かれた。かつては興福寺の末寺であり比叡山と対立した。

C 清水寺＝坂上田村麻呂が建立したという。観音信仰の寺。

D 北野天満宮＝菅原道真（→425ページ参照）を祀る。都城を守る神・学問の神として信仰をあつめる。

E 賀茂神社＝上賀茂神社と下鴨神社とがある（Eの位置は下鴨神社）。賀茂祭では葵の蔓や葉を身につける。陰暦四月の中の酉の日に行われた。現在は五月十五日に行われる。

①**大内裏**＝内裏を中心に、太政官たちが政治を行う朝堂院（八省院）や、さまざまな官庁の建物が集まる。

②**内裏**＝天皇の住まいである清涼殿、政治の場である紫宸殿、後宮の殿舎がある。天皇は北極星に、公卿たちも衆星（集い合う星々）にたとえられる。

③**左京（東の京）**＝貴族の邸宅や寺院が集中する。「天子は南面す」といわれるように天皇は南を向いて政治を行うから、東の京が天皇から見ての左京になる。

④**右京（西の京）**＝土地が低く湿地がちで、左京に比べるとだんだんにさびれていったとされる。

⑤**朱雀大路**＝京の中央を南北に走る大通り。街路樹が植えられ、道幅は約85メートルもあった。

⑥**朱雀門**＝大内裏の南の正門。

⑦**羅城門**（→434ページ参照）＝都城の南を固める大門。

⑧**東寺**＝元来は、西寺と対であった。空海が開いた真言宗の寺。

⑨**綜芸種智院**＝空海が設立した、日本初の私立学校。

⑩**神泉苑**＝大内裏の南。皇家の御領。遊宴の場でもあり、祈雨（雨ごい）の法会も行われた。

⑪**土御門殿**＝土御門大路の南。藤原道長の邸宅。

⑫**河原院**＝源融の邸宅。風光明媚な邸宅として知られ、光源氏が物語中で住んだ六条邸のモデルともいわれるが、後に荒廃した。

学習のPOINT

平安京

現在の京都にあたる地に遷都が行われたのは西暦七九四年。唐の長安をまねて造営され、大きさは東西約4・5キロメートル、南北約5・3キロメートルであった。

古代中国に、万物は木・火・土・金・水の五要素から成ると考える五行思想というものがある。この思想は古代日本に輸入され、時間や空間のとらえ方に影響を与えた（→413ページ参照）。都の東西南北は、それぞれ青龍（東）、白虎（西）、朱雀（南）、玄武（北）という聖獣が守っていると考えられ、「朱雀門」の名もこれに基づいている。都の地を定めるにも、このような思想の面から、東と西に川が流れ、南側には大きな池があり、北側は山に囲まれている地形が理想とされた。平安京は、その理想にかなった地であったと考えられている。

都のなかは、路が整備され、「条坊」という碁盤の目のような区画制をとっていて、大路・小路が縦横にはりめぐらされていた。

㉘ 寝殿造（しんでんづくり）

高欄（かうらん）(※1)のもとにあをき瓶（かめ）のおほきなるをすゑて、桜のいみじうおもしろき枝の五尺ばかりなるをいと多くさしたれば、高欄の外（と）まで咲きこぼれたるひるつかた、大納言殿（だいなごんどの）(※2)、桜の直衣（なほし）(※3)のすこしなよらかなるに、濃き紫の固紋（かたもん）の指貫（さしぬき）(※4)、しろき御衣（おんぞ）ども、うへにはこき綾（あや）(※5)のいとあざやかなるをいだして(※6)まゐりたまへるに、上（うへ）(※7)のこなたにおはしませば、戸口のまへなるほそき板敷（いたじ）きにゐたまひて、ものなどまうしたまふ。

（『枕草子（まくらのそうし）』第二十段）

※1 **高欄**＝左の模型を参照。廊下の周囲に付けた欄干（らんかん）。
※2 **大納言**＝官名（↓424ページ参照）。このときの大納言は、中宮（天皇の后（きさき））の兄・藤原伊周（ふじわらのこれちか）。
※3 **直衣（のうし）**＝男性貴族の平服。
※4 **指貫**＝袴（はかま）の種類。足首のところにくくり紐（ひも）が付いている（↓430ページ参照）。
※5 **綾**＝織物の種類。いろいろな模様を織り出してある絹の布。
※6 **いだして**＝直衣の下に着ている着物のすそを外に出して、色合いのかさね具合を見せる。おしゃれな着用法の一つ。
※7 **上**＝天皇。

学習のPOINT

歴史的仮名遣（かなづか）いの読み方　Return 378・379ページへ

すゑて→すえて
まゐりたまへる→まいりたまえる
おはしませば→おわしませば

表現・単語

あをき瓶のおほきなる〈同格〉＝青い瓶で、大きな（物）
おもしろし〔形容詞〕＝愉快でたのしい。趣がある。

衣服

男女共に、何枚かの衣（きぬ）をかさねる点が特徴的である。現在の「着物」に比べ、平安貴族の衣服は、袖口（そでぐち）が広く布を多く使っていた。色合いなどに工夫がこらされ、「かさね」のパターンには「桜」や「柳」などの名前も付いていた。

上の話に出てくる大納言は、季節に合わせ、桜色に透けて見える直衣を着ている（↓431ページ参照）。中宮定子（ていし）と、その兄、さらに帝（みかど）がそろった、『枕草子』からの華やかなワンシーンだ。

【訳】

廊の高欄のところに青い瓶の大きなのを置いて、桜のたいそういい風情で咲いている枝の1・5メートルくらいの長さのをたくさんさしているので、高欄の外にまで咲きこぼれている。そんな（春の日の）昼ごろ、大納言殿が、（白い表地に赤い裏地が透けている）「桜がさね」の直衣のすこし柔らかなのを着て、濃い紫色で模様が織り出されている袴を着け、何枚もの白い衣をかさね、上には濃い紅色の綾織物のとても鮮やかなのを直衣のすそからのぞかせる（なんともおしゃれな）格好で参上なさったところ、ちょうど帝がこちらにおいでになっていたので、（大納言殿は、）戸口の前の細い板敷きのところにお座りになって、何か言上なさる。

▲東三条殿復元模型　京都文化博物館協力

寝殿造

内裏や貴族の邸宅は、寝殿造という建築方式で建てられていた。いくつかの建物を廊でつないでいるものである。なかは基本的に板敷きで、壁が少なく、とても開放的な構造をしていた。

一般的な貴族の邸宅は、中央の寝殿と、東・西・北の対というような棟とが渡殿（渡り廊下）でつながっている。廊の端には、欄干のような手すり（高欄）が付いている。庭は、南側に池があり、その中の島には橋が渡された。池から引いた遣り水が邸内を巡っている。庭先には前栽という植え込みがあり、透垣という垣根が内部があらわになるのを防いでいた。

㉙ 貴族の姿・武士の姿（平安時代）

■男性貴族の服装

学習のPOINT

男性貴族

・束帯

男性貴族の正装。帯で腰を束ねた装束の意。ゆるやかな袍という上着を着て、長くすそを引いた裾というものを着ける。すそが開いた袴をはく。

・衣冠

束帯の略装。指貫というすそをくくった袴は動きやすい。

狩衣（かりぎぬ）

直衣（のうし）

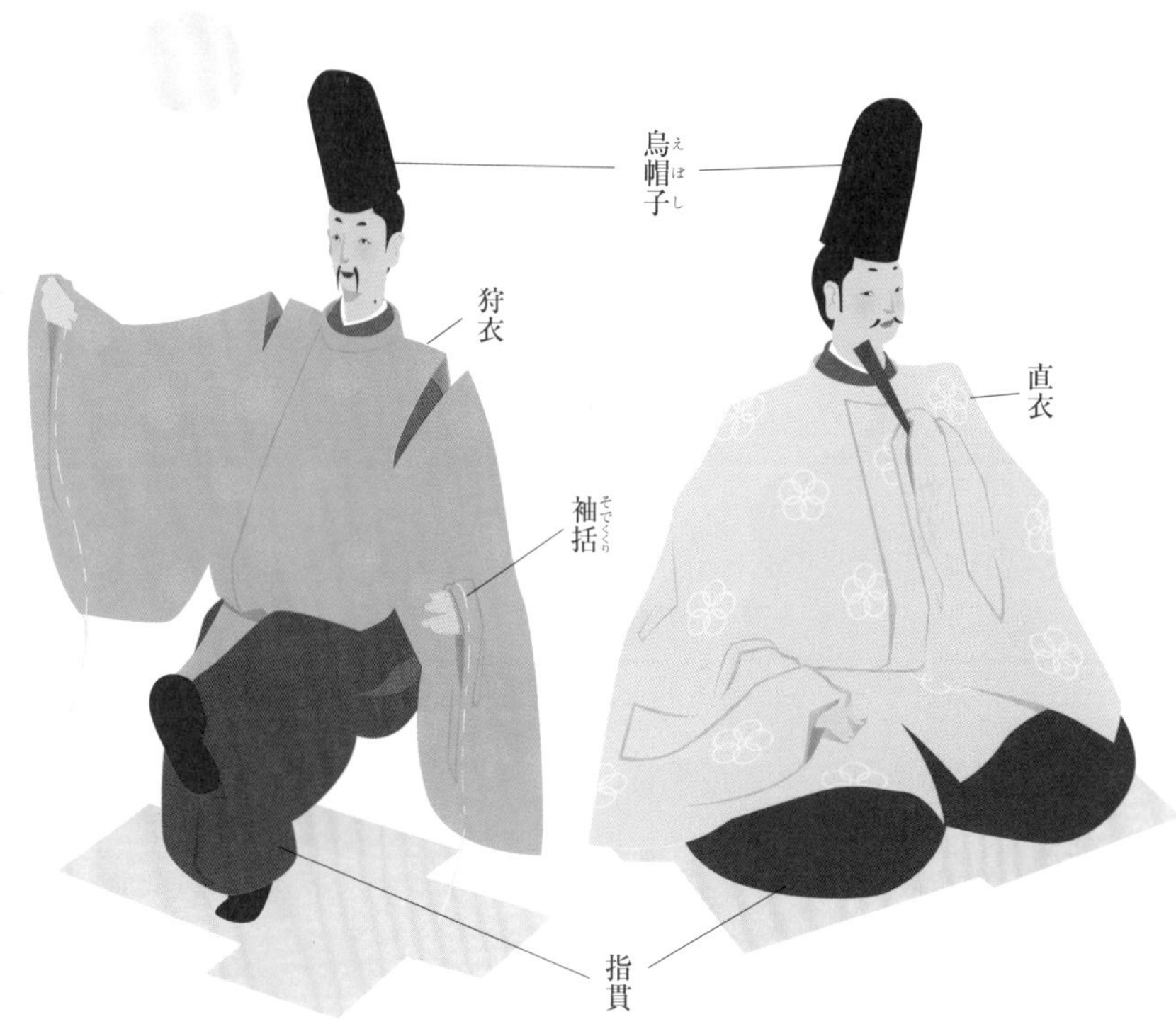

・直衣
平服として用いられた。

・狩衣
平服。袖が前身ごろと離れ、脇（わき）が開いている活動的な衣服。色や模様が自由だったために、衣（きぬ）の表と裏の色の組み合わせを楽しむ「かさね色目」が発達した。

女性貴族の服装

学習のPOINT

女性貴族

・唐衣・裳

女性貴族の正装。小袖（一番下の下着）・長袴の上に袿という衣を数枚かさね、一番表に着たのが唐衣。

裳は、腰から下、後方にすそを引くひだを付けた衣。何枚もの袿の色がかさなって袖口から見えるのがおしゃれであった。

あまりにたくさんの衣をかさねると、重くて身動きが取れないほどの場合もあったという。

「十二単」とは、このように何枚も着物をかさねた状態のことで、実際に十二枚着ているわけではない。

・袿（五衣）

下着である小袖の上に袿を何枚もかさねただけの状態で、唐衣を着けない。平常服。

武士の服装

大鎧

武士の服装

・大鎧
騎馬戦を中心とする源平合戦の時代までに主に使われた武装。歩兵戦中心の時代になると、もっと身軽な武装が使用された。

30 楽器・遊び

（「玄象」という名の琵琶が、ある日宮中から消えうせた。代々伝わる宝物なので、天皇はたいそう悲しんでいらっしゃる。そんなある夜、管弦の名人・源博雅は、南の方角からかの玄象を弾く音を聞きつけた。音をたどってゆくと、都城の南端、羅城門にまで行き着いた。）

門の下に立ちて聞くに、門の上の層（※1）に玄象を弾くなりけり。博雅これを聞くにあさましく思ひて、「これは人の弾くにはあらじ。定めて（※2）鬼などの弾くにこそはあらめ」と思ふほどに、弾きやみぬ。しばらくありてまた弾く。そのときに博雅のいはく、「これは誰が弾きたまふぞ。玄象ひごろ失せて、天皇求め尋ねさせたまふ間、今夜清涼殿（※3）にして聞くに、南の方にこの音あり。よりて尋ね来たれるなり」と。

そのときに、弾きやみて、天井より下るるものあり。怖しくて立ちのきて見れば、玄象に縄を付けて下ろしたり。しかれば博雅、恐れながらこれを取りて、内（※4）に返り参りてこのよしを奏して、玄象をたてまつりたりければ、天皇いみじく感ぜさせたまひて、「鬼の取りたりけるなり」となむ仰せられける。これを聞く人、皆博雅をなむ讃めける。

（『今昔物語集』巻第二十四－第二十四話）

※1 **層**＝門の上層部分。門といっても、大きな建物状であり、二層・三層の構造になっている。
※2 **定めて**＝きっと。必ず。
※3 **清涼殿**＝内裏のなかにある、天皇の住居。
※4 **内**＝内裏。

表現・単語

あさまし＝〔形容詞〕驚きあきれる様子だ。
人の弾くにはあらじ〈打消推量〉＝あるまい。
弾きたまふ〈尊敬表現〉＝〜なさる。

楽器

琵琶は、西アジアからシルクロード・中国を経て日本にもたらされた楽器である。この話に出てくる「玄象」のように、宮中では名器といわれる楽器がいくつも保存されていた。

楽器は貴族のたしなみである。他にも、笛・琴・和琴などさまざまな楽器があった。源博雅はあらゆる楽器の名人で、だからこそ鬼もこの宝物を返してくれたのかもしれない。

ちなみに、「羅城門」は鬼が住むと語り伝えられた場所。芥川龍之介の小説『羅生門』のモデルである。

Return 426ページへ

遊び・趣味

【訳】

（博雅が）羅城門の下で立って聞くと、門の二階の方で玄象を弾いているのであった。博雅はこれを聞き驚きあきれるように思って、「これは人が弾いているのではあるまい。きっと鬼などの妖怪（ようかい）が弾くのであろう」と思っていると、弾きやんだ。しばらくするとまた弾く。そのとき博雅が言うには、「これはだれが弾きなさっているのか。玄象が最近消えうせて、天皇がさがし求めなさっていたが、今夜（私が）清涼殿にいたところ、南の方にこの玄象の音がするのが聞こえた。よって尋ね来たのだ」と。

　そのとき、音がやんで、天井から下りてくるものがある。恐ろしくて身を引いてみると、玄象に縄を付けて下ろしたのだった。そこで博雅は、恐ろしいながらもこれを取り上げ、内裏に帰ってこの事情を天皇に申しあげ、玄象を帝に差しあげた。天皇は非常に感動なさって、「鬼がこの玄象を取ったのだね」とおっしゃった。これを聞いた人は、みな博雅を誉めた。

【参考】楽器さまざま

▲篳篥（ひちりき）

▲笙（しょう）

▲箏（そう）

写真提供／アフロ

▲琵琶を弾く貴族

「遊び」とは、詩歌（しいか）の会や管弦の会をもよおすことをいう。現代の「遊び（＝娯楽）」とは違う意味である。

　では、趣味や娯楽にはどのようなものがあったのだろうか。

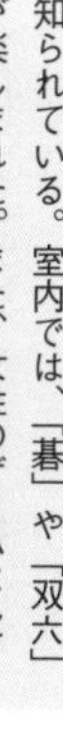

　戸外のスポーツとしては「蹴鞠（けまり）」がよく知られている。室内では、「碁」や「双六（すごろく）」が楽しまれた。また、女性のゲームとして二枚貝の左右の貝殻を探しあて合わせる「貝覆い（かいおおい）（貝合わせ）」などもあった。

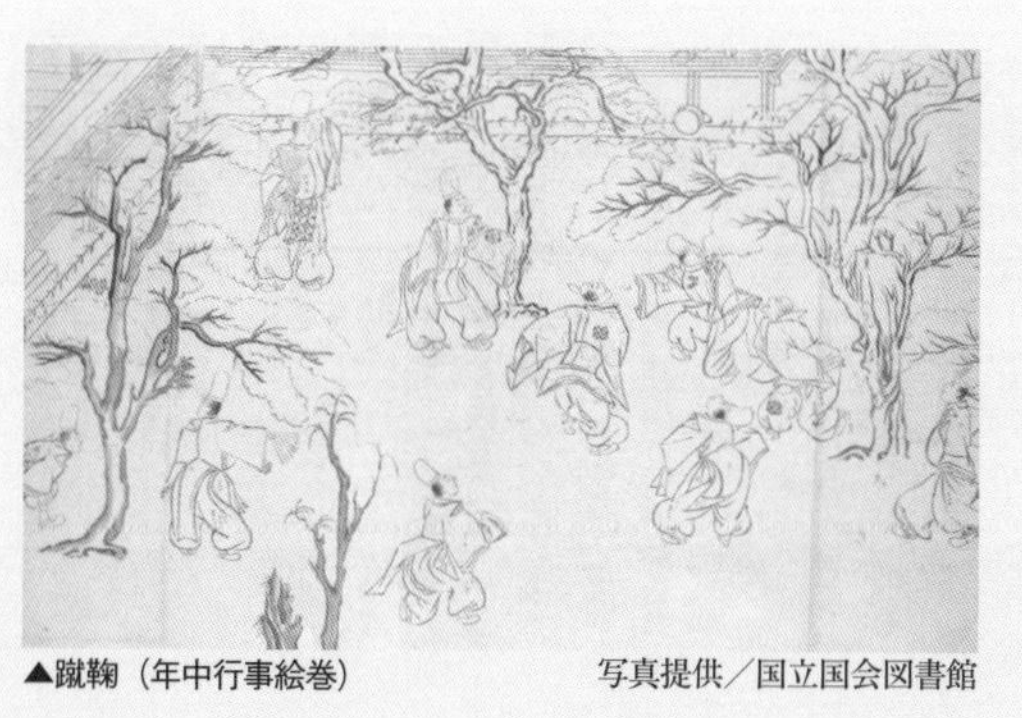

▲蹴鞠（年中行事絵巻）　写真提供／国立国会図書館

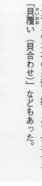

31 和歌の修辞

■枕詞(まくらことば)　あるきまった言葉を導き出すための定型句。それ自体にあまり意味はない。五音のものがほとんどである。

①あかねさす紫野(むらさきの)ゆき標野(しめの)ゆき野守(のもり)は見ずや君が袖(そで)振る

（『万葉集(まんようしゅう)』額田王(ぬかたのおおきみ)）

〔紫野を行き、御料地を行きしているけれど、野の番人はあなたが私に袖を振っているのをみとがめないでしょうか。〕

■序詞(じょことば)　二句から四句ほどから成り、語や句を引き出す。比喩(ひゆ)的な機能や、同音の反復で歌にリズムを与えるなどの効果がある。

②立ち別れいなばの山の峰(みね)に生(お)ふるまつとし聞かば今帰り来む

（『古今和歌集(こきんわかしゅう)』在原行平(ありわらのゆきひら)）

〔立ち別れて去るならば（＝去(い)なば）という名の因幡国(いなばのくに)の稲羽山(いなばやま)。でも、その峰に生える松のように「待つ」と聞いたら、すぐに帰って来よう。〕

■掛詞(かけことば)　同音の語に二つ以上の異なる意味を持たせ、内容を重層的にする。

③花の色はうつりにけりないたづらに我が身世にふるながめせし間に

（『古今和歌集』小野小町(おののこまち)）

〔花の色はあせてしまったわ、むなしいことに。世に降る長雨の間に。そして花のように美しかった私の容貌(ようぼう)も衰えてしまった。私はむなしくこの世に年を経る。〕

学習のPOINT

※各和歌の後に、その和歌の大意を〔　〕付きで示した。

和歌

和歌とは、日本古来からある定型詩の総称。ここでいう和歌とは短歌のことで、五・七・五・七・七の三十一音からなる。

①「あかねさす」は、「君・日・昼・紫」などを引き出す枕詞。枕詞は何十語もある。

(例)　あしびきの―山・尾上(おのえ)
あをによし―奈良(なら)
くさまくら―旅
たらちねの―母・親
ひさかたの―天・空・月・光・雲
やくもたつ―出雲(いづも)　など

②「いなばの山の峰に生ふる」が、序詞。「松・待つ」を引き出すために使われている。

③「ふる」に（降る・経(ふ)る）の二つの意味が掛けられている。また、「ながめ」にも（長雨・眺め）の二つの意味がある。「眺め（眺む）」とは、ぼんやりと物思いにふける、の意。

ぼんやりと物思い（＝ながめ）をしていた間に。〕

折句

各句の上、あるいは下の一文字をつなげて読むと、語が隠されている詠み方。

④からころも着つつ馴れにし妻しあればはるばる来ぬる旅をしぞ思ふ

（『古今和歌集』在原業平）

〔華やかな唐衣を着ては慣れ親しんだ妻が今も都にいるので、そこを離れてはるばるやってきた旅路がしみじみと思われることだ。〕

体言止め

末の句（第五句）の最後に体言（名詞）を置き、余情を出す。

⑤心なき身にもあはれは知られけり鴫立つ沢の秋の夕暮れ

（『新古今和歌集』西行法師）

〔出家してもはや情趣を感じる心も捨てたはずの私だが、その私にも、しみじみとした感慨が感じられることだ。鴫が飛び立つ沢辺の秋の夕暮れよ。〕

本歌取り

古歌の一部を用いたり、古歌の内容を踏まえたりすること。和歌から想像される世界を、より広く深くすることができる。

⑥大空は梅の匂ひに霞みつつくもりも果てぬ春の夜の月

（『新古今和歌集』藤原定家）

〔大空すべてが梅の香によってうっすらとつつまれているが、くもりきってもいない春の夜の月が照っている。〕

〈本歌〉照りもせず曇りも果てぬ春の夜の朧月夜にしくものぞなき

（『大江千里集』大江千里）

④各句の頭の一音をつなげてゆくと「か・き・つ・は・た」となる。「かきつばた」は夏の花の名。在原業平は旅先でかきつばたの花を見てこの歌を詠んだのである。

⑤「夕暮れ」の部分が体言止め。「この秋の夕暮れの景色を見ていると」という状況を説明しすぎてしまうと理屈っぽくなる。体言で止めることによって、想像力が働く。

⑥本歌の一部「曇りも果てぬ」を詠み込んでいる。本歌では「照りきらない、曇りきらない春の朧月」のよさを歌っているが、これに梅の香の広がり具合を加えている点に工夫がある。

㉜ 俳句（はいく）

俳句の歴史

短歌の上（かみ）の句と下（しも）の句を二人以上で付け合うことを連歌（れんが）という。室町時代、これを数人で長く続ける長連歌が流行した。それに伴い、卑俗・滑稽（こっけい）な味を中心とする連歌（＝俳諧連歌）が発生する。これを連句ともいう。

俳諧連歌（連句）において、一句目を発句（ほっく）というが、これが独立して、一句である世界を表現する「俳句」が成立した。

切れ字

発句においては、句中や句末に言い切る形の言葉を用いることにより、句が独立した世界を持っていることを示す。これを切れ字という。切れ字によって余情が生まれるという効果もある。

①草の戸も住みかはる代（よ）ぞ雛（ひな）の家　（『奥（おく）の細道（ほそみち）』松尾芭蕉（まつおばしょう））

訳［この粗末な私の家も、住人が替わる時が来た。今度ここに住む人は、私のような独り者と違い、女の子もいる家族であることよ。］

季語

季節を表すために詠み込む言葉。発句においては必ず入れなければならない語であった。近代俳句においてもこの規則は守られている。

俳句の形式

俳句は、五・七・五の三句十七音を基本とする。

俳諧連歌・連句

一句目は発句、二句目は脇（わき）、三句目は第三、四句以降は平（ひら）の句。最後の句は挙句（あげく）である。句を付けていくことを付合（つけあい）といい、この付け具合に面白みがあった。連想、変化、転換といった構成が長連歌のなかにある。

① 『奥の細道』の序文における句。陸奥（みちのく）へ旅立とうとする芭蕉の心の強さが切れ字「ぞ」に表れているようだ。また、「雛の家」という家庭的で華やかな言葉との対比も際立つ。

季語

季語には、天候や時節を表すもの、生活行事、動植物などさまざまなものがある。季語として認められている言葉を収録した書物を「歳時記（さいじき）」という。

②雪解けて村いっぱいの子どもかな　（『七番日記』小林一茶）
訳〔深い雪がようやく解けた。村いっぱいに広がって遊ぶ子供たちよ。〕

江戸時代の俳人たち

・与謝蕪村＝江戸時代中期の俳人・画家。芭蕉の句風を重んじた。幻想的、絵画的な句を残す。

春の海終日のたりのたりかな
指貫を足で脱ぐ夜や朧月

・小林一茶＝江戸時代後期の俳人。信濃の人。家族の問題に悩まされ、偏屈な一面もあったが、子供や動物を対象とするあたたかな句も多い。

名月を取ってくれろと泣く子かな
やせ蛙負けるな一茶これにあり

近代の俳人たち

正岡子規が短歌に唱えた「写生」が、俳句にも同様の影響を与えた。明治の革新、大正の自由、昭和の円熟を受け俳句は現代に生き続けている。

・高浜虚子＝『ホトトギス』を主宰し、写生を重視して花鳥諷詠を唱えた。

遠山に日のあたりたる枯野かな

・河東碧梧桐＝大正時代を中心に俳句の革新性を伝えた。無季語・自由律の句もある。

赤い椿白い椿と落ちにけり

・山口誓子＝昭和の俳人。『馬酔木』にて新興俳句運動の担い手となった。

海に出て木枯帰るところなし

②は「雪」ではなく、「雪解け」が春を表す季語である。
ちなみに、同じ五・七・五の形式でも、「川柳」には季語がなくてよい。

その他の近代俳人

尾崎放哉（自由律派）
咳をしても一人
村上鬼城（ホトトギス派）
冬蜂の死にどころなく歩行きけり
飯田蛇笏（ホトトギス派）
芋の露連山影を正しうす
中村草田男（人間探求派）
降る雪や明治は遠くなりにけり
杉田久女（浪漫的女流俳人）
足袋つぐやノラともならず教師妻
中村汀女（日常の叙情を句作に）
咳の子のなぞなぞあそびきりもなや

古典簡略文学史

○古事記―神話の大成

成立 七一二年。太安万侶編。稗田阿礼が暗誦していた帝紀（天皇の系譜）・旧辞（帝紀以外の神話・伝説）を、文に書き表した。口誦文芸を記載文芸の形に残した点に意味がある。

内容 上巻は神々の系譜を記した神話世界。イザナギ・イザナミの国生み神話や八俣大蛇退治神話などを含む。中巻は神武天皇から応神天皇まで。ヤマトタケルノミコトの伝説を含む。下巻は仁徳天皇から推古天皇まで。随所に歌謡が記録されており、古代の伝承のありかたを想像させられる。

一方、『日本書紀』は同時期に成立した国家の正統な歴史書で、編年体（→471ページ参照）であり、正規の漢文体で表記されている。

○万葉集―歌の発生

成立 8世紀後半。大伴家持が中心になって編纂したと考えられる。上代の伝誦的な歌謡から、専門歌人による歌・長歌・短歌まで、日本の歌の形が発生し、定着するまでの多くの歌を収める点が文学史上重要である。

内容 4500首余りの歌を20巻に収める。全体が組織的に構成されているわけではないが、相聞（恋愛の歌）、挽歌（死者を悼む歌）、雑歌（その他）の三つの部立（分類）がある。素朴で力強い歌風は、後世「ますらをぶり」と称された。収められる歌の歌体は、短歌・長歌・旋頭歌などである。

・短歌＝五・七・五・七・七
・長歌＝五・七・五・七…が繰り返され、
　最後に七・七で締めくくる。
・旋頭歌＝五・七・七・五・七・七

額田王・柿本人麻呂・山上憶良・大伴家持などが万葉歌人として知られている。

○古今和歌集―和歌の完成

成立 九〇五年。醍醐天皇の命により、紀貫之・紀友則・凡河内躬恒・壬生忠岑の四人が編纂した。天皇の勅命によって成立した、初めての勅撰和歌集である。

内容 和歌を春・夏・秋・冬の四季と、恋・雑などの部立に分け、千首余りを20巻の構成に仕立てている。序文には漢文の「真名序」（→376ページ参照）と平仮名文「仮名序」が付せられており、わが国最初の文学論として名高い。

縁語や掛詞（→436ページ参照）などを駆使した、遊戯的な性格が強い繊細な歌風が特徴である（それだけ、和歌が「文学」としてとらえられた証拠でもある）。万葉風と比較して、「たをやめぶり」と称された。

在原業平・小野小町・僧正遍昭・大伴黒主・文屋康秀・喜撰法師（→412ページ参照）の六歌仙の他、撰者の紀貫之や壬生忠岑らが古今集歌人として知られている。

○伊勢物語―歌物語

成立 9世紀から10世紀にかけて段階的に成立か。作者未詳。

内容 「男」を主人公に据え、彼の生涯を通じての事柄、主にさまざまな恋愛の姿を描く。短い散文に、登場人物の詠み交わした和歌が加わって一章段を成し、約125段から成る。「男」が旅中「かきつばた」を和歌に詠み込んだエピソードの「東下り」や、二条后・高子を盗み出して逃避行した「芥川」などの章段はことに有名である。

このように散文と歌を組み合わせた文学の形を「歌物語」という。他に、『大和物語』や『平中物語』などの歌物語がある。

「男」は、在原業平がモデルであると考えられ、その恋愛ぶりは「みやび」（＝都ふうに洗練されている様）と称された。後に、『源氏物語』などにも強い影響を与えた。

○土佐日記―平仮名文学

成立 九三五年以後まもなくか。紀貫之の手による。

内容 土佐国へ国守として赴任した紀貫之が、任を終えて帰京する際の出来事を記した、旅日記の体裁をとる。平仮名で書かれた最初の日記文学である。冒頭に「男もすなる日記といふものを女もしてみむとてするなり」（男性が書くという日記というものを女性の私も書いてみようというわけでこれを表すのだ）とある。

当時男性は、「日次」という日々の記録を漢文体で書いていた。一方、このころは女性たちが平仮名を使いこなし始めた時代でもある。貫之は、平仮名の散文の描写力を認め、女性の身を借りるという虚構のうちに、この作品を書いたのである。

土佐国で娘を失った悲しみをつづる部分などは、平仮名文ならではの繊細な心情描写が優れている。

○蜻蛉日記―日記文学

成立 九七四年以後か。右大将道綱母（藤原倫寧の娘。藤原兼家と結婚した）の手による、女性の日記文学。

内容 作者と兼家との結婚生活に始まる、彼女の人生20年余りの記録である。自作の和歌や、兼家との贈答歌もまじえ、日々の出来事、夫婦の関係、世情などを書きつづる。通い婚（↓421ページ参照）によって夫を待つ辛さ、別の女性への嫉妬など、自身の苦悩を述べる部分もあるが、後半にさしかかるにつれ、自分を客観的に眺め、平淡な心境に達する描写が見られるようになる。「書くこと」を通じ内省を深めていった一人の女性の生涯がこめられたこの作品は、女性日記文学の草分けとしての意義を持つ。

女流作家の日記には他に、『紫式部日記』『和泉式部日記』『更級日記』などがある。

○枕草子―女房文学・ものづくし

成立 10世紀末ごろに段階的に形成され、流布していったとされる。清原元輔の娘・清少納言による随筆文学である。

内容 清少納言（清原家の人・「少納言」という女房名で呼ばれる）は、学者の家に生まれた女性で、後宮に出仕し、一条天皇の中宮定子に仕えた。高貴な女性の身の周りの世話をし、教養を与える女性を「女房」という職名で呼ぶ。高貴な女性と女房などの彼女をとりまく人々からなるサロン（社交的な集まり）を中心に流布していったと考えられるこの作品は、約300の章段から成る。ある主題のもとに事物を列挙する「ものづくし」と呼ばれる章段や、宮中での出来事を記す日記的章段、自然や人事に注目する随想的章段などがある。鋭い美的感覚で日常のなかに興趣を見いだす「をかし」という精神がこの作品を貫く文学的基調である。

○源氏物語―物語文学の完成

成立 11世紀初頭。藤原為時の娘・紫式部による、物語文学の最高峰にあたる作品である。彼女は、一条天皇の中宮彰子に仕えた女房である。彰子やその父・道長などの周辺から宮中生活・貴族生活を見、モデルにして、この長編を書いた。

内容 帝の子・光源氏を主人公に、数々の恋愛遍歴と運命を物語る。第一部では、青年期の源氏とその栄華への道が描かれ、第二部では、昔犯した罪が自分の身に罰となって降りかかってくるかのような、晩年の源氏の苦悩が語られる。第三部では、源氏の死後彼の子孫たちが再び恋愛模様を重ね、不安や苦悩におびやかされる姿が描かれる。人間関係の悩みや、人の手ではどうしようもない運命の大きさが主題であり、生への問いかけがなされている優れた作品である。しみじみと人生の一コマをかみしめる情趣「あはれ」が基調となっている。

読んでみよう

【源氏物語】概略　（　）内は巻名

第一部

いつの時代のことか。帝と桐壺更衣との間に玉のように美しい男の子が生まれた。光源氏である（桐壺）。生みの母を亡くしてから、さまざまな恋の遍歴を重ねる源氏（帚木・空蟬・夕顔）。母のおもかげをやどす若き継母・藤壺女御にあこがれ、不義の子をもうける。一方、幼い少女（＝のちの紫の上）をひきとり、理想の妻に育ててゆく（若紫）。右大臣家の姫との恋愛（花宴）がもとで、政敵から冷遇され、一時西方へ退去するが（須磨・明石）、やがて都へ帰り、源氏の一門は栄える。藤壺との間の男子が帝位を継ぎ、源氏は罪の意識に苦しむが（澪標）、政治的には太政大臣の地位に上り、六条に大邸宅を構えて充実した生活を送る（乙女）。昔の恋人・夕顔の忘れ形見である玉鬘を引き取り（玉鬘）、実の娘は東宮に輿入れするなど、わが世の春とばかりに栄華を極めるのだった。

第二部

源氏は四十歳となり、壮年を迎えた。前天皇の朱雀院は、愛する娘・女三の宮を源氏に託す。源氏の愛妻・紫の上は苦しむが、源氏は断れず、女三の宮を正妻に迎える（若菜上）。宮は年も若く世間知らずで、源氏は心から愛することができない。そんななか、青年貴族・柏木と女三の宮が不義の恋に落ち、宮は懐妊する（若菜下）。女三の宮は薫を生んで出家し、柏木は病死する。源氏は怒りと悲しみに苦悩し、また、自身が若き日に犯した罪を思い起こすのだった。

紫の上は心労も重なって病気が重くなり、静かにこの世を去った（御法）。源氏は後悔と懺悔のなかに老いを迎えている。亡き紫の上のことばかりを思い、念仏を唱える日々だ（幻）。彼の死は物語上には表されず、「雲隠」という巻名に暗示されるのみである。

第三部

女三の宮と柏木の子・薫が中心となる、第二世代の物語。源氏の娘・明石中宮が帝との間にもうけた匂宮と薫は仲がよい。薫は内向的な性格であるが、匂宮は明るく派手好きである（匂宮）。薫は、自分が源氏の実の子ではないことを知り、苦悩する（橋姫）。薫はやがて、源氏の異母弟・八宮が可愛がっていた姉妹と近づきになり、姉の大君に恋をするが、大君は亡くなってしまう（総角）。匂宮は妹の中君を妻に迎える。失意の日々が続く薫は、中君の異母妹・浮舟の存在を知り、大君の面影を重ね合わせて恋をする（宿木）。しかし、匂宮も浮舟に強引に近づき、彼女は二人の男性に挟まれて苦悩する（浮舟）。ついに宇治川に身を投げた浮舟は一命をとりとめるが（手習）、薫の説得も聞かずに出家し、仏道に専心する生活を送ろうとするのであった（夢浮橋）。迷い続ける登場人物たちの物語に、静かに幕が下ろされる。

○大鏡―かがみもの・歴史文学

成立 11世紀後半から12世紀の成立。作者未詳。「歴史を映す大いなる鏡」という意の題名で、歴史物語という種類の文学に入れられる。この「かがみもの」にはほかに『今鏡』『水鏡』『増鏡』がある。

内容 中国の史書『史記』にならって紀伝体（→471ページ参照）をとりながら、大宅世継・夏山繁樹という老人が歴史を語る「対話様式」が全体の戯曲的効果を高めている。本紀では14代の天皇の時代の事柄が、列伝では、藤原道長を頂点とする藤原氏の大臣たちの歴史が語られる。基本的に道長を賛美する姿勢が見られるが、同じ歴史物語でも『栄花物語』のように無批判な歴史書ではなく、複数の語り手の目を借りて、歴史を裏や表から重層的に記している。生き生きとした平安貴族の姿が語られているのが魅力である。

○今昔物語集―説話集・漢文訓読体

成立 12世紀初めから半ばにかけての成立か。編纂者は仏教寺院にかかわる者と推定されるが、未詳である。

内容 天竺(インド)・震旦(中国)・本朝(日本)の三部に分け、それぞれ仏法と世俗の説話を収める。現存部分だけで1000以上もの説話がある。

説話とは、本当にあったとされることを語り伝えた話のこと。本来は仏教の布教のために用いられた因縁話だが、世俗部を見ると怪異譚や新興勢力の武士の話など、不思議な話が多く収録されていて興味深い。「今ハ昔…」と語り始め、「…トナム語リ伝ヘタルトヤ」としめくくる形が多く見られ、漢字片仮名交じりの漢文訓読体を用いてダイナミックな展開が簡潔に語られる。

「説話集」には他に、『宇治拾遺物語』や『古今著聞集』『十訓抄』などがある。

○新古今和歌集―和歌の発展

成立 一二〇五年。後鳥羽院の命により撰進されたが、その後も改訂作業が続く。勅撰集としては第八番目である。撰者は、源通具・藤原有家・藤原定家・藤原家隆・藤原雅経・寂蓮である。

内容 歌作に熱心で勅撰集編纂にも自ら積極的に関与した後鳥羽院は、これを『新古今和歌集』と命名し、和歌の新時代を自覚していた。また、和歌の理想の形を追求した歌人・藤原定家の存在も大きい。本歌取りや体言止め(→437ページ参照)が多く用いられる歌風が定着しつつあった。また、「幽玄」「有心」などのような批評用語が用いられ、『源氏物語』などの物語世界が取り入れられた時代のなかで、深みや余情が重視された。

定家の父の藤原俊成や式子内親王・西行法師・藤原良経らが新古今歌人として知られる。

○平家物語―軍記・和漢混淆文体

成立 鎌倉時代前期に成立の萌芽があり、そこにさまざまな伝承が増補されつつ成立していったと考えられる。読み本系・語り本系がある。読み本系は寺院文化圏のなかで資料が集められ、基礎的な部分が書き継がれていった。語り本は琵琶法師の集団が琵琶の音に乗せて語る台本である。

内容 平家一族の隆盛と没落、そして滅亡へと至る歴史を軸に、合戦の様子を記した軍記物語である。平清盛は官位を極め、「平家でなければ人ではない」といわれるほど一族は繁栄したが、清盛の死後、子息たちは源氏によって追討され、壇ノ浦で海に沈んだ。勝者の歴史には残らない人々への鎮魂や、消え去った文化への思慕が描かれている。和漢混淆文体という歯切れのよい文体が見られる。

読んでみよう **【冒頭】**「祇園精舎の鐘の声、諸行無常の響きあり。沙羅双樹の花の色、盛者必衰の理をあらはす。」

○方丈記 ― 和漢混淆文体・批評

成立 一二一二年。作者は鴨長明。

内容 鴨長明は、歌人として宮中に交わった。出家して後、京・日野の山中にある一丈（約3メートル）四方の「方丈」の庵に住み、隠遁生活を送った。その静かで質素な生活に自足する彼自身の目から社会を見たときの随想が、この作品の軸である。都の地震や火事という大災害を描写し、世の無常や俗世の生きにくさを回想する。その批評的な境地は、完成された和漢混淆文体であらわされている。

読んでみよう 【冒頭】「行く河の流れは絶えずして、しかももとの水にあらず。淀みに浮かぶうたかたはかつ消え、かつ結びて、久しくとどまりたるためしなし。」

○徒然草 ―― 古典主義・随筆

成立 一三三〇年ごろ。作者は兼好法師。

内容 卜部兼好（吉田兼好）は、吉田神社の神官の家柄に生まれた。宮中に出仕したころは、有職故実（行事や儀式において先例を研究し伝えること）の専門家として、あるいは、歌人として名を馳せた。その後出家して法師となった兼好は、故実家の目から王朝貴族社会への憧憬を抱く者であり、あるいは南北朝動乱の世に生きる者として処世術を持った人物だった。その王朝風のみやびやかな好みや、人間としての振る舞いについて折々に書き付けたものがこの作品である。短い章段が２４０余りある。

読んでみよう 【冒頭】「つれづれなるままに、日くらし、すずりに向かひて、心にうつりゆくよしなし事をそこはかとなく書きつくれば、あやしうこそものぐるほしけれ。」

○太平記 ―― 軍記

成立 14世紀半ばから後半か。律僧の恵鎮が足利直義のもとにもたらした本が、直義や禅僧玄恵のもとで改訂されたという説もあるが、成立は段階的・重層的であったとみられている。

内容 全40巻。後醍醐天皇による鎌倉幕府の倒幕計画に始まり、建武の新政の失敗と南北朝の対立、各地の守護大名の台頭と相次ぐ合戦を描く。公家・武士・僧侶などさまざまな階層の人々が争乱に加わった。後醍醐天皇、楠木正成、足利尊氏、新田義貞などの強烈な個性が読む人を引きつける。儒教の影響を受けた君臣論や、仏教的因果応報の思想も見られる一方、奇襲、悪党、下克上、ばさら大名、落書、怨霊までも描かれ、混迷と共に時代が新しく移り変わってゆく様が活写されている。

○奥の細道—俳句の完成

成立 一七〇二年刊。作者は松尾芭蕉。

内容 芭蕉は、17世紀の俳諧の貞門派・談林派双方を学び、独自の俳諧を確立した。滑稽味を中心としていたそれまでの俳諧とは異なる、清貧・枯淡の美「わび」を見いだし、閑寂な情趣「さび」を重んじた。元禄時代（一六八八～一七〇四）が芭蕉の活躍期で、諸国へ旅に出、俳諧集を次々にまとめた。『奥の細道』は、晩年彼が陸奥（東北地方）へおもむき、日本海沿岸を南下、大垣（現岐阜県）に達した旅における紀行文である。

読んでみよう 芭蕉は九州への旅の途中、大阪で没した。

【所収作品】

夏草やつはものどもが夢の跡
五月雨の降りのこしてや光堂
閑かさや岩にしみ入る蝉の声
荒海や佐渡に横たふ天の河

○浮世草子—井原西鶴

活躍時期 井原西鶴は、芭蕉と同じく元禄期に活躍した人である。最初俳諧を学び、即吟を得意としていた。『源氏物語』をパロディ化した『好色一代男』を皮切りに、当時発達をとげつつあった出版文化の波に乗って、次々と「浮世草子」を発表した。

内容 「浮世草子」とは、現実社会の様子を描写した町人文学である。俳諧出身の西鶴は、滑稽味のある、リズムのよい文体で、恋愛物・武家物・町人物などに分類される浮世草子を多く書いた。恋愛物の『好色一代男』『好色五人女』をはじめ、町人・商人の姿を生き生きと描いた『日本永代蔵』、大晦日の借金取りをやり過ごす大阪の商人を題材にした『世間胸算用』などが代表作である。

読んでみよう 「難波橋より西見渡しの百景、数千軒の問丸、甍をならべ、白土雪の曙をうばふ。杉ばへの俵物、山もさながら動きて、人馬に付けおくれば、大道轟き地雷のごとし。上荷、茶船かぎりもなく川浪に浮かびしは、秋の柳にことならず。」（『日本永代蔵』）

○浄瑠璃・歌舞伎—近松門左衛門

活躍時期 近松門左衛門は、17世紀後半から18世紀初めにかけて、歌舞伎・浄瑠璃の脚本家・作家として活躍した。歌舞伎とは音楽を伴って役者が演じる演劇で、浄瑠璃とは詞章の語りと音楽と人形遣いで成る演劇である。近松門左衛門は日本の演劇文学における大きな存在である。京都で俳優坂田藤十郎のために歌舞伎の脚本を書いたり、竹本義太夫と組んで人形浄瑠璃の詞章を多く書き残したりした。時代物としての『出世景清』や『国性爺合戦』、世話物（町人を主人公とするもの）のなかでも特に「心中」を扱った『曽根崎心中』や『心中天網島』などが代表作である。美しい文体が舞台を盛り上げる詞章として効果を生んだ。

読んでみよう 「我とそなたはめをと星　必ず添ふとすがり寄り　二人がなかに降る涙川の水嵩も増さるべし」（『曽根崎心中』）

国学―本居宣長

活躍時期 18世紀後半。国学思想を形成した国学者。伊勢の商人の家に生まれるが、商売に向かず、和歌や読書を続けた。医者になることを志し、漢学を学ぶなかで、国語学者の僧・契沖の学説に出会い、日本の古典に親しむ。のちに小児科医として開業。その一方で国学の研究を進めた。

研究内容 当時武家階級のイデオロギーは漢文化・朱子学であったが、宣長は日本文化に思想的基盤を求めた。平安時代以来の美意識や無常観のなかにアイデンティティを求め、「もののあはれ」という概念を打ち立てた。漢文化が日本に入る以前の日本語・日本文化に固有な世界を見いだそうとした。彼は松阪に住み、国学者の賀茂真淵に師事して、日本古典・古代の研究を続けた。その成果には、『古事記伝』『源氏物語玉小櫛』『玉勝間』などがある。

読んでみよう 「がくもんして道をしらむとならば、まづ漢意をきよく除き去るべし」（『玉勝間』）

雨月物語―上田秋成

活躍時期 18世紀後半。大阪に生まれる。若くして俳諧や戯作に親しみ、国学にも詳しく、和漢の書物を読み自分の血肉とした。

内容 代表作『雨月物語』は怪奇・幻想的な主題の小説集である。「白峯」は、四国白峯を訪れた西行法師が崇徳院の亡霊に対面する、悲哀に満ちた物語。「菊花の約」は、丈部左門と再会の約束を結んだ赤穴宗衛門が、約束の九月九日、自害し亡魂となって左門のもとに現れる友情の物語。日本の古典に題材を採るものもあり、中国の白話（口語）小説を翻案したものもあり、その洗練された文体は評価が高い。

読んでみよう 「あら玉の月日はやく経ゆきて、下枝の茱萸色づき、垣根の野ら菊艶ひやかに、九月にもなりぬ。」（『雨月物語』所収「菊花の約」）

南総里見八犬伝―観念的伝奇小説

成立 一八一四～一八四二年刊。作者は滝沢馬琴。馬琴は江戸に生まれ、「戯作」と呼ばれる読み物を作っていたが、源為朝を主人公にした小説『椿説弓張月』をきっかけに小説家（読本作家）に成長していった。出版が盛んに行われ、長編の読者層も充実してきていた時代である。

内容 馬琴が晩年取り組んだ長編であり、三十年近い年月をかけて書かれた。中国の『水滸伝』（↓469ページ参照）を翻案して、里見家を守る八犬士の運命を南房総（現千葉県）を舞台に描く。儒教や仏教の道徳観に立って、登場人物や筋立てにもそれを反映させている。八犬士はそれぞれ仁・義・礼・智・忠・信・孝・悌を象徴している。勧善懲悪の図式を貫いた大河小説である。

日常のなかの「古典世界」

日本人と「道」

西洋や中国では、「マルチ」「博覧強記」といった、すべての知識に通じている人が尊ばれるように思うけれど、日本ではどうだろう。むしろ、各方面の分野において、自分の世界を作り上げる人に親しみを感じたりしないだろうか。企業を支える職人魂、物理の世界に没頭している学者、映像やゲームの製作者……そんな人たちの実に細やかなこと。

平安時代にはすでに、専門的分野を意味する「道」という言葉があった。和歌の道、漢学の道。中世には、茶道、花道、武道など、いろいろな「道」の文化が成立していく。

古くから愛されていた囲碁の世界

たとえば、囲碁。専門的な世界だけれど、そこで生まれた言葉は意外に広まり、現代でも使われている。強い相手に対して、自分が一目(いちもく)先に石を置かせてもらうところから、「あの人は一目置かれている」などという言いまわしが生まれる。白黒どちらにも属さない目は「駄目」といい、そこに石を置いていくことは「駄目押し」である。

囲碁の由来は古く、平安時代に中国から伝わったことを知ればさらに面白い。『吉備大臣入唐絵巻(きびだいじんにっとうえまき)』という絵巻には、大臣吉備真備(きびのまきび)が中国で囲碁を初めて知り、一晩かけて習得し、彼(か)の地の名人と命がけの勝負をした話が書かれている。『今昔物語集(こんじゃくものがたりしゅう)』には、稀代(きだい)の囲碁名人だった寛蓮(かんれん)という僧が、見知らぬ女にコテンパンにやっつけられた話もある。囲碁の世界が古くから愛されていたことがよくわかる。

「道」は不思議な小宇宙

それぞれの「道」の文化は、決して一つ一つ孤立していたわけではない。囲碁用語が囲碁界の外でも広まったように、私たちもいわゆる「業界用語」を面白がったり、知らず知らずのうちにそれを使ったりしている。言葉を介して、それぞれの文化は交流しあっていると思うのだ。不思議な小宇宙がたくさん成立し、お互いに興味を持つことこそ、豊かさというものではないだろうか？

古文の世界もまた同じ。現在囲碁を打つ人に聞くと「三百年前の名人と現代の名人と、どちらが強いかわからない」と言う。現代の価値観にとらわれずに、不思議な古典の小宇宙にも足を踏み入れて、そこに起こる物語を味わってみてほしい。

◆◆

古典編

第2章 漢文の読み方を知る

漢文で書かれた中国の古典は日本文学に大きな影響を与えました。その読み方の基本を学び、『論語』や『史記』の一節から漢文の響きを味わいます。中国簡略文学史に各時代の思想家や詩人を紹介します。

① 漢文

■漢文とは

漢文とは、現代中国文に対する古い中国の文章、あるいは日本人などがそれをまねて書いた文章を指す。中国語は、日本語と違って語に活用がなく、漢字一字ずつを特定の語順に従って並べることで、文意を表す。その語順も、日本語とは大きく異なっている。

(例) 聞（述語） 鳥声。（目的語）　鳥の声を（目的語） 聞く。（述語）

■音読み・訓読み

そもそも文字のなかった古代日本では、日本語を表記する際に漢字を借用したのであった。ただし、発音においては、中国での発音そのものではなく、日本風の読み方・発音に変化させて漢字を読んだ。

・**音読み**＝中国での発音を、日本風の発音にした読み方。
・**訓読み**＝漢字の持つ意味を日本語にあてはめ、その日本語をその漢字の読みとする読み方。

(例) 天地＝ティエン‐ディ（tiān dì）（現代中国語での発音）
天地→「てんち」（音読み）

もっとくわしく

漢文の特徴

日本語は、言語学の分類上は「膠着語（こうちゃくご）」という言語に分類される。用言や助動詞が活用し、その他の品詞が付け足されるという特徴を持っている。

中国語（漢文）は、「孤立語」に分類され、動詞などの活用はなく、語順によって文の意味が決まるのが特徴である。

Return 143ページへ

学習のPOINT

漢文の特徴

ここでは、中国での漢文そのものではなくて、日本語圏において漢文がどのように読まれてきたかを知り、私たちもその方法にしたがって漢文を読んでいこう。

漢文の主な構文の種類には、左のようなものがある。
・「主語—述語」型
・「主語—述語—目的語や補語」型
・「修飾語—被修飾語」型　など

日本では、漢字の読み方についても工夫して漢語を取り入れてきた。

上の例だと、天地（ティエン・ディ）は、中国語の発音。これを日本語風の発音にしたのが音読みである（テンチ）。これに、日本語（＝和語）の「あめつち」をあてはめたのが訓読み。これは一種の翻訳と

漢文の知識とは

古代日本の文化は、中国大陸や朝鮮半島の文化を取り入れ学ぶことで発展をとげた。したがって、漢文の知識は非常に重要視され、正統な学問とされたのである。公的な文書はすべて漢文で書かれ、貴族の教養として漢詩が作れなければならなかった。

漢文の訓読ができ上がるまでには、いろいろな試行錯誤がされたと考えられている。訓点を書き入れるのではなく、「角筆（かくひつ）」という細い棒で紙面にへこみをきざみつけてしるしにする方法も行われていた。朝鮮半島においても、この角筆のような工夫をして漢文を読んでいった例があると考える説もある。

諸地域において漢字がどのように受け入れられ、読まれていったかという問題は、文化の伝播（でんぱ）の問題なのである。

天地→「あめつち」（訓読み）

■訓読と訓点

日本において漢文が読まれるうちに、漢字の羅列である漢文を、そのまま日本語文として読んでしまう方法ができてきた。

（例）思故郷。（漢文）
→**思フ二故郷（こきやう）ヲ一。**（訓読文）
→故郷を思ふ。（日本語文）

右の中央の「**思フ二故郷ヲ一。**」のように、片仮名（かたかな）や符号を使ってしるしを付け、そのきまりにしたがって読む方法を、「訓読」という。

- **訓点**＝訓読をするために付けた片仮名、符号、句読点をすべて合わせて訓点という。
- **訓読文**＝訓点の付けられた文。
- **白文（はくぶん）**＝訓点を付けていない、原文そのままの漢文。
- **送り仮名**＝漢字の右下に付けてある片仮名。
- **返り点**＝漢字の左下に付けてある符号。

もいえる。

漢文の構造に対しては、「訓読」という方法を発明することによって対応した。「訓読」は、原文そのままでもないし、翻訳文でもない、独特の方法なのである。訓読をするための、送り仮名、返り点、句読点を合わせて「訓点」という。

② 送り仮名(がな)・返り点

■送り仮名のきまり

①仮名遣い(かなづか)は、歴史的仮名遣いを用いる。右下に片仮名(かたかな)で小さく書く。

(例) 与フ／老ユ

②活用のある語は、活用語尾を送る。

(例) 読ム／浅シ

③動詞・形容詞などから転じた名詞は、含まれるもとの品詞の活用語尾から送る。

(例) 戦ヒ／楽シミ

④副詞・連体詞・接続詞などは原則最後の一字を送る。

(例) 唯ダ／若シ

⑤対話や引用文の終わりには「ト」を送る。

(例) 「賢ナリト。」

■返り点のきまり

漢文との構造の違いを補って日本語文の順序のように読むために、返り方を示す符号が返り点である。

①**レ点**(雁点(かりがね))＝下の字からすぐ上の字へ返る。

(例) 読ムレ書ヲ。→書を読む。

もっとくわしく

送り仮名

下に示した原則の他、次のようなものもある。

(例) 雨フル

日本語では、「雨」に動詞の意味はないが、漢文の構造において動詞の位置に「雨」の字があったら、これを動詞として読むために送り仮名を添えるのである。

(例) 破ランレ

文意上必要な助動詞・助詞が原文にないときは、送り仮名でこれを補うことがある。右の場合は「ン」が助動詞。

学習のPOINT

返り点

漢文と日本語文の構造上の違いゆえに、白文(はくぶん)を訓読する際には、下の字から上の字へ返って読まなければならないときも多い。特に、「〜を」「〜に」「〜と」などの目的語や補語にあたる語は、述語より下方にある。「**ヲ・ニ・ト(鬼と) 会ったら返れ**」といわれるが、送り仮名に「ヲ・ニ・ト」があった場合は特に、上へ返って読む。

訓読は、基本的に上から下へ読んでゆく。返り点のない字はそのまま読む。返り点の付いた字にぶつかったときに初めて、その用法にしたがって読めばよい。

一・二点、上・下点などは、一点の付いた字を読んだらすぐに二点の字へ、上点の付いた字を読んだらすぐに下点の字へ返って読む。

返り点─甲・乙・丙点

一・二点と上・下点をはさんでなお、もっと大きく上へ返る場合もある。そのときは、甲・乙(丙・丁…)点を用いる。

(例) 盍(なんゾ)乙以(もつテ)下善(よクスル)二漢文(ヲ)一者(ヲ)上従(したがハ)甲。
→盍(なん)ぞ漢文を善(よ)くする者を以て従へざる。

(例) 不(ず)レ可(べカラ)レ待(まツ)。 →待つべからず。

② 一・二点＝二字以上うえの字へ返る。

(例) 入(いル)二深山(ニ)一。 →深山に入る。

③ 上(・中)・下点＝一・二点の付いた句をはさんで返る。

(例) 黄帝(くわうてい)得(タリ)下上(のぼリ)二泰山(たいざん)ニ一封(ズルヲ)上。 →黄帝泰山に上り封ずるを得たり。

④ レ点、上レ点＝記号の併用。レ点を先に読み、次に一・二、あるいは上・下の返り方で返る。

(例) 言(フ)二此(こ)ノ牛ノ腹中ニ有(リト)一レ奇(き)。 →此の牛の腹中に奇有りと言ふ。

(例) 祈(ル)下為(ため)ニ二百姓ノ一育(スルヲ)上レ穀(ヲ)。 →百姓の為に穀を育するを祈る。

確認問題

次の□に、返り点にしたがって読む順序を、数字で書き入れよ。

① □レ□□レ□。
② □□二□□□一。
③ □下□二□□一□上。
④ □二□□一レ□。

上の④の例文で確かめてみよう。

(例) 言7(フ)二此1ノ牛2ノ腹3中4ニ一有6(リト)レ奇5(き)。

返り点の付いた「言」をまずとばし、「此牛腹中」を上から順に読む。「有奇」の部分では、レ点を先行するから「奇」が先で、次に一点の付いた「有」、そこからすぐに二点の「言」に返る。

解答

① 2 1 4 3
② 1 5 2 3 4
③ 5 3 1 2 4
④ 4 1 3 2

もっとくわしく

その他の返読文字

・状態を表すもの
有（あリ）
無（なシ）
難（かたシ）
易（やすシ）
多（おほシ）
少（すくナシ）
欲（ほつス）

・日本語の助詞にあたるもの
並列を表す
与（と）
比較を表す
与（より）
起点を表す
自・従（より）
逆接を表す
雖（いへどモ）
その他
毎（ごとニ）
以（もつテ）
所（ところ）
所以（ゆゑん）
為（ためニ）

③ 返読文字（へんどく）

■返読文字

訓読する際に下から返って読まなければならない字がある。これを**返読文字**という。この場合、下の語に送り仮名（がな）の「ヲ・ニ・ト」が付いていなくても必ず返る。

▽**日本語の助動詞にあたるもの**

● 不（ず）・弗（ず）・非（あらズ）・無（なシ）・莫（なシ） など（否定を表す）

（例）不（ず）レ用（ヰ）。→用ゐず。／非（あらズ）ニ木石（ニ）一。→木石にあらず。

訳［もちいない。］　訳［木や石ではない。］

● 無（なカレ）・莫（なカレ）・勿（なカレ）・毋（なカレ） など（禁止を表す）

（例）莫（なカレ）レ笑（わらフコト）。→笑ふことなかれ。

訳［笑ってはいけない。］

● 可（ベシ）（可能・許可を表す）

（例）三軍可（モベシ）レ奪（フ）レ帥（すいヲ）。→三軍も帥を奪ふべし。

訳［いかなる大軍であろうとも、その総大将を奪うことができる。］

● 使（しム）・令（しム）・遣（しム）・教（しム）（使役を表す）

学習のPOINT

返読文字の訓読

書き下し（くだ）（→459ページ参照）の際、返読文字の部分は必ず平仮名（ひらがな）に直す。これは、返読文字が、日本語の助動詞や助詞にあたる働きをするものだからである。

否定・禁止を表す返読文字のうち、「非・無・莫・勿・毋」は、下に名詞や名詞句がくる。

（名詞句の例）
～ことなし。～ことなかれ。
～ものなし。～ものなかれ。 など

(例) 天帝使我長百獣。→天帝我をして百獣に長たらしむ。
訳〔天の神が私を百獣の王にさせた。〕

● 見・被(受け身を表す)
(例) 見殺。→殺せらる。
訳〔殺される。〕

● 如・若(様態・比況を表す)
(例) 光陰如矢。→光陰矢のごとし。
訳〔時間は矢のようだ(早く過ぎる)。〕

▽**二字の返読文字**
・不可能を表すもの
不可(ベカラず)・不能(あたハず)・不得(えず)
・比較を表すもの
不如(しカず)・不若(しカず)・莫如(しクハなシ)・
莫若(しクハなシ)

確認問題
次の空欄に適当な返読文字を入れよ。
①□疾言。(声高で早口のおしゃべりをしない。)
②百聞不□一見。(百回聞いても、一回見るのには及ばない。)

解答
①不(弗)
②如(若)

二字の返読
「不能」は「あたハず」(＝〜することができない)と読むが、「能」の字は文章中「能く」と読んで副詞的に働くこともあるので注意しよう。そのときは、返読にはならない。
「不如・不若」などの「如」「若」の読み「しク」は、「及ぶ・匹敵する」の意味である。

④ 再読（さいどく）文字・助字（じょじ）

■再読文字

漢字一字に、日本語でいう副詞と助動詞（または動詞）との二つの意味を併せ持たせているものがある。これらは、はじめに副詞にあたる読み方で読み、二度目に下から返ってきて助動詞（または動詞）にあたる分を読まなければならない。

このように二度読む字を再読文字という。全部で九字ある。

再読文字	訓読のしかた	意味
未	（いまダ〜ず）	まだ〜ない
盍	（なんゾ〜ざル）	どうして〜ないのか
将	（まさニ〜す）	これから〜ようとする
且	（まさニ〜す）	いまにも〜ようとする
当	（まさニ〜ベシ）	当然〜すべきだ
応	（まさニ〜ベシ）	きっと〜だろう
宜	（よろシク〜ベシ）	〜するのがよい
須	（すベかラク〜ベシ）	必ず〜すべきだ・ぜひ〜する必要がある
猶（※）	（なホ〜ごとシ）	ちょうど〜のようだ

※「猶」は「由」と書くこともある。

もっとくわしく

再読文字の意味

盍（なんゾ〜ざル）は、反論や詰問を表す。

将・且（まさニ〜す）は、時間的にこれから先のことに対して用いる。

当・応（まさニ〜ベシ）は、命令・義務や当然を表す。

学習のPOINT

再読文字の訓読

副詞は最後の一字を送り仮名（が）として送るという原則に従い、「未・盍・将・且・当・応・猶」は、それぞれ一字ずつを送る。例外的に「宜・須」は最後の二字を送る。

宜（よろシク）・須（すべかラク）

Return 452ページへ

再読のとき、助動詞・動詞にあたる部分に必要とされる送り仮名は、文字の左側に小さく書く。

（例）猶（なホ／ごとシ）

助字について

漢文における助字は、日本語にはなかなか置き換えにくい、微妙な感覚を伝える意味を持っている。例えば、「則・即・乃・便」はみな「すなはチ」としか読みようがないが、その含む意味はそれぞれに少しずつ違っている。「訓読」とは、原文でもなく翻訳でもないと述べたが、やはり、漢文を日本語文に取り込みつつ読むことには限界があることが、この助字の読み方によってもわかる。漢文の原文でしか感じ取れない独特の表現があることを知り、異なる言語文化に敬意を払いたいものだ。

助字

文末や文中にあって、疑問・断定や接続などの意味を添える字のこと。

①文末の助字

也・哉・乎・耶・歟（や・か・かな）〈疑問・反語〉

也（なり）〈断定〉

耳・爾而・而已・而已矣（のみ）〈限定〉

②文中の助字

助字	意味
則（すなはチ）	～すると。
即（すなはチ）	すぐに。ただちに。
乃（すなはチ）	そこで。
便（すなはチ）	～するとすぐに。そのまま。
夫（そレ）	そもそも。
遂（つひニ）	かくて。そのまま。
与（ともニ・と）	～と。～と一緒に。
方（まさニ）	ちょうど。そのとき。
能（よク）	～できる。
自（より）	～から。
従（より）	～から。

助字

助字のなかでも特に、訓読したときに読まれないものを「置き字」という。

Go to 458ページへ

実は、返読文字や再読文字も、助字の仲間である。

助字には、文末に置かれるものと、文中に置かれるものとがある。それぞれに、微妙な意味や味わいを添える働きをする。

上に挙げたもののうち、「則チ」は特に「～すれば則チ」という読み方をすることが多いので、「レバ則（そく）」などという。古典文法では、確定条件法にあたる意味を持つ。

Return 386ページへ

もっとくわしく

漢文訓読体

日本の古典のなかで、「漢文訓読体」と呼ばれる文体のものがある。『今昔物語集（こんじゃくものがたりしゅう）』などが代表的だが、漢字と仮名（かな）がまじった表記であり、漢語や仏教語を多く取り入れている。

Return 444ページへ

⑤ 置（お）き字（じ）・書き下（くだ）し

置き字

漢文においてはある意味やニュアンスを表すのに、それに対応する日本語がなく、助詞や助動詞として送り仮名（がな）を用いて、その意味を表す字がある。つまり、訓読の際に読まない字である。このような字を「置き字」という。

● 而

（例）多クヲ見テ而識レル之ヲ。
訳〔多くを見ておぼえる。〕 ←「見テ」の「テ」という送り仮名で〔接続〕が表されている。

● 於

（例）勝レリ二於月ヨリ一。
訳〔月よりすぐれている。〕 ←「月ヨリ」の「ヨリ」という送り仮名で〔比較〕が表されている。

● 于

（例）至ル二于衆庶ニ一。
訳〔庶民にまで至る。〕 ←「衆庶ニ」の「ニ」という送り仮名で〔対象〕が表されている。

● 焉・矣

（例）百物生ズ焉。
訳〔さまざまなものが生じる。〕 ←文末にあって置き字となる。

学習のPOINT

置き字

置き字は、その意味するところが、他の部分に助詞や助動詞として送り仮名を用いて示されていることが多い。

ただし、「而」は、「しかシテ」「しかレドモ」などのように、接続詞として読まれるときもある。また、「焉」は文末にあっては置き字だが、文中では「焉」（いづクンゾ）と読んで疑問・反語などを表すこともある。

上に挙げたもの以外にも、いくつかの置き字があるが、ここでは省略した。

これらは漢文を書き下した形によく似た文体を使っている。漢文を読みこなした人々が、日本語圏のなかでもこのような文体を作り上げたのである。

（例）行(ゆ)く河の流れは絶えずして、しかももとの水にあらず。（『方丈記(ほうじょうき)』冒頭）

こころみに漢文にもどしてみると、次のようになろうか。

→行河流不絶而非原水。

書き下し

書き下しとは、訓読文（送り仮名・返り点などの付いた状態）を、漢字仮名まじりの日本文に直すことをいう。

▽書き下し文のきまり

①漢字はそのまま書くが、送り仮名は平仮名(ひらがな)で書く。

（例）甚(はなはダ) 微妙(ナリ)。（訓読文）

甚だ微妙なり。（書き下し文）

②返読文字や再読文字などで、助詞や助動詞にあたる漢字は平仮名に直す。

（例）不(ず)レ開(ケ)レ窓(ヲ)。（訓読文）

窓を開けず。（書き下し文）

③置き字は書かない。

（例）学(ビテ) 而時(ニ) 習(フ)レ之(ヲ)。（訓読文）

学びて時に之を習ふ。（書き下し文）

書き下し

書き下し文を作る際、返り点や再読文字の原則によく気をつけて、字を読む順序を間違えないようにしよう。送り仮名のなかに歴史的仮名遣い(かなづかい)がある場合は、そのままの仮名遣いで書く。

（例）解(ク)レ惑(ヒヲ)。

→惑ひを解く。

また、上の②の原則において、助詞や助動詞を平仮名にするが、それがさらに活用することもあるので、注意しよう。

（例）未(いまダ/ざル)二之(これ)有(一)也(ラなり)。

→未だ之有らざるなり。

もっとくわしく

対句（ついく）

「渡水復渡水　看花還看花」や、「国破山河在　城春草木深」のように、名詞・動詞・副詞などの位置が一致し、類似した構成の二句を「対句」という。対句では、意味のうえでもなんらかの対応関係が見られる。見た目にも、声に出して読むときにも美しく、内容を重層化して深める働きをしているのだ。

押韻（おういん）

漢字の発音は、冒頭の子音の部分（声母〈せいぼ〉）と声母を除いた母音を含んだ部分（韻母〈いんぼ〉）から成っているが、漢詩のある部分において、この韻母をそろえることを「韻を踏む」という。例えば、五言絶句なら、二句目と四句目の末の字が韻を踏み、七言絶句なら、一・二・四句目が韻を踏むなどのきまりがある。中国語の発音は時代と共に移り変わって

⑥ 漢詩のきまり

詩は、中国においては紀元前から作られていた。そのころの詩は、比較的自由な形式だったが、漢代になると、一句の字数が五字あるいは七字の詩が生まれ、唐代になって字数・句数などに制約のある詩の形がととのった。

■絶句

絶句とは四句から成る詩である。五言絶句（一句の字数が五字で四句）と七言絶句（一句の字数が七字で四句）とがある。

（例：五言絶句）

尋二胡隠君一　高啓（こうけい）

渡レ水復渡レ水
看レ花還看レ花
春風江上路
不レ覚到二君家一

（書き下し文）

胡隠君を尋ぬ

水を渡り復た水を渡り
花を看還た花を看る
春風江上の路
覚えず君が家に到る

【訳】胡隠君を尋ねて／水路を渡ってはまた水路を渡り、花を見てはまた花を見る。春風が吹き渡る川辺の道を進み、いつの間にかきみの家に到った。

学習のPOINT

絶句

絶句の四句は、初めから、起句・承句・転句・結句という。

起句で言い起こした内容を、承句が受ける。上の高啓の絶句では、たまたま起句と承句が同じような形をとっているが、水路の多い地域にあふれかえるように花が咲き乱れる風景を、起句から承句へと展開させているのである。転句は内容を一転させる働きを持つ。ここでは、起句・承句の叙景（景色を書きあらわすこと）から、川辺の道をたどる自分の様子へと、視点を移している。結句では、春の浮き立つような雰囲気と、「君の家」を訪ねるうれしさとを重ねて結んでいる。

きているので、現在の発音とは異なる場合もあるが、右ページの高啓の五言絶句の例で見ると、二句目末の「花」と四句目末の「家」が同韻である。中国音で読むときに、これが詩全体にリズムを与える。古代の発音と現代の発音ではまた違いがあるが、参考までに、現代北京語ではどうかと言うと、「花」は〔huā〕、「家」は〔jiā〕と読む。「平声」という平らなアクセントが同じである。

■**律詩**　律詩とは八句から成る詩である。五言律詩（一句の字数が五字で八句）と七言律詩（一句の字数が七字で八句）とがある。

（例：五言律詩）

春望　杜甫

Go to 472ページへ

国破レテ山河在リ
城春ニシテ草木深シ
感ジテハレ時ニ花ニモ濺ギレ涙ヲ
恨ンデハレ別レヲ鳥ニモ驚カスレ心ヲ
烽火連ナリ二三月ニ一
家書抵ル二万金ニ一
白頭搔ケバ更ニ短ク
渾テ欲スレ不レ勝ヘレ簪ニ(*)

（書き下し文）

春望

国破れて山河在り
城春にして草木深し
時に感じては花にも涙を濺ぎ
別れを恨んでは鳥にも心を驚かす
烽火三月に連なり
家書万金に抵る
白頭掻けば更に短く
渾て簪に勝へざらんと欲す

【訳】春のながめ／戦争で国都（長安）が破壊されても、山河は昔のままである。都城に春がやってきて草木が深く生い茂った。戦乱のことを思えば花を見ても涙が落ち、家族との別れを悲しんでは鳥の声にも心が痛む。戦乱ののろし火は三か月の間ずっと続き、家族からの手紙は万金に値する。白髪頭を掻けばさらに髪は短くなっていて、まったく冠を留めるかんざしも挿せなくなりそうだ。

＊簪＝かんざし

律詩
律詩は、二句ずつの四段構成と考えられる。そのまとまりを「聯」といい、初めから、首聯・頷聯・頸聯・尾聯（または起聯・前聯・後聯・結聯）という。
上の詩では、首聯で国家と自然の対比をうたう。頷聯では自然風物につけても感じられる心の悲しみを述べ、頸聯では、戦乱の厳しさと、より強まる家族への思いを述べる。尾聯では白髪頭と冠を留めるかんざしを持ち出して、もはや任にたえられそうもない自分の衰えをうたって結んでいる。

⑦ 思想を語る 『論語』

子曰、君子不重則不威。学則不固。
主忠信、無友不如己者。
過則勿憚改。

（『論語』学而編）

※1 子＝先生。
※2 曰＝おっしゃることには。「のたまはく」とも読む。
※3 君子＝聖人。人間として理想的な人物。
※4 忠信＝真心と信義。

学習のPOINT

文法・表現

・不重則不威
レ点に気を付けよう。書き下しに際しては、「不」を平仮名にし、また「ざレバ」と活用させている点に注意しよう。「レバ則」の読み方がある。訳を参照してみよう。

Return 457ページへ

・無友不如己者。
「不如」＝およばない。（→455ページ参照）
一・二点、レ点に気を付けよう。書き下し文を参照し、字を読む順序を確かめよう。

・勿＝〈禁止〉

Return 454ページへ

〈語順のポイント〉

君子不レ重則不レ威。
1 2 4 3 5 7 6

主二忠信一、無レ友二不レ如レ己者一。
3 1 2 9 8 6 5 4 7

〈書き下し文〉

子曰く、君子重からざれば則ち威あらず。学べば則ち固ならず。忠信を主とし、己に如かざる者を友とすることなかれ。過てば則ち改むるに憚ることなかれ。

【訳】

先生がおっしゃることには、「君子は重々しくないと威厳がない。（君子は頑固になりがちだが、）学問をすると頑固でなくなる。忠と信とを第一にして、自分よりすぐれていない者を友人にはするな。間違いがあればそれを改めるのに遠慮はいらない。」

鑑賞

『論語』は日本でもっとも親しまれている漢籍（＝中国の書物・漢文で書かれた書物）と言ってよいだろう。孔子の言行や、弟子たちとの対話が記録されている書物で、全部で20編から成る。

上の引用は、学而編より。君子のあるべき姿が説かれている。簡潔だが深い内容だと思う人も多いのではないだろうか。格言のように胸に刻みつけ、自分の信念と重ね合わせる人もいるかもしれない。「過てば則ち改むるに憚ることなかれ。」は、広く知れわたっている。

孔子は、「仁」（人と人との間にある愛情）を思想の中核におき、「礼」「義」「孝」といった秩序や道徳性を重んじた。彼の思想は儒教の基盤となり、広く受け継がれてゆく。

Go to 470ページへ

⑧ 史書の世界 『史記』

武王載木主、号為文王、東伐紂。伯夷・叔齊、叩馬而諫曰、「父死不葬。爰及干戈、可謂孝乎。以臣弑君、可謂仁乎」。左右欲兵之。太公曰、「此義人也」。扶而去之。武王已平殷乱、天下宗周。而伯夷・叔齊恥之、義不食周粟。隠於首陽山、采薇而食之。

（『史記』巻六十一　伯夷列伝）

※1 **武王**＝周王朝の創始者。
※2 **木主**＝位牌。
※3 **文王**＝武王の父。
※4 **紂**＝殷王朝の紂王。悪行を重ね国政を乱れさせた王として知られる。
※5 **伯夷・叔齊**＝文王に仕えた兄弟。

学習のPOINT

文法・表現

・可謂孝乎＝「乎」は〈疑問・反語〉の助字。 Return 457ページへ

・扶而＝「而」は置き字なので読まない。 Return 458ページへ

・而＝「しかルニ」と読む。この場合置き字ではない。 Return 458ページへ

鑑賞

「首陽山にわらびを食す」・「首陽山に餓死す」。これは、道理を重んじ、清廉潔白な主義主張を通すことを表す言葉だ。伯夷・叔齊を指して「首陽子」とも言い、これも正義を貫く人の代名詞となっている。

伯夷と叔齊の兄弟は、父から「叔齊が家を継ぐように」という遺言を受けていた。しかし、お互いに譲り合って聞かず、ついにその間の子が家を継いだほどであった。このような信義の持ち主であるから、武王をいさめてはばからなかったのである。

ときに殷王朝では、紂王が悪逆の限りを尽くし、政治は乱れに乱れていた。紂王に

※6 **干戈**＝武器の盾とほこ。転じて、戦乱を表す。
※7 **太公**＝太公望。周に仕えていた。
※8 **首陽山**＝場所には諸説あり、現在の山西省とも河南省ともいわれる。
※9 **薇**＝わらび・ぜんまい。

〈書き下し文〉

武王木主を載せ、号して文王と為し、東 紂を伐つ。伯夷・叔齊、馬を叩へて諫めて曰く、「父死して葬らず。爰に干戈に及ぶは、孝と謂ふべきか。臣を以て君を弑するは、仁と謂ふべきか」と。左右之を兵たんと欲す。太公曰く、「此義人なり」と。扶けて之を去らしむ。武王已に殷の乱を平らげ、天下周を宗とす。而るに伯夷・叔齊之を恥ぢ、義もて周の粟を食はず。首陽山に隠れ、薇を采りて之を食ふ。

【訳】

周の武王は、父文王の位牌を奉じて文王と称し、東進して殷の紂王を討伐しようとした。伯夷・叔齊の兄弟は、武王の馬を引き留めて（王を）いさめて言うことには、「父君の文王が亡くなってまだ葬儀もしていません。ここに戦争に及ぶことは、孝といえるでしょうか。臣下の立場でありながら主君を殺すようなことは、仁といえるでしょうか」と。左右の者たちは伯夷・叔齊を殺そうとしたが、太公望は、「この者たちは義を重んじる人だ」と言って、彼らを助けて去らせた。武王ははやくも殷の兵乱を平定し、天下に周王朝が国家として成立した。伯夷・叔齊はこれを恥じ、義の心によって周の穀物を食べず、首陽山に隠遁し、わらびを食べて過ごした。

（この後、伯夷・叔齊の兄弟は、ついに首陽山にて餓死したのだった。）

仕えていた武王は、この時機を逃さず兵を起こそうとしたのである。しかし、伯夷・叔齊は親子の礼節・臣下の道理に基づいて、これに反論した。

歴史上たいてい、紂王は悪王として、武王は周王朝の建国者として扱われる。しかし、その陰に、自らの信じる道に従って行動し滅びていった者もいた。また、それを見つめる太公望のような人物も、確かに存在した。

歴史とはそんなに単純なものではない、さまざまな人間の営みが交わってできていった一つの流れなのだ。そのような広さと深さが『史記』からは感じられるように思われる。

Go to 471ページへ

⑨ 漢語の響き　『長恨歌(ちょうごんか)』

●内容を読みとりやすくするために、句読点を入れています。

廻(めぐ)ラシテレ眸(ひとみ)ヲ一笑(いっせう)スレバ百媚(ひやくび)(※1)生(しやう)ジ、六宮(りくきゆう)(※2)ノ粉黛(ふんたい)(※3)無(な)シ二顔色(がんしよく)一。

春寒(ウシテ)賜(たまフ)レ浴(よく)ヲ華清(くわせい)(※4)ノ池(ち)、温泉水滑(なめ)ラカニシテ洗(あら)フ二凝脂(ぎようし)(※5)ヲ一。

侍児(じじ)扶(たす)ケ起(お)コスニ嬌(けう)トシテ無(な)シレ力(ちから)。始(はじ)メテ是(こ)レ新(あら)タニ承(う)クルノ二恩沢(おんたく)(※6)ヲ一時。

雲鬢(うんびん)花顔(くわがん)金歩揺(きんほえう)(※7)、芙蓉(ふよう)(※8)ノ帳(とばり)暖(あたた)カニシテ度(わた)ル二春宵(しゅんせう)ヲ一。

…（中略）

姉妹弟兄(しまいていけい)皆列(つら)ネ(※9)レ土(ど)ヲ、可(べ)シレ憐(あはれ)ム、光彩(くわうさい)ノ生(しやう)ズルヲ二門戸(もんこ)ニ一。

遂(つひ)ニ令(し)ム二天下(てんか)ノ父母(ふぼ)ノ心(こころ)ヲシテ一不(ず)レ重(おも)ンゼレ生(う)ムヲレ男(だん)ヲ重(おも)ンゼレ生(う)ムヲレ女(ぢよ)ヲ。

（白居易(はくきょい)『長恨歌』）

※1　**百媚**＝百もの媚態(びたい)。魅力が大きいことを「百」という数で表している。
※2　**六宮**＝六つの後宮(こうきゅう)の宮殿。
※3　**粉黛**＝おしろいとまゆ墨。ここでは後宮の妃たちを表している。
※4　**華清(かせい)**＝玄宗(げんそう)皇帝が使用していた華清宮という宮殿。
※5　**凝脂**＝固まったあぶらのようにきめ細かな白い肌。

学習のPOINT

文法・表現

・可(べ)レ憐(あはれ)ム＝「かわいそうに思うべきだ」という意味ではなく、感動詞のような役割をする。
（同様例）「於戯」＝「ああ」。

・令(し)ム二天下(てんか)ノ父母(ふぼ)ノ心(こころ)ヲシテ一不(ず)レ重(おも)ンゼレ生(う)ムヲレ男(だん)ヲ重(おも)ンゼレ生(う)ムヲレ女(ぢよ)ヲ。
レ点、一・二点にしたがって、読む順序に気を付けよう。書き下し文と比べてみよう。

・遂＝助字。かくて。そのまま。

Return 457ページへ

鑑賞

雲鬢・花顔・金歩揺。たおやかな髪、ほんのり色づく美しい顔、キラキラ揺れる金のかんざし。魅力的な漢語の響きを口ずさんでみよう。

この詩は、唐の玄宗皇帝と楊家の姫・楊貴妃との悲恋を題材にしたものだ。玄宗は楊貴妃との愛におぼれて楊家の者たちばか

※6 **恩沢**＝皇帝の恵み深さ。
※7 **金歩揺**＝金のかんざし。
※8 **芙蓉**＝中国でははすの花を指していう。
※9 **列レ土**＝領土が隣り合わせであること。

〈語順のポイント〉

遂ニ令ム天下ノ父母ノ心ヲシテ不レ重ンゼ生ムヲ男ヲ重ンゼ生ムヲ女ヲ。

1 14 2 3 4 5 6 10 9 8 7 13 12 11

〈書き下し文〉

眸を廻らして一笑すれば百媚生じ、六宮の粉黛顔色無し。
春寒うして浴を賜ふ華清の池、温泉水滑らかにして凝脂を洗ふ。
侍児扶け起こすに嬌として力無し。始めて是れ新たに恩沢を承くるの時。
雲鬢花顔金歩揺、芙蓉の帳暖かにして春宵を度る。
…（中略）姉妹弟兄皆土を列ね、憐むべし、光彩の門戸に生ずるを。
遂に天下の父母の心をして男を生むを重んぜず女を生むを重んぜしむ。

【訳】

（楊貴妃が）視線を動かしてひとたび微笑むととても魅力が生じ、六つの宮殿にいる美人たちもすべて魅力が消え失せるほどだった。春まだ浅いとき、（楊貴妃は）華清宮のなかの温泉にて入浴を許され、温泉の水はなめらかに、きめ細かな真っ白い彼女の肌を洗った。侍女が助け起こすとなよなよとして力が抜けたようにかよわげである。これが初めて玄宗皇帝の寵愛を受けたときであった。雲のように高く髪を結い、花のような美しい顔、歩くと揺れる金のかんざし。はすの花のカーテンのなかは暖かく、春の一夜を過ごす。（中略）（皇帝が楊貴妃をとても寵愛したので）楊家の姉妹も兄弟も、みな領地を多く賜り、ああまことに、一門には栄光が満ちた。かくて天下の父親や母親に、男を生むことを軽視させ、女を生むことを重視させた。

りを重用し、政治は乱れてついに安禄山の乱（七五五年）が起こった。

「長恨歌」後半では、玄宗と楊貴妃は戦乱におびえ長安の都を出る。しかし馬嵬（今の陝西省）にて捕らえられ、玄宗の目の前で楊貴妃は処刑されてしまう。愛妃を失った玄宗の悲しみは深い。人の魂を探し求めるという方士が冥界につかわされ、楊貴妃に巡り合ってかたみのかんざしを託されるのであった。

白居易は楊貴妃の美しさを述べることにより、対比的に運命の無惨さを際だたせた。唐の衰退と人の世の運命をうたい、これを社会に投げかけた。悲恋の面だけでなく、「令天下父母心不重生男重生女」にこめられた批判性もくみとってみたい。

中国簡略文学史・主な作家

歴代王朝と文化・文学・思想の流れ

○夏――伝説と歴史のはざま

中国の歴史は「夏」という王朝に始まる、という伝説がある。始祖「禹王」が、黄河の治水に手を尽くしたという伝説も残っている。現在、確証がないため「伝説上の王朝」とされているが、近年、考古学上の発見・研究が続く中国では、紀元前二〇〇〇年にまでさかのぼる遺跡・遺物が発見され、古代王朝の実態が明らかになりつつある。

○殷――文字の発生

紀元前16世紀ごろに興った殷においては亀の甲や獣骨に刻まれた文字（甲骨文字）が使われていた。また、青銅器文明が発達した。

○周――最古の文学の発生

紀元前11世紀ごろから興った周代には、最古の歴史書である『書経』が成立した。また、古詩を収めた『詩経』も周から春秋時代にかけて成立したと考えられている。

○春秋・戦国時代――諸子百家と学問の自由

紀元前七七〇年から、紀元前二二一年に秦が中国を統一するまでを春秋・戦国時代という。群雄割拠の動乱時代であったが、孔子をはじめとして、諸国を遊説して思想を諸侯に広める「諸子百家」といわれる人々が存在した。学問にとっては自由な時代といえ、さまざまな思想家が現れた。

南方では古詩集である『楚辞』が成立した。

○秦――儒教の受難

紀元前二二一～紀元前二〇六年。始皇帝により国家統一がなされた。法によって国家を治める法家思想が起用され、文字や度量衡の統一がなされた。このとき、篆書の字体も作られた。しかし、孔子の思想を引く儒教は排撃され、書物が焼かれ儒者が穴に埋められる「焚書坑儒」という弾圧が行われた。

Return 128ページへ

○前漢――儒教再興・歴史書

紀元前二〇二～紀元八年。劉邦が秦を滅ぼし漢の始祖となった。武帝のときに、五経博士がおかれ、儒教が積極的に再興された。また、史学に目が向けられ、司馬遷は『史記』を編纂した。周代・春秋・戦国時代の書物を実証的に取り扱う訓詁学が生まれた。

○後漢――仏教の伝来

二五～二二〇年。王莽の新（八～二三年）を滅ぼした劉秀が後漢を建てる。1世紀にインドから仏教が伝来した。

○三国・晋・南北朝――四六駢儷文

二二〇～五八九年の隋の統一まで。魏・蜀・呉の三国時代は動乱時代である。その俗世から逃れた「竹林の七賢」は老荘思想を重んじた。また、仏教が広まったのもこの時代である。晋を経て南北朝時代になると、特に南朝では貴族文化が発達した。四六駢儷文という対句を駆使した華麗な文体が生まれ、詩文を集めた『文選』が成立した。『文選』は、日本文学にも大きな影響を与えた書である。

○隋・唐――唐詩の完成・古文復興運動

五八一～六一八年の隋。六一八～九〇七年の唐。

隋代には、「科挙」という官吏登用試験制度ができた。この制度は長く20世紀初めまで続き、有能な人材を取り上げる有効な手段となった。

唐代には貴族的な文化が爛熟し、唐詩が完成した。一方、韓愈・柳宗元によって簡潔な古文への復興運動が起こり、散文世界に新風を吹き込んだ。

中唐の白居易の平明な作品は、日本にも伝えられ流行した。また、初唐には玄奘がインドに赴いて『大唐西域記』を著し、仏教も隆盛を迎え、仏典を中心に印刷技術が起こる。

Go to 472・473ページへ

○五代十国・宋(北宋・南宋)――朱子学

九〇七～一二七九年の宋の滅亡まで。五代十国には武人の政権が興り、唐以来の貴族は没落した。宋代になると、様々な産業が発達し、出版文化も盛んとなる。特に仏教・道教はそれぞれ大規模な経典の出版を行った。思想の面では、漢代以来の実証的・注釈的研究から離れた抽象的・哲学的な儒教研究が起こり、南宋の朱熹がそれを集大成して朱子学を確立させた。

○元――世界帝国

元の建国の一二七一～一三六八年。蒙古族により世界規模の帝国が出来した。「元曲」という戯曲や、講釈師の口語を文体に生かした「白話（口語）小説」という文芸が成立した。

○明――陽明学・四大奇書

一三六八～一六四四年。中央集権国家ができ、特に成祖永楽帝の勅により万巻の書を収集して『永楽大典』という書物の大成を成した。庶民的な文学としては、四大奇書（『三国志演義』、『水滸伝』、『西遊記』、『金瓶梅』）が成立した。これらは、日本の江戸時代の文学に多大な影響を及ぼした。

思想面では、王陽明が朱子学を批判し、知と行を一致させることを重視した陽明学を打ち立てた。

○清―近代へ

一六四四（明の滅亡）～一九一二年。満州女真族により清朝が建てられた。17世紀中ごろから18世紀末ごろに全盛期を迎え、国家事業として多くの書物が集められた。清末になると、欧米諸国の脅威を背景に、政治面をはじめ、文学・思想においても様々な批判的情勢が生まれていく。

○中華民国から中華人民共和国

一九一二年～。孫文の辛亥革命によって清国が倒れ、中華民国が建国された。その後、内戦が起き、一九四九年に労働者による革命思想を持つ毛沢東が中華人民共和国を建国した。清末から新聞・雑誌などの形態による文学活動が行われていたが、二十世紀初頭には魯迅が現れて現代文学の道をひらいた。

各時代の思想家・文学者たち

孔子
紀元前五五一～四七九

春秋時代の魯の国に生まれる。「礼」（＝礼節）を実践し、社会秩序をととのえ、「仁」（＝まごころと愛情）を人間の完成の境地と考える思想を持った。弟子たちと共に国外に出て、理想を実現してくれる政治を求めながら各地を転々と遊説してまわった。しかし結局理想を実現する国に巡り合うことができなかった孔子は、自国の魯に帰り、『書経』『詩経』などの古典を整理しつつ晩年を迎える。

孔子の死後、弟子たちの手によって、孔子と彼らの言行を記録した書物が編纂された。これが『論語』である。『論語』は日本にも早くから伝わり、現在でも人々に親しまれている書物である。

Return 462・463ページへ

孟子
紀元前三七二ころ～二八九ころ

荀子
紀元前二九八？～二三五ころ

孟子は孔子の「仁」を受け継いで「性善説」をその思想の中心に据えた。人間には本来的に善や愛情の心が備わっているというものである。また、為政者に対して、国家を安定させ民衆の衣食が足るようにすることを求め、農業や産業のための政策を説いた。安定があってこそ「仁」が実現できるという考え方である。

一方荀子は、同じく孔子の「礼」を受け継ぎながらも「性悪説」を唱え、だからこそ礼儀が必要だと説いた。また彼は儒学を整理した面でも知られており、秦代の弾圧にもかかわらず漢代に儒教が再興したのにも荀子の功績が大きいと考えられている。

老子

生没年不詳（春秋時代？）

荘子

生没年不詳（戦国時代）

老子の教えは「道」にあらわれている。特に「大道」とは自然の摂理のことで、これに従って逆らわないことをよしとした。その考え方は「無為自然」といわれる。

荘子の思想は老子を受け継いだものである。彼は生も死も同じものであり、万物はすべて「一」であるという考えを主張した。その思想がまとめられている書物が『荘子』である。

老子・荘子の思想をまとめて「老荘思想」という。概して、孔子の「礼・仁」という思想を人工的・不自然ととらえ、孔子以降の儒教に対立している考え方といえる。後に伝来した仏教とも習合して、独特の思想基盤を中国のなかで維持していく。

韓非子

紀元前？～二三四？

戦国時代末期の人。荀子に学び、「性悪説」を主張して、聖人の作った規律に従うべきだと唱えた。彼の思想は法を重視するものであり、「法家」を大成して秦の始皇帝の施策に影響を与えた。王は臣下に、職分と職名を一致させて仕事をするように求め、そうでない場合には罰を与えるべきであると説き、それが国家の統制につながると説いた。

韓非子の思想は『韓非子』20巻にまとめられる。「守株」や「矛盾」などの寓話がよく知られているが、比喩を用いて自説を巧みに述べているものである。

司馬遷

紀元前一四五？～八六？

前漢の人。歴史家。前漢の武帝は儒教を再興し史学をも重視した人物だが、司馬遷はその時期にあって、父の遺志を継ぎ、史書の編纂にあたった。

北国の異民族に降伏した李陵をかばったために武帝の怒りに触れ、宮刑（去勢の刑）に処せられるが、『史記』を書き続け、膨大な量の史書を完成させた。

『史記』は編年体（年次ごとに出来事を記す歴史書の型）ではなく、紀伝体（帝王の事績を記す本紀と、臣下の事績を記す列伝から成る型）で書かれているのが特徴である。人間の、生き生きとした姿を書き留めることに成功している。

Return 464・465ページへ

陶淵明（陶潜）

三六五～四二七

晋時代の人。詩人。名（本来の名）は潜、字（成人後の通用名）は淵明。役人として勤めたこともあったが、束縛を嫌い、自然のなかに入って農耕生活をしながら詩作をした。田園詩人・隠逸詩人などとも称される。ある漁師が平和な理想郷の「桃源郷」に迷い込む話『桃花源記』が代表作。

王維（おうい）

六九九?〜七六一

盛唐の詩人。名は維、字（あざな）は摩詰（まきつ）。その詩風は陶淵明（とうえんめい）に似ているとされ、自然をうたう詩にすぐれている。唐代の代表的な自然詩人として「王孟韋柳（おうもういりゅう）」（王維・孟浩然（もうこうねん）・韋応物（いおうぶつ）・柳宗元（りゅうそうげん））が知られているが、その代表的な人物である。仏教の信者でもあり、深く静かな自然の姿をうたっている詩が多い。「詩仏（しぶつ）」とも称される。次に挙げる詩は赤々とした夕日と青い苔（こけ）の対比をうたい、まるで絵のようだと評される詩風を持つ。

読んでみよう　（五言絶句）

鹿柴（ろくさい）

空山不見人
但聞人語響
返景入深林
復照青苔上

李白（りはく）

七〇一〜七六二

盛唐の詩人。名は白、字（あざな）は太白（たいはく）。「詩仙（しせん）」と称される。同時代の杜甫（とほ）とは友人であった。西域の生まれという説があるが、壮年のころは、都・長安に至って官職につき玄（げん）宗（そう）皇帝に仕えた。しかし、酒好きがもとで長安を追放され、各地を転々とし、晩年は獄につながれたこともあった。

しかし詩風は率直で力強く、自由奔放な発想を持つ点が特徴である。酒に関する詩も多い。次に挙げる詩は月光を「地上の霜かと疑う」という部分が新鮮な発想である。

読んでみよう　（五言絶句）

静夜思（せいやし）

牀前看月光
疑是地上霜
挙頭望山月
低頭思故郷

杜甫（とほ）

七一二〜七七〇

盛唐の詩人。名は甫、字（あざな）は子美（しび）。「詩聖（しせい）」と称される。若いころにたびたび科挙（かきょ）に落第、長い下積み生活を送る。安禄山（あんろくざん）の乱による長安の荒廃を経験して、『春望（しゅんぼう）』を詠んだ。その後、官途（かんと）についたこともあったが、左遷をも被（こうむ）り、西方へと流浪を続け生涯を閉じる。

杜甫の詩には、自然や民衆の姿と共に、社会・政治への訴えが感じ取れるものもある。「愁い」がその詩風を覆っているともいえよう。

Return 461ページへ

読んでみよう　（五言絶句）

絶句

江碧鳥逾白
山青花欲然
今春看又過
何日是帰年

白居易（白楽天）

七七二～八四六

中唐の詩人。名は居易、字は楽天。進士・翰林学士などの文官の職につき、生涯官吏であった。詩文にすぐれ、その作品は『白氏文集』にまとめられている。

白居易の真骨頂は、「諷諭」であった。これは、詩文のなかで政治や社会を批判する性格を持つものである。富貴を戒め、天子をいさめる「新楽府」などがよく知られている。

また一方で、『琵琶行』『長恨歌』などの、特定の人物の悲劇を扱った詩も有名である。特に日本では、これらの感傷的な詩を主に受け入れ、美文性の面で影響を受けた。『源氏物語』をはじめとして、白居易の影響は日本文学のなかに深く浸透している。

Return 466・467ページへ

韓愈

七六八～八二四

柳宗元

七七三～八一九

共に中唐の人。韓愈は名は愈、字は退之。柳宗元は名は宗元、字は子厚。「韓柳」と並び称される。共に漢代以前の古文を復興する運動の中心となり、彼らに北宋時代の六人を加えて、「唐宋八大家」という。四六駢儷文のような形式主義を批判し、文章の役割を重視し続けた。韓愈は文章を儒教の道を伝えるための道具と考え、柳宗元は政治風刺の手段ととらえた。

欧陽脩

一〇〇七～一〇七二

蘇軾（蘇東坡）

一〇三六～一一〇一

共に北宋の人。欧陽脩は名は脩、字は永叔。蘇軾は名は軾、字は子瞻。二人とも、韓愈・柳宗元と共に「唐宋八大家」に数えられる。

欧陽脩は、韓愈の思想に触れてより、散文を重んじ古文を復興させることに尽力した。官僚でもあった彼は、副宰相の地位につき、儒教を推進した。

蘇軾は北宋代きっての文化人で、詩作も多く、書家でもあり、絵画もよくした。日本においても、室町時代の禅僧たちはおおいに影響を受けた。次の詩は起句が有名でよく知られている。

読んでみよう（七言絶句）

春夜（蘇軾）

春宵一刻直千金
花有ニ清香一月有レ陰
歌管楼台声細細
鞦韆院落夜沈沈

現代のなかの「漢語」

漢語によって思考の高みへ

現在の「日本語」が、いくつかの言語を取り入れて成り立ってきたものだということは、よく知られている。和語、漢語、外来語（カタカナ語）という三要素が中心だ。なかでも漢語の恩恵は、普段意識しないけれど、広く深くいきわたっている。

四字熟語や漢詩の一節は、現在でも「自分の言いたいことをうまく表してくれる表現」として用いられる。漢語とは概して、抽象的な概念や思考など、目に見えないもののイメージを示してくれる言葉ではないだろうか。たとえば、私たちが考える人間の美点「仁・義・礼」など、やはり漢語一語の響きがピシッと決まっていて、人を引きつける。これが「人への思いやり・正しいと信じていること・折り目正しくしよう」では、どうも締まらない。思想の高みにまで連れていってもらえない。

数に対する思い

数の数え方だって和語では単純だ。「ひとつ」の倍が「ふたつ」、「みっつ」の倍が「むっつ」、「よっつ」の倍が「やっつ」。ハ・マ・ヤ行の音の関係性から、古代の「やまと人（びと）」の素朴さが伝わってくる。

一方、漢語では、「二」から「三」の漢字の形は数が増えていくことをよく表しているし、「四」は口から息が四散するさまをとらえた字、「五」は上下の二本の横画の間で交差する点を描いて「十」への折り返し地点であることを表している。「一」から「十」まで十進法だ。中国の人は数の合理性を信じ、崇敬の念を抱いている。五月五日、七月七日などの節句は、数の持つ性質が極まる日で、季節の変わり目と民族の繁栄を想う。これらの風習を日本でもまねて、端午（たんご）の節句や七夕として楽しむようになったのだ。

Return 417ページへ

一字・一語にさえ五千年の歴史

明治時代初期までは、文といえば漢文、詩といえば漢詩を表していたくらいで、考えをまとめ表現するときに、漢文は当たり前の手段・教養だった。なんでも平易な表現が好まれる現代だが、漢文には、一字・一語にさえ、五千年の歴史がある。また、「漢字文化圏」は東アジア一帯に広がっていて、漢字を通して私たちは時間的にも空間的にも、大きなつながりを持つことができる。この文化に自覚を持って加わってみよう。そこにさまざまな意味をこめて使ってきた人々、また、今現在使っている人々の、心の重みを感じたいものだ。

語彙編
ごい
～先人たちの知恵の集積～

三字熟語

～漢字三字の熟語が、特別な意味をもった譬（たと）えとして慣用化したもの～

ア行

□青二才（あおにさい）　歳が若くて、経験に乏しい人をののしっていう言葉。

□偉丈夫（いじょうふ）　身体がたくましく立派な男子。

□居丈高（いたけだか）　人を威圧するような態度。

□韋駄天（いだてん）　足の速い人のたとえ。仏法の守護神で、とても足が速いといわれる。

重要　□異端者（いたんしゃ）　その時代や世界の一般的な思想や学説から外れている者。

□一家言（いっかげん）　独自の見識を持った意見や考え。

重要　□違和感（いわかん）　体の調子がどこか変だという感じ。周囲の雰囲気に合わない感じ。

□嘘八百（うそはっぴゃく）　何から何まで嘘ばかりであること。

□有頂天（うちょうてん）　喜びのあまり、気分が舞い上がっている様子。

□似而非（えせ）　表面上は似ているが、内容的にはまったく別もの。にせもの。「似非」とも書く。

□音沙汰（おとさた）　消息。たより。

□陰陽道（おんようどう）　「おんみょうどう」とも読む。占いの一種。中国古代の陰陽五行説（いんようごぎょうせつ）に基づいて、天文や暦法を扱った。

カ行

□蓋然性（がいぜんせい）　そのことが実際に起こるのかどうかの、確実性の度合い。可能性。

□案山子（かかし）　見かけだおしで、なんの役にも立たない人のたとえ。

重要　□画期的（かっきてき）　かつてなかった新しいことの出現によって、新時代が開かれていく様子。

重要　□過渡期（かとき）　まだ安定していない、物事の移り変わりの途中の時期。

□枯山水（かれさんすい）　日本庭園で、水を使わず、石や砂で流れや池を表す様式。

□皮算用（かわざんよう）　物事が実現しないうちから、利益を当てにして計算すること。

重要　□間一髪（かんいっぱつ）　間に髪の毛一本の余裕しかないほどの、極めて切迫している様子のたとえ。

□生一本（きいっぽん）　まったくまじり気のない、純粋なこと。

□几帳面（きちょうめん）　型どおりで、折り目正しく、真面目（まじめ）な様子。

重要　□金字塔（きんじとう）　後世に残るような偉大な業績のたとえ。

□首実検（くびじっけん）　本人かどうかを、該当者自身の顔を検分することによって調べること。

重要　□形而下（けいじか）　形のある物質的なもの。

重要　□形而上（けいじじょう）　形がなく、五感ではその存在を認知することができないもの。

重要　□下剋上（克）（げこくじょう）　下位の者が上位の者を実力で乗り越え、とって代わること。

□下馬評（げばひょう）　無責任に交わされる、部外者のさまざまなうわさや評判。

□紅一点（こういってん）　たくさんの男性のなかの、たった一人の女性。

□好々爺（こうこうや）　見るからに優しそうで、気のいいおじいさん。

□好事家（こうずか）　もの好きな人。風流なことの好きな人。

サ行

□雑魚寝（ざこね）　同じ場所に多くの人が、入り交じって寝ることのたとえ。

殺風景（さっぷうけい） 美的な雰囲気に欠ける様子。

重要 茶飯事（さはんじ） 特にどうということのない、日常のありふれたこと。

五月雨（さみだれ） 陰暦の五月ごろに、しとしとと絶え間なく降る長雨。梅雨（つゆ）のこと。

重要 試金石（しきんせき） 物の値打ちや人の実力などを判定する目安となる材料や機会のたとえ。

集大成（しゅうたいせい） 多くのものを広く集めて一つのものにまとめ上げること。

守銭奴（しゅせんど） 金をためることだけに執着を持つ人。

修羅場（しゅらば） 戦乱や闘争などの激しい戦いの場所。

正念場（しょうねんば） きわめて大事な場面。

序破急（じょはきゅう） 能楽や雅楽の進行上の三区分で、ゆるやかな導入部分の「序」、普通の展開部分の「破」、速い終結部分の「急」のこと。物事のはじめと中間と終わり。これを文章の構成様式に応用する場合もある。

新機軸（しんきじく） 新しい企画や工夫。

真骨頂（しんこっちょう） 本来的に持っている、ありのままの優れた力。

審美眼（しんびがん） 美しいものや価値あるものと、醜いものや無価値なものとを見分ける力。

重要 善後策（ぜんごさく） まずい出来事の後始末をうまく乗り切るための対策、方法。

前哨戦（ぜんしょうせん） 本格的な戦闘の前のこぜり合い。手始めの行動。

千里眼（せんりがん） 遠くのことや遠い未来を見通す力のたとえ。

タ行

大往生（だいおうじょう） 長生きして安らかな死を迎えること。立派な死に方。

大音声（だいおんじょう） 遠くまで響き渡るような大きな声。

重要 醍醐味（だいごみ） 深い味わい。本当の楽しさ。

短兵急（たんぺいきゅう） 突然で、突拍子もない様子。

断末魔（だんまつま） 臨終。臨終間際の苦痛。

致命傷（ちめいしょう） 生命にかかわるような重大な傷。再起不能なほどの失敗やダメージ。

鳥瞰図（ちょうかんず） 高い所から見下ろしたように描いた図。

重要 長広舌（ちょうこうぜつ） 長々としゃべり立てること。熱意あふれる弁舌。

長大息（ちょうたいそく） 長いため息をつくこと。

重要 追体験（ついたいけん） 他人の体験を、後からあたかも自分の体験であるかのように実感すること。

鉄面皮（てつめんぴ） 恥を恥とも思わない、厚かましいこと。

桃源郷（とうげんきょう） わずらわしい世俗を離れた別天地のたとえ。理想郷。

唐変木（とうへんぼく） 融通が利かず、頑固で偏屈なことのたとえ。

重要 登竜門（とうりゅうもん） 立身出世のためにぜひとも通り抜けなければならない困難な関門。

独壇場（どくだんじょう） 自分一人で思いのままに振る舞うことのできる場所。本来は「独擅場（どくせんじょう）」。

土性骨（どしょうぼね） 変えられない生まれつきの性質。

ナ行

重要 生兵法（なまびょうほう） 中途半端な知識や技術。

二枚舌（にまいじた） 矛盾したことを平気で言うこと。嘘（うそ）をつくこと。

荷厄介（にやっかい） 重荷になって持てあます様子。

野放図（のほうず） 身勝手さ、しまりのなさが際限なく続く様子。

ハ行

重要 □**白眼視**（はくがんし）　冷たい目で人を見ること。冷たくあしらうことのたとえ。

□**白昼夢**（はくちゅうむ）　実際には起こり得ないような空想。「白日夢（はくじつむ）」とも使う。

□**端境期**（はざかいき）　古米に代わって新米が市場に出回ろうとする時期。物事の変わり目の時期のたとえ。

重要 □**破天荒**（はてんこう）　今までだれもしなかったような、思いもかけないことをすること。

□**破廉恥**（はれんち）　恥を恥とも思わないこと。恥知らずな様子。

□**半可通**（はんかつう）　よく知らないくせに知ったかぶりをすること。また、その人。

□**日和見**（ひよりみ）　事の成りゆきをうかがって、どちらにつくかの判断を遅らせ、なかなか動こうとしないこと。

□**風馬牛**（ふうばぎゅう）　自分とはまったく関係がないこと。関係していない態度をとること。

重要 □**不条理**（ふじょうり）　物事の筋道が立たないこと。

重要 □**不世出**（ふせいしゅつ）　めったに世に出現しないほど優れていること。

重要 □**不退転**（ふたいてん）　堅く信じて迷わないこと。

重要 □**不如意**（ふにょい）　思い通りにいかないこと。生活が苦しいこと。

重要 □**不文律**（ふぶんりつ）　文章化されてはいないが、暗黙には了解されているきまり。

□**無礼講**（ぶれいこう）　普段の身分や地位の上下を抜きにして楽しむ酒宴。

□**牧歌的**（ぼっかてき）　素朴で叙情的な様子。

□**発起人**（ほっきにん）　最初に計画を提案した人。

□**没交渉**（ぼっこうしょう）　まったくかかわり合いをもたないこと。

マ行

□**満艦飾**（まんかんしょく）　洗濯物をいっぱいに広げて干した様子や、婦人が着飾った様子のたとえ。本来は軍艦が祝日に、信号旗などを一面に飾る様子のこと。

□**未曾有**（みぞう）　かつて一度もなかった大きなこと。

□**無尽蔵**（むじんぞう）　いくら取っても尽きることがないこと。

重要 □**門外漢**（もんがいかん）　そのことを専門としていない人。そのことに直接関係のない人。

ヤ行

□**疫病神**（やくびょうがみ）　人から嫌われる人のたとえ。本来の疫病神は、伝染性の熱病をはやらせる悪神。

□**役不足**（やくぶそく）　割り当てられた役目が、当人の実力に見合わないほど軽すぎること。

□**屋台骨**（やたいぼね）　家の骨組。一家の生計を支える働き手のこと。

ラ行

重要 □**理不尽**（りふじん）　道理に合わないこと。道理に合わないことを、無理に押し通そうとすること。

重要 □**臨場感**（りんじょうかん）　実際にその場にいて見聞きしているかのような感じ。

□**老婆心**（ろうばしん）　必要以上の親切心。大きなお世話。

ワ行

□**若隠居**（わかいんきょ）　老年にならないのに隠居すること。また、その人。

□**我物顔**（わがものがお）　まるで自分の物だというような、身勝手で横柄な態度のこと。

四字熟語

～漢字二字ずつの熟語の組み合わせが、特別な意味をもった譬え（たと）えとして慣用化したもの～

あ

- □ **愛別離苦**（あいべつりく）　親・兄弟・妻子など、愛する人と別れなければならない苦しみのこと。
- □ **曖昧模糊**（あいまいもこ）　内容がはっきりせず、あやふやな様子。
- □ **悪事千里**（あくじせんり）　悪い行いや評判は、すぐに世間に知れ渡ることのたとえ。
- 重要 □ **悪戦苦闘**（あくせんくとう）　困難や強敵に対して必死に戦う様子。
- □ **阿鼻叫喚**（あびきょうかん）　地獄のような苦しみに耐えられないで泣き叫ぶ様子。
- □ **阿諛追従**（あゆついしょう）　人におもねって、こびて従う様子。
- □ **安心立命**（あんしんりつめい）　「あんじんりゅうめい」とも読む。人力を尽くしたうえで天命に任せ、心穏やかである様子。
- 重要 □ **暗中模索**（あんちゅうもさく）　手がかりもない状況のなかを懸命に探し求める様子。
- □ **安寧秩序**（あんねいちつじょ）　世の中が平和で、不正や争いがないこと。

い

- □ **唯々諾々**（いいだくだく）　自分で事の是非善悪を考えず、人の言いなりになる様子。
- 重要 □ **意気軒昂**（いきけんこう）　やる気にあふれて威勢がよい様子のたとえ。
- 重要 □ **意気消沈**（いきしょうちん）　気持ちがくじけ、元気がなくなっている様子。
- 重要 □ **意気衝天**（いきしょうてん）　意気込みの強い様子のたとえ。
- □ **意気阻喪**（いきそそう）　元気がくじけてしまっている様子。
- □ **意気投合**（いきとうごう）　お互いに気持ちや考えがぴったり合う様子。
- □ **意気揚々**（いきようよう）　得意でほこらしげな様子。
- 重要 □ **異口同音**（いくどうおん）　多くの人が口をそろえて同じ意見を言うこと。
- 重要 □ **以心伝心**（いしんでんしん）　語らなくてもお互いに心が通じ合う様子。
- □ **一意専心**（いちいせんしん）　一つのことだけに心を集中して行うこと。
- □ **一衣帯水**（いちいたいすい）　物と物との間が非常に近いことのたとえ。
- 重要 □ **一言居士**（いちげんこじ）　何事にも一言意見を述べないと気のすまない人。
- 重要 □ **一期一会**（いちごいちえ）　一生に一度きりしかない出会いや、一生に一度限りのたとえ。
- □ **一言半句**（いちごんはんく）　ほんのちょっとした言葉。
- □ **一字千金**（いちじせんきん）　非常に優れた文字や筆跡のたとえ。
- 重要 □ **一日千秋**（いちじつせんしゅう）　長く待ち遠しい気持ちのたとえ。
- □ **一念発起**（いちねんほっき）　何かを成し遂げようと決心すること。
- 重要 □ **一部始終**（いちぶしじゅう）　一つのことの始めから終わりまで。
- 重要 □ **一網打尽**（いちもうだじん）　一味の者を一度にごっそり捕らえること。
- □ **一目瞭然**（いちもくりょうぜん）　一目見ただけではっきりとわかること。
- □ **一陽来復**（いちようらいふく）　苦難が続いたあとには、幸運がおとずれるものだということのたとえ。
- 重要 □ **一蓮托生**（いちれんたくしょう）　行動や運命を共にすることのたとえ。
- □ **一攫千金**（いっかくせんきん）　やすやすと一度にたくさんのお金をもうけること。

□ **一家団欒**（いっかだんらん）　家族が集まって楽しく歓談する様子。

□ **一喜一憂**（いっきいちゆう）【重要】　そのつど喜んだり不安になったりする様子。

□ **一気呵成**（いっきかせい）　一気に文章を書き上げたり、物事を成し遂げたりする様子。

□ **一騎当千**（いっきとうせん）【重要】　一人で千人の敵を相手にできるほど強いことのたとえ。

□ **一挙一動**（いっきょいちどう）　一つ一つのあらゆる動作。

□ **一挙両得**（いっきょりょうとく）【重要】　一つの行動によって、同時に二つの利益を得ること。

□ **一刻千金**（いっこくせんきん）　大切な時が早く過ぎ去るのを惜しむ思いのたとえ。

□ **一視同仁**（いっしどうじん）　差別をせず、すべての人を平等に愛すること。

□ **一瀉千里**（いっしゃせんり）　一度流れ出すと、千里も一気に流れること。物事がすみやかに進行すること。文章や弁舌がよどみないこと。

□ **一触即発**（いっしょくそくはつ）【重要】　ちょっと触れただけでもすぐに爆発してしまいそうな危機に直面している状況。

□ **一所懸命**（いっしょけんめい）　仕事や学問に熱心に従事すること。

□ **一進一退**（いっしんいったい）【重要】　進んだり退いたりすること。良くなったり悪くなったりすること。

□ **一心同体**（いっしんどうたい）　複数の人が気持ちや行動を一つにすること。

□ **一心不乱**（いっしんふらん）　一つのことに心を集中させて気が散らないこと。

□ **一世一代**（いっせいちだい）　一生にただ一度。

□ **一石二鳥**（いっせきにちょう）【重要】　一つの行動によって二つの利益を得ることのたとえ。

□ **一知半解**（いっちはんかい）　中途半端な理解の仕方で、知識が自分のものになっていないこと。

□ **一朝一夕**（いっちょういっせき）【重要】　わずかな日時。わずかな時間。

□ **一長一短**（いっちょういったん）【重要】　良いところがあると同時に、悪いところもあること。

□ **一刀両断**（いっとうりょうだん）【重要】　何かを思い切って処理すること。

□ **一得一失**（いっとくいっしつ）　一つ利益があれば、もう一方では損失もあること。

□ **威風堂々**（いふうどうどう）　威厳があって立派な様子。

□ **韋編三絶**（いへんさんぜつ）　書物を繰り返し読みふけることのたとえ。

□ **意味深長**（いみしんちょう）【重要】　深い意味が含まれていること。

□ **因果応報**（いんがおうほう）【重要】　人の善い行いには善い報い、悪い行いには悪い報いがあること。

□ **慇懃無礼**（いんぎんぶれい）　形式上は丁寧でも、結果としての実情は失礼だということ。

□ **隠忍自重**（いんにんじちょう）　軽はずみな行動をしないようにじっと耐えていること。

う

□ **有為転変**（ういてんぺん）【重要】　世の中は移り変わりが激しくはかないこと。

□ **右往左往**（うおうさおう）【重要】　うろたえ、まごついて動き回り、混乱すること。

□ **右顧左眄**（うこさべん）　周囲の形勢ばかり気にかけてためらい、なかなか決断しないこと。

□ **有象無象**（うぞうむぞう）　種々雑多なとるに足らない人や物のたとえ。

□ **海千山千**（うみせんやません）　世俗での経験を積み、物事の表裏を知り尽くして、したたかなこと。

□ **紆余曲折**（うよきょくせつ）　込み入った事情や、複雑な経過のたとえ。

□ **雲散霧消**（うんさんむしょう）　物事が跡形もなく消えてしまうことのたとえ。

□ **雲泥万里**（うんでいばんり）　非常に大きな差のあること。

え

- 重要 □**栄枯盛衰**（えいこせいすい）　国や家、人の運命が栄えたり衰えたりすること。
- □**栄耀栄華**（えいようえいが）　富み栄え、派手で贅（ぜい）をつくすこと。
- □**会者定離**（えしゃじょうり）　会うものは必ず別れる運命にあること。無常なこと。
- □**遠交近攻**（えんこうきんこう）　遠い国と親しくし、近くの国を侵攻するという外交政策。
- □**円転滑脱**（えんてんかつだつ）　争わず上手に物事を処理すること。
- □**厭離穢土**（えんりえど）　この世をけがれたものと考え、この世を嫌い、極楽浄土をめざすこと。

お

- 重要 □**岡目八目（傍）**（おかめはちもく）　当事者よりも第三者のほうが事の真相がよくわかる場合があることのたとえ。
- □**温厚篤実**（おんこうとくじつ）　人柄が穏やかで誠実、心が親切で情け深いこと。
- 重要 □**温故知新**（おんこちしん）　昔のことを学んで、そこから新しい知識や見解を見いだすこと。

か

- □**鎧袖一触**（がいしゅういっしょく）　簡単に相手を打ち負かすこと。
- 重要 □**外柔内剛**（がいじゅうないごう）　外見はものやわらかだが、心のなかは意志が強くしっかりしていること。
- □**快刀乱麻**（かいとうらんま）　難しい物事を手際よく解決する様子のたとえ。
- □**偕老同穴**（かいろうどうけつ）　夫婦が生きてはともに老いを迎え、死んでは同じ墓に葬られること。固く結ばれた夫婦のたとえ。
- □**格物致知**（かくぶつちち）　物事の本質を究め、知的判断力を高めること。
- 重要 □**臥薪嘗胆**（がしんしょうたん）　物事をなしとげるため、大変な苦心、苦労をすること。
- □**佳人薄命**（かじんはくめい）　美しい女の人はその美貌ゆえに、とかく不幸で若死にする人が多いものだということ。
- □**花鳥風月**（かちょうふうげつ）　自然の美しい風物のたとえ。
- 重要 □**隔靴掻痒**（かっかそうよう）　もどかしいことのたとえ。
- □**合従連衡**（がっしょうれんこう）　派閥や国家などが権力争いをする際、連合したり、離反したりして勢力を伸ばすこと。
- 重要 □**我田引水**（がでんいんすい）　物事を強引に自分の都合のよいようにすること。
- 重要 □**画竜点睛**（がりょうてんせい）　物事の眼目や中心となる最後の仕上げのたとえ。
- 重要 □**夏炉冬扇**（かろとうせん）　時節に合わない無用のもののたとえ。
- □**感慨無量**（かんがいむりょう）　計り知れないほど深い思いが胸に満ちる様子。
- □**侃々諤々**（かんかんがくがく）　周囲を気にせず、互いに率直に論を主張して議論する様子。
- □**汗牛充棟**（かんぎゅうじゅうとう）　蔵書が非常に多いことのたとえ。
- 重要 □**換骨奪胎**（かんこつだったい）　他人の詩文を少し変え、自分のものにすることのたとえ。
- □**冠婚葬祭**（かんこんそうさい）　元服、婚礼、葬儀、祖先の祭りの四つの慶弔（けいちょう）の儀式のこと。
- 重要 □**勧善懲悪**（かんぜんちょうあく）　善を勧め、悪事を懲らしめること。
- □**完全無欠**（かんぜんむけつ）　欠点や不足するところがまったくなく、十分に整っていること。
- □**艱難辛苦**（かんなんしんく）　困難や苦労やつらい目に遭って苦しみ悩むこと。
- □**頑迷固陋（冥）**（がんめいころう）　考え方に柔軟さがなく、見識が古くて適切な判断ができない様子。
- □**閑話休題**（かんわきゅうだい）　むだ話を打ち切って、話の本題に入るときに用いる言葉。

き

- ☐ **機会均等**（きかいきんとう） すべての人に同じ権利や待遇を平等に与えること。
- 重要 ☐ **危機一髪**（ききいっぱつ） 髪の毛一本ほどの差で危機が迫っている状態のたとえ。
- ☐ **危急存亡**（ききゅうそんぼう） 生きるか滅びるかの瀬戸際にある状態。
- 重要 ☐ **起死回生**（きしかいせい） 死にかかった人を生き返らせること。今にもだめになりそうなものを立て直すこと。
- ☐ **旗幟鮮明**（きしせんめい） 旗印があざやかなこと。自分の立場や主張を明確にすること。
- 重要 ☐ **起承転結**（きしょうてんけつ） 漢詩の絶句の組み立て方。文章や物事の順序、組み立てのこと。
- ☐ **喜色満面**（きしょくまんめん） 喜びの気持ちを顔いっぱいに表すこと。
- 重要 ☐ **疑心暗鬼**（ぎしんあんき） 疑う気持ちがあると、なんでもないことまで恐ろしくなることのたとえ。
- ☐ **奇想天外**（きそうてんがい） 普通では思いもよらないような奇抜な発想。
- ☐ **気息奄々**（きそくえんえん） 息も絶えだえである様子。物事が非常に苦しい状態にある様子。
- 重要 ☐ **喜怒哀楽**（きどあいらく） 喜び、怒り、悲しみ、楽しみの、さまざまな人間の感情。
- ☐ **牛飲馬食**（ぎゅういんばしょく） 大量に飲食することのたとえ。
- 重要 ☐ **旧態依然**（きゅうたいいぜん） 昔のままで進歩、発展のない様子。
- ☐ **急転直下**（きゅうてんちょっか） 状況が急転して一気に決着をみること。
- 重要 ☐ **行住坐臥**（ぎょうじゅうざが） 日常の立ち居振る舞いのこと。
- ☐ **驚天動地**（きょうてんどうち） 世間を大いに驚かすことのたとえ。
- 重要 ☐ **興味津々**（きょうみしんしん） 興味がますます深まっていく様子。
- ☐ **虚々実々**（きょきょじつじつ） 互いに力と技の限りを尽くして戦う様子。
- ☐ **曲学阿世**（きょくがくあせい） 真理に背（そむ）いて時勢に合った説をとなえること。
- ☐ **旭日昇天**（きょくじつしょうてん） 朝日が天に昇るごとく勢いのよいことのたとえ。
- 重要 ☐ **玉石混淆（交）**（ぎょくせきこんこう） 優れたものとつまらないものが入り混じっている様子。
- ☐ **虚心坦懐**（きょしんたんかい） 心に少しもわだかまりのないこと。
- ☐ **毀誉褒貶**（きよほうへん） けなしたりほめたりの、さまざまな評判のこと。
- 重要 ☐ **金科玉条**（きんかぎょくじょう） この上なく大事にして従うべき、絶対的なよりどころとなるもの。
- ☐ **欣喜雀躍**（きんきじゃくやく） うれしくて、雀（すずめ）のようにこおどりして喜ぶ様子。

く

- 重要 ☐ **空前絶後**（くうぜんぜつご） 過去にも例がなく、将来もありそうにないと思われるような、きわめて珍しいこと。
- ☐ **空中楼閣**（くうちゅうろうかく） ありえないことや空想のたとえ。
- ☐ **空理空論**（くうりくうろん） 現実とかけ離れた、役に立たない理論のこと。
- ☐ **苦心惨憺**（くしんさんたん） 物事を成し遂げようと、心を痛めて苦労すること。
- 重要 ☐ **君子豹変**（くんしひょうへん） 立派な人は過ちを改め善に移ることが、とてもはっきりしていることのたとえ。
- ☐ **群雄割拠**（ぐんゆうかっきょ） 多くの英雄たちが各地で勢力を振るい、互いに対立し合うこと。

け

- ☐ **軽挙妄動**（けいきょもうどう） 軽はずみな計画で、向こう見ずな行動に出ること。
- ☐ **軽佻浮薄**（けいちょうふはく） 軽はずみで、言動がうわついていること。

□**鶏鳴狗盗**（けいめいくとう）　にわとりの鳴きまねをして人をだましたり、犬のように盗みをはたらいたりするようないやしい者。

□**月下氷人**（げっかひょうじん）　男女の仲を取り持つ仲人（なこうど）のこと。

重要 □**牽強付会**（けんきょうふかい）　自分に都合のよいように、強引に理屈をこじつけること。

重要 □**乾坤一擲**（けんこんいってき）　運命をかけて、いちかばちかの大勝負に出ることのたとえ。

□**捲土重来**（けんどちょうらい）　「けんどじゅうらい」とも読む。敗者が勢いを取り戻し、意気込んで攻めてくること。

□**堅忍不抜**（けんにんふばつ）　辛抱強く耐え、辛（つら）さにめげず、決心も変えないで努力すること。

□**権謀術数**（けんぼうじゅっすう）　人をあざむく企みを巡らすこと。

こ

□**行雲流水**（こううんりゅうすい）　物事にこだわらず行動することのたとえ。

重要 □**厚顔無恥**（こうがんむち）　あつかましくて、恥知らずな様子。

□**綱紀粛正**（こうきしゅくせい）　物事のあるべき本筋や規律の乱れを正すこと。

□**好機到来**（こうきとうらい）　またとない機会に恵まれること。

□**剛毅木訥**（ごうきぼくとつ）　意志が強く何事にも屈せず、飾り気がなく口数も少ない様子。

重要 □**巧言令色**（こうげんれいしょく）　巧みな言葉を用い表情をとりつくろって、人に気に入られようと愛想よくすること。

□**広大無辺**（こうだいむへん）　広く、果てしないこと。

重要 □**荒唐無稽**（こうとうむけい）　言動に根拠がなく、現実味のない様子のたとえ。

□**公平無私**（こうへいむし）　平等で私心をはさまないこと。

□**豪放磊落**（ごうほうらいらく）　心が大きく、つまらないことにこだわらないこと。

重要 □**公明正大**（こうめいせいだい）　公正で良心に恥じるところがなく堂々としている様子。

□**甲論乙駁**（こうろんおつばく）　議論がいろいろでまとまらない様子。

重要 □**呉越同舟**（ごえつどうしゅう）　仲の悪い者同士がたまたま同じ場所に居合わせていること。

□**狐疑逡巡**（こぎしゅんじゅん）　疑いためらい、決断をにぶらせて思いきりの悪い様子のたとえ。

□**孤軍奮闘**（こぐんふんとう）　たった一人、全力を尽くして懸命に頑張ること。

□**古今無双**（ここんむそう）　昔から今まで、対等に並ぶもののないほど優れていること。

□**虎視眈々**（こしたんたん）　虎のような鋭い目で、機会を狙（ねら）って見回す様子。

□**孤城落日**（こじょうらくじつ）　かつての勢いを失って心細い様子。

重要 □**古色蒼然**（こしょくそうぜん）　長い年月を経て、いかにも古めかしい様子。

□**故事来歴**（こじらいれき）　昔から伝わっている物事や言葉などの由来やいわれのこと。

□**五臓六腑**（ごぞうろっぷ）　肺、心、脾（ひ）、肝、腎（じん）の五臓と、大腸、小腸、胃、胆、膀胱（ぼうこう）、三焦（さんしょう）の六腑。腹の中。心の中。

□**鼓腹撃壌**（こふくげきじょう）　安らかな暮らしを楽しむことのたとえ。

□**鼓舞激励**（こぶげきれい）　力強く熱心に励ますことのたとえ。

□**孤立無援**（こりつむえん）　たった一人でだれも助けてくれないこと。

重要 □**五里霧中**（ごりむちゅう）　霧のなかで方角を見失うように、様子がわからず方針や見込みが立たないこと。

□**欣求浄土**（ごんぐじょうど）　死後は極楽浄土に往（ゆ）けることを心の底から願い求めること。

重要 □**言語道断**（ごんごどうだん）　言葉では説明できないほど道理から外れていること。

さ

□ **斎戒沐浴**（さいかいもくよく）
神仏に仕えるために、飲食や言動をつつしみ、心身を洗いけがれを取ること。

□ **才気煥発**（さいきかんぱつ）
頭の鋭いはたらきが、炎のように盛んにひらめき、外に表れ出ること。

□ **才色兼備**（さいしょくけんび）
優れた才能と美しい顔かたちを持っていること。

□ **三寒四温**（さんかんしおん）
寒い日と温暖な日が三、四日ずつ繰り返される冬季の気候現象。

重要 □ **三々五々**（さんさんごご）
少人数の人間がまばらに集まっている様子。

□ **山紫水明**（さんしすいめい）
日に照り映え山は紫に、川は清らかに流れる様子。美しい景色。

□ **山川草木**（さんせんそうもく）
風景や自然のこと。

□ **三拝九拝**（さんぱいきゅうはい）
願いをかなえてもらうために、心を込めて何度もおじぎをすること。

し

重要 □ **自画自賛**（じがじさん）
自分で自分を褒（ほ）めること。

□ **自家撞着**（じかどうちゃく）
同じ人の言動があとさきで矛盾していて、食い違いがあること。

重要 □ **時期尚早**（じきしょうそう）
まだその時期に達していないこと。

重要 □ **自給自足**（じきゅうじそく）
必要な物資を自分で生産し、まかなうこと。

重要 □ **四苦八苦**（しくはっく）
ひどく悩み苦しむ様子。

重要 □ **試行錯誤**（しこうさくご）
懲（こ）りずに失敗を重ねるうちに目的のものに近づくこと。

重要 □ **自業自得**（じごうじとく）
自分の行いの結果が、災いとして自分の身にふりかかること。

□ **事実無根**（じじつむこん）
真実にまったく基づいていないこと。

□ **獅子奮迅**（ししふんじん）
勢い激しく奮闘する様子。

□ **自縄自縛**（じじょうじばく）
自分の言動で動きが取れなくなり、苦しむことのたとえ。

□ **自然淘汰**（しぜんとうた）
周囲の環境に合う生物は子孫を残すことができるが、合わない生物は自然に滅びていくこと。

重要 □ **時代錯誤**（じだいさくご）
時代の傾向に合わない考え方で対応しようとすること。

重要 □ **七転八起**（しちてんはっき）
何度失敗しても、奮い立って頑張ること。

重要 □ **七転八倒**（しちてんばっとう）
のたうち回って苦しむ様子。

□ **質疑応答**（しつぎおうとう）
質問と、それに対する受け答え。

□ **質実剛健**（しつじつごうけん）
飾り気がなく誠実で、心身がたくましいこと。

□ **疾風迅雷**（しっぷうじんらい）
行動が素早く激しい様子のたとえ。

□ **実力伯仲**（じつりょくはくちゅう）
持っている力にほとんど差のないことのたとえ。

□ **四分五裂**（しぶんごれつ）
ばらばらに分かれること。

□ **自暴自棄**（じぼうじき）
絶望のあまり自分の身を粗末に扱い、やけになること。

重要 □ **四面楚歌**（しめんそか）
周りを敵に囲まれ、まったく味方の助けのない状態のたとえ。

重要 □ **自問自答**（じもんじとう）
自分自身に問いかけ、自分で答えを出すこと。

□ **弱肉強食**（じゃくにくきょうしょく）
弱いものが強いもののえじきとなり、征服されること。

□ **縦横無尽**（じゅうおうむじん）
物事を思う存分行うことのたとえ。

重要 □ **周章狼狽**（しゅうしょうろうばい）
びっくりしてあわてふためき、どうしてよいのかうろたえる様子。

□ **秋霜烈日**（しゅうそうれつじつ）
刑罰や権威などが非常に厳しくおごそかであることのたとえ。

□ **周知徹底**（しゅうちてってい）
情報をあまねく行き届かせること。

重要 □ **十人十色**（じゅうにんといろ）
人によって、それぞれに考え方や感じ方や好みが違うこと。

重要 □ **主客転倒**（しゅかくてんとう）
ものの順序や立場が予定されていたことと逆になること。

□ **熟読玩味**（じゅくどくがんみ）　じっくりと読んで意味をよく理解し、十分に味わうこと。

□ **熟慮断行**（じゅくりょだんこう）　十分に考えたうえで、思い切って実行に移すこと。

重要 □ **取捨選択**（しゅしゃせんたく）　よいものや必要なものを選び、悪いものや不要なものを捨てること。

□ **酒池肉林**（しゅちにくりん）　豪勢でぜいたくな料理を並べた大がかりな酒宴。

重要 □ **首尾一貫**（しゅびいっかん）　物事の始めから終わりまで、同じ考え、方針で貫き通すこと。

□ **春風駘蕩**（しゅんぷうたいとう）　春風が気持ちよく吹くこと。人の性格が穏やかなこと。

重要 □ **順風満帆**（じゅんぷうまんぱん）　物事が順調に進むこと。

□ **盛者必衰**（じょうしゃひっすい）　「しょうしゃひっすい」「しょうじゃひっすい」とも読む。勢いが盛んな者も、必ず衰えるときがくるということ。

□ **生者必滅**（しょうじゃひつめつ）　生命のあるものは必ず死を迎えるものであるということ。

□ **常住坐臥**（じょうじゅうざが）　座るときも寝るときも常にの意。いつも。

□ **小心翼々**（しょうしんよくよく）　気が小さくて臆病（おくびょう）で、常にびくびくしている様子。

重要 □ **枝葉末節**（しようまっせつ）　取るに足らない、どうでもよいことのたとえ。

重要 □ **諸行無常**（しょぎょうむじょう）　この世のものはすべて移り変わって、はかないものであるということ。

重要 □ **支離滅裂**（しりめつれつ）　まったく筋道が立っていない様子。

重要 □ **心機一転**（しんきいってん）　ある動機から心の持ち方ががらりと変わること。

□ **唇歯輔車**（しんしほしゃ）　唇と歯、頬骨（ほおぼね）と歯ぐきの関係のように、利害関係が密接なことのたとえ。

重要 □ **神出鬼没**（しんしゅつきぼつ）　自由自在に現れたり消えたりする様子のたとえ。

□ **信賞必罰**（しんしょうひつばつ）　賞罰を厳正にすること。

重要 □ **針小棒大**（しんしょうぼうだい）　小さなことを大げさに言うことのたとえ。

□ **新進気鋭**（しんしんきえい）　その分野に新しく進出を遂げ、意気込みがするどいこと。また、その人。

□ **新陳代謝**（しんちんたいしゃ）　新しいものが古いものにとって代わること。

重要 □ **深謀遠慮**（しんぼうえんりょ）　遠い将来のことまで視野に入れて、深く計画を巡らすこと。

□ **人面獣心**（じんめんじゅうしん）　冷酷無情な人。人でなし。

重要 □ **森羅万象**（しんらばんしょう）　宇宙に存在するあらゆる事物・現象のこと。

す

□ **酔生夢死**（すいせいむし）　なんの価値あることもしないで、無意味な一生を送ること。

せ

重要 □ **晴耕雨読**（せいこううどく）　晴れた日は畑を耕し、雨の日は家で読書をするような、のんびりと自由な生活を送ること。

□ **生殺与奪**（せいさつよだつ）　他人をどのようにも自分の思いのままにすることのたとえ。

重要 □ **正々堂々**（せいせいどうどう）　態度が潔く、行いが立派なこと。

□ **生々流転**（せいせいるてん）　「しょうじょうるてん」とも読む。万物はたえず移り変わっていくこと。

□ **青天白日**（せいてんはくじつ）　心にやましさがないこと。無実の罪が晴れること。

□ **清廉潔白**（せいれんけっぱく）　心や行いが清らかで正しいこと。

重要 □ **責任転嫁**（せきにんてんか）　責任を他人になすりつけること。

重要 □ **是々非々**（ぜぜひひ）　道理に基づいて、良いことは良いと賛成、悪いことは悪いと反対すること。

□**切磋琢磨**（せっさたくま）
学問や徳を磨くこと。仲間同士が励ましあって、ともに向上につとめること。

□**切歯扼腕**（せっしやくわん）
大いに憤り悔しがること。

重要 □**絶体絶命**（ぜったいぜつめい）
どうしても逃れられない困難な立場、場面にある様子のたとえ。

□**浅学非才**（せんがくひさい）
学識が未熟で、才能に乏しいこと。

□**千客万来**（せんきゃくばんらい）
たくさんの客がひっきりなしにやって来る様子のたとえ。

重要 □**千載一遇**（せんざいいちぐう）
千年に一度しか出会えないような絶好の機会。

重要 □**千差万別**（せんさばんべつ）
いろいろ、さまざまの違いがあること。

□**千紫万紅**（せんしばんこう）
さまざまな花の色のたとえ。

重要 □**前人未到（踏）**（ぜんじんみとう）
今までだれも到達していない大記録や偉業、探検のこと。

□**戦々恐々**（せんせんきょうきょう）
大変なことが起こりそうで、恐れおののく様子のたとえ。

重要 □**前代未聞**（ぜんだいみもん）
今まで聞いたことのないような大変珍しいこと。

□**千篇一律**（せんぺんいちりつ）
どれをとってもみな同じで変化がなく、面白みのない様子のたとえ。

重要 □**千変万化**（せんぺんばんか）
めまぐるしくさまざまに変化して、一定しないこと。

□**先憂後楽**（せんゆうこうらく）
世人より先に天下の将来を心配し、人民の生活が楽になった後に楽しめという、政治家の国家に対する心がけのこと。

そ

重要 □**創意工夫**（そういくふう）
物事を新たに考え出し、工夫を凝らすこと。

□**漱石枕流**（そうせきちんりゅう）
負け惜しみの強いこと。

□**率先垂範**（そっせんすいはん）
人の先に立って、自分自身が手本を示すこと。

た

重要 □**大器晩成**（たいきばんせい）
大人物は、普通より遅く大成していくこと。

重要 □**大義名分**（たいぎめいぶん）
行動のよりどころとなる根拠。

重要 □**大言壮語**（たいげんそうご）
実力以上のことを言い散らすこと。

□**泰山北斗**（たいざんほくと）
人々が仰ぎ尊ぶ優れた人のたとえ。

□**大山鳴動**（たいざんめいどう）
事前の騒ぎが大きいわりに、たいしたことがないこと。

□**泰然自若**（たいぜんじじゃく）
落ち着き払って物事に動じない様子。

重要 □**大胆不敵**（だいたんふてき）
度胸があって、物事に少しも驚かない様子。

重要 □**大同小異**（だいどうしょうい）
細かい点だけが違って、大差のないこと。

□**大同団結**（だいどうだんけつ）
大きな目的のために少々の違いには目をつぶって、大きく一つにまとまること。

□**多岐亡羊**（たきぼうよう）
方針がいろいろで、どれをとるべきか迷うことのたとえ。

□**多士済々**（たしさいさい）
「たしせいせい」とも読む。優れた人材が多いこと。

重要 □**単刀直入**（たんとうちょくにゅう）
前置きを抜きにして、いきなり本題に入ること。

□**談論風発**（だんろんふうはつ）
勢いよく談話や議論が行われる様子。

ち

□**遅疑逡巡**（ちぎしゅんじゅん）
あれこれと疑い迷って、ぐずぐずと決断をためらうこと。

□**昼夜兼行**（ちゅうやけんこう）
昼も夜も休まず続けること。

重要 □**朝三暮四**（ちょうさんぼし）
目の前の違いにこだわって、結局は同じになることに気づかないこと。うまい言葉で人をだますこと。

- 重要 □**朝令暮改**（ちょうれいぼかい） 命令がしきりに改められ定まらないこと。あてにならないこと。
- □**直情径行**（ちょくじょうけいこう） 相手の気持ちや周囲の状況を考えずに、自分の感情のまま言動に表すこと。
- □**猪突猛進**（ちょとつもうしん） 向こう見ずに一直線に進む様子のたとえ。

つ

- 重要 □**津々浦々**（つつうらうら） 全国いたる所。

て

- 重要 □**適材適所**（てきざいてきしょ） それぞれの地位や仕事にふさわしい資質の人を配置すること。
- □**適者生存**（てきしゃせいぞん） 生存競争の結果、環境に最も適したものが生き残ること。
- □**徹頭徹尾**（てっとうてつび） 始めから終わりまで同じ考え、方針を貫くこと。
- 重要 □**天衣無縫**（てんいむほう） 純真で無邪気な人柄のたとえ。
- □**電光石火**（でんこうせっか） 行動が非常にすばやい様子のたとえ。
- □**天災地変**（てんさいちへん） 自然現象によっておこる災害、変動のこと。
- □**天真爛漫**（てんしんらんまん） 純真そのもので、気どったりせず、ありのままに振る舞う様子のたとえ。
- □**天地神明**（てんちしんめい） 天地のすべての神々。
- □**天長地久**（てんちょうちきゅう） 天や地が滅びることのないように、物事が永久に続くこと。
- □**輾転反側（展）**（てんてんはんそく） 心配のあまり眠れないで、しばしば寝返りをうつこと。
- □**天罰覿面**（てんばつてきめん） 悪事をはたらけば、すぐに天罰が現れるという戒め。
- 重要 □**天変地異**（てんぺんちい） 自然の異変。

と

- 重要 □**当意即妙**（とういそくみょう） その場にふさわしく、即座に機転をきかせて振る舞うこと。
- 重要 □**同工異曲**（どうこういきょく） 手法は同じだが、趣が違うこと。
- □**同床異夢**（どうしょういむ） 一緒に行動していながら、考えや思惑が異なることのたとえ。
- □**道聴塗説**（どうちょうとせつ） 他人の説をすぐ受け売りすること。
- 重要 □**東奔西走**（とうほんせいそう） あちらこちら駆け回ること。
- □**独断専行**（どくだんせんこう） 物事を一人で勝手に推し進めること。
- 重要 □**独立自尊**（どくりつじそん） 何事にも人に頼らず、自分の尊厳を守ること。
- □**独立独歩**（どくりつどっぽ） 他人に頼らず、独力で自分の信じるとおりに実行すること。
- □**徒手空拳**（としゅくうけん） 手に何も持っていないこと。何かをしようとするとき、手元に何もないこと。

な

- □**内柔外剛**（ないじゅうがいごう） 内心は気が弱いのに外面は強く見せること。
- □**内憂外患**（ないゆうがいかん） 国内の心配ごとと、外国からもたらされる心配ごと。
- □**難攻不落**（なんこうふらく） 守備が堅固で攻撃が難しく、なかなか攻め落とされないこと。
- □**南船北馬**（なんせんほくば） 絶えず方々に旅をすること。

に

- 重要 □**二者択一**（にしゃたくいつ） 二つのうちからどちらか一方を選ぶこと。
- 重要 □**二束三文**（にそくさんもん） 数が多くても、ひどく値段が安いこと。
- 重要 □**日進月歩**（にっしんげっぽ） 日ごと月ごとに、絶え間なく進歩すること。

- □ 重要 **二律背反**（にりつはいはん）　一つの判断から相反する二つの考えが出てきて両立できないこと。
- □ **二六時中**（にろくじちゅう）　いつもいつも。「四六時中」とも使う。

ね

- □ **年々歳々**（ねんねんさいさい）　毎年毎年。来る年も来る年も。

は

- □ **博引旁証**（はくいんぼうしょう）　広く資料や用例を引き、証拠を挙げて論じること。
- □ **博学多識**（はくがくたしき）　多くの書物を読み、多くのことをよく知っていること。
- □ **白砂青松**（はくしゃせいしょう）　美しい浜辺の景色のたとえ。
- □ **薄志弱行**（はくしじゃっこう）　意志が弱く、実行力に欠ける様子。
- □ 重要 **博覧強記**（はくらんきょうき）　広く書物を読み、多くのことをよく覚えていること。
- □ **薄利多売**（はくりたばい）　単価を安くして、たくさん売ることで利益を得ること。
- □ 重要 **馬耳東風**（ばじとうふう）　人の意見や批評を心に留めず、聞き流すこと。
- □ **八面玲瓏**（はちめんれいろう）　心になんのわだかまりもない様子のたとえ。
- □ **八面六臂**（はちめんろっぴ）　一人であらゆる方面の、または何人分もの仕事を立派にやりこなすこと。
- □ 重要 **八方美人**（はっぽうびじん）　だれに対してもいい顔をして如才（じょさい）なく振る舞う人のたとえ。
- □ 重要 **波瀾万丈（乱）**（はらんばんじょう）　人生などが、波のように変化が激しいこと。
- □ **罵詈雑言**（ばりぞうごん）　人を罵（ののし）ったりあざけったりするさまざまな悪口のこと。
- □ **万古不易**（ばんこふえき）　永久に変わらないこと。「万世不易（ばんせいふえき）」とも使う。
- □ 重要 **半信半疑**（はんしんはんぎ）　半分は信じ、半分は疑うこと。本当かどうかと迷う状態。

ひ

- □ 重要 **美辞麗句**（びじれいく）　立派なふうに聞こえたり思われたりする言葉。
- □ **美人薄命**（びじんはくめい）　姿・顔かたちの美しい人は、不運で短命になりやすいこと。
- □ **悲憤慷慨**（ひふんこうがい）　世の中の不正や不義に対して、憤慨し、悲しみ嘆く様子。
- □ **百花斉放**（ひゃっかせいほう）　さまざまな学問・芸術が盛んに並び行われること。
- □ **百家争鳴**（ひゃっかそうめい）　さまざまな立場の多くの知識人・文化人が、自由に議論しあうこと。
- □ **百花繚乱**（ひゃっかりょうらん）　たくさんの花が美しく咲き乱れている様子。優れた人材などが大勢集まる様子のたとえ。
- □ **百鬼夜行**（ひゃっきやこう）　「ひゃっきやぎょう」とも読む。得体（えたい）の知れない奇怪な振る舞いが公然と行われている状態のたとえ。
- □ 重要 **百発百中**（ひゃっぱつひゃくちゅう）　予想や計画が全部順調に進行し達成される様子のたとえ。
- □ **比翼連理**（ひよくれんり）　男女が深い愛情で結ばれていることのたとえ。
- □ 重要 **疲労困憊**（ひろうこんぱい）　まったく何もする気が起きないほど疲れきってしまう様子。
- □ **品行方正**（ひんこうほうせい）　行いがきちんとして正しいこと。

ふ

- □ 重要 **風光明媚**（ふうこうめいび）　自然の景色が素晴らしく美しいこと。
- □ 重要 **不易流行**（ふえきりゅうこう）　永久不変の基本と、時代により変化する新風のこと。松尾芭蕉（まつおばしょう）の俳諧理念の一つ。
- □ 重要 **不倶戴天**（ふぐたいてん）　共にこの世に生きてはいけないと思うほど深く恨むこと。

重要 □不言実行（ふげんじっこう） あれこれと理屈をつけずに、黙って行うべきことを行うこと。

□不即不離（ふそくふり） 二つのものがつかず離れずの関係を保つこと。

□不撓不屈（ふとうふくつ） どのような困難な状況にあっても、くじけないこと。

□不偏不党（ふへんふとう） 特定の主義や党派に偏る（かたよ）ことなく、公平・中立の立場を貫くこと。

重要 □付和雷同（ふわらいどう）（附） 自分にしっかりした主義主張がなく、わけもなく他人の意見に同調すること。

重要 □粉骨砕身（ふんこつさいしん） 骨を粉にし身を砕くように、力の限り努力すること。

□焚書坑儒（ふんしょこうじゅ） 学問や思想を国家権力によって弾圧することのたとえ。

□文人墨客（ぶんじんぼっかく） 風雅の道にたずさわる風流人。

へ

□平穏無事（へいおんぶじ） 何事も穏やかで、変わりのないこと。

□平身低頭（へいしんていとう） うやうやしく低姿勢で、恐れ入っている様子。

重要 □平々凡々（へいへいぼんぼん） きわめて平凡であること。

重要 □片言隻語（へんげんせきご） ほんのわずかな短い言葉。

ほ

□暴飲暴食（ぼういんぼうしょく） 度を越して飲んだり食べたりすること。

□暴虎馮河（ぼうこひょうが） 血気にはやって無謀なことをすることのたとえ。

重要 □傍若無人（ぼうじゃくぶじん） 人前をはばからず、勝手気ままに振る舞うこと。

□茫然自失（ぼうぜんじしつ） あっけにとられて、ぼんやりしてしまうこと。

重要 □抱腹絶倒（ほうふくぜっとう） 腹をかかえて大笑いをする様子。

重要 □本末転倒（ほんまつてんとう） 本質的で重要なことと、つまらないことが反対になること。

ま

□満身創痍（まんしんそうい） からだじゅう傷だらけのこと。集中的に非難される様子のたとえ。

み

□未来永劫（みらいえいごう） 永久に。永遠に。

む

□無為自然（むいしぜん） ことさらに知や欲をはたらかせず、あるがままを尊ぶこと。

重要 □無我夢中（むがむちゅう） 何かに心を奪われ、我を忘れるほど、ひたすら物事に打ち込む様子。

□矛盾撞着（むじゅんどうちゃく） つじつまが合わないこと。物事の道理が一貫しないこと。

□無知蒙昧（むちもうまい） おろかで物事への知識が開けず、物事の道理がわからない様子。

□無念無想（むねんむそう） 雑念をふりはらって何も考えない境地。

重要 □無味乾燥（むみかんそう） 内容に少しも面白みも味わいもない様子のたとえ。

□無欲恬淡（むよくてんたん） 心がさっぱりとして欲張らず、名声や利害にこだわらないでいる様子。

□無理難題（むりなんだい） 道理に合わない無法な言いがかり。

め

重要 □明鏡止水（めいきょうしすい） 邪念がなく静かに澄んだ心境のたとえ。

□明窓浄机（めいそうじょうき） 清潔できちんと整った書斎のこと。

□明眸皓歯（めいぼうこうし） 瞳（ひとみ）は明るく澄み、歯も白く美しい、美人のたとえ。

重要 □面従腹背（めんじゅうふくはい） 表面上は服従の態度を装いながら、内心では反抗する心を抱いている様子。

も

重要 **孟母三遷**（もうぼさんせん）　教育には環境が大切であるという教え、また教育熱心な母親のたとえ。

門外不出（もんがいふしゅつ）　貴重なものであるため、外部に持ち出したり貸し出したりしないこと。

門前雀羅（もんぜんじゃくら）　訪ねて来る人もなくひっそりとして寂しい家の様子。

ゆ

重要 **唯我独尊**（ゆいがどくそん）　世の中で自分だけが優れていると、うぬぼれること。

重要 **優柔不断**（ゆうじゅうふだん）　ぐずぐずしていて物事の決断が鈍い様子。

優勝劣敗（ゆうしょうれっぱい）　優れた者が栄え、劣った者は滅びること。

融通無碍（ゆうずうむげ）　思考や行動にとらわれるものがなく自由であること。

重要 **有職故実**（ゆうそくこじつ）　宮中や武家の昔からの制度、法令、儀式、礼式、服飾などの風習。また、その学問。

重要 **有名無実**（ゆうめいむじつ）　名声ばかり高くて、それに実質が伴わないこと。

勇猛果敢（ゆうもうかかん）　勇ましく決断力に富む様子。

悠々自適（ゆうゆうじてき）　世俗を離れて、思いのままに暮らすこと。

重要 **油断大敵**（ゆだんたいてき）　うっかり気を抜いていると、思わぬ失敗をするということ。

よ

余韻嫋嫋（よいんじょうじょう）　音楽などの響きが細くかすかに続いて長く残る様子。

重要 **用意周到**（よういしゅうとう）　準備がゆきとどいて、手ぬかりがない様子。

重要 **羊頭狗肉**（ようとうくにく）　見かけと実質が一致しないこと。

余裕綽々（よゆうしゃくしゃく）　あせらずに落ち着いて、ゆとりがある様子。

り

利害得失（りがいとくしつ）　利益と損害。

離合集散（りごうしゅうさん）　離れたり集まったりすること。

理非曲直（りひきょくちょく）　道理に合った正しいことと不正なこと。

流言蜚語（飛）（りゅうげんひご）　だれが言うともなく世間に広がった根拠のないうわさ。

重要 **竜頭蛇尾**（りゅうとうだび）　初めは勢いが盛んだが、終わりには振るわないことのたとえ。

粒々辛苦（りゅうりゅうしんく）　こつこつと努力し、苦労をつむことのたとえ。

重要 **臨機応変**（りんきおうへん）　その場その時に臨んで、物事を適切に処理すること。

ろ

老少不定（ろうしょうふじょう）　人の死は、年齢に無関係に、予知できないものであるということ。

重要 **老若男女**（ろうにゃくなんにょ）　老いも若きも、男も女もすべて。

論功行賞（ろんこうこうしょう）　功績を論じて、それに応じて賞を与えること。

わ

和気藹々（わきあいあい）　打ち解けてなごやかな雰囲気が周囲に満ちあふれること。

和光同塵（わこうどうじん）　知徳の優れた輝きを隠して、世俗の人々と入りまじっていること。

和魂漢才（わこんかんさい）　日本固有の精神と中国伝来の教養を併せ持つこと。

和風細雨（わふうさいう）　穏やかな態度や言葉で人の過ちや欠点を改めさせることのたとえ。

和洋折衷（わようせっちゅう）　日本風と西洋風とをほどよく取り入れること。

同音異義語

〜異なる意味の漢字でありながら、同じ〈音読み〉になっている漢字の、明確な意味の違いによる使い分け〜

あ

□**アイショウ**
- 〜で呼ぶ。
- 彼とは〜がよい。
- 恩師の死を〜する。
- 童謡を〜する。

→**愛称**（親しみを込めて呼ぶ名前）
→**相性**（考え方や性格の合い方）
→**哀傷**（悲しみ悼むこと）
→**愛唱**（好んで歌うこと）

い

重要 □**イガイ**
- 係員〜立ち入り禁止。
- 〜な結末。

→**以外**（それを除いた他のもの）
→**意外**（予想外のこと）

□**イカン**
- 仕事を〜する。
- 本件はまことに〜である。

→**移管**（管理、管轄を移すこと）
→**遺憾**（残念に思うこと）

重要 □**イギ**
- 〜のある仕事。
- 〜を唱える。
- 〜を正して整列する。
- 同音〜語。

→**意義**（事柄や行為が持つ価値）
→**異議**（異なる意見や議論）
→**威儀**（おごそかな振る舞い）
→**異義**（異なった意味）

□**イギョウ**
- 〜を達成する。
- 彼の〜を継承する。

→**偉業**（優れた業績、仕事）
→**遺業**（故人が残した事業）

□**イケン**
- 〜が一致する。
- 〜を唱える。

→**意見**（あることについての考え）
→**異見**（他と異なる考え）

□**イコウ**
- 新制度に〜する。
- 相手の〜を聞く。
- 権力者の〜。
- 今は亡き文豪の〜。

→**移行**（移ってゆくこと）
→**意向**（考え・思惑）
→**威光**（自然に人を従わせる力）
→**遺稿**（死後に残った原稿）

□**イサイ**
- 〜は面談の折に。
- 〜を放つ。

→**委細**（詳しいこと）
→**異彩**（際立って見えること）

重要 □**イシ**
- 〜が強い。
- 〜表示をする。
- 亡父の〜を継ぐ。

→**意志**（はっきりした意向）
→**意思**（思い・考え）
→**遺志**（故人の生前の志）

□**イショウ**
- 豪華な〜で登場。
- 〜を凝らした造り。
- 「やよい」は三月の〜。

→**衣装**（着物・よそおい）
→**意匠**（工夫・デザイン・考案）
→**異称**（別の呼び名）

□**イショク**
- 〜足りて礼節を知る。
- 〜の新人だ。
- 庭の木を〜する。
- 調査委員を〜する。

→**衣食**（衣服と食事・生活）
→**異色**（目立った特色があること）
→**移植**（他の場所に植えかえること）
→**委嘱**（仕事を人に頼み任せること）

□**イゾン**
- 決まったことに〜はない。
- 相手に〜する。

→**異存**（反対に思う考え）
→**依存**（他のものに頼ること）

重要 □**イドウ**
- 教室の〜。
- 前回との〜を比較する。
- 秋の人事〜。

→**移動**（位置を変えること）
→**異同**（異なっている点）
→**異動**（勤務地や役職が変わること）

え

□**エイリ**
- 〜な刃物。
- 〜本位の企業。

→**鋭利**（鋭くてよく切れること）
→**営利**（利潤の追求を図ること）

□**エンカク**
・東京都の～。
・～操作で動かす。

□**オウシュウ**
・証拠品を～する。
・激しい議論の～。

重要 □**ガイカン**
・建物の～。
・日本経済を～する。

□**カイキュウ**
・中流～意識。
・～の念にかられる。

重要 □**カイコ**
・従業員を～する。
・～趣味の代物だ。
・若かったころを～する。

□**カイシン**
・～して謝る。
・～の一打。

重要 □**カイトウ**
・同音異義語問題の～。
・要求に対する～。

重要 □**ガイトウ**
・歩道を～が照らす。
・傍線部に～するもの。

お

→**沿革**（移り変わり）
→**遠隔**（遠く隔たっていること）
→**押収**（差し押さえて取り上げること）
→**応酬**（やり返すこと・意見をやりとりすること）

か

→**外観**（外から見た様子）
→**概観**（だいたいの状況を見ること）
→**階級**（位・地位・階層）
→**懐旧**（過ぎ去った昔を懐かしむこと）
→**解雇**（職を辞めさせること）
→**懐古**（昔を懐かしむこと）
→**回顧**（過去を思い返すこと）
→**改心**（よくない心を改めること）
→**会心**（心にかなうこと）
→**解答**（問題を解いて答えを出すこと）
→**回答**（質問などに対する返事）
→**街灯**（道路を照らす明かり）
→**該当**（一定の条件などに当てはまること）

・立候補者の～演説。
・玄関の～を点ける。

重要 □**カイホウ**
・ドアを～する。
・責任から～する。
・病気が～に向かう。

□**カギョウ**
・～は飲食店だ。
・サラリーマン～。

重要 □**カクシン**
・～を得る。
・保守と～の一騎打ち。
・事件の～に触れる。

重要 □**カテイ**
・完成に至るまでの～。
・中学校の教育～。

□**カンキ**
・部屋を～する。
・注意を～する。
・～の叫び。

重要 □**カンシ**
・衆人～の中。
・～の目を厳重にする。

□**カンシュウ**
・満員の～。
・伝統や～にとらわれない。
・百科事典の～者。

重要 □**カンショウ**
・詩歌を～する。
・バラの～会。
・～的な気分に浸る。
・隣国から～を受ける。
・両国間の～地帯。

→**街頭**（まちなか・路上）
→**外灯**（家の外にある電灯）
→**開放**（開けっ放しにすること）
→**解放**（束縛から解いてやること）
→**快方**（病気やけがよくなること）
→**家業**（家の職業）
→**稼業**（生活のための仕事）
→**確信**（固く信じること）
→**革新**（やり方を改め、新しく変えること）
→**核心**（物事の中心となるところ）
→**過程**（そこまでの経過の道筋）
→**課程**（教育内容の範囲や順序）
→**換気**（空気の入れ換え）
→**喚起**（呼び起こすこと）
→**歓喜**（大喜びすること）
→**環視**（周りを取り巻いて見ること）
→**監視**（警戒して見張ること）
→**観衆**（大勢の見物人）
→**慣習**（伝統的なならわしやしきたり）
→**監修**（編集を監督すること）
→**鑑賞**（芸術作品などを味わうこと）
→**観賞**（見て楽しむこと）
→**感傷**（感じて心を痛めること）
→**干渉**（立ち入って口出しすること）
→**緩衝**（衝撃をやわらげること）

重要
□カンシン
・〜な子供だ。
・江戸文化に〜がある。
・客の〜を買う。
・〜に堪えない。

→感心（心に感じ入ること）
→関心（興味を持つこと）
→歓心（喜んでうれしいと思う心）
→寒心（心配などでぞっとすること）

重要
□カンセイ
・作品が〜する。
・観客の〜があがる。
・繊細な〜の持ち主。
・〜の法則。
・〜な住宅街。
・〜の団体。
・〜塔からの指示。

→完成（すべてでき上がること）
→歓声（喜んで出す叫び声）
→感性（心に感じ取る力）
→慣性（そのままの状態が続く性質）
→閑静（ひっそりして静かな様子）
→官製（政府が作るもの）
→管制（強制的に管理、制限すること）

□カンタン
・〜な問題。
・〜の声を上げる。

→簡単（込み入っていないこと）
→感嘆（感心してほめたたえること）

重要
□カンヨウ
・〜的な読み方。
・〜な態度で接する。
・あきらめが〜だ。

→慣用（一般化していること）
→寛容（心が広いこと）
→肝要（もっとも重要なこと）

き

□キウン
・復興の〜。
・〜が熟する。

→気運（時勢のなりゆき）
→機運（巡ってきた機会）

重要
□キカン
・この雑誌は〜誌だ。
・五巻までが〜だ。

→季刊（年四回刊行すること）
→既刊（既に刊行されていること）

□キケン
・ケガをする〜がある。
・出場を〜する。

→危険（危ないこと）
→棄権（権利を行使しないこと）

□キゲン
・祭りの〜を研究する。
・〜が悪い。
・提出の〜が迫る。

→起源・起原（物事の起こり）
→機嫌（快、不快の精神状態）
→期限（定められた期間）

重要
□キコウ
・〜を改革する。
・社屋の〜式に出席する。
・雑誌に〜する。
・〜文を読む。
・〜は温暖だ。

→機構（組織のしくみ）
→起工（工事を始めること）
→寄稿（新聞や雑誌に載せるために原稿を送ること）
→紀行（旅行の見聞や感想を書いたもの）
→気候（年間の気象の状態）

□キジュン
・〜に従って行動する。
・賃金の〜。

→規準（模範となるもの）
→基準（基礎にするめやす）

重要
□キセイ
・〜服を買う。
・〜事実を作る。
・速度〜をする。
・夏休みに〜する。
・〜をそぐ。

→既製（既に商品となっているもの）
→既成（既にでき上がっていること）
→規制（規則で定め制限すること）
→帰省（故郷に帰ること）
→気勢（勢い・意気込み）

重要
□キテイ
・活動内容を〜する。
・〜の方針に従う。

→規定（制度化されたきまり）
→既定（既に定まっていること）

□キテン
・東海道の〜。
・北極星を方角の〜とする。

→起点（物事が始まるところ）
→基点（基となる点）

□キトク
・〜に陥る。
・〜な振る舞い。

→危篤（生命が危うい状態）
→奇特（非常に珍しいこと）

□キュウメイ
・真相を〜する。
・責任を〜する。

→究明（道理を明らかにすること）
→糾明（罪を問い明らかにすること）

重要
□キョウイ
・科学の～的な発展。
・～にさらされる。

重要
□キョウギ
・～で決定する。
・～に解釈する。
・仏教の～。

□キョウソウ
・生存～。
・障害物～。

□キョウチョウ
・自説を～する。
・自主性と～性。

□キョクゲン
・～状態。
・論点を～する。

重要
□キョクチ
・美の～である。
・北の～を探検する。
・～的な豪雨。

□ケイイ
・～を表する。
・事件の～を説明する。

□ケイカイ
・～な音楽。
・厳重に～する。

□ケイキ
・事件を～に注意を促す。
・～が回復する。

重要
□ケイショウ
・自然破壊に対する～。

↓驚異（驚くほどすばらしいこと）
↓脅威（威力でおびやかすこと）
↓協議（集まって相談すること）
↓狭義（狭い範囲の語意）
↓教義（宗教の教え）
↓競争（優劣を競うこと）
↓競走（走る速さを競うこと）
↓強調（強い調子で主張すること）
↓協調（互いに助け合うこと）
↓極限（限界ぎりぎりのところ）
↓局限（ある範囲に限定すること）
↓極致（最高の状態）
↓極地（さい果ての土地）
↓局地（限られた土地）

け

↓敬意（尊敬する気持ち）
↓経緯（物事のいきさつ）
↓軽快（軽やかで心地よいこと）
↓警戒（用心すること）
↓契機（きっかけ）
↓景気（経済活動の状態）
↓警鐘（警告するための鐘・警告）

・文化遺産を～する。
・国内～地を旅する。

□ケッサイ
・事務長の～を仰ぐ。
・現金で～する。

□ケンショウ
・～に応募する。
・児童～を尊重する。
・仮説を～する。

重要
□ケントウ
・相手の～をたたえる。
・実現可能な案かを～する。

□コウイ
・～を寄せる。
・御～に感謝します。

重要
□コウエン
・全国各地で劇を～する。
・国際問題の～会。
・～な理想。
・歌手の～会に入る。

重要
□コウカイ
・国宝を～する。
・～先に立たず。
・世界一周の～に出る。

重要
□コウガク
・～のために読む。
・～心の旺盛な学生。
・～の士が集まる。

□コウカン
・贈り物を～する。
・両国の選手が～する。

↓継承（受け継ぐこと）
↓景勝（景色のすばらしいこと）
↓決裁（部下の案の可否を決めること）
↓決済（売買取引を完了すること）
↓懸賞（賞金・賞品をかけること）
↓憲章（重要なおきて）
↓検証（証拠立てること）
↓健闘（全力でたたかうこと）
↓検討（よく吟味すること）

こ

↓好意（親愛の気持ち）
↓厚意（思いやりのある心）
↓公演（観客の前で演じること）
↓講演（大勢の前で講義すること）
↓高遠（高尚で遠大なこと）
↓後援（応援、援助すること）
↓公開（広く一般に開放すること）
↓後悔（後で悔やむこと）
↓航海（海上を船で渡ること）
↓後学（後で役立つ知識）
↓向学（学問を志すこと）
↓好学（学問を好むこと）
↓交換（互いに取りかえること）
↓交歓（打ち解けて楽しむこと）

重要
□コウギ
・教授の〜に出席する。
・当局に厳重に〜する。
→講義（学問を解説すること）
→抗議（相手に反対すること）

重要
□コウケン
・社会に〜する。
・薬の〜を調査する。
→貢献（何かのために寄与すること）
→効験（ききめ・効能）

重要
□コウショウ
・正確な時代〜。
・ボーナスアップの〜。
・〜な趣味だ。
・古代の〜文学。
→考証（文献で検証すること）
→交渉（話し合って取り決めること）
→高尚（上品で程度が高いこと）
→口承（口づてに伝えること）

□コウジョウ
・御〜に感謝する。
・〜を深める。
→厚情（親切な心）
→交情（交際の親しみ）

重要
□コウセイ
・〜年金の支給。
・立派に〜する。
・原稿を〜する。
・ドラマを〜する。
→厚生（生活を豊かにすること）
→更生（よい生活状態に戻すこと）
→校正（文字の誤りを正すこと）
→構成（組み立てること）

□コウチョウ
・〜なすべりだし。
・ほおを〜させる。
→好調（調子がよいこと）
→紅潮（顔が赤らむこと）

□コウテイ
・旅行は三日の〜だ。
・作業の〜を見る。
→行程（道のりや日程）
→工程（作業の手順）

□コウハイ
・〜に慕われる。
・家屋が〜する。
→後輩（後から入った人）
→荒廃（荒れ果てること）

重要
□コジン
・〜の教えを学ぶ。
・〜の遺志を継ぐ。
→古人（昔の人）
→故人（亡くなった人）

さ

□サイケツ
・〜を下す。
・議事を〜する。
→裁決（物事の理非を決めること）
→採決（議案の採否を決めること）

重要
□サイゴ
・〜に教室を出る。
・〜を遂げる。
→最後（一番終わり）
→最期（命が尽きるとき）

し

□ジキ
・〜会長。
・〜尚早。
・〜外れの台風。
・〜を逸する。
→次期（次の期間、時期）
→時期（そのとき、おり）
→時季（そのことの盛んな季節）
→時機（ちょうどよいとき）

重要
□シコウ
・〜錯誤する。
・政策を〜する。
・〜を巡らす。
・平和を〜する。
→試行（試しに行うこと）
→施行（実際に行うこと・法令の効力を発生させること）
→思考（考えること）
→志向（気持ちが目指す方向）

重要
□シジ
・〜をあばく。
・〜語の問題。
・〜政党。
・有名な先生に〜する。
→私事（個人的なこと）
→指示（指し示すこと）
→支持（賛同し後押しすること）
→師事（師として仕えること）

□シショウ
・〜者が出る。
・〜をきたす。
→死傷（死ぬことと負傷すること）
→支障（差し支え）

□ジタイ
・出場を〜する。
・深刻な〜。
→辞退（勧めなどを断ること）
→事態（事のありさま）

□シュウシュウ
・資料を〜する。
・事態を〜する。
→収集（物を集めること）
→収拾（混乱した状態を収めること）

□シュウセイ
・〜恩を忘れない。
・動物の〜を確かめる。
・研究を〜した本。

重要 □シュウチ
・〜の事実。
・〜を集めて協議する。

□シュウリョウ
・試合〜の合図。
・修士課程を〜する。

重要 □ショウカイ
・友人を〜する。
・預金残高を〜する。

重要 □ショウガイ
・〜事件が起こる。
・〜の思い出となる。
・〜物競走。
・〜係を担当する。

□ショウカン
・負債を〜する。
・被告人を〜する。
・大使が本国に〜される。

□ショウソウ
・〜に駆られる。
・時期〜。

重要 □シンキ
・〜一転する。
・〜に採用する。
・〜をてらう。

□シンギ
・〜に厚い。
・議案を〜する。
・〜を確かめる。

↓**終生・終世**（一生）
↓**習性**（行動の特性）
↓**集成**（集めてまとめあげること）
↓**周知**（多くの人に知れ渡ること）
↓**衆知**（多くの人の知恵）
↓**終了**（終わること）
↓**修了**（一定の学業を修めること）
↓**紹介**（人と人を引き合わせること）
↓**照会**（問い合わせ）
↓**傷害**（傷つけること）
↓**生涯**（生まれてから死ぬまで）
↓**障害**（妨げとなるもの）
↓**渉外**（外部と連絡や交渉をすること）
↓**償還**（返却すること）
↓**召喚**（裁判所の呼び出し）
↓**召還**（呼び戻すこと）
↓**焦燥**（いらだち焦ること）
↓**尚早**（まだその時期ではないこと）
↓**心機**（心の動き）
↓**新規**（新しく物事を行うこと）
↓**新奇**（目新しく変わっていること）
↓**信義**（約束を守り義務を果たすこと）
↓**審議**（検討して相談すること）
↓**真偽**（本当のことと嘘（うそ））

重要 □シンコウ
・産業の〜を図る。
・仏教を〜する。
・〜勢力。
・〜を結ぶ。

重要 □シンチョウ
・〜を期する。
・意味〜な表現。

重要 □シンニュウ
・場内に〜する。
・不法に〜する。
・水が床下まで〜した。

□シンボウ
・〜強い。
・旧友の〜が厚い。

□シンロ
・高校への〜相談。
・船の〜を南にとる。

重要 □スイコウ
・〜を重ねる。
・任務を〜する。

□セイギョウ
・大工を〜とする。
・〜に就く。

重要 □セイサイ
・〜を放つ作品。
・〜を受ける。
・〜に描く。

↓**振興**（物事を盛んにすること）
↓**信仰**（信じて敬うこと）
↓**新興**（新たに興ること）
↓**親交**（親しい交わり）
↓**慎重**（注意深い様子）
↓**深長**（意味が深く含みがあること）
↓**進入**（進んで行ってなかに入ること）
↓**侵入**（無理になかに入ること）
↓**浸入**（水が入ること）
↓**辛抱**（じっと我慢すること）
↓**信望**（信用と人望）
↓**進路**（進んで行く道）
↓**針路**（船、飛行機の進む方向）

す

↓**推敲**（詩や文章を練り直すこと）
↓**遂行**（成し遂げること）

せ

↓**生業**（生活のための仕事）
↓**正業**（きちんとした職業）
↓**精彩・生彩**（活気のある様子）
↓**制裁**（こらしめの刑罰）
↓**精細**（念入りでくわしいこと）

重要 □**セイサク**
・政府の外交～。
・油絵を～する。
・いすを～する。

重要 □**セイサン**
・旅費を～する。
・借金を～する。
・勝負に～がある。

□**セイソウ**
・～で結婚式に参加する。
・～をこらした女性。
・教室を～する。

□**セイチョウ**
・子犬が～する。
・庭木が～する。

□**セイヤク**
・～会社。
・～書を書く。
・～を受ける。

重要 □**ゼンシン**
・少しでも～する。
・改革の～を期待する。

□**ソウイ**
・～工夫する。
・両者の～点を見いだす。
・国民の～に基づく。

□**ソウギョウ**
・～訓練。
・～時間を短縮する。
・会社の～者。
・～をした人。

重要 □**ソウゾウ**
・天地～。
・～したとおりの人。

□**ソクセイ**
・～栽培をする。
・～教育。
・～の料理を食べる。

重要 □**タイショウ**
・中学生を～にする。
・～的な性格の兄弟。
・点～。

重要 □**タイセイ**
・社会～に反抗する。
・攻撃～をとる。
・試合の～は決した。
・着地の～が崩れる。

□**チュウショウ**
・～する。
・～的な表現。

□**チョウコウ**
・噴火の～。
・授業を～する。

□**チョウシュウ**
・会費の～。
・全員を～する。
・～の拍手を浴びた。

→**政策**（政治上の方針）
→**制作**（芸術品などを作ること）
→**製作**（物品を作ること）
→**精算**（くわしく計算すること）
→**清算**（貸し借りを整理すること）
→**成算**（成功する見込み）
→**正装**（正式の服装）
→**盛装**（はなやかに着飾ること）
→**清掃**（きれいに掃除すること）
→**成長**（人や動物が育つこと）
→**生長**（草木が育つこと）
→**製薬**（薬を作ること）
→**誓約**（誓いをたてて約束すること）
→**制約**（条件をつけ制限すること）
→**前進**（前向きに進むこと）
→**漸進**（順に少しずつ進むこと）

そ

→**創意**（新しく考え出す心）
→**相違**（同じでないこと、違い）
→**総意**（すべての人の意向）
→**早暁**（明け方・早朝）
→**操業**（機械を動かして仕事をすること）
→**創業**（事業を始めること）
→**僧形**（僧の姿）
→**創造**（初めて作り出すこと）
→**想像**（心に思い浮かべること）
→**促成**（早く生長させること）
→**速成**（短期間で仕上げること）
→**即製**（その場ですぐに作ること）

た

→**対象**（目標や相手となるもの）
→**対照**（違いがきわだっていること）
→**対称**（対応して釣り合うこと）
→**体制**（社会組織のあり方）
→**態勢**（身構えの状態）
→**大勢**（おおよその形勢）
→**体勢**（体の構え）

ち

→**中傷**（他人の名誉を傷つけること）
→**抽象**（具体的でない概念）
→**兆候・徴候**（何かが起こる前触れ）
→**聴講**（講義をきくこと）
→**徴収**（お金を取り立てること）
→**徴集**（命令して人を集めること）
→**聴衆**（音楽などを聴く人々）

重要
□ツイキュウ
・責任を～する。
・利益を～する。
・真理を～する。

□テキセイ
・～な値段をつける。
・芸能人の～がある。

重要
□テンカ
・食品～物。
・責任を～する。
・花火に～する。

□トウキ
・～を陳列する。
・物価が～する。
・不法～。

重要
□トクチョウ
・新製品の～。
・～のある声。

□ノウコウ
・～な味付け。
・～民族。

つ

↓追及（追いつめること）
↓追求（追い求めること）
↓追究（突きつめること）

て

↓適正（適切で正しいこと）
↓適性（性質が適していること）
↓添加（つけ加えること）
↓転嫁（なすりつけること）
↓点火（火をつけること）

と

↓陶器（焼き物）
↓騰貴（値段や相場が上がること）
↓投棄（投げ捨てること）
↓特長（特に優れているところ）
↓特徴（他と違っているところ）

の

↓濃厚（色や味が濃いこと）
↓農耕（田畑を耕すこと）

□ハケン
・各地に調査団を～する。
・～を握る。

□ハンエイ
・民意を政治に～させる。
・国家の～。

重要
□ヒッシ
・～の努力を続ける。
・解散は～だ。

重要
□ヒナン
・過ちを～する。
・～訓練を行う。

重要
□フキュウ
・～の名作。
・家庭用パソコンの～率。

□フジュン
・天候が～だ。
・動機が～だ。

□フショウ
・作者～の作品。
・～事が発覚する。

□フシン
・～な点を問いただす。
・家を～する。
・業績～に陥る。

は

↓派遣（人を差し向けること）
↓覇権（勝利者として手に入れた権力）
↓反映（ある影響が現れること）
↓繁栄（栄えること）

ひ

↓必死（全力を尽くす様子）
↓必至（必ずそうなること）
↓非難・批難（責めとがめること）
↓避難（災難を避けること）

ふ

↓不朽（いつまでも失われず残ること）
↓普及（広く行き渡ること）
↓不順（順調でないこと）
↓不純（純粋でないこと）
↓不詳（はっきりわからないこと）
↓不祥（好ましくないこと）
↓不審（疑わしいこと）
↓普請（建築・土木工事）
↓不振（勢いが振るわない様子）

重要
□**フヘン**
・～的な特徴。
・～不党の精神。
・永久～の真理。

□**ヘイコウ**
・～感覚。
・寒さには～した。
・～して審議する。

□**ボウチョウ**
・容器が～する。
・議会を～する。

□**ボウトウ**
・～に位置する。
・地価が～する。

□**ホウフ**
・～な財力。
・～を述べる。

重要
□**ホショウ**
・損害を～する。
・一年間の～期間。
・安全を～する。

□**ホドウ**
・～員。
・～を走る車。

→**普遍**（すべてに共通して当てはまること）
→**不偏**（偏(かたよ)りがないこと）
→**不変**（変わらないこと）

へ

→**平衡**（釣り合いがとれていること）
→**閉口**（ひどく困ること）
→**並行**（同時に行うこと）

ほ

→**膨張**（ふくれ上がること）
→**傍聴**（会議などをそばで聴くこと）
→**冒頭**（始めの部分）
→**暴騰**（物の価値の急上昇）
→**豊富**（豊かな様子）
→**抱負**（決意や計画）
→**補償**（与えた損害を償うこと）
→**保証**（責任を持って請け合うこと）
→**保障**（保護して守ること）
→**補導**（正しい方へ導くこと）
→**舗道**（舗装した道路）

む

重要
□**ムジョウ**
・～な仕打ちだ。
・～観あふれる作品。

□**ヤセイ**
・～の狸(たぬき)。
・～味に欠ける。

重要
□**ユウシュウ**
・～の美を飾る。
・～な人材。

□**ヨウケン**
・～を満たす。
・～をうかがう。

□**ルイケイ**
・～額を出す。
・事件を～で分ける。

重要
□**レンケイ**
・複数の被害者が～する。
・～プレー。

→**無情**（思いやりがないこと）
→**無常**（人の世のはかないこと）

や

→**野生**（自然のなかで育つこと）
→**野性**（自然のままの性質）

ゆ

→**有終**（最後まで全(まっと)うすること）
→**優秀**（優れ秀でていること）

よ

→**要件**（大切で必要な事柄・条件）
→**用件**（用事の内容、種類）

る

→**累計**（小計を加えた合計）
→**類型**（共通する型）

れ

→**連携**（連絡を取り合って行うこと）
→**連係**（密接なつながり）

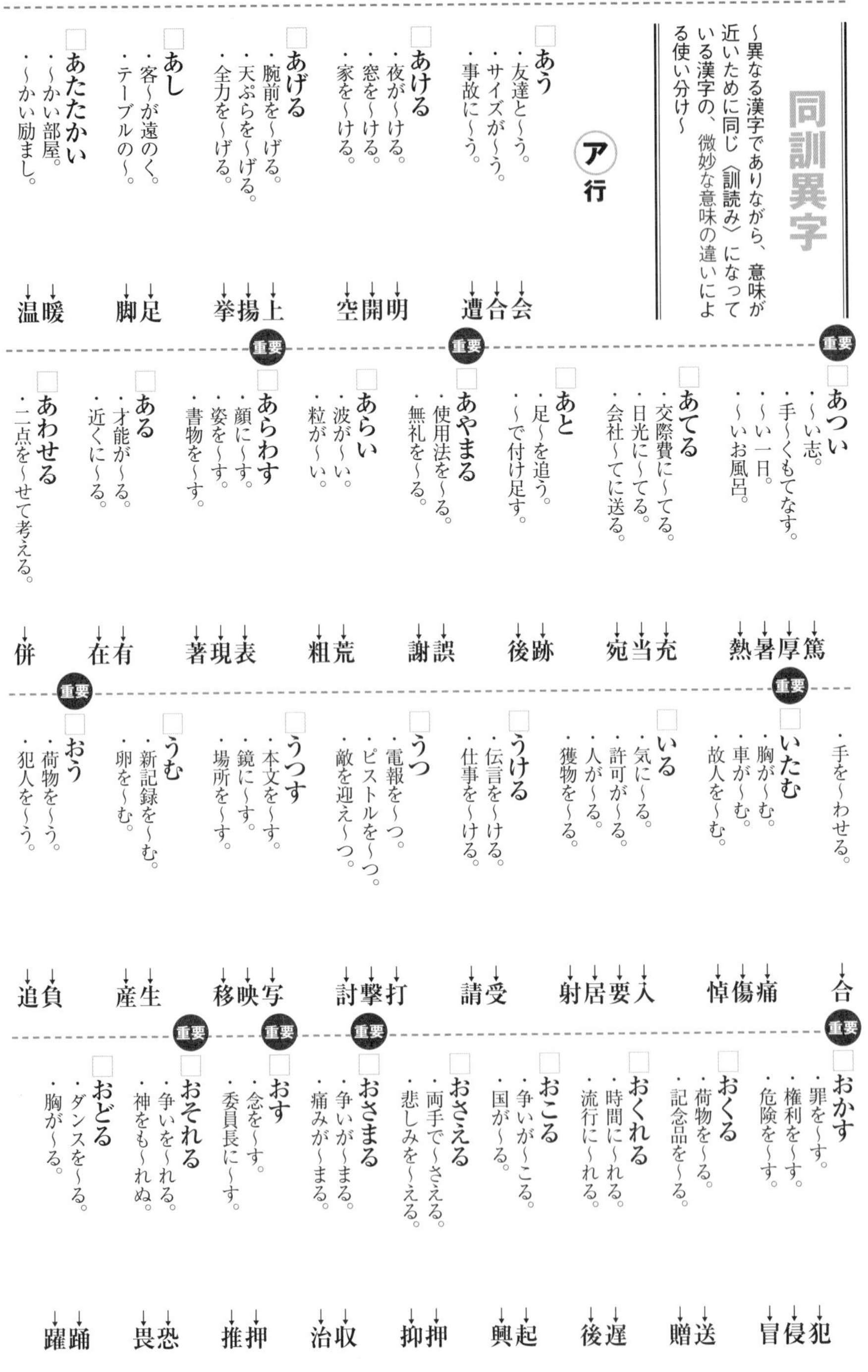

同訓異字

~異なる漢字でありながら、意味が近いために同じ〈訓読み〉になっている漢字の、微妙な意味の違いによる使い分け~

ア行

重要 □**あう**
- ・友達と~う。
- ・サイズが~う。
- ・事故に~う。

遭合会

□**あける**
- ・夜が~ける。
- ・窓を~ける。
- ・家を~ける。

空開明

重要 □**あげる**
- ・腕前を~げる。
- ・天ぷらを~げる。
- ・全力を~げる。

挙揚上

□**あし**
- ・客~が遠のく。
- ・テーブルの~。

脚足

□**あたたかい**
- ・~かい部屋。
- ・~かい励まし。

温暖

重要 □**あつい**
- ・~い志。
- ・手~くもてなす。
- ・~い一日。
- ・~いお風呂。

熱暑厚篤

□**あてる**
- ・交際費に~てる。
- ・日光に~てる。
- ・会社~てに送る。

宛当充

□**あと**
- ・足~を追う。
- ・~で付け足す。

後跡

重要 □**あやまる**
- ・使用法を~る。
- ・無礼を~る。

謝誤

□**あらい**
- ・波が~い。
- ・粒が~い。

粗荒

重要 □**あらわす**
- ・顔に~す。
- ・姿を~す。
- ・書物を~す。

著現表

□**ある**
- ・才能が~る。
- ・近くに~る。

在有

□**あわせる**
- ・二点を~せて考える。
- ・手を~わせる。

併 合

重要 □**いたむ**
- ・胸が~む。
- ・車が~む。
- ・故人を~む。

悼傷痛

□**いる**
- ・気に~る。
- ・許可が~る。
- ・人が~る。
- ・獲物を~る。

射居要入

□**うける**
- ・伝言を~ける。
- ・仕事を~ける。

請受

□**うつ**
- ・電報を~つ。
- ・ピストルを~つ。
- ・敵を迎え~つ。

討撃打

□**うつす**
- ・本文を~す。
- ・鏡に~す。
- ・場所を~す。

移映写

□**うむ**
- ・新記録を~む。
- ・卵を~む。

産生

重要 □**おう**
- ・荷物を~う。
- ・犯人を~う。

追負

重要 □**おかす**
- ・罪を~す。
- ・権利を~す。
- ・危険を~す。

冒侵犯

□**おくる**
- ・荷物を~る。
- ・記念品を~る。

贈送

□**おくれる**
- ・時間に~れる。
- ・流行に~れる。

後遅

□**おこる**
- ・争いが~こる。
- ・国が~る。

興起

□**おさえる**
- ・両手で~さえる。
- ・悲しみを~える。

抑押

重要 □**おさまる**
- ・争いが~まる。
- ・痛みが~まる。

治収

重要 □**おす**
- ・念を~す。
- ・委員長に~す。

推押

重要 □**おそれる**
- ・争いを~れる。
- ・神をも~れぬ。

畏恐

□**おどる**
- ・ダンスを~る。
- ・胸が~る。

躍踊

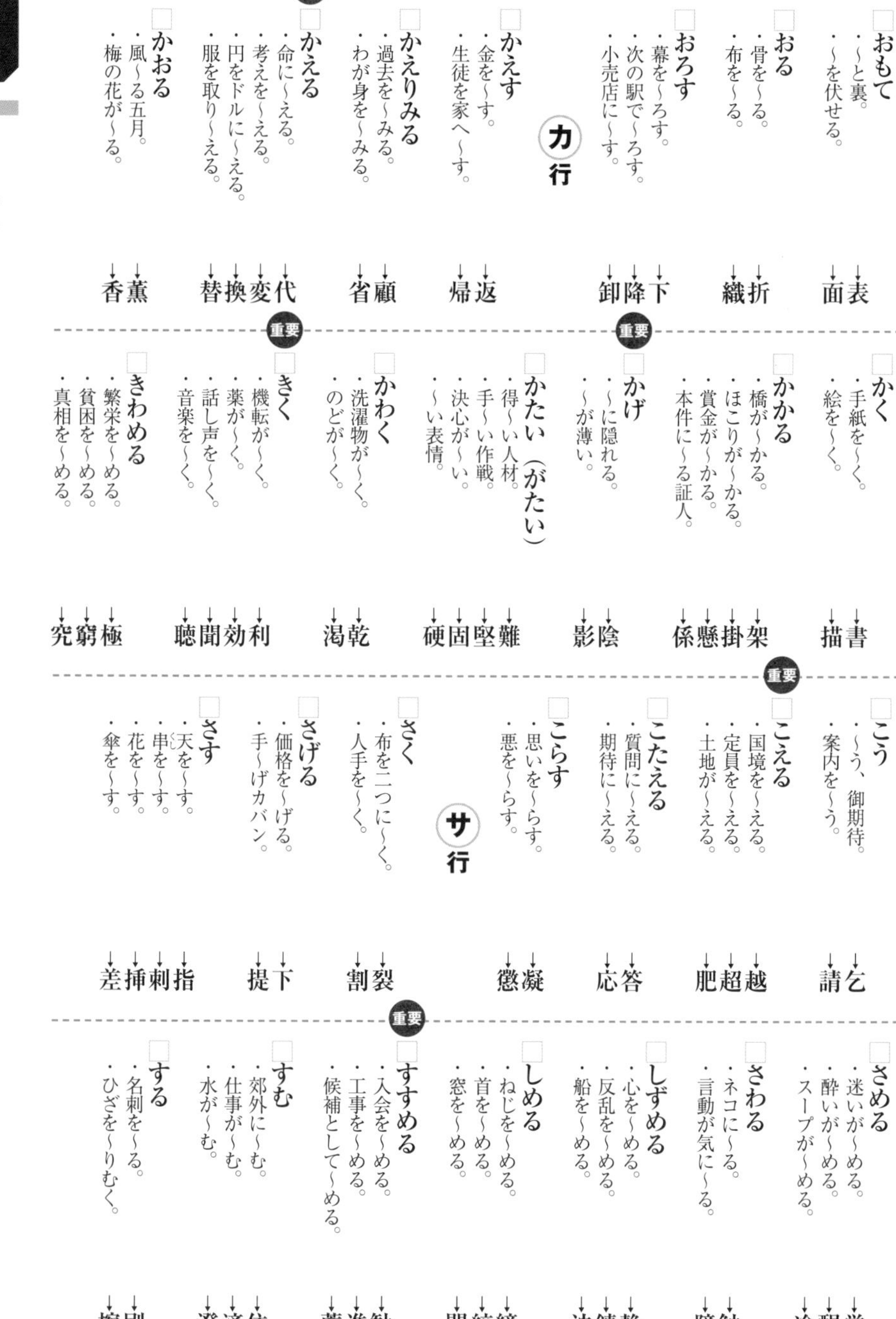

□**おもて**
・〜と裏。
・〜を伏せる。
面表

□**おる**
・骨を〜る。
・布を〜る。
織折

□**おろす**
・幕を〜ろす。
・次の駅で〜ろす。
・小売店に〜す。
卸降下

カ行

□**かえす**
・金を〜す。
・生徒を家へ〜す。
帰返

□**かえりみる**
・過去を〜みる。
・わが身を〜みる。
省顧

重要
□**かえる**
・命に〜える。
・考えを〜える。
・円をドルに〜える。
・服を取り〜える。
替換変代

□**かおる**
・風〜る五月。
・梅の花が〜る。
香薫

□**かく**
・手紙を〜く。
・絵を〜く。
描書

□**かかる**
・橋が〜かる。
・ほこりが〜かる。
・賞金が〜かる。
・本件に〜る証人。
係懸掛架

重要
□**かげ**
・〜に隠れる。
・〜が薄い。
影陰

□**かたい（がたい）**
・得〜い人材。
・手〜い作戦。
・決心が〜い。
・〜い表情。
硬固堅難

□**かわく**
・洗濯物が〜く。
・のどが〜く。
渇乾

重要
□**きく**
・機転が〜く。
・薬が〜く。
・話し声を〜く。
・音楽を〜く。
聴聞効利

□**きわめる**
・繁栄を〜める。
・貧困を〜める。
・真相を〜める。
究窮極

□**こう**
・〜う、御期待。
・案内を〜う。
請乞

重要
□**こえる**
・国境を〜える。
・定員を〜える。
・土地が〜える。
肥超越

□**こたえる**
・質問に〜える。
・期待に〜える。
応答

□**こらす**
・思いを〜らす。
・悪を〜らす。
懲凝

サ行

□**さく**
・布を二つに〜く。
・人手を〜く。
割裂

□**さげる**
・価格を〜げる。
・手〜げカバン。
提下

□**さす**
・天を〜す。
・串を〜す。
・花を〜す。
・傘を〜す。
差挿刺指

□**さめる**
・迷いが〜める。
・酔いが〜める。
・スープが〜める。
冷醒覚

□**さわる**
・ネコに〜る。
・言動が気に〜る。
障触

□**しずめる**
・心を〜める。
・反乱を〜める。
・船を〜める。
沈鎮静

□**しめる**
・ねじを〜める。
・首を〜める。
・窓を〜める。
閉絞締

重要
□**すすめる**
・入会を〜める。
・工事を〜める。
・候補として〜める。
薦進勧

□**すむ**
・郊外に〜む。
・仕事が〜む。
・水が〜む。
澄済住

□**する**
・名刺を〜る。
・ひざを〜りむく。
擦刷

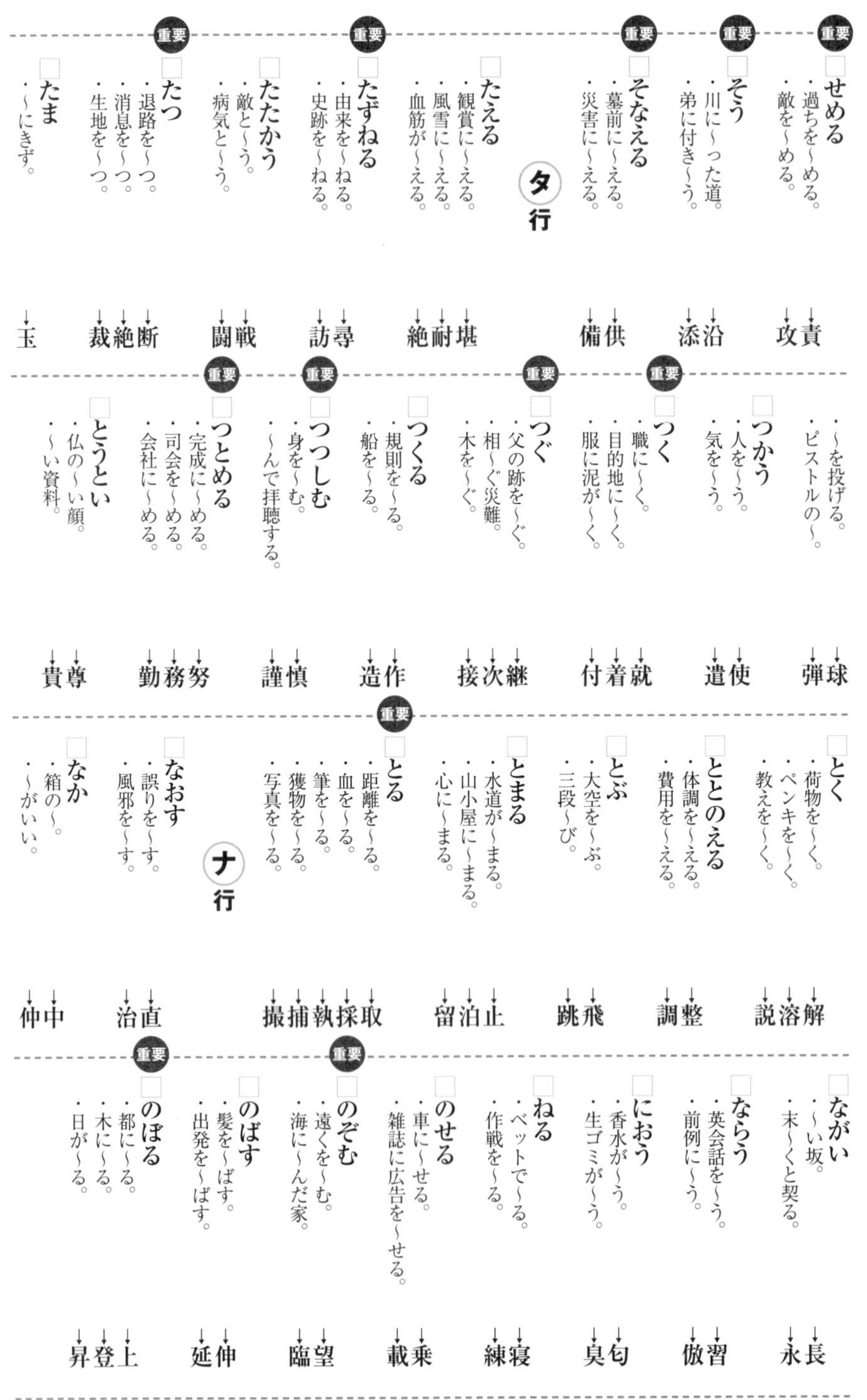

重要 **せめる**
・過ちを～める。
・敵を～める。
攻責

重要 **そう**
・川に～った道。
・弟に付き～う。
添沿

重要 **そなえる**
・墓前に～える。
・災害に～える。
備供

タ行

たえる
・観賞に～える。
・風雪に～える。
・血筋が～える。
絶耐堪

重要 **たずねる**
・由来を～ねる。
・史跡を～ねる。
訪尋

たたかう
・敵と～う。
・病気と～う。
闘戦

重要 **たつ**
・退路を～つ。
・消息を～つ。
・生地を～つ。
裁絶断

たま
・～にきず。
・～を投げる。
・ピストルの～。
玉
弾球

つかう
・人を～う。
・気を～う。
遣使

重要 **つく**
・職に～く。
・目的地に～く。
・服に泥が～く。
付着就

重要 **つぐ**
・父の跡を～ぐ。
・相～ぐ災難。
・木を～ぐ。
接次継

つくる
・規則を～る。
・船を～る。
造作

重要 **つつしむ**
・身を～む。
・～んで拝聴する。
謹慎

重要 **つとめる**
・完成に～める。
・司会を～める。
・会社に～める。
勤務努

とうとい
・仏の～い顔。
・～い資料。
貴尊

とく
・荷物を～く。
・ペンキを～く。
・教えを～く。
説溶解

ととのえる
・体調を～える。
・費用を～える。
調整

とぶ
・大空を～ぶ。
・三段～び。
跳飛

とまる
・水道が～まる。
・山小屋に～まる。
・心に～まる。
留泊止

重要 **とる**
・距離を～る。
・血を～る。
・筆を～る。
・獲物を～る。
・写真を～る。
撮捕執採取

ナ行

なおす
・誤りを～す。
・風邪を～す。
治直

なか
・箱の～。
・～がいい。
仲中

ながい
・～い坂。
・末～くと契る。
永長

ならう
・英会話を～う。
・前例に～う。
倣習

におう
・香水が～う。
・生ゴミが～う。
臭匂

ねる
・ベットで～る。
・作戦を～る。
練寝

のせる
・車に～せる。
・雑誌に広告を～せる。
載乗

重要 **のぞむ**
・遠くを～む。
・海に～んだ家。
臨望

のばす
・髪を～ばす。
・出発を～ばす。
延伸

重要 **のぼる**
・都に～る。
・木に～る。
・日が～る。
昇登上

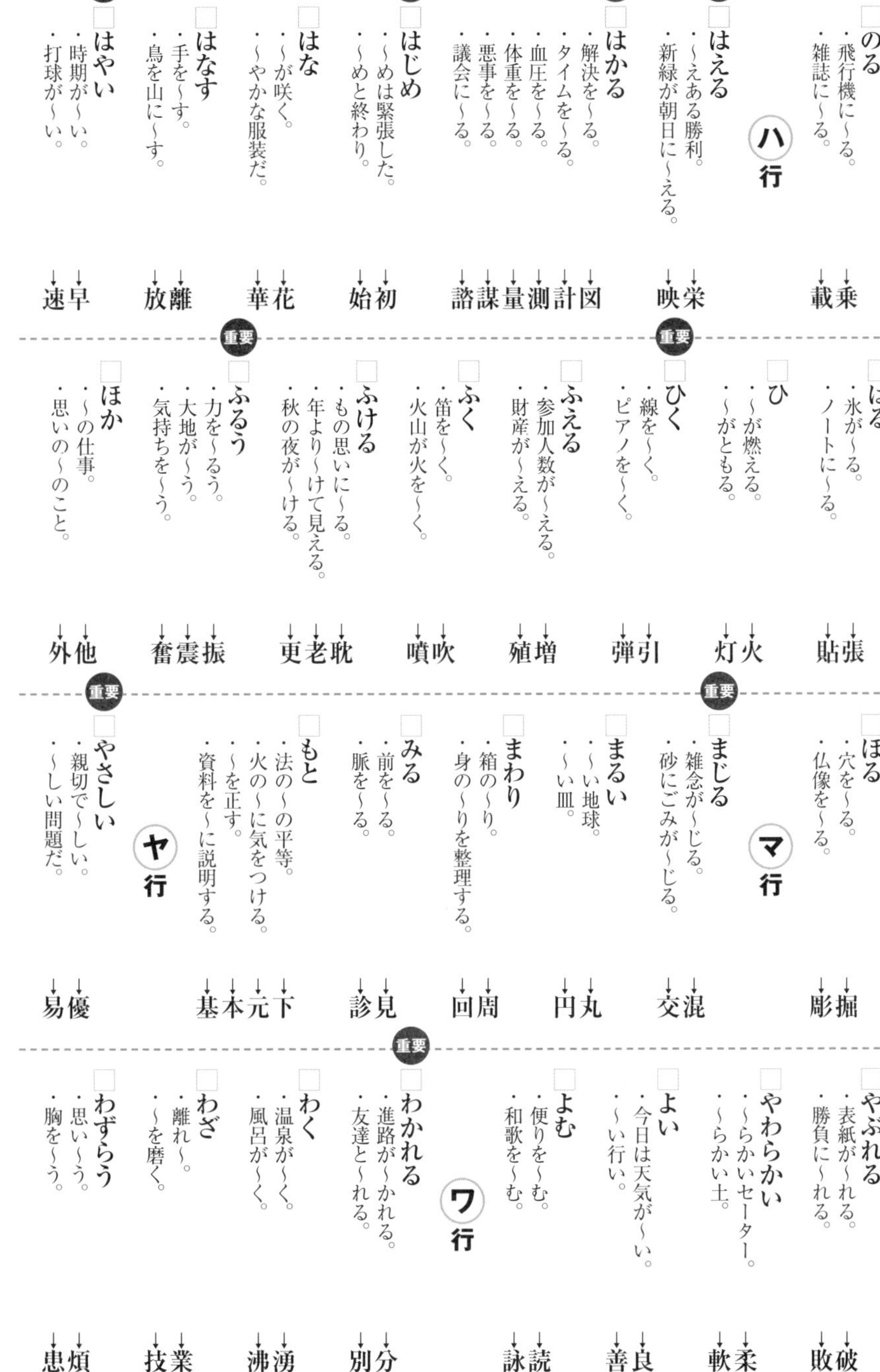

□**のる**
・飛行機に〜る。→乗
・雑誌に〜る。→載

ハ行

重要 □**はえる**
・〜えある勝利。→栄
・新緑が朝日に〜える。→映

重要 □**はかる**
・解決を〜る。→図
・タイムを〜る。→計
・血圧を〜る。→測
・体重を〜る。→量
・悪事を〜る。→謀
・議会に〜る。→諮

重要 □**はじめ**
・〜めは緊張した。→初
・〜めと終わり。→始

□**はな**
・〜が咲く。→花
・〜やかな服装だ。→華

□**はなす**
・手を〜す。→離
・鳥を山に〜す。→放

重要 □**はやい**
・時期が〜い。→早
・打球が〜い。→速

□**はる**
・氷が〜る。→張
・ノートに〜る。→貼

□**ひ**
・〜が燃える。→火
・〜がともる。→灯

重要 □**ひく**
・線を〜く。→引
・ピアノを〜く。→弾

□**ふえる**
・参加人数が〜える。→増
・財産が〜える。→殖

□**ふく**
・笛を〜く。→吹
・火山が火を〜く。→噴

□**ふける**
・もの思いに〜る。→耽
・年より〜けて見える。→老
・秋の夜が〜ける。→更

重要 □**ふるう**
・力を〜るう。→振
・大地が〜う。→震
・気持ちを〜う。→奮

□**ほか**
・〜の仕事。→他
・思いの〜のこと。→外

□**ほる**
・穴を〜る。→掘
・仏像を〜る。→彫

マ行

重要 □**まじる**
・雑念が〜じる。→混
・砂にごみが〜じる。→交

□**まるい**
・〜い地球。→丸
・〜い皿。→円

□**まわり**
・箱の〜り。→周
・身の〜りを整理する。→回

□**みる**
・前を〜る。→見
・脈を〜る。→診

□**もと**
・法の〜の平等。→下
・火の〜に気をつける。→元
・〜を正す。→本
・資料を〜に説明する。→基

ヤ行

重要 □**やさしい**
・親切で〜しい。→優
・〜しい問題だ。→易

□**やぶれる**
・表紙が〜れる。→破
・勝負に〜れる。→敗

□**やわらかい**
・〜らかいセーター。→柔
・〜らかい土。→軟

□**よい**
・今日は天気が〜い。→良
・〜い行い。→善

□**よむ**
・便りを〜む。→読
・和歌を〜む。→詠

ワ行

重要 □**わかれる**
・進路が〜かれる。→分
・友達と〜れる。→別

□**わく**
・温泉が〜く。→湧
・風呂が〜く。→沸

□**わざ**
・離れ〜。→業
・〜を磨く。→技

□**わずらう**
・思い〜う。→煩
・胸を〜う。→患

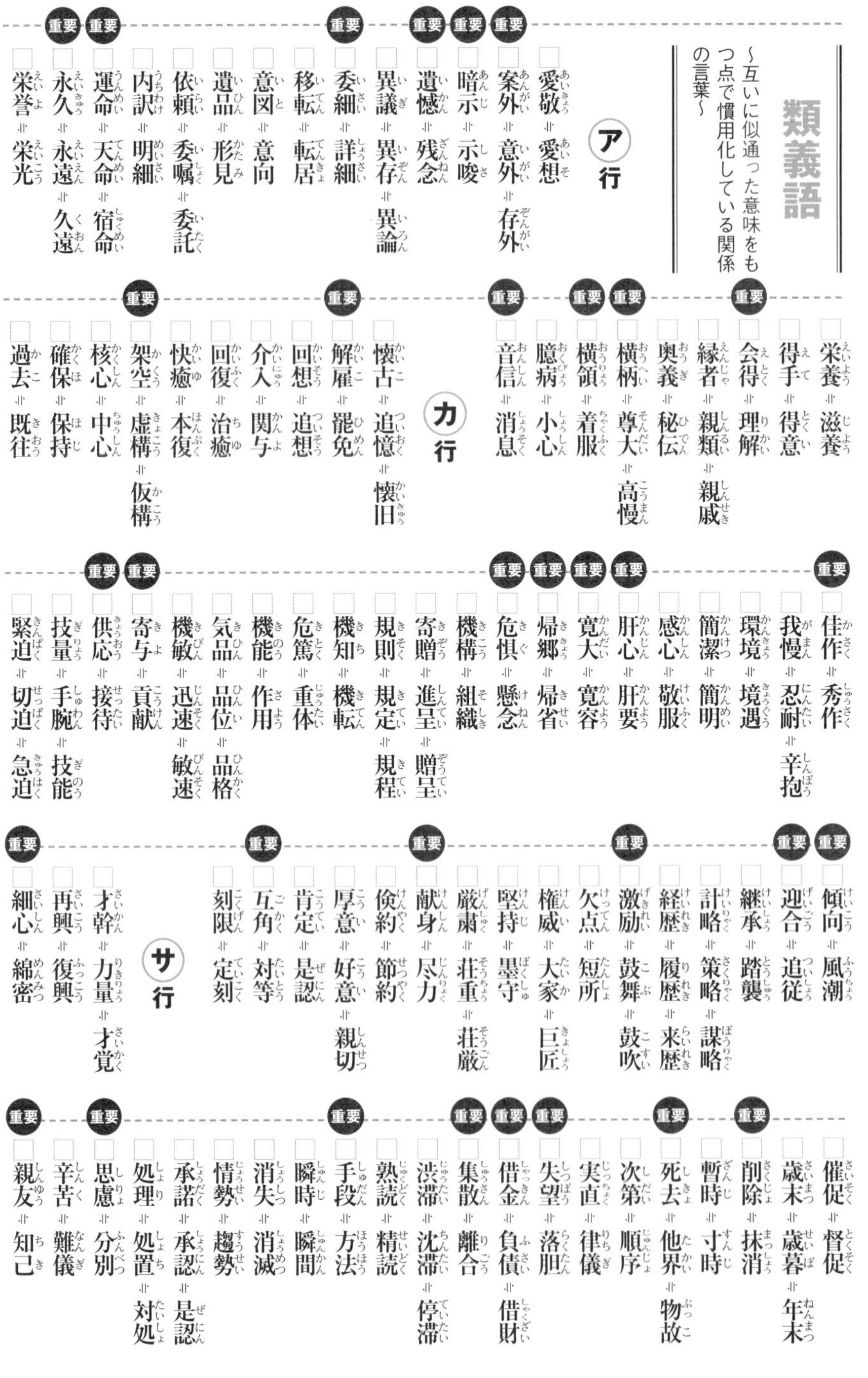

類義語

〜互いに似通った意味をもつ点で慣用化している関係の言葉〜

ア行

- 愛敬（あいきょう）＝愛想（あいそ）
- 【重要】案外（あんがい）＝意外（いがい）＝存外（ぞんがい）
- 【重要】暗示（あんじ）＝示唆（しさ）
- 【重要】遺憾（いかん）＝残念（ざんねん）
- 異議（いぎ）＝異存（いぞん）＝異論（いろん）
- 【重要】委細（いさい）＝詳細（しょうさい）
- 移転（いてん）＝転居（てんきょ）
- 意図（いと）＝意向（いこう）
- 遺品（いひん）＝形見（かたみ）
- 依頼（いらい）＝委嘱（いしょく）＝委託（いたく）
- 内訳（うちわけ）＝明細（めいさい）
- 【重要】運命（うんめい）＝天命（てんめい）＝宿命（しゅくめい）
- 【重要】永久（えいきゅう）＝永遠（えいえん）＝久遠（くおん）
- 栄誉（えいよ）＝栄光（えいこう）
- 栄養（えいよう）＝滋養（じよう）
- 得手（えて）＝得意（とくい）
- 【重要】会得（えとく）＝理解（りかい）
- 縁者（えんじゃ）＝親類（しんるい）＝親戚（しんせき）
- 奥義（おうぎ）＝秘伝（ひでん）
- 【重要】横柄（おうへい）＝尊大（そんだい）＝高慢（こうまん）
- 【重要】横領（おうりょう）＝着服（ちゃくふく）
- 臆病（おくびょう）＝小心（しょうしん）
- 【重要】音信（おんしん）＝消息（しょうそく）

カ行

- 懐古（かいこ）＝追憶（ついおく）＝懐旧（かいきゅう）
- 【重要】解雇（かいこ）＝罷免（ひめん）
- 回想（かいそう）＝追想（ついそう）
- 介入（かいにゅう）＝関与（かんよ）
- 回復（かいふく）＝治癒（ちゆ）
- 快癒（かいゆ）＝本復（ほんぷく）
- 【重要】架空（かくう）＝虚構（きょこう）＝仮構（かこう）
- 核心（かくしん）＝中心（ちゅうしん）
- 確保（かくほ）＝保持（ほじ）
- 過去（かこ）＝既往（きおう）
- 【重要】佳作（かさく）＝秀作（しゅうさく）
- 我慢（がまん）＝忍耐（にんたい）＝辛抱（しんぼう）
- 環境（かんきょう）＝境遇（きょうぐう）
- 簡潔（かんけつ）＝簡明（かんめい）
- 感心（かんしん）＝敬服（けいふく）
- 【重要】肝心（かんじん）＝肝要（かんよう）
- 【重要】寛大（かんだい）＝寛容（かんよう）
- 【重要】帰郷（ききょう）＝帰省（きせい）
- 【重要】危惧（きぐ）＝懸念（けねん）
- 機構（きこう）＝組織（そしき）
- 寄贈（きぞう）＝進呈（しんてい）＝贈呈（ぞうてい）
- 規則（きそく）＝規定（きてい）＝規程（きてい）
- 機知（きち）＝機転（きてん）
- 危篤（きとく）＝重体（じゅうたい）
- 機能（きのう）＝作用（さよう）
- 気品（きひん）＝品位（ひんい）＝品格（ひんかく）
- 機敏（きびん）＝迅速（じんそく）＝敏速（びんそく）
- 【重要】寄与（きよ）＝貢献（こうけん）
- 【重要】供応（きょうおう）＝接待（せったい）
- 技量（ぎりょう）＝手腕（しゅわん）＝技能（ぎのう）
- 緊迫（きんぱく）＝切迫（せっぱく）＝急迫（きゅうはく）
- 【重要】傾向（けいこう）＝風潮（ふうちょう）
- 【重要】迎合（げいごう）＝追従（ついしょう）
- 継承（けいしょう）＝踏襲（とうしゅう）
- 計略（けいりゃく）＝策略（さくりゃく）＝謀略（ぼうりゃく）
- 経歴（けいれき）＝履歴（りれき）＝来歴（らいれき）
- 【重要】激励（げきれい）＝鼓舞（こぶ）＝鼓吹（こすい）
- 欠点（けってん）＝短所（たんしょ）
- 権威（けんい）＝大家（たいか）＝巨匠（きょしょう）
- 堅持（けんじ）＝墨守（ぼくしゅ）
- 厳粛（げんしゅく）＝荘重（そうちょう）＝荘厳（そうごん）
- 【重要】献身（けんしん）＝尽力（じんりょく）
- 倹約（けんやく）＝節約（せつやく）
- 厚意（こうい）＝好意（こうい）＝親切（しんせつ）
- 肯定（こうてい）＝是認（ぜにん）
- 【重要】互角（ごかく）＝対等（たいとう）
- 刻限（こくげん）＝定刻（ていこく）

サ行

- 才幹（さいかん）＝力量（りきりょう）＝才覚（さいかく）
- 再興（さいこう）＝復興（ふっこう）
- 【重要】細心（さいしん）＝綿密（めんみつ）
- 催促（さいそく）＝督促（とくそく）
- 歳末（さいまつ）＝歳暮（せいぼ）＝年末（ねんまつ）
- 【重要】削除（さくじょ）＝抹消（まっしょう）
- 暫時（ざんじ）＝寸時（すんじ）
- 【重要】死去（しきょ）＝他界（たかい）＝物故（ぶっこ）
- 次第（しだい）＝順序（じゅんじょ）
- 実直（じっちょく）＝律儀（りちぎ）
- 【重要】失望（しつぼう）＝落胆（らくたん）
- 【重要】借金（しゃっきん）＝負債（ふさい）＝借財（しゃくざい）
- 【重要】集散（しゅうさん）＝離合（りごう）
- 渋滞（じゅうたい）＝沈滞（ちんたい）＝停滞（ていたい）
- 熟読（じゅくどく）＝精読（せいどく）
- 【重要】手段（しゅだん）＝方法（ほうほう）
- 瞬時（しゅんじ）＝瞬間（しゅんかん）
- 消失（しょうしつ）＝消滅（しょうめつ）
- 情勢（じょうせい）＝趨勢（すうせい）
- 承諾（しょうだく）＝承認（しょうにん）＝是認（ぜにん）
- 処理（しょり）＝処置（しょち）＝対処（たいしょ）
- 【重要】思慮（しりょ）＝分別（ふんべつ）
- 辛苦（しんく）＝難儀（なんぎ）
- 【重要】親友（しんゆう）＝知己（ちき）

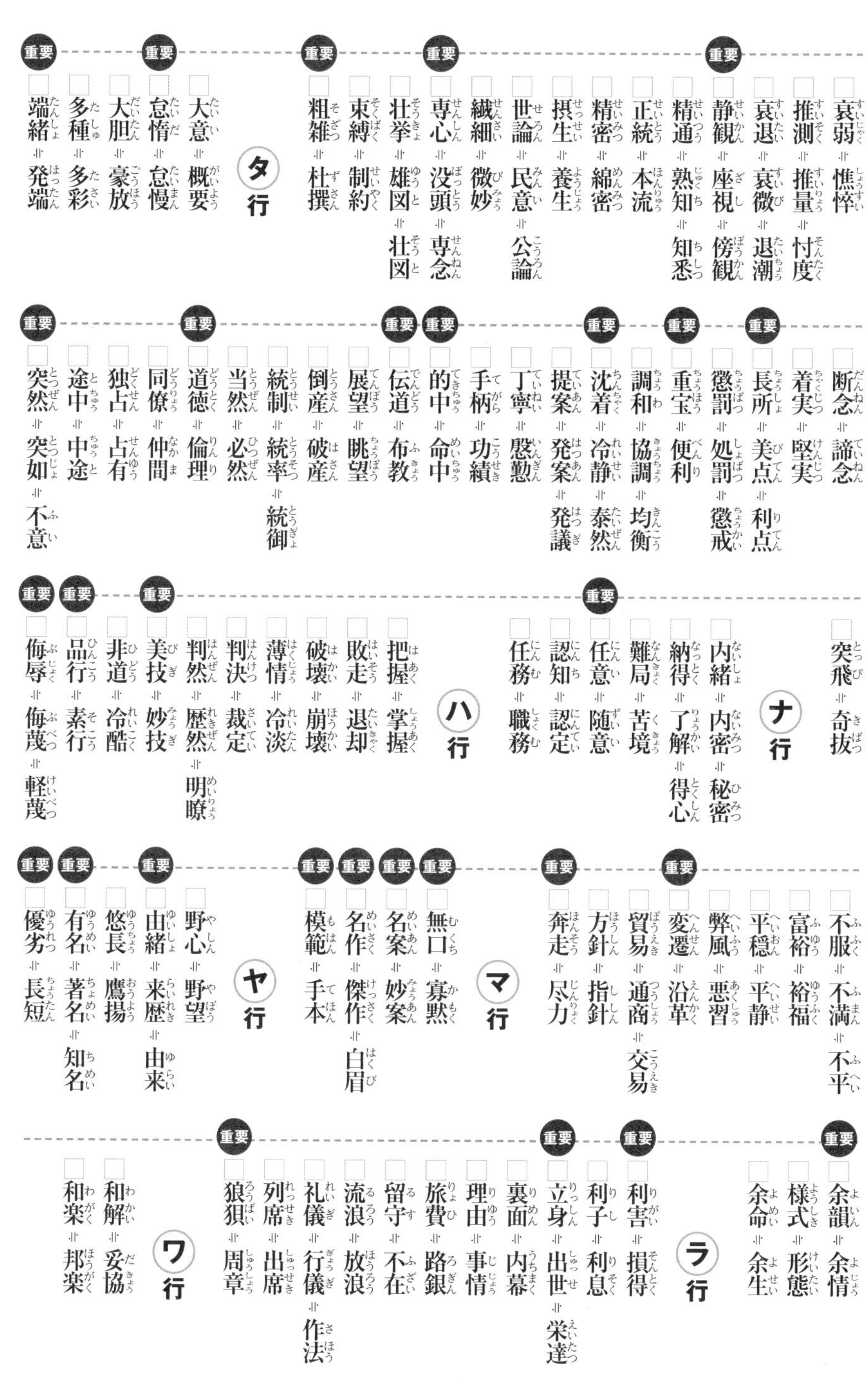

- □ 衰弱（すいじゃく）＝憔悴（しょうすい）
- □ 推測（すいそく）＝推量（すいりょう）＝忖度（そんたく）
- □ 衰退（すいたい）＝衰微（すいび）＝退潮（たいちょう）
- 重要 □ 静観（せいかん）＝座視（ざし）＝傍観（ぼうかん）
- □ 精通（せいつう）＝熟知（じゅくち）＝知悉（ちしつ）
- □ 正統（せいとう）＝本流（ほんりゅう）
- □ 精密（せいみつ）＝綿密（めんみつ）
- □ 摂生（せっせい）＝養生（ようじょう）
- □ 世論（せろん）＝民意（みんい）＝公論（こうろん）
- □ 繊細（せんさい）＝微妙（びみょう）
- 重要 □ 専心（せんしん）＝没頭（ぼっとう）＝専念（せんねん）
- □ 壮挙（そうきょ）＝雄図（ゆうと）＝壮図（そうと）
- □ 束縛（そくばく）＝制約（せいやく）
- 重要 □ 粗雑（そざつ）＝杜撰（ずさん）

タ行

- □ 大意（たいい）＝概要（がいよう）
- 重要 □ 怠惰（たいだ）＝怠慢（たいまん）
- □ 大胆（だいたん）＝豪放（ごうほう）
- □ 多種（たしゅ）＝多彩（たさい）
- 重要 □ 端緒（たんしょ）＝発端（ほったん）
- □ 断念（だんねん）＝諦念（ていねん）
- □ 着実（ちゃくじつ）＝堅実（けんじつ）
- 重要 □ 長所（ちょうしょ）＝美点（びてん）＝利点（りてん）
- □ 懲罰（ちょうばつ）＝処罰（しょばつ）＝懲戒（ちょうかい）
- 重要 □ 重宝（ちょうほう）＝便利（べんり）
- □ 調和（ちょうわ）＝協調（きょうちょう）＝均衡（きんこう）
- 重要 □ 沈着（ちんちゃく）＝冷静（れいせい）＝泰然（たいぜん）
- □ 提案（ていあん）＝発案（はつあん）＝発議（はつぎ）
- □ 丁寧（ていねい）＝慇懃（いんぎん）
- □ 手柄（てがら）＝功績（こうせき）
- 重要 □ 的中（てきちゅう）＝命中（めいちゅう）
- 重要 □ 伝道（でんどう）＝布教（ふきょう）
- □ 展望（てんぼう）＝眺望（ちょうぼう）
- □ 倒産（とうさん）＝破産（はさん）
- □ 統制（とうせい）＝統率（とうそつ）＝統御（とうぎょ）
- □ 当然（とうぜん）＝必然（ひつぜん）
- 重要 □ 道徳（どうとく）＝倫理（りんり）
- □ 同僚（どうりょう）＝仲間（なかま）
- □ 独占（どくせん）＝占有（せんゆう）
- □ 途中（とちゅう）＝中途（ちゅうと）
- 重要 □ 突然（とつぜん）＝突如（とつじょ）＝不意（ふい）
- □ 突飛（とっぴ）＝奇抜（きばつ）

ナ行

- □ 内緒（ないしょ）＝内密（ないみつ）＝秘密（ひみつ）
- □ 納得（なっとく）＝了解（りょうかい）＝得心（とくしん）
- □ 難局（なんきょく）＝苦境（くきょう）
- 重要 □ 任意（にんい）＝随意（ずいい）
- □ 認知（にんち）＝認定（にんてい）
- □ 任務（にんむ）＝職務（しょくむ）

ハ行

- □ 把握（はあく）＝掌握（しょうあく）
- □ 敗走（はいそう）＝退却（たいきゃく）
- □ 破壊（はかい）＝崩壊（ほうかい）
- □ 薄情（はくじょう）＝冷淡（れいたん）
- □ 判決（はんけつ）＝裁定（さいてい）
- □ 判然（はんぜん）＝歴然（れきぜん）＝明瞭（めいりょう）
- 重要 □ 美技（びぎ）＝妙技（みょうぎ）
- □ 非道（ひどう）＝冷酷（れいこく）
- 重要 □ 品行（ひんこう）＝素行（そこう）
- 重要 □ 侮辱（ぶじょく）＝侮蔑（ぶべつ）＝軽蔑（けいべつ）
- □ 不服（ふふく）＝不満（ふまん）＝不平（ふへい）
- □ 富裕（ふゆう）＝裕福（ゆうふく）
- □ 平穏（へいおん）＝平静（へいせい）
- □ 弊風（へいふう）＝悪習（あくしゅう）
- 重要 □ 変遷（へんせん）＝沿革（えんかく）
- □ 貿易（ぼうえき）＝通商（つうしょう）＝交易（こうえき）
- □ 方針（ほうしん）＝指針（ししん）
- 重要 □ 奔走（ほんそう）＝尽力（じんりょく）

マ行

- 重要 □ 無口（むくち）＝寡黙（かもく）
- 重要 □ 名案（めいあん）＝妙案（みょうあん）
- 重要 □ 名作（めいさく）＝傑作（けっさく）＝白眉（はくび）
- 重要 □ 模範（もはん）＝手本（てほん）

ヤ行

- □ 野心（やしん）＝野望（やぼう）
- 重要 □ 由緒（ゆいしょ）＝来歴（らいれき）＝由来（ゆらい）
- □ 悠長（ゆうちょう）＝鷹揚（おうよう）
- 重要 □ 有名（ゆうめい）＝著名（ちょめい）＝知名（ちめい）
- 重要 □ 優劣（ゆうれつ）＝長短（ちょうたん）
- 重要 □ 余韻（よいん）＝余情（よじょう）
- □ 様式（ようしき）＝形態（けいたい）
- □ 余命（よめい）＝余生（よせい）

ラ行

- 重要 □ 利害（りがい）＝損得（そんとく）
- □ 利子（りし）＝利息（りそく）
- 重要 □ 立身（りっしん）＝出世（しゅっせ）＝栄達（えいたつ）
- □ 裏面（りめん）＝内幕（うちまく）
- □ 理由（りゆう）＝事情（じじょう）
- □ 旅費（りょひ）＝路銀（ろぎん）
- □ 留守（るす）＝不在（ふざい）
- □ 流浪（るろう）＝放浪（ほうろう）
- □ 礼儀（れいぎ）＝行儀（ぎょうぎ）＝作法（さほう）
- □ 列席（れっせき）＝出席（しゅっせき）
- 重要 □ 狼狽（ろうばい）＝周章（しゅうしょう）

ワ行

- □ 和解（わかい）＝妥協（だきょう）
- □ 和楽（わがく）＝邦楽（ほうがく）

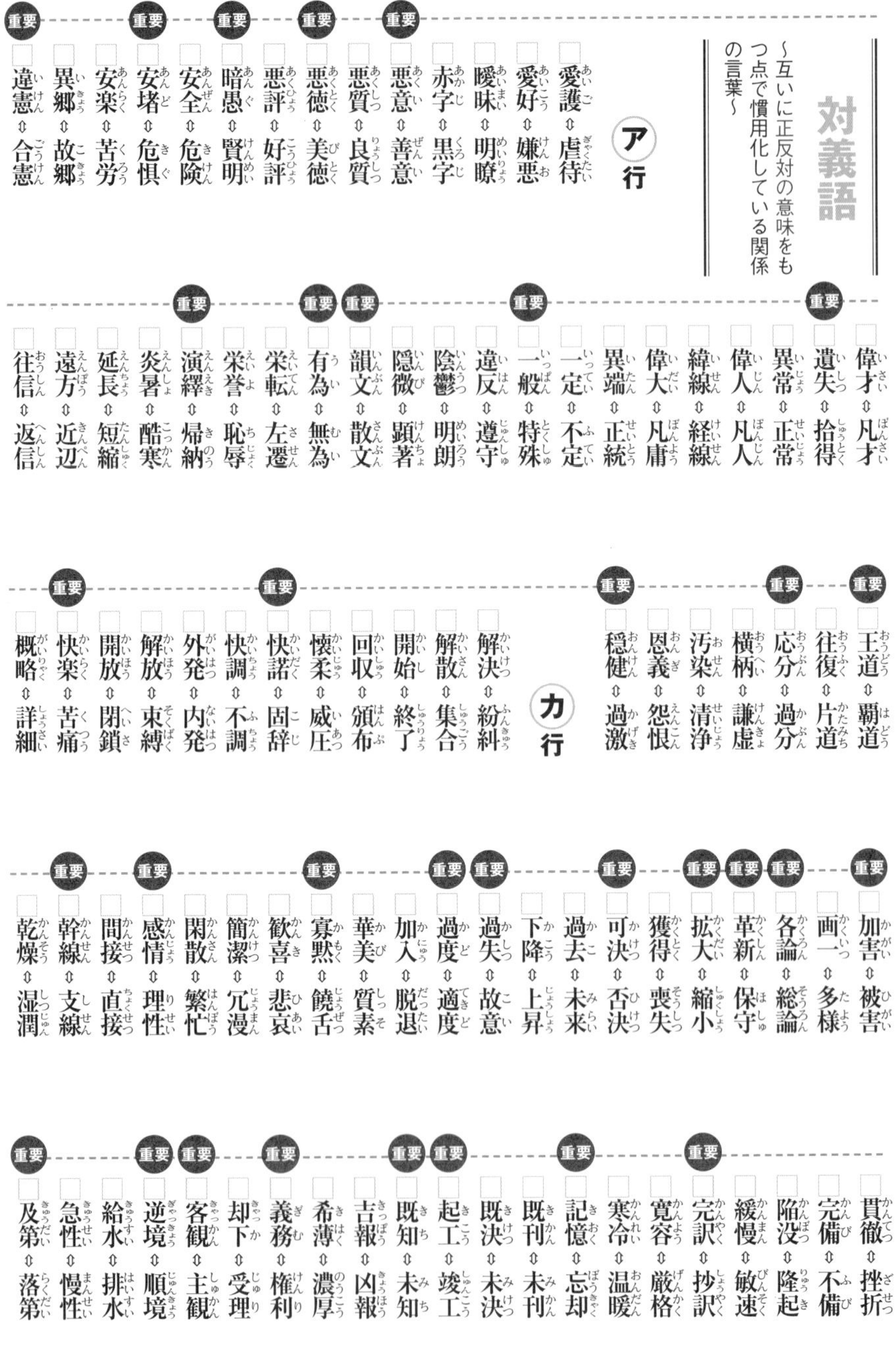

対義語

～互いに正反対の意味をもつ点で慣用化している関係の言葉～

ア行

- 愛護（あいご）⇔虐待（ぎゃくたい）
- 愛好（あいこう）⇔嫌悪（けんお）
- 曖昧（あいまい）⇔明瞭（めいりょう）
- 赤字（あかじ）⇔黒字（くろじ）
- 重要 悪意（あくい）⇔善意（ぜんい）
- 悪質（あくしつ）⇔良質（りょうしつ）
- 重要 悪徳（あくとく）⇔美徳（びとく）
- 悪評（あくひょう）⇔好評（こうひょう）
- 重要 暗愚（あんぐ）⇔賢明（けんめい）
- 安全（あんぜん）⇔危険（きけん）
- 重要 安堵（あんど）⇔危惧（きぐ）
- 安楽（あんらく）⇔苦労（くろう）
- 異郷（いきょう）⇔故郷（こきょう）
- 重要 違憲（いけん）⇔合憲（ごうけん）
- 偉才（いさい）⇔凡才（ぼんさい）
- 重要 遺失（いしつ）⇔拾得（しゅうとく）
- 異常（いじょう）⇔正常（せいじょう）
- 偉人（いじん）⇔凡人（ぼんじん）
- 緯線（いせん）⇔経線（けいせん）
- 偉大（いだい）⇔凡庸（ぼんよう）
- 異端（いたん）⇔正統（せいとう）
- 一定（いってい）⇔不定（ふてい）
- 重要 一般（いっぱん）⇔特殊（とくしゅ）
- 違反（いはん）⇔遵守（じゅんしゅ）
- 陰鬱（いんうつ）⇔明朗（めいろう）
- 隠微（いんび）⇔顕著（けんちょ）
- 重要 韻文（いんぶん）⇔散文（さんぶん）
- 重要 有為（うい）⇔無為（むい）
- 栄転（えいてん）⇔左遷（させん）
- 栄誉（えいよ）⇔恥辱（ちじょく）
- 重要 演繹（えんえき）⇔帰納（きのう）
- 炎暑（えんしょ）⇔酷寒（こっかん）
- 延長（えんちょう）⇔短縮（たんしゅく）
- 遠方（えんぽう）⇔近辺（きんぺん）
- 往信（おうしん）⇔返信（へんしん）
- 重要 王道（おうどう）⇔覇道（はどう）
- 往復（おうふく）⇔片道（かたみち）
- 重要 応分（おうぶん）⇔過分（かぶん）
- 横柄（おうへい）⇔謙虚（けんきょ）
- 汚染（おせん）⇔清浄（せいじょう）
- 恩義（おんぎ）⇔怨恨（えんこん）
- 重要 穏健（おんけん）⇔過激（かげき）

カ行

- 解決（かいけつ）⇔紛糾（ふんきゅう）
- 解散（かいさん）⇔集合（しゅうごう）
- 開始（かいし）⇔終了（しゅうりょう）
- 回収（かいしゅう）⇔頒布（はんぷ）
- 懐柔（かいじゅう）⇔威圧（いあつ）
- 重要 快諾（かいだく）⇔固辞（こじ）
- 快調（かいちょう）⇔不調（ふちょう）
- 外発（がいはつ）⇔内発（ないはつ）
- 解放（かいほう）⇔束縛（そくばく）
- 開放（かいほう）⇔閉鎖（へいさ）
- 重要 快楽（かいらく）⇔苦痛（くつう）
- 概略（がいりゃく）⇔詳細（しょうさい）
- 重要 加害（かがい）⇔被害（ひがい）
- 画一（かくいつ）⇔多様（たよう）
- 重要 各論（かくろん）⇔総論（そうろん）
- 重要 革新（かくしん）⇔保守（ほしゅ）
- 重要 拡大（かくだい）⇔縮小（しゅくしょう）
- 獲得（かくとく）⇔喪失（そうしつ）
- 重要 可決（かけつ）⇔否決（ひけつ）
- 過去（かこ）⇔未来（みらい）
- 下降（かこう）⇔上昇（じょうしょう）
- 重要 過失（かしつ）⇔故意（こい）
- 重要 過度（かど）⇔適度（てきど）
- 加入（かにゅう）⇔脱退（だったい）
- 華美（かび）⇔質素（しっそ）
- 寡黙（かもく）⇔饒舌（じょうぜつ）
- 重要 歓喜（かんき）⇔悲哀（ひあい）
- 簡潔（かんけつ）⇔冗漫（じょうまん）
- 閑散（かんさん）⇔繁忙（はんぼう）
- 重要 感情（かんじょう）⇔理性（りせい）
- 間接（かんせつ）⇔直接（ちょくせつ）
- 重要 幹線（かんせん）⇔支線（しせん）
- 乾燥（かんそう）⇔湿潤（しつじゅん）
- 貫徹（かんてつ）⇔挫折（ざせつ）
- 完備（かんび）⇔不備（ふび）
- 陥没（かんぼつ）⇔隆起（りゅうき）
- 緩慢（かんまん）⇔敏速（びんそく）
- 重要 完訳（かんやく）⇔抄訳（しょうやく）
- 寛容（かんよう）⇔厳格（げんかく）
- 寒冷（かんれい）⇔温暖（おんだん）
- 重要 記憶（きおく）⇔忘却（ぼうきゃく）
- 既刊（きかん）⇔未刊（みかん）
- 既決（きけつ）⇔未決（みけつ）
- 重要 起工（きこう）⇔竣工（しゅんこう）
- 重要 既知（きち）⇔未知（みち）
- 吉報（きっぽう）⇔凶報（きょうほう）
- 希薄（きはく）⇔濃厚（のうこう）
- 重要 義務（ぎむ）⇔権利（けんり）
- 却下（きゃっか）⇔受理（じゅり）
- 重要 客観（きゃっかん）⇔主観（しゅかん）
- 重要 逆境（ぎゃっきょう）⇔順境（じゅんきょう）
- 給水（きゅうすい）⇔排水（はいすい）
- 急性（きゅうせい）⇔慢性（まんせい）
- 重要 及第（きゅうだい）⇔落第（らくだい）

- □ 仰角（ぎょうかく）⇔俯角（ふかく）
- 重要 □ 狭義（きょうぎ）⇔広義（こうぎ）
- 重要 □ 供給（きょうきゅう）⇔需要（じゅよう）
- □ 凝固（ぎょうこ）⇔融解（ゆうかい）
- □ 強硬（きょうこう）⇔軟弱（なんじゃく）
- □ 協調（きょうちょう）⇔排他（はいた）
- □ 許可（きょか）⇔禁止（きんし）
- □ 虚偽（きょぎ）⇔真実（しんじつ）
- 重要 □ 拒絶（きょぜつ）⇔承諾（しょうだく）
- 重要 □ 緊張（きんちょう）⇔弛緩（しかん）
- 重要 □ 勤勉（きんべん）⇔怠惰（たいだ）
- □ 空虚（くうきょ）⇔充実（じゅうじつ）
- 重要 □ 偶然（ぐうぜん）⇔必然（ひつぜん）
- 重要 □ 具体（ぐたい）⇔抽象（ちゅうしょう）
- □ 軽視（けいし）⇔重視（じゅうし）
- 重要 □ 形式（けいしき）⇔内容（ないよう）
- 重要 □ 敬称（けいしょう）⇔謙称（けんしょう）
- □ 軽率（けいそつ）⇔慎重（しんちょう）
- □ 軽薄（けいはく）⇔重厚（じゅうこう）
- □ 軽微（けいび）⇔甚大（じんだい）
- □ 軽侮（けいぶ）⇔崇拝（すうはい）

- □ 軽蔑（けいべつ）⇔尊敬（そんけい）
- □ 決定（けってい）⇔未定（みてい）
- □ 欠点（けってん）⇔美点（びてん）
- □ 欠乏（けつぼう）⇔豊富（ほうふ）
- 重要 □ 決裂（けつれつ）⇔妥結（だけつ）
- 重要 □ 下落（げらく）⇔騰貴（とうき）
- 重要 □ 原因（げんいん）⇔結果（けっか）
- □ 健康（けんこう）⇔病気（びょうき）
- □ 原告（げんこく）⇔被告（ひこく）
- 重要 □ 顕在（けんざい）⇔潜在（せんざい）
- 重要 □ 現実（げんじつ）⇔理想（りそう）
- □ 減少（げんしょう）⇔増加（ぞうか）
- 重要 □ 建設（けんせつ）⇔破壊（はかい）
- □ 原則（げんそく）⇔例外（れいがい）
- □ 倹約（けんやく）⇔浪費（ろうひ）
- □ 原理（げんり）⇔応用（おうよう）
- □ 幸運（こううん）⇔不運（ふうん）
- 重要 □ 高価（こうか）⇔廉価（れんか）
- □ 公海（こうかい）⇔領海（りょうかい）
- 重要 □ 好況（こうきょう）⇔不況（ふきょう）
- 重要 □ 攻撃（こうげき）⇔防御（ぼうぎょ）

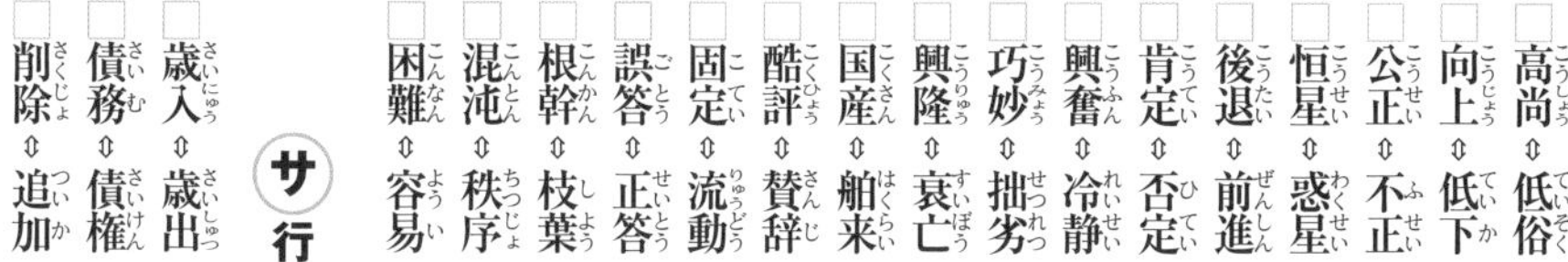

- 重要 □ 高尚（こうしょう）⇔低俗（ていぞく）
- □ 向上（こうじょう）⇔低下（ていか）
- □ 公正（こうせい）⇔不正（ふせい）
- 重要 □ 恒星（こうせい）⇔惑星（わくせい）
- □ 後退（こうたい）⇔前進（ぜんしん）
- 重要 □ 肯定（こうてい）⇔否定（ひてい）
- □ 興奮（こうふん）⇔冷静（れいせい）
- 重要 □ 巧妙（こうみょう）⇔拙劣（せつれつ）
- □ 興隆（こうりゅう）⇔衰亡（すいぼう）
- □ 国産（こくさん）⇔舶来（はくらい）
- □ 酷評（こくひょう）⇔賛辞（さんじ）
- □ 固定（こてい）⇔流動（りゅうどう）
- 重要 □ 誤答（ごとう）⇔正答（せいとう）
- □ 根幹（こんかん）⇔枝葉（しよう）
- 重要 □ 混沌（こんとん）⇔秩序（ちつじょ）
- 重要 □ 困難（こんなん）⇔容易（ようい）

サ行

- 重要 □ 歳入（さいにゅう）⇔歳出（さいしゅつ）
- 重要 □ 債務（さいむ）⇔債権（さいけん）
- □ 削除（さくじょ）⇔追加（ついか）

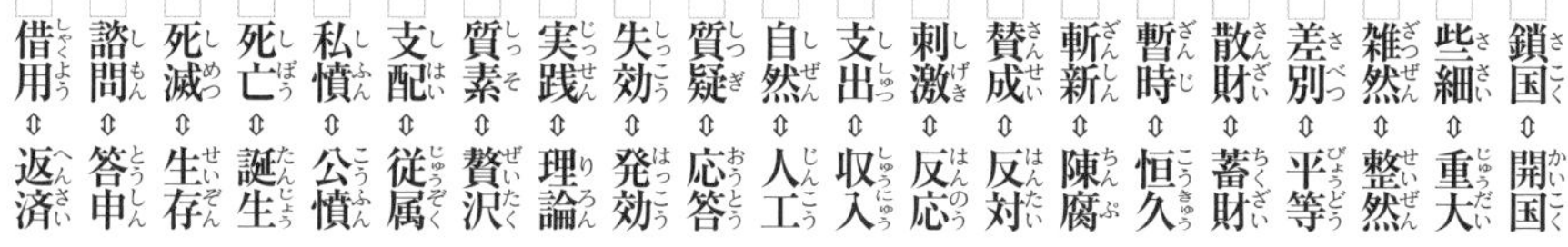

- □ 鎖国（さこく）⇔開国（かいこく）
- □ 些細（ささい）⇔重大（じゅうだい）
- □ 雑然（ざつぜん）⇔整然（せいぜん）
- □ 差別（さべつ）⇔平等（びょうどう）
- □ 散財（さんざい）⇔蓄財（ちくざい）
- □ 暫時（ざんじ）⇔恒久（こうきゅう）
- 重要 □ 斬新（ざんしん）⇔陳腐（ちんぷ）
- □ 賛成（さんせい）⇔反対（はんたい）
- □ 刺激（しげき）⇔反応（はんのう）
- 重要 □ 支出（ししゅつ）⇔収入（しゅうにゅう）
- □ 自然（しぜん）⇔人工（じんこう）
- 重要 □ 質疑（しつぎ）⇔応答（おうとう）
- □ 失効（しっこう）⇔発効（はっこう）
- 重要 □ 実践（じっせん）⇔理論（りろん）
- □ 質素（しっそ）⇔贅沢（ぜいたく）
- □ 支配（しはい）⇔従属（じゅうぞく）
- 重要 □ 私憤（しふん）⇔公憤（こうふん）
- □ 死亡（しぼう）⇔誕生（たんじょう）
- □ 死滅（しめつ）⇔生存（せいぞん）
- 重要 □ 諮問（しもん）⇔答申（とうしん）
- □ 借用（しゃくよう）⇔返済（へんさい）

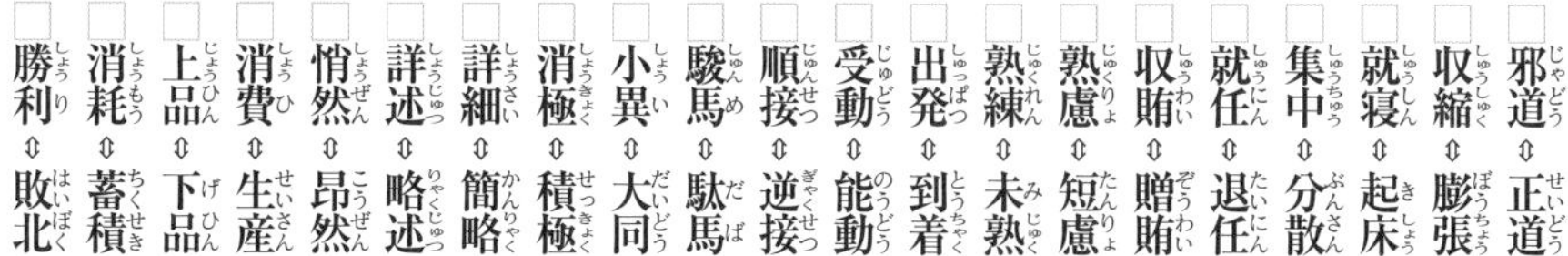

- 重要 □ 邪道（じゃどう）⇔正道（せいどう）
- □ 収縮（しゅうしゅく）⇔膨張（ぼうちょう）
- □ 就寝（しゅうしん）⇔起床（きしょう）
- □ 集中（しゅうちゅう）⇔分散（ぶんさん）
- 重要 □ 就任（しゅうにん）⇔退任（たいにん）
- 重要 □ 収賄（しゅうわい）⇔贈賄（ぞうわい）
- 重要 □ 熟慮（じゅくりょ）⇔短慮（たんりょ）
- □ 熟練（じゅくれん）⇔未熟（みじゅく）
- □ 出発（しゅっぱつ）⇔到着（とうちゃく）
- 重要 □ 受動（じゅどう）⇔能動（のうどう）
- 重要 □ 順接（じゅんせつ）⇔逆接（ぎゃくせつ）
- 重要 □ 駿馬（しゅんめ）⇔駄馬（だば）
- □ 小異（しょうい）⇔大同（だいどう）
- 重要 □ 消極（しょうきょく）⇔積極（せっきょく）
- □ 詳細（しょうさい）⇔簡略（かんりゃく）
- □ 詳述（しょうじゅつ）⇔略述（りゃくじゅつ）
- □ 悄然（しょうぜん）⇔昂然（こうぜん）
- 重要 □ 消費（しょうひ）⇔生産（せいさん）
- □ 上品（じょうひん）⇔下品（げひん）
- □ 消耗（しょうもう）⇔蓄積（ちくせき）
- 重要 □ 勝利（しょうり）⇔敗北（はいぼく）

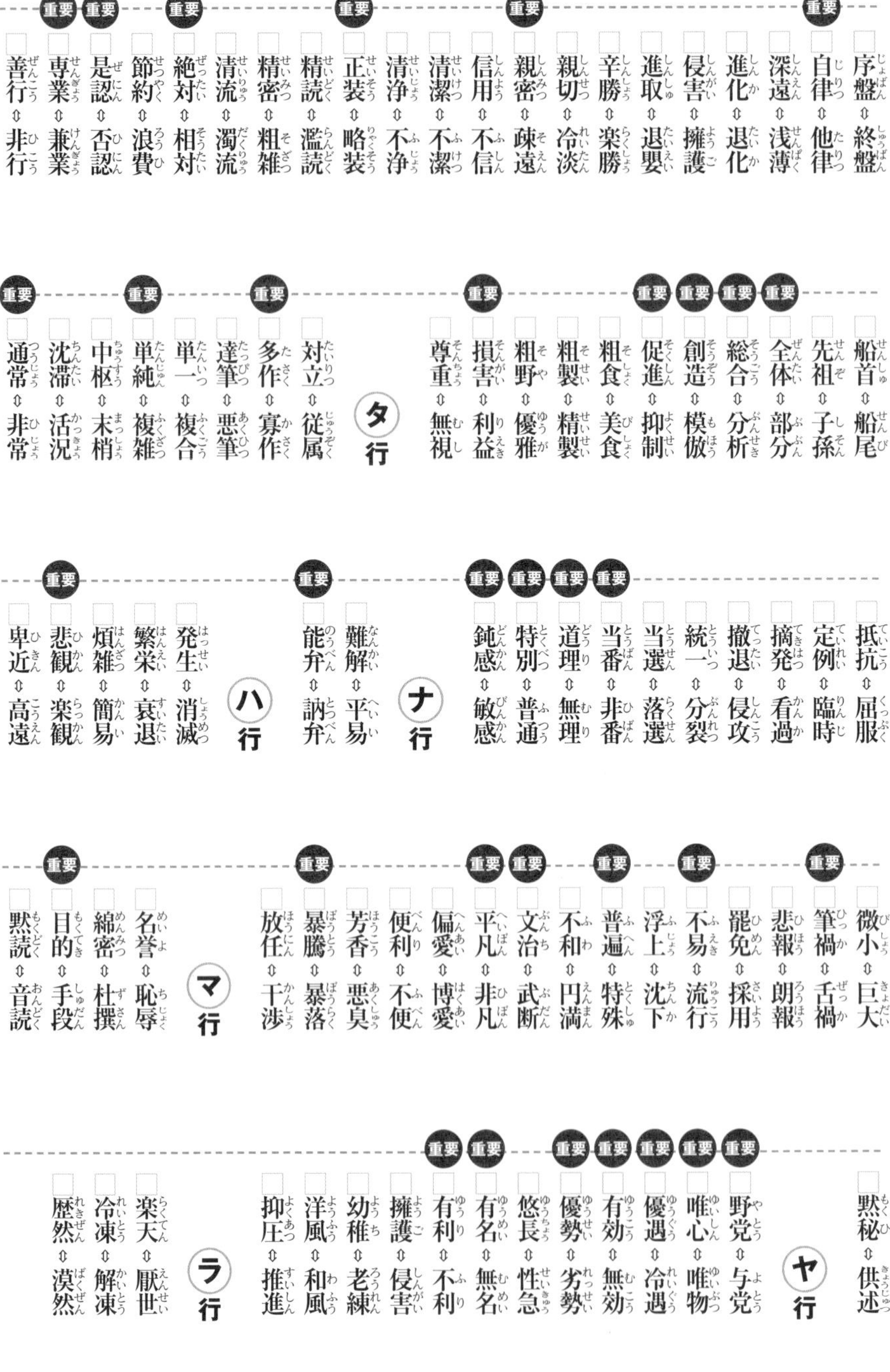

- 序盤(じょばん) ⇔ 終盤(しゅうばん)
- 重要 自律(じりつ) ⇔ 他律(たりつ)
- 深遠(しんえん) ⇔ 浅薄(せんぱく)
- 進化(しんか) ⇔ 退化(たいか)
- 侵害(しんがい) ⇔ 擁護(ようご)
- 進取(しんしゅ) ⇔ 退嬰(たいえい)
- 辛勝(しんしょう) ⇔ 楽勝(らくしょう)
- 親切(しんせつ) ⇔ 冷淡(れいたん)
- 重要 親密(しんみつ) ⇔ 疎遠(そえん)
- 信用(しんよう) ⇔ 不信(ふしん)
- 清潔(せいけつ) ⇔ 不潔(ふけつ)
- 清浄(せいじょう) ⇔ 不浄(ふじょう)
- 重要 正装(せいそう) ⇔ 略装(りゃくそう)
- 精読(せいどく) ⇔ 濫読(らんどく)
- 精密(せいみつ) ⇔ 粗雑(そざつ)
- 清流(せいりゅう) ⇔ 濁流(だくりゅう)
- 重要 絶対(ぜったい) ⇔ 相対(そうたい)
- 節約(せつやく) ⇔ 浪費(ろうひ)
- 重要 是認(ぜにん) ⇔ 否認(ひにん)
- 重要 専業(せんぎょう) ⇔ 兼業(けんぎょう)
- 善行(ぜんこう) ⇔ 非行(ひこう)
- 船首(せんしゅ) ⇔ 船尾(せんび)
- 先祖(せんぞ) ⇔ 子孫(しそん)
- 重要 全体(ぜんたい) ⇔ 部分(ぶぶん)
- 重要 総合(そうごう) ⇔ 分析(ぶんせき)
- 重要 創造(そうぞう) ⇔ 模倣(もほう)
- 重要 促進(そくしん) ⇔ 抑制(よくせい)
- 粗食(そしょく) ⇔ 美食(びしょく)
- 粗製(そせい) ⇔ 精製(せいせい)
- 粗野(そや) ⇔ 優雅(ゆうが)
- 重要 損害(そんがい) ⇔ 利益(りえき)
- 尊重(そんちょう) ⇔ 無視(むし)

タ行

- 対立(たいりつ) ⇔ 従属(じゅうぞく)
- 重要 多作(たさく) ⇔ 寡作(かさく)
- 達筆(たっぴつ) ⇔ 悪筆(あくひつ)
- 単一(たんいつ) ⇔ 複合(ふくごう)
- 重要 単純(たんじゅん) ⇔ 複雑(ふくざつ)
- 中枢(ちゅうすう) ⇔ 末梢(まっしょう)
- 沈滞(ちんたい) ⇔ 活況(かっきょう)
- 重要 通常(つうじょう) ⇔ 非常(ひじょう)
- 抵抗(ていこう) ⇔ 屈服(くっぷく)
- 定例(ていれい) ⇔ 臨時(りんじ)
- 摘発(てきはつ) ⇔ 看過(かんか)
- 撤退(てったい) ⇔ 侵攻(しんこう)
- 統一(とういつ) ⇔ 分裂(ぶんれつ)
- 当選(とうせん) ⇔ 落選(らくせん)
- 重要 当番(とうばん) ⇔ 非番(ひばん)
- 重要 道理(どうり) ⇔ 無理(むり)
- 重要 特別(とくべつ) ⇔ 普通(ふつう)
- 重要 鈍感(どんかん) ⇔ 敏感(びんかん)

ナ行

- 難解(なんかい) ⇔ 平易(へいい)
- 重要 能弁(のうべん) ⇔ 訥弁(とつべん)

ハ行

- 発生(はっせい) ⇔ 消滅(しょうめつ)
- 繁栄(はんえい) ⇔ 衰退(すいたい)
- 煩雑(はんざつ) ⇔ 簡易(かんい)
- 重要 悲観(ひかん) ⇔ 楽観(らっかん)
- 卑近(ひきん) ⇔ 高遠(こうえん)
- 微小(びしょう) ⇔ 巨大(きょだい)
- 重要 筆禍(ひっか) ⇔ 舌禍(ぜっか)
- 悲報(ひほう) ⇔ 朗報(ろうほう)
- 罷免(ひめん) ⇔ 採用(さいよう)
- 重要 不易(ふえき) ⇔ 流行(りゅうこう)
- 浮上(ふじょう) ⇔ 沈下(ちんか)
- 重要 普遍(ふへん) ⇔ 特殊(とくしゅ)
- 不和(ふわ) ⇔ 円満(えんまん)
- 重要 文治(ぶんち) ⇔ 武断(ぶだん)
- 重要 平凡(へいぼん) ⇔ 非凡(ひぼん)
- 偏愛(へんあい) ⇔ 博愛(はくあい)
- 便利(べんり) ⇔ 不便(ふべん)
- 芳香(ほうこう) ⇔ 悪臭(あくしゅう)
- 重要 暴騰(ぼうとう) ⇔ 暴落(ぼうらく)
- 放任(ほうにん) ⇔ 干渉(かんしょう)

マ行

- 名誉(めいよ) ⇔ 恥辱(ちじょく)
- 綿密(めんみつ) ⇔ 杜撰(ずさん)
- 重要 目的(もくてき) ⇔ 手段(しゅだん)
- 黙読(もくどく) ⇔ 音読(おんどく)
- 黙秘(もくひ) ⇔ 供述(きょうじゅつ)

ヤ行

- 重要 野党(やとう) ⇔ 与党(よとう)
- 重要 唯心(ゆいしん) ⇔ 唯物(ゆいぶつ)
- 重要 優遇(ゆうぐう) ⇔ 冷遇(れいぐう)
- 重要 有効(ゆうこう) ⇔ 無効(むこう)
- 重要 優勢(ゆうせい) ⇔ 劣勢(れっせい)
- 悠長(ゆうちょう) ⇔ 性急(せいきゅう)
- 重要 有名(ゆうめい) ⇔ 無名(むめい)
- 重要 有利(ゆうり) ⇔ 不利(ふり)
- 擁護(ようご) ⇔ 侵害(しんがい)
- 幼稚(ようち) ⇔ 老練(ろうれん)
- 洋風(ようふう) ⇔ 和風(わふう)
- 抑圧(よくあつ) ⇔ 推進(すいしん)

ラ行

- 楽天(らくてん) ⇔ 厭世(えんせい)
- 冷凍(れいとう) ⇔ 解凍(かいとう)
- 歴然(れきぜん) ⇔ 漠然(ばくぜん)

慣用句

～特別な意味をもった譬えとして使われたフレーズが慣用化したもの～

- □開いた口がふさがらない→驚きあきれた様子。
- □相づちを打つ→相手の話に調子を合わせて受け答えすること。
- □青くなる→驚いたりこわがったり心配したりして顔色が悪くなること。
- □青筋を立てる→興奮したり激怒したりする様子。
- 重要 □青菜に塩→元気がなくしょげること。
- □赤の他人→まったく無関係な人。
- 重要 □アキレスのかかと→強者が持っている唯一の弱点。致命傷になる弱点。
- 重要 □あくが強い→性格やものの考え方にきつい感じがある。
- □あげ足を取る→相手の失言をとらえて攻撃すること。
- 重要 □挙句の果て→物事のいちばん終わりのこと。
- □あごが外れる→大笑いする様子。
- 重要 □あごで使う→偉そうな態度で人に命令すること。
- □あごを出す→疲れ果てること。
- □朝飯前→短時間で簡単にできること。
- □足が重い→気が進まない様子。
- 重要 □足がつく→悪事が露見するきっかけになること。
- 重要 □足が出る→予算を超えて赤字になること。
- 重要 □足がはやい→売れ行きがよいこと。また、食べ物が腐りやすいこと。
- □足が棒になる→足が疲れきること。
- □足並みをそろえる→みながそろった考えや行動をとること。
- □足もとから鳥が立つ→身近で意外なことが突然起こること。
- □足もとに火がつく→危険が身に迫ること。
- □足もとへも寄れない→相手が非常に優れていて、とても及ばないこと。
- 重要 □足もとを見る→弱みにつけ込むこと。
- □足を洗う→好ましくない環境から抜け出すこと。
- 重要 □足を奪われる→交通の手段がなくなること。
- □味をしめる→一度うまくいったことを何度も期待すること。
- □足をすくわれる→すきにつけ込まれること。
- □足をのばす→くつろぐこと、また、予定よりも遠くへ行くこと。
- □足を運ぶ→わざわざ出かけて行くこと。

重要
□足を引っ張る→仲間の行動や成功の邪魔になること。

重要
□足を向けて寝られない→恩人への感謝の気持ちを表す言葉。

□頭が痛い→どうしようかと、あれこれ心配すること。

□頭が固い→融通がきかず頑固なこと。

□頭が下がる→敬服するほどであること。

□頭が低い→他人に対しへりくだる様子。

□頭から水を浴びたよう→突然の出来事にぞっとすること。

□頭に来る→かっとなること。

□頭につく→頭から離れない様子。

□頭の黒い鼠(ねずみ)→鼠のように、ちょこちょこ物をかすめとる人間のこと。

□頭を抱える→考え込む様子。

□頭をはねる→他人の利益をかすめ取ること。

重要
□頭を丸(まる)める→僧になること。

□後(あと)の祭り→間に合わず用をなさないこと。

□脂(あぶら)が乗る→仕事などがうまくいって、調子が出ること。

重要
□油を売る→むだ話で時間をつぶして怠(なま)けること。

重要
□油をしぼる→強くしかること。

□蟻(あり)のはい出るすきもない→警備が厳重なこと。

重要
□泡(あわ)を食(く)う→驚きあわてること。

重要
□塩梅(あんばい)をみる→物事の適当なころあいを見定めること。

い

重要
□生き馬の目を抜く→すばしっこくて油断のならない様子。

□息の根(ね)をとめる→完全に打ち負かすこと。

重要
□息を呑(の)む→思いがけないことに、はっとすること。

□痛手(いたで)を負(お)う→ひどい怪我(けが)をすること。

□板につく→職業や任務などがその人の適性によく合っていること。

□一から十まで→何から何まで。

重要
□一日(いちじつ)の長(ちょう)→知識や技能が他の人より少しばかり優れていること。

□一姫(ひめ)二太郎→第一(だいいっ)子に女子、第二(だいに)子に男子の生まれるのが理想的だということ。

重要
□一目(いちもく)置く→相手が優れていることを認めること。

□意に介(かい)する→気にとめること。

□意にかなう→気に入ること。

□犬が西向きゃ尾は東→あまりにも当たり前のこと。

□犬死(いぬじ)に→なんの役にも立たない死に方。

- □**犬と猿（犬猿の仲）**→非常に仲の悪いこと。
- □**犬の遠吠え**→臆病者が陰でいばっている様子。
- 重要 □**犬も食わない**→まったく相手にされないこと。
- □**犬も朋輩鷹も朋輩**→地位や身分の差はあっても、同じ主人を持つ同僚であるということ。
- □**芋（の子）を洗う**→混み合って身動きのとれない様子。
- □**煎り豆に花が咲く**→起こり得ないことが起こること。
- 重要 □**色を失う**→思いがけないことに顔が青くなること。
- 重要 □**色をなす**→激怒のあまり顔色を変えること。

う

- 重要 □**うがち過ぎる**→必要以上に根掘り葉掘りして、かえって真相を見失うこと。
- □**浮かぶ瀬がない**→助かる機会のないこと、また、自分の立場がない様子。
- 重要 □**烏合の衆**→秩序も統一もない人々の集まり。
- 重要 □**雨後の竹の子**→同種のものが続々と出てくること。
- □**兎の角**→実際にはないこと。
- □**兎のふん**→物事がとぎれて続かないこと。
- □**牛の歩み**→進み具合の遅いことのたとえ。
- □**牛のよだれ**→単調に、だらだらと細く長く続くこと。
- 重要 □**後ろ髪を引かれる**→未練が残る様子。
- 重要 □**うつつを抜かす**→心を奪われて夢中になること。
- □**打つ手がない**→これ以上対処する方法が見当たらないこと。
- □**打って出る**→勢いよく前に進み出ること。
- □**腕が上がる**→技術が向上すること。
- □**腕が立つ**→技芸や武道に優れていること。
- □**腕が鳴る**→自分の腕前を発揮したくて、うずうずする様子。
- □**腕に覚えがある**→自分の腕前に自信があること。
- □**腕によりをかける**→自分の腕前を十分に見せようと意気込む様子。
- □**腕を振るう**→自分の能力や技量を十分に発揮すること。
- 重要 □**うどの大木**→大きいばかりで役に立たないもののこと。
- 重要 □**うなぎの寝床**→間口（家屋などの正面の幅）が狭くて細長い場所のこと。
- □**うなぎのぼり**→価格や温度などがとどまることなく勢いよく一気に上がってゆく様子。
- □**鵜呑みにする**→人の言ったことをよく考えないで、そのとおりに受け入れてしまうこと。
- □**鵜の目鷹の目**→人が熱心に物を探すときの鋭い目つきのこと。
- 重要 □**馬が合う**→気が合うこと。

馬と猿↓仲のよいこと。

馬の背を分ける↓夕立などがごく一部の地域だけで降ること。

海のものとも山のものともつかぬ↓この先どうなってゆくのかまったく見当がつかないこと。

有無相通ずる↓一方にあって他方に無いものを融通して補い合うこと。

有無を言わせず↓いやおうなしに。

重要 烏有に帰す↓すっかりなくなってしまうこと。

裏をかく↓予想に反した行動に出て、相手を出し抜くこと。

重要 瓜二つ↓似ていてそっくりなこと。

上の空↓他に気がかりなことがあって、そのことに気持ちを集中できない様子。

重要 雲泥の差↓はなはだしい違いのあること。

え

悦に入る↓物事がうまくいって一人でひそかに喜ぶこと。

重要 えりを正す↓姿勢を正して、心を引き締めること。

お

大船に乗った気持ち↓まったく不安もなく安心していられること。

奥歯に物がはさまったよう↓はっきりものを言わない様子。

送り狼↓表面上は好意的に振る舞いながら、送っていく途中で害を加えようとする輩のこと。

お茶の子さいさい↓簡単にできてしまうこと。

重要 お茶をにごす↓いい加減なことを言って、その場逃れをすること。

落ちを取る↓よい評判を得ること。

尾ひれを付ける↓勝手にいろいろ付け加えて話を大きくすること。

重要 思う壺↓思ったとおりのこと。

折り紙をつける↓保証すること。

尾を引く↓物事の終わった後々にまで影響が残ること。

重要 音頭をとる↓先に立って人々を引っぱってゆくこと。

か

蛙の行列↓後先を考えず行動する様子。また、そのような人々の集まり。

蛙の頰かぶり↓目先の判断のきかない様子。

重要 蛙の目借りどき↓春先の眠い時期のこと。

顔色を見る↓相手の気持ちを推測しようとして表情を探ること。

重要 顔が売れる↓有名になること。

顔がきく↓知名度の高さから特別な扱いを受けること。

- □**顔が立つ**→世間への面目が保てること。
- □**顔が広い**→世間に知り合いが多いこと。
- 重要 □**顔から火が出る**→たいへん恥ずかしい思いをすること。
- □**顔に泥を塗る**(ぬ)→面目をつぶすこと。
- □**顔を貸す**→頼まれて人に会ったり人前に出たりすること。
- 重要 □**顔をつなぐ**→訪問などを通して知り合いの関係を保っておくこと。
- □**顔をつぶす**→名誉を傷つけ、面目を失わせること。
- □**影が薄い**→印象が薄いこと、また、元気のない様子。
- □**影を落とす**→影響を与えること。
- □**影をひそめる**→表面上、姿や気配が消えること。
- 重要 □**肩で風を切る**→威勢よく肩をそびやかして得意そうに歩く様子。
- □**肩の荷が下りる**→責任や負担を果たして緊張から解放されること。
- 重要 □**片棒**(かたぼう)**をかつぐ**→よくない仕事を一緒にすること。
- 重要 □**肩を入れる**→味方について後押(あとお)しすること。
- □**肩を落とす**→ひどく落胆する様子。
- □**肩を貸す**→援助をすること。
- □**肩をすぼめる**→弱気になって意気が上がらない様子。

- □**肩を並べる**→同程度の力や地位を持って互いに張り合う様子。
- □**肩を持つ**→一方の味方をすること。
- □**蚊の鳴くような声**→か細い声のこと。
- □**かぶとを脱ぐ**(ぬ)→降参すること。
- □**烏**(からす)**の足あと**→年長者の目尻(めじり)のしわのこと。
- □**烏の髪**→黒くてつやのある髪のこと。
- 重要 □**烏の行水**(ぎょうずい)→入浴時間がきわめて短いこと。
- □**烏の鳴かぬ日はあっても**→一日も欠かさず。
- □**空振り**(からぶ)**に終わる**→計画や行動がまったく無駄になってしまうこと。
- 重要 □**借りてきた猫**→普段より遠慮して大人(おとな)しくなっている様子。
- 重要 □**閑古鳥**(かんこどり)**が鳴く**→商売がはやらない様子。
- 重要 □**間然**(かんぜん)**するところがない**→あれこれ言われる欠点のないこと。
- □**眼中にない**→問題にもしないこと。
- 重要 □**間髪**(かんはつ)**を入れず**→間(ま)を置かずに行う様子。

き

- □**気が重い**→予定にあるものの、実行するのがおっくうなこと。
- □**気が進まない**→実行するのがおっくうなこと。

□気がとがめる→引け目を感じて遠慮すること。
□気が長い→のんびりしていること。
□気が抜ける→やる気が失せてしまうこと。
□気が乗らない→実行するのに積極的になれないこと。
□気が引ける→引け目を感じること。
□気が短い→せっかちな様子。
重要 □聞き耳を立てる→気持ちを集中して聞き取ろうとする様子。
□机上の空論→頭で考えた案であって、実際の役には立たないこと。
□着たきり雀→今着ているものだけで、他に着替えがないこと。
□狐と狸→人をだます曲者同士のこと。
□狐につままれる→意外な事が起こってわけもわからず、ぽかんとする様子。
□狐の嫁入り→日が射していながら雨の降っている様子。
重要 □木で鼻をくくる→冷淡な態度をとること。
□気に食わない→いやだと思うこと。
重要 □木に竹を接ぐ→釣り合わず、ちぐはぐなこと。
重要 □気の置けない→心をゆるし合い、打ち解けて接することができる様子。
重要 □気は心→ほんのささやかなことでも真心がこもっていれば、自分も相手も満足できるものだということ。

重要 □肝がすわる→動揺しないで落ち着いている様子。
□肝が太い→大胆でものに動じないこと。
重要 □肝に銘ずる→深く心にとめて、いつまでも忘れないこと。
□肝をつぶす→ひどく驚くこと。
□肝を冷やす→こわい思いにひやりとすること。
□脚光を浴びる→世間の注目を集めること。
□きりをつける→適当なところで区切りをつけること。

く

重要 □釘を刺す→誤りのないように念を押すこと。
□口裏を合わせる→あらかじめ言う内容を一致させておくこと。
□口が合う→言うことが一致すること。
□口があく→就職先などで空きができること。
□口がうまい→聞き手を喜ばすように話すのが上手なこと。
□口がおごる→美食に慣れてしまうこと。
重要 □口が重い→自分からあまりものを言わない様子。
□口がかかる→仕事などの依頼や誘いを受けること。
□口が堅い→秘密などを固く守る傾向の強いこと。

- □**口が軽い**→つい秘密などを話してしまうような傾向のあること。
- □**口が酸（す）っぱくなる**→同じことを繰り返し言うこと。
- □**口がすべる**→言ってはならないことを、うっかり言ってしまうこと。
- 重要 □**口が減らない**→負け惜しみが強く、口先では負けていない様子。
- □**口が曲がる**→恩を受けた人の悪口は決して言ってはいけないということ。
- □**口が悪い**→人が嫌がることを平気で言う様子。
- □**口車（くちぐるま）に乗る**→おだてに乗ってだまされること。
- □**口に合う**→飲食物がその人の好みの味であること。
- □**口にのぼる**→盛んに噂（うわさ）されること。
- □**口の下から**→話したそのすぐあとから。
- 重要 □**口の端（は）にのぼる**→人々の話題にのぼること。
- □**口は重宝（ちょうほう）**→口先だけなら無責任になんとでも言えるということ。
- □**口八丁（はっちょう）手八丁**→言うこともすることも達者である様子。
- □**口をかける**→前もって申し入れること。誘うこと。
- □**口をきく**→仲介の労を取ること。
- 重要 □**口を切る**→最初に発言すること。
- 重要 □**口をそろえる**→だれもが同じことを言う様子。

- □**口をつぐむ**→黙ってものを言わないこと。
- □**口をとがらせる**→不満や怒りの口つきで言うこと。
- □**口をぬぐう**→知っているのに知らないふりをすること。
- 重要 □**口を糊（のり）する**→ひどく貧しい暮らしをすること。
- 重要 □**口を挟（はさ）む**→人の話の途中に割り込んで何かを話すこと。
- □**口をへの字に曲げる**→思うようにいかないときの不満の口つきのこと。
- 重要 □**口を割る**→自分の罪や隠していたことを白状すること。
- 重要 □**愚（ぐ）の骨頂（こっちょう）**→この上なく愚かなこと。
- □**首が飛ぶ**→職を解雇（かいこ）されること。
- □**首が回らない**→経費のやりくりがつかないこと。
- 重要 □**くびすを接する**→人が大勢引き続いてやってくる様子。
- □**首をかしげる**→納得のいかない様子。
- □**首をすくめる**→恐れ入ったり困ったりしたときに思わず首をちぢめる様子。
- □**首を突っ込む**→自分から関係を持って、深入りすること。
- □**首を長くする**→待ち遠しくてならない様子。
- □**首をひねる**→考え込む様子。
- 重要 □**蜘蛛（くも）の子を散らす**→多くの人が八方に分散する様子。

- □ **軍配を上げる**→一方の勝ちを決めること。

け

- 重要 □ **下駄を預ける**→面倒なことの処理を相手に一任すること。
- □ **けりがつく**→決着がつくこと。
- □ **言語に絶する**→言葉で言い表すことができないほど、物事の程度がはなはだしいこと。
- □ **犬馬の労**→主人や他人のために自分を犠牲にして尽くすこと。

こ

- □ **鯉の滝登り**→立身出世すること。
- □ **心を洗う**→すがすがしい気持ちにすること。
- □ **心を砕く**→心配し、苦心すること。
- □ **腰が高い**→他人に横柄な態度をとる様子。
- □ **腰が低い**→他人にへりくだって謙虚に接すること。
- □ **腰を入れる**→本気になって取り組む様子。
- 重要 □ **腰を据える**→落ち着いて物事に取り組む様子。
- □ **腰を抜かす**→非常な驚きのあまり動けなくなること。
- 重要 □ **ご多分にもれず**→よくないことがこの場合にも例外ではない様子。
- □ **骨髄に徹する**→深く心の底までしみこむこと。
- 重要 □ **言葉尻をとらえる**→相手の言い間違えたところをあえて責めたてること。
- □ **言葉に余る**→とても言葉では言い尽くせないこと。
- 重要 □ **言葉を返す**→目上の人に口答えをすること。
- □ **言葉を尽くす**→可能な限りの言葉を使ってくわしく説明すること。
- □ **言葉を濁す**→はっきり言うことを避けて、あいまいに答えること。
- □ **五本の指に入る**→その存在が際立って優れていること。
- 重要 □ **小耳に挟む**→偶然にちらっと話の一部を聞くこと。

さ

- □ **細工は流々仕上げをご覧じろ**→途中での評価はさて置いて、仕上がった結果を見て欲しいということ。
- 重要 □ **さじを投げる**→あきらめて途中でやめてしまうこと。
- 重要 □ **鯖を読む**→自分の都合のいいように数をごまかすこと。
- □ **猿芝居**→知恵の足りない浅はかな企みのこと。
- □ **猿知恵**→利口なようでいて、実は間抜けな考えのこと。
- □ **猿真似**→他人のうわべだけを真似た間抜けな様子。

し

- □ **思案に余る**→いくら考えても、いい考えが浮かんでこないこと。
- 重要 □ **歯牙にもかけない**→まったく問題にしないこと。

- 重要 □**自家薬籠中（じかやくろうちゅう）の物**→自分の思うままになる人や物のこと。
- 重要 □**敷居（しきい）が高い**→引け目に感じるところがあって、その家には行きにくいこと。
- □**仕事の虫**→仕事に懸命に打ち込む人のこと。
- □**舌が長い**→おしゃべりなこと。
- □**舌が回る**→つかえず、よどみなく話す様子。
- 重要 □**自他ともに許す**→当人だけでなく、だれでもそうだと認めていること。
- 重要 □**舌の根の乾かぬうちに**→言い終わって間もないうちに、前後で異なることを平然と言う様子。
- □**舌を出す**→陰で人をあざけり笑うこと、また、恥ずかしさなどを照れてごまかす様子。
- □**舌を翻（ひるがえ）す**→ひどく驚くこと。
- 重要 □**舌を巻く**→非常に驚いたりひどく感心したりすること。
- □**十指（じっし）に余る**→該当するものを数え上げてゆくと、相当な数に上ることになりそうだということ。
- □**しっぽを出す**→隠していたことがばれること。
- □**しっぽをにぎる（つかむ）**→ごまかしや悪事の証拠などをつかむこと。
- 重要 □**しのぎをけずる**→激しく競い合うこと。
- 重要 □**四（し）の五（ご）の言う**→あれこれと面倒（めんどう）なことを言うこと。
- 重要 □**重箱の隅を突つく**→つまらないことまでいろいろ指摘すること。

- □**愁眉（しゅうび）を開（ひら）く**→安心してほっとした表情になること。
- □**朱（しゅ）を入（い）れる**→詩歌や文章に訂正や添削（てんさく）を施すこと。
- 重要 □**春秋（しゅんじゅう）に富む**→年が若くて長い将来のあること。
- □**常軌（じょうき）を逸（いっ）する**→常識に外れた言動をすること。
- □**食指（しょくし）を動かす**→物を欲しがること、また、興味や関心を持つこと。
- □**しらみつぶし**→端から端まで丁寧に処理すること。
- 重要 □**しらを切る**→わざと知らないふりをすること。
- □**尻馬（しりうま）に乗る**→よく考えもしないで他人の言動に同調して、軽はずみなことをすること。
- 重要 □**尻が暖まる**→同じ場所に長くとどまること。
- □**尻が長い**→訪問先で長居（ながい）すること。
- □**尻に敷く**→妻が夫を指図する立場に立って、思うままに振る舞うこと。
- 重要 □**尻に火がつく**→物事が差し迫ってじっとしていられなくなる様子。
- □**尻に帆（ほ）をかける**→急いで逃げ出すこと。
- □**尻を落ち着ける**→同じ場所に長くとどまること。
- □**尻をまくる**→腹を立てて、けんか腰になる様子。
- 重要 □**尻を持ち込む**→物事の後始末（あとしまつ）などを要求すること。
- □**尻を割る**→隠していた秘密や悪事を暴露すること。

□白い眼(め)で見る→敵意を含んだ目つきで冷たく見ること。

□白黒をつける→善悪や勝ち負けをはっきりさせること。

す

重要 □随喜(ずいき)の涙→あまりのありがたさにあふれ出る涙。

□涼しい顔→自分にかかわりのないような態度をとること。

重要 □雀(すずめ)の涙→ごくわずかなもののたとえ。

重要 □図に乗る→思い通りになって、つい調子に乗ること。

重要 □すねにきずを持つ→やましいことがあること。

重要 □すねをかじる→親の援助を受けて生活すること。

□隅(すみ)に置けない→意外な才能があって、あなどれないこと。

せ

□節(せっ)を屈(くっ)する→自分の意志を曲げて人に従うこと。

そ

重要 □象牙(ぞうげ)の塔→学者たちの現実離れした研究態度や生活態度のこと。

重要 □相好(そうごう)を崩(くず)す→思わずにこにこした顔つきになること。

重要 □反(そ)りが合わない→考え方や性格の違いから仲がよくないこと。

た

□太鼓判(たいこばん)を押す→絶対確実だと保証すること。

□高嶺(たかね)の花→ほしいと思っても遠くから見るだけで手の届かないもの。

□高みの見物→被害の及ばないところから、他人事としてながめること。

重要 □高をくくる→たいしたことはないと軽く見ること。

□竹に油→ぺらぺらとよくしゃべる様子。

□竹屋の火事→腹を立ててぽんぽん言い立てる様子。

□竹を割ったよう→さっぱりして気持ちのよい気性のこと。

□ただの鼠(ねずみ)ではない→気の抜けない相手であること。

□立つ瀬がない→面目が立たないこと。

重要 □脱兎(だっと)の勢い→何かから逃げたり何かを目指したりして、素早く駆(か)け出す様子。

重要 □立て板に水→よどみなくすらすらと話す様子。

□棚に上げる→自分に不都合なことを知らぬ振りをして放っておくこと。

□他人の飯(めし)を食う→他人のなかで生活し、厳しい社会での経験を積むこと。

□狸寝入(たぬきねい)り→眠ったふりをすること。

□卵に目鼻→色白でかわいらしい顔立ちのこと。

重要 □駄目(だめ)を押す→わかりきったことを確かめておくこと。

ち

□**知恵をしぼる**→あれこれと懸命に考えること。

□**茶にする**→ひと休みすること、また、まじめに取り合わないこと。

□**茶腹も一時**→少しの物でも一時しのぎにはなるということ。

重要 □**蝶よ花よ**→子を非常に大事に育てる様子。

つ

□**月夜の蟹**→内容の乏しいこと。

重要 □**つじつまが合う**→物事の道理や全体のすじが通っていること。

□**土がつく**→勝負に負けること。

□**爪が長い**→欲深いこと。

重要 □**爪に火を灯す**→ひどく倹約して生活する様子。

□**爪の垢を煎じて飲む**→格段に優れた人の運や力にあやかろうとすること。

重要 □**爪を研ぐ**→準備して機会を待ち構えること。

□**露と消える**→露のようにはかなく消えてなくなること。

重要 □**鶴の一声**→多くの人の意見を圧倒する権威ある者の一言。

て

□**手が上がる**→腕前や技術が向上すること。

□**手があく**→仕事に余裕ができること。

重要 □**手がこむ**→技巧が細かく綿密である様子。

□**手が届く**→自分の扱える範囲にあること、また、間もなくその年齢に達すること、また、細かいところにまでよく気がつくこと。

□**手が長い**→盗みぐせがあること。

□**手がふさがる**→今していることがあり、他のことをする余裕がないこと。

□**手が焼ける**→世話をして苦労すること。

重要 □**手ぐすね引く**→身構えて機会を待っている様子。

重要 □**てこ入れをする**→外部から加勢して元気づけること。

□**てこでも動かない**→どんな手段を用いられてもその場から動こうとしないこと。

重要 □**手塩にかける**→自分で世話をして大切に育てること。

□**手に汗を握る**→見たり聞いたりして、不安になったり興奮したり緊張したりすること。

重要 □**手に余る・手に負えない**→自分の力ではとうてい及ばないこと。

□**手に乗る**→人の計略にひっかかること。

□**手の内を明かす**→密かに計画している作戦を相手側にもらすこと。

重要 □**手の裏（手の平）を返す**→情勢に応じてがらりと態度を変えること。

□手の切れるような→真新しい紙幣の様子。

□出鼻をくじく→機先を制して相手のやる気をそぐこと。

□手も足も出ない→対処に困りきっている様子。

重要 □手を上げる→降参すること、また、乱暴をはたらくこと、また、腕前や技量が向上すること。

重要 □手を打つ→仲直りをすること、また、予想される事態を想定して必要な処置をとること。

□手を貸す→援助すること。

重要 □手を切る→今までの関係を断ち切ること。

□手を砕く→さまざまに工夫を凝らすこと。

□手を下す→直接自分ですること。

重要 □手をこまぬく→考え込むこと、また、かかわらず傍観すること。

□手を通す→衣服などを初めて着ること。

□手をぬらさず→苦労せずに。

□手を広げる→仕事などでかかわる範囲を拡大すること。

□手を焼く→面倒が見きれず、もてあますこと。

重要 □天の配剤→天は、善い行いには善い報いを、悪い行いには罰を与えるものだということ、また、ほどよい取り合わせのこと。

と

□頭角をあらわす→才能などが他より目立つようになること。

重要 □峠を越す→物事のさかりや、きわどい境目を過ぎること。

重要 □同日の談ではない→違いが大きすぎて比較にならないこと。

重要 □堂に入る→学問や技芸に優れていること。

重要 □塗炭の苦しみ→泥にまみれ火に焼かれるような苦しい境遇のこと。

重要 □とどのつまり→ついには。

□隣の花は赤い→人のものはなんでもよく見えるものだということ。

□虎になる→ひどく酔っ払うこと。

□虎の尾を踏む→きわめて危険なことをする様子。

□虎の子→非常に大事にしているもののこと。

□虎の巻→兵法・芸道の秘伝の書のこと、また、手軽な参考書のこと。

重要 □とりつくしまもない→頼みにしてすがるところが何もない様子。

□取るに足りない→問題にする価値すらないこと。

な

□無い袖は振れぬ→無いものはどうにもしようがないということ。

□長い目で見る→将来に期待して、寛容な態度で見守ること。

□梨のつぶて→なんの音沙汰もないこと。

□涙にくれる→悲しみのあまり、泣き続けて過ごすこと。

□涙を呑(の)む→くやしさをこらえること。

重要 □習い性(せい)となる→習慣が、しまいにはその人本来の性格のようになること。

に

□荷が重い→任務やその責任が能力以上であること。

□錦(にしき)を飾る→立派な仕事を成し遂げて故郷に帰ること。

重要 □二足(にそく)のわらじを履(は)く→両立しないような二種類の仕事を一人で兼ねること。

重要 □二の足を踏む→しりごみすること。

重要 □二の句が継げない→驚きあきれて次に言うべき言葉が出てこないこと。

重要 □二の舞(まい)を踏む・二の舞を演じる→前の人と同じ失敗を繰り返すこと。

重要 □二枚舌(じた)を使う→その場に合わせて矛盾したことを平気で言うこと。

ぬ

□抜き差しならない→どうにもできなくて動けない様子。

ね

□猫なで声→きげんを取るための優しく媚(こ)びるような声のこと。

□猫に紙袋(かんぶくろ)→後ずさりをする様子。

□猫の手も借りたい→非常に忙しくて働き手が足りない様子。

□猫の額(ひたい)→敷地や建物の面積が狭い様子。

□猫の目のよう→たえず移り変わる様子。

□猫ばば→悪事を隠して、知らん顔をすること。

□猫も杓子(しゃくし)も→だれもかれもすべて。

□ねじを巻く→だらけた状態を引き締めること。

重要 □鼠(ねずみ)に引かれそう→ひとりぼっちで家にいて、さびしい様子。

□根に持つ→いつまでも恨んで忘れないこと。

□根掘り葉掘り→細かいことまで、しつこくたずねること。

重要 □寝耳(ねみみ)に水→あまりに不意の出来事に驚くこと。

□根も葉もない→なんの根拠もないこと。

□音(ね)を上(あ)げる→こらえ切れずに弱音(よわね)をはくこと。

□根を下ろす→確かな位置を占めること。

□根を生やす→その場にしっかり腰を落ちつけること。

の

重要 □蚤(のみ)の夫婦→妻が夫より格段に大きい夫婦のこと。

は

□歯が浮く→軽薄な言動に対して不快な気持ちになること。

- □**歯が立たない**→とても対抗できる相手ではないこと。
- 【重要】□**はきだめに鶴(つる)**→その場にふさわしくないほど立派な人のこと。
- 【重要】□**馬脚(ばきゃく)を露(あら)わす**→隠していたことがあらわれること。
- □**白紙で臨(のぞ)む**→先入観にとらわれずに事に当たること。
- □**白紙に戻す**→それまでのいきさつを、すべてなかったことにして、元の状態に戻すこと。
- 【重要】□**拍車(はくしゃ)をかける**→力を加えて物事の進行をいっそう速めること。
- □**薄氷(はくひょう)を踏む**→非常に危険な場面に臨むこと。
- 【重要】□**裸一貫(はだかいっかん)**→自分の体だけで、他には何も頼りになるものはないということ。
- 【重要】□**破竹(はちく)の勢い**→止めることができないほど激しい勢いで進む様子。
- □**蜂(はち)の巣をつついたよう**→騒ぎが大きくなって手のつけられなくなった様子。
- □**八方破(やぶ)れ**→隙(すき)だらけであること。
- 【重要】□**鳩(はと)に豆鉄砲(まめでっぽう)**→突然のことに驚いてきょとんとしている様子。
- □**鼻が高い**→得意である様子。
- 【重要】□**話半分**→誇張されていて、本当は事実が半分程度であること。
- □**鼻っ柱(ばしら)が強い**→向こう意気が強く、頑固(がんこ)でゆずらない様子。
- 【重要】□**鼻つまみ**→嫌われ者のこと。

- 【重要】□**鼻であしらう**→つれない態度をとること。
- □**鼻で笑う**→さげすんで笑う様子。
- 【重要】□**鼻にかける**→自慢げに振る舞うこと。
- 【重要】□**鼻につく**→飽きて嫌気(いやけ)がさすこと。
- 【重要】□**花道を飾る**→惜しまれて晴れやかに引退すること。
- 【重要】□**鼻持ちならない**→我慢がならないこと。
- □**洟(はな)もひっかけない**→まったく無視して相手にしないこと。
- □**鼻を明かす**→相手を出し抜いて驚かせること。
- □**鼻をうごめかす**→得意そうな表情をすること。
- □**鼻を折る**→相手の驕慢(きょうまん)な態度を打ちのめすこと。
- □**花を添える**→美しさを添えること。
- □**鼻を鳴らす**→甘える様子。
- □**鼻を並べる**→一線に並ぶこと。
- 【重要】□**花を持たせる**→相手の面子(めんつ)を立てて名誉や功績を譲ること。
- 【重要】□**歯に衣着(きぬ)せぬ**→思ったことを遠慮せずに言う様子。
- □**羽を伸ばす**→長く抑(おさ)えつけられていたものから解放されて、自分の思うように振る舞う様子。
- □**歯の根が合わない**→寒さや恐れのためにガタガタ震える様子。

□**腹が痛む**→自分の財布から負担すること。
□**腹が黒い**→心の中で悪事をたくらむような性質であること。
□**腹が据わる**→覚悟ができていること。
□**腹が立つ**→怒りを感じること。
□**腹が煮える**→激しい怒りを感じること。
□**腹が太い**→度量が大きい様子。
重要 □**腹に一物**→心にたくらみを持つこと。
□**腹を合わせる**→共謀すること、また、心を合わせること。
□**腹をえぐる**→相手の考えを見通して鋭く追及すること。
□**腹を決める**→決心すること。
重要 □**腹をくくる**→覚悟を決めること。
□**腹を肥やす**→不正をはたらいて自らの利益を図ること。
□**腹をさぐる**→相手の本音をそれとなくうかがうこと。
□**腹を据える**→しっかり覚悟を決めること。
□**腹を読む**→相手が思っていることをさぐること。
重要 □**腹を割る**→本心を打ち明けて話すこと。
□**張り子の虎**→実際は弱いのに虚勢を張っている様子。
□**針のむしろ**→いつも苦しめられる辛い立場にあること。
□**歯を食いしばる**→くやしさや痛みなどを我慢すること。
□**歯を切する**→歯を食いしばること。

ひ

重要 □**ひいきの引き倒し**→ひいきし過ぎて、かえってその人に迷惑をかけること。
重要 □**膝が笑う**→疲労などで膝のあたりの力が抜ける様子。
□**膝を打つ**→はっと思い当たる様子。
□**膝を進める**→その話に乗り気になる様子。
□**膝を乗り出す**→思わず乗り気になる様子。
□**額に汗する**→懸命に働く様子。
□**額を集める**→人が多く集まって熱心に相談すること。
重要 □**左うちわ**→安楽に暮らすこと。
重要 □**左前になる**→商売などが順調でなくなること。
□**一筋縄ではいかない**→普通のやり方では思い通りにいかないこと。
重要 □**一つ釜の飯を食う**→一緒に生活をして苦楽を共にすること。
□**一肌脱ぐ**→本気になって助力すること。
重要 □**一花咲かせる**→成功して一時的に華やかな時代を送ること。

人目をはばかる→人に見られないように振る舞うこと。

重要 火に油を注ぐ→勢いのあるものに、いちだんと勢いをつけさせてしまうこと。

微に入り細をうがつ→非常に細かいところまで気を配ること。

火の消えたよう→急に活気がなくなって寂しい様子。

檜舞台を踏む→修業してきた技能を見てもらう晴れの場所に出ること。

重要 火の車→経済状態が非常に苦しいこと。

火花を散らす→互いに激しく競い合うこと。

重要 火ぶたを切る→戦いや試合などを開始すること。

冷や飯を食う→正当に能力を評価されず、冷遇された状態でいること。

火を見るより明らか→明白で疑う余地がまったくないこと。

重要 顰蹙を買う→他人からいやな顔をされ軽蔑されること。

ふ

重要 袋の鼠→取り囲まれて逃れることのできない状態にあること。

ふさぎの虫→気分が優れず、沈み込んでいる様子。

重要 腑に落ちない→納得のいかないこと。

重要 ふるいにかける→多くのもののなかから良いものだけを選別すること。

へ

へそで茶をわかす→おかしくてたまらない様子。

重要 へそを曲げる→機嫌をそこねて意固地になること、また、気に入らないことがあってわざと意地悪をすること。

重要 蛇に見込まれた蛙→恐ろしいものの前で身がすくんで動けなくなってしまう様子。

重要 蛇の生殺し→物事を徹底しないまま、決着をつけないでおく様子。

ほ

棒に振る→苦心してやってきたことを無にしてしまうこと。

墓穴を掘る→失敗の原因をわざわざ自分で作ってしまうこと。

ほぞを固める→覚悟を決めること。

重要 ほぞをかむ→ひどく後悔すること。

ま

重要 枚挙にいとまがない→あまりに多くて一つ一つ数え上げられないこと。

間尺に合わない→わりに合わず、損をすること。

重要 まな板の鯉→相手の意のままになることを観念している様子。

眉に火がつく→危険が身近に迫ること。

重要 眉をひそめる→心配や不快感を抑えられないでいる様子。

- 重要 **真綿（まわた）で首をしめる**→じわじわと時間をかけて責めること。
- **真綿に針を包む**→表面は穏やかに装っているが、心のなかには恐ろしい本心を隠している様子。
- **満（まん）を持（じ）す**→十分用意して時機の到来を待つこと。

- **水に流す**→過ぎたことをとやかく言わず、なかったことにすること。
- **水の泡（あわ）**→努力したことがまったく無駄になってしまうこと。
- **水も漏（も）らさぬ**→すき間なく敵を取り囲むこと、また、他人の入り込む余地がないほど、極めて親密な間柄である様子。
- **水を得た魚（うお）**→自分にもっとも適した場所を得て、生き生きと力を発揮する様子。
- 重要 **水を差す**→順調な状態に邪魔をして不調にしてしまうこと。
- 重要 **水を向ける**→相手の関心をこちらに向けさせようと誘いかけること。
- 重要 **味噌（みそ）を付ける**→失敗して面目を失うこと。
- 重要 **身の毛がよだつ**→恐ろしさのあまりぞっとすること。
- **耳打ちする**→こっそり話すこと。
- **耳が痛い**→弱みを指摘されて居心地の悪い様子。
- **耳が肥える**→音楽などを聴きこんで、味わう能力が豊かになっていること。
- 重要 **耳が早い**→物音や噂（うわさ）などを聞きつけるのが早いこと。
- **耳に逆（さか）らう**→聞いて不快に感じること。
- **耳にさわる**→聞いて不快に感じること。
- **耳にたこができる**→何度も同じことを言われて聞き飽きること。
- **耳につく**→聞いたことがいつまでも忘れられないこと、また、音や声が気になって邪魔に感じること。
- **耳に挟（はさ）む**→噂などをちらっと聞くこと。
- **耳を疑う**→自分の聞いたことが本当だと即座には信じられないこと。
- **耳を貸す**→人の言うことを聞くこと、また、相手の相談にのってやること。
- **耳を澄（す）ます**→よく注意して聞く様子。
- **耳をそばだてる**→気持ちを集中して聞く様子。
- 重要 **耳をそろえる**→必要な数量・金額をきちんとそろえること。
- **耳をふさぐ**→わざと聞かないようにすること。
- 重要 **身も蓋（ふた）もない**→言い方が露骨であからさまなこと。
- **見る影もない**→以前と比べてすっかり落ちぶれ、身なりや様子がひどくみすぼらしい様子。

む

- 重要 **虫がいい**→あつかましい様子、また、自分勝手な様子。
- **虫が知らせる**→何かが起こりそうな予感がすること。

□**虫が好かない**→なんとなく気にくわないこと。

重要 □**虫酸(むしず)が走る**→不快なものに対して、いやでたまらない気持ちがすること。

□**虫にさわる**→気にくわなくて腹が立つこと。

重要 □**虫の息**→今にも呼吸が絶えそうな様子。

□**虫の居所(いどころ)が悪い**→不機嫌な様子。

重要 □**虫も殺さぬ**→大人しく穏やかな様子。

□**虫を殺す**→怒りを抑えて我慢すること。

□**胸が痛む**→心配ごとに苦しむこと。

□**胸がいっぱいになる**→悲しみや感動が心を占めること。

□**胸がおどる**→期待に心がわくわくすること。

□**胸がすく**→心のつかえが一度に取れること。

□**胸がつぶれる**→急激な悲しみや心配に心がしめつけられること。

□**胸がつまる**→心配や悲しみ・感動のあまり平静でいられないこと。

□**胸に一物(いちもつ)**→ひそかに心の中にたくらみを抱いていること。

□**胸におさめる**→自分の心にしまい込んで他言(たごん)しないこと。

□**胸に手を置く**→冷静になってよく考えること。

□**胸を打つ**→強く心を動かされること。

重要 □**胸を借りる**→自分より上位の者に練習の相手をしてもらうこと。

□**胸を焦(こ)がす**→思い焦がれて切(せつ)なくなること。

□**胸をさする**→憤りや怒りを抑えること。

□**胸をたたく**→しっかり引き受けたことを相手に伝える様子。

□**胸をなでおろす**→ほっとひと安心すること。

□**胸をふくらませる**→喜びや期待に胸がいっぱいになること。

重要 □**無用の長物(ちょうぶつ)**→あっても何の役にも立たない無駄なもののこと。

め

□**迷宮(めいきゅう)入り**→事件の内容が複雑で、解決のメドが立たないこと。

□**名状(めいじょう)し難い**→言葉では言い表せないこと。

□**目が利(き)く**→ものの価値を見極める鑑識力があること。

重要 □**目が肥える**→多くのもの・ことを見て鑑識力があること。

重要 □**目が高い**→ものの価値を見極める力があること。

□**目が出る**→幸運が巡ってくること。

□**目が届く**→注意が及ぶこと。

重要 □**目がない**→非常にすき好むこと。

重要 □**目から鼻へ抜ける**→非常に聡明(そうめい)なこと。

□目から火が出る→顔や頭を強く打ったときの感覚のこと。

□メスを入れる→根本的な解決のために思い切った処置を施すこと。

□目で殺す→色目（いろめ）を使って異性を恋のとりこにすること。

□目と鼻の間（あいだ）→両者の距離が極めて短いこと。

□目と鼻の先→非常に距離が近い様子。

重要 □目に余る→あまりにもひどくて無視できない様子。

□目に入れても痛くない→たいそうかわいがっている様子。

重要 □目に角（かど）を立てる→怒って鋭い目つきをすること。

□目に物見せる→相手をひどい目に遭わせて思い知らせること。

□目の上のこぶ（たんこぶ）→邪魔なもののこと。

□目の黒いうち→生きている間のこと。

□目の毒→見ると欲しくなって困るようなもののこと。

重要 □目鼻をつける→物事のだいたいの結末を見定めること。

重要 □目星（めぼし）をつける→だいたいの見当をつけること。

重要 □目も当てられない→あまりにひどくて正視できない様子。

□目もあや→まばゆいほど美しく立派な様子。

□目もくれない→まったく無視すること。

□目を疑う→びっくりするほど意外な様子。

□目を奪う→すっかり見とれさせること。

重要 □目をかける→好意的に面倒を見ること。

□目を皿にする→驚いたりよく見ようとしたりして目を大きく見開く様子。

重要 □目を三角にする→怒って怖い目つきをすること。

□目をつぶる→見て見ぬふりをすること。

□目を盗（ぬす）む→ひそかに事を行うこと。

□目を光らす→厳しく見張る様子。

□目を引く→人の注意を引きつけること。

重要 □目を細める→うれしくて微笑（ほほえ）む様子。

□目を剝（む）く→怒りや驚きで大きく目を見開く様子。

も

重要 □餅（もち）がつける→かろうじて年越しできるだけの収入を得ること。

□元（もと）の鞘（さや）に収まる→一度仲違（たが）いした者が、再び元の関係に戻ること。

重要 □元の木阿弥（もくあみ）→再び元の好ましくない状態に戻ってしまうこと。

□紅葉（もみじ）のような手→幼児の小さくかわいらしい手のこと。

□諸刃（もろは）の剣（つるぎ）→一方には利点もあるが、また一方には危険を伴うこと。

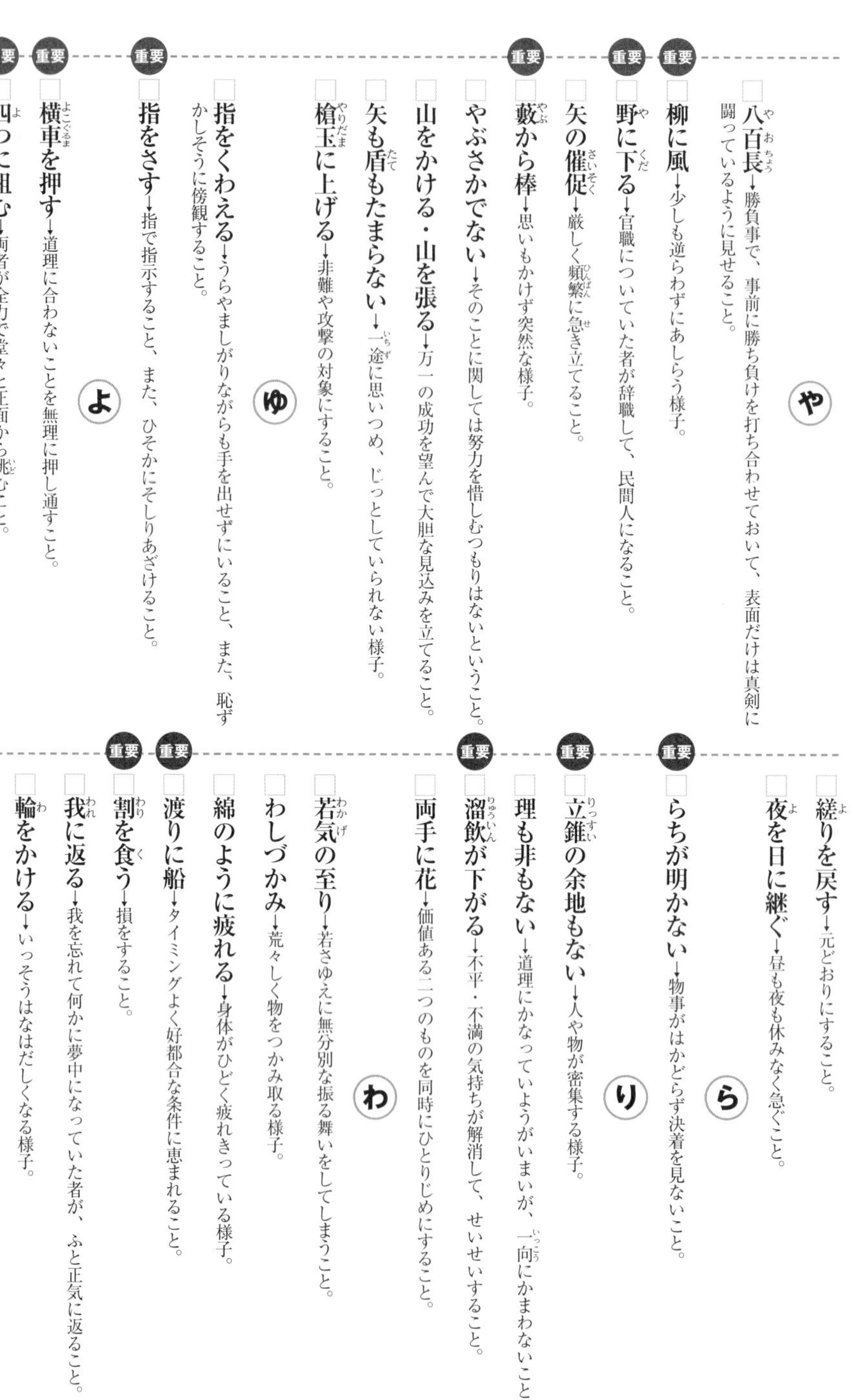

や

□八百長(やおちょう)→勝負事で、事前に勝ち負けを打ち合わせておいて、表面だけは真剣に闘っているように見せること。

重要 □柳に風→少しも逆らわずにあしらう様子。

重要 □野(や)に下(くだ)る→官職についていた者が辞職して、民間人になること。

□矢の催促(さいそく)→厳しく頻繁(ひんぱん)に急(せ)き立てること。

重要 □藪(やぶ)から棒→思いもかけず突然な様子。

□やぶさかでない→そのことに関しては努力を惜しむつもりはないということ。

□山をかける・山を張る→万一の成功を望んで大胆な見込みを立てること。

□矢も盾(たて)もたまらない→一途(いちず)に思いつめ、じっとしていられない様子。

□槍玉(やりだま)に上げる→非難や攻撃の対象にすること。

ゆ

□指をくわえる→うらやましがりながらも手を出せずにいること、また、恥ずかしそうに傍観すること。

重要 □指をさす→指で指示すること、また、ひそかにそしりあざけること。

よ

重要 □横車(よこぐるま)を押す→道理に合わないことを無理に押し通すこと。

重要 □四(よ)つに組む→両者が全力で堂々と正面から挑(いど)むこと。

□縒(よ)りを戻す→元どおりにすること。

□夜(よ)を日に継ぐ→昼も夜も休みなく急ぐこと。

ら

重要 □らちが明かない→物事がはかどらず決着を見ないこと。

り

重要 □立錐(りっすい)の余地もない→人や物が密集する様子。

□理も非もない→道理にかなっていようがいまいが、一向(いっこう)にかまわないこと。

重要 □溜飲(りゅういん)が下がる→不平・不満の気持ちが解消して、せいせいすること。

□両手に花→価値ある二つのものを同時にひとりじめにすること。

わ

□若気(わかげ)の至り→若さゆえに無分別な振る舞いをしてしまうこと。

□わしづかみ→荒々しく物をつかみ取る様子。

□綿のように疲れる→身体がひどく疲れきっている様子。

重要 □渡りに船→タイミングよく好都合な条件に恵まれること。

重要 □割(わり)を食(く)う→損をすること。

□我(われ)に返る→我を忘れて何かに夢中になっていた者が、ふと正気に返ること。

□輪(わ)をかける→いっそうはなはだしくなる様子。

ことわざ

～言い伝えられてきた知恵・教訓の譬えが慣用化したもの～

- □**合縁機縁**→人と人との交わりで気が合う合わないは、すべて不思議な縁によるものだということ。
- □**相手変われど主変わらず**→相手は何度も変わるが、こちらは何も変わらない。
- 重要 □**悪事千里を走る**→悪い行いはたちまちのうちに世間に知れ渡る。
- □**悪銭身につかず**→不当な手段で得たお金は、すぐなくなってしまう。
- 重要 □**頭隠して尻隠さず**→一部の欠点を隠しただけで、全体を隠していないためにすぐ正体がばれてしまう。
- □**頭の上の蠅も追えない**→自分一人の始末もできない。
- □**あと足で砂をかける**→受けた恩を忘れて別れぎわにさらに迷惑をかける。
- □**あとは野となれ山となれ**→後はどうなってもかまわない。
- 重要 □**あばたもえくぼ**→好意を持つと、欠点までも美点に見える。
- 重要 □**虻蜂とらず**→両方をねらって、結局どちらも手に入らないこと。
- □**雨だれ石をうがつ**→根気よくやれば必ず成功する。
- 重要 □**雨降って地固まる**→もめごとの後、かえって事態が安定する。
- □**合わせ物は離れ物**→結び付けたものはいつか離れてしまうものだ。
- □**案ずるより産むが易し**→心配するより、やってみると案外うまくいく。

- □**石が流れて木の葉が沈む**→物事が道理とまったくさかさまであること。
- □**石の上にも三年**→じっと我慢していればいつかは成功する。
- 重要 □**石橋を叩いて渡る**→念には念を入れて物事を行う。
- 重要 □**医者の不養生**→口では立派なことを言うが実行が伴わない。
- □**いずれ菖蒲か杜若**→両方とも優れていて選ぶことが難しいこと。
- □**急がば回れ**→危険な近道より、遠回りでも安全な道を行く方が早い。
- □**一事が万事**→ほんの一部を見て、全体の傾向を推察できる。
- □**一難去ってまた一難**→一つの災難を逃れたと思ったら、また新たな災難がやってくる。
- □**一文惜しみの百知らず**→目の前の小さな損失にこだわって、将来の大損を考えないこと。
- □**一葉落ちて天下の秋を知る**→わずかな前兆で大勢を予知する。
- 重要 □**一寸の虫にも五分の魂**→小さく弱い者にもそれなりの意地がある。
- □**犬も歩けば棒に当たる**→積極的に行動すると、損な目に遭うことも多い。才能がなくても、何かやっているうちに運の開けることもある。出歩けば思いがけない幸運に出会うこともある。

□命あっての物種(ものだね)↓なにごとも、まず命があって初めて意味を成すものである。

重要 □井の中の蛙(かわず)↓狭い考えにとらわれ、ひとりよがりになる。

重要 □鰯(いわし)の頭も信心から↓つまらないものも信心の対象になればありがたく見える。

□言わぬが花↓言ってしまえばそれまでで、言わない方が趣もあること。

う

重要 □魚心(うおごころ)あれば水心(みずごころ)あり↓相手が好意を持てばこちらもそれに応じる心を持つこと。

□魚の目に水見えず↓あまり近くにあるものには気がつかないこと。

重要 □牛に引かれて善光寺参り(ぜんこうじまい)↓思いがけないことが縁で、あるいは自分の意志でなくて、偶然よい方に導かれること。

□氏(うじ)より育ち↓立派な人間をつくりあげるには家柄よりも環境や教育が重要である。

□嘘(うそ)から出たまこと↓嘘のつもりで言ったことが事実になること。

□嘘も方便↓物事をうまくおさめるには、手段として嘘も必要なことがある。

□鵜(う)のまねをする烏(からす)↓自分の才能や力量を知らずに他人のまねをすると失敗する。

□馬には乗ってみよ人には添うてみよ↓物事は実際に経験してみないと本当のことはわからないものだ。

□馬の耳に念仏↓いくら意見しても聞き入れず、効果がない。

□馬を牛に乗り換える↓良いものを捨て、代わりにそれよりも劣っているものを取る。

え

重要 □瓜(うり)のつるに茄子(なすび)はならぬ↓ある原因からはそれ相応の結果しか生じない。子は親に似ること。

□得手(えて)に帆(ほ)を揚(あ)げる↓絶好の機会が巡ってきて、待ってましたとばかりに飛びつき調子に乗る。

重要 □江戸(えど)の敵(かたき)を長崎(ながさき)で討つ↓意外なところや筋違いのことで恨みを晴らす。

重要 □えびで鯛(たい)を釣る↓少ない元手で大きな利益を得る。

□縁は異(い)なもの味なもの↓男女の縁というものは、理屈を越えた不思議で味わい深いものだ。

お

□負(お)うた子に教えられて浅瀬を渡る↓ときには自分より若い者や未熟な者に教えられることがあるものだ。

重要 □岡目八目(おかめはちもく)↓当事者よりも部外者の方が、ものの是非や利害得失がよくわかることがある。

□おごる平家は久しからず↓栄華をきわめて勝手に振る舞う者は長く栄えることはない。

□小田原評定(おだわらひょうじょう)↓いつまでもまとまらない相談のこと。

重要 □同じ穴の狢(むじな)↓別のように見えても同じ仲間であることのたとえ。

□ 鬼に金棒→強い者にさらに強さが加わること。

□ 鬼の目にも涙→無慈悲な人にも情はある。

重要 □ 帯に短し襷に長し→中途半端で役に立たない。

□ 溺れる者は藁をもつかむ→困ったときには何にでもすがる。

□ 思うこと言わねば腹ふくる→言いたいことを言わないと気分が悪いものだ。

□ 親の光は七光→親の徳が子にまで及ぶこと。

か

□ 飼い犬に手を噛まれる→普段かわいがっていたものに裏切られること。

□ 快刀乱麻を断つ→こみいった物事をすっきりと解決する。

重要 □ 蛙の子は蛙→子は親に似るものだ。凡人の子は凡人である。

□ 蛙の面に水→いっこうに平気でいること。

□ 蝸牛角上の争い→とてもつまらぬことで争うこと。

□ 学問に王道なし→楽をして学問を修めることはできない。

重要 □ 風が吹けば桶屋がもうかる→物事の因果関係が巡って意外な結果になる。一見何の関係もないようなことでも、必ずどこかにつながりがあるものだ。

□ 風邪は万病のもと→ただの風邪だといってあなどってはいけないという戒め。

□ 火中の栗を拾う→自分の得にならないのに非常に危ないことをする。

□ 勝って兜の緒を締めよ→一時の戦いに勝っても、油断せず注意しなさい。

重要 □ 河童の川流れ→上手な人でも失敗することがある。

重要 □ かなわぬときの神頼み→人は困ったときは普段信じない神様にまで助けを求めるものだ。

□ 壁に耳あり障子に目あり→秘密は漏れやすい。

重要 □ 果報は寝て待て→幸運はあせらずにじっくり待つのがよい。

重要 □ 亀の甲より年の功→長年の経験はおろそかにできない。

□ 枯れ木も山のにぎわい→つまらないものでも何もないよりはましである。

□ かわいい子には旅をさせよ→いとしく思う大事な子ほど、甘やかすより苦労をさせた方がその子のためになる。

□ かわいさ余って憎さが百倍→愛情が強いと、憎しみも強くなる。

□ 勘定合って銭足らず→理論と実際とが一致しないこと。

□ 肝胆相照らす→互いに心の底まで打ち明けて親しく交わる。

□ 艱難汝を玉にす→人は苦労してこそ立派になるものだ。

き

重要 □ 聞いて極楽見て地獄→見ると聞くとは大違いであること。

重要 □ 雉子も鳴かずば打たれまい→無用の発言が災難を招くこと。

□ 九死に一生を得る→ほとんど助かる見込みのない命がかろうじて助かること。

- **窮すれば通ず**→行きづまるとかえって何とかやれる。
- **窮鼠猫を噛む**→弱いものでも必死になれば強者を苦しめる。
- 重要 **清水の舞台から飛び降りる**→意を決して物事を行う。
- **錦上に花を敷く**→美しいものの上にさらに美しいものを加える。

く

- 重要 **臭いもの身知らず**→自分の欠点には、自分ではなかなか気付かないものだ。
- **腐っても鯛**→優れたものは、たとえ落ちぶれてもその値打ちはあるものだ。
- **口から先に生まれる**→口数の多い者や口のうまい者のこと。
- **口は禍いの門**→言葉を慎まないと、思わぬ失態を犯す。

け

- 重要 **怪我の功名**→失敗が思いがけなく良い結果をもたらす。
- **下衆の逆恨み**→心の卑しい者は、感謝すべき者でも逆に恨むものだ。

こ

- **光陰矢のごとし**→月日のたつのが早いこと。
- **後悔先に立たず**→物事が済んでしまってから悔やんでも取り返しがつかない。
- 重要 **後生畏るべし**→若い者は努力次第でどれだけ偉くなるか計り知れないから、若いからといってばかにできないものである。
- 重要 **郷に入っては郷に従え**→住んでいる土地の習慣や風俗には従うべきだ。
- **弘法も筆の誤り**→上手な人でも失敗することがある。
- **紺屋のあさって**→約束の期日が当てにならないこと。
- 重要 **紺屋の白袴**→他人のことばかり気にかけ、自分のことに手が回らない。
- **故郷へ錦を飾る**→立派な仕事をして出世し、故郷に帰る。
- **言葉は国の手形**→言葉のなまりはその人の出身地を示すものだ。
- **子はかすがい**→子供は夫婦を結びつける。
- **子は三界の首枷**→子供のために親はいつまでたっても苦労が絶えないこと。
- **ごまめのとと交じり**→つまらない者が立派な人のなかに身分不相応に入り交じっていること。
- **ごまめの歯ぎしり**→力のない者がいくら憤慨しても無駄なこと。
- 重要 **転ばぬ先の杖**→用心は災難が起こる前にしておくものだ。

さ

- **先んずれば人を制す**→人より先に行えば相手を抑えることができる。
- **猿も木から落ちる**→上手な人でも失敗することがある。
- 重要 **去る者は日々に疎し**→親しかった者も離れると疎遠になる。
- **触らぬ神に祟りなし**→余計な手出しをしなければ災いは起こらない。

重要 □三人寄れば文殊の知恵→一人では難しいことでも、みんなで話し合えばよい考えが浮かぶものだ。

し

重要 □鹿を追う猟師は山を見ず→一つのことに夢中になって全体を見ないこと。

□地獄で仏→苦しいときに思わぬ助けに出あったことのたとえ。

□獅子身中の虫→内部にいて恩恵を受けながら危害を加える者。

□事実は小説よりも奇なり→架空の物事より現実の方が面白い。

□地震雷火事親父→この世の恐ろしいものの代表。

□士族の商法→慣れない商売で失敗をすること。

□児孫のために美田を買わず→子孫のために財産を残すと、子孫の精神が堕落するので、あえてそうしないこと。

重要 □親しき仲にも礼儀あり→親しい間柄でも礼儀は守るべきである。

□死人に口なし→死人は弁明も証言もできず、罪を着せられても弁解できない。

□渋皮がむける→あかぬけて美しくなること。

重要 □釈迦に説法→知り尽くしている者に教えを説くのは無用だ。

□蛇の道はへび→同類の者はその道に詳しい。

重要 □朱に交われば赤くなる→人は交際する友人次第で良くも悪くもなる。

重要 □正直は一生の宝→人間関係においても自分に対しても、正直は守らなければならない最も大切なことであるということ。

□上手の手から水が漏れる→上手な人でも失敗することがある。

□知らぬが仏→知らないでいるから平気でいられること。

重要 □白羽の矢が立つ→多くの人の中から、特に選び出されること。

□心頭を滅却すれば火もまた涼し→無念無想の境地にあれば、苦痛を苦痛と感じなくなる。

□親は泣き寄り他人は食い寄り→血縁の者は頼りになるが、他人は当てにならない。

す

□好きこそ物の上手なれ→好きになることが上達の基本である。

重要 □雀百まで踊り忘れず→幼いときに身についた習慣は忘れない。

□住めば都→長く住むと、どのようなところでも自分の住んでいるところが一番になる。

せ

□急いては事を仕損じる→物事はあせって結果を求めすぎると、かえってうまくいかないものだ。

重要 □背に腹はかえられぬ→大事のために他の都合などは顧みられない。

□前車の轍を踏む→前の人と同じ失敗を後の人が繰り返すこと。

□**梅檀は二葉より芳し**→大成する人は子供のころから人並みはずれて優れたところがあるということ。

重要 □**船頭多くして船山に上る**→指図をする者が多いと、統一がとれず、かえってとんでもない方向に進むものである。

□**善は急げ**→よいことは機会を逃さずすぐにとりかかるのがよい。

□**前門の虎後門の狼**→一つの災難を逃れたら、すぐに新たな災難がやってくる。

□**千里の道も一歩から**→どんなに大きな理想をめざしても、まず手近なことから始めなければならないこと。

そ

重要 □**袖すり合うも他生の縁**→ちょっとしたことも深い縁に基づいている。

□**その手は桑名の焼きはまぐり**→その誘い文句に乗ってだまされたりはしない。

た

□**対岸の火事**→自分にとって利害関係がないこと。

□**大山鳴動して鼠一匹**→騒ぎばかり大きくて大した結果にならない。

□**大事の前の小事**→大きなことを成し遂げようとしている者は、小さなことに深入りしてはいけない。

重要 □**大欲は無欲に似たり**→大きな欲を持つ人は小さな利益を気にしないから、一見無欲に見えるものだ。大欲を持つ者は欲に目がくらんで損をしやすく、結果として無欲だったのと同じことになる。

□**多芸は無芸**→多芸の人はかえって優れた芸がない。

重要 □**立つ鳥あとを濁さず**→去り際をきれいにする。

重要 □**蓼食う虫も好き好き**→人の好みはそれぞれ異なる。

□**棚からぼた餅**→思いがけない得をすること。

□**旅の恥はかき捨て**→旅先では、人は普段しないような恥ずかしいことを平気でするものだ。

□**旅は道連れ世は情け**→旅行をするときは連れがいると心強く、人生も互いに思い合う心を持って生きることが大切だということ。

重要 □**短気は損気**→短気を起こすと、物事はうまくいかないものだ。

ち

重要 □**竹馬の友**→おさな友達のこと。

□**血で血を洗う**→悪事に悪事で対処する。

重要 □**血は水よりも濃い**→赤の他人よりも、血のつながった身内のほうが、いざというときには頼りになるものだ。

□**忠言耳に逆らう**→有意義な忠告は耳に痛い。

重要 □**提灯に釣り鐘**→比較にならないほど両者が隔たっていること。つり合いがとれないこと。

□**塵も積もれば山となる**→ほんのわずかなものでも、積もり重なれば大きなものになる。

□**月とすっぽん**→比較にならないほど両者が隔たっていること。

□**月に叢雲花に風**→よい状態にはとかく邪魔が入りやすい。

□月夜に釜（かま）を抜かれる→明るい月夜だというのに、大きな釜を盗まれるような、はなはだしい油断をすること。

□月夜に提灯（ちょうちん）→不必要なもの。

て

重要 □敵は本能寺（ほんのうじ）にあり→本当の目的が別にあること。

□鉄は熱いうちに打て→何事も時機を逃してはいけない。

□手鍋（てなべ）を提（さ）げる→好きな人との生活ならば、どんな苦労もいとわない。

重要 □出る杭（くい）は打たれる→優れていると人から憎まれやすい。

□転石苔（てんせきこけ）むさず（を生（しょう）ぜず）→職業や住居を転々と変わる者には金や徳がたまらない。

□天に唾（つば）する→他人に悪くしようとして、かえって自分に災いを招くこと。

□天は自（みずか）ら助くるものを助く→他人をあてにせずに自分で努力していく者には幸運がおとずれるものだ。

と

重要 □灯台下（もと）暗し→身近なことはかえって気づきにくい。

□問うに落ちず語るに落ちる→質問されても言わないのに、自分が話すうちにうっかり真実を語ってしまうこと。

重要 □同病相憐（あわ）れむ→同じ苦しみで悩む者同士は同情心が深い。

重要 □豆腐にかすがい→手ごたえがないこと。

□遠くの親戚（しんせき）より近くの他人→疎遠（そえん）な親類よりもいざというときには親しい他人の方が頼りになる。

□十（とお）で神童十五で才子二十（はたち）過ぎればただの人→成長するにつれ、平凡な人になってしまうこと。

□とかく浮き世はままならぬ→この世の中は思い通りにならないことが多いものだ。

□時は金なり→時間は金銭と同じで、無駄に使ってはならない。

□毒を食らわば皿（さら）まで→一度悪事に手を染（そ）めたからには、とことんまでやり通す。

□毒をもって毒を制す→悪いことを取り除くのに他の悪いことを利用する。

重要 □鳶（とび）が鷹（たか）を生む→親に似ない優れた子が生まれること。

重要 □捕（と）らぬ狸（たぬき）の皮算用（かわざんよう）→不確実なことをあてにして計算をしたり計画を立てたりする。

□虎は死して皮を留（とど）め、人は死して名を残す→自分の名誉を大切にすることを生前から心がけなければならない。

□泥棒に追（お）い銭（せん）→自分に害を与えるような相手に利益を与えて、損を重ねるような愚かな施（ほどこ）しをすること。

□泥棒を捕らえて縄をなう→平生（へいぜい）用意を怠っていて、急場に臨んであわてて対策をねること。対策が後手後手（ごてごて）になって、間に合わないこと。

重要 □団栗（どんぐり）の背（せい）比べ→どれも平凡で差がないこと。

□飛んで火に入（い）る夏の虫→自ら進んで災難に身を投じること。

□**鳶に油揚げをさらわれる**→大事なものを横取りされる。

な

□**長居はおそれ**→同じ場所に長くいてはいけない。

□**長いものには巻かれろ**→権力のあるものに従う方がよい。

重要 □**泣きっ面に蜂**→悪いことの上にさらに悪いことが重なる。

□**泣く子と地頭には勝てぬ**→正しい道理を説いても効き目がないこと。

重要 □**なくて七癖**→人にはみな、何らかの癖がある。

重要 □**情けは人のためならず**→人に情けをかけておけば、いつかは自分に巡ってかえってくる。

□**七転び八起き**→いくども困難にあいながら、絶望せず奮起すること。

□**難波の葦は伊勢の浜荻**→各土地で呼び方が変わるように、土地によって風習は変わるものだ。

□**怠け者の節句働き**→怠け者が、人の休むときに働かねばならないこと。

重要 □**生兵法は大怪我のもと**→中途半端な知識や技能を誇ると大失敗する。

□**習うより慣れろ**→人から教わるよりもまず実践するのがよい。

に

重要 □**二階から目薬**→効き目がないこと。

□**逃がした魚は大きい**→失ったものほど大きく感じること。

重要 □**憎まれっ子世にはばかる**→人から憎まれ嫌われるような者に限って、うまく世を渡って出世するものだ。

□**二兎を追う者は一兎をも得ず**→一度に二つのものを得ようとすると、結局両方とも得られない。

□**人間到るところ青山あり**→志を天下に求め、どこで死んでもよいつもりで、大いに活躍する気概をいう。「人間」は「じんかん」とも読む。

ぬ

重要 □**糠に釘**→手ごたえがないこと。

□**盗人にも三分の理**→何にでも理屈はつけられるということ。

重要 □**濡れ手で粟**→苦労せずに、やすやすと利益を得ること。

□**濡れぬ先にこそ露をもいとえ**→身に汚れのないうちに十分に自重せよ。

ね

重要 □**猫にかつおぶし**→あやまちが起きやすいというたとえ。

重要 □**猫に小判**→価値がわからない人に貴重なものを与えてもしかたがない。

重要 □**猫をかぶる**→本性を隠して上品ぶって大人しくしている様子。

□**寝た子を起こす**→収まっている問題に余計な言動をして波風を立てる。

の

重要 □**能ある鷹は爪を隠す**→優れた者は決してその能力をひけらかさない。

重要 □**喉もと過ぎれば熱さを忘れる**→そのときを過ぎると苦しさを忘れる。

- 乗りかかった船→手をつけてしまって、いまさら後には引けない。
- 重要 暖簾に腕押し→こっちが積極的になっても、相手がいい加減で少しも手ごたえがないこと。

は

- 重要 箸にも棒にもかからない→あまりにひどくて取り扱いようがない。
- 裸足で逃げる→とてもかなわないと逃げ出す様子。
- 八十の手習い→年老いて学問を始めること。
- 花も実もある→外見・内容ともに立派である。
- 花より団子→見栄えや名誉より、実益を優先すること。
- 早起きは三文の徳→早起きするとなんらかの利益がある。
- 腹も身のうち→暴飲暴食を戒める言葉。

ひ

- 重要 引かれ者の小唄→負け惜しみで強がりを言う。
- 日暮れて道遠し→完成にはほど遠い状態だ。
- 重要 庇を貸して母屋を取られる→恩を仇で返される。
- 重要 人の噂も七十五日→世間の噂や評判もいずれは消える。
- 人の口に戸は立てられぬ→世間の噂は止めることができないこと。
- 人の褌で相撲をとる→他人のものを利用して自分の目的を果たすこと。
- 人を射んとすればまず馬を射よ→人を屈服させるためには、まずその頼りとするものを攻め落とすのがよい。
- 人を呪わば穴二つ→人を呪えば、自分もその報いを受ける。
- 重要 火のないところに煙は立たぬ→噂にはなんらかの根拠がある。
- 百聞は一見にしかず→何回も聞くより、一度自分の目で見る方が確かだ。
- 百里を行く者は九十里を半ばとす→物事を成し遂げるには最後まで気をゆるめずに努力しなければならない。
- 重要 瓢箪から駒が出る→ひょんなところから意外なものが出る。
- 重要 貧すれば鈍する→貧乏すると、品性まで卑しくなる。

ふ

- 重要 笛吹けども踊らず→どんなにはたらきかけても、人が応じないこと。
- 重要 武士は食わねど高楊枝→志の高い人は貧乏しても泰然としているものだ。
- 船に乗れば船頭任せ→何事もその道の専門家に任せるのが一番だ。
- 古川に水絶えず→昔からの財産家には、おちぶれてもやはりそれなりのことはある。

へ

- 下手な鉄砲も数撃ちゃ当たる→どんなに下手な人でも、根気よく繰り返し行えばうまくいくこともある。
- 下手の横好き→下手なくせにそのことを好きで熱心にする。

ほ

- 重要 □**判官(ほうがん)びいき**→弱い者や敗者にひいきする。
- 重要 □**坊主(ぼうず)憎けりゃ袈裟(けさ)まで憎い**→その人が憎いと、関係するものすべてが憎くなる。
- □**坊主丸(まる)もうけ**→元手もなしに利益を得ること。
- □**吠(ほ)える犬は噛(か)みつかぬ**→むやみに威張(いば)るものには実力がないこと。
- □**仏作って魂(たましい)入れず**→せっかく成し遂げながら、肝心のところが抜けていること。
- 重要 □**仏の顔も三度**→どんなに温厚な人でも、度重なる侮辱には怒り出すものだ。

ま

- 重要 □**蒔(ま)かぬ種は生(は)えぬ**→何もしないのによい結果を期待してもそれは無理だ。
- □**負けるが勝ち**→相手にあえて勝ちをゆずって負けたようでも、大局的には勝ちを得ていることがあるものだ。
- 重要 □**馬子(まご)にも衣装(いしょう)**→外形を整えればだれでも立派に見える。
- □**正宗(まさむね)で薪(まき)を割る**→使い方が間違っていること。
- 重要 □**待てば海路(かいろ)の日和(ひより)あり**→じっと待てば、やがて好運もおとずれる。
- □**丸い卵も切りようで四角**→物事はやり方次第で円満にも角(かど)が立つことにもなったりする。

み

- □**ミイラ取りがミイラになる**→仕掛けた側が、逆に相手側に引き入れられてしまうこと。
- 重要 □**身から出た錆(さび)**→自分自身の行為の報いとして自分が苦しむこと。
- □**水清(きよ)ければ魚(うお)棲(す)まず**→あまり清廉(せいれん)潔白すぎると人に親しまれない。
- 重要 □**三つ子(ご)の魂(たましい)百まで**→幼いときの性質は年をとっても変わるものではない。

む

- □**六日(むいか)の菖蒲(あやめ)十日(とおか)の菊**→五月五日は端午(たんご)の節句(せっく)であやめを飾り、陰暦の九月九日は菊の節句で菊を飾ることから、時機に遅れて役に立たないこと。
- 重要 □**昔取った杵柄(きねづか)**→若い頃に身につけた腕前は衰えない。

め

- 重要 □**目からうろこが落ちる**→あることをきっかけに、急にその事柄がよく理解できるようになること。
- □**目くそ鼻くそを笑う**→自分の欠点に気づかないで他人の欠点をあざ笑う滑稽な様子。

- 重要 □**餅(もち)は餅屋**→物事にはそれぞれ専門家がいる。
- □**本木(もとき)にまさる末木(うらき)なし**→最初のものにまさるものはない。

- □**門前の小僧習わぬ経を読む**→いつもそばにあれば、自然と身についているものだ。人は環境が大切だということ。

や

- 重要 □**焼け石に水**→少しぐらいの加勢・助力では、まったく効き目がないこと。
- □**焼け木杭に火がつく**→一度切れた関係が元に戻るのはかえって速いものだということ。多くは男女関係についていう。
- 重要 □**柳に風（雪）折れなし**→柔軟なものは堅いものよりかえって強いこと。
- □**柳の下にいつもどじょうは居らぬ**→一度偶然に幸運を得たからといって、同じやり方で幸運を得ようと思うのは間違いである。
- □**やはり野に置けれんげ草**→人にはそれぞれその人の資質や能力に合った地位や環境があるものなので、無理に華やかな境遇に身を置いたりすべきではない。
- 重要 □**藪をつついて蛇を出す・藪蛇**→余計なことまでして、かえってひどい目にあうこと。

ゆ

- □**湯の辞儀は水になる**→遠慮するのも、時と場面によりけりである。

よ

- □**世乱れて忠臣を識る**→何かが起こったときこそ、人の真の忠節がわかること。
- □**夜目遠目笠の内**→物事の全体が見えていないうちは、実際より美しく見えるものだということ。

- □**寄らば大樹の陰**→頼るならば、より力のあるものに頼るのが良い。
- 重要 □**弱り目に祟り目**→悪いことの上にさらに悪いことが重なる。

ら

- □**楽あれば苦あり**→よいことばかりが続くものではなく、苦労することもあるものだ。

り

- 重要 □**良薬は口に苦し**→よく効く薬は苦くて飲みにくいように、身のためになる忠告は聞きづらい。

る

- □**類は友を呼ぶ**→性質や考えの似た者は自然に寄り合う。
- □**瑠璃も玻璃も照らせば光る**→優れた人物は、どこにいても目立つということ。

ろ

- 重要 □**論語読みの論語知らず**→物事の理屈は理解しているが実行できない。

- □**わが仏尊し**→自分の信じることのみ尊重する偏狭な態度のこと。
- □**笑う門には福来る**→いつも笑いの絶えない家庭には、自然と幸福が巡ってくるものだ。
- 重要 □**破れ鍋にとじ蓋**→どのような人にもそれ相応の配偶者があるものだということ。

故事成語

～主に中国の昔の出来事を伝えたフレーズが慣用化したもの～

重要 □**青は藍より出でて藍より青し**

《意味》教えを受けた弟子が努力して、教えた師匠よりも優れることのたとえ。

《出典》青色の染料は藍草から作るが、原料の藍草より青く染まったという故事による。「出藍の誉れ」ともいう。(『荀子』)

□**圧巻**

《意味》書物・演劇・催し物などにおいて、全体のなかで最も優れているところのたとえ。

《出典》「巻」は、隋代に制度化された官吏登用試験「科挙」の答案用紙のこと。審査官が最も優秀な答案をいちばん上に乗せたため、それが他の答案を圧したことから起こったという故事による。(『文章弁体』)

重要 □**羹に懲りて膾を吹く**

《意味》一度の失敗に懲りて必要以上の心配をすることのたとえ。

《出典》熱い吸物(羹)で舌をやけどした者が、それに懲りて冷たい生肉(膾)にまで息を吹きかけて食べるようになってしまったという故事による。(『楚辞』)

□**危うきこと累卵の如し**

《意味》置かれた地位や状況が危険この上ない状態にあることのたとえ。

《出典》戦国時代、范雎が秦王に「あなたの国は卵を積み重ねたように危険な状態ですが、私を顧問として迎えれば安泰でしょう」と自分を売り込んだという故事による。「累卵の危」ともいう。(『史記』)

□**石に漱ぎ流れに枕す**

《意味》こじつけて言い逃れをしようとすること、負け惜しみが強いことのたとえ。

《出典》晋の孫楚が「石に枕し流れに漱ぐ」(河原の石を枕にして寝たり、清流でうがいをしたりするような、俗世を離れた生活をする)と言うべきところを誤り、そのことを指摘されても、「石で口をすすぐのは歯を磨くためで、流れに枕するのは耳を洗うためだ」と答えたという故事による。「漱石枕流」ともいう。夏目漱石(本名、夏目金之助)のペンネームはこれが出典だという。(『晋書』)

□**一字千金**

《意味》大変優れた書物や文章のたとえ。

《出典》秦の呂不韋が『呂氏春秋』をまとめ、そのできばえに大いに満足して、その書を城門に掲げ、「この書に一字でも添削できた者には千金を与えよう」と言ったという故事による。(『史記』)

□**一饋に十たび起つ**

《意味》食事中もいとわず面会に応じるほど、政治に熱心であることのたとえ。

《出典》夏の禹王が、熱心に人材を求めていたため、たとえ食事中でも優秀な人材が来れば、何度でも面会したという故事による。(『淮南子』)

重要 □**一将功成って万骨枯る**

《意味》トップの一人の成功者のかげには、無数の部下の命が犠牲になっているということのたとえ。

《出典》唐の社会は八七五年の黄巣の乱で大混乱に陥った。そのときの戦争で死んだ多くの兵士を哀れんで詠んだという詩句による。（『己亥歳』）

□韋編三絶

《意味》一冊の書物を繰り返し熱心に読むことのたとえ。

《出典》孔子が『易経』を愛読し、繰り返し読むうちに、竹簡や木簡（紙の発明される以前に用いた竹や木の札）をとじた皮ヒモが三度も切れてしまったという故事による。（『史記』）

□殷鑑遠からず

《意味》悪い見本は、ごく身近にあることのたとえ。

《出典》夏王朝は桀王の暴虐によって滅んだが、この悪い見本を反省材料にしなかったために、続く殷王朝も紂王の暴虐のために滅んでしまったという故事による。（『詩経』）

重要

□燕雀いずくんぞ鴻鵠の志を知らんや

《意味》小人物には大人物の大きな理想や考えは理解できないということのたとえ。

《出典》秦を倒すきっかけとなった反乱を起こした陳勝が、若いころに、自分の大望を理解しないで笑った仲間に言ったという故事による。「燕雀」はツバメ・スズメなどの小さな鳥、「鴻鵠」はオオトリ・クグイなどの大きな鳥のこと。（『史記』）

□王侯将相いずくんぞ種有らんや

《意味》出世はだれでも努力次第であって、血筋で決まっているものではないことのたとえ。

《出典》秦末の農民反乱の際に、陳勝が「出世はだれでも努力次第だ」と言って、民衆を励ましたという故事による。（『史記』）

□尾を塗中に曳く

《意味》富貴の地位にいて束縛されるより、貧しくても自由な生き方の方がよいことのたとえ。

《出典》楚の国の宰相にと招かれた荘子が、亀は死んでその甲羅を神殿に祭られるより、生きて泥のなかを気ままに這い回っている方が幸せなはずだと言って、仕官を断ったという故事による。（『荘子』）

□会稽の恥

《意味》敵に降伏する屈辱のたとえ。

《出典》春秋時代、会稽山の戦いで呉王夫差に降伏した越王勾践は、夫差に「私をあなたの家来とし、私の妻はあなたの召し使いにしてください」と言って命乞いをしたという故事による。その恨みを晴らすことを「会稽の恥を雪ぐ」というようになった。（『十八史略』）

□骸骨を乞う

《意味》辞職を願い出る言葉。

《出典》楚の項羽に仕えた知将范増は、自分を完全には信用してくれない項羽に嫌気がさして、「骸骨を乞う」と言って項羽のもとを去ったという故事による。主君に人生のすべてを捧げたのだから、せめて骸骨くらいは返して欲しいという意味である。（『史記』）

重要

□**隗より始めよ**

《意味》提言した本人が、まず初めに実行せよということのたとえ。

《出典》燕の昭王から賢者を招き入れたいと相談された郭隗は「まず私を優遇しなさい、私のようにそれほどでもない人間を優遇すれば、賢者は競ってやって来ます」と言ったという故事による。（『戦国策』）

□**蝸牛角上何事をか争う**

《意味》つまらぬ争いをいさめる言葉。

《出典》蝸牛（かたつむり）の左右の角の上にいる、触氏と蛮氏が領地を争ったという寓話による。「蝸牛角上の争い」ともいう。（『荘子』）

重要

□**臥薪嘗胆**

《意味》目的達成のためにあらゆる苦難に耐えること、また、あえて自らに苦難を課して目的達成の意志がくじけないようにすることのたとえ。

《出典》春秋時代、越に父を討たれた呉王夫差は、痛さをこらえて薪の上に寝て父の仇を忘れないようにして、ついに越王勾践を降伏させた。降伏し会稽山に逃げ込んだ勾践は、いつも苦い獣の胆をなめて屈辱を忘れないようにして、今度は勾践が呉を攻めて、ついに夫差を自害させ復讐を遂げたという故事による。（『十八史略』）

□**苛政は虎よりも猛なり**

《意味》苛酷な政治が人民に与える害は、人を食う虎の害よりむごいことのたとえ。

《出典》墓の前で泣いている婦人がいた。孔子が尋ねると、舅と夫と息子の三人を虎に食われたという。そんな危険な土地になぜ住み続けるのかと問うと、ここにはむごい政治がないからだと答えたという故事による。（『礼記』）

□**渇すれども盗泉の水を飲まず**

《意味》どんなに苦しくても決して悪いことはしないという姿勢のたとえ。

《出典》喉の渇いた孔子が、盗泉という泉の水を、その名ゆえに飲まなかったという故事による。（『猛虎行』）

□**瓜田に履を納れず**

《意味》疑いを持たれるような行動は避けよということのたとえ。

《出典》人のウリ畑で靴が脱げても、履き直そうと腰を曲げるとウリを盗むのかと勘違いされるので、疑われる心配のあるようなことはしないほうがよいという、古体詩による。「李下に冠を正さず」も同じ。（『古楽府』）

重要

□**鼎の軽重を問う**

《意味》人の実力や権威を疑って軽んじることのたとえ。

《出典》春秋時代、天下を奪おうとする野心と下心を持つ楚の荘王は、周の定王に対して、無礼にも周王室に伝わる宝器九鼎（帝位の象徴）の大きさや重さを尋ねたという故事による。（『春秋左氏伝』）

重要

□**株を守って兎を待つ**

《意味》古い慣習にこだわって、融通がきかないことのたとえ。

《出典》宋の農夫が、切り株にぶつかって死んだ兎を手に入れてから、株を見張って畑を耕さずに兎を待ったが、二度と兎を得られなかったという故事による。「守株」ともいう。（『韓非子』）

重要

□**画竜点睛を欠く**

《意味》物事の最も大事な眼目となる、最後の仕上げが欠けていることのたとえ。

《出典》梁の画家張僧繇が、寺の壁に竜を描いて最後に睛を描き入れたところ、たちまちその竜が天に昇っていき、睛を描き入れない竜は地上に残ったという故事による。（『水衡記』）

□雁書（がんしょ）

《意味》手紙のこと。

《出典》漢の蘇武が匈奴に捕らえられていたとき、雁の脚に帛（絹の布切れ）に書いた手紙を結びつけて放ったところ、その雁が漢で射られて蘇武の生存がわかり、ついに漢に帰ることができたという故事による。「雁信」「雁帛」ともいう。（『漢書』）

□邯鄲の夢（かんたんのゆめ）

《意味》人の一生は実にはかないものだということのたとえ。

《出典》趙の都の邯鄲で、盧生という貧しい若者が、呂翁という老人から不思議な枕を借りて茶店で仮眠した。若者は立身出世の栄華を極め、五〇年余りの生涯を終えるという長い夢を見た。目覚めてみると、それは店の主人が炊いていたお粥がまだ炊き上がらないほどの短い時間だったという故事による。「一炊の夢」「盧生の夢」ともいう。（『枕中記』）

□間髪を容れず（かんはつをいれず）

《意味》「間、髪を容れず」と区切り、事態が差し迫っていることや、間をおかずに直ちに実行すべき事態であることのたとえ。

《出典》前漢の時代に、漢に恨みを持つ呉王の劉濞が謀反を起こそうとした。家臣の枚乗がいさめて「王のしようとしていることは、糸に重いおもりを付けて、際限なく高い所から計り知れないほど深い淵に吊り下げるようなものです。一旦糸が切れると、そこから出ようにも、その隙間は髪の毛一本も入らないほどですよ。」と言ったという故事による。（『説苑』）

重要

□完璧（かんぺき）

《意味》完全無欠なこと。

《出典》戦国時代、秦の昭王が、趙の宝物の「和氏の璧」と秦の十五の城を交換しようと申し入れてきた。趙王は強国秦に璧だけ奪い取られることを恐れていたが、秦に使いした藺相如は堂々と交渉を行い、無事に璧を持ち帰ったという故事による。（『史記』）

重要

□管鮑の交わり（かんぽうのまじわり）

《意味》利害によって変わることのない、極めて深い友情のたとえ。

《出典》春秋時代、斉の名臣管仲が若いころ、親友の鮑叔牙と商売を始めた。管仲が利益を多く取ったり、商売を駄目にしてしまったりしたにもかかわらず、才能はあるが貧しい管仲を鮑叔牙はいつもかばった。成長後、皮肉にもそれぞれが敵同士の主君につかえた。管仲の側が敗れ処刑されることになったが、鮑叔牙の仲立ちで命を救われたうえに、重く用いられるようになった。その後も、二人は変わることなくますます親交を深めていったという故事による。（『列子』）

き

□奇貨居くべし（きかおくべし）

《意味》珍しい品物は、必ず高値がつくから、後日の利益を期して今のうちに買っておくことのたとえ。

《出典》戦国時代の末期に、趙に人質に出された秦の子楚（始皇帝の父、後に秦王となり、呂不韋も宰相になった）を大商人呂不韋が見て、将来皇帝に擁立しようともくろんで言ったという故事による。（『史記』）

重要

□疑心暗鬼を生ず（ぎしんあんきをしょうず）

《意味》一度疑いの心が兆すと、何でもないことまで怪しく思えるようになってしまうことのたとえ。

《出典》ある男がまさかりをなくした。隣人の息子が盗んだのではないかと疑い始めると、隣人の息子のやる事すべてが怪しく思えだした。その後、まさかりが自分の置き忘れた谷間から見つかると、隣人の息子からは少しも怪しいそぶりが見られなかったという故事による。（『列子』）

重要

□木に縁って魚を求む

《意味》方法が誤っていると物事が成就しないということのたとえ。

《出典》斉の宣王は武力によって覇者になろうとしていたが、孟子は、それは木に登って魚を求めるのと同じで、戦争によって天下統一を果たそうとするのは、見当違いな方法であるといさめたという故事による。（『孟子』）

重要

□杞憂

《意味》無用の心配、取り越し苦労のたとえ。

《出典》春秋時代、杞の国に、天が崩れ落ちてこないかと、寝食も忘れて心配する人がいたという故事による。（『列子』）

□牛耳を執る

《意味》仲間や団体のリーダーとなることのたとえ。

《出典》春秋戦国時代、諸侯が同盟を結ぶときに、そのリーダーとなる人がいけにえの牛の耳をとり、みんなでその血をすすり盟約を誓ったという故事による。「牛耳る」ともいう。（『春秋左氏伝』）

□朽木は雕るべからず

《意味》性根の腐った人間にはいくら教えても無駄であることのたとえ。

《出典》昼寝をしていた弟子の宰予を、腐った木には彫刻ができないというたとえを用いて孔子が叱ったという故事による。（『論語』）

□玉石混淆

《意味》良いものとつまらないもの、価値のあるものとないものとが入り混じっていることのたとえ。

《出典》晋の時代に、道教を修め神仙術の修行をする葛洪という男がいた。この男が著作のなかで「昔の人は儒家以外の書でも諸子百家の良いものは尊重した。優れた書は今でもたくさんあるのに、それを評価できる聖人が現れなくなった。宝石と石ころが入り混じっている状態だ。」と嘆いた言葉による。（『抱朴子』）

重要

□漁夫の利

《意味》二者で争っている間に、第三者が利益を横取りすることのたとえ。

《出典》鷸が蚌の肉をついばもうとしたところ、蚌は殻を固く閉じて鷸のくちばしを挟んだ。両者が意地の張り合いをしているところを、通りがかった漁師が両方を捕らえてしまったという故事による。（『戦国策』）

□愚公山を移す

《意味》絶えず努力を続ければ、必ず物事は成し遂げられることのたとえ。

《出典》愚公という老人が、自宅の前にある大きな山を通行の邪魔に思い、長い年月をかけても他の場所にその山を移そうと決心し、家族とともに山を崩し始めたところ、天がその決心に感動して山を動かしてやったという言い伝えによる。（『列子』）

□苦肉の策

《意味》苦しまぎれに考え出した手段のたとえ。

《出典》赤壁の戦いを前に、呉の老将黄蓋は隊長の周瑜と策を練り、魏の曹操軍に投降したふりをして敵中に入り込み火を放つ作戦を提案した。黄蓋は曹操軍に投降を信じ込ませるために周瑜の作戦に難癖をつけて、周瑜から百叩きの刑を受ける。刑吏は本気で黄蓋を打ち、黄蓋は血まみれとなって倒れ伏した。味方をわざわざ傷つけるはずがないと思い込む心理を逆用した作戦は功を奏し、曹操軍は長江南岸（赤壁）からの撤退を余儀なくされたという故事による。（『三国志演義』）

け

重要

鶏口となるも牛後となるなかれ

《意味》大きな組織で人の後ろにつくよりも、小さな組織でもその長となる方がよいというたとえ。

《出典》戦国時代の遊説家蘇秦が、戦国七雄のうち、強大国秦以外の六か国の王たちに、秦に屈せず交戦すべきだと「合従策」を勧めたという故事による。（『史記』）

傾国

《意味》絶世の美女のたとえ。

《出典》君主がその美貌におぼれて政治を忘れ、国を危険な状態にしたという多くの故事による。「傾城」ともいう。（『漢書』）

重要

蛍雪の功

《意味》苦学して、その結果成功を収めることのたとえ。

《出典》晋代の車胤は、貧しくて夏は蛍の光で読書をし、孫康は、冬には窓辺の雪明かりで勉強し、ともに出世して栄達を遂げたという故事による。「蛍の光」の歌もこの故事による。（『晋書』）

鶏鳴狗盗

《意味》鶏の鳴きまねをして人を欺いたり、犬のようなまねをして物を盗んだりする卑しい者のたとえ。

《出典》斉の孟嘗君が秦の昭王に幽閉されたとき、犬（狗）のまねのうまい食客の盗み出した毛皮を王の愛人に贈って釈放してもらい、鶏の鳴きまねのうまい食客に関所の門を開けさせて脱出したという故事による。（『史記』）

鶏肋

《意味》大して役には立たないが、捨てるには惜しいもののたとえ。

《出典》鶏の肋骨には大した肉は付いていないが、出汁取りなどに使える。魏の曹操が蜀の劉備を討とうとして出陣するが苦戦を強いられ、侵攻か撤退か思案に迷っていた。食事の皿に鶏のあばら骨のあったのを見て、曹操は「鶏肋」とつぶやいた。それを聞いた部下の楊修が、曹操は「撤退するのは惜しいが、これ以上戦っても大した益があるわけではない」と考えているのだと解釈したという故事による。（『後漢書』）

重要

逆鱗に触れる

《意味》天子や君主、または目上の人の怒りをかうことのたとえ。

《出典》本来おとなしい動物である竜のあごの下には、逆さに生えた鱗が一枚あるが、それに触れると竜はひどく怒って食い殺すという言い伝えによる。（『韓非子』）

捲土重来

《意味》一度敗れた者・失敗した者が、再び勢いを盛り返して巻き返してくることのたとえ。

《出典》漢の劉邦と天下を争った楚の項羽は、垓下の戦いで敗れ、最期は自ら首を刎ねて命を絶った。唐の詩人杜牧はその詩に、項羽が故郷に帰って恥をしのんで再起することがあったら、どうなっていたかは分からないと詠んで、項羽の死を惜しんでいる。句は詩中の「捲土重来、未だ知るべからず」による。（『樊川文集』）

□**狡兎死して走狗烹らる**

《意味》役に立つうちは重宝がられるが、用が済むとかえって権力者の邪魔になって惜しげもなく捨てられることのたとえ。

《出典》前漢の劉邦は、帝位に就くと、功績のあった臣下を次々と殺して粛清していった。その一人韓信が捕らえられたときにこの言葉を述べて許されたという故事による。すばしこい兎がいなくなれば、それを捕らえる猟犬は不要となるから煮て食われるという意味。（『史記』）

重要

□**呉越同舟**

《意味》仲の悪い者同士や敵味方が同じ場所にいることのたとえ。

《出典》春秋時代、呉と越は長年にわたって戦を繰り返していたが、たまたま両国の人々が同じ舟に乗り合わせ、暴風に遭ったとき、互いに助け合ったという故事による。（『孫子』）

□**呉下の阿蒙にあらず**

《意味》学問に長足の進歩を遂げた者のたとえ。

《出典》三国時代、呉の呂蒙は戦においては人後に落ちなかったが、学問の方はまったくダメだった。あるとき呉王が呂蒙を呼び、お前には将軍として学問が必要であると説教した。呂蒙は猛烈に学問に打ち込み、呉の国で秀才の聞こえの高い魯粛という男が様子を見にゆくと、魯粛も負かされるくらいに学問が進歩していたという故事による。（『三国志』）

重要

□**古希**

《意味》七十歳のこと。

《出典》杜甫の「人生七十古来稀なり」と詠んだ詩句による。七十歳まで生きる人がまれであるという意味。（『曲江』）

重要

□**虎穴に入らずんば虎子を得ず**

《意味》危険を冒さなければ、大きな利益や功績は上げられないことのたとえ。

《出典》匈奴に対する防衛同盟を結ぶために、後漢から西域へ遣わされた班超が、わずかの手勢で匈奴の敵陣に夜襲をかけたときに、部下を励まして言ったという故事による。班超は匈奴の陣営を全滅させ、楼蘭王国は漢との同盟を受け入れた。（『後漢書』）

重要

□**五十歩百歩**

《意味》似たりよったりで大差がないことのたとえ。

《出典》戦いの最中に二人の兵が逃げ出した。五十歩逃げた兵が百歩逃げた兵を弱虫だといって笑ったが、逃げ出したというおくびょうさには変わりがない。孟子が梁の恵王に語ったという寓話による。（『孟子』）

□**壺中の天**

《意味》酒に酔ったときの陶酔境のたとえ。

《出典》市場で薬売りをしていた老人が、商売が終わると店頭の大きな壺のなかに入っていった。壺のなかには素晴らしい宮殿があったという言い伝えによる。（『後漢書』）

□**胡蝶の夢**

《意味》人生のはかないことのたとえ。また、現実に束縛されない自由な境地のたとえ。

《出典》戦国時代の思想家荘子が胡蝶となった夢から目覚め、自分が夢のなかで胡蝶となったのか、目覚めていると思っている今が夢で、胡蝶が本来の自分なのかわからなくなったという故事による。（『荘子』）

五里霧中

《意味》方向を見失うことや、どうすべきかの方針が立たなくて迷うことのたとえ。

《出典》後漢の張楷という男は、道教の術に優れ、五里四方にも渡る霧を起こして姿をくらます術を身につけていた。世間に出るのを嫌った張楷は、自分のもとに集まってくる人にも、会いたくない時にはこの術を使って身を隠したという故事による。（『後漢書』）

重要

塞翁が馬

《意味》人生の幸不幸や運不運は予測できないものだということのたとえ。

《出典》国境近くに住む老人が愛馬に逃げられたが、その馬が胡の国の駿馬を連れて戻ってきた。良馬が増えたと思う間もなく息子がその良馬から落ちて骨折してしまった。その後に胡の大軍が攻め込んできて、村の若者はほとんど戦死したが、その息子は足が不自由であったために戦わずにすみ、無事であったという故事による。「人間万事塞翁が馬」「禍福は糾える縄の如し」とも使う。（『淮南子』）

左袒

《意味》味方することのたとえ。

《出典》漢の高祖劉邦の死後、皇后の一族呂氏が漢の天下を奪おうとして反乱を起こした。反乱を討とうとした軍事長官の周勃は部下たちに「呂氏に味方する者は右肩を脱いで見せよ、劉一族に味方する者は左肩を脱いで見せよ」と言ったところ、全軍が左肩を肌脱ぎにして、劉氏に味方することを表明したという故事による。（『史記』）

三顧の礼

《意味》何度も足を運び、礼を尽くして賢者を部下に招くことのたとえ。

《出典》三国時代、蜀の劉備が諸葛孔明を軍師に迎えるに際して、再三固辞する孔明の草庵を三度も訪ねて、礼儀を尽くして招いたという故事による。（『前出師表』）

鹿を指して馬と為す

《意味》権勢を背景に、黒を白と言いくるめることのたとえ。

《出典》秦の始皇帝亡き後、二世皇帝の胡亥を排して権力を奪おうと企んだ趙高が、自分の味方がどれくらいいるのかを調べようとして、皇帝に「馬だ」と言って鹿を献上した。胡亥は鹿だと言うが、それに賛同した忠臣は少数であった。趙高は否定した部下を記憶しておき、後にあれこれと難癖をつけて殺したという故事による。（『史記』）

七歩の才

《意味》優れた詩を素早く作る才能に恵まれていることのたとえ。

《出典》三国時代の魏の曹操の長子の曹丕は、後漢の献帝を倒して天子となり、文帝と呼ばれた。文才のある帝王であったが、弟の曹植に及ばないことをねたんで、常に曹植を殺そうと考えていた。あるとき、文帝は弟に「七歩あゆむうちに詩を作らなければ処罰する」と難題をふっかけた。すると曹植は、即座に「兄弟だというのに、どうしてこんなにひどい仕打ちをするのか」という意味を込めた詩を詠んだという故事による。（『世説新語』）

重要

四面楚歌

《意味》周囲がみな敵であることのたとえ。

《出典》楚の項羽の軍が漢の劉邦の軍に包囲されてしまった。劉邦は、部下に一斉に楚の国の歌を歌わせた。これを聞いた項羽は、楚の人々が歌っているものと思い、人々はみな漢に降伏してしまったのだと落胆し、「周囲はみな敵である」と覚悟を決めたという故事による。(『史記』)

重要

□柔よく剛を制す

《意味》柔軟なものは一見弱そうに見えるが、そのしなやかさで剛強なものにも勝つものだということのたとえ。

《出典》老子の思想をよく表した兵法書の言葉による。(『三略』)

□繍を衣て夜行くがごとし

《意味》どんなに立派な業績を上げても、故郷に帰ってそれを披露しなければ、目立たず意味を成さないことのたとえ。

《出典》楚の項羽が秦を倒した後、中原の地を捨てて、どうしても故郷に凱旋しようとして言ったという故事による。(『史記』)

□酒池肉林

《意味》豪華でぜいたくな酒宴のたとえ。

《出典》殷の滅亡のもととなった暴君紂王は、愛する美女のために豪華な宮殿や庭園を造り、何日も続く宴会を開いて楽しんだ。池には酒を満たし、木に肉をつるして林のごとくにしたという故事による。(『史記』)

重要

□出藍の誉れ

《意味》教えを受けた弟子が、その能力や技術において、師を超えて優れていることのたとえ。

《出典》藍草から取った青い染料の青さは、もとの藍草よりも色濃く美しい。勉学においても同様で、励めばより高いところへ達することができると、荀子が学問の必要性を説いた言葉による。(『荀子』)

重要

□食指が動く

《意味》食欲がわいてくること、また、物を欲しいと思い始めたり、何事かをする気が起こったりすることのたとえ。

《出典》春秋時代、鄭の宋が自分の人指し指の動くのを見て、「こうなるといつもごちそうにありつけるのだ」と同行の者に話したという故事による。(『春秋左氏伝』)

重要

□助長

《意味》不要な力添えが、かえって相手を害することのたとえ。

《出典》宋の国の農夫が苗の生長を早めようとして苗を引っ張った。それを聞いた息子が見に行くと、苗はすべて枯れていたという故事による。(『孟子』)

□白波

《意味》盗賊のことをいうたとえ。

《出典》後漢の末、張角を首領とする黄巾の乱が起こり、鎮圧された後にも残党は各地に潜んで略奪行為を繰り返していた。一八八年、山西省の白波谷に立てこもった残党は洛陽の都を脅かした。その当時の人々が盗賊たちを恐れて「白波賊」と呼んだという故事による。「しらなみ」は白波を訓読したもの。(『後漢書』)

重要

□人口に膾炙する

《意味》広く世間の人々に知れ渡り、名文句などが多くの人に親しまれることのたとえ。

《出典》古来、膾(細かく切った生肉)と炙り肉(焼肉)はだれの口にもおいしく喜ばれたという故事による。(『周朴詩集序』)

□水魚の交わり

《意味》極めて親密な交際・間柄のたとえ。

《出典》「三顧の礼」をきっかけに、蜀の劉備と諸葛孔明の親交は深まり、劉備が自分に諸葛孔明がついてきてくれるのは、魚に水があって生きていられるようなもので、自分と孔明とは切っても切れない関係であると言ったという故事による。（『三国志』）

重要
□推敲
《意味》詩や文章の字句・内容をよく練り上げることのたとえ。

《出典》中唐の詩人賈島がロバに乗りながら詩を作っていたところ、「僧は推す月下の門」という句が浮かんだが、「僧は敲く」とする方がよいとも思い、あれこれ思案に暮れているうちに、詩人韓愈の行列に出会った。教えを請われた韓愈は、「敲く」とした方が聴覚的な広がりが出てよいと助言したという故事による。（『唐詩紀事』）

重要
□杜撰
《意味》出典の引用が不正確な書物、また、いい加減で誤りが多いことのたとえ。

《出典》宋の詩人杜黙の詩には定型詩のきまりに合わないものが多かったという故事による。（『野客叢書』）

□折檻
《意味》目下の者が上司をいさめることや、厳しく叱って体罰を加えたりすることのたとえ。
《出典》漢の成帝の時代に、成帝の師である大臣張禹の専横ぶりを訴えた家臣の朱雲は、成帝に張禹を斬るよう進言した。しかし成帝は激怒して「上司の悪口は死罪に値する」と言い、朱雲を御殿から引きずり下ろそうとした。朱雲のしがみついていた手すり（檻）は折れ、朱雲は地面に突き落とされても訴え続けた。後に朱雲は赦されたが、朱雲の折った檻は直さずそのまま残されたという故事による。（『漢書』）

□千里眼
《意味》遠く離れた場所の出来事や人の心などを直感的に知る能力、またはその能力を持つ人のたとえ。

《出典》魏の揚逸という男は、広い情報網を張り巡らして、部下の行動を全て把握していた。人々は揚逸が千里も遠くまで見通す眼を持っていると言って恐れたという故事による。（『魏書』）

□宋襄の仁
《意味》つまらぬ情けをかけて、逆にひどい目にあうことのたとえ。
《出典》春秋時代、宋の襄公は大国の楚と戦ったとき、「敵の戦の準備が完了しないうちに攻めましょう」という進言に対し、「人の難儀につけ込むのは君子ではない」と言って敵の布陣を待って戦ったところ、大敗を喫してしまったという故事による。（『春秋左氏伝』）

□大器晩成
《意味》後に大人物になるような者は、早くから目立ったりせず、晩年になって立派になるものだということ。
《出典》老子の弟子の崔林は、目立つこともなく、人々からは愚か者だと思われていたが、従兄の崔琰だけは、「大きな鐘は簡単には造れない。大きな才能も完成までには長い年月がかかる。」と言った。崔林は成人すると、魏の曹操に取り立てられてその才能を開花させ、高い地位まで昇りつめたという故事による。（『老子』）

重要

□太公望

《意味》釣りをする人のたとえ。

《出典》周の文王が狩りに出かけたとき、川べりで釣りをしている老人と言葉を交わしたところ、大変な賢人であった。文王はこの老人こそ、かねて祖父の太公が「聖人が現れて周を興してくれるだろう」と言って待ち望んでいた人に違いないと思い、かれを太公望と名づけて軍師に迎えたという故事による。（『史記』）

重要

□泰斗

《意味》常に人から目標とされるような優れた人物、また、その道の権威者のたとえ。

《出典》古来、山東省の名山「泰山」と「北斗星」は人々が常に仰ぎ見る存在であったという故事による。「泰山北斗」ともいう。（『唐書』）

□多岐亡羊

《意味》学問の道が多方面に分かれていて真理がつかみにくいこと、また、方針が多くて思案に暮れることのたとえ。

《出典》逃げ出した羊を追いかけているうちに、分かれ道の多いところにやって来て、ついに羊を見失ったという寓話による。（『列子』）

重要

□他山の石

《意味》どのようなことでも自分を磨く助けになることのたとえ。

《出典》よその山から出た粗悪な石でも、自分の宝である玉を磨くのには役に立つというたとえによる。（『詩経』）

重要

□蛇足

《意味》余計な付け足しをして、台無しにすることのたとえ。

《出典》主人から酒をもらった召し使いたちは、蛇の絵を一番はやく描き上げた者がその酒を手に入れられることにした。すると一番はやく仕上げた男が調子に乗って、蛇にはあるはずのない足を描き足してしまったため、蛇ではないものを描いたということで、酒を飲み損ねたという故事による。（『戦国策』）

□多々益々弁ず

《意味》何でも多い方が都合がよいこと、また、技術や才能に優れていることのたとえ。

《出典》漢の劉邦に「どのくらいの軍隊を動かすことができるか」と尋ねられたとき、韓信が「兵は多ければ多いほどうまく処理できる」と誇って答えたという言葉による。（『漢書』）

□断腸の思い

《意味》はらわたがちぎれるほどの、この上なくつらい悲しみのたとえ。

《出典》東晋の将軍桓温が船で蜀に攻め入り、長江の上流の三峡を渡ったとき、家臣の一人が子猿を捕まえて船に持ち込んだ。連れ去られた子猿の後を、母猿が悲しげに泣き叫びながら岸伝いに追って来た。百里ほども行ったところで船が岸に近づくと、母猿は船に飛び乗ってきた。子猿と再会した母猿の安堵も束の間、ひとしきり泣き喚くとそのまま息絶えてしまった。母猿の腹を割いてみたところ、腸がずたずたに断ち切れていた。これを聞いた桓温は怒り、子猿を捕えた家臣を罷免したという故事による。（『世説新語』）

ち

重要

□知音

《意味》互いの心をよくわかり合っている親友のたとえ。

《出典》春秋時代の鍾子期は、琴の名手伯牙の弾くその音色を聞いて伯牙の心境までよく理解した。その鍾子期が死ぬと、伯牙は「もはや私の琴を聞かせるべき相手はいない」と言って、琴の弦を断ち切り、二度と琴を手にしなかったという故事による。（『列子』）

□中原に鹿を逐う

《意味》地位や権力を得ようとして争うことのたとえ。

《出典》秦が滅びた後、群雄割拠して天下を取ろうと争った様子を、猟師たちが中原に一頭の鹿を競って追いかける様子に見立てたたとえによる。中原とは黄河の中・下流域を指し、古くはこの地域が中国の中心であった。（『唐詩選』）

重要

□朝三暮四

《意味》口先で人をごまかすこと、また、目先の違いにばかり気をとられて、結果が同じなのに気づかないことのたとえ。

《出典》春秋時代、宋の国のある猿回しが群れを成すほど多くの猿を飼っていた。食料が乏しくなってきたので、飼っている猿の餌を節約しようと考え、「これからはトチの実を朝に三つ、夜に四つにしようと思うが」と言うと、猿たちが怒り出した。そこで「では朝に四つ、夜に三つではどうか」と言うと、猿たちは大いに喜んだという寓話による。（『列子』）

□頂門の一針

《意味》急所・核心をついた、手厳しい戒めや教訓のたとえ。

《出典》蘇軾が儒家の荀子を、わざわざ異説（変わった説）や高論（高尚な議論）を使うとして、非難を込めて論じたという故事による。「頂門」は頭のてっぺんのこと。（『荀卿論』）

て

□轍鮒の急

《意味》差し迫った緊急事態のたとえ。

《出典》荘子が道を歩いていると、鮒が車の轍（車の通った跡にできた溝）の小さな水たまりに落ちていて苦しみ、水をくれという。荘子が、これから南の国の王のところに行くので、用事がすんだら川の水をここまで引いてやろうと言うと、鮒はそれでは今の緊急事態に間に合わないと言って怒ったという寓話による。「焦眉の急（眉が焦げる間ほどの緊急事態）」ともいう。（『荘子』）

□天高く馬肥ゆる秋

《意味》秋空の澄み渡る快適な気候をいうたとえ。

《出典》中国では紀元前四世紀末から五〇〇年にわたって、北方の騎馬民族「匈奴」が毎年秋の収穫期になると略奪にやってきた。前漢の趙充国は警告して、「馬肥ゆる秋には必ず事変が起こるから、今年もその季節がやってきたので警戒を怠るな」と言ったという故事による。匈奴の襲来は「万里の長城」が築かれた理由の一つとされる。（『漢書』）

□天網恢々疎にして漏らさず

《意味》どんなに小さな悪事でも、必ず天罰を受けるということのたとえ。

《出典》天の網は大きくその網目が粗いように見えるが、天は厳正で決して悪人をとり漏らすようなことはないといった、老子の言葉による。「天網恢々疎にして失わず」ともいう。（『老子』）

と

□桃源郷

《意味》俗世界の悩みごとや心配ごとから解放された別天地のたとえ。

《出典》晋の時代に、武陵の漁師が谷川を遡って行くうちに、桃の花の咲く林に出た。さらに遡ると桃の林の先には洞穴があって、その向こうには桃の花が美しく咲きほこる村があり、晋の移民たちが俗世間を離れて戦争もなく幸せに暮らしていた。後日、漁師がもう一度訪ねようとしたが、見つけることはできなかったという故事による。(『桃花源記』)

重要

□桃李もの言わざれども下自ずから蹊を成す

《意味》仁徳のある人のもとには、その徳を慕って自然に人が集まり心服するものだということのたとえ。

《出典》桃や李は何も言わないが、美しい花やおいしい果実にひかれて人が集まるので、その木の下には自然と道ができるという、前漢の李広将軍の人柄を司馬遷が述べた言葉による。(『史記』)

重要

□登竜門

《意味》立身出世につながる難しい関門のたとえ。

《出典》「竜門」は黄河上流の急流で、ここを登りきった鯉は化して竜になるという言い伝えによる。出世の糸口をつかむことを「竜門を登る」という。(『後漢書』)

□蟷螂の斧

《意味》敵うはずもない相手に無謀にも立ち向かうこと、また、力及ばずとも身を捨てて立ち向かわねばならぬときがあることのたとえ。

《出典》斉の荘公の乗った車の前に、カマキリが前脚を振り上げて立っていた。それを見た荘公は退くことを知らぬ非力なカマキリの気概に心を動かされたという故事による。(『韓詩外伝』)

□怒髪冠を衝く

《意味》非常に激しい怒りであることのたとえ。

《出典》漢の劉邦と天下を争った楚の項羽は、軍師范増の立てた策に従って、劉邦と会見する際に舞う剣舞のどさくさに紛れて、劉邦を殺そうとした。それを知った劉邦の家臣の樊噲が髪を逆立て、怒り極まった顔で眼をぎらつかせて項羽を睨みつけていたため、劉邦は命を落とさずにすんだという故事による。「怒髪天を衝く」ともいう。(『史記』)

重要

□虎の威を借る狐

《意味》強い者の威光をかさにきて威張りちらす小人物のたとえ。

《出典》虎に捕まった狐が、とっさに悪知恵をはたらかせて、「自分は天帝(天の神)の命を受けて百獣の長となっている、だから私を食ってはいけない、嘘だと思うなら一緒に行ってみよう」と言って、虎を後ろに従えて歩いて行くと、獣たちは狐の後ろの虎を見て皆逃げてしまった。しかし、虎は自分が恐れられているとは気づかず、狐を怖がって逃げたと思い込んだという寓話による。(『戦国策』)

重要

□泣いて馬謖を斬る

《意味》規律を守るために愛する者をやむをえず処分すること、また、私情にとらわれずに法を正すことのたとえ。

《出典》三国時代、蜀の諸葛孔明は、劉備の死後その遺言に従って若い皇帝劉禅をよく補佐し、国力の充実するのを待って中原の魏を討ちに出た。街亭の戦いにおいて孔明は最も信頼する部下の馬謖に指揮を取らせたが、馬謖は孔明の指図どおりにせず、無謀な戦いを挑んで大敗した。孔明は軍律を維持するために馬謖の責任を問い、その旧交と親交にもかかわらず泣く泣く馬謖を斬罪に処し、その家族を手厚く遇したという故事による。(『十八史略』)

□南柯の夢

《意味》この世における繁栄など、当てにならない夢に過ぎないと悟ることのたとえ。

《出典》男が槐の木の下で酒に酔って昼寝をしていたところ、大槐安国なる国から国王の使いがやってきて、南柯郡を治めてほしいと頼まれる。任地に赴いて二十年、南柯郡は大いに治まった。男は大臣となったが、謀反を疑われて王に帰国を命じられ、ふと気づいてみると、槐の木の下で昼寝から覚めたところであったという、唐代の伝奇小説による。(『南柯太守伝』)

□鶏を割くにいずくんぞ牛刀を用いん

《意味》小さな事を処理するのに、大人物や大げさな方法を用いる必要はないことのたとえ。

《出典》弟子の子游が武城の町で、音楽を用いて民衆を教化しているのを聞き、孔子が「小さな町の教化に、どうして国家を治める方法を用いる必要があるのか」と言ったという故事による。(『論語』)

□嚢中の錐

《意味》優れた人材は自然と人目につくことのたとえ。

《出典》戦国時代、「賢者は、袋のなかに入れた錐が知らぬ間に袋を突き抜けるように、すぐに頭角を現すものだ」と言った、趙の宰相平原君の言葉による。(『史記』)

□敗軍の将は兵を語らず

《意味》敗れた者、失敗した者にはそのことに対して語る資格がないということ。

《出典》前漢の劉邦に仕えた名将韓信は、故事成語となった「背水の陣」を敷いて趙の大軍を破った後、さらに追撃して趙の部隊の殲滅を企てた。これを知った趙の戦略家李左車は、追撃する韓信の軍を逆に挟撃(挟み討ち)して打ち破ることを宰相陳余に具申するが採り入れられず、韓信は予定通り趙の追撃に大勝利を収めた。捕えられた陳余は斬られたが、李左車は捕虜となった。韓信は戦略家としての李左車の才を惜しんだのである。後日、韓信は北方の燕を攻める際に、その戦略を李左車に尋ねた。李左車は「敗軍の責任者であった私に、兵(戦略・兵法)を語る資格はない。」と答えるのみであった、という故事による。(『史記』)

重要

□背水の陣

《意味》ぎりぎりの状況のなかで、一か八かの勝負をかけることのたとえ。

《出典》前漢の劉邦に仕えた名将韓信は、趙王歇の軍と井陘口で対戦し、わざと前方に山、後方に川のある地形に布陣した。逃げ場のない地形であるため、何倍もの敵勢に対して兵士たちは決死の覚悟で戦い、大勝をおさめたという故事による。(『史記』)

□杯中の蛇影

《意味》気の迷いや妄想が悪い結果を生むということのたとえ。

《出典》ある男が客として招かれ酒を出されるが、飲もうとすると杯のなかに小さな蛇のいるのを見つけた。気持ちが悪かったが、主人に悪いと思って飲んでしまい、病気になって寝込んでしまった。ところが、その後、蛇と見えたものは壁に掛けてあった弓が杯に映ったものだったとわかり、途端に病気が治ってしまったという故事による。「疑心暗鬼を生ず」ともいう。(『晋書』)

重要

□馬脚を露す

《意味》偽り隠していたものの真相が現れてしまうこと、また、悪事が明らかになることのたとえ。

《出典》中国の芝居で、馬の脚が実は人の脚であることがばれてしまうのをおそれたという故事による。（『元曲陳州糶米』）

重要

□白眼視

《意味》相手を軽蔑の目で見ることのたとえ。

《出典》世俗的なものを嫌った竹林の七賢の中心人物阮籍は、青眼（真っ直ぐな目）と白眼（上目づかい）を使い分け、気に入った人には青眼で、気に入らない人には白眼で応対したという故事による。（『晋書』）

重要

□白眉

《意味》多くの優れたもののなかで特に優れていることのたとえ。

《出典》三国時代、蜀の馬一族の五兄弟はそろってこのうえない秀才の評判であった。なかでも一段と優れていた長男馬良には、生まれつき眉に白い毛が混じっていたという故事による。（『三国志』）

重要

□破竹の勢い

《意味》猛烈な勢いで進むことのたとえ。

《出典》晋の杜預が呉を攻めたとき、「今や我が軍は刀で竹を割っていくような勢いである」と言ったという故事による。（『晋書』）

重要

□破天荒

《意味》今までだれもなしえなかったことに、初めて成功することのたとえ。

《出典》唐代、荊州からは科挙（官吏登用試験）に合格する者が一人も出ず、世間では荊州のことを天荒（人材不作の地）と呼んでいた。ところが、ある年劉蛻という男が科挙に及第し天荒を破ったことから、「天荒を破る者」と呼ばれたという故事による。（『北夢瑣言』）

□尾生の信

《意味》信義に厚いこと、また、ばか正直なことのたとえ。

《出典》魯の尾生という男が橋の下で女と逢う約束をした。約束の時間になっても女は現れなかった。来ない女を待つうちに、大雨で川は増水してきたが、尾生はいつまでも約束の場所を離れず、橋げたに抱きついたままおぼれ死んだという故事による。（『荘子』）

□顰みに倣う

《意味》考えもなしに人の真似をして物笑いになること、また、人と同じ行動をするときにへりくだっていう言葉。

《出典》春秋時代の越の国に西施という美女がいた。胸の病のために咳をして顔をしかめる姿はいっそう美しかったが、わけを知らない女たちはこぞって咳をしたという故事による。（『荘子』）

□髀肉の嘆

《意味》手腕を発揮する機会がなく、むなしく時を過ごすのを嘆くことのたとえ。

《出典》蜀の劉備がまだ他人の家に身を寄せていたころ、馬に乗って戦う機会もなく、もも（髀）の内側に肉がついて太ったのを嘆いたという故事による。（『三国志』）

□百年河清をまつ

《意味》どんなに待っても達成することのできない望みのたとえ。

《出典》黄河は黄土の地を流れるため、いつも黄色く濁っているが、千年に一度澄むという言い伝えによる。（『春秋左氏伝』）

□百聞は一見に如かず

《意味》何度も繰り返し聞いたことでも、一度実際に自分の眼で見た経験には及ばない。何事も自分の眼で実際に確かめてみよという教え。

《出典》漢の宣帝が参謀の趙充国に、反乱を起こした遊牧民族を鎮圧するために必要な戦略と兵力を尋ねた。充国は「遠い場所のことで戦略を立てにくいので、自分が現地に行って地図を描いて戦略を申し上げたい。」と進言した故事による。（『漢書』）

□比翼の鳥、連理の枝
《意味》堅く結ばれた夫婦のたとえ。

《出典》白居易が「天に在りては願わくは比翼の鳥となり、地に在りては願わくは連理の枝とならん」と詠んだ詩句による。（『長恨歌』）

□風樹の嘆
《意味》子が親に孝行しようと思うようになった年頃には、既に親は亡くなっていて、親への思いを尽くせないという嘆きのたとえ。

《出典》「木が静かにしたいと思っても、風がやまないのでどうすることもできない。子が親に孝行しようと思っても、親は待ってくれない。あの世に行ってしまえば、二度と会えなくなるものは親である。」とある一節による。（『韓詩外伝』）

重要
□覆水盆に返らず
《意味》一度犯した過ちは取り返しがつかないことのたとえ。

《出典》周の呂尚（太公望）が読書にふけってばかりいて仕事に専念しないので、愛想をつかした妻は離縁を申し出て実家に帰ってしまった。その後、周の武王を助けて殷を討った功により、呂尚が斉の王に任命されると、妻は復縁を求めてきた。呂尚は盆（たらい）を傾けて水をこぼし、妻にこれを元通りにさせようとしたが元には戻せなかったという故事による。（『拾遺記』）

重要
□舟に刻みて剣を求む
《意味》古い考え方やしきたりにこだわって状況の変化に対応できないこと、また、頑固で融通のきかないことのたとえ。

《出典》春秋時代、楚の国に長江を渡る舟から剣を落とした男がいた。男はあわててここから剣を落としたのだと、舟が流れ動くことも考えず舟べりに印を付け、岸に着いてからその印のところから水に入って剣を探したという故事による。（『呂氏春秋』）

重要
□刎頸の交わり
《意味》生死を共にできるほどの親しい交わりのたとえ。

《出典》戦国時代、居候に過ぎなかった藺相如が功により上卿（筆頭家老）に昇進した。そのことをよく思わない大将廉頗は相如に恥をかかせようとするが、相如は自分たちが争うと敵国秦につけ入るすきを与えるだけだと考え、廉頗と顔を合わせないようにした。その深謀遠慮を知った廉頗は自分の非をわび、その後二人は相手のために頸を刎ねられても悔いのないほどの親交を持ったという故事による。「刎頸の契り」ともいう。（『史記』）

□暴虎馮河
《意味》向こう見ずな勇気、また、命知らずの行動のたとえ。

《出典》虎に素手で立ち向かったり、大河を徒歩で渡ろうとしたりするような無謀な者と一緒に行動したくないと、勇猛を誇る弟子の子路を戒めた孔子の言葉による。（『論語』）

□墨守
《意味》自分のやり方や考えを堅く守って変えないことのたとえ。

《出典》戦国時代の思想家墨子は、強大な楚の軍に対抗するため、宋の国内の守りの手薄な町や村に駆けつけ、全力で守備を補強した。楚軍は新兵器の雲梯（雲まで届くほどの長いはしご）を使って九度も攻めたが、ついに墨子の鉄壁の守りを破ることができなかったという故事による。（『墨子』）

重要

□矛盾

《意味》前後のつじつまの合わないことのたとえ。

《出典》春秋時代、楚の国で矛と盾を売っていた男が、「私の売っている矛は鋭くてどんな盾でも必ず突き通すことができる、またこの盾は堅くてどんな鋭利な矛でも必ず防ぐことができる」と言った。すると、見物人が「では、あなたの矛でその盾を突いたらどうなるのかね」とやりこめたという故事による。（『韓非子』）

重要

□孟母三遷

《意味》母親が教育に熱心なこと、また、教育には環境が大切だということのたとえ。

《出典》孟子の母親が、幼い孟子が葬式のまねや商売のまねをして振る舞いがよくないので、墓場の近くから市場へ、さらに学校の近くへと、孟子の教育のためにふさわしい環境を求めて、三度住居を移したという故事による。（『列女伝』）

□孟母断機の戒め

《意味》学問や修業を中途でやめる愚かさを戒めることのたとえ。

《出典》孟子が学問に飽きて学業途中で家に帰ると、中途半端な態度を怒った母親が「学問を中途でやめることは、私が今まで一生懸命に織ってきたこの布を断ち切るのと同じで、これまでの苦労が水の泡になってしまう愚かなことなんですよ」と言って、織りかけの布を断ち切って見せたという故事による。（『列女伝』）

□病膏肓に入る

《意味》病気が重くなって、もはや治る見込みがなくなること、また、趣味や道楽にのめり込んで、もはや手のつけようのないほど深入りしてしまっていることのたとえ。

《出典》春秋時代、病気の治療のために秦から名医を招くことにした晋の景公は、子供の姿をした病魔たちが「今度来るのは名医だからまずい、どこへ逃げようか」「針や薬の届かない膏（心臓の下）肓（横隔膜の上）にいれば大丈夫だ」と話し合っている夢を見た。やがて到着した医者は「この病気は膏肓にあるから手の施しようがない」と診断したという故事による。（『春秋左氏伝』）

□夜郎自大

《意味》自分の力量もわきまえず尊大に振る舞う者のたとえ。

《出典》中国西南の夜郎という民族は、周辺の国々のなかでは強大であったため、漢の強大さも知らず、自分たちの民族と漢帝国との大小を、漢の使いに尋ねたという故事による。（『史記』）

□有終の美を飾る

《意味》物事を最後までやり遂げて、立派な成果とともに締めくくることのたとえ。

《出典》滅びゆく周王朝を傷み、それをかつて周に滅ぼされた殷の紂王になぞらえて、為し難い「有終の美」を周の文王に託して歌ったとされる詩の言葉による。（『詩経』）

ら

重要
洛陽の紙価を貴からしむ

《意味》著書が大評判で盛んに読まれることのたとえ。

《出典》晋代、洛陽に住む左思の傑作『三都賦』を書き写すために、人々が競って紙を買い求めた。その結果、洛陽の町の紙の値段が高くなったという故事による。「洛陽の紙価貴し」ともいう。（『晋書』）

り

梁上の君子

《意味》泥棒、また、ねずみのたとえ。

《出典》後漢の陳寔という男は、自宅の梁の上に泥棒がひそんでいるのを知って、子供たちに「人間は努力を怠ってはいけない、悪人も初めから悪人ではない、心がけの悪さが人を悪人にするのだ、ちょうど今、梁の上にいる君子のようにだ」と戒めたところ、その泥棒も感じ入って梁から飛び降りてわび、罪を悔い改めたという故事による。（『後漢書』）

ろ

遼東の豕

《意味》つまらぬことを自分一人だけで得意がること、また、世間知らずが自分だけを偉いと思うことのたとえ。

《出典》遼東の農夫が、白頭の豕（豚）が産まれたのを珍しく思い、これを天子に献上して恩賞にあずかろうと河東地方までやって来たところ、その地方の豚はすべて頭が白かったので、がっかりして引き返したという故事による。（『後漢書』）

壟断

《意味》利益を独占することのたとえ。

《出典》ある男が、市場で壟断（高く切り立ったところ）に場所を占め、そこから全体を見渡して、もうかりそうな取り引き相手を見つけ出しては飛んで行って、利益を独占しようとしたという故事による。（『孟子』）

重要
隴を得て蜀を望む

《意味》人間の欲望には限りがないことのたとえ。

《出典》三国時代の魏の名将司馬仲達が、隴（甘粛省東南部）を平定し、さらに南の蜀の都成都を攻めようとしたとき、魏王曹操が自戒して言った言葉による。「望蜀」ともいう。（『後漢書』）

わ

殃い池魚に及ぶ

《意味》思いがけない災難に遭うこと、また、災難の巻き添えをくうことのたとえ。

《出典》春秋時代、罪を犯した者が逃げる途中、池に盗んだ宝石を投げ込んだので、池の水をさらったが見つからず、池の魚だけが死んだという故事による。「池魚の殃い」ともいう。（『呂氏春秋』）

和して同ぜず

《意味》人と協調して行動しても、自分のしっかりした考えを持って、むやみに人に同調したりしないということ。

《出典》「和」は主体性を持って人と親しく交わり助け合うこと。「同」は自分の考えもないまま、ただ人の言うことに同調すること。孔子が君子の協調の仕方について、「君子はだれとでも協調するものだが、道理や信念を忘れて人と交わることは決してしない」と説いた言葉による。（『論語』）

大人社会の現代語

~社会人の日常語だが、中学時代にも是非触れておきたい言葉~

ア行

□ **アイデンティティー（自己同一性）**
自分が他の誰でもない、唯一無二の独自性をもった自分であるという確信。

□ **隘路**（あいろ）
狭くて通行に困難な道。物事を進める上で障害となるもの。

□ **アイロニー（皮肉）**
逆の意味をもつ表現によって意図する意味を解らせようとする表現法。

□ **軋轢**（あつれき）
互いの仲が悪くなること。

□ **アナクロニズム（時代錯誤）**
時代の流れに逆行している状態。時代遅れ。

□ **阿諛**（あゆ）
相手に気に入られるように振る舞うこと。

□ **アンチテーゼ（反定立）**
対立する主張や理論。

□ **イデオロギー（観念形態）**
哲学・芸術・思想・宗教・政治・社会などのあるべき姿についての、意見・態度・信念の基本的な体系。

□ **イニシアチブ（主導権）**
物事を率先して行なうこと。

□ **イノベーション（技術革新）**
経済成長の原動力となる資源の開発や生産技術の革新。

□ **イメージ（映像）**
言葉によって頭に思い浮かべる直観的な情景。

□ **インテリジェンス（知性）**
知能・知恵・理解力。

□ **隠蔽**（いんぺい）
事実を故意に隠すこと。

□ **蘊蓄**（うんちく）
努力して蓄えた深い知識。

□ **エートス（慣習）**
人が反復によって獲得する、持続的な性格や習性。

□ **エコロジー（生態学）**
人間と自然との調和・共存をめざす考え方。

□ **エゴイズム（利己主義）**
自己の利益・欲望の充足を最優先する思考や行動様式。

□ **エスプリ（精神）**
柔軟な精神の働き。

□ **エピソード（挿話）**
長い話の間に挟み込まれた、本筋を離れた興味深い小話。

□ **エピローグ（終章）**
詩・小説・戯曲などの結びの部分。演劇で最後に役者が観客に向かって述べる言葉。

□ **冤罪**（えんざい）
事実上の罪がないのに、国家機関によって罪人とされること。

□ **厭世**（えんせい）
この世を嫌い、生きることを疎ましく思うこと。

□ **鷹揚**（おうよう）
目先の小さなことに拘らずゆったりとして落ち着いた様子。

カ行

□ **邂逅**（かいこう）
思いがけなく巡り会うこと。

□ **快哉**（かいさい）
胸がすくような痛快なこと。

□ **膾炙**（かいしゃ）
広く世間に知れ渡っていること。

□ **概念**（がいねん）
ある物事の大まかな意味内容。

□ **開闢**（かいびゃく）
この世の始まりの時。

傀儡（かいらい）　操（あやつ）り人形のように、他人の言いなりに操られ利用される者。

乖離（かいり）　背（そむ）き離れること。

擱筆（かくひつ）　文章を書き終えること。

瑕疵（かし）　過失・欠点・欠陥。

仮象（かしょう）　頭に思い描くだけの、実在性のない主観的な感覚。

仮説（かせつ）　未確定の現象を合理的・統一的に説明するために仮に立てた見解。

割愛（かつあい）　捨て難い物を思い切って手放すこと。

葛藤（かっとう）　心に相反する感情や欲求があって、選択決定に迷うこと。

カテゴリー（範疇（はんちゅう））　共通性を持ったものに分類するときの基本的な枠組み・範囲。

諫言（かんげん）　目上の人の過失などを指摘して忠告すること。

観念（かんねん）　物事に対して人が頭に思い描く意識。

規矩（きく）　考えや行動の規準とする規則や手本。

危惧（きぐ）　事の成り行きを心配し気がかりに感じること。

揮毫（きごう）　毛筆で文字や絵を描くこと。

帰趨（きすう）　物事が最終的に行き着くところ。

毅然（きぜん）　物事に動じることなく断固とした様子。

拮抗（きっこう）　力の同等のものが張り合って優劣がつかない様子。

羈絆（きはん）　自分の行動の足手まといになるような、身近な人との縁。

詭弁（きべん）　道理に合わないことを正しいと思うように相手を仕向ける弁論。

欺瞞（ぎまん）　ごまかし。欺（あざむ）き瞞（だま）すこと。

キャリア（経歴）　熟練を要する技術の経験のあることや、上級試験に合格した国家公務員を指していう。

僥倖（ぎょうこう）　思いがけない幸運。

矜持（きょうじ）　自分に自信と誇りを持ち、堂々と振る舞っていること。

怯懦（きょうだ）　臆病で気の弱いこと。

極限状況（きょくげんじょうきょう）　人間が究極的に行き詰まる、死・無・ジレンマなど、どうしても突き破ることの不可能な状況。

クオリティー（質）　外見に対して品質・性質の上下の程度をいう。

具象（ぐしょう）　目に見える固有の形体をもっていること。

屈託（くったく）　心に気がかりなことがあって、他のことが手につかない様子。

クライマックス（最高潮）　小説・演劇・映画などにおける緊張感・高揚感の、最も盛り上がった頂点。

クレーム（苦情）　商品に対する苦情や相手の行為に対する苦情、さらにその損害賠償請求のことをいう。

炯眼（けいがん）　物事の真偽（しんぎ）・本質を見抜く鋭い洞察力。

敬虔（けいけん）　神仏を深く敬い帰依（きえ）すること。

迎合（げいごう）　相手に合わせて自分の態度や意見を変え、相手の気に入るように努めること。

警鐘（けいしょう）　よくない事態に向かっていることへの警告。

逆鱗（げきりん）　目上の人の激しい怒り。

怪訝（けげん）　不思議で納得のいかないこと。

□ **狷介**（けんかい） 自分の考えに固執して、人の考えを素直に認めようとしない態度。

□ **言質**（げんち） 後で証拠となるような約束の言葉。

□ **眩惑**（げんわく） 魅力的なものに目が眩んで、正しい判断ができなくなること。

□ **語彙**（ごい）**（ボキャブラリー）** 一定の範囲内の単語の総体。

□ **狡猾**（こうかつ） ずるくて悪賢いこと。

□ **嚆矢**（こうし） 物事の初め。

□ **膠着**（こうちゃく） 物事が一定の状態のまま変化しないこと。

□ **拘泥**（こうでい） 必要以上に拘ること。

□ **更迭**（こうてつ） 公的な地位・役目を他の人に代えること。

□ **涸渇**（こかつ） 水分がなくなること。物資が欠乏すること。

□ **沽券**（こけん） 人の体面・品位。

□ **個人主義**（こじんしゅぎ） 国家や社会全体の権威に対して、個人の権利と自由を認めようとする主張。

□ **姑息**（こそく） 正々堂々としない、卑怯な様子。

□ **誤謬**（ごびゅう） 間違い・誤り。

□ **コミュニケーション（伝達）** 意思・感情・思想・情報などの伝達。

□ **固陋**（ころう） 古い習慣に固執して、新しいものを受け付けない様子。

□ **コンセプト（概念）** 作品や商品の全体を貫く骨格となる考えや主張。

□ **コンテクスト（文脈）** 文章の論理的な前後関係。物事の筋道。

□ **コント（短編小説）** 皮肉や風刺に富んだ短編をいう。

□ **混沌**（こんとん） 多くの物が入り混じって区別のつかない状態。

□ **困憊**（こんぱい） くたくたに疲れること。

サ行

□ **サスペンス（劇的不安感）** 小説・テレビ・映画などの危機的な場面において、読者・観客をはらはらさせるような不安・緊張感を生む手法をいう。

□ **蹉跌**（さてつ） 物事につまずき行き詰まること。失敗・挫折。

□ **慚愧**（ざんき） 自分の言動を反省して恥じ入ること。

□ **恣意**（しい） 自分の欲するままに気ままに振る舞うこと。

□ **シェア（市場占有率）** ある製品の、市場に占める割合のこと。

□ **弛緩**（しかん） 緊張していたものが、あるところを境にゆるむこと。

□ **嗜好**（しこう） 何かに対する特別な好み。

□ **シチュエーション（状況）** 人の置かれている様々な状況。

□ **桎梏**（しっこく） 人の自由を厳しく制限し束縛するもの。

□ **昵懇**（じっこん） 親しく打ち解けた付き合いをする間柄。

□ **シミュレーション（模擬実験）** 実際に近い状況を作って分析を行なうこと。

□ **奢侈**（しゃし） 度を過ぎて贅沢な様子。

□ **洒脱**（しゃだつ） あか抜けて、さっぱりしている様子。

□ **惹起**（じゃっき） 事件や問題を引き起こすこと。

□ **ジャーナリズム（報道）**
新聞・雑誌・ラジオ・テレビ・インターネットなどのマスメディアを通じて、時事的な情報や意見を大衆に伝達する活動。

□ **ジャンル（部門）**
芸術作品の内容や形態上の様々な分類。

□ **終焉**（しゅうえん）
死を迎えること。最期（さいご）を迎えること。

□ **羞恥**（しゅうち）
恥ずかしいと思うこと。

□ **愁眉**（しゅうび）
悲しみや心配事のありそうな顔つき。

□ **蹂躙**（じゅうりん）
暴力や強権によって相手を侵害すること。

□ **収斂**（しゅうれん）
多くの条件が一つに集約され、一定の収まりが付くこと。

□ **上梓**（じょうし）
書物を出版すること。

□ **瀟洒**（しょうしゃ）
あか抜けて、すっきりしている様子。

□ **成就**（じょうじゅ）
努力して大事を成し遂げること。大きな願いが叶（かな）えられること。

□ **饒舌**（じょうぜつ）
よくしゃべること。

□ **常套**（じょうとう）
古くからよくある、ありふれたやり方。

□ **従容**（しょうよう）
ゆったりと落ち着いている様子。

□ **嘱託**（しょくたく）
仕事の一部を他に頼んで任せること。

□ **シラバス（講義概要）**
講師が学生に示す授業の計画書。授業の目標・内容・成績評価の基準などが示されたもの。

□ **ジレンマ（板ばさみ）**
ともに望ましくない二つの苦しい選択肢の板ばさみに進退窮まる状況。

□ **真贋**（しんがん）
本物と偽物（にせもの）。

□ **箴言**（しんげん）
戒めや教訓の意味をもった短い言葉。

□ **真摯**（しんし）
まじめでひたむきな様子。

□ **斟酌**（しんしゃく）
相手の心情や事情をくみとって、手加減すること。

□ **シンドローム（症候群）**
原因が不確定で病名を特定できない症候を表現する手法で、病名に準じて用いられる医学用語。

□ **シンポジウム（公開討論会）**
講演者が特定の問題について意見を述べ、聴衆との間で質疑応答を行なう形式の討論会。

□ **辛辣**（しんらつ）
言葉や表現が極めて手厳しいこと。

□ **趨勢**（すうせい）
時代や物事が進行してゆく成り行き。

□ **ストイック（禁欲的傾向）**
信念のためや、学問・仕事の目的達成のために、その障害となる欲望や衝動を抑えて精進する姿勢。

□ **精悍**（せいかん）
顔つきや動作が鋭く、勇ましい活力のみなぎっている様子。

□ **逝去**（せいきょ）
亡くなった人を敬って、その死を言い表す言葉。

□ **凄惨**（せいさん）
目を背（そむ）けずにはいられない、むごたらしい様子。

□ **セキュリティー（安全保障）**
建物などの防犯設備。コンピューターシステムの安全性やデータの機密性を保つこと。

□ **寂寥**（せきりょう）
ひっそりとして物寂しい様子。

□ **折衝**（せっしょう）
利害関係のかみ合わない相手と、問題解決のために駆（か）け引きの交渉をすること。

□ **雪辱**（せつじょく）
以前に受けた恥を仕返しによって消し去ること。

折衷（せっちゅう）　複数の異なった見解の中から、それぞれの優れた部分を取り上げて組み合わせ、まとまったものに仕上げること。

セミナー（研究集会）　大学の演習形式の授業や、一般の研修会をいう。

尖鋭（せんえい）　思想や行動が急進的で、鋭く過激なこと。

僭越（せんえつ）　自分の身のほどを越えて出しゃばること。

穿鑿（せんさく）　細かいところまで根掘り葉掘りたずねること。

造詣（ぞうけい）　学問・芸術・テクノロジーなどについての、深い理解や技量。

相剋（そうこく）　互いに対立し矛盾し合うものが、互いに相手に勝とうとして争うこと。

相殺（そうさい）　互いに差し引いて損得がないようにすること。相反するものが互いに影響し合って、それぞれの長所・利点などがなくなってしまうこと。

双璧（そうへき）　優劣のつけ難い、二つの優れたもの。

措辞（そじ）　詩歌（しいか）や文章の言葉の使い方。

措定（そてい）　まだ存在が証明されていない事象を、仮に存在するものとして規定する思考作用。

ソフトウェア（情報集積物）　コンピューターのハードウェアを効率よく機能させるための、情報やプログラムを記述したデータの総称。

タ行

対峙（たいじ）　対立する人や軍勢などが向き合ったまま、にらみ合って動かずにいること。

頽廃（たいはい）　建物などが崩れ荒れ果てること。道徳的な精神が失われて健全な気風が廃（すた）れてゆくこと。

唾棄（だき）　唾（つば）を吐き捨てること。けがらわしいものとして軽蔑すること。

弾劾（だんがい）　公人の不正や罪過を暴（あば）いて、その責任を追及すること。

耽溺（たんでき）　不健全な遊びに溺れ、身辺を顧みないこと。

知悉（ちしつ）　細かい点までことごとく知っていること。

抽象（ちゅうしょう）　個々の事象に共通する性質を抜き出したもの。

紐帯（ちゅうたい）　人と人とを結び付ける役割をするもの。

躊躇　あれこれ迷ってなかなか決断のできないこと。

稠密（ちゅうみつ）　一箇所に人がたくさん集まっている様子。

凋落（ちょうらく）　かつての勢いが衰え落ちぶれること。

陳腐（ちんぷ）　ありふれていてつまらないこと。

追従（ついしょう）　他人の機嫌をとるような言動。

定款（ていかん）　組織の理念・構成・活動などの根本原則。

データベース（情報基盤）　多様な情報をコンピューターによって検索するために、統一的に分類し蓄積したファイル。

デカダンス（退廃主義）　十九世紀末のフランスに始まる、病的・破滅的・享楽的な傾向をもった世紀末文芸思潮。

テクノロジー（科学技術）　科学的知識を社会で広く利用するための方法の体系。

テリトリー（領土）
領地・勢力圏・動物のなわばり。人の受け持ちの区域。専門とする分野。

恬淡（てんたん）
物事に執着せず、あっさりしている様子。

顛末（てんまつ）
物事の初めから終わりまで。一部始終。

慟哭（どうこく）
耐えきれない悲しみに大声をあげて激しく泣くこと。

洞察（どうさつ）
対象の本質や、その奥に潜む危険や幸運を瞬時に見通すこと。

踏襲（とうしゅう）
先人の方針や説をそのまま受け継ぐこと。

撞着（どうちゃく）
矛盾していること。

陶冶（とうや）
もって生まれた性質や才能を鍛えて、円満に育て上げること。

ドグマ（独断）
宗教上の教義。独断的な説や言論。

匿名（とくめい）
自分の姓名を隠して明かさないこと。

トレンド（傾向）
ファッションの流行や経済の動向。SNS利用者の間の検索数の多い話題。

ナ行

ナショナリズム（民族主義）
民族や国家の自立・繁栄に対する強い愛着を意識し標榜する立場。

ニュアンス（陰影）
色彩・音色・感情・表現などの微妙な差異。

捏造（ねつぞう）
事実でないことを事実であるかのようにこしらえて言うこと。

ノスタルジー（郷愁）
故郷や過ぎ去った昔など、失われたものを懐かしむ感情。

ハ行

ハードウェア（機械設備）
コンピューターの本体と、それに接続された周辺機器の総称。

バイオテクノロジー（生命工学）
生物の生命機能を、工学的に応用し利用する技術。

稗史（はいし）
小説ふうに書かれた歴史書。

破綻（はたん）
元の状態に修復不可能なほどに行き詰まってしまうこと。

パトス（情熱）
快楽や苦痛を伴う、喜怒哀楽の一時的な感情。

パフォーマンス（演技・性能）
音楽・演劇・舞踊・美術・スポーツなどで、身体を媒介した人目を引く表現行為。

パラドックス（逆説）
推論の結果が、一般に正しいと認められている結論とは反対の、自家撞着（じかどうちゃく）する結論に至る論のこと。また、不合理で矛盾するように見えながら、よく考えると一種の真理を含むような論のこと。

パラレル（平行）
二つのものの状態・傾向などが類似して存在していること。

範疇（はんちゅう）
共通性をもったものの属する枠組み・範囲。

反駁（はんばく）
批判や主張に対する反撃。

煩悶（はんもん）
あれこれ悩み苦しみ悶（もだ）えること。

凡例（はんれい）
辞書などの初めに編集方針・使い方・記号などの説明を箇条書きにしたもの。

美学（びがく）
自然や芸術における美の本質・原理・美的価値を体系的に考察する学問。

□**批准**（ひじゅん） 条約に対する国家間の最終的な確認・同意。

□**逼迫**（ひっぱく） 事態が差し迫って余裕のなくなること。

□**罷免**（ひめん） 公的な職を本人の意思に反して辞（や）めさせること。

□**標榜**（ひょうぼう） 主義・主張・立場などを公然と示すこと。

□**顰蹙**（ひんしゅく） 不快さに眉をひそめること。

□**頻繁**（ひんぱん） しばしば起こること。

□**紊乱**（びんらん） 社会の秩序・風紀が乱れること。

□**フィクション（虚構）** 事実そのものではなく、作者の想像力によって生み出された架空の物語。

□**フィードバック（帰還）** 操作によって得られた結果を、操作前の原因に照らして不適切な点を修正すること。

□**風刺**（ふうし） 社会の罪悪や個人の欠点・愚行などを、機知に富んだ皮肉や嘲（あざけ）りによって嘲笑的に批判・攻撃する表現。

□**敷衍**（ふえん） 既に述べたことを更に押し広げて展開すること。

□**伏線**（ふくせん） 後に起こる出来事を効果的に演出するために仕込んでおく、エピソードや暗示。

□**普遍**（ふへん） 例外なく全てのものに当てはまること。

□**プライバシー（私生活）** 個人の私生活を他人や社会に知られず、干渉を受けない権利。

□**プリミティブ（原始的）** 原始的で素朴な自然のままで文明化されていないこと。

□**無聊**（ぶりょう） することがなく退屈なこと。

□**プログラム（計画書）** コンピューターを動かすための一連の処理手順を、プログラミング言語と呼ばれる言語によって記述したもの。

□**プロローグ（序章）** 演劇の開演に先立つ前口上（まえこうじょう）。詩歌・小説・戯曲などの前置き。

□**閉塞**（へいそく） 通路や出入り口をふさぐこと。

□**ペーソス（哀愁）** 芸術の鑑賞者に、そこはかとない哀れさ・優しさ・悲しみなどの情感を起こさせるもの。

□**辟易**（へきえき） ひどく迷惑して嫌気（いやけ）がさすこと。

□**ペシミズム（悲観論）** 物事をとかく悲観的に考える傾向をいう。

□**ペダンティック（衒学的）**（げんがく） 自分の学問や知識をひけらかすこと。

□**弁証法**（べんしょうほう） 互いに矛盾し対立するかに見える両者を、積極的に肯定して統合し、より高次のものへ発展させようとする思考方法。

□**鞭撻**（べんたつ） 努力をうながして励ますこと。

□**放恣**（ほうし） 気ままでだらしのない様子。

□**放擲**（ほうてき） 投げ出したまま放っておくこと。

□**冒瀆**（ぼうとく） 神聖なものや清浄なものを汚（けが）すこと。

□**髣髴**（ほうふつ） よく似ているものを実際に見る思いがすること。

□**朴訥**（ぼくとつ） 言葉数が少なく実直な様子。

□**補塡**（ほてん） 不足を補うこと。

□**煩悩**（ぼんのう） 心身を惑わす欲望。

□**翻弄**（ほんろう） 思いのままにもてあそぶこと。

□**マスコミ（マスコミュニケーション、大衆伝達）**
新聞・雑誌・ラジオ・テレビ・インターネットなどのマスメディアを使った、不特定多数の人々に向けた大量の情報伝達。

□**マスメディア（大衆媒体）**
マスコミの伝達手段。

□**末裔**（まつえい）
一つの血統を受け継いで生まれた子孫。

□**マルチメディア（複合媒体）**
文字・映像・音声などの複数の媒体（メディア）を、コンピューターを使って表現する技術やシステムをいう。

□**マンネリズム（類型化）**
芸術の手法が形式的な惰性に陥って、独創性や新鮮味が失われてしまう悪循環をいう。

□**メッセージ（伝言）**
手紙や使いの者に託して伝達される言葉のこと。また、OSやアプリケーションがユーザーに表示する処理結果や警告のこと。

□**モチーフ（動機）**
作品を創造しようとする動機となった思想や題材。

□**モノローグ（独白）**
舞台で俳優が一人で心情を述べたり自問自答したりする、かなり長めのセリフ。

□**モラトリアム（支払猶予期間）**
社会的義務や責任を課せられない猶予期間をいう。

□**悶着**（もんちゃく）
感情や意見が食い違って起こるもめごと。

ヤ行

□**揶揄**（やゆ）
からかうこと。

□**容喙**（ようかい）
横から口出しすること。

ラ行

□**烙印**（らくいん）
刑罰の焼き印。よくないイメージを植えつけることの譬え（たと）。

□**埒外**（らちがい）
ある枠組みの範囲外。

□**辣腕**（らつわん）
物事をてきぱきと処理する能力のあること。

□**爛熟**（らんじゅく）
物事の発展がピークを越えて、衰えの兆し（きざ）を見せ始めている状態。

□**罹災**（りさい）
地震・火事・水害などの災害に遭う（あ）こと。

□**流暢**（りゅうちょう）
話し方が滑らかでよどみない様子。

□**凌駕**（りょうが）
他を圧して上に出ること。

□**リリシズム（抒情性）**
自然な感情のあふれるままに表現された趣きや味わい。

□**吝嗇**（りんしょく）
けちなこと。気持ちや考え方が卑しい様子。

□**流布**（るふ）
広く世間に知れ渡ること。

□**零落**（れいらく）
おちぶれること。

□**レトリック（修辞法）**
説得力や表現効果を高めるための、巧みな言葉の使い方。

□**ロイヤリティ（許諾料）**
著作権や特許権の使用料。

□**漏洩**（ろうえい）
機密事項などが外部に漏れる（も）こと。

□**狼狽**（ろうばい）
不意のことに慌て（あわ）うろたえること。

□**ロゴス（理性）**
言葉を通じて表される理性の活動。

ワ行

□**歪曲**（わいきょく）
事実を歪め（ゆが）て伝えること。

□**賄賂**（わいろ）
有利にはからってもらうために、内密に贈る不正な金品。

言葉とは何か

―あとがきに代えて―

言葉のうぶごえ

はるかな昔々、人類は他の動物たちと同じように吠えたり叩いたり触れ合ったり、そんなことで自分たちの意思を伝え合っていました。それが、ある時《言葉》をしゃべるようになります。言葉の誕生は、その後の人類の伝達能力を飛躍的に発展させましたが、そもそも他の動物たちに先んじて人類の獲得した言葉とは、いったいどのようなものだったのでしょうか。

それは、話し手がしゃべったその瞬間にしか聞くことのできない《音そのもの》でした。その音は《声》ですから、《音声》と言い換えましょう。当然、その音声には誰にも《同じ音》と《同じ意味》がなければ通じ合えません。誰にも同じ音と同じ意味をもち、発せられるのとほとんど同時に消えてゆく《音声》、これが人類の初めて手に入れた《言葉》というものでした。

分身としての言葉

ところで、私たちのしゃべっている言葉は誰でも同じだと言いましたが、《自分のしゃべっている声》と《他の人の声》とは明らかに違います。音が共通するだけで、《肉声》は確かに一人ひとり違います。言葉は《音の共通性》を保ったまま、《一人ひとり違った肉声》となって聞き手の耳に届けられているのです。

するとこの時、不思議なことが起こります。一人ひとりに違った肉声となって聞き手の耳に届いた言葉は、《意味》まで微妙に違って聞こえます。同じ「い、や、だ」でも、Aさんの「いやだ」という返事は穏やかで受け入れやすいけれども、Bさんの「イヤだ」は素っ気なくて冷たい、というようなことが起こります。どうしてこんなことが起こるのでしょうか。

それは、肉声によって伝えられるものが《音》と《意味》だけではないからです。音と意味の共通性を保ちながら、どんな肉声にも、その人の個性と呼ばれるような、性格・性別・年齢・生活環境はもとより、親しいのか親しくないのかといった相手との距離感、その会話に気乗りがしているのかどうかといったその時の気分、あるいは心の奥に潜む本音に至るまで、話し手の微妙な《個人情報》が漂います。そうした微妙なニュアンスを意図してトーンを変えてしゃべるという場合だって少なくありません。肉声となった言葉は、もはやその人固有の情報をもった《分身》と言っていいかも知れません。

《同じ音》と《同じ意味》という共通性をもって発せられたはずの言葉が、性格も考え方も生き方も違う一人ひとりの分身のように、それぞれ違ったものとして受け取られてゆく不思議な音、これが人類の手に入れた言葉の正体だったのです。

文字という怪物の登場

さて、その後の人類は、今では言葉の同意語のように使われる《文字》を発明します。本来、《耳》で受け取られるものであった言葉を、今度は《目》でも受け取るようになります。文字は声のように瞬時に消えることもなく、《移動可能なもの》という最大の特性をもって、遠く離れた所へも、時を越えて後の時代へも運ばれました。昔の人の考えや感じ方を知ることができるのは、まさしく文字のお陰です。文字の発明は、計り知れない大きな変化と恩恵を人類にもたらしました。

しかし、ここから肉声と文字との果てしないせめぎ合いが始まります。それまでその人の分身のように、その人の肉声を通して目の前の《特定の相手》だけに向けられていたはずの《熱い肉声》が、文字に書き表した途端に、今度は《不特定多数の人》に伝達するための、個性の希薄な《冷めた道具》へと変身してゆくのです。

意味の獲得

言えば意思の通じ合える快適さを知った人類は、同時に《言わなければ通じないもどかしさ》に困惑します。けれども、言えば必ず通じるというものでないことは、誰もが身にしみて知るところです。このことには《言葉の本性》ともいうべき、言葉の厄介な性格が関わっています。

普段の私たちは《共通な音声》による会話を通して、誰もが何となく《同じ意味の言葉》で話し、同じ意味の言葉で何となく通じ合っているように感じていますが、私たちがこの世に生を享けてしゃべり始めた時、私たちは同時に言葉の《意味》を身につけていたのでしょうか。

ヒトの成長・言葉を話すこと・脳のはたらきの関係は、未だによく解っていないのが現状のようですが、それでも私たちには経験的にうなずけることがあります。片言をしゃべり始めた幼い頃から今まで、私たちは一人ひとり大きく異なる《経験》を通して、何度も何度も《修正》を重ねながら言葉の《意味》を《獲得》してきました。経験が異なったものである以上、私たちが身につけてきた《言葉の意味》もまた、微妙にも大きくも異なるものとして獲得され、《意味のすれ違い》をもったままに言葉は使われ続けているのです。人類はどうしてこのような厄介なものを発明したのでしょうか。

すれちがいの連鎖

言葉には、私たちがあれこれ物思いにふける時などに自覚するような、心の内側ではたらく《思考の道具》としてのはたらきがあります。それは《内的言語》などと呼ばれ、私たちが人と言葉を交わす時には、聞き手は自分だけに固有の内的言語に置き換えて、あれこれ《推論》することで話し手の言葉を理解していると言われます。

聞き手の脳内では、先天的・後天的に備わった、聞き手自身の予備知識や信念、好悪の感情、さらにはその時の気分といった微妙な先入観を道連れにして、聞き手自身に固有の《内的言語に翻訳する》という《推論》が起こっているのです。

言葉を獲得した段階で既に《意味のすれ違い》をもった話し手の言葉が、今度は聞き手の《意味のすれ違い》をもった内的言語に置き換えられるものである以上、話し手の言葉が少しの《誤解》もなく聞き手に伝わるということはありません。人類によって言葉が初めて使われた時から今日まで、いかなる場面においても言葉は必ず何らかの誤解を伴いながら使われ続けてきたのです。人が初めて話をするような相手に対してすら、白紙の心で聞くことができないのは、《言葉を発明した人類の宿命》だと言う他ありません。

もどかしさの連鎖

けれども、言葉というものは、そもそもそれほどに万能なものではありません。言葉はその本質として、一つ一つ異なった物事の《細やかな多様性を切り捨てる》ことによって出来上がっています。

我が家の低くて細い梅の木も、隣家の高くて太い松の木も、それらをざっくり「木」という言葉でひとくくりにすることによって、相手に伝わりやすくなることもあるのです。一つ一つ異なった《個別性を無視して物事の代わりをさせる》ことのできる点で、言葉は実に便利な道具に違いありませんが、絵に描いて示すほどには、言葉は物事を細やかに正確に描写できるものではないのです。

こうして、《言わなければ通じないもどかしさ》は、《言っても通じないもどかしさ》へと転じて、人の目に耳に届けるだけで満足しているかのように、世の中は情報としての「言葉」と「文字」

の洪水状態です。情報の氾濫は《リアル》と《バーチャル》の境目を、限りなく曖昧にしてゆきます。人は言葉で示される本物と偽物を正しく識別できるのでしょうか。

人と人とをつなぐもの

「言葉はウソをつくために考え出された」という警句は、ウソをつくのは言葉ではなく、人の心がウソをつく怖さを衝いているのです。人類の歴史は、言葉というものが実に容易に操作できる道具であったために、自由・正義・平等・平和といった崇高であるべき理念としての言葉が、時として人々を大きな悲劇へと導くことになった多くの事例によって、そのことを証しています。

それでも私たちの為すべきことは、言葉に対する失望や絶望を語ることではありません。「私は言葉など信じない、信じるのは心だけだ」と訴える時にさえ、依然として私たちは言葉に頼るしかないのです。

私たちは、顔も考え方も習慣も生き方も好悪の感情も違う人たち、一人ひとりに言葉の意味すら違う人たちと、ともに生きて心を通わせる努力を、飽くことなく続けてゆかねばなりません。人は一人で生きてゆくことはできないからです。ともに生きて、心と心をつなぐもの、それは《言葉》以外にはないからです。

人と人とをつなぐ言葉、その言葉をどのように学んでゆけばいいのか、そのための手がかりが、本書の中にたくさんたくさん見つかることを期待しております。

晩秋の夕焼けを仰いで

峰高久明

慣用句・ことわざ索引

人名索引

し

索引

ここには本書に掲載されている用語をまとめました。
以下のように構成されています。

用語は項目ごとに次のように配列しています。

① 五十音順。
② 清音（例　は）―濁音（例　ば）―半濁音（例　ぱ）の順。
③ 促音（っ）、拗音（ゃ、ゅ など）は直音のあと。
④ 外来語などの長音「ー」は直前の仮名の母音に相当するものとして配列しています。
　例 プール→プウル　ケーキ→ケエキ
⑤（ヴ）はわ行の（う）に濁点がついたと考え、わ行に配列しています。

▶ 重要語句索引